JN394859

2025년 소방공무원 승진대비

실전모의고사

출제과목별 예상문제 1회 25문항 15회분

도서출판 다 인
http://www.dainbook.co.kr

PREFACE

2025년 실전모의고사 구성

• 도서출판 다인에서 발간된 2025년 실전예상문제 중 제1회부터 제15회까지 1회 25문항을 세부적 출제범위에 따라 총 출제 문항수 배분을 바탕으로 구성하였으며 해당 실전예상문제의 내용과 상세범위는 다음과 같습니다.

• 행정법 기출예상문제

본 문제집은 소방위 승진시험과 소방간부후보생 선발시험 그리고 소방사 공개경쟁채용시험을 대비하는 수험생을 위해 일반행정법 이론의 내용을 위주로 문제화 하면서도, 「소방기본법」등 소방작용법의 내용도 행정법이론과 연계하여 문제화 한 것이 특징인 책이라 하겠습니다. 소방사 공채, 소방위 승진, 소방간부, 국가직 및 지방직 9급 시험의 기출문제의 출제경향을 분석(2022~2024) 머리말 다음에 수록하여 수험생 여러분이 조금 더 중점적으로 공부해야 하는 단원을 쉽게 판단할 수 있도록 하였습니다. 소방의 경우 기출문제의 공개가 3년째여서 아직 축적된 자료는 아니지만 그래도 비중 있게 출제되는 단원(부분)이 어디라는 것은 충분히 알 수 있는 정도의 자료가 된 것입니다.

• 소방법령 I 실전예상문제

2024년도에는 ① 2024.3.26.자에 모법인 「소방공무원법」이 개정된 것을 비롯하여 앞에서 열거한 하위 법령이 상당부분 개정되거나 또는 신설되었습니다. ② 「소방공무원 임용령」은 2024.8.13.자 개정으로 시험공동관리위원회가 신설되는 등 상당한 개정과 신설이 있었고, 「동 시행규칙」도 2024.8.14.자 상당한 내용의 개정이 있었으며, 또한 2025.1.31.자에도 앞 시행령과 시행규칙의 일부개정이 있었고 ③「소방공무원 승진임용규정」은 2024.6.27.자, 2025.1.24.자 그리고 「동 시행규칙」은 2024.6.20.자 개정이 있었으며 ④「소방공무원징계령」, 「소방공무원복무규정」, 「소방공무원교육훈련규정」도 2024.8.13.자 타법(「소방공무원 임용령」) 개정에 따른 일부개정이 있었습니다.

• 소방법령 III 실전예상문제

2024년 2월부터 현재까지 「위험물안전관리법」은 2024.2.20.(시행 2025.2.21.)자 1회, 동 시행령은 2024.4.30., 7.12., 7.23. 2025.1.7. 등 4회, 동 시행규칙도 2024.5.20., 7.2., 7.30. 12.31.등 4회의 개정이 있었으며, 「다중이용업소법」과 동 시행령은 개정이 없었고(시행령은 타법 개정된 것만 반영), 동 시행규칙은 2024.4.12.에 1회의 일부개정이 있었습니다. 따라서 금년도 문제집은 ① 우선 지난 1년 동안 개정(위험물 명칭 등)되거나 신설(흡연장소 지정 등)된 법령 내용을 모두 반영하였고 ② 개정되지 아니한 내용의 모든 문제도 지문이나 보기의 내용을 수정하여 새롭게 하였습니다.

• 소방전술 I 실전예상문제

2025년도 중앙소방학교 소방전술 I (화재1권, 화재2권, 화재3권)의 내용 중
① 화재 1권의 총 2편 중 제1편인 「화재진압 및 현장 활동」을 문제화 하였고, ② 화재 2권의 1편부터 제4편(1편 화재현장 안전관리, 2편 소화약제, 3편 화재조사실무, 제4편 연소이론)까지를 문제화 하였고, 공통교재 중 예방실무 II 제2편 「위험물 성상」과 「소방차량 장비실무」(제2편 소방자동차의 점검 · 정비, 제3편 소방자동차 기본구조 및 원리, 제4편 특수소방자동차, 제5편 소방용수시설)를 문제화 하였습니다.

• 소방전술 II · III 실전예상문제집

2025년도 중앙소방학교 소방전술 II(구조), 소방전술 III(구급)의 내용 모두와 소방법령Ⅳ의 「119 구조·구급에 관한 법률」(시행령, 시행규칙), 소방법령Ⅴ의 「재난 및 안전관리 기본법」(시행령, 시행규칙)으로 구성하였고 분야별 세부 내용은 다음과 같습니다.

구 조 분 야 ; 구조개론, 구조장비, 기본구조훈련, 응용구조훈련, 구조기술, 생활안전 및 위험제거, 구조현장안전관리

구 급 분 야 ; 응급의료 개론 및 장비운영

• 2022년부터 2024년까지 3개년의 소방공무원 승진시험 기출문제를수록 하였습니다.

CONTENTS

실 전 모 의 고 사

소방승진시험대비

제1회 행 정 법

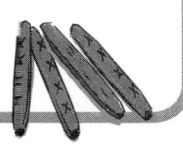

01. 행정에 대한 설명으로 적절하지 않은 것은?

① 입법 · 사법 등 다른 국가작용과 구별되는 행정의 관념은 권력분립을 기초로 하는 근대국가의 탄생과 그 성립시기를 같이 한다고 할 수 있다.

② 형식적의미의 행정이란 행정의 실질을 도외시하고 제도적인 입장에서 현실적인 국가기관의 권한을 기준으로 하여 정립된 개념이다. 따라서 형식적의미의 행정에는 실질적의미의 입법·사법 일부가 포함된다.

③ 대법관의 임명은 형식적 의미에서는 사법이나 실질적 의미에서는 행정이다.

④ 행정은 공익의 실현을 내용으로 하는 작용, 능동적인 형성작용, 개별적 사안에 대해 구체적 처분을 행하는 작용이다.

02. 다음 소방행정업무 중 실질적의미의 행정에 속하는 것이 아닌 것은?

① 시·도지사가 화재가 발생할 우려가 높거나 화재가 발생하는 경우 그로 인하여 피해가 클 것으로 예상되는 구역을 화재예방강화지구로 지정하는 것

② 소방본부장 또는 소방서장이 화재의 예방 상 위험하다고 인정되는 행위를 하는 사람이나 소화활동에 지장이 있다고 인정되는 물건의 소유자·관리자 또는 점유자에게 필요한 명령을 하는 것

③ 시·도지사가 소방용수시설이나 비상소화장치를 설치하고 유지·관리하는 것

④ 소방서장이 행한 위험물 주유취급소 허가취소 처분에 대해 행정심판을 제기한 경우 시·도 행정심판위원회가 이에 대한 재결을 하는 것

03. 법률유보원칙에 대한 설명으로 옳지 않은 것은?

① 수익적 행정행위의 철회는 반드시 법률적 근거가 필요한 것은 아니다.

② 법률유보원칙에 있어서의 '법률' 이란 국회에서 제정한 형식적 의미의 법률을 의미한다.

③ 부관의 사후변경은 법률에 명문의 규정이 있거나 그 변경이 미리 유보되어 있는 경우 이외에는 허용되지 않는다.

④ 국가의 통치조직과 작용에 관한 기본적이고 본질적인 사항은 반드시 국회가 정하여야 한다.

04. 법치행정에 관한 설명으로 옳지 않은 것은?

① 지방의회의원에 대하여 유급보좌인력을 두는 것은 지방의회의 조례로 규정할 사항이다.

② 법률유보의 원칙은 행정권의 발동에 있어서 조직규범 외에 작용규범이 요구된다는 것을 의미한다.

③ 법률우위의 원칙은 행정의 모든 영역에 적용된다.

④ 법률우위의 원칙이란 국가의 행정은 합헌적 절차에 따라 제정된 법률에 위반되어서는 아니 된다는 것을 말한다.

05. 「행정기본법」의 내용으로 옳지 않은 것은?

① 행정에 대한 기간의 계산에 관하여는 「민법」 또는 다른 법령 등에 특별한 규정이 있는 경우를 제외하고는 「행정기본법」에 따른다.

② 당사자의 신청에 따른 처분은 법령 등에 특별한 규정이 있거나 처분 당시의 법령 등을 적용하기 곤란한 특별한 사정이 있는 경우를 제외하고는 처분 당시의 법령 등에 따른다.

③ 국가와 지방자치단체는 소속 공무원이 공공의 이익을 위하여 적극적으로 직무를 수행할 수 있도록 제반 여건을 조성하고, 이와 관련된 시책 및 조치를 추진하여야 한다.

④ 행정청은 공법상 계약의 상대방을 선정하고 계약 내용을 정할 때 공법상 계약의 공공성과 제3자의 이해관계를 고려하여야 한다.

06. 「행정기본법」에 대한 설명으로 옳지 않은 것은?

① 행정작용은 법률에 위반되어서는 아니 되며, 국민의 권리를 제한하거나 의무를 부과하는 경우와 그 밖에 국민생활에 중요한 영향을 미치는 경우에는 법률에 근거하여야 한다.

② 행정청은 권한 행사의 기회가 있음에도 불구하고 장기간 권한을 행사하지 아니하여 국민이 그 권한이 행사되지 아니할 것으로 믿을 만한 정당한 사유가 있는 경우에는 그 권한을 행사해서는 아니 된다. 다만, 공익 또는 제3자의 이익을 현저히 해칠 우려가 있는 경우는 예외로 한다.

③ 즉시강제는 다른 수단으로는 행정목적을 달성할 수 없는 경우에만 허용되며, 이 경우에도 최소한으로만 실시하여야 한다.

④ 행정청은 법률로 정하는 바에 따라 처분에 재량이 있는 경우에도 완전히 자동화된 시스템으로 처분을 할 수 있다.

07. 사인의 공법행위에 대한 설명으로 옳지 않은 것은?

① 주민등록신고는 행정청이 수리한 경우에 비로소 신고의 효력이 발생한다.

② 장기요양기관의 폐업신고와 노인의료복지시설의 폐지신고는 행정청이 그 신고를 수리한 경우, 신고서 위조 등의 사유가 있더라도 그대로 유효하다.

③ 「의료법」에 따라 정신과의원을 개설하려는 자가 법령에 규정되어 있는 요건을 갖추어 개설신고를 한 경우 행정청은 원칙적으로 이를 수리하여 신고필증을 교부하여야 하고, 법령에서 정한 요건 이외의 사유를 들어 의원급 의료기관 개설신고의 수리를 거부할 수는 없다.

④ 가설건축물 존치기간을 연장하려는 건축주 등이 법령에 규정되어 있는 제반 서류와 요건을 갖추어 행정청에 연장신고를 한 때에는 행정청은 원칙적으로 이를 수리하여 신고필증을 교부하여야 하고, 법령에서 정한 요건 이외의 사유를 들어 수리를 거부할 수는 없다.

08. 자기완결적(자체완성적) 신고에 관한 설명으로 옳지 않은 것은?

① 자기완결적 신고란 행정청에 일정한 사항을 통지함으로써 의무가 끝나는 신고로서 수리를 요하지 않으며, 신고 그 자체로서 법적 효과를 발생시킨다.

② 자기완결적 신고는 수리를 요하지 않기 때문에 행정청이 신고를 수리하거나 신고필증을 교부하였다고 하더라도 이는 신고사실을 확인하는 의미의 사실행위에 불과하다.

③ 사인이 적법한 요건을 갖춘 신고를 하였다면 행정청의 수리처분 등 별단의 조처를 기다릴 필요 없이 그 접수 시에 신고로서의 효력이 발생하는 것이므로, 그 수리가 거부되었다고 하여 무신고 영업이 되는 것은 아니다.

④ 자기완결적 신고에 대해서는 「행정기본법」에서 규정하고 있다.

09. 「행정기본법」상 법령 해석에 대한 설명으로 적절하지 않은 것은?

① 모든 국민은 법령등의 내용에 의문이 있으면 법제처장이나 법령을 소관하는 중앙행정기관의 장과 자치법규를 소관하는 지방자치단체의 장에게 법령해석을 요청할 수 있다.

② 법령소관기관과 자치법규를 소관하는 지방자치단체의 장은 각각 소관 법령등을 헌법과 해당 법령등의 취지에 부합되게 해석ㆍ집행할 책임을 진다.

③ 법령소관기관이나 법령소관기관의 해석에 이의가 있는 자는 대통령령으로 정하는 바에 따라 법령해석업무를 전문으로 하는 기관에 법령해석을 요청할 수 있다.

④ 법령해석의 절차에 관하여 필요한 사항은 대통령령으로 정한다.

10. 소방행정법의 입법에 대한 설명으로 적절하지 않은 것은?

① 「다중이용업소의 안전관리에 관한 특별법」은 「화재의 예방 및 안전관리에 관한 법률」 및 「소방시설 설치 및 관리에 관한 법률」의 특별법이라 할 수 있다.

② 「소방기본법 시행규칙」의 제정권은 행정안전부장관에게 있다.

③ 「화재의 예방 및 안전관리에 관한 법률 시행령」은 위임명령과 집행명령의 성격을 아울러 가지고 있다.

④ 「국가화재안전성능기준」(NFPC)은 행정안전부 고시로 정해져 있다.

11. 법령에 의한 일반적 금지(부작위의무)를 특정한 경우에 해제하여 적법한 행위(사실행위 또는 법률행위)를 행할 수 있게 하여주는 행정행위(처분)는?

① 허가　　② 인가
③ 특허　　④ 하명

12. 위험물주유취급소의 허가를 득한 후 위험물을 취급(주유)하여야 함에도 무허가로 행한 경우 이에 대한 효과로 적절한 것은?

① 소방서장은 무허가시설이므로 사용정지처분(강제집행)이나 입건(행정벌)을 할 수 없고, 위험물 취급행위 자체의 법률적 효력은 부인되지 않는다.

② 소방서장은 사용정지처분(강제집행)과 입건(행정벌)할 수 있고, 위험물 취급행위 자체의 법률적 효력도 부인된다.

③ 소방서장은 사용정지처분(강제집행)과 입건(행정벌)할 수 있으나, 위험물 취급행위 자체의 법률적 효력은 부인되지 않는다.

④ 소방서장은 무허가시설이므로 사용정지처분(강제집행)이나 입건(행정벌)을 할 수 없고, 위험물 취급행위 자체의 법률적 효력도 부인된다.

13. 행정행위의 부관에 관한 설명으로 옳지 않은 것은?

① 임시이사를 선임하면서 그 임기를 '후임 정식이사가 선임될 때까지' 로 기재한 것은 근거 법률의 해석상 당연히 도출되는 사항을 주의적·확인적으로 기재한 이른바 '법정부관' 일 뿐, 행정청의 의사에 따라 붙이는 본래 의미의 행정처분 부관이라고 볼 수 없다.

② 행정행위의 효력 발생 또는 소멸을 장래의 불확실한 사실에 의존시키는 부관을 조건이라고 한다.

③ 행정행위의 효력 발생 또는 소멸을 장래의 확실한 사실에 의존시키는 부관을 기한이라고 한다.

④ 행정청이 종교단체에 대하여 기본재산전환인가를 함에 있어 인가조건을 부가하고 그 불이행 시 인가를 취소할 수 있도록 한 경우, 인가조건의 의미는 조건으로 볼 수 있다.

14. 행정행위의 부관에 관한 설명으로 옳지 않은 것은?

① 재량행위에는 법령상 근거가 없더라도 그 내용이 적법하고 이행가능하며 비례의 원칙 및 평등의 원칙에 적합하고 행정처분의 본질적 효력을 해하지 아니하는 한도 내에서 부관을 붙일 수 있다.

② 행정청이 주택사업계획승인을 하면서 그 주택사업과는 아무런 관련이 없는 토지를 기부채납하도록 하는 부관을 붙인 경우, 그 부관은 부당결부금지원칙에 위배되어 위법하다.

③ 행정청이 수익적 행정처분을 하면서 부담을 부가하는 경우, 행정청은 부담을 일방적으로 부가할 수도 있지만, 부담을 부가하기 이전에 상대방과 협약의 형식으로 부담의 내용을 미리 정한 다음 행정처분을 하면서 이를 부가할 수도 있다.

④ 유효기간을 정한 어업면허처분 중 그 면허유효기간만의 취소를 구하는 행정소송은 허용된다.

⑤ 행정청은 부관을 붙일 수 있는 처분이 법률에 근거가 있는 경우, 당사자의 동의가 있는 경우, 사정이 변경되어 부관을 새로 붙이거나 종전의 부관을 변경하지 아니하면 해당 처분의 목적을 달성할 수 없다고 인정되는 경우에는 그 처분을 한 후에도 부관을 새로 붙이거나 종전의 부관을 변경할 수 있다.

15. 하자 있는 행정행위의 치유에 관한 설명으로 옳지 않은 것은?

① 무효인 행정행위의 치유는 인정될 수 없다.

② 하자 있는 행정행위의 치유는 행정행위의 성질이나 법치주의의 관점에서 볼 때 원칙적으로 허용될 수 없는것이나 예외적으로 행정행위의 무용한 반복을 피하고 당사자의 법적 안정성을 위해 이를 허용할 수 있다.

③ 노선여객자동차운송사업의 사업계획변경인가처분에 관한 하자가 행정처분의 내용에 관한 것이고 새로운 노선면허가 소 제기 이후에 이루어진 사정 등에 비추어 하자의 치유를 인정하여야 한다.

④ 행정청이 처분절차에서 관계 법령의 절차 규정을 위반하여 절차적 정당성이 상실된 경우에는 해당 처분은 위법하고 원칙적으로 취소하여야 한다. 다만 처분상대방이나 관계인의 의견진술권이나 방어권 행사에 실질적으로 지장이 초래되었다고 볼 수 없는 특별한 사정이 있는 경우에는 절차 규정 위반으로 인하여 처분절차의 절차적 정당성이 상실되었다고 볼 수 없으므로 해당 처분을 취소할 것은 아니다.

16. 다음은 하자의 치유에 대한 대법원의 판결(1992.5.8., 91누13274)이다(　　)에 들어갈 문구로 가장 적절한 것은?

하자 있는 행정행위의 치유는 행정행위의 성질이나 법치주의의 관점에서 볼 때 원칙적으로 허용될 수 없는 것이고, 예외적으로 행정행위의 무용한 반복을 피하고 (　　)을/를 위해 이를 허용하는 때에도 국민의 권리나 이익을 침해하지 않은 범위에서 구체적 사정에 따라 합목적적으로 인정하여야 할 것이다.

① 행정의 투명성 증진
② 공익상 긴급한 필요
③ 당사자의 법적 안정성
④ 국민의 수인가능성 확보

17. 행정행위의 하자의 승계에 관한 설명으로 옳지 않은 것은?
① 건물철거명령이 당연무효가 아닌 이상 후행행위인 대집행계고처분에 대한 취소소송에서 건물철거명령의 위법사유를 주장할 수 없다.
② 개별공시지가결정에 중대하고 명백한 하자가 있을 경우 개별공시지가결정의 하자를 이유로 이를 기초로 한 과세처분의 위법성을 주장할 수 있다.
③ 도시·군계획시설결정과 실시계획인가는 도시·군계획시설사업을 위하여 이루어지는 단계적 행정절차에서 서로 결합하여 하나의 법률효과를 발생시키므로 선행처분인 도시·군계획시설결정의 하자는 후행처분인 실시계획인가에 승계된다.
④ 「병역법」상 보충역편입처분과 공익근무요원소집처분은 각각 단계적으로 별개의 법률효과를 발생하는 독립된 행정처분이므로, 보충역편입처분에 하자가 있다고 할지라도 그것이 당연무효라고 볼만한 특단의 사정이 없는 한 그 위법을 이유로 공익근무요원소집처분의 효력을 다툴 수 없다.
⑤ 수용보상금의 증액을 구하는 소송에서, 선행처분으로서 그 수용대상 토지가격 산정의 기초가 된 비교표준지공시지가결정의 위법을 독립한 사유로 주장할 수 있다.

18. 비공식적 행정작용의 위험성(단점)에 대한 설명으로 적절하지 않은 것은?
① 행정주체와 그 상대방간의 타협을 통해 법치행정의 원리를 후퇴시킬 위험성이 있다.
② 비공식적 행정작용은 그 전모가 외부에 노출되지 않은 수면 아래의 행정작용이다.
③ 따라서 이해관계 있는 제3자에게 유리하게 작용될 위험성이 있다.
④ 비공식적 행정작용은 대부분 취소소송 내지 항고소송의 대상에서 제외된다는 점에서 당사자의 권리구제의 사각지대에 놓일 위험성도 존재한다.

19. 행정상 제재처분에 관한 설명으로 옳은 것은?
① 행정법규 위반에 대하여 가하는 제재조치는 원칙적으로 위반자에게 고의나 과실이 있어야 부과될 수 있다.
② 행정청은 법령등의 위반행위가 종료된 날부터 3년이 지나면 해당 위반행위에 대하여 제재처분(인허가의 정지·취소·철회, 등록 말소, 영업소 폐쇄와 정지를 갈음하는 과징금 부과를 말한다)을 할 수 없다.
③ 법령등을 위반한 행위의 성립과 이에 대한 제재처분은 법령등에 특별한 규정이 있는 경우를 제외하고는 원칙적으로 제재처분 당시의 법령등에 따른다.
④ 여러 처분사유에 관하여 하나의 제재처분을 하였을 때 그중 일부가 인정되지 않는다고 하더라도 나머지 처분사유들만으로도 처분의 정당성이 인정되는 경우에는 그 처분을 위법하다고 보아 취소하여서는 아니 된다.

20. 「행정기본법」상 제재처분의 근거가 되는 법률에는 제재처분과 관련된 사항을 명확히 규정하여야 하는바, 이에 해당하지 않은 것은?
① 주체 ② 사유
③ 유형 ④ 절차

21. 과태료에 관한 설명으로 옳지 않은 것은?('23 소방위 승진)
① 과태료의 부과에도 법률의 근거가 있어야 한다.
② 과태료의 부과 여부 및 그 당부는 최종적으로 「질서위반행위규제법」의 절차에 의하여 판단되어야 한다고 할 것이므로, 그 과태료 부과처분은 행정청을 피고로 하는 항고소송의 대상이 되는 처분이라고 볼 수 없다.
③ 과태료 재판은 이유를 붙인 결정으로써 한다.
④ 「질서위반행위규제법」상 질서위반행위에 대한 과태료는 객관적 법 위반사실에 착안하여 부과되는 것이므로 행위자의 고의 또는 과실이 없다 하더라도 부과할 수 있다.

22. 「질서위반행위규제법」상 과태료에 대한 설명으로 옳지 않은 것은?
① 신분에 의하여 성립하는 질서위반행위에 신분이 없는 자가 가담한 때에는 신분이 없는 자에 대하여도 질서위반행위가 성립한다.
② 하나의 행위가 2 이상의 질서위반행위에 해당하는 경우에는 각 질서위반행위에 대하여 정한 과태료 중 가장 중한 과태료를 부과한다.
③ 자신의 행위가 위법하지 아니한 것으로 오인하고 행한 질서위반행위는 그 오인에 정당한 이유가 있는 때에 한하여 과태료를 부과하지 아니한다.
④ 행정청이 위반사실을 적발하면 과태료를 부과받을 자의 주소지를 관할하는 지방법원에 통보하여야 하고, 당해 법원은 「비송사건절차법」에 따라 결정으로써 과태료를 부과한다.

23. 행정상 손실보상제도에 관한 설명으로 옳지 않은 것은?
① 구 「소하천정비법」에 따라 소하천구역으로 편입된 토지의 소유자가 사용·수익에 대한 권리행사에 제한을 받아 손해를 입고 있는 경우, 손실보상을 청구할 수 있을 뿐만 아니라, 관리청의 제방부지에 대한 점유를 권원 없는 점유와 같이 보아 관리청을 상대로 손해배상이나 부당이득의 반환을 청구할 수 있다.
② 구 「전염병예방법」에 의한 피해보상제도가 수익적 행정처분의 형식을 취하고는 있지만, 구 「전염병예방법」의 취지와 입법 경위 등을 고려하면 그 실질은 피해자의 특별한 희생에 대한 보상에 가까우므로 그 인정 여부는 객관적으로 합리적인 재량권의 범위 내에서 타당하게 결정하여야 한다.
③ 제방부지 및 제외지가 유수지와 더불어 하천구역이 되어 국유로 되는 이상 그로 인하여 소유자가 입은 손실은 특별한 희생에 해당하고, 보상방법을 유수지에 대한 것과 달리할 아무런 합리적인 이유가 없으므로 소유자에게 손실을 보상하여야 한다.
④ 「국토의 계획 및 이용에 관한 법률」에서 규정하는 도시계획시설사업은 도로·철도·항만·공항·주차장 등 교통시설, 수도·전기·가스공급설비 등 공급시설과 같은 도시계획시설을 설치·정비 또는 개량하여 공공복리를 증진시키고 국민의 삶의 질을 향상시키는 것을 목적으로 하고 있으므로, 그 자체로 공공필요성의 요건이 충족된다.

24. 손실보상에 대한 설명으로 옳은 것은?
① 「공익사업을 위한 토지 등의 취득 및 보상에 관한 법률」상 사업시행자와 토지소유자 사이의 협의취득에 대한 분쟁은 민사소송으로 다투어야 한다.
② 「공익사업을 위한 토지 등의 취득 및 보상에 관한 법률」에 따라 사업인정고시가 된 후 토지의 사용으로 인하여 토지의 형질이 변경되는 경우에 토지소유자는 중앙토지수용위원회에 그 토지의 매수청구권을 행사할 수 있다.
③ 헌법재판소는 「개발제한구역의 지정 및 관리에 관한 특별조치법」 제11조 제1항 등에 대한 위헌소원 사건에서 토지의 효용이 감소한 토지소유자에게 토지매수청구권을 인정하는 등 보상규정을 두었지만 적절한 손실보상에 해당하지 않는다고 위헌결정을 하였다.
④ 사업시행자는 동일한 사업지역에 보상시기를 달리하는 동일인 소유의 토지등이 여러 개가 있는 경우 토지등의 소유자가 일괄보상을 요구하더라도 「공익사업을 위한 토지 등의 취득 및 보상에 관한 법률」에 따라 단계적으로 보상금을 지급하여야 한다.

25. 행정소송에 관한 설명으로 옳지 않은 것은?

① 소송 계속 중 처분청이 행정처분을 직권으로 취소하면 그 처분은 더 이상 존재하지 않게 되어 소의 이익이 없지만 예외적으로 취소를 통해 회복되는 권리나 이익이 남아 있는 경우에는 그 처분의 취소를 구할 소의 이익이 인정된다.

② 행정청이 영업자에게 행정제재를 한 후 그 처분을 영업자에게 유리하게 변경하였고 그 변경처분에 의해 유리하게 변경된 내용의 행정제재가 위법하다고 소를 제기한 경우 제소기간의 준수 여부는 변경처분을 기준으로 판단한다.

③ 행정처분의 무효확인을 구하는 소에는 원고가 그 처분의 취소를 구하지 아니한다고 밝히지 아니한 이상 그 처분이 만약 당연무효가 아니라면 그 취소를 구하는 취지도 포함되어 있는 것으로 보아야 한다.

④ 과징금 납부명령과 같이 행정청의 제재처분에 재량이 인정되는 행위에 대하여 재량하자가 인정되는 경우에는 재량권의 범위 내에서 어느 정도가 적정한 것인지 판단할 수 없으므로 일부의 위반행위를 기초로 한 과징금액의 산정자료가 없는 경우에는 그 전부를 취소해야 하고 일부취소는 허용되지 아니한다.

⑤ 당사자의 신청에 대한 행정청의 거부처분이 있는 경우에는 행정청이 당사자의 신청에 대하여 상당한 기간 내에 일정한 처분을 하여야 할 법률상 응답의무를 이행하지 아니함으로써 야기된 부작위라는 위법상태를 제거하기 위하여 제기하는 부작위위법확인소송은 허용되지 아니한다.

제1회 소방법령 Ⅳ

01. "임용권자는 직위해제를 할 때에는 인사발령 통지서에 (　　)를 첨부해야 한다" 에서 괄호 안에 적절한 것은?

① 직위해제 사유서
② 직위해제 처분서
③ 직위해제처분 사유 설명서
④ 직위해제 설명서

02. 소방공무원 임용심사위원회의 위원구성으로 적절한 것은?

① 위원장 1명을 포함하여 5명 이상 9명 이하의 위원
② 위원장 1명을 포함하여 3명 이상 7명 이하의 위원
③ 위원장 1명을 포함하여 5명 이상 8명 이하의 위원
④ 위원장 1명을 포함하여 3명 이상 5명 이하의 위원

03. 경력경쟁채용시험등과 관련 임용예정직에 상응하는 근무실적 또는 연구실적이 있거나 소방에 관한 전문기술교육을 받은 사람을 임용하는 경우 필기시험의 방법으로 적절한 것은?

① 선택형으로 하되, 논문형을 추가할 수 있다.
② 선택형으로 하되, 기입형 또는 논문형을 추가할 수 있다.
③ 선택형으로 하되, 기입형을 추가할 수 있다.
④ 선택형으로 한다.

04. 경력경쟁채용시험등의 최종합격자 결정에 대한 설명으로 "필기시험과 면접시험을 실시하는 경우는 필기시험 성적 (　　)퍼센트 및 면접시험 성적 (　　)퍼센트의 비율로 합산한 성적으로 합격자를 결정한다" 에서 괄호 안에 적절한 것은?

① 75, 25　　② 50, 50
③ 80, 20　　④ 60, 40

05. 공개경쟁시험으로 임용하는 것이 부적당한 경우에 임용예정 직무에 관련된 자격증 소지자를 경력경쟁채용시험을 통하여 소방공무원으로 임용하는 경우 최초로 그 직위에 임용된 날부터 필수보직기간(전보제한기간)은?

① 5년　　② 4년
③ 3년　　④ 2년

06. 소방공무원 승진소요최저근무연수에 포함하는 것과 관련 "「국가공무원법」 제71조 제2항 제4호에 따른 휴직(8세 이하 또는 초등학교 2학년 이하의 자녀를 양육하기 위하여 필요하거나 여성공무원이 임신 또는 출산하게 된 때)은 (　　　). 다만, 제1항의 기간에 포함하는 기간은 제8항 제3호에 따라 육아휴직을 대신하여 시간선택제전환소방공무원으로 지정되어 근무한 기간과 합산하여 자녀 1명당 (　　　)년을 초과할 수 없다" 에서 괄호 안에 적절한 것은?

① 그 휴직 기간, 1　　② 그 휴직 기간, 2
③ 그 휴직 기간, 3　　④ 그 휴직 기간, 4

07. 소방서에서 근무하는 소방령의 근무성적 2차 평정자는 누구인가?

① 소속 시·도 소방본부 소방행정과장
② 소속 소방서 소방행정과장
③ 소속 소방서장
④ 소속 시·도 소방본부장

08. 제2단계 심사에서 전원합의 또는 투표로 최종승진임용예정자를 선발한 경우 작성해야 하는 것은?
① 승진심사 결과서
② 승진심사 종합보고서
③ 승진심사 종합결과서
④ 승진심사 종합평가결과서

09. "승진심사위원회는 승진심사를 완료한 때에는 ( ) 다음 각호의 서류를 작성하여 중앙승진심사위원회에 있어서는 ( )에게, 보통승진심사위원회에 있어서는 ( )에게 보고하여야 한다" 에서 괄호 안에 적절한 것은?
① 심사 당일에, 소방청장, 당해 위원회가 설치된 기관의 장
② 즉시, 소방청장, 당해 위원회위원장
③ 지체없이, 대통령, 시ㆍ도지사 등
④ 지체없이, 소방청장, 당해 위원회가 설치된 기관의 장

10. 소방공무원으로서 사망한 사람(공무상의 질병으로 사망한 사람을 포함) 및 상이(공무상의 질병을 포함)를 입고 퇴직한 사람과 그 유족 또는 가족은 「국가유공자 등 예우 및 지원에 관한 법률」 또는 「보훈보상대상자 지원에 관한 법률」에 따른 예우 또는 지원을 받는바, 「소방공무원법」상 이의 전제가 되는 요건으로 적절한 것은?
① 「소방기본법」에 의한 소방활동 수행 중
② 「소방기본법」에 의한 소방활동, 소방지원활동 및 생활안전활동과 관련된 업무 수행 중
③ 교육훈련 또는 직무수행 중
④ 화재진압, 구조·구급 업무와 관련된 업무 수행 중

11. 소방공무원 징계위원회의 위원은 공무원위원과 민간위원으로 구성하는바, 이 경우 민간위원의 수에 대한 규정으로 적절한 것은?
① 위원장을 포함한 위원 수의 3분의 1 이상이어야 한다.
② 위원장을 제외한 위원 수의 3분의 1 이상이어야 한다.
③ 위원장을 제외한 위원 수의 2분의 1 이상이어야 한다.
④ 위원장을 포함한 위원 수의 2분의 1 이상이어야 한다.

12. 교육과정별 우선순위에 따라 소방 기관별로 교육인원을 균등히 배정하여야 하는 자는?
① 중앙소방학교장 또는 지방소방학교장
② 교육훈련기관의 장
③ 교육훈련기관을 관장하는 소방청장과 시ㆍ도지사
④ 소방청장 또는 중앙소방학교장

13. 제조소등의 설치허가 또는 변경허가를 받으려는 자는 설치허가 또는 변경허가신청서에 행정안전부령으로 정하는 서류를 첨부하여 제출하여야 하는바, 제조소등의 위치·구조 및 설비에 관한 도면으로 열거된 것 중 내용이 적절하지 않은 것은?
① 당해 제조소등을 포함하는 사업소 안 및 주위의 주요 건축물과 공작물의 배치
② 당해 제조소등이 설치된 건축물 안에 제조소등의 용도로 사용되지 아니하는 부분이 있는 경우 그 부분의 배치 및 구조
③ 당해 제조소등을 구성하는 건축물, 공작물 및 기계ㆍ기구 그 밖의 설비의 배치(제조소 또는 일반취급소의 경우에는 공정의 개요를 포함한다)
④ 당해 제조소등에 설치하는 전기설비, 가스설비, 피뢰설비, 소화설비, 경보설비 및 피난설비의 개요

14. 「위험물안전관리법」상 국가는 위험물에 의한 사고를 예방하기 위하여 일정 내용을 포함하는 시책을 수립ㆍ시행하여야 하는바, 이에 대한 내용으로 열거되지 않은 것은?
① 위험물에 의한 사고 예방대책 수립
② 사고 예방을 위한 안전기술 개발
③ 전문인력 양성
④ 위험물의 유통실태 분석

15. 지정수량 이상의 위험물을 저장소가 아닌 장소에서 저장하거나 제조소등이 아닌 장소에서 취급하여서는 아니되는바, 이를 위반할 경우의 벌칙은?
① 1년 이하의 징역 또는 1천만원 이하의 벌금
② 3년 이하의 징역 또는 3천만원 이하의 벌금
③ 5년 이하의 징역 또는 5천만원 이하의 벌금
④ 10년 이하의 징역 또는 5천만원 이하의 벌금

16. 위험물안전관리자는 위험물시설의 안전을 담당하는 자를 따로 두는 제조소등의 경우에는 그 담당자에게 필요한 업무를 지시하고, 그 밖의 제조소등의 경우에는 필요한 업무를 직접 수행하여야 하는바, 이의 내용으로 적절하지 않은 것은?
① 제조소등의 구조 또는 설비의 이상을 발견한 경우 안전관리자에게 즉시 보고
② 제조소등의 위치ㆍ구조 및 설비에 관한 설계도서 등의 정비ㆍ보존 및 제조소등의 구조 및 설비의 안전에 관한 사무의 관리
③ 제조소등의 위치ㆍ구조 및 설비를 법 제5조제4항의 기술기준에 적합하도록 유지하기 위한 점검과 점검상황의 기록ㆍ보존
④ 화재가 발생하거나 화재발생의 위험성이 현저한 경우 소방관서 등에 대한 연락 및 응급조치

17. 동일구내에 있거나 상호 100m 이내의 거리에 있는 저장소로서 저장소의 규모, 저장하는 위험물의 종류 등을 고려하여 행정안전부령이 정하는 저장소를 동일인이 설치한 경우 1인의 안전관리자를 중복하여 선임할 수 있는바, 이의 저장소 중 숫자의 제한이 있는 경우는?
① 지하탱크저장소 ② 옥내탱크저장소
③ 옥외저장소 ④ 간이탱크저장소

18. 위험물제조소의 작업공정이 다른 작업장의 작업공정과 연속되어 있어 제조소의 건축물 그 밖의 공작물의 주위에 공지를 두게 되면 그 제조소의 작업에 현저한 지장이 생길 우려가 있는 경우, 당해 제조소와 다른 작업장 사이에 방화상 유효한 격벽을 설치한 때에는 당해 제조소와 다른 작업장 사이에 공지를 보유하지 아니할 수 있는바, 이에 대한 설명으로 적절하지 않은 것은?
① 방화벽의 양단 및 상단이 외벽 또는 지붕으로부터 30㎝ 이상 돌출하도록 하여야 한다.
② 방화벽에 설치하는 출입구 및 창 등의 개구부는 가능한 한 최소로 하고, 출입구 및 창에는 자동폐쇄식의 60분+방화문 또는 60분방화문을 설치하여야 한다.
③ 원칙적으로 방화벽은 내화구조로 하여야 한다.
④ 앞 ③의 경우 다만, 취급하는 위험물이 제6류 위험물인 경우에는 불연재료로 할 수 있다.

19. 위험물제조소용 건축물의 지붕에 대한 설명으로 적절하지 않은 것은?

① 지붕(작업공정상 제조기계시설 등이 2층 이상에 연결되어 설치된 경우에는 최상층의 지붕을 말한다)은 불연재료로 덮어야 한다.
② 제2류 위험물(분말상태의 것과 인화성고체를 제외한다), 제4류 위험물 중 제4석유류 · 동식물유류 또는 제6류 위험물을 취급하는 건축물인 경우는 그 지붕을 내화구조로 할 수 있다.
③ 밀폐형 구조의 건축물인 경우 발생할 수 있는 내부의 과압(過壓) 또는 부압(負壓)에 견딜 수 있는 철근콘크리트조일 경우 그 지붕을 내화구조로 할 수 있다.
④ 앞 ③의 경우 외부화재에 90분 이상 견딜 수 있는 구조일 경우도 그 지붕을 내화구조로 할 수 있다.

20. 이동저장탱크는 그 내부에 4,000리터 이하마다 칸막이를 설치하여야 하는바, 이에 대한 설명으로 적절하지 않은 것은?
① 3.5㎜ 이상의 강철판으로 하여야 한다.
② 앞 ①의 경우 이와 동등 이상의 강도·내열성 및 내식성이 있는 금속성의 것으로도 가능하다.
③ 고체인 위험물을 저장하는 경우는 설치를 안 해도 된다.
④ 고체인 위험물을 가열하여 액체 상태로 저장하는 경우에도 설치를 안 해도 된다.

21. 이동저장탱크의 측면틀의 설치와 관련 최대수량의 위험물을 저장한 상태에 있을 때의 당해 탱크중량의 중심점과 측면틀의 최외측을 연결하는 직선과 그 중심점을 지나는 직선 중 최외측선과 직각을 이루는 직선과의 내각은?
① 20도 이상　　② 25도 이상
③ 30도 이상　　④ 35도 이상

22. 이송취급소의 배관을 「하천법」 제12조에 따라 지정된 홍수관리구역 내에 매설하는 경우에는 지하매설의 규정을 준용하는 것 외에 둑 또는 호안이 하천 홍수관리구역의 지반면과 접하는 부분으로부터 얼마의 거리를 이격하여야 하는가?
① 거리에 제한이 없다.
② 6m 이상
③ 하천관리상 필요한 거리 이상
④ 4m 이상

23. 이송취급소의 배관을 해저에 설치하는 경우 원칙적인 기준 등에 대한 설명으로 적절하지 않은 것은?
① 배관은 원칙적으로 이미 설치된 배관에 대하여 20m 이상의 안전거리를 둘 것
② 배관은 이미 설치된 배관과 교차하지 말 것
③ 2본 이상의 배관을 동시에 설치하는 경우에는 배관이 상호 접촉하지 아니하도록 필요한 조치를 할 것
④ 배관은 해저면 밑에 매설할 것

24. 주유취급소가 자동화재탐지설비를 설치해야 하는 기준으로 적절한 것은?
① 연면적이 200㎡를 초과하는 것
② 옥내주유취급소
③ 모든 주유취급소
④ 지정수량 1천배 이상을 취급하는 주유취급소

25. 옥외탱크저장소에 설치하는 자동화재탐지설비의 감지기 설치기준과 관련 설치하여야 할 감지기의 종류는?
① 불꽃감지기　　② 정온식감지기
③ 광전식분리형감지기　　④ 연기감지기

제1회 소방전술

01. 「소방의 화재조사에 관한 법률」에서 정의하고 있는 화재에 대한 설명으로 적절하지 않은 것은?
① 고의에 의하여 발생하는 연소현상을 방화라고 한다.
② 물리적인 폭발현상은 화재에 포함된다.
③ 소화할 필요성이 있어야 한다.
④ 사람의 의도에 반하여 발생하는 연소현상이다.

02. 다음 중 일반화재의 표시색으로 적절한 것은?
① 청색　　② 황색
③ 백색　　④ 무색

03. 내화구조의 기준과 관련 바닥의 내화구조 기준으로 적절한 것은?
① 철근콘크리트조 또는 철골 · 철근콘크리트조로서 두께가 14㎝ 이상인 것
② 철근콘크리트조 또는 철골 · 철근콘크리트조로서 두께가 12㎝ 이상인 것
③ 철근콘크리트조 또는 철골 · 철근콘크리트조로서 두께가 10㎝ 이상인 것
④ 철근콘크리트조 또는 철골 · 철근콘크리트조로서 두께가 8㎝ 이상인 것

04. 건물 유형별 안전도 평가와 관련한 5등급의 분류 중, 건물의 주요 연소 확대요소가 숨은 공간이나 작은 구멍인 것은?
① 중량 목구조(안전도 4등급 건물)
② 준내화구조(안전도 2등급 건물)
③ 경량 목구조(안전도 5등급 건물)
④ 조적조(안전도 3등급 건물)

05. 기타활동으로서 수손방지 활동의 순서로 적절한 것은?
① 양옆의 방, 다른 방, 화점 직하하의 방 그리고 다른 층 순서로 한다.
② 양옆의 방, 화점 직하층의 방, 다른 방 그리고 다른 층 순서로 한다.
③ 화점 직하층의 방, 양옆의 방, 다른 방 그리고 다른 층 순서로 한다.
④ 양옆의 방, 다른 방, 화점 직하층의 방 그리고 다른 층 순서로 한다.

06. 화재 현장에서 모든 팀의 구성원들이 살펴봐야 할 잠재적 요소로 열거되지 않은 내용은?
① 백드래프트 또는 플래쉬오버상태
② 사망자들
③ 엎질러질 가능성이 있는 위험하거나 인화성이 높은 상품들
④ 전기 충격 위험들

07. 목조건물 화재진압과 관련 관창배치의 우선순위로 적절한 것은?
① 화재의 정면, 측면 및 2층, 1층의 순으로 한다.
② 2층, 1층, 화재의 뒷면, 측면 순으로 한다.
③ 화재의 뒷면, 측면 및 1층, 2층의 순으로 한다.
④ 화재의 뒷면, 측면 및 2층, 1층의 순으로 한다.

08. 압기공사장 화재 시 소화활동 중 진입 가능한 경우에 대한 설명이 아닌 것은?
① 갱내에 고발포 소화장치, 스프링클러설비, 연결살수설비 등이 설치되어 있을 때는 적극적으로 활용한다.

② 압기 갱내 화재로 요구조자가 없는 경우는 수몰에 의한 소화, 자연진화, 불연가스 봉입 등에 의한 방법으로 소화한다.
③ 연결송수관이 설치되어 있고 갱내로 송수가 가능한 경우는 소방호스를 연장해서 주수를 실시한다.
④ 압기를 개방(갱내를 대기압화 한다)하는 것이 가능한 경우의 소화는 압기 개방후 통상의 일반화재와 같은 활동을 실시한다.

09. 압기 공사장 화재 시 소방활동 요령의 일반원칙에 대한 설명으로 적절하지 않은 것은?
① 호흡기의 착용은 진입 전에 하고 이탈은 탈출 후에 즉시 실시한다.
② 공사관계자를 적극 활용하고 관계기관과 연계하여 활동을 한다.
③ 화재진압 및 인명구조활동은 2차 재해의 방지를 중점으로 한다.
④ 대원 개개의 활동을 금지하고 지휘자의 통제 하에 실시한다.

10. 제2종 분말을 개량한 것으로 탄산수소칼륨($KHCO_3$)과 요소($CO(NH_2)_2$)와의 반응물($KC_2N_2H_3O_3$)을 주성분으로 하는 약제인 것은?
① 제1종 분말 소화약제
② 제2종 분말 소화약제
③ 제3종 분말 소화약제
④ 제4종 분말 소화약제

11. 분말 소화약제 주성분의 성상분말 소화약제의 종류 및 특성과 관련 형태가 무색 결정(정방정계)인 것은?
① 제1인산암모늄
② 탄산수소칼륨과 요소와의 반응물
③ 탄산수소나트륨
④ 탄산수소칼륨

12.「위험물 안전관리법」상 위험물의 정의로 적절한 것은?
① 인화성 또는 발화성 등의 성질을 가지는 것으로서 「위험물 안전관리법 시행령」이 정하는 물품을 말한다.
② 인화성 · 발화성 또는 폭발성 등의 성질을 가지는 것으로서 「위험물 안전관리법」이 정하는 물품을 말한다.
③ 인화성 또는 발화성 등의 성질을 가지는 것으로서 「위험물 안전관리법」이 정하는 물품을 말한다.
④ 금수성 · 인화성 또는 발화성 등의 성질을 가지는 것으로서 「위험물 안전관리법 시행령」이 정하는 물품을 말한다.

13. 방수 및 흡수방법과 관련 펌프 프로포셔너 방식 폼 방수의 절차 중 세 번째 절차로 적절한 것은?
① 펌프 프로포셔너 메인밸브를 개방한다.
② 폼수용액 순환밸브(폼 송수밸브)를 개방한다.
③ 2~3초 후 포가 물과 혼합되어 방수가 시작된다.
④ 폼수용액 조절 밸브(3%, 6%)를 조절한다.

14. 「119구조 · 구급에 관한 법률」을 제외한 법(법률) 중 구조활동의 내용을 규정하고 있는 것은?
① 「소방의 구조활동에 관한 법률」
② 「재난 및 안전관리 기본법」
③ 「소방의 화재조사에 관한 법률」
④ 「소방기본법」

15. 구조대의 편성·운영과 관련 대형 · 특수 재난사고의 구조, 현장 지휘 및 테러현장 등의 지원 등을 위하여 소방청 또는 소방본부에 설치하는 것은?
① 특수구조대 ② 국제구조대
③ 직할구조대 ④ 테러대응구조대

16. 구조로프가 사용되는 용도를 모두 나열한 것은?

가. 각종 장비의 운반 및 고정	나. 구조대상자의 구출
다. 장애물 견인 제거	라. 구조대원 진입 및 탈출

① 가,나,다,라 ② 가,다
③ 나,라 ④ 가,나,다

17. 매듭의 종류 중 마디짓기(結節)를 설명한 것은?
① 로프를 지지물 또는 특정 물건에 묶는 방법
② 로프의 끝이나 중간에 마디나 매듭·고리를 만드는 방법
③ 로프의 끝에서 꼬임이 풀어지는 것을 방지할 때 사용하는 방법
④ 한 로프를 다른 로프와 서로 연결하는 방법

18. 매듭의 종류에서 마디짓기 중 줄사다리매듭을 설명한 것은?
① 로프에 일정한 간격을 두고 수개의 옭매듭을 단들어 로프를 타고 오르거나 내릴 때에 지지점으로 이용할 수 있도록 하는 매듭이다.
② 로프 중간에 고리를 만들 필요가 있을 경우에 사용하며 다른 매듭에 비하여 충격을 받은 경우에도 풀기가 쉬운 것이 장점이다.
③ 로프의 중간에 고리를 만들 필요가 있을 때 사용한다. 간편하게 매듭할 수 있는 방법이지만 힘을 받으면 고리가 계속 조이므로 풀기가 힘들다.
④ 로프의 굵기에 관계없이 묶고 풀기가 쉬우며 조여지지 않으므로 로프를 물체에 묶어 지지점을 만들거나 유도 로프를 결착하는 경우 등에 활용한다.

19. 화재현장에서 발생하는 유독가스 중 허용농도가 가장 큰(많은) 것은?
① 아황산가스(SO_2)
② 포스겐($COCl_2$)
③ 시안화수소(HCN)
④ 암모니아(NH_3)

20. 수직 맨홀 진입에 대한 설명으로 적절하지 않은 것은?
① 구조대상자는 원칙적으로 바스켓 들것에 결착하고 사다리를 이용하여 구출한다.
② 장비가 부족하거나 긴급한 경우에는 로프에 결착하여 인양하거나 구조대원이 껴안아 구출하는 방법을 택하고 외부의 대원과 협력하여 인양토록 한다.
③ 대원은 안전로프를 매고 호흡기의 면체만을 장착한 후 맨홀을 통과하여 묶어 내려진 본체를 장착하고 진입한다.
④ 탈출 시에는 진입의 역순으로 맨홀의 내부에서 호흡기 본체를 벗고 밖으로 나온 후에 면체를 벗는다.

21. 건물, 공작물의 구조현장 안전관리와 관련 "건물, 공작물 지하부분 및 낮은 곳에 있어서 구조활동은 일반적으로 어둡고 협소하여 활동이 힘들고 큰 장비는 활용이 어려우므로 공간을 고려하여 장비를 선택하여야 한다. 또한 환기가 불충분하거나 ( )이(가) 체류하는 경우가 많으므로 호흡보호을 하여야 한다" 에서 괄호 안에 적절한 것은?
① 유해가스 ② 유독물질
③ 유독연기 ④ 짙은연기

22. 토사붕괴 사고 구조현장 안전관리에 대한 설명 중 적절하지 않은 것은?
① 삽과 해머 등을 사용할 때는 파손, 낙하 등의 사고를 방지하기 위해 항상 주위상황을 확인하여 부주의로 떨어뜨리지 않도록 조심한다.
② 재 붕괴 위험이 있는 장소는 말뚝 및 방수시트 등으로 안정을 확보하면서 작업을 개시한다.
③ 활동 중에는 반드시 감시원을 배치하고 대원은 2차적인 토사붕괴 방향과 직각의 방향에서 퇴로를 확보하여 둔다.
④ 유출된 토사 등은 중앙에서 가장자리로 순차적으로 제거하여 활동의 장애가 없는 장소에 운반하고 활동공간을 확보하여 행동한다.

23. 기도확보유지 장비 중 의식이 있는 환자에게 일시적으로 기도를 확보해 주기 위한 기구로 입인두 기도기를 사용할 수 없을 때 사하는 장비는?
① 후두마스크 기도기
② 아이 겔(I-Gel)
③ 후두튜브(LT)
④ 코인두 기도기

24. 다음 중 119구급대원 등에게 응급환자 이송에 관한 정보를 효율적으로 제공하기 위한 119구급상황관리센터를 설치·운영해야 하는 자는?
① 소방청장
② 시 · 도 소방본부장
③ 소방청장, 시 · 도 소방본부장, 소방서장
④ 소방청장, 시 · 도 소방본부장

25. 자연재난 유형별 재난관리주관과 관련 자연재해로서 낙뢰, 가뭄, 폭염 및 한파로 인해 발생하는 재해의 재난관리주관 기관은?
① 환경부
② 국토교통부
③ 행정안전부
④ 소방청

제2회 행 정 법

01. 행정 또는 행정법에 대한 다음 설명 중 적절하지 않은 것은?
① 행정법은 행정의 조직과 작용 및 그 구제를 규율하는 법으로 정의된다.
② 행정은 공익을 실현하면서도 사익도 함께 보호해야 하는 작용이다.
③ 행정은 법 효과에 따라 부담적 행정·수익적 행정·복효적 행정으로 분류할 수 있다.
④ 행정법은 국가가 법이라는 수단을 통해 정의를 실현해 나가는 구체적 작용에 관한 법이라고 할 수 있다.

02. 행정법의 대상인 행정에 대한 설명으로 가장 옳지 않은 것은?
① 행정법의 대상이 되는 행정은 실질적 행정에 한한다.
② 국가행정과 자치행정은 행정주체를 기준으로 행정을 구분한 것이다.
③ 행정은 적극적 미래지향적 형성작용이다.
④ 행정은 그 법 형식을 기준으로 하여 공법형식의 행정과 사법형식의 행정으로 구분할 수 있다.

03. 행정법의 일반원칙에 관한 설명으로 옳지 않은 것은?
① 행정의 자기구속의 원칙은 재량준칙이 공표된 것만으로는 적용될 수 없다.
② 신뢰보호의 원칙에서 귀책사유의 유무는 상대방과 그로부터 신청행위를 위임받은 수임인 등 관계자 모두를 기준으로 판단하여야 한다.
③ 「행정기본법」상 권한남용금지의 원칙이란 행정주체가 행정작용을 함에 있어서 상대방에게 이와 실질적인 관련이 없는 의무를 부과하거나 그 이행을 강제하여서는 아니된다는 원칙을 말한다.
④ 신뢰보호의 원칙은 행정청이 공적인 견해를 표명할 당시의 사정이 그대로 유지됨을 전제로 적용되는 것이 원칙이므로, 사후에 그와 같은 사정이 변경된 경우에는 그 공적 견해가 더 이상 개인에게 신뢰의 대상이 된다고 보기 어려운 만큼, 특별한 사정이 없는 한 행정청이 그 견해표명에 반하는 처분을 하더라도 신뢰보호의 원칙에 위반된다고 할 수 없다.

04. 「행정기본법」에서 규정하고 있는 비례의 원칙의 세부내용이 아닌 것은?
① 행정목적을 달성하는 데 유효하고 적절할 것
② 행정목적을 달성하는 데 필요한 최소한도에 그칠 것
③ 행정목적을 달성하는데 필요한 이익을 형량 할 것
④ 행정작용으로 인한 국민의 이익 침해가 그 행정작용이 의도하는 공익보다 크지 아니할 것

05. 「행정기본법」상 제재처분의 제척기간인 5년이 지나면 제재처분을 할 수 없는 경우는?
① 제재처분을 하지 아니하면 국민의 안전、생명 또는 환경을 심각하게 해치거나 해칠 우려가 있는 경우
② 거짓이나 그 밖의 부정한 방법으로 인허가를 받거나 신고를 한 경우
③ 정당한 사유 없이 행정청의 조사、출입、검사를 기피、방해、거부하여 제척기간이 지난 경우
④ 당사자가 인허가나 신고의 위법성을 경과실로 알지 못한 경우

06. 「행정기본법」의 규정 내용으로 옳지 않은 것은?
① 행정청은 행정작용을 할 때 상대방에게 해당 행정작용과 실질적인 관련이 없는 의무를 부과해서는 아니 된다.
② 행정에 관한 다른 법률을 제정하거나 개정하는 경우에는 「행정기본법」의 목적과 원칙, 기준 및 취지에 부합되어야 한다.

③ 국가와 지방자치단체는 소속 공무원이 공공의 이익을 위하여 적극적으로 직무를 수행할 수 있도록 제반 여건을 조성하고, 이와 관련된 시책 및 조치를 추진하여야 한다.
④ 국가와 지방자치단체는 국민의 삶의 질을 향상시키기 위하여 적법절차에 따라 공정하고 합리적인 행정을 수행할 책무를 진다.

07. 사인의 공법행위로서의 신고에 관한 설명으로 옳지 않은 것은?
① 인·허가의제 효과를 수반하는 건축신고는 특별한 사정이 없는 한 수리를 요하지 않는 신고이다.
② 현행법상 수리를 요하는 신고는 「행정기본법」에, 수리를 요하지 않는 신고는 「행정절차법」에 이원화되어 규정되어 있다.
③ 수리를 요하지 않는 신고는 적법한 신고가 접수기관에 도달한 때에 신고의 법적 효과가 발생한다.
④ 노동조합의 설립신고가 행정관청에 의하여 형식상 수리 되었더라도 법에서 정한 실질적 요건을 갖추지 못한 경우 그 설립은 무효이다.

08. 소방기관에 대한 사인의 공법행위로 보기 어려운 것은?
① 위험물 제조소등의 허가신청
② 소방안전시설등의 설치신고
③ 소방안전관리자의 선임 신고
④ 고장소방용수시설의 수리(보수)

09. 행정입법의 사법적 통제에 대한 설명으로 옳지 않은 것은?
① 조례가 집행행위의 개입 없이도 그 자체로서 직접 국민의 권리의무나 법적 이익에 영향을 미치는 등의 법률상 효과를 발생하는 경우 그 조례는 항고소송의 대상이 되는 행정처분에 해당한다.
② 행정청이 행정입법 등 추상적인 법령을 제정하지 아니하는 행위는 법률이 시행되지 못하게 됨으로써 행정입법을 통해 구체화되는 개인의 권리를 침해하는 것으로, 항고소송의 대상이 된다.
③ 어떠한 처분의 근거나 법적인 효과가 행정규칙에 규정되어 있다고 하더라도, 그 처분이 상대방의 권리의무에 직접 영향을 미치는 행위라면 항고소송의 대상이 되는 행정처분에 해당한다.
④ 법령의 규정이 특정 행정기관에게 법령 내용의 구체적 사항을 정하도록 권한을 부여하여 특정 행정기관이 행정규칙을 정하였으나 그 행정규칙이 상위 법령의 위임 범위를 벗어났다면, 그러한 행정규칙은 대외적 구속력을 가지는 법규명령으로서의 효력이 인정되지 않는다.

10. 법규명령에 관한 설명으로 옳지 않은 것은?
① 법령의 위임이 없음에도 법령에 규정된 처분 요건에 해당하는 사항을 부령에서 변경하여 규정한 경우, 그 부령은 행정조직 내부에서 적용되는 행정명령의 성격을 지닐 뿐이다.
② 집행명령은 근거법령인 상위법령이 폐지 또는 개정될 경우, 특별한 규정이 없는 이상 실효된다.
③ 상위법령에서 세부사항 등을 시행규칙으로 정하도록 위임하였음에도 이를 고시 등 행정규칙으로 정하였다면, 그 역시 대외적 구속력을 가지는 법규명령으로서 효력이 인정될 수 없다.
④ 다른 집행행위의 매개 없이 그 자체로서 직접 국민의 구체적인 권리·의무나 법률관계를 규율하는 성격을 가질 때에는 행정처분에 해당한다.

11. 형성적 행정행위에 대한 설명으로 적절하지 않은 것은?
① 형성적 행위는 국민에 대하여 특정한 권리·권리능력·행위능력 또는 포괄적인 법률관계 기타 법률상의 힘을 설정(발생) 혹은 변경·소멸시키는 행정행위를 말한다.
② 어느 것이나 제3자에 대항할 수 있는 법률상 힘을 부여 또는 박탈을 목적으로 하는 행위인 점에서 자유의 제한 또는 그의 해제를 목적으로 하는 명령적 행위와 구별된다.
③ 특허·인가 등 형성적 행위를 요함에도 불구하고 특허나 인가를 받지 않고 한 행위는 원칙적으로 그 효력도 부인된다.
④ 특별한 처벌 금지규정이 없는 한 처벌의 대상이 된다.

12. 다음 설명중 적절하지 않은 것은?
① 주류판매업 면허는 강학상 설권적 행위인 특허에 해당한다.
② 한의사 면허는 경찰금지를 해제하는 명령적 행위(강학상 허가)에 해당한다.
③ 재단법인의 정관변경허가는 인가에 해당한다.
④ 요인가행위를 인가 없이 한 행위는 무효일 뿐이며, 강제집행 또는 처벌의 대상은 되지 않는 것이 원칙이다.

13. 부관에 관한 설명으로 옳지 않은 것은?('23 소방위 승진)
① 「행정기본법」에 따르면, 행정청은 처분에 재량이 있거나 또는 처분에 재량이 없는 경우에는 법률에 근거가 있는 경우에 부관을 붙일 수 있다.
② 건축허가를 하면서 일정 토지를 기부채납하도록 하는 내용의 허가조건은 부관을 붙일 수 없는 기속행위 내지 기속적 재량행위인 건축허가에 붙인 부담이거나 또는 법령상 아무런 근거가 없는 부관이어서 무효이다.
③ 일반적으로 보조금 교부결정에 관해서는 행정청에 광범위한 재량이 부여되어 있고, 행정청은 보조금 교부 결정을 할 때 법령과 예산에서 정하는 보조금의 교부 목적을 달성하는 데에 필요한 조건을 붙일 수 있다.
④ 수익적 행정처분에 있어서는 법령에 특별한 근거규정이 없다고 하더라도 그 부관으로서 부담을 붙일 수 있으나, 그와 같은 부담을 부가하기 이전에 상대방과 협의하여 부담의 내용을 협약의 형식으로 미리 정한 다음 행정처분을 하면서 이를 부가할 수는 없다.

14. 행정행위의 부관에 관한 설명으로 옳지 않은 것은?
① 행정행위의 부관은 부담의 경우를 제외하고는 독립하여 행정소송의 대상이 될 수 없다.
② 행정행위의 부관으로 철회권의 유보가 되어 있는 경우라 하더라도 그 철회권의 행사에 대해서는 행정행위의 철회의 제한에 관한 일반원리가 적용된다.
③ 행정청이 부담을 부가하기 전에 상대방과 협의하여 부담의 내용을 협약의 형식으로 미리 정하는 것은 부담 또한 단독행위로서 행정행위로서의 본질을 갖는다는 점에서 허용되지 않는다.
④ 행정처분이 발하여진 후 새로운 부담을 부가하거나 이미 부가되어 있는 부담의 범위 또는 내용 등을 변경하는 사후부담은, 법률에 명문의 규정이 있거나 그것이 미리 유보되어 있는 경우 또는 상대방의 동의가 있는 경우에 허용되는 것이 원칙이다.

15. 행정행위의 하자의 승계에 대한 설명으로 옳지 않은 것은?
① 2개 이상의 행정처분이 연속적 또는 단계적으로 이루어지는 경우 선행처분과 후행처분이 서로 합하여 1개의 법률효과를 완성하는 때에는 선행처분에 하자가 있으면 그 하자는 후행처분에 승계된다.
② 선행처분과 후행처분이 서로 독립하여 별개의 법률효과를 발생시키는 경우에는 선행처분에 불가쟁력이 생겨 그 효력을 다툴 수 없게 되면 수인한도를 넘는 가혹함을 가져오며 그 결과가 당사자에게 예측가능하지 않더라도 하자의 승계가 인정되지 않는다.
③ 과세관청의 선행처분인 소득금액변동통지에 하자가 존재하더라도 당연무효사유에 해당하지 않는 한 후행처분인 징수처분에 대한 항고소송에서 그 하자를 다툴 수 없다.
④ 수용보상금의 증액을 구하는 소송에서는 선행처분으로서 그 수용대상 토지 가격 산정의 기초가 된 비교표준지공시지가결정의 위법을 독립된 사유로 주장할 수 있다.

16. 행정행위의 하자로서 무효사유가 아닌 것은?('22 소방사 공채)

① 국토계획법령이 정한 도시계획시설사업의 대상 토지의 소유와 동의요건을 갖추지 못하였음에도 도시계획시설사업의 사업시행자 지정처분을 한 경우
② 조세부과처분의 근거가 되었던 법률규정에 대하여 위헌결정이 내려진 후 체납처분을 한 경우
③ 학교환경위생정화위원회의 심의절차를 누락한 채 학교환경위생정화구역에서의 금지행위 및 시설해제 여부에 관한 행정처분을 한 경우
④ 납세자가 아닌 제3자의 재산을 대상으로 압류처분을 한 경우

17. 비공식적 행정작용에 대한 다음 설명중 적절하지 않은 것은?

① 비공식적 행정작용은 법률에 규정이 없는 한 원칙적으로 허용되지 않는다.
② 비공식적 행정작용으로서의 협의·합의 등은 행정상 사실행위로서 법적 구속력을 가지지 않는다.
③ 비공식적 행정작용은 유사행정작용으로서의 행정계약·예비결정 또는 확언 등과 구별된다.
④ 비공식적 행정작용은 법치국가원리로부터 도출되는 법령 및 법원칙상의 한계와 사실상의 구속력에 따른 제한을 받는다.

18. 「행정절차법」상 행정절차에 관한 설명으로 옳은 것은?

① 행정청은 처분의 신청을 받았을 때에는 항상 그 접수를 처리하여야 하며, 신청을 접수한 경우에는 신청인에게 접수증을 주어야 한다.
② 행정청은 처분의 처리기간을 연장할 수 있는데, 이때 처분의 신청인에게 반드시 연장 사유와 처리 예정 기한을 통지할 필요는 없다.
③ 행정청은 필요한 처분기준을 해당 처분의 성질에 비추어 되도록 구체적으로 정하여 공표하여야 한다. 그러나 처분기준을 변경하는 경우에는 그러하지 아니하다.
④ 처분의 신청인은 처분이 있기 전에는 그 신청의 내용을 보완·변경하거나 취하할 수 있다. 다만, 다른 법령등에 특별한 규정이 있거나 그 신청의 성질상 보완·변경하거나 취하할 수 없는 경우에는 그러하지 아니하다.

19. 「행정기본법」상 행정청이 재량이 있는 제재처분을 할 때 고려해야 할 사항으로 열거하고 있지 않은 것은?

① 위반행위의 동기, 목적 및 방법
② 위반행위의 인정여부
③ 위반행위의 결과
④ 위반행위의 횟수

20. 행정상 강제에 관한 설명으로 옳지 않은 것은?

① 외국인의 출입국에 관한 사항에 관하여는 「행정기본법」상 행정상 강제에 관한 규정을 적용하지 아니한다.
② 행정청이 건물소유자들을 상대로 건물철거 대집행을 실시하기에 앞서, 건물소유자들을 건물에서 퇴거시키기 위해 별도로 퇴거를 구하는 민사소송은 부적법하다.
③ 관계 법령을 위반하여 장례식장을 영업하고 있는 자의 장례식장 사용 중지의무 위반에 대해서는 「행정대집행법」에 의한 대집행이 가능하다.
④ 개발제한구역법에 따른 행정청의 시정명령 불이행에 대한 이행강제금의 부과·징수를 위한 계고는 시정명령을 불이행한 경우에 취할 수 있는 절차라 할 것이고, 따라서 이행강제금을 부과·징수할 때마다 그에 앞서 시정명령 절차를 다시 거쳐야 할 필요는 없다.
⑤ 즉시강제를 실시하기 위하여 현장에 파견되는 집행책임자는 그가 집행책임자임을 표시하는 증표를 보여 주어야 하며, 즉시강제의 이유와 내용을 고지하여야 한다.

21. 「질서위반행위규제법」에 대한 설명으로 적절하지 않은 것은?

① 질서위반행위규제법은 대한민국 영역 밖에 있는 대한민국의 선박 또는 항공기 안에서 질서위반행위를 한 외국인에게도 적용한다.
② 질서위반행위의 성립과 과태료 처분은 행위 시의 법률에 따른다.
③ 법률과 대통령령에 따르지 아니하고는 어떤 행위도 질서위반행위로 과태료를 부과하지 아니한다.
④ 사법상·소송법상 의무를 위반하여 과태료를 부과하는 행위는 질서위반행위규제법의 적용을 받지 않는다.

22. 「질서위반행위규제법」에 대한 설명으로 적절하지 않은 것은?

① 원칙적으로 19세가 되지 아니한 자의 질서위반행위는 과태료를 부과하지 아니한다.
② 자신의 행위가 위법하지 아니한 것으로 오인하고 행한 질서위반행위는 그 오인에 정당한 이유가 있는 때에 한하여 과태료를 부과하지 아니한다.
③ 고의 또는 과실이 없는 질서위반행위는 과태료를 부과하지 아니한다.
④ 스스로 심신장애 상태를 일으켜 질서위반행위를 한 자에 대하여는 과태료를 부과 한다.

23. 행정상 손실보상에 관한 설명으로 옳지 않은 것은?

① 어떤 법률이 재산권 침해를 규정하면서 보상에 관하여서는 명문의 규정을 두지 아니한 경우, 유사한 재산권 침해를 규정하면서 보상에 관하여 규정한 관련 규정을 유추적용 할 수 있다.
② 손실보상을 하여야 한다는 규정이 없다 할지라도 법리상 그 손실을 보상하여야 할 것이다.
③ 「헌법」 제23조 제3항에 따른 정당한 보상이란 원칙적으로 피수용재산의 객관적인 재산가치를 완전하게 보상하여야 한다는 완전보상을 뜻하는 것이다.
④ 대법원은 손실보상청구권을 사권(私權)으로 보고, 그에 관한 소송도 민사소송에 의한다고 하였다.

24. 공익사업을 위한 토지 등의 취득 및 보상에 관한 법률 상 손실보상에 대한 설명으로 옳지 않은 것은?

① 영업을 하기 위해 투자한 비용이나 그 영업을 통해 얻을 것으로 기대되는 이익에 대한 손실은 영업손실보상의 대상이 된다고 할 수 없다.
② 토지소유자가 손실보상금의 액수를 다투고자 하는 경우 토지수용위원회가 아니라 사업시행자를 상대로 보상금의 증액을 구하는 소송을 제기해야 한다.
③ 토지수용위원회의 재결에 대한 토지소유자의 행정소송 제기는 사업의 진행 및 토지의 수용 또는 사용을 정지시키지 아니한다.
④ 어떤 보상항목이 손실보상대상에 해당함에도 관할 토지수용위원회가 사실을 오인하거나 법리를 오해함으로써 손실보상대상에 해당하지 않는다고 잘못된 내용의 재결을 한 경우에는, 피보상자는 관할 토지수용위원회를 상대로 재결취소소송을 제기하여야 한다.

25. 현행 「행정소송법」이 규정하고 있지 않은 것만을 〈보기〉에서 고른 것은?

〈보 기〉
ㄱ. 피고경정
ㄴ. 가처분
ㄷ. 명령·규칙의 위헌판결등 공고
ㄹ. 항고소송에서의 화해권고결정
ㅁ. 예방적 부작위소송

① ㄱ, ㄴ, ㄷ ② ㄱ, ㄷ, ㄹ
③ ㄴ, ㄷ, ㅁ ④ ㄴ, ㄹ, ㅁ ⑤ ㄷ, ㄹ, ㅁ

제2회 소방법령 Ⅳ

01. 다음 중 소방공무원 인사기록의 종류가 아닌 것은?
① 선서문
② 신원조사서
③ 공무원채용신체검사서
④ 면허 또는 자격증명서

02. 초임보직 소방기관의 장의 인사기록 송부 등에 대한 설명으로 적절하지 않은 것은?
① 위탁교육훈련에 따른 전보제한 사유에 해당되는 자에 대하여는 그 사유를 소방공무원 인사기록카드의 경력사항 란에 기재하여야 한다.
② 인사기록관리자는 퇴직한 소방공무원을 재임용한 경우에는 인사기록을 보관하고 있는 소방기관의 장에게 해당 소방공무원의 인사기록의 사본의 송부를 요청할 수 있다.
③ 앞 ②의 경우 그 요청을 받은 소방기관의 장은 7일 이내에 이를 송부해야 한다.
④ 초임보직 소방기관의 장은 신규채용 된 소방공무원에 대해 작성한 인사기록을 직접 보관하거나 해당 소방공무원의 인사기록을 보관하는 소방기관의 장에게 송부해야 한다.

03. 소방공무원 시보임용 기간의 단축 또는 면제에 대한 설명으로 적절하지 않은 것은?
① 정규의 소방공무원이었던 자가 퇴직 당시의 계급 또는 그 하위의 계급으로 임용되는 경우는 시보임용을 면제한다.
② 시보임용예정자가 받은 교육훈련기간은 이를 시보로 임용되어 근무한 것으로 보아 시보임용 기간을 단축할 수 있다.
③ 소방공무원으로서 「소방공무원 승진임용 규정」에서 정하는 상위계급에의 승진에 필요한 자격요건을 갖춘 자가 승진예정계급에 해당하는 계급의 공개경쟁채용시험에 합격하여 임용되는 경우는 시보임용을 면제한다.
④ 시보임용예정자가 받은 교육훈련기간은 이를 소방공무원으로 임용되어 근무한 것으로 보아 시보임용 기간을 면제한다.

04. 소방사 공개경쟁채용시험이나 소방간부후보생선발시험에서 주어지는 가점과 관련 동일한 분야에서 가점 인정 대상이 두 개 이상인 경우에는 어떻게 가산하는가?
① 동일한 분야의 자격을 모두 합산하여 가산한다.
② 본인에게 유리한 것 하나만을 가산한다.
③ 본인에게 유리한 것 중 2개를 합하여 가산한다.
④ 동일한 분야의 자격을 합산하여 5퍼센트 범위에서 가산한다.

05. 소방공무원 경력경쟁채용시험등의 최종합격자 결정에 대한 설명으로 "필기시험 · 체력시험 · 실기시험 및 면접시험을 실시하는 경우는 필기시험성적 (　　)퍼센트, 체력시험성적(　　)퍼센트, 실기시험성적 (　　)퍼센트 및 면접시험성적 (　　)퍼센트의 비율로 합산한 성적으로 합격자를 결정한다" 에서 괄호 안에 적절한 것은?
① 30, 25, 25, 20
② 40, 15, 35, 10
③ 30, 15, 30, 25
④ 30, 25, 30, 15

06. 소방공무원의 경력경쟁채용등과 관련 2년과 5년의 필수보직기간 및 전보기간 제한에도 불구하고 전보가 가능한 경우가 있는바, 그 사유로 적절하지 않은 것은?
① 징계처분을 받은 경우
② 직제상의 최저단위 보조기관 내에서의 전보의 경우
③ 소방공무원을 전문직위로 전보하는 경우
④ 기구의 개편, 직제 또는 정원의 변경으로 인한 전보의 경우

07. 승진소요최저근무연수의 포함과 관련 "퇴직한 소방공무원이 퇴직 당시의 계급 이하의 계급으로 임용된 경우 퇴직 전의 재직기간 중 재임용 당시의 계급 이상의 계급으로 (　　　)은 재임용 당시 계급에 한정하여 승진소요최저근무연수의 기간에 포함한다" 에서 괄호 안에 적절한 것은?
① 재직한 기간 중 최근 4년간의 50%의 기간
② 재직한 기간 중 50%의 기간
③ 재직한 기간
④ 재직한 기간 중 1년

08. 소방청 관 · 국외 근무하는 소방위의 1차 평정자와 2차평정자로 적절한 것은?
① 1차 평정자 소속 국장, 2차 평정자 차장
② 1차 평정자 소속 과장, 2차 평정자 소속 국장
③ 1차 평정자 운영지원과장, 2차 평정자 차장
④ 1차 평정자 소속 과장, 2차 평정자 차장

09. 소방청 소속 소방사의 승진대상자 명부의 작성권자로 적절한 것은?
① 소방청장
② 소방청 차장
③ 소방청 119대응국장
④ 소방청 운영지원과장

10. 임용권자 또는 임용제청권자는 승진심사위원회에서 승진임용예정자로 선발된 자에 대하여 승진임용예정자 명부의 순위에 따라 작성하여야 하는 것은?
① 심사승진대상자명부
② 승진대상자명부
③ 심사승진후보자명부
④ 승진후보자명부

11. 특별위로금은 공무상요양으로 소방공무원이 요양하면서 출근하지 아니한 기간에 대하여 지급하되, 몇 개월을 넘지 아니하는 범위에서 지급하여야 하는가?
① 48개월
② 24개월
③ 60개월
④ 36개월

12. 특별위로금은 요양급여의 지급대상자로 결정된 소방공무원에게 지급되는바, 요양급여를 지급하는 근거가 되는 법률은?
① 「소방공무원법」
② 「국가유공자 등 예우 및 지원에 관한 법률」
③ 「공무원 재해보상법」
④ 「보훈보상대상자 지원에 관한 법률」

13. 소방청에 설치되는 소방공무원 징계위원회 위원 수로 적절한 것은?
① 위원장 1명을 포함하여 19명 이상 35명 이하의 위원
② 위원장 1명을 포함하여 15명 이상 31명 이하의 위원
③ 위원장 1명을 포함하여 11명 이상 21명 이하의 위원
④ 위원장 1명을 포함하여 17명 이상 33명 이하의 위원

14. 둘 이상의 위험물을 같은 장소에서 저장 또는 취급하는 경우 지정수량 이상의 대상으로 보아야 하는 경우는?
① 아염소산염류 20로그램, 브로민산염류 100킬로그램
② 황하인 50킬로그램, 철분 200킬로그램
③ 적린 50킬로그램, 금속분 250킬로그램
④ 염소산염류 20킬로그램, 과염소산염류 20킬로그램

15. 제1류 위험물 중 지정수량이 50킬로그램이 아닌 것은?
① 브로민산염류
② 아염소산염류
③ 무기과산화물
④ 과염소산염류

16. 위험물저장소에 대한 안전관리자의 자격과 관련 안전관리자 교육이수자 또는 소방공무원경력자가 선임될 수 있는 조건으로 옥내탱크저장소의 경우 제4류 위험물 중 제2석유류 · 제3석유류 · 제4석유류 · 동식물유류만을 저장하는 것인 경우 적절한 것은?
① 지정수량 40배 이하의 것만 선임될 수 있다.
② 지정수량 20배 이하의 것만 선임될 수 있다.
③ 지정수량 10배 이하의 것만 선임될 수 있다.
④ 지정수량 배수에 관한 제한 규정이 없다.

17. 위험물안전관리대행기관 지정 등에 대한 설명으로 적절하지 않은 것은?
① 다른 법령에 의하여 안전관리업무를 대행하는 기관으로 지정·승인 등을 받은 법인도 대행기관으로 등록할 수 있다.
② 기술인력란의 각호에 정한 2 이상의 기술인력을 동일인이 겸할 수 없다.
③ 위험물탱크시험자로 등록한 법인도 대행기관으로 등록할 수 있다.
④ 33제곱미터 이상의 전용사무실을 갖추어야 한다.

18. 위험물제조소에서 설치해야 하는 기타설비에 대한 설명으로 적절하지 않은 것은?
① 제조소에 설치하는 전기설비는 「전기사업법」에 의한 전기설비기술기준에 의하여야 한다.
② 위험물을 가열 또는 건조하는 설비는 원칙적으로 직접 불을 사용하지 아니하는 구조로 하여야 한다.
③ 위험물을 가열하거나 냉각하는 설비 또는 위험물의 취급에 수반하여 온도변화가 생기는 설비에는 별도의 안전장치를 설치하여야 한다.
④ 위험물을 취급하는 기계·기구 그 밖의 설비는 위험물이 새거나 넘치거나 비산하는 것을 방지할 수 있는 구조로 하여야 한다.

19. 위험물제조소내의 위험물을 취급하는 배관의 재질은 강관 그 밖의 이와 유사한 금속성으로 하여야 하는바, 이에 대한 예외의 기준으로 적절하지 않은 것은?
① 배관은 지하에 매설할 것
② 국내 또는 국외의 관련공인시험기관으로부터 안전성에 대한 시험 또는 인증을 받을 것
③ 배관의 구조를 단관으로 할 것
④ 배관의 재질은 한국산업규격의 유리섬유강화플라스틱·고밀도폴리에틸렌 또는 폴리우레탄으로 할 것

20. 이동저장탱크의 배출밸브에 설치되는 수동폐쇄장치의 레버 길이는 얼마 이상으로 해야 하는가?
① 15㎝ 이상
② 20㎝ 이상
③ 25㎝ 이상
④ 30㎝

21. 이동탱크저장소에는 보기 쉬운 곳에 해당 이동탱크저장소가 금연구역임을 알리는 표지를 설치해야 하는바, 이 경우 표지에는 어떤 내용이 포함되어야 하는가?
① 금연을 상징하는 그림 또는 문자
② "금연구역" 이라는 문자
③ 금연을 상징하는 그림
④ 금연을 상징하는 그림 및 문자

22. 이송취급소의 배관을 설치하기 위하여 설치하는 터널의 높이가 얼마 이상이면 가연성증기의 체류를 방지하는 조치를 하여야 하는가?
① 높이 2m 이상인 것
② 높이 1.8m 이상인 것
③ 높이 1.5m 이상인 것
④ 높이 1.0m 이상인 것

23. 이송취급소의 배관계에 설치해야 하는 장치로 열거되지 않은 것은?
① 안전제어장치
② 배관파손 감지장치
③ 안전확인장치
④ 누설검지장치

24. 제조소등에서의 위험물의 저장 및 취급에 관한 기준 중 모두 중요기준에 해당하는 것은?
① 위험물의 용기 및 수납
② 취급의 기준
③ 저장의 기준
위험물의 유별 저장 · 취급의 공통기준

25. 위험물의 유별 저장·취급의 공통기준에 대한 설명 중 가연물과의 접촉·혼합이나 분해를 촉진하는 물품과의 접근 또는 과열·충격·마찰 등을 피해야 하는 위험물은?
① 제6류 위험물
② 제1류 위험물
③ 제2류 위험물
④ 제3류 위험물

제2회 소방전술

01. 소화 적응성에 따른 화재의 분류 중 표시색이 모두 황색인 것은?
① 유류화재, 금속화재
② 전기화재, 가스화재
③ 유류화재, 가스화재
④ 일반화재, 전기화재

02. 「화재조사 및 보고규정」상 건물의 반소의 기준이 되는 비율로 적절한 것은?
① 50% 이상　② 45% 이상
③ 40% 이상　④ 30% 이상

03. 경량 목구조 건물의 가장 큰 붕괴 위험성은 어디에 있는가?
① 벽 붕괴　② 지붕 붕괴
③ 천장 붕괴　④ 기둥 붕괴

04. 화재 현장지휘관의 책임완수를 위해 요구되는 능력 중 의사결정 능력의 세부 내용으로 열거되지 않은 것은?
① 대응과 철수 및 지원요청 시기의 적절한 판단
② 현장작전상황의 환류(재검토)를 통해 작전계획을 변경할 수 있는 유연한 자세
③ 표준대응방법의 개발
④ 행동개시 후에는 즉시 관리자의 역할로 복귀(전술적 책임은 위임)

05. 방화조건물 화재 시 관창배치에 대한 설명으로 적절한 것은?
① 뒷면을 최우선으로 하고 측면, 2층 및 1층의 순으로 옥내진입을 원칙으로 한다.
② 전면을 최우선으로 하고 측면, 뒷면, 2층 및 1층의 순으로 옥내진입을 원칙으로 한다.
③ 전면을 최우선으로 하고 뒷면, 측면, 2층 및 1층의 순으로 옥내진입을 원칙으로 한다.
④ 뒷면을 최우선으로 하고 2층, 1층, 측면의 순으로 옥내진입을 원칙으로 한다.

06. 대규모 목조건물 화재진압 요령에 대한 설명으로 적절하지 않은 것은?
① 수량이 풍부한 소방용수를 선정한다. 연못, 풀, 저수조, 하천 등의 소방용수를 점령하여 대량 방수체제를 취한다.
② 복사열이 크고 비화위험이 있으므로 부근의 건물에 대하여 경계 관창을 배치한다.
③ 방수는 붕괴, 낙하를 방지하기 위하여 높은 곳을 목표로 한다.
④ 붕괴, 천장낙하에 주의하고 직사방수로 떨어지기 쉬운 것을 떨어뜨린 후 진입한다.

07. 고의성이 없는 어떤 불안전한 행동이나 조건이 선행되어, 일을 저해하거나 또는 능률을 저하시키며 직접 또는 간접적으로 인명이나 재산의 손실을 가져올 수 있는 사건을 말하는 것은?
① 재난　② 재해
③ 사고　④ 안전사고

08. 소방활동의 특수성 중 "내화건물 및 지하 화재에 있어서 화염은 물론 짙은 연기와 열기로 인한 진입장해로 인명검색이나 소화활동이 제한을 받게 되는 상황" 을 말하는 것은?
① 활동환경의 이상성
② 확대 위험성과 불안정성
③ 행동의 위험성
④ 활동 장해

09. 다음 중 화재조사의 특징으로 열거되지 않은 것은?
① 화재조사는 현장성을 갖는다.
② 화재조사는 안전하게 진행되어야 한다.
③ 화재조사는 정확성을 유지해야 한다.
④ 화재조사는 강제성을 갖는다.

10. 화재피해금액은 화재 당시의 피해물과 동일한 구조, 용도, 질, 구모를 재건축 또는 재구입하는 데 소요되는 가액에서 사용손모 및 경과연수에 따른 감가공제를 하고 현재가액을 산정하는 (　　)·(　　)방식에 의하는바, 괄호 안에 적절한 것은?
① 논리적, 과학적　② 실질적, 구체적
③ 과학적, 합리적　④ 실증적, 세부적

11. 액체로서 산화력의 잠재적인 위험성을 판단하기 위하여 고시로 정하는 시험에서 고시로 정하는 성질과 상태를 나타내는 것을 말하는 것은?
① 산화성액체
② 산화성고체 또는 액체
③ 가연성액체
④ 산화성고체

12. 위험물의 화학결합의 형태 중 "금속 양이온과 주위에 자유로이 움직이는 전자 사이의 인력" 의 결합 형태로 적절한 것은?
① 수소결합　② 이온결합
③ 금속결합　④ 공유결합

13. 대형유류 및 항공기 화재 등 근접 위험이 큰 화재에 대원보호 및 진압활동 가능한 소방차로 적절한 것은?
① 무인파괴방수탑차
② 고성능 화학차
③ 내폭 화학차
④ 미분무가스소방차

14. 구조활동의 원칙 중 모든 사고현장에 있어서 가장 우선하여 고려할 사항의 우선순위로 올바르게 나열된 것은?
① 사고의 안정화 ⇒ 재산가치의 보존 ⇒ 인명의 안전
② 인명의 안전 ⇒ 사고의 안정화 ⇒ 재산가치의 보존
③ 사고의 안정화 ⇒ 인명의 안전 ⇒ 재산의 보존
④ 인명의 안전 ⇒ 재산가치의 보존 ⇒ 사고의 안정화

15. 구조활동의 성패를 좌우하는 요인 중 구조활동 우선순위가 올바르게 나열된 것은?
① 피해의 최소화 ⇒ 정신적, 육체적 고통경감 ⇒ 신체구출 ⇒ 구명
② 구명 ⇒ 신체구출 ⇒ 정신적, 육체적 고통경감 ⇒ 피해의 최소화
③ 신체구출 ⇒ 구명 ⇒ 정신적, 육체적 고통경감 ⇒ 피해의 최소화
④ 정신적, 육체적 고통경감 ⇒ 구명 ⇒ 신체구출 ⇒ 피해의 최소화

16. 매듭의 종류에서 마디짓기 중 나비매듭에 대한 설명으로 적절한 것은?
① 로프 중간에 고리를 만들 필요가 있을 경우에 사용하며 충격을 받은 경우에도 풀기가 쉽다.
② 많은 힘을 받을 수 있고 힘이 가해진 경우에도 풀기가 쉬워 로프를 연결하거나 안전을 확보하기 위한 매듭으로 자주 사용된다.
③ 묶고 풀기가 쉬우며 같은 굵기의 로프를 연결하기에 적합한 매듭이다.
④ 두 로프가 서로 다른 로프를 묶고 당겨서 매듭부분이 맞물리도록 하는 방법이다.

17. 다음 매듭의 명칭으로 적절한 것은?

① 나비매듭
② 두겹매듭
③ 피셔맨매듭
④ 8자연결매듭

18. 일반 사고 구조활동과 관련 건물 내 감금 사고로 단순한 내부 진입에 대한 설명으로 적절하지 않은 것은?
① 진입하고자 하는 장소가 4층 이하의 저층이라면 아래층에서 사다리를 사용하여 진입하는 것을 우선적으로 고려한다.
② 사무실 또는 아파트 등에서 단순 감금일 경우라면 관리실의 마스터키를 사용하여 개방하는 것을 최우선적으로 고려한다.
③ 두 번째로는 전문 열쇠수리공에게 의뢰하는 방법인데 내부에 긴급히 구조해야 할 사람이 없거나 별도의 안전조치가 필요하지 않은 경우에 한한다.
④ 사고발생 장소가 고층인 경우 인접 실에서 베란다를 따라 진입하거나 상층에서 로프하강으로 진입할 수도 있다.

19. 자동차 사고의 일반적 특성 중 2차 사고의 발생 위험이 높은 특성은?
① 사고로 차량이 손상되면 연료가 누출되어 화재나 폭발이 발생하기도 하며, 적재된 위험물질이 누출되는 것은 2차 사고의 발생 위험이 높은 특성이다.
② 자동차 사고가 발생하면 주변의 차량이 정체되어 현장접근이 지연되는 경우가 많다.
③ 교통사고는 거의 대부분의 경우에 사상자가 발생하고 경우에 따라서는 예상보다 훨씬 심각한 상황이 전개되는 경우도 있다.
④ 자동차 사고는 대부분 차량과 차량이 충돌하는 형태로 도로상에서 발생한다.

20. 안전한 현장활동의 기본 준수사항 중 구조대상자의 동의에 관한 사항으로 적절하지 않은 것은?
① 추후 발생 될 수 있는 구조활동 상의 자격시비 등 민,형사상의 문제점을 예방하기 위함이다.
② 의식이 있는 경우에는 명시적인 방법으로 상대의 동의를 요구한다.
③ 구조대상자의 동의(명시적, 묵시적)는 구조대상자에 대한 보호측면은 없다.
④ 의식이 없는 경우에는 묵시적인 동의를 적용하여 상대의 동의를 구하되 자신의 소속과 자격, 현장상황을 설명하고 구조대상자로부터 동의를 얻도록 한다.

21. 「응급의료에 관한 법률」상 "질병, 분만, 각종 사고 및 재해로 인한 부상이나 그 밖의 위급한 상태로 인하여 즉시 필요한 응급처치를 받지 아니하면 생명을 보존할 수 없거나 심신에 중대한 위해가 발생할 가능성이 있는 환자 또는 이에 준하는 사람으로서 보건복지부령으로 정하는 사람" 을 말하는 것은?
① 응급환자 ② 위급환자
③ 구명환자 ④ 긴급환자

22. 호흡유지 장비 중 보유 산소장비 없이 즉각적인 초기 환기를 제공할 수 있는 호흡기구는?
① 자동식 산소소생기
② 백-밸브 마스크 소생기
③ 산소소생기
④ 마스크 소생기

23. 다음 중 목뼈 보호대 사용 시 환자의 크기에 맞는 적절한 고정장비를 선택해야 하는바, 이때 어떤 높이를 측정해야 하는가?
① 귓불 끝에서 턱 끝까지의 높이
② 턱 끝에서 승모근까지의 높이
③ 어깨에서 하악까지의 높이
④ 귓불 끝에서 쇄골 뼈까지의 높이

24. 정당한 사유 없이 구조·구급활동을 방해한 자의 벌칙은?
① 5년 이하의 징역 또는 5천만원 이하의 벌금
② 3년 이하의 징역 또는 3천만원 이하의 벌금
③ 1년 이하의 징역 또는 1천만원 이하의 벌금
④ 500만원 이하의 벌금

25. 재난관리책임기관 · 긴급구조기관 및 긴급구조지원기관이 재난 및 안전관리업무에 이용하거나 재난현장에서의 통합지휘에 활용하기 위하여 구축 · 운영하는 통신망을 말하는 용어는?
① 재난통신망
② 재난안전통신망
③ 재난관리통신망
④ 긴급구조통신망

제3회 행 정 법

01. 행정과 관련한 다음 설명 중 적절한 것은?

① 실질적의미의 행정과 관련 "법아래서 법의 규제를 받으면서 현실적 · 구체적으로 국가목적의 적극적 실현을 위하여 행하여지는 전체로서 통일성을 가지는 계속적인 형성적 국가활동" 이라고 하는 학설은 국가목적실현설이다.

② 실정법에 의하여 행정부에 부여된 작용은 그 성질에 관계없이 모두 행정으로 보는 경우의 행정을 형식적의미의 행정이라 한다.

③ "행정심판위원회의 재결은 형식적의미로는 사법이고, 실질적의미로는 행정이다.

④ 신행정수도건설이나 수도이전의 문제를 국민투표에 붙일지 여부에 대한 대통령의 의사결정은 통치행위로 볼 수 없다.

02. 다음 중 실질적의미의 행정에는 속하나 형식적 의미의 행정으로는 볼 수 없는 것은?

① 이발소의 영업허가

② 법률(법)의 제정

③ 군 당국의 징발처분

④ 국회사무총장의 소속공무원 임명

03. 「행정기본법」에서 규정하고 있는 행정의 법 원칙이 아닌 것은?

① 부당결부금지의 원칙

② 행정의 자기구속의 원칙

③ 신뢰보호의 원칙

④ 성실의무 및 권한남용금지의 원칙

04. 신뢰보호원칙에 관한 설명으로 옳지 않은 것은?

① 행정청의 공적 견해 표명이 있다고 인정하기 위해서는 적어도 담당자의 조직상 지위와 임무, 당해 언동을 하게 된 구체적인 경위등에 비추어 그 언동의 내용을 신뢰할 수 있는경우이어야 한다.

② 특정 사항에 관하여 신뢰보호원칙상 행정청이 그와 배치되는 조치를 할 수 없다고 할 수 있을 정도의 행정관행이 성립되었다고 하려면 상당한 기간에 걸쳐 그 사항에 관하여 동일한 처분을 하였다는 객관적 사실이 존재하는 것으로 족하다.

③ 행정청은 공익 또는 제3자의 이익을 현저히 해칠 우려가 있는 경우를 제외하고는 행정에 대한 국민의 정당하고 합리적인 신뢰를 보호하여야 한다.

④ 행정청이 공적인 견해를 표명할 당시의 사정이 사후에 변경된 경우에는 그 공적 견해가 더 이상 개인에게 신뢰의 대상이 된다고 보기 어려운 만큼, 특별한 사정이 없는 한 행정청이 그 견해표명에 반하는 처분을 하더라도 신뢰보호원칙에 위반된다고 할 수 없다.

05. 「행정기본법」상 법 적용의 기준에 관한 내용이다. (   ) 에 들어갈 것으로 옳은 것은?

> ○ 당사자의 신청에 따른 처분은 법령등에 특별한 규정이 있거나 (ㄱ) 당시의 법령등을 적용하기 곤란한 특별한 사정이 있는 경우를 제외하고는 (ㄱ) 당시의 법령등에 따른다.
> ○ 법령등을 위반한 행위의 성립과 이에 대한 제재처분은 법령등에 특별한 규정이 있는 경우를 제외하고는 (ㄴ) 당시의 법령등에 따른다. 다만, 법령등을 위반한 행위 후 법령등의 변경에 의하여 그 행위가 법령등을 위반한 행위에 해당하지 아니하거나 제재처분 기준이 가벼워진 경우로서 해당 법령등에 특별한 규정이 없는 경우에는 변경된 법령등을 적용한다.

① ㄱ : 신청, ㄴ : 제재처분

② ㄱ : 신청, ㄴ : 법령등을 위반한 행위

③ ㄱ : 처분, ㄴ : 판결

④ ㄱ : 처분, ㄴ : 법령등을 위반한 행위

⑤ ㄱ : 판결, ㄴ : 제재처분

06. 「행정기본법」의 내용과 다른 것은?

① 법령등을 공포한 날부터 일정 기간이 경과한 날부터 시행하는 경우 법령등을 공포한 날을 첫날에 산입하지 아니한다.

② 행정청은 재량행위라 하더라도 법률로 정하는 바에 따라 완전히 자동화된 시스템으로 처분을 할 수 있다.

③ 제재처분의 근거가 되는 법률에는 제재처분의 주체, 사유, 유형 및 상한을 명확하게 규정하여야 한다.

④ 행정청은 처분에 재량이 없는 경우 법률에 근거가 있으면 부관을 붙일 수 있다.

07. 사인의 공법행위에 대한 설명으로 옳은 것은 모두 몇 개 인가?

> ㉠ 공무원이 제출한 사직원은 그에 따른 면직처분이 있을 때까지는 철회할 수 있지만 일단 면직처분이 있고 난 이후에는 철회할 수 없다.
> ㉡ 「건축법」상 건축주 명의변경신고의 수리를 거부하는 행위는 항고소송의 대상이 되는 처분이다.
> ㉢ 수리를 요하지 않는 신고의 경우 신고의 적법여부나 수리여부와는 관계없이 신고서가 접수기관에 도달하면 신고의무가 이행된 것으로 본다.
> ㉣ 주민등록전입신고 수리여부에 대한 심사는 「주민등록법」의 입법목적과 법률효과 이외에 「지방자치법」 및 지방자치의 이념까지 고려하여 실질적으로 판단하여야 한다.
> ㉤ 「건축법」상 건축신고에 대한 수리거부행위는 항고소송의 대상이 되지 않는다.
> ㉥ 「건축법」상 건축신고가 다른 법률에서 정한 인、허가 의제효과를 수반하는 경우에는 일반적인 건축신고와는 달리 수리를 요하는 신고에 해당한다.

① 2개 ② 3개

③ 4개 ④ 5개

08. 법규명령에 관한 판례의 입장과 다른 것은?

① 법률 시행령의 내용이 모법의 입법 취지와 관련 조항 전체를 유기적·체계적으로 살펴보아 모법의 해석상 가능한 것을 명시한 것에 지나지 아니하거나 모법 조항의 취지에 근거하여 이를 구체화하기 위한 것인 때에는 모법의 규율 범위를 벗어난 것으로 볼 수 없으므로, 모법에 이에 관하여 직접 의임하는 규정을 두지 않았다고 하더라도 이를 무효라고 볼 수 없다.

② 법률의 위임에 의하여 효력을 갖는 법규명령의 경우, 구법에 위임의 근거가 없어 무효였더라도 사후에 법 개정으로 위임의 근거가 부여되면 그때부터는 유효한 법규명령이 된다.
③ 헌법 제75조에서 말하는 위임의 구체성·명확성의 요구 정도는 각종 법률이 규제하고자 하는 대상의 종류와 성질에 따라 달라지는데, 특히 규율대상이 지극히 다양하거나 수시로 변화하는 성질의 것일 때에는 위임의 구체성·명확성의 요건이 완화된다.
④ 법률이 공법적 단체 등의 정관에 자치법적 사항을 위임한 경우에도 헌법 제75조가 정하는 포괄적인 위임 입법의 금지는 원칙적으로 적용된다고 보아야 한다.

09. 법규명령의 종류나 효력 등에 대한 설명으로 적절하지 않은 것은?
① 헌법적 효력을 가지는 법규명령은 있을 수 없다.
② 법률과 동등한 효력을 가지는 명령도 있다.
③ 법률보다 하위의 효력을 가지는 명령으로 위임명령과 집행명령이 있다.
④ 위임명령은 위임된 범위 내에서는 새로이 개인의 권리·의무에 관한 사항 즉, 법률사항에 대해서도 규정할 수 있다.

10. 소방행정법의 제정 등에 대한 설명으로 적절하지 않은 것은?
① 소방청장은 행정입법(법규명령을 말함)의 권한이 없다.
② 「소방공무원 복무규정」은 대통령령이다.
③ 「소방공무원 징계령」은 행정안전부령이다.
④ 「소방기본법 시행규칙」에 대한 개정 권한은 행정안전부장관에게 있다.

11. 행정작용과 그 성격에 대하여 연결한 것 중 옳은 것을 모두 고르면?

ㄱ. 공유수면매립면허 : 특허
ㄴ. 개인택시운송사업면허 : 특허
ㄷ. 건축물에 대한 준공검사처분 : 허가
ㄹ. 한의사 면허 : 특허
ㅁ. 의료유사업자 자격증 갱신발급행위 : 인가

① ㄱ, ㄴ　② ㄴ, ㄷ
③ ㄷ, ㄹ　④ ㄱ, ㅁ

12. 행정행위로서 인가에 관한 설명으로 옳지 않은 것은?
① 기본행위에는 하자가 없는데 인가처분에 고유한 하자가 있다면 그 인가처분의 무효확인이나 취소를 구하여야 한다.
② 인가처분에 고유한 하자가 없는데 기본행위에 하자가 있다면 기본행위의 무효를 주장하면서 곧바로 인가처분의 무효확인이나 취소를 구할 수 있다.
③ 기본행위가 무효인 경우 그에 대한 인가처분이 있더라도 그 기본행위가 유효한 것으로 될 수 없다.
④ 구 「도시 및 주거환경정비법」에 기초하여 주택재개발정비사업조합이 수립한 사업시행계획에 대한 관할 행정청의 인가처분은 사업시행계획의 법률상 효력을 완성시키는 보충행위에 해당한다.

13. 조건과 부담과의 차이점 등에 대한 설명으로 적절하지 않은 것은?
① 정지조건부 행정행위는 조건의 성취가 있어야 비로소 효력이 발생하게 되는데 비하여, 부담부 행정행위는 처음부터 바로 효력을 발생한다.
② 해제조건부 행정행위는 조건이 되는 사실의 성취에 의하여 당연히 효력이 발생되는데 대하여, 부담부 행정행위는 부담을 이행하지 않더라도 당연히 그 효력이 발생되지 않는다.
③ 부담은 독립하여 강제집행의 대상이 되는데 대하여, 조건은 그렇지 않은 점 등에 있어서 양자는 구별된다.
④ 부담은 부담만의 독립쟁송 및 취소가 가능하지만 정지조건은 독립하여 취소소송의 대상이 되지 못하며 행정행위 자체를 대상으로 하여 그 효력을 다투어야 한다.

14. 부관 중 철회권의 유보에 대한 설명으로 적절하지 않은 것은? ① 철회권의 유보로써 유보한 사실(상대방의 의무위반 등)이 발생하면 행정행위의 철회가 항상 자유롭다.
② 행정청이 일정한 경우에 행정행위를 철회하여 그의 효력을 소멸시킬 수 있음을 정한 부관이 철회권의 유보이다.
③ 행정행위의 철회에 관한 일반원칙에 의한 제약(취소를 할 만한 공익상의 필요가 있어야 함)을 받는다.
④ 이점에서 조건사실이 발생하면 자동으로 행정행위의 효력이 소멸하는 해제조건과 구별된다.

15. 「행정기본법」상 위법 또는 부당한 처분의 취소에 대한 설명으로 적절하지 않은 것은?
① 행정청은 위법 또는 부당한 처분의 전부나 일부를 소급하여 취소할 수 있다.
② 앞 ①의 경우 다만, 당사자의 신뢰를 보호할 가치가 있는 등 정당한 사유가 있는 경우에는 장래를 향하여 취소할 수 있다.
③ 행정청은 당사자에게 권리나 이익을 부여하는 처분을 취소하려는 경우에는 취소로 인하여 당사자가 입게 될 불이익을 취소로 달성되는 공익과 비교, 형량(衡量)하여야 한다.
④ 앞 ③의 경우 당사자가 처분의 위법성을 모르고 있었거나 과실로 알지 못한 경우는 그러하지 아니하다.

16. 행정행위의 직권취소에 관한 설명으로 옳지 않은 것은?
① 판례는 원칙적으로 침익적 행정행위와 수익적 행정행위 모두 취소의 취소를 인정하고 있다.
② 수익적 행정행위의 하자나 취소해야 할 필요성에 관한 증명책임은 기존 이익과 권리를 침해하는 처분을 한 행정청에 있다.
③ 수익적 행정행위의 취소 제한에 관한 법리는 처분청이 수익적 행정행위를 직권으로 취소하는 경우에 적용되는 법리일 뿐 쟁송취소의 경우에는 원칙상 적용되지 않는다.
④ 수익적 행정행위를 취소할 때에는 이를 취소하여야 할 중대한 공익상 필요와 취소로 인하여 처분 상대방이 입게 될 기득권과 법적 안정성에 대한 침해 정도 등 불이익을 비교·교량한 후 공익상 필요가 강한 경우에 한하여 취소할 수 있다.

17. 「행정절차법」상 위반사실등의 공표에 관한 규정 내용으로 옳지 않은 것은?
① 위반사실등의 공표는 관보, 공보 또는 인터넷 홈페이지 등을 통하여 한다.
② 행정청은 법령에 따른 의무를 위반한 자의 성명·법인명, 위반사실, 의무 위반을 이유로 한 처분사실 등을 법률로 정하는 바에 따라 일반에게 공표할 수 있다.
③ 행정청은 위반사실등의 공표를 하기 전에 당사자가 공표와 관련된 의무의 이행, 원상회복, 손해배상 등의 조치를 마친 경우에도 위반사실등의 공표를 하여야 한다.
④ 행정청은 위반사실등의 공표를 하기 전에 사실과 다른 공표로 인하여 당사자의 명예·신용 등이 훼손되지 아니하도록 객관적이고 타당한 증거와 근거가 있는지를 확인하여야 한다.

18. 「행정절차법」상 확약에 관한 설명으로 옳지 않은 것은?
① 법령등에서 당사자가 신청할 수 있는 처분을 규정하고 있는 경우 행정청은 당사자의 신청에 따라 장래에 어떤 처분을 하거나 하지 아니할 것을 내용으로 하는 확약을 할 수 있다.
② 행정청은 다른 행정청과의 협의 등의 절차를 거쳐야 하는 처분에 대하여 확약을 하려는 경우에는 확약을 하기 전에 그 절차를 거쳐야 한다.
③ 확약을 한 후에 확약의 내용을 이행할 수 없을 정도로 사정이 변경된 경우, 행정청은 확약에 기속되지 아니한다.
④ 확약은 서면이나 말로 할 수 있으며, 확약이 말로 이루어지는 경우에는 상대방이 서면의 교부를 요구하면 직무 수행에 특별한 지장이 없는 한 이를 교부하여야 한다.

19. 행정대집행에 관한 설명으로 옳지 않은 것은?
① 대집행은 계고, 대집행 영장에 의한 통지, 대집행의 실행, 대집행 비용의 징수를 거쳐 행한다.
② 비상시 또는 위험이 절박한 경우에 있어서 당해 행위의 급속한 실시를 요하여 계고를 취할 여유가 없을 때에는 계고를 거치지 아니하고 대집행을 할 수 있다.
③ 대집행 비용의 징수에 있어서는 행정청은 그 금액과 그 납기일을 정하여 의무자에게 구두로써 납부를 명하여야 한다. 비용납부명령은 비용납부의무를 발생시키는 행정행위이다.
④ 계고처분은 상당한 이행기간을 정하여야 하는데 상당한 이행기간이라 함은 사회통념상 의무자가 스스로 의무를 이행하는데 필요한 기간을 말한다.

20. 행정대집행에 관한 설명으로 옳지 않은 것은?
① 타인이 대신하여 행할 수 있는 행위가 조례에 의하여 직접 명령된 경우에는 행정대집행의 대상이 될 수 있다.
② 위법건축물에 대한 철거명령 및 계고처분에 불응하자 제2차로 계고처분을 행한 경우, 제2차 계고처분은 항고소송의 대상인 행정처분에 해당한다.
③ 대집행비용은 「국세징수법」의 예에 의하여 징수할 수 있다.
④ 계고처분은 독립한 처분으로서, 위법건축물에 대한 철거명령과 동시에 발령할 수 있다.

21. 다수인의 질서위반행위 가담과 수개의 질서위반행위의 처리에 대한 설명으로 적절하지 않은 것은?
① 2인 이상이 질서위반행위에 가담한 때에는 각자가 질서위반행위를 한 것으로 본다.
② 신분에 의하여 성립하는 질서위반행위에 신분이 없는 자가 가담한 때에는 신분이 없는 자에 대하여도 질서위반행위가 성립한다.
③ 신분에 의하여 과태료를 감경 또는 가중하거나 과태료를 부과하지 아니하는 때에는 그 신분의 효과는 신분이 없는 자에게도 미친다.
④ 하나의 행위가 2 이상의 질서위반행위에 해당하는 경우에는 각 질서위반행위에 대하여 정한 과태료 중 가장 중한 과태료를 부과한다.

22. 질서위반행위의 재판 및 집행에 대한 설명으로 적절하지 않은 것은?
① 과태료 사건은 다른 법령에 특별한 규정이 있는 경우를 제외하고는 당사자의 주소지의 지방법원 또는 그 지원의 관할로 한다.
② 과태료 재판은 이유를 붙인 결정으로써 한다.
③ 결정은 당사자와 검사에게 고지함으로써 효력이 생긴다.
④ 결정의 고지는 송달로 하여야 한다.

23. 「공익사업을 위한 토지 등의 취득 및 보상에 관한 법률」의 규정 내용으로 옳지 않은 것은?
① 토지수용위원회의 재결은 서면으로 한다.
② 보상금증감청구소송인 경우 그 소송을 제기하는 자가 토지소유자 또는 관계인일 때에는 관할 토지수용위원회를 피고로 한다.
③ 사업인정고시가 된 후 협의가 성립되지 아니하였을 때에는 토지소유자와 관계인은 대통령령으로 정하는 바에 따라 서면으로 사업시행자에게 재결을 신청할 것을 청구할 수 있다.
④ 사업시행자는 동일한 사업지역에 보상시기를 달리하는 동일인 소유의 토지등이 여러 개 있는 경우 토지소유자나 관계인이 요구할 때에는 한꺼번에 보상금을 지급하도록 하여야 한다.

24. 다음 보기 중 현행법상 허용되지 않은 행정쟁송수단으로 옳게 짝지어진 것은?

㉠ 의무이행심판	㉡ 예방적 부작위소송	
㉢ 의무이행소송	㉣ 당사자소송	㉤ 재결취소소송

① ㉠, ㉡　② ㉣, ㉤
③ ㉢, ㉣　④ ㉡, ㉢

25. 「행정소송법」 제12조의 '법률상 이익'에 관한 설명으로 옳지 않은 것은?
① 아파트관리사무소 소장으로 근무하면서 관리사무소를 위하여 종합소득세의 신고·납부, 경정청구 등의 업무를 처리하였다는 사실만으로도, 위 소장에게 경정청구를 거부한 과세관청의 처분에 대해 취소를 구할 법률상의 이익이 있다고 보아야 한다.
② 지방법무사회의 사무원 채용승인 거부처분 또는 채용승인 취소처분에 대해서는 처분 상대방인 법무사뿐만 아니라 그 때문에 사무원이 될 수 없게 된 사람도 이를 다툴 원고적격이 인정되어야 한다.
③ 「신문 등의 진흥에 관한 법률」상 신문의 등록은 단순히 명칭 등을 공적 장부에 등재하여 일반에 공시(公示)하는 것에 그치는 것이 아니라 신문사업자에게 등록한 특정 명칭으로 신문을 발행할 수 있도록 하는 것이고, 이처럼 신문법상 등록에 따라 인정되는 신문사업자의 지위는 사법상 권리인 '특정 명칭의 사용권' 자체와는 구별된다.
④ 경업자에 대한 행정처분이 경업자에게 불리한 내용이라면 그와 경쟁관계에 있는 기존의 업자에게는 특별한 사정이 없는 한 유리할 것이므로 기존의 업자가 그 행정처분의 무효확인 또는 취소를 구할 이익은 없다고 보아야 한다.

제3회 소방법령 Ⅳ

01.「소방공무원 임용령 시행규칙」상 신규 채용되거나 승진되는 소방공무원에게 수여해야 하는 것은?
① 임용장 ② 임명장
③ 인사발령통지서 ④ 인사발령장

02.「소방공무원 임용령 시행규칙」상 소방공무원 인사기록(표준인사관리시스템으로 작성·유지·관리되는 인사기록은 제외한다)의 보관과 관련 초임 보직 소방기관이 시·도 소속인 경우는 누가 보관하는가?
① 소속 소방기관의 장
② 시·도지사
③ 시·도지사 소속 소방기관의 장
④ 시·도지사 및 소속 소방기관의 장

03.「소방공무원 임용령」상 소방공무원 채용시험의 원칙적인 실시 방법은?
① 계급별로 실시
②근무예정지역별로실시
③ 성별로 실시
④ 직무분야별로 실시

04.「소방공무원 임용령」상 소방공무원의 채용시험은 계급별로 실시하지만 어떤 때에 직무분야별·성별·근무예정지역 또는 근무예정기관별로 구분하여 실시할 수 있는가?
① 임용권자의 요구가 있을 때
② 시험실시권자가 필요하다고 인정할 때
③ 채용인원의 수가 적을 때
④ 결원보충을 원활히 하기 위하여 필요하다고 인정될 때

05. 공개경쟁채용시험·경력경쟁채용시험 및 소방간부후보생 선발시험의 합격결정에 있어서 선발예정인원을 초과하여 동점자가 있을 때의 합격자 결정은 모두 합격자로 하는바, 이때 점수를 계산하는 방법으로 적절한 것은?
① 총득점을 기준으로 하되, 소수점이하 둘째자리까지 계산한다.
② 총득점을 기준으로 하되, 소수점이하 둘째자리에서 반올림한다.
③ 총득점을 기준으로 하되, 소수점이하는 절사한다.
④ 총득점을 기준으로 하되, 소수점이하 셋째자리에서 반올림한다.

06. 소방공무원 시험위원 및 채용시험의 운영·관리 등의 업무를 수행하는 시험관리관 등에게는 어떻게 수당을 지급하는가?
① 예산의 범위 내에서 수당을 지급할 수 있다.
② 예산의 범위 내에서 수당을 지급하여야 한다.
③ 수당을 지급하여야 한다.
④ 예산의 범위에서 수당을 지급한다.

07. 「소방공무원법」 제9조 제1항에 따라 시·도 소속 소방경 이하의 소방공무원의 연고지 배치를 위하여 필요한 경우를 제외한 시·도 상호 간에 시·도 소속 소방공무원의 인사교류 계획을 수립할 경우에 대한 설명으로 적절하지 않은 것은?
① 소방청장은 시·도 간 교류인원을 정할 때에는 해당 시·도지사가 동의를 얻어야 한다.
② 소방청장은 인사계획 수립 시 해당 시·도지사의 동의 없이는 인사교류대상자의 직위를 미리 지정하여서는 아니 된다.
③ 시·도 소속 소방경 이하의 소방공무원의 연고지배치를 위하여 필요한 경우외의 인사교류의 인원은 필요한 최소한으로 해야 한다.
④ 소방청장은 인사교류계획을 수립함에 있어서 시·도지사로부터 교류대상자의 추천이 있거나 해당 시·도로 전입 요청이 있는 경우에는 이를 최대한 반영하여야 한다.

08.「소방공무원 임용령」 제29조에 따라 소방청과 시·도 간 소방공무원 인사교류에 대한 설명으로 적절하지 않은 것은?
① 소방청장은 소방인력 관리를 위해 필요한 경우에는 소방청과 시·도 간 및 시·도 상호 간의 인사교류를 제한할 수 있다.
② 인사교류 대상자 본인의 동의나 신청이 있어야 한다.
③ 앞 ②와 관련 소방청과 그 소속기관 소속 소방공무원으로서 시·도 소속 소방공무원으로의 임용예정계급이 인사교류 당시의 계급보다 상위계급인 경우에는 동의를 받지 않아도 된다.
④ 「소방공무원 임용령」 제29조에서 규정한 사항 외에 인사교류에 필요한 사항은 소방청장이 정한다.

09. 소방공무원 근무성적 평정과 관련 소방청의 청장실 및 차장실 직원의 경우 소속 과장은 누구로 보는가?
① 운영지원과장 ② 기획조정관
③ 총무과장 ④ 대응총괄과장

10. 소방공무원의 승진대상자명부 및 승진대상자통합명부는 매년 언제를 기준으로 하여 이를 작성하는가?
① 4월 1일과 10월 1일을 기준
② 1월 31일과 7월 31일을 기준
③ 6월 30일과 12월 31일을 기준
④ 1월 1일과 7월 1일을 기준

11. 시·도지사가 소속 소방장이하 계급으로의 승진시험을 위해 소방청장에게 시험의 문제를 출제의뢰 할 경우 비용은 어떻게 부담하는가?
① 시·도지사와 소방청장이 협의하여 정함
② 소방청장이 부담
③ 출제의뢰를 한 시·도지사가 부담
④ 시·도지사가 50%, 소방청장이 50% 부담

12. 소방정이 소방서장인 소방서에서 소방위에 대한 징계등을 의결할 소방공무원 징계위원회 위원장이 되는 사람은?
① 소방행정과장
② 현장대응과장
③ 예방안전과장
④ 소방서장이 지명하는 과장

13. 소방공무원의 교육훈련의 구분 중 전문교육훈련의 원칙적인 실시는 직장훈련으로 실시해야 하는바, 직장훈련으로 실시하기 곤란한 경우에는 어떻게 해야 하는가?
① 외부 공무원 교육훈련기관에서의 교육으로 실시
② 위탁교육훈련으로 실시
③ 교육훈련기관에서의 교육으로 실시
④ 사이버 교육훈련으로 실시

14. 제2류 위험물 중 인화성 고체의 지정수량으로 적절한 것은?
① 1,000킬로그램
② 1,500킬로그램
③ 2,000킬로그램
④ 3,000킬로그램

15. 제3류 위험물 중 금속의 수소화물의 지정수량은?
① 50킬로그램 ② 100킬로그램
③ 200킬로그램 ④ 300킬로그램

16. 위험물탱크시험자로 등록하려는 자가 첨부하여 시 · 도지사에게 제출하여야 하는 서류로 열거되지 않은 것은?
① 안전성능시험장비의 명세서
② 기술능력자 연명부 및 기술자격증
③ 「원자력안전법」에 따른 방사성동위원소이동사용허가증 또는 방사선발생장치이동사용허가증의 사본 1부
④ 사무실의 면적이 표시된 건축물 대장

17. 위험물탱크시험자가 행정안전부령이 정하는 중요사항을 변경한 경우에는 그 날부터 30일 이내에 시 · 도지사에게 변경신고를 하여야 하는바, 중요사항과 첨부서류가 적절하지 않은 것은?
① 기술능력의 변경 : 변경하는 기술인력의 자격증
② 대표자의 변경 : 위험물탱크안전성능시험자등록증
③ 상호 또는 명칭의 변경 : 위험물탱크안전성능시험자등록증
④ 영업소 소재지의 변경 : 사무소의 사용을 증명하는 서류와 위험물탱크안전성능시험자등록증

18. 위험물제조소 내에 설치되는 배관을 지상에 설치하면서 지켜야 할 사항으로 적절하지 않은 것은?
① 지진 · 풍압 · 지반침하 및 온도변화에 안전한 구조의 지지물에 설치하여야 한다.
② 배관의 외면에 부식방지를 위한 도장을 하여야 한다.
③ 앞 ②의 경우 다만, 불변강관 또는 부식의 우려가 없는 재질의 배관의 경우에는 부식방지를 위한 도장을 아니 할 수 있다.
④ 배관은 지면에서 0.1m 이상 높이에 설치하여야 한다.

19. 아세트알데하이드등을 취급하는 제조소의 설비 특례에 대한 설명으로 적절하지 않은 것은?
① 아세트알데하이드등을 취급하는 설비는 은 · 수은 · 동 · 마그네슘 또는 이들을 성분으로 하는 합금으로 만들 것
② 연소성 혼합기체의 생성에 의한 폭발을 방지하기 위한 불활성기체 또는 수증기를 봉입하는 장치를 갖출 것
③ 냉각장치 또는 보냉장치 및 연소성 혼합기체의 생성에 의한 폭발을 방지하기 위한 불활성기체를 봉입하는 장치를 갖출 것
④ 앞 ③에 의한 냉각장치 또는 보냉장치는 2이상 설치할 것

20. 이동탱크저장소에 설치되는 펌프설비와 관련 피견인식 이동탱크저장소의 견인부분에 설치된 차량구동용 엔진의 동력원을 이용하여 위험물을 이송하는 경우 트랜스미션으로부터 동력전동축을 경유하여 견인부분의 유압펌프를 작동시키고 그 유압에 의하여 피견인부분의 ( )를 경유하여 펌프를 작동시키는 구조이어야 하는가?
① 오일모터 ② 펌프
③ 유압펌프 ④ 작동유탱크

21. 컨테이너식 이동탱크저장소의 경우 상치장소 등을 표시하는 규정을 적용받지 않은 대신 허가청의 명칭 등을 별도로 표시하여야 하는바, 이에 대한 설명으로 적절하지 않은 것은?
① 백색 바탕에 흑색 문자로 하여야 한다.
② 이동저장탱크의 보기 쉬운 곳에 표시하여야 한다.
③ 허가청의 명칭 및 완공검사번호를 표시하여야 한다.
④ 가로 0.6m 이상, 세로 0.3m 이상의 크기로 하여야 한다.

22. 이송취급소의 배관계에 설치하는 누설검지장치 등의 기능(기준)에 대한 설명으로 적절하지 않은 것은?
① 배관계내의 압력을 일정하게 정지시키고 당해 압력을 측정하는 방법에 의하여 위험물의 누설을 검지하는 장치 또는 이와 동등 이상의 성능이 있는 장치
② 가연성증기를 발생하는 위험물을 이송하는 배관계의 점검상자에는 가연성증기를 검지하는 장치
③ 배관계 내의 위험물의 이송 양을 측정하는 방법에 의하여 자동 또는 수동적으로 위험물의 누설을 검지하는 장치 또는 이와 동등 이상의 성능이 있는 장치
④ 배관계 내의 압력을 측정하는 방법에 의하여 위험물의 누설을 자동적으로 검지하는 장치 또는 이와 동등 이상의 성능이 있는 장치

23. "이송취급소의 배관에는 서로 인접하는 2개의 긴급차단밸브 사이의 구간마다 당해 배관 안의 위험물을 안전하게 ( ) 또는 ( )로 치환할 수 있는 조치를 하여야 한다" 에서 괄호 안에 적당한 것은?
① 액체위험물, 불연성기체
② 물, 불연성액체
③ 물, 불연성기체
④ 액체소화약제, 불연성기체

24. "제6류 위험물은 가연물과의 접촉 · 혼합이나 분해를 촉진하는 물품과의 접근 또는 ( )을 피하여야 한다" 에서 괄호 안에 적절한 것은?
① 과열·충격
② 과열
③ 과열·충격 또는 마찰
④ 공기와의 접촉

25. 영 별표 1의 유별을 달리하는 위험물은 동일한 저장소에 저장하지 아니하여야 하는바, 다만, 옥내저장소 또는 옥외저장소에 있어서 일정기준에 의한 위험물을 저장하는 경우로서 위험물을 유별로 정리하여 저장하는 한편, 서로 1m 이상의 간격을 두는 경우에는 그러하지 아니하도록 하고 있는바, 그 기준으로 적절하지 않은 것은?
① 제1류 위험물과 제6류 위험물을 저장하는 경우는 동일한 저장소에 저장할 수 있다.
② 제2류 위험물 중 인화성고체와 제4류 위험물을 저장하는 경우는 동일한 저장소에 저장할 수 있다.
③ 제1류 위험물과 제5류 위험물을 저장하는 경우는 동일한 저장소에 저장할 수 있다.
④ 제1류 위험물과 제3류 위험물 중 자연발화성물질(황린 또는 이를 함유한 것에 한한다)을 저장하는 경우는 동일한 저장소에 저장할 수 있다.

제3회 소방전술

01. 목재 화재와 같이 나무 조각이 외부 열에 의해 가열되면 건조되면서 먼저 수증기가 배출되고 나무 표면이 변색되면서 열분해가 일어나는 화재를 지칭하는 것은?
① 심부화재 ② 유염화재
③ 무염화재 ④ 표면화재

02. 열과 온도에 대한 설명으로 적절하지 않은 것은?
① 온도는 열을 표시하는 지표이며, 어떤 기준에 근거한 대상물의 따뜻함이나 차가움에 대한 측정치이다.
② 물의 끓는점은 섭씨 100도 또는 화씨 212도이다.
③ 열은 물체의 온도가 서로 같을 때, 한 물체로부터 다른 물체로 전달되는 에너지이다.
④ 온도는 표준방식에서 "섭씨(℃)" 를, 그리고 미국관행방식에서는 "화씨(℉)" 단위를 사용하여 측정한다.

03. 화재 현장지휘관의 바람직한 자질과 성향으로 열거되지 않은 것은?(II)
① 의사전달능력(무전기사용능력 등)
② 심리적 체력적 대응능력
③ 지휘에 대한 존중태도 및 훈련되고 일관성이 있는 태도
④ 모든 위험의 감수능력

04. 화재현장지휘권을 확립하는데 필요한 요소 중 4단계인 것은?
① 화재 완진 선언
② 화재현장 검토회의 주재(대응활동 평가)
③ 주기적으로 상황을 평가하고 예측
④ 화재 건물의 1, 2차 검색을 관리

05. 여관, 호텔 화재 진압요령에 대한 설명으로 적절하지 않은 것은?
① 상층이 발화 층인 경우에는 방수한 물이 계단 등으로 흘러내리므로 방수커버를 이용하여 옥외로 배수되도록 조치하는 등 수손방지에 노력한다.
② 관창진입은 화점층, 화점층 상층부 및 직하층에 최우선하여 배치한다.
③ 자동화재탐지설비의 작동상황을 확인하여 필요한 기자재, 진입수단을 결정하고 활동한다.
④ 선착대는 경비원, 야간의 숙직자로부터 초기대응 상황을 구체적으로 듣고 상황을 파악한다.

06. 병원화재 진압요령에 대한 설명으로 적절하지 않은 것은?
① 선착대는 경비원, 당직원으로부터 정확한 화점 및 요구조자의 정보를 수집한다.
② 화재초기, 중기의 방어는 적극적으로 내부진입 수단을 강구하여 관창을 전개한다.
③ 환자에게 방수하면, 쇼크 또는 냉기로 악영향을 주는 경우가 있으므로 엄호방수는 주의를 요한다.
④ 방수는 분무주수로 하여 환자에게 피해가 가지 않도록 한다.

07. 재해발생 이론으로 하인리히의 재해구성 비율로 적절한 것은?
① 1:59:300의 법칙 ② 1:100:300의 법칙
③ 1:200:300의 법칙 ④ 1:29:300의 법칙

08. 기술(Engineering), 교육(Education), 관리(Enforcement)를 완성함으로써 이루어지는 예방대책의 기본원리 단계로 적절한 것은?
① 1단계 : 안전조직(조직체계 확립)
② 2단계 : 사실의 발견(현황파악)
③ 3단계 : 분석 평가(원인 규명)
④ 5단계 : 시정책의 적용(목표달성)

09. 다음 중 화재피해금액 산정기준 적용요령에 대한 설명으로 적절하지 않은 것은?
① 화재피해금액 산정매뉴얼은 본 규정에 저촉되지 아니하는 범위에서 적용하여 화재피해금액을 산정한다.
② 공구 및 기구 · 집기비품 · 가재도구를 일괄하여 재구입비를 산정하는 경우 개별 품목의 경과연수에 의한 잔가율이 40%를 초과하더라도 40%로 수정할 수 있다.
③ 중고구입기계장치 및 집기비품으로서 그 제작연도를 알 수 없는 경우에는 그 상태에 따라 신품가액의 30% 내지 50%를 잔가율로 정할 수 있다.
④ 피해물의 경과연수가 불분명한 경우에 그 자산의 구조, 재질 또는 관계인등의 진술 기타 관계자료 등을 토대로 객관적인 판단을 하여 경과연수를 정한다.

10. 행정조사의 시료채취 및 자료의 영치 등에 대한 설명으로 적절하지 않은 것은?
① 조사원이 조사목적의 달성을 위하여 시료채취를 하는 경우에는 그 시료의 소유자 및 관리자의 정상적인 경제활동을 방해하지 아니하는 범위 안에서 최소한도로 하여야 한다.
② 당해 행정조사의 목적의 달성 등으로 자료등에 대한 영치의 필요성이 없게 된 경우에는 3일 이내에 반환하여야 한다.
③ 조사원이 현장조사 중에 자료 · 서류 · 물건 등을 영치하는 때에는 조사대상자 또는 그 대리인을 입회시켜야 한다.
④ 조사원이 영치를 완료한 때에는 영치조서 2부를 작성하여 입회인과 함께 서명날인하고 그중 1부를 입회인에게 교부하여야 한다.

11. 위험물의 위험성과 관련 가연성 증기를 발생하는 액체 또는 고체가 공기 중에 그 표면 가까이 적은 화염이 닿은때 그 도화선이 되어 표면 근처에서 연소하기에 충분한 농도의 증기를 발생하여 불이 붙는 성질을 말하는 것은?
① 발화성 ② 인화성
③ 금수성 ④ 착화성

12. 다음 중 「위험물안전관리법 시행령」 별표1에서 규정하고 있는 위험물의 유형 및 품명의 수로 적절한 것은?
① 6개 유형 55개 품명
② 6개 유형 51개 품명
③ 6개 유형 48개 품명
④ 6개 유형 46개 품명

13. 소화약제로서 물은 증발될 때 방대한 양의 증기를 생성하는데 증기로 바뀌면 그 체적은 얼마 이상 커지는가?
① 1,500배 ② 1,600배
③ 1,700배 ④ 1,800배

14. 구조 활동의 전개 중 방사성 물질이나 독극물의 누출, 기타 평소에 접해보지 않은 특이한 사고가 발생하여 구조 활동에 임하는 경우 적극적으로 활용하여야 하는 것은?
① 구조 현장 활동에 필요한 공간의 확보
② 현장 관계자 및 관련 전문가 등의 지식과 기술
③ 현장 부근에 활용 가능한 장비가 있는 경우 현장조달
④ 경계구역의 설정을 통한 구조 활동공간의 확보

15. 구조현장 도착 시 조치 중 현장 홍보활동 실시와 장비관리의 내용으로 적절하지 않은 것은?
① 차량에 설치된 방송설비나 핸드마이크를 활용하여 구조대가 도착한 취지를 알려 사고 당사자와 인근 주민이 안심할 수 있도록 한다.
② 출동 대원 전원이 차량으로부터 이탈하는 경우 상황실로 보고하고, 차량 및 기자재의 보안에 필요한 조치를 한다.
③ 일반인과 관계자에게 위험이 있다고 예측된 때는 안전한 장소로 대피시킨다.
④ 경계구역으로 설정된 범위 내에는 일체의 출입을 통제한다.

16. 다음 매듭(매기)의 명칭으로 적절한 것은?

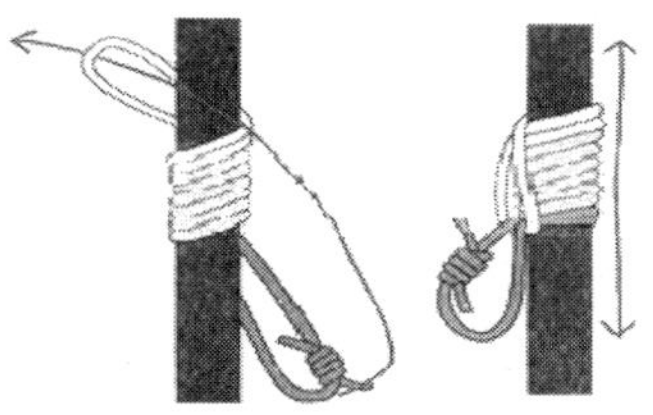

① 감아매기 매듭
② 신체묶기 매듭
③ 잡아매기 매듭
④ 클렘하이스트 매듭

17. 매듭의 종류 중 "마디짓기(결절) – 이어매기(연결) – 움켜매기(결착)" 순으로 짝지어 진 것은?
① 두겹매듭 – 줄사다리매듭 – 잡아매기 매듭
② 피셔맨매듭 – 옭매듭 – 잡아매기 매듭
③ 한겹매듭 – 고정매듭 – 감아매기 매듭
④ 옭매듭 – 한겹매듭 – 절반매듭

18. 자동차 사고의 구출을 위한 장비 중 유압구조장비를 사용하는 경우는?
① 전복된 차량을 고정하거나 압착된 부분을 벌릴 때 많이 사용한다.
② 도어의 해체나 차체의 절단 또는 파괴 분해에 광범위하게 사용한다.
③ 현장에서 연료가 누출되고 있을 때 사용한다.
④ 계기판, 페달에 의한 신체의 압박 해소에 사용한다.

19. 구조튜브 활용 구조 중 의식이 없거나 지친 구조대상자의 구조 방법은?
① 튜브의 연결 끈 반대쪽을 내밀어주어 잡도록 한 다음, 구조대상자를 안전지대로 끌고 이동한다.
② 구조대상자를 뒤로 젖혀 수평자세를 취하도록 한다. 이때 두 사람의 머리가 서로 부딪치지 않게 조심하고 배영의 다리차기를 이용하여 이동한다.
③ 앞에서 튜브를 내밀어주는 방법을 많이 사용한다.
④ 상황에 따라 구조대상자를 튜브로 감아 묶을 수도 있다.

20. 2급 응급구조사가 수행할 수 없는 응급처치 행위는?
① 자동심장충격기를 이용한 규칙적 심박동의 유도
② 외부출혈의 지혈 및 창상의 응급처치
③ 정맥로의 확보
④ 기도기(airway)를 이용한 기도유지

21. 응급처치의 시간척도 중 "현장 처치 시간(stabilization time)"을 말하는 것은?
① 응급환자의 발생 신고로부터 전문 치료팀이 출동을 시작할 때까지 소용되는 시간
② 현장에서 환자를 이동시킬 수 있도록 안정시키는데 소요되는 시간
③ 전문 치료팀과 장비가 대기 장소에서 출발하여 환자가 있는 장소까지 도착하는데 소요된 시간
④ 응급환자의 발생 신고로부터 전문 치료팀과 장비가 대기 장소에서 출발할 때까지 소용되는 시간

22. 환자 평가에 있어 SAMPLE력 목적은 환자의 호소에 따른 자료 수집이다. 다음 SAMPLE 중 "현재 질병이나 손상을 일으킨 사건"에 해당하는 것은?
① Events
② Last oral intake
③ Pertinent past medical history
④ Allergies

23. 환자 평가에 있어 1차 평가 단계(순서)로 적절한 것은?
① 첫인상 ⇒ 의식수준 ⇒ 기도 ⇒ 호흡 ⇒ 순환 ⇒ 위급정도 판단
② 의식수준 ⇒ 첫인상 ⇒ 기도 ⇒ 호흡 ⇒ 순환 ⇒ 위급정도 판단
③ 첫인상 ⇒ 의식수준 ⇒ 호흡 ⇒ 기도 ⇒ 순환 ⇒ 위급정도 판단
④ 첫인상 ⇒ 의식수준 ⇒ 기도 ⇒ 호흡 ⇒ 위급정도 판단 ⇒ 순환

24. 119항공구조대 소속 구조 · 구급대원은 연 몇 시간 이상 항공구조훈련을 받아야 하는가?
① 40시간
② 32시간
③ 24시간
④ 소방청장이 정하는 시간

25. 중앙안전관리민관협력위원회를 구성 · 운영할 수 있는 자로 「재난 및 안전관리 기본법」에서 규정하고 있는 자는?
① 국무조정실장
② 국무총리
③ 안전정책조정위원회위원장
④ 중앙안전관리민관협력위원회위원장

제4회 행 정 법

01. 행정과 사법과의 구별에 관한 기준으로 가장 적절한 것은?
① 사법은 능동적·일회적이나 행정은 피동적·계속적인 작용이다.
② 사법은 피동적·일회적이나 행정은 능동적·계속적인 작용이다.
③ 사법은 능동적·계속적이나 행정은 피동적·일회적인 작용이다.
④ 사법은 피동적·계속적이나 행정은 능동적·일회적인 작용이다.

02. 통치행위를 인정하는 긍정설의 논거에 대한 학설로 보기 어려운 것은?
① 독자성설(제4의 국가작용설)
② 사법부 회피설
③ 자유재량설
④ 내재적 한계설

03. 신뢰보호의 원칙에 대한 설명으로 옳지 않은 것은?
① 개발사업을 시행하기 전에 사건 토지 지상에 예식장 등을 건축하는 것이 관계 법령상 가능한지 여부를 질의하여 민원 부서로부터 '저촉사항 없음' 이라고 기재된 민원예비심사 결과를 통보받았다면, 이는 이후의 개발부담금부과처분에 관하여 신뢰보호의 원칙을 적용하기 위한 공적인 견해표명을 한 것에 해당한다.
② 시의 도시계획과장과 도시계획국장이 도시계획사업의 준공과 동시에 사업부지에 편입한 토지에 대한 완충녹지 지정을 해제함과 아울러 당초의 토지소유자들에게 환매하겠다는 약속을 했음에도 이를 믿고 토지를 협의매매한 토지소유자의 완충녹지지정해제신청을 거부한 것은 신뢰보호의 원칙을 위반하거나 재량권을 일탈·남용한 위법한 처분이다.
③ 국회에서 일정한 법률안을 심의하거나 의결한 적이 있다고 하더라도 그것이 법률로 확정되지 아니한 이상 국가가 이해관계자들에게 위 법률안에 관련된 사항을 약속하였다고 볼 수 없으며, 이러한 사정만으로 어떠한 신뢰를 부여하였다고 볼 수도 없다.
④ 헌법재판소의 위헌결정은 행정청이 개인에 대하여 신뢰의 대상이 되는 공적인 견해를 표명한 것이라고 할 수 없으므로 그 결정에 관련한 개인의 행위에 대하여는 신뢰보호의 원칙이 적용되지 아니한다.

04. 신뢰보호의 원칙에 대한 설명으로 옳지 않은 것은?
① 행정청의 공적 견해의 표명 후 그 견해표명 당시의 사정이 변경된 경우에도 행정청이 공적 견해표명에 반하는 처분을 하는 경우에는 특별한 사정이 없는 한 신뢰보호의 원칙에 위반된다.
② 신뢰보호의 원칙에서 개인의 귀책사유라 함은 행정청의 견해표명의 하자가 상대방 등 관계자의 사실은폐나 기타 사위의 방법에 의한 신청행위 등 부정행위에 기인한 것이거나 그러한 부정행위가 없더라도 하자가 있음을 알았거나 중대한 과실로 알지 못한 경우 등을 의미한다.
③ 행정청의 공적 견해표명이 있었는지 여부를 판단함에 있어서는, 반드시 행정조직상의 형식적인 권한분장에 구애될 것은 아니고, 담당자의 조직상의 지위와 임무, 당해 언동을 하게 된 구체적인 경위 및 그에 대한 상대방의 신뢰가능성에 비추어 실질에 의하여 판단하여야 한다.
④ 행정청은 권한 행사의 기회가 있음에도 불구하고 장기간 권한을 행사하지 아니하여 국민이 그 권한이 행사되지 아니할 것으로 믿을 만한 정당한 사유가 있는 경우에는 그 권한을 행사해서는 아니 되지만, 공익 또는 제3자의 이익을 현저히 해칠 우려가 있는 경우는 예외이다.

05. 「행정규제기본법」상 정의 규정 내용으로 옳지 않은 것은?
① "행정규제" 란 국가나 지방자치단체가 특정한 행정 목적을 실현하기 위하여 국민(국내법을 적용받는 외국인을 포함한다)의 권리를 제한하거나 의무를 부과하는 것으로서 법령등이나 조례·규칙에 규정되는 사항을 말한다.
② "법령등" 이란 법률·대통령령·총리령·부령에 한하고 그 위임을 받는 고시(告示)는 제외된다.
③ "행정기관" 이란 법령등 또는 조례·규칙에 따라 행정권한을 가지는 기관과 그 권한을 위임받거나 위탁받은 법인·단체 또는 그 기관이나 개인을 말한다.
④ "규제영향분석" 이란 규제로 인하여 국민의 일상생활과 사회·경제·행정 등에 미치는 여러 가지 영향을 객관적이고 과학적인 방법을 사용하여 미리 예측·분석함으로써 규제의 타당성을 판단하는 기준을 제시하는 것을 말한다.

06. 행정법관계에 관한 설명으로 옳지 않은 것은?
① 국유재산의 무단점유자에 대한 변상금 부과는 공권력을 가진 우월적 지위에서 행하는 행정처분이고, 그 부과처분에 의한 변상금 징수권은 공법상의 권리이다.
② 납세의무자에 대한 국가의 부가가치세 환급세액 지급의무는 부가가치세법령에 의하여 그 존부나 범위가 구체적으로 확정되고 조세정책적 관점에서 특별히 인정되는 공법상 의무라고 봄이 타당하다.
③ 개발부담금 부과처분이 취소된 이상 그 후의 부당이득으로서의 과오납금 반환에 관한 법률관계는 단순한 민사 관계이다.
④ 주택재건축정비사업조합을 상대로 관리처분계획안에 대한 조합 총회결의의 효력을 다투는 소송은 사법상 법률관계에 관한 소송이다.
⑤ 중학교 의무교육의 위탁관계는 공법적 관계이다.

07. 사인의 공법행위와 관련 의사표시의 철회·보정에 대한 설명으로 적절하지 않은 것은?
① 「행정절차법」은 신청인은 처분이 있기 전에는 그 신청의 내용을 보완·변경하거나 취하(取下)할 수 있도록 규정하고 있다.
② 판례는 건축불허가처분을 하면서 그 보완이 가능한 경우, 보완을 요구하지 아니한 채 곧바로 건축허가신청을 거부한 것은 재량권의 범위를 벗어난 것이 아니라고 하였다.
③ 판례는 공무원의 사직 의사표시의 철회 또는 취소가 허용되는 시한은 의원면직처분이 있을 때까지 가능하다고 하였다.
④ 판례는 사인의 공법상 행위는 명문으로 금지되거나 성질상 불가능한 경우가 아닌 한 그에 의거한 행정행위가 행하여질 때까지는 자유로이 철회나 보정이 가능하다고 하였다.

08. 신청에 의한 처분절차에 관한 설명 중 가장 적절하지 않은 것은?
① 행정청에 대하여 처분을 구하는 신청을 전자문서로 하는 경우에는 행정청의 컴퓨터에 입력된 때에 신청을 한 것으로 간주된다.
② 행정청은 신청이 있는 때에는 다른 법령에 특별한 규정이 있는 경우에 한하여 접수를 보류하거나 거부할 수 있다.
③ 행정청은 신청에 구비서류의 미비 등 흠이 있는 경우에는 보완에 필요한 상당한 기간을 정하여 지체 없이 신청인에게 보완을 요구하여야 한다.
④ 신청서가 접수된 후에는 신청인은 신청의 내용을 변경할 수 없다.

09. 법규명령의 성립요건 중 형식에 관한 설명으로 적절하지 않은 것은?

① 대통령령에는 전문에 국무회의의 심의를 거친 뜻을 기재하여야 한다.
② 대통령령은 대통령이 서명한 후 대통령인을 찍고 그 일자를 명기하며, 국무총리와 모든 국무위원이 부서(副署)한다.
③ 총리령과 부령에는 그 일자를 명기하고 각각 서명 후 총리인, 장관인을 찍는다.
④ 대통령령·총리령·부령은 각각 번호를 붙여서 공포한다.

10. 법규명령의 효력요건에 대한 설명으로 적절하지 않은 것은?
① 법규명령은 그 내용을 외부에 표시함으로써 유효하게 성립되는데 이를 공포라 한다.
② 법규명령은 특별한 규정이 없는 한 공포한 날로부터 20일을 경과함으로서 효력을 발생한다.
③ 다만, 국민의 권리제한 또는 의무부과와 직접 관련되는 법규명령은 특별한 사유가 있는 경우를 제외하고는 공포일부터 적어도 30일이 경과한 날로부터 시행되도록 하여야 한다.
④ 법규명령은 공문서에 의하여 공포한다.

11. 인허가의제에 관한 설명으로 옳지 않은 것은?
① "인허가의제" 란 하나의 인허가를 받으면 법률로 정하는 바에 따라 그와 관련된 여러 인허가를 받은 것으로 보는 것을 말한다.
② 관련 인허가의제 제도는 사업시행자의 이익을 위하여 만들어진 것이므로, 사업시행자가 반드시 관련 인허가의제 처리를 신청할 의무가 있는 것은 아니다.
③ 주된 인허가 행정청은 주된 인허가를 하기 전에 관련 인허가에 관하여 미리 관련 인허가 행정청과 협의하여야 한다.
④ 주택건설사업계획 승인권자가 도시·군관리계획 결정권자와 협의를 거쳐 주택건설사업계획을 승인함으로써 도시·군관리계획결정이 이루어진 것으로 의제되기 위해서는 협의 절차와 별도로 「국토의 계획 및 이용에 관한 법률」에 따른 주민의견청취 절차를 거쳐야만 한다.
⑤ 인허가의제는 주된 인허가가 있으면 다른 법률에 의한 인허가가 있는 것으로 보는 데 그치고, 거기에서 더 나아가 다른 법률에 의하여 인허가를 받았음을 전제로 하는 그 다른 법률의 모든 규정들까지 적용되는 것은 아니다.

12. 같은 성질의 행정행위끼리 연결되지 아니한 것은?
① 어업면허 – 하천점용허가
② 교과서의 검정 – 국가시험합격자의 결정
③ 발명의 특허 – 광업허가
④ 귀화허가 – 공유수면매립면허

13. 「행정절차법」상 행정청의 처분에 대한 형식에 관한 요건으로 제시하고 있는 것에 대한 설명 중 적절하지 않은 것은?
① 행정청이 처분을 하는 때에는 다른 법령 등에 특별한 규정이 있는 경우를 제외하고는 문서로서 하여야 한다.
② 신속을 요하는 경우라 할지라도 문서로 하는 것이 원칙이다.
③ 그 처분행정청 및 담당자의 소속·명칭과 전화번호를 기재하도록 하고 있다.
④ 원칙적으로 처분이유를 제시하도록 규정하고 있다.

14. 행정행위의 효력발생요건에 관한 설명으로 옳지 않은 것은?
① 상대방이 존재하지 않는 행정행위에 있어서는 처분권자의 의사에 따라 상당한 방법으로 대외적으로 표시됨으로써 행정행위로서 성립하여 효력이 발생한다.
② 등기우편과는 달리, 보통우편의 방법으로 발송되었다는 사실만으로는 그 우편물이 상당한 기간 내에 도달하였다고 추정할 수 없고, 송달의 효력을 주장하는 측에서 증거에 의하여 이를 입증하여야 한다.
③ 상대방이 부당하게 등기취급 우편물의 수취를 거부함으로써 그 우편물의 내용을 알 수 있는 객관적 상태의 형성을 방해한 경우, 그러한 상태가 형성되지 아니하였다는 사정만으로 발송인의 의사표시의 효력을 부정하는 것은 신의성실의 원칙에 반하므로 허용되지 않는다.
④ 상대방이 있는 행정처분은 상대방에게 통지 또는 도달되어야 효력이 발생하므로 인터넷 홈페이지에 장해등급 결정 내용을 게시하고 상대방이 그 홈페이지에 접속하여 결정 내용을 알게 되었다면 송달이 이루어졌다고 볼 수 있다.

15. 행정행위의 취소대상은 직권취소는 주로 (　　)행정행위가 그 대상이 되고, 쟁송취소는 주로 (　) 행정행위가 그 대상이 된다 에서 괄호 안에 적절한 것은?
① 수익적, 부담적
② 수익적, 복효적
③ 이중 효과적, 수익적
④ 부담적, 수익적

16. 직권취소와 쟁소취소의 구분에 대한 설명으로 적절하지 않은 것은?
① 직권취소권자는 행정청(처분청 또는 감독청)이나 쟁송취소는 행정심판위원회 또는 법원이다.
② 직권취소권의 목적은 행정작용의 적법상태로의 회복이나 쟁송취소는 국민의 권익구제+행정작용의 위법성 시정이다.
③ 직권취소의 취소사유는 위법·부당한 경우이나 쟁송취소는 위법한 경우이다.
④ 직권취소는 특별한 법적 근거를 요하지 않으나 쟁송취소는 「행정심판법」·「행정소송법」에 근거를 둔다.

17. 「행정절차법」상 위반사실등의 공표에 관한 설명으로 옳지 않은 것은?
① 행정청은 위반사실등의 공표를 하기 전에 당사자가 공표와 관련된 의무의 이행, 원상회복, 손해배상 등의 조치를 마친 경우에는 위반사실등의 공표를 하지 아니할 수 있다.
② 위반사실등의 공표에 관하여 당사자가 의견진술의 기회를 포기한다는 뜻을 명백히 밝힌 경우라도 행정청은 미리 당사자에게 그 사실을 통지하고 의견제출의 기회를 주어야 한다
③ 행정청은 공표된 내용이 사실과 다른 것으로 밝혀지거나 공표에 포함된 처분이 취소된 경우라도 당사자가 원하지 아니하면 정정한 내용을 공표하지 아니할 수 있다.
④ 위반사실등의 공표에 관하여 의견제출의 기회를 받은 당사자는 공표 전에 관할 행정청에 서면이나 말 또는 정브통신망을 이용하여 의견을 제출할 수 있다.

18. 「행정절차법」에 관한 설명으로 옳은 것은?
① 「행정절차법」은 행정예고와 공법상 계약에 관한 규정을 두고 있다.
② 확약은 구두가 아닌 문서로 이루어져야 한다.
③ 행정청에 처분을 신청할 때 전자문서로 하는 경우에는 당사자의 컴퓨터에서 신청서를 발송한 때 신청한 것으로 본다.
④ 행정청이 자격의 박탈을 내용으로 하는 처분을 하는 경우에도, 다른 법령 등에서 청문을 하도록 규정하고 있지 않다면 청문을 위해서는 당사자 등이 청문신청을 하여야 한다.

19. 행정대집행에 관한 설명으로 옳지 않은 것은?
① 토지나 건물의 인도·명도의무는 대집행의 대상이 될 수 없다.
② 대집행은 대체적 작위의무에 대하여 행사할 수 있는 것이 원칙이지만 부작위의무의 위반에 더하여도 가능하다.

③ 대집행비용납부명령의 취소를 청구하는 소송에서 선행처분인 계고처분이 위법한 것이기 때문에 그 계고처분을 전제로 행하여진 대집행비용납부 명령의 효력을 다툴 수 있다.
④ 계고를 함에 있어서 그 행위의 내용과 범위는 반드시 시정명령서나 대집행계고서에 의하여서만 특정되어야 하는 것은 아니고, 그 처분 전후에 송달된 문서나 기타 사정을 종합하여 이를 특정할 수 있으면 족하다.
⑤ 「공익사업을 위한 토지 등의 취득 및 보상에 관한 법률」에 의한 협의취득 시 건물소유자가 협의취득 대상 건물에 대하여 약정을 하고서 불이행한 경우, 그 건물의 강제철거에 대해서는 「행정대집행법」이 적용되지 아니한다.

20. 행정대집행에 관한 설명으로 옳지 않은 것은?
① 관계 법령을 위반하여 장례식장 영업을 하고 있는 자의 장례식장 사용 중지 의무는 대집행의 대상이 아니다.
② 토지나 건물의 인도 의무는 사람이 그 신체로 토지나 건물을 점유하여 인도를 거부하는 때에는 신체에 대한 직접강제를 필요로 하고, 대집행에는 포함되지 않는다.
③ 대집행 계고처분을 함에 있어 대집행할 행위의 내용 및 범위가 대집행계고서에 의해서만 특정되어야 한다.
④ 대집행절차를 이루는 계고、대집행영장에 의한 통지、실행、비용납부 명령은 상호 결합하여 대집행이라는 효과를 완성시키기 때문에 선행행위의 하자는 후행행위에 승계 된다.

21. 과태료 부과의 제척기간, 이의제기, 법원통보 등의 기간에 대한 설명으로 적절하지 않은 것은?
① 행정청은 질서위반행위가 종료된 날부터 5년이 경과한 경우에는 해당 질서위반행위에 대하여 과태료를 부과할 수 없다.
② 행정청의 과태료 부과에 불복하는 당사자는 과태료 부과 통지를 받은 날부터 60일 이내에 해당 행정청에 서면으로 이의제기를 할 수 있다.
③ ②의 이의제기를 받은 행정청은 이의제기를 받은 날부터 14일 이내에 이에 대한 의견 및 증빙서류를 첨부하여 관할 법원에 통보하여야 한다.
④ 행정청이 관할 법원에 통보를 하거나 통보하지 아니하는 경우에는 그 사실을 5일 이내에 당사자에게 통지하여야 한다.

22. 위험물제조소등에 대한 사용의 정지가 그 이용자에게 심한 불편을 주거나 그 밖에 공익을 해칠 우려가 있는 때에는 사용정지처분에 갈음하여 2억원이하의 (　　)을 부과할 수 있는바, 괄호 안에 적절한 것은?
① 과태료　② 이행강제금
③ 부과금　④ 과징금

23. 자신이 소유한 모텔에서 성인 乙과 청소년 丙을 투숙시켜 이성 혼숙하도록 한 사실이 적발되어 A도 관할 B군 군수 丁으로부터 「공중위생관리법」에 따라 영업정지 3개월의 처분을받은 甲이 처분의 취소를 구하는 행정심판을 청구하려는 경우, 이에 관한 설명으로 옳지 않은 것은?
① 본 사안은 이른바 행정심판전치주의가 적용되지 않으므로, 甲은 행정심판을 거치지 아니하고도 곧바로 취소소송을 제기할 수 있다.
② 본 사안에서 丁의 영업정지처분에 대한 불복은 A도 행정심판위원회가 심리·재결한다.
③ 행정심판위원회가 甲의 청구를 기각하는 재결을 한 경우, 甲은 재결서의 정본을 송달받은 날부터 90일 이내에 행정소송을 제기할 수 있다.
④ 행정심판위원회가 甲의 청구를 인용하는 재결을 한 경우, 丁이 인용재결의 취소를 구하는 행정소송을 제기할 수 있다.

24. 甲은 단란주점영업을 하던 중 관할 행정청으로부터 「식품위생법」 위반을 이유로 1개월의 영업정지처분을 받게 되었다. 이에 甲이 관할 행정청을 피청구인으로 하여 취소심판을 제기한 경우에 관한 설명으로 옳은 것은?
① 행정심판위원회는 1개월의 영업정지처분의 취소를 명하는 재결을 할 수 있다.
② 행정심판위원회가 1개월의 영업정지처분 취소재결을 내린 경우, 관할 행정청은 취소재결 취소소송을 제기할 수 있다.
③ 행정심판위원회는 취소심판청구가 이유 있다고 인정하면 처분을 다른 처분으로 변경할 수 있다.
④ 甲이 구술심리를 신청하는 경우 행정심판위원회는 구술심리를 하여야 한다.
⑤ 甲은 심판청구에 대하여 구두로 심판청구를 취하할 수 있다.

25. 취소소송과 무효등확인소송에 관한 설명으로 옳지 않은 것은?
① 취소소송과 무효등확인소송은 서로 양립할 수 없으므로 단순 병합이나 선택적 병합은 불가능하고, 주위적, 예비적 병합만 가능하다.
② 취소소송에 대한 기각판결이 내려진 경우, 후소인 무효등확인소송에도 영향을 미친다.
③ 일반적으로 행정처분의 무효확인을 구하는 소에는 취소를 구하는 취지도 포함된다고 보아야 한다.
④ 과세처분 이후 처분의 근거 규정에 대하여 위헌 결정이 내려지고 난 뒤, 조세채권의 집행을 위한 체납처분의 근거 규정에 대하여는 따로 위헌결정이 내려진 바 없다면 제소기간 내에 취소소송으로 다투어야 한다.

제4회 소방법령 Ⅳ

01. 소방공무원이 다른 직위로 전보되기 전까지 현 직위에서 근무하여야 하는 최소기간을 말하는 「소방공무원 임용령」상의 정의로 적절한 것은?

① 전보제한기간 ② 필수보직기간
③ 필수근무기간 ④ 최소근무기간

02. 소방공무원은 성명·주소 기타 인사기록의 기록내용을 변경하여야 할 정당한 사유가 있는 때에는 그 사유가 발생한 날부터 언제까지 소속인사기록관리자에게 신고하여야 하는가?

① 30일 이내에 ② 20일 이내에
③ 15일 이내에 ④ 10일 이내에

03. 「소방공무원 임용령」에 따라 시 · 도지사가 시 · 도 소속 소방경 이하 소방공무원의 신규채용시험을 실시하는 경우 시험의 문제출제를 소방청장에게 의뢰할 수 있는바, 이 경우 시험 문제출제를 위한 비용 부담 등에 필요한 사항은 어떻게 하는가?

① 시ㆍ도지사와 소방청장이 협의하여 정한다.
② 소방청장이 고시하는 바에 의한다.
③ 소방청장이 정하는바에 따른다.
④ 행정안전부령으로 정한다.

04. 한국어능력검정시험과 관련 한국실용글쓰기검정의 경우 5퍼센트의 가점이 되기 위한 점수로 적절한 것은?

① 720점 이상 ② 730점 이상
③ 750점 이상 ④ 770점 이상

05. 소방공무원의 채용시험 또는 소방간부후보생 선발시험에서 부정행위를 한 사람에 대해서는 그 시험을 정지 또는 무효로 하거나 합격을 취소하고, 그 처분이 있은 날부터 5년간 시험의 응시자격을 정지하는바, 동 사유에 해당하지 않은 것은?

① 병역, 가점 또는 영어능력검정시험 성적에 관한 사항 등 시험에 관한 증명서류에 거짓 사실을 적거나 그 서류를 위조 · 변조하여 시험결과에 부당한 영향을 주는 행위
② 부정한 자료를 가지고 있거나 이용하는 행위
③ 시험 시작 전 또는 종료 후에 답안을 작성하는 행위
④ 체력시험에 영향을 미칠 목적으로 인사혁신처장이 정하여 고시하는 금지약물을 복용하거나 금지방법을 사용하는 행위

06. 소방공무원의 채용시험 또는 소방간부후보생 선발시험에서 부정행위에 대한 설명으로 적절하지 않은 것은?

① 다른 법령에 의한 국가공무원 또는 지방공무원의 임용시험에서 부정행위를 하여 당해 시험에의 응시자격이 정지 중에 있는 자는 그 기간 중 「소방공무원 임용령」에 의한 시험에 응시할 수 없다.
② 부정행위를 한 응시자가 공무원일 경우에는 시험실시권자는 관할 징계위원회에 징계의결을 요구하거나 그 공무원이 소속하고 있는 기관의 장에게 이를 요구하여야 한다.
③ 시험실시권자는 처분을 할 때에는 그 이유를 붙여 처분을 받는 사람에게 알리고, 그 명단을 관보에 게재해야 한다.
④ 시험실시권자는 인사혁신처장이 정하는 바에 따라 체력시험에 영향을 미칠 목적으로 인사혁신처장이 정하여 고시하는 금지약물을 복용하거나 금지방법을 사용하는 행위에 해당하는지 여부를 확인하여야 한다.

07. 다음 중 승진임용이 가능한 사람은 누구인가?

① 징계의결 요구 중에 있는 사람
② 징계혐의 조사 중에 있는 사람
③ 직위해제 중에 있는 사람
④ 시보임용 기간 중에 있는 사람

08. 소방공무원 근무성적의 평정점으로 적절한 것은?

① 근무성적의 총평정점은 60점을 만점으로 하되, 제1차평정자가 25점을 제2차평정자가 35점을 최고점으로 하여 평정한다.
② 근무성적의 총평정점은 60점을 만점으로 하되, 제1차평정자와 제2차평정자는 각각 30점을 최고점으로 하여 평정한다.
③ 근무성적의 총평정점은 55점을 만점으로 하되, 제1차평정자가 25점을 제2차평정자가 30점을 최고점으로 하여 평정한다.
④ 근무성적의 총평정점은 50점을 만점으로 하되, 제1차평정자와 제2차평정자는 각각 25점을 최고점으로 하여 평정한다.

09. 다음 중 소방공무원 승진제외자명부의 작성사유가 아닌 것은?

① 승진후보자명부에서 제외되는 사람
② 승진심사대상에서 제외되는 사람
③ 승진소요최저근무연수에 미달된 사람
④ 승진임용의 제한사유에 해당되는 사람

10. 소방공무원 승진시험에 응시할 수 있는 사람은 "(　　　) 현재 승진소요 최저근무연수에 달하고, 승진임용의 제한을 받은 자가 아니어야 한다" 에서 괄호 안에 적절한 것은?

① 제1차시험 합격자 발표일
② 제1차시험 공고일
③ 최종합격자 발표일
④ 제1차시험 실시일

11. 처분사유설명서를 교부받은 소방공무원은 어디에 불복심사를 청구를 하여야 하는가?

① 소방청에 설치된 소청심사위원회
② 국무총리소속으로 설치된 소청심사위원회
③ 「국가공무원법」에 따라 설치된 소청심사위원회
④ 소방청장

12. 징계위원회의 공무원위원은 요건을 갖춘 사람을 해당 징계위원회가 설치된 기관의 장이 임명하되, 특별한 사유가 없으면 최상위 계급자부터 차례로 임명하여야 하는바, 해당 기관에 공무원위원이 될 공무원의 수가 위원 수에 미달되는 경우는 어떻게 해야 하는가?

① 해당 징계등 심의 건을 상급 소방기관에 이첩하여야 한다.
② 다른 소방기관의 소방공무원 중에서 임명할 수 있다.
③ 해당 징계위원회의 상급 소방기관에 추천을 의뢰하여 임명할 수 있다.
④ 다른 소방기관의 소방공무원 중에서 그 소방기관의 장의 추천을 받아 임명할 수 있다.

13. 소방공무원의 교육훈련과 관련 "해당 계급에 임용되기 직전 또는 해당 계급에서 신임교육을 받은 사람은 해당 계급의 (　　)을 받은 것으로 본다" 에서 괄호 안에 적절한 것은?

① 관리역량교육
② 전문교육훈련
③ 기타교육훈련
④ 소방정책관리자 교육

14. 「위험물안전관리법 시행령」 별표1 제3류의 품명란 제11호에서 "행정안전부령으로 정하는 것에 해당하는 것은?
① 염소화규소화합물
② 질산구아니딘
③ 금속의 아지화합물
④ 할로겐간화합물

15. 「위험물안전관리법 시행령」 별표1 제5류의 품명란 제10호에서 "행정안전부령으로 정하는 것에 해당하는 것은?
① 과산화지크밀
② 할로겐간화합물
③ 과산화벤조일
④ 금속의 아지화합물, 질산구아니딘

16. 소방청장은 대통령령으로 정하는 제조소등에 대하여 행정안전부령으로 정하는 바에 따라 예방규정의 이행 실태를 정기적으로 평가할 수 있는바, 이에 해당하는 제조소등은?
① 저장 또는 취급하는 위험물의 최대수량의 합이 지정수량의 3천배 이상인 제조소등
② 저장 또는 취급하는 위험물의 최대수량의 합이 지정수량의 2천배 이상인 제조소등
③ 저장 또는 취급하는 위험물의 최대수량의 합이 지정수량의 1천배 이상인 제조소등
④ 저장 또는 취급하는 위험물의 최대수량의 합이 지정수량의 500배 이상인 제조소등

17. 위험물 예방규정을 작성함에 있어 포함될 내용으로 적절하지 않은 것은?(II)
① 재난 그 밖의 비상시의 경우에 119신고 등에 관한 사항
② 위험물의 안전에 관한 기록에 관한 사항
③ 제조소등의 위치 · 구조 및 설비를 명시한 서류와 도면의 정비에 관한 사항
④ 위험물 취급작업의 기준에 관한 사항

18. 옥내저장소에는 "「위험물관리법 시행규칙」 별표 4 Ⅲ제1호의 기준에 따라 보기 쉬운 곳에 위험물 옥내저장소라는 표시를 한 표지와 같은 표 Ⅲ제2호의 기준에 따라 방화에 관하여 필요한 사항을 게시한 게시판 및 같은 표 Ⅲ 제3호의 기준을 준용하여 해당 옥내저장소가 (　　)임을 알리는 표지를 설치해야 한다" 에서 괄호 안에 적절한 것은?

① 위험구역	② 제한구역
③ 통제구역	④ 금연구역

19. 옥내저장소의 저장창고로서 지면에서 처마높이 까지를 20m 이하로 할 수 있는 경우에 대한 설명으로 적절하지 않은 것은?
① 벽·기둥·보 및 바닥을 내화구조로 하여야 한다.
② 원칙적으로 피뢰침을 설치하여야 한다.
③ 출입구에 60분+방화문 또는 60분방화문을 설치하여야 한다.
④ 제2류 또는 제5류 위험물만을 저장하는 창고이어야 한다.

20. 항공기주유취급소에 두는 주유탱크차의 주유설비 등에 대한 설명으로 적절하지 않은 것은?
① 주유설비의 외장은 난연성이 있는 재료로 할 것
② 주유호스는 최대상용압력의 1.5배 이상의 압력으로 수압시험을 실시하여 누설 그 밖의 이상이 없는 것으로 할 것
③ 주유호스의 끝부분에 설치하는 밸브는 위험물의 누설을 방지할 수 있는 구조로 할 것
④ 주유설비에는 주유호스의 끝부분에 축적된 정전기를 유효하게 제거하는 장치를 설치할 것

21. 옥외저장소로서 살수설비 등을 해야 하는 위험물의 종류가 아닌 것은?
① 제2류 위험물 중 인화점이 21℃ 미만인 인화성고체
② 제4류 위험물 중 알코올류
③ 제4류 위험물 중 제1석유류
④ 제4류 위험물 중 제2석유류

22. 이송취급소 배관경로의 기자재창고에 두는 기자재로서 적절하지 않은 것은?
① 삽 및 곡괭이 각 5개 이상
② 유출한 위험물을 처리하기 위한 기자재 및 응급조치를 위한 기자재
③ 3%로 희석하여 사용하는 포소화약제 400리터 이상
④ 방화복(또는 방열복) 3벌 이상

23. 이송취급소에 설치되는 펌프 등(펌프실)의 최대상용압력에 대한 공지의 너비기준으로서 적절하지 않은 것은?① 3MPa 이상, 12m 이상
② 1MPa 이상 3MPa 미만, 5m 이상
③ 1MPa 미만, 3m 이상
④ 일정한 조건을 충족하는 경우 공지 너비의 3분의 1로 할 수도 있다.

24. "옥내저장소에서 동일 품명의 위험물이더라도 자연발화 할 우려가 있는 위험물 또는 재해가 현저하게 증대할 우려가 있는 위험물을 다량 저장하는 경우에는 지정수량의 (　　) 배 이하마다 구분하여 상호간 (　　)이상의 간격을 두어 저장하여야 한다" 에서 괄호 안에 적절한 것은?

① 10배, 0.5m	② 10배, 0.3m
③ 20배, 0.3m	④ 20배, 0.5m

25. 위험물의 저장기준에 대한 다음 설명 중 적절하지 않은 것은?
① 이동저장탱크 및 그 안전장치와 그 밖의 부속배관은 균열, 결합불량, 극단적인 변형, 주입호스의 손상 등에 의한 위험물의 누설이 일어나지 아니하도록 하고, 당해 탱크의 배출밸브는 사용시 외에는 완전하게 폐쇄하여야 한다.
② 이동저장탱크에는 당해 탱크에 저장 또는 취급하는 위험물의 유별·품명·최대수량 및 적재중량을 표시하고 잘 보일 수 있도록 관리하여야 한다.
③ 옥외저장탱크 · 옥내저장탱크 또는 지하저장탱크의 주된 밸브 및 주입구의 밸브 또는 뚜껑은 위험물을 넣거나 빼낼 때 외에는 폐쇄하여야 한다.
④ 옥외저장탱크의 주위에 방유제가 있는 경우에는 그 배수구를 평상시 폐쇄하여 두고, 당해 방유제의 내부에 유류 또는 물이 괴었을 때에는 지체 없이 이를 배출하여야 한다.

제4회 소방전술

01. 화학적 반응 중 산화에 대한 설명으로 적절하지 않은 것은?
① 산소는 지구상에서 가장 보편적인 요소 중의 하나이며 대기 중 21%가 산소로 구성되어 있다.
② 산화는 발열반응이며 에너지를 발산한다.
③ 산화반응으로 가장 잘 알려진 예는 철에 녹이 스는 것이다.
④ 산화는 산소와 다른 요소 간의 물리적 결합의 형태이다.

02. 열전달의 형태 중 노출화재의 원인이 되는 것은?
① 복사 ② 확산
③ 대류 ④ 전도

03. 화재현장지휘권을 확립하는데 필요한 요소 중 8단계인 화재현장 검토회의 주재와 관련 검토회의를 하여야 할 시기와 장소로 적절한 것은?
① 화재진압이 완결된 후 현장에서 실시
② 화재완진을 선언한 후 현장에서 실시
③ 화재조사와 병행하여 현장에서 실시
④ 화재진압이 완결된 후 귀서하여 재출동 준비를 한 후 실시

04. 화점확인과 관련 정보를 수집 함에 있어 관계자에게 최우선으로 수집해야 할 정보는?
① 대피지연 또는 행방불명자 유무
② 부상자 유·무 및 성명, 연령, 상태 등
③ 건물 수용인에 의한 인명구조 활동 등
④ 최초발견, 통보, 소화자 등으로부터 출화 장소 및 당시상황

05. 인화성 액체를 수송하는 차량에 대한 화재를 소화하는 기술은 저장시설에서 발생한 화재와 여러 가지로 비슷하지만, 차이점도 있는바, 차이점으로 열거되지 않은 것은?
① 탱크가 파열될 가능성
② 지나가는 차량 운전자의 생명 위협
③ 관련된 물질이 무엇인지 결정하는 것에 대한 어려움
④ 소방대원이 교통사고 위험에 노출됨

06. 제4류 위험물의 소화방법으로 적절하지 않은 것은?
① 화면 확대를 방지하기 위하여 토사 등을 유효하게 활용하여 위험물의 유동을 막는다.
② 소화는 포, 분말, CO_2가스, 건조사 등을 주로 사용한다.
③ 평면적 유류화재의 초기소화에 필요한 포의 두께는 최저 2~3㎝이어야 하기 때문에 연소면적에 따라 필요한 소화포의 양을 계산한다.
④ 소량이면 분무방수에 의한 화세 억제의 효과가 있다.

07. 루마니아 태생 모레노(J.Moreno)가 창안한 심리극에서 유래된 안전교육의 방법은?
① 지식교육기법
② 역할기법
③ 사례연구법
④ 토의식 교육

08. 소방공무원들이 받는 스트레스 중 가장 강도 높게 가하는 신체의 부분은?(소방전술 교재에 의함)
① 허리부분 ② 머리부분
③ 심장부분 ④ 다리부분

09. 「화재조사법」상 "화재조사란 소방청장, 소방본부장 또는 소방서장이 (   ), 피해상황, 대응활동 등을 파악하기 위하여 자료의 수집, 관계인등에 다한 질문, (   ), 감식, 감정 및 실험 등을 하는 일련의 행위를 말한다" 에서 괄호 안에 적절한 것은?
① 인명피해, 현장 조사
② 방·실화, 조사
③ 화재원인, 현장 조사
④ 화재원인, 현장 확인

10. 「화재조사법」상 소방관서장이 전문성에 기반하는 화재조사를 위하여 설치 · 운영하여야 하는 조직은?
① 화재조사반
② 화재조사담당부서
③ 화재조사단
④ 화재조사전담부서

11. 제1류 위험물 중 그 밖의 행정안전부령이 정하는 것 중 지정수량이 50킬로그램인 것은?
① 차아염소산염류
② 크롬, 납 또는 아이오딘의 산화물
③ 과아이오딘산염류
④ 과아이오딘산

12. 제2류 위험물로서 금속분을 원자번호 순으로 정리하면 모두 몇 종류인가(소방전술 교재에 의함)?
① 20종 ② 25종
③ 29종 ④ 34종

13. 「소방기본법」상 소방자동차의 진입이 곤란한 지역 등 화재발생 시에 초기대응이 필요한 지역으로서 대통령령으로 정하는 지역에 소방호스 또는 호스릴 등을 소방용수시설에 연결하여 화재를 진압하는 시설이나 장치를 말하는 것은?
① 비상소화설비
② 비상소화장치
③ 비상소화전
④ 비상소방용수

14. 구조활동 현장의 상황확인과 관련 사고 장소의 확인에 따른 내용이 아닌 것은?
① 발생장소 소재지
② 현장에 잠재된 2차사고 요인의 파악
③ 사고가 발생한 위치
④ 현장에 잠재된 위험성과 진입상의 장애유무

15. 구조대가 현장에 도착한 즉시 육안 관찰 사항 및 관계자로부터 청취된 사항을 보고하며 가능한 범위에서 내용을 추가하여야 하는바, 이의 내용으로 열거되지 않은 것은?
① 응원대의 필요성
② 사고발생 원인
③ 주위의 위험상태
④ 사고개요

16. 다음 중 응용된 절반매듭의 순서로서 올바른 것은 어느 것인가?

①

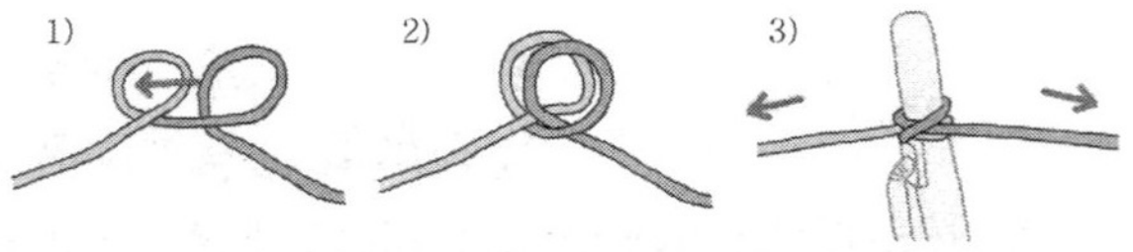

②

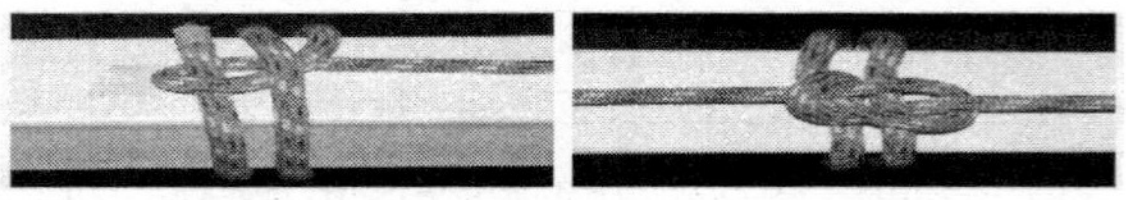

③

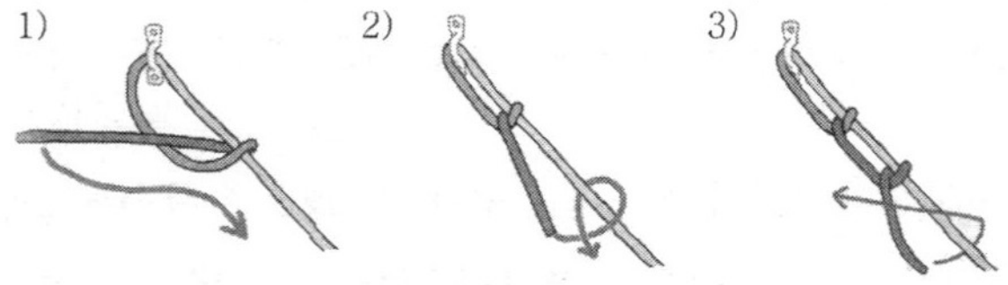

④

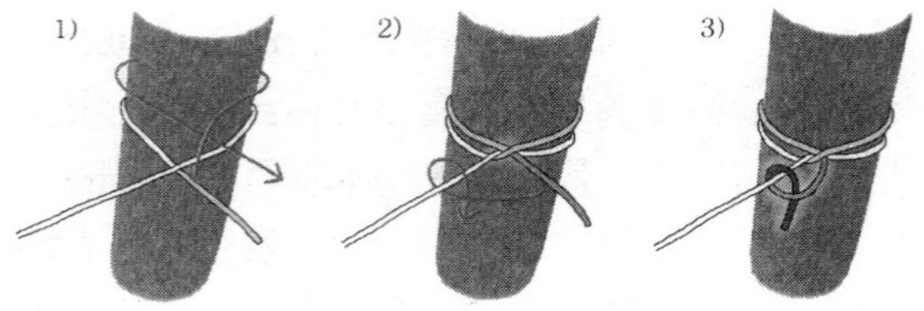

17. 응용매듭으로 신체 묶기 중 맨홀이나 우물 등 협소한 수직공간에 구조대원이 진입하거나 구조대상자를 구출할 때 사용하는 매듭은?

① 세겹고정매듭
② 앉아매기
③ 두겹고정매듭
④ 한발매기

18. 다이버에게 최대 수심과 잠수시간을 계산하여 감압에 대한 정보를 알려주는 장비는?

① 다이브 컴퓨터(Dive Computer)
② 수심계(Depth Gauge)
③ 압력계(Pressure Gauge)
④ 나침반(Compass)

19. 다이버들의 자신의 구조를 위한 행동지침으로 적절한 것은?

① 멈춤 → 생각 → 조절
② 생각 → 멈춤 → 조절
③ 멈춤 → 조절→ 생각
④ 조절 → 생각 → 멈춤

20. 미국의 응급의료체계 운영에 대한 설명 중 "특수구급차에 탑승하는 EMT 단계" 는?

① EMT-P
② EMT-E
③ EMT-B
④ EMT-I

21. 응급구조사의 법적 책임을 나타내는 사항 중 "정신질환의 동의" 의 내용이 해당하는 분류는?

① 면책의 양식
② 과실주의
③ 동의의 법칙
④ 치료기준

22. 피부를 통한 순환평가 중 관류가 부적절한 경우와 혈액량이 감소된 경우의 피부상태는?

① 뜨겁고 건조함
② 차갑고 축축함
③ 차가운 피부
④ 따뜻하고 축축함

23. 환자의 2차평가 중 생체징후와 관련 정상 혈압범위 중 "아동(7-11세)" 의 정상혈압범위는?

① 수축기압은 평균 105이고 이완기압은 평균 69이다.
② 수축기압은 평균 92이고 이완기압은 평균 60이다.
③ 수축기압은 평균 114이고 이완기압은 평균 76이다.
④ 수축기압은 평균 99이고 이완기압은 평균 65이다.

24. 소방본부장은 구급활동상황을 종합하여 연 몇 회 소방청장에게 보고하여야 하는가?

① 1회 ② 2회
③ 3회 ④ 4회

25. 시 · 도지사와 시장 · 군수 · 구청장은 언제까지 소관 안전관리계획을 확정하여야 하는가?

① 시 · 도지사는 매년 1월 31일까지, 시장 · 군수 · 구청장은 해당 연도 2월 말일까지
② 시 · 도지사는 전년도 12월 31일까지, 시장 · 군수 · 구청장은 해당 연도 2월 말일까지
③ 시 · 도지사는 매년1월 1일까지, 시장 · 군수 · 구청장은 해당 연도 1월 31일까지
④ 시 · 도지사는 전년도 12월 15일까지, 시장 · 군수 · 구청장은 해당 연도 1월 31일까지

제5회 행 정 법

01. 헌법재판소도 통치행위의 관념을 긍정하지만 통치행위가 어떤 내용과 관련될 경우는 심판대상이 된다고 하였는가?
① 국민의 기본권침해와 직접 관련이 있는 경우
② 결과적으로 국민에게 부담을 주는 경우
③ 민주주의의 기본질서에 위배된 경우
④ 통치행위가 대통령의 단독으로 결정된 경우

02. 헌법재판소가 자이툰부대의 이라크파병결정에 관한 헌법소원사건에서 사법자제설의 논거로 제시한 것은?
① 적법절차의 확보
② 국민의 기본권
③ 자유민주주의의 수호
④ 실질적 법치주의

03. 신뢰보호원칙에 관한 설명으로 옳지 않은 것은?
① 신뢰의 대상이 되는 선행조치는 공적인 견해표명에 국한되지 않는다.
② 법령의 개정에서 신뢰보호원칙의 위배 여부를 판단하기 위해서는 침해된 이익의 보호가치, 침해의 중한 정도, 신뢰가 손상된 정도, 신뢰침해의 방법 등과 새 법령을 통해 실현하고자 하는 공익적 목적을 종합적으로 비교·형량하여야 한다.
③ 행정청의 행위에 대한 신뢰보호원칙의 적용 요건 중 하나인 '행정청의 견해표명이 정당하다고 신뢰한 데에 대하여 그 개인에게 귀책사유가 없을 것' 을 판단함에 있어, 귀책사유의 유무는 상대방과 그로부터 신청행위를 위임받은 수임인 등 관계자 모두를 기준으로 판단하여야 한다.
④ 행정청은 확약을 한 후에 확약의 내용을 이행할 수 없을 정도로 법령등이나 사정이 변경된 경우에는 확약에 기속되지 아니한다.
⑤ 국민이 가지는 모든 기대 내지 신뢰가 권리로서 보호될 것은 아니고, 그 보호 여부는 기존의 제도를 신뢰한 자의 신뢰를 보호할 필요성과 새로운 제도를 통하여 달성하려고 하는 공익을 비교·형량하여 판단하여야 한다.

04. 신뢰보호의 원칙에 관한 설명으로 옳은 것은?
① 「행정절차법」은 처분의 방식으로 문서주의를 표방하고 있으므로, 행정청의 공적 견해 표명은 묵시적으로 표시되어서는 안 된다.
② 신뢰보호의 원칙은 공익 또는 제3자의 정당한 이익을 현저히 해칠 우려가 있는 경우에도 부정되어야 하는 것은 아니다.
③ 실권의 법리는 법의 일반원리인 신의성실의 원칙에 바탕을 둔 파생원칙이므로 권력관계에는 적용되지 않는다.
④ 병무청 담당부서의 담당공무원에게 공적 견해의 표명을 구하는 정식의 서면질의 등을 하지 아니한 채 총무과 민원팀장에 불과한 공무원이 민원봉사차원에서 상담에 응하여 안내한 것을 신뢰한 경우, 신뢰보호의 원칙이 적용되지 아니한다.

05. 행정상 법률관계에 관한 설명으로 옳지 않은 것은?
① 국가가 사경제의 주체로서 상대방과 대등한 지위에서 체결하는 계약의 본질적인 내용은 사인 간의 계약과 다를 바가 없으므로 사적 자치와 계약자유의 원칙을 비롯한 사법의 원리가 원칙적으로 적용된다.
② 국가가 수익자인 수요기관을 위하여 국민을 계약상대자로 하여 체결하는 요청조달계약에는 다른 법률에 특별한 규정이 없는 한 당연히 「국가를 당사자로 하는 계약에 관한 법률」이 적용된다.
③ 요청조달계약에 적용되는 「국가를 당사자로 하는 계약에 관한 법률」 조항은 국가가 사경제 주체로서 국민과 대등한 관계에 있음을 전제로 한 사법관계에 대한 규정뿐만 아니라, 고권적 지위에서 국민에게 침익적 효과를 발생시키는 행정처분에 대한 규정까지 적용된다.
④ 한국자산관리공사가 국유재산 중 일반재산에 관하여 그 처분을 위임받아 매도하는 것은 행정청이 공권력의 주체라는 우월적 지위에서 행하는 공법상의 행정처분이 아니라 사경제 주체로서 행하는 사법상의 법률행위에 해당하여 헌법소원심판의 대상이 되는 공권력의 행사에 해당하지 않는다.

06. 행정법관계에 관한 설명으로 옳은 것만을 있는 대로 고른 것은?

ㄱ. 군인연금법령상 급여를 받으려고 하는 사람이 국방부장관 등에게 급여지급을 청구였으나 이를 거부한 경우, 곧바로 국가를 상대로한 당사자 소송으로 급여의 지급을 청구할 수 있다.
ㄴ. 「공익사업을 위한 토지 등의 취득 및 보상에 관한 법률」상 환매권의 존부에 관한 확인을 구하는 소송 및 환매금액의 증감을 구하는 소송은 민사소송이다.
ㄷ. 「도시 및 주거환경정비법」상 주택재건축정비사업 조합을 상대로 관리처분계획안에 대한 조합 총회 결의의 효력에 대하여는 민사소송으로 다투어야 한다.
ㄹ. 지방소방공무원이 소속 지방자치단체를 상대로 초과 근무수당의 지급을 구하는 소송을 제기하는 경우 당사자소송의 절차에 따라야 한다.

① ㄱ, ㄴ ② ㄴ, ㄹ
③ ㄷ, ㄹ ④ ㄱ, ㄷ, ㄹ

07. 사인의 공법행위에 대한 설명으로 적절하지 않은 것은?
① 공무원에 의해 제출된 사직원은 그에 따른 의원면직 처분이 있을 때 까지는 철회할 수 있지만, 일단 면직처분이 있고 난 이후에는 철회할 수 없다.
② 건축법령상 건축주명의변경신고는 자기완결적 신고이다.
③ 사인의 공법행위에는 명문의 규정이 없는 한 부관을 붙일 수 없다.
④ 민법상 비진의 의사표시의 무효에 관한 규정은 영업재개신고와 같은 사인의 공법행위에 적용되지 않는다.

08. 판례의 입장으로 옳지 않은 것은?
① 「부동산 실권리자명의 등기에 관한 법률」 제5조에 의하여 부과된 과징금 채무는 대체적 급부가 가능한 의무이므로 과징금을 부과 받은 자가 사망한 경우 그 상속인에게 포괄승계 된다.
② 행정처분의 근거 법규 또는 관련 법규에 그 처분으로써 이루어지는 행위 등 사업으로 인하여 환경상 침해를 받으리라고 예상되는 영향권의 범위가 구체적으로 규정되어 있는 경우에도 환경상 이익에 대한 침해 또는 침해 우려가 있는 것을 입증하여야만 원고적격이 인정된다.
③ 신축건물의 준공처분을 하여서는 안 된다는 내용의 부작위청구소송은 허용되지 않는다.
④ 인·허가의제 효과를 수반하는 건축신고는 일반적인 건축신고와는 달리 특별한 사정이 없는 한 행정청이 그 실체적 요건에 관한 심사를 한 후 수리하여야 하는 이른바 '수리를 요하는 신고' 로 보아야 한다.

09. 포괄적 위임금지의 원칙에 대한 판례의 태도로 옳지 않은 것은?
① 일반적인 급부행정법규는 처벌법규나 조세법규의 경우보다 그 위임의 요건과 범위가 더 엄격하게 제한적으로 규정되어야 한다.
② 조례에 대한 법률의 위임은 포괄적인 것으로 족하다.
③ 수권 법률의 예측가능성 유무를 판단함에 있어서는 수권규정과 이와 관계된 조항, 수권법률 전체의 취지, 입법목적의 유기적·체계적 해석 등을 통하여 종합 판단하여야 한다.
④ 공법적 단체 등의 정관에 대한 자치법적 사항의 위임이라도 국민의 권리·의무에 관한 본질적이고 기본적인 사항은 국회가 정하여야 한다.

10. 행정규칙에 관한 설명으로 옳지 않은 것은?
① 고시가 일반적·추상적 성질을 가질 때에는 법규명령에 해당하지만, 고시가 구체적인 규율의 성격을 가진다면 행정규칙에 해당한다.
② 고시 또는 공고의 법적 성질은 일률적으로 판단될 것이 아니라 고시에 담겨 있는 내용에 따라 구체적인 경우 마다 달리 결정되는 것이다.
③ 행정기관 내부의 업무처리지침이나 법령의 해석·적용 기준을 정한 행정규칙은 특별한 사정이 없는 한 대외적으로 국민이나 법원을 구속하는 효력이 없다.
④ 행정청이 면허발급 여부를 심사함에 있어서 이미 설정된 면허기준의 해석상 당해 신청이 면허발급의 우선순위에 해당함이 명백함에도 이를 제외시켜 면허거부처분을 하였다면 특별한 사정이 없는 한 그 거부처분은 재량권을 남용한 위법한 처분이 된다.

11. 인가와 허가와의 구별에 대한 설명으로 적절하지 않은 것은?
① 인가는 법률적 행위만을 대상으로 하는데 대하여, 허가의 대상은 사실행위와 법률적 행위가 포함된다.
② 인가는 상대방의 법률적 행위를 보충하여 그 법률적 효과를 완성시켜 주는 행위로서 명령적 행위인데 대하여, 허가는 상대방에게 자연적 자유를 회복시켜주는 행위로서 형성적 행위의 일종이다.
③ 수정인가는 성질상 허용되지 않는데 대하여, 허가의 경우에는 수정허가도 있을 수 있다.
④ 요인가행위를 인가 없이 행한 때에는 원칙적으로 무효이지만 강제집행이나 처벌의 대상은 되지 않은 것이 보통인데 대하여, 요허가행위를 허가 없이 행한 때에는 강제집행 또는 처벌의 대상은 되지만 그 행위 자체의 효력은 부인되지 않은 것이 보통이다.

12. 인가에 대한 설명으로 옳지 않은 것은?
① 「자동차관리법」상 자동차관리사업자로 구성하는 사업자단체인 조합 또는 협회의 설립인가처분은 자동차관리사업자들의 단체결성행위를 보충하여 효력을 완성시키는 처분에 해당한다.
② 구「도시 및 주거환경정비법」상 조합설립추진위원회 구성승인처분은 조합의 설립을 위한 주체인 추진위원회의 구성행위를 보충하여 그 효력을 부여하는 처분이다.
③ 주택재개발정비사업조합이 수립한 사업시행계획에 하자가 있음에도 불구하고 관할 행정청이 해당 사업시행계획에 대한 인가처분을 하였다면, 그 인가처분에는 고유한 하자가 없더라도 사업시행계획의 무효를 주장하면서 곧바로 그에 대한 인가처분의 무효확인이나 취소를 구하여야 한다.
④ 구「도시 및 주거환경정비법」상 토지소유자들이 조합을 설립하지 아니하고 직접 도시환경정비사업을 시행하고자 하는 경우에 내려진 사업시행인가처분은 설권적 처분의 성격을 가진다.

13. 행정행위의 효력발생 요건으로서 공시송달에 대한 설명으로 적절하지 않은 것은?
① 공시송달은 송달 받을 자의 주소 등을 통상의 방법으로 확인할 수 없는 경우에 활용된다.
② 송달이 불가능한 경우에도 공시송달방법이 활용된다.
③ 송달 받을 자가 알기 쉽도록 관보·공보·게시판·일간신문 중 하나 이상에 공고하여야 한다.
④ 인터넷에 의한 공고는 강제사항이 아니고 임의사항이다.

14. 행정행위의 효력발생 요건으로서 송달의 효력발생에 대한 설명으로 적절하지 않은 것은?
① 송달은 특별한 규정이 있는 경우를 제외하고는 송달 받을 자에게 도달됨으로써 그 효력이 발생하는 도달주의를 취하고 있다.
② 정보통신망을 이용하여 전자문서로 송달하는 경우에는 송달 받을 자가 지정한 컴퓨터 등에 입력된 때에 도달된 것으로 본다.
③ 공시송달의 경우는 특별한 규정이 있는 경우를 제외하고는 공고일부터 10일이 경과한 때에 그 효력이 발생한다.
④ 천재지변 기타 당사자 등의 책임 없는 사유로 기간 및 기한을 지킬 수 없는 경우에는 그 사유가 끝나는 날까지 기간의 진행이 정지된다.

15. 「행정기본법」에 규정된 적법한 처분의 철회요건이 아닌 것은?
① 법률에서 정한 철회 사유에 해당하게 된 경우
② 법령등의 변경이나 사정변경으로 처분을 더 이상 존속시킬 필요가 없게 된 경우
③ 처분 상대방의 요청이 있는 경우
④ 중대한 공익을 위하여 필요한 경우

16. 「행정기본법」상 철회에 관한 규정의 내용으로 옳지 않은 것은?
① 행정청은 처분을 철회하려는 경우에는 철회로 인하여 당사자가 입게 될 불이익을 철회로 달성되는 공익과 비교、형량할 수 있다.
② 행정청은 적법한 처분이 법령등의 변경이나 사정변경으로 처분을 더 이상 존속시킬 필요가 없게 된 경우에는 그 처분의 전부 또는 일부를 장래를 향하여 철회할 수 있다.
③ 행정청은 적법한 처분이 중대한 공익을 위하여 필요한 경우에는 그 처분의 전부 또는 일부를 장래를 향하여 철회할 수 있다.
④ 행정청은 적법한 처분이 법률에서 정한 철회 사유에 해당하게 된 경우에는 그 처분의 전부 또는 일부를 장래를 향하여 철회할 수 있다.

17. 절차상 하자에 대한 설명으로 옳지 않은 것은?
① 구 「학교보건법」상 학교환경위생정화구역에서의 금지행위 및 시설의 해제 여부에 관한 행정처분을 하면서 학교환경위생정화위원회의 심의를 누락한 흠은 행정처분을 위법하게 하는 취소사유가 된다.
② 다른 법령 등에서 청문절차를 거치도록 규정하고 있지 않은 경우에는 원칙적으로 청문을 거치지 않고 다른 의견청취절차만 거치더라도 위법하지 않다.
③ 대판은 청문통지서가 반송되었거나, 행정처분의 상대방이 청문일시에 불출석했다는 이유로 청문을 실시하지 않을 경우에도 위법하지 않다고 보는 입장이다.
④ 대판은 신청에 대한 거부처분은 「행정절차법」상의 사전통지의 대상이 되는 '당사자의 권익을 제한하는 처분'에 해당하지 않는다는 입장이다.

18. 처분의 이유제시에 대한 설명으로 옳지 않은 것은?
① 세무서장이 주류도매업자에 대하여 일반주류도매업면허취소 통지를 하면서 그 위반사실을 구체적으로 특정하지 아니한 것은 위법하다는 것이 판례의 입장이다.

② 단순·반복적인 처분 또는 경미한 처분으로서 당사자가 그 이유를 명백히 알 수 있는 경우에는 이유제시의무가 면제된다.

③ 신청내용을 모두 그대로 인정하는 처분인 경우 이유제시의무가 면제되지만 처분 후 당사자가 요청하는 경우에는 그 근거와 이유를 제시하여야 한다.

④ 이유제시의 하자는 행정쟁송의 제기 전에 한해 치유가 가능한 것으로 보는 것이 판례의 입장이다.

19. 행정대집행에 관한 설명으로 가장 적절한 것은?

① 사람이 점유하고 있는 토지, 건물 등의 퇴거, 명도는 대집행의 대상이 될 수 있다.

② 대집행의 절차는 계고, 대집행영장에 의한 통지, 대집행의 실행, 대집행 비용징수 순서이다.

③ 비상시 또는 위험이 절박한 경우에 있어서 당해 행위의 급속한 실시를 요하여 계고를 취할 여유가 없을 때라도 계고를 거치지 아니하고는 대집행을 할 수 없다.

④ 대집행 절차인 계고에 대해서는 독자적인 처분성이 인정되지 않는다.

20. 행정상 대집행의 절차로 적절한 것은?

① 대집행영장에 의한 통지 → 계고 → 대집행의 실행 → 비용징수

② 대집행의 실행 → 계고 → 대집행영장에 의한 통지 → →비용징수

③ 계고 → 대집행영장에 의한 통지 → 대집행의 실행 → 비용징수

④ 비용징수 → 계고 → 대집행영장에 의한 통지 → 대집행의 실행

21. 「행정기본법」 제28조는 "행정청은 법령등에 따른 의무를 위반한 자에 대하여 법률로 정하는 바에 따라 그 위반행위에 대한 제재로서 (　　)을 부과할 수 있다" 고 규정하고 있는바, 괄호 안에 적절한 것은?

① 부과금　　② 제재금

③ 과징금　　④ 이행강제금

22. 「행정기본법」은 과징금의 근거가 되는 법률에는 과징금에 관한 명확하게 규정하도록 하고 있는바, 이에 해당하지 않은 것은?

① 부과·징수 주체

② 부과 사유

③ 상한액과 하한액

④ 가산금을 징수하려는 경우 그 사항

23. 행정심판에 관한 설명으로 옳지 않은 것은?('24 소방사 공채)

① '진정' 이란 국민이 법정의 절차나 형식에 구애됨이 없이 행정청에 대하여 어떠한 희망을 진술하는 것을 말하며, 경우에 따라 진정서의 형식을 취하고 있더라도 행정심판청구로 볼 수 있는 경우가 있다.

② 「행정심판법」에서는 취소심판, 무효등확인심판, 의무이행심판에 대해서 규정하고 있다.

③ 행정심판은 원칙적으로 처분이 있음을 알게 된 날부터 90일, 처분이 있었던 날부터 1년 이내에 청구하여야 한다.

④ 시·도 소속 행정청의 처분 또는 부작위에 대한 심판청구에 대하여는 시·도지사 소속으로 두는 행정심판위원회가 심리·재결한다.

24. 「행정심판법」의 규정에 관한 내용으로 옳지 않은 것은?

① 행정심판이 청구된 후에 피청구인이 새로운 처분을 하거나 심판청구의 대상인 처분을 변경한 경우에는 청구인은 새로운 처분이나 변경된 처분에 맞추어 청구의취지나 이유를 변경할 수 있다.

② 행정심판위원회는 처분, 처분의 집행 또는 절차의 속행 때문에 중대한 손해가 생기는 것을 예방할 필요성이 긴급하다고 인정할 때에는 직권으로 또는 당사자의 신청에 의하여 처분의 효력, 처분의 집행 또는 절차의 속행의 전부 또는 일부의 정지를 결정할 수 있다.

③ 행정심판위원회는 처분 또는 부작위가 위법·부당하다고 상당히 의심되는 경우로서 처분 또는 부작위 때문에 당사자가 받을 우려가 있는 중대한 불이익이나 당사자 에게 생길 급박한 위험을 막기 위하여 임시지위를 정하여야 할 필요가 있는 경우에는 당사자의 신청이 있는 경우에 한하여 임시처분을 결정할 수 있다.

④ 청구인이 경제적 능력으로 인해 대리인을 선임할 수 없는 경우에는 행정심판위원회에 국선대리인을 선임하여 줄 것을 신청할 수 있다.

25. 제3자효 행정행위에 관한 설명으로 옳지 않은 것은?

① 행정청은 제3자인 이해관계인이 요구하면, 해당 처분이 행정심판의 대상이 되는 처분인지와 행정심판의 대상이 되는 경우 소관 위원회 및 심판청구 기간을 지체 없이 알려 주어야 한다.

② 처분등을 취소하는 판결에 의하여 권리 또는 이익의 침해를 받은 제3자는 자기에게 책임없는 사유로 소송에 참가하지 못함으로써 판결의 결과에 영향을 미칠 공격 또는 방어방법을 제출하지 못한 때에는 이를 이유로 확정된 종국판결에 대하여 재심의 청구를 할 수 있다.

③ 제3자에 의한 재심청구는 제3자가 항고소송의 확정판결이 있음을 안 날로부터 90일 이내, 판결이 확정된 날로부터 1년 이내에 제기하여야 한다.

④ 법원은 소송의 결과에 따라 권리 또는 이익의 침해를 받을 제3자가 있는 경우에는 당사자 또는 제3자의 신청 또는 직권에 의하여 결정으로써 그 제3자를 소송에 참가시킬 수 있다.

⑤ 제3자효를 수반하는 행정행위에 대한 행정심판청구에 있어서 그 청구를 인용하는 내용의 재결로 인하여 비로소 권리이익을 침해받게 되는 자는 그 인용재결에 대하여 취소소송을 제기할 수 있다.

제5회 소방법령 Ⅳ

01.「소방공무원 임용령 시행규칙」상 임용제청권자가 소방공무원을 임용제청할 때에는 공무원 임용제청서로써 하는바, 다만, 임용제청기관에서의 임용제청 보고는 무엇으로 하여야 하는가?

① 공무원임용제청서 ② 공무원임용조사서
③ 공무원임용제청조사서 ④ 공무원임용제청보고서

02. 임용예정직위에 관련 있는 근무실적 또는 연구실적이 있는 사람을 경력경쟁채용등에 의해 임용하는 경우 이의 요건 중 "국가기관 · 지방자치단체 · 공공기관 그 밖의 이에 준하는 기관의 임용예정직위에 관련있는 직무분야의 근무 또는 연구경력이 3년 이상이어야 한다" 와 관련 소방공무원 외의 공무원으로서 소방기관에서 「임용령 시행규칙」 별표 1에 따른 특수기술부문에 근무한 경력이 있는 사람을 해당 부문 · 분야의 소방공무원으로 경력경쟁채용등을 하는 경우에는 그 조건의 기간이 몇 년인가?

① 1년 ② 2년
③ 3년 ④ 5년

03. 채용 비위 관련자의 합격 등 취소와 관련 「소방공무원 임용령」에서 정하고 있는 비위행위로 적절한 것은?

① 법령을 위반하여 채용시험에 개입하거나 채용시험에 부당한 영향을 주는 행위를 말한다.
② 채용시험에 개입하거나 채용시험에 부당한 영향을 주는 행위 등 채용시험의 공정성을 해치는 행위를 말한다.
③ 법령을 위반하여 채용시험에 개입하거나 채용시험에 부당한 영향을 주는 행위 등 채용시험의 공정성을 해치는 행위를 말한다.
④ 채용시험에 개입하거나 채용시험에 부당한 영향을 주는 행위를 말한다.

04. 채용비위심의위원회의 설치에 대한 설명으로 적절하지 않은 것은?

① 시험실시권자나 임용권자 소속으로 채용비위심의위원회(심의위원회)를 둔다.
② 심의위원회는 위원장 1명을 포함하여 6명 이상 9명 이내의 위원으로 성별을 고려하여 구성한다.
③ 심의위원회의 위원장은 시험실시권자나 임용권자로 하거나 시험실시권자나 임용권자가 지명하는 소속 공무원으로 한다.
④ 심의위원회는 심의를 위하여 필요한 경우에는 관계인의 출석, 의견의 제시 또는 증거물의 제출을 요구할 수 있다.

05. 다음 중 승진임용을 제한함에 있어 징계처분의 경우는 징계처분이 끝난 날부터 일정기간을 승진소요최저근무연수에서 제외하면서, 음주운전 등으로 징계처분을 받은 경우에는 그 기간을 추가로 제한하고 있는바, 동기간은?

① 6개월 ② 12개월
③ 9개월 ④ 18개월

06. 성희롱으로 강등의 징계처분을 받은 소방공무원의 경우 모두 얼마 동안의 기간이 승진소요최저근무연수에 산입되지 아니한가?

① 18개월 ② 21개월
③ 24개월 ④ 30개월

07. 근무성적평정점을 조정하기 위하여 설치되는 근무성적평정조정위원회의 위원 구성 으로 적절한 것은?

① 5인이상 7인이하의 위원으로 구성
② 3인이상 5인이하의 위원으로 구성
③ 3인이상 7인이하의 위원으로 구성
④ 5인이상 9인이하의 위원으로 구성

08. 체력검정성적 평정점의 계산방식 중 소방장에 대한 산정기준으로 적절한 것은?

① 명부작성 기준일부터 최근 2년 이내에 해당 계급에서 최근 2회 평정한 평정점의 평균
② 명부작성 기준일부터 최근 2년 6개월 이내에 해당 계급에서 최근 2회 평정한 평정점의 평균
③ 명부작성 기준일부터 최근 3년 6개월 이내에 해당 계급에서 최근 3회 평정한 평정점의 평균
④ 명부작성 기준일부터 최근 3년 이내에 해당 계급에서 최근 3회 평정한 평정점의 평균

09. 직장훈련성적평정점의 계산방식 중 소방경에 대한 산정기준으로 적절한 것은?

① 명부작성 기준일부터 최근 2년 이내에 해당 계급에서 4회 평정한 평정점의 평균
② 명부작성 기준일부터 최근 3년 이내에 해당 계급에서 3회 평정한 평정점의 평균
③ 명부작성 기준일부터 최근 3년 6개월 이내에 해당 계급에서 6회 평정한 평정점의 평균
④ 명부작성 기준일부터 최근 3년 이내에 해당 계급에서 6회 평정한 평정점의 평균

10. 승진시험과목 관련 소방법령 Ⅱ에 해당하는 것은?

① 「소방기본법」, 「위험물안전관리법」
② 「위험물안전관리법」, 「다중이용업소의 안전관리에 관한 특별법」
③ 「소방기본법」, 「소방시설 설치 및 관리에 관한 법률」 및 「화재의 예방 및 안전관리에 관한 법률」
④ 「소방시설 설치 및 관리에 관한 법률」, 「화재의 예방 및 안전관리에 관한 법률」

11. 소방공무원 고충심사위원회의 위원장이 되는 자로 적절한 것은?

① 설치기관의 기관장이 지정하는 사람이 된다.
② 민간위원 중에서 설치기관의 기관장이 지정하는 사람이 된다.
③ 설치기관 소속 공무원 중에서 인사 또는 감사 업무를 담당하는 과장 또는 이에 상당하는 직위를 가진 사람이 된다.
④ 설치기관 소속 소방공무원 중에서 설치기관의 기관장이 지정하는 사람이 된다.

12. 소방청 및 시 · 도에 설치된 징계위원회의 경우 소방정 또는 지방소방정 이상의 직위에서 근무하고 퇴직한 사람은 위원이 될 수 있는바, 이의 조건으로 적절한 것은?

① 퇴직일부터 5년이 경과한 사람
② 퇴직일부터 3년이 경과한 사람
③ 퇴직일부터 2년이 경과한 사람
④ 조건이 없다.

13. 소방서에 설치되는 소방공무원 징계위원회와 관련 법관 · 검사 또는 변호사로 근무한 자에 대한 자격으로 적절한 것은?
① 법관 · 검사 또는 변호사로 5년 이상 근무한 사람
③ 퇴직일부터 2년이 경과한 사람
② 법관 · 검사 또는 변호사로 3년 이상 근무한 사람
③ 법관 · 검사 또는 변호사로 2년 이상 근무한 사람
④ 법관 · 검사 또는 변호사

14. 고체[액체(1기압 및 섭씨 20도에서 액상인 것 또는 섭씨 20도 초과 섭씨 40도 이하에서 액상인 것을 말한다)또는 기체(1기압 및 섭씨 20도에서 기상인 것을 말한다)외의 것을 말한다]로서 산화력의 잠재적인 위험성 또는 충격에 대한 민감성을 판단하기 위하여 소방청장이 정하여 고시하는 시험에서 고시로 정하는 성질과 상태를 나타내는 것을 말하는 것은?
① 산화성고체 ② 가연성고체
③ 발화성고체 ④ 인화성고체

15. "황화인 · 적린 · 황 및 철분은 ( )의 성질과 상태가 있는 것으로 본다" 에서 괄호 안에 적절한 것은?
① 가연성고체 ② 산화성고체
③ 폭발성고체 ④ 인화성고체

16. 「위험물안전관리법 시행령」에서 위험물을 취급하는 탱크로서 지하에 매설된 탱크가 있는 경우도 정기점검 대상이 되는바, 이에 해당하는 경우가 아닌 것은?
① 판매취급소 ② 일반취급소
③ 주유취급소 ④ 제조소

17. 위험물제조소등의 정기점검을 하지 아니하거나 점검기록을 허위로 작성한 경우와 정기검사를 받지 아니한 경우의 벌칙은?
① 1천만원 이하의 벌금
② 1천500만원 이하의 벌금
③ 3년 이하의 징역 또는 3천만원 이하의 벌금
④ 1년 이하의 징역 또는 1천만원 이하의 벌금

18. 옥내저장소의 저장창고에 대한 설명으로 적절하지 않은 것은?
① 저장창고의 출입구에는 60분+방화문 · 60분방화문 또는 30분방화문을 설치해야 한다.
② 앞 ①의 경우 연소의 우려가 있는 외벽에 있는 출입구에는 수시로 열 수 있는 자동폐쇄식의 60분+방화문 또는 60분방화문을 설치하여야 한다.
③ 액상의 위험물의 저장창고의 바닥은 위험물이 스며들지 아니하는 구조로 하여야 한다.
④ 앞 ③의 경우 적당하게 경사지게 하여 그 최저부에 유분리장치를 설치하여야 한다.

19. 위험물의 성질에 따른 옥내저장소의 특례와 관련 지정과산화물을 저장 또는 취급하는 옥내저장소 저장창고의 강화되는 기준에 대한 설명으로 적절하지 않은 것은?
① 저장창고는 150㎡ 이내마다 격벽으로 완전하게 구획할 것
② 이 경우 당해 격벽은 두께 30㎝ 이상의 철근콘크리트조 또는 철골철근콘크리트조로 하거나 두께 40㎝ 이상의 보강콘크리트블록조로 할 것
③ 저장창고의 외벽은 두께 30㎝ 이상의 철근콘크리트조나 철골철근콘크리트조 또는 두께 40㎝ 이상의 보강콘크리트블록조로 할 것
④ 당해 저장창고의 양측의 외벽으로부터 1m 이상, 상부의 지붕으로부터 50㎝ 이상 돌출하게 할 것

20. "암반탱크에 가해지는 지하수압은 저장소의 ( )보다 항상 크게 유지할 것" 에서 괄호 안에 적절한 것은?
① 최소운영압
② 최소지하수압
③ 최대운영압
④ 최대지하수압

21. 주유취급소의 자동차 등에 주유하기 위한 고정주유설비에 직접 접속하는 전용탱크의 크기로 적절한 것은?
① 50,000리터 이하
② 40,000리터 이하
③ 30,000리터 이하
④ 20,000리터 이하

22. 이송취급소의 위험물 주입구 및 배출구 등의 설치기준에 대한 설명으로 적절하지 않은 것은?
① 위험물의 주입구 및 배출구는 별도의 구획된 장소에 설치할 것
② 위험물의 주입구 및 배출구에는 위험물의 주입구 또는 토출구가 있다는 내용과 화재예방과 관련된 주의사항을 표시한 게시판을 설치할 것
③ 위험물의 주입구 및 배출구는 위험물을 주입하거나 토출하는 호스 또는 배관과 결합이 가능하고 위험물의 유출이 없도록 할 것
④ 위험물의 주입구 및 배출구에는 개폐가 가능한 밸브를 설치할 것

23. 세정작업의 일반취급소로서 특례가 적용되기 위한 기준으로 적절한 것은?
① 인화점이 70℃ 이상인 제4류 위험물에 한한다.
② 인화점이 21℃ 이상인 제4류 위험물에 한한다.
③ 인화점이 40℃ 이상인 제4류 위험물에 한한다.
④ 인화점이 38℃ 이상인 제4류 위험물에 한한다.

24. 알킬알루미늄등, 아세트알데하이드등 및 다이에틸에터등의 저장기준에 대한 설명으로 적절하지 않은 것은?
① 압력탱크 외의 탱크에 있어서는 알킬알루미늄등의 취출이나 온도의 저하에 의한 공기의 혼입을 방지할 수 있도록 불활성의 기체를 봉입할 것
② 옥외저장탱크 또는 옥내저장탱크 중 압력탱크에 있어서는 알킬알루미늄등의 취출에 의하여 당해 탱크내의 압력이 상용압력 이상으로 오르지 아니하도록 불활성의 기체를 봉입할 것
③ 이동저장탱크에 알킬알루미늄등을 저장하는 경우에는 20㎪ 이하의 압력으로 불활성의 기체를 봉입하여 둘 것
④ 옥외저장탱크 · 옥내저장탱크 또는 이동저장탱크에 새롭게 알킬알루미늄등을 주입하는 때에는 미리 당해 탱크안의 공기를 불활성기체와 치환하여 둘 것

25. "자동차 등에 주유할 때에는 고정주유설비 또는 고정주유설비에 접속된 탱크의 주입구로부터 ( )이내의 부분에, 이동저장탱크로부터 전용탱크에 위험물을 주입할 때에는 전용탱크의 주입구로부터 ( ) 이내의 부분 및 전용탱크 통기관의 끝부분으로부터 수평거리 ( ) 이내의 부분에 있어서는 다른 자동차 등의 주차를 금지하고 자동차 등의 점검 · 정비 또는 세정을 하지 아니할 것" 에서 괄호 안에 적절한 것은?
① 4m, 3m, 1.5m ② 4m, 4m, 1.5m
③ 3m, 4m, 1.5m ④ 4m, 3m, 2m

제5회 소방전술

01. 일반적으로 공기 중에는 약 21%의 산소가 있다. 하지만 "실내온도(섭씨 21도 또는 화씨 70도)에서는 (　　　)의 낮은 산소농도에서도 연소반응이 일어난다" 에서 괄호 안에 적절한 것은?

① 18%　② 16%
③ 14%　④ 12%

02. 미국에서 실내화재의 생애주기 3단계(라이프 싸이클) 중 세 번째 단계로 지칭하는 것은?

① 성장기
② 플래쉬오버
③ 쇠퇴기
④ 발화기

03. 자동화재탐지설비 수신기 패널에 여러 층에서 동시에 화재 감지신호가 발생하는 경우 화점검색의 방법으로 적절한 것은?

① 건물의 최하층에서부터 화점검색을 시작한다.
② 수신기에 표시된 최하층에서부터 화점검색을 시작한다.
③ 이 경우는 표시된 순서대로 화점검색을 시작한다.
④ 수신기의 가까운 층에서부터 화점검색을 시작한다.

04. 공조시스템이 설치된 건물에서 화재 발생 위치를 찾을 때 어떤 층에서 발생하는 약간의 연기 냄새를 조사할 경우 최우선적으로 조치할 사항은?

① 공조시스템의 차단
② 공조시스템 점검구 확인
③ 공조시스템의 가동
④ 공조시스템의 방화댐퍼 차단

05. 제1류 위험물 화재 시 소화수단(제독제)이 다른 하나는?

① 염소산칼륨
② 다이크로뮴산염류
③ 삼산화크로뮴
④ 염소산나트륨

06. 위험물화재의 특수현상 중 그 위험성이 가장 큰 것은?

① 오일오버(Oilover)
② 슬롭오버(Slopover)
③ 후로스오버(Frothover)
④ 보일오버(Boilover)

07. 소방공무원의 교육훈련 및 안전과 관련 바람직한 교육생과 교관의 비율로 적절한 것은?

① 교육생과 교관의 비율은 10명 : 1명이다.
② 교육생과 교관의 비율은 9명 : 1명이다.
③ 교육생과 교관의 비율은 7명 : 1명이다.
④ 교육생과 교관의 비율은 5명 : 1명이다.

08. 소방차량 등의 안전운행과 관련 "일반적으로 결빙지역에서의 정지거리는 정상적인 조건보다 (　　　)배정도 더 길어진다고 한다" 에서 괄호 안에 적절한 것은?

① 2~5　② 3~15
③ 4~8　④ 2~10

09. 「화재조사법 시행규칙」상 화재조사전담부서가 갖추어야 하는 장비와 시설의 구분별 종수로 기록용 기기는 모두 몇 종인가?

① 13종　② 11종
③ 9종　④ 7종

10. 「화재조사법」상 "소방관서장은 화재원인 규명 및 피해액 산출 등을 위하여 필요한 경우에는 (　　　　), 관계 보험회사 등에 「개인정보 보호법」 제2조제1호에 따른 개인정보를 포함한 보험가입 정보 등을 요청할 수 있다. 이 경우 정보 제공을 요청받은 기관은 정당한 사유가 없으면 이를 거부할 수 없다" 에서 괄호 안에 적절한 것은?

① 보험감독원　② 금융감독원
③ 금융연합회　④ 금융위원회

11. 제3류 위험물 중 칼륨의 소화약제로 사용이 가능한 것은?

① 물　② 마른모래
③ CO_2　④ CCl_4

12. 고체 또는 액체로서 폭발의 위험성 또는 가열분해의 격렬함을 판단하기 위하여 고시로 정하는 시험에서 고시로 정하는 성질과 상태를 나타내는 것을 말하는 것은?

① 인화성물질
② 폭발성물질
③ 자기반응성물질
④ 자연발화성물질

13. 소방용수시설 별 장단점 비교 중 저수조의 단점으로 적절한 것은?

① 설치위치 선정이 용이하지 않다.
② 도로면에 설치되어 있기 때문에 차량 등에 의해 파손되는 경우가 많다.
③ 공사 시 교통에 많은 지장이 초래된다.
④ 사용이 불편하고 관리가 어렵다.

14. 구조활동의 순서 중 첫 번째에 해당하는 사항은?

① 현장 활동에 방해되는 각종 장해요인을 제거한다.
② 2차 재해의 발생위험을 제거한다.
③ 구조대상자의 구명에 필요한 조치를 취한다.
④ 구조대상자의 상태 악화 방지에 필요한 조치를 취한다.

15. 구조장비 활용과 관련 장비 선택 시 유의사항으로 열거된 내용으로 적절하지 않은 것은?

① 활동공간이 협소하거나 인화물질의 존재, 감전위험성, 환기 등 현장상황을 고려하여 특성에 맞는 것을 선택한다.
② 사용 목적에 맞는 것을 선택한다.
③ 동등의 효과가 얻어지는 경우는 조작이 간단한 것을 선택한다.
④ 긴급 상황에 맞는 것을 선택한다. 급할 때는 가장 조작이 간편한 것을 선택한다.

16. 로프 정리의 방법 중 둥글게 사리기의 순서로 적절한 것은?

가. 5-10번 정도 감는다. 나. 로프를 둥글게 사린다. 다. 로프 끝을 고리에 끼우고 다른 쪽 로프를 당긴다. 라. 로프 끝을 매듭한다.

① 가 ⇒ 나 ⇒ 다 ⇒ 라
② 나 ⇒ 가 ⇒ 다 ⇒ 라
③ 다 ⇒ 나 ⇒ 가 ⇒ 라
④ 가 ⇒ 다 ⇒ 나 ⇒ 라

17. 다음은 로프 정리(사리기)의 한 형태의 시작이다. 명칭으로 적절한 것은?

① 8자모양 사리기
② 나비모양 사리기
③ 둥글게 사리기
④ 사슬 사리기

18. 실제 잠수 시간이 최대 잠수 가능시간을 초과했을 때에 상승도중 감압표상에 지시된 수심에서 지시된 시간만큼 머무르는 것을 말하는 것은?
① 잠수정지
② 잠수활동
③ 감압시간
④ 감압정지

19. 수중탐색(검색)방법 중 조류가 세고 탐색면적이 넓을 때 사용하는 탐색 방법은?
① 반원탐색
② 소용돌이 탐색
③ 등고선 탐색
④ U자형 탐색

20. 응급구조사가 응급환자에게 적절한 치료를 위하여 행동해야만 하는 치료기준 중 "제도화된 기준" 을 설명하고 있는 것은?
① 응급의료에 관련된 조직과 사회에서 널리 인정된 학술적인 사항에 의한 기준을 말한다.
② 특수한 법률과 응급구조사가 속해 있는 단체에서의 권장사항에 의한 기준을 말한다.
③ 유사한 훈련과 경험을 가진 분별력 있는 사람이 유사한 상황에서 장비를 이용하여 동일한 장소에서 어떻게 행동했을까? 하는 것을 판단하는 기준을 말한다.
④ 응급구조사는 법률이 정하는 응급처치 범위의 기준을 잘 알고 해당 범위 내에서 응급의료행위를 하여야 한다.

21. 응급구조사의 법적 책임과 관련 동의의 법칙 중 "긴급한 응급상황이라면 묵시적 동의가 적용되어야 하는 동의" 는?
① 정신질환자의 동의
② 미성년자 치료에 있어서의 동의
③ 치료 거부권
④ 고시된 동의

22. 비외상 환자의 주요 병력 및 신체 검진과 관련 의식이 있는 환자에 대한 OPQRST식 질문 중 어떤 움직임이나 압박 또는 외부요인이 증상을 악화 또는 완화시키는지 쉬면 진정이 되는지에 해당되는 질문은?
① Provocation or Palliation
② Region and Radiation
③ Quality of the pain
④ Severity

23. 인공호흡 방법 중 환자에게 적절한 환기의 비율은?
① 성인 10~12회/분, 소아·영아 12~25회 이상/분, 신생아 40~60회/분
② 성인 10~12회/분, 소아·영아 12~20회 이상/분, 신생아 40~60회/분
③ 성인 10~12회/분, 소아·영아 12~20회 이상/분, 신생아 40~60회/분
④ 성인 10~15회/분, 소아·영아 12~20회 이상/분, 신생아 40~60회/분

24. 「119법」상 구조 · 구급업무를 효과적으로 수행하기 위한 체계의 구축 및 구조 · 구급장비의 구비, 그 밖에 구조 · 구급활동에 필요한 기반을 마련하여야 하는 자(주체)로 적절한 것은?
① 소방청장과 사도지사
② 국가와 지방자치단체
③ 소방청장
④ 국가와 시·도

25. 재난징후정보를 수집 · 분석하여 관계 재난관리책임기관의 장에게 미리 필요한 조치를 하도록 요청할 수 있는 자로 적절한 것은?
① 관계 중앙행정기관의 장
② 행정안전부장관
③ 국무총리
④ 시 · 도지사 또는 행정안전부장관

제6회 행 정 법

01. 행정을 그 목적에 따라 분류한 다음 설명중 적절하지 않은 것은?

① 조달행정은 행정목적의 달성에 필요한 인적·물적 수단을 취득하고 관리하는 활동을 말한다.
② 행정주체가 주는 수단을 통해서 개인 또는 단체를 돌보며 그들의 이익추구를 촉진시켜주는 활동을 복지행정이라고 한다.
③ 유도행정은 사회 및 경제를 일정한 방향으로 유도하고 개선하는 행정이다.
④ 공공의 안녕과 질서를 유지하기 위한 행정을 질서행정이라고 한다.

02. 다음 소방행정 업무 중 권력적 행정으로 보기 어려운 것은?

① 화재현장에서 사설수영장의 물을 소방용수로 사용한 경우
② 화재조사관이 화재 장소에 출입하여 화재의 원인과 피해의 상황을 조사하고 관계인에게 질문하는 경우
③ 소방대원이 화재현장에서 인명구조를 위해 건축물을 파괴하는 경우
④ 소방공무원이 화재현장에서 필요한 소방용수시설 및 비상소화장치를 조사하는 경우

03. 신뢰보호의 원칙에 대한 설명으로 옳지 않은 것은?

① 행정청이 공적인 견해에 반하는 행정처분을 함으로써 달성하려는 공익이 행정청의 공적 견해표명을 신뢰한 개인이 그 행정처분으로 인하여 입게 되는 이익의 침해를 정당화할 수 있을 정도로 강한 경우에는 그 행정처분은 위법하지 않다.
② 과세관청이 질의회신 등을 통하여 어떤 견해를 대외적으로 표명하였더라도 그것이 중요한 사실관계와 법적인 쟁점을 제대로 드러내지 아니한 채 질의한 데 따른 것이라면, 공적인 견해표명에 의하여 정당한 기대를 가지게 할 만한 신뢰가 부여된 경우로 볼 수 없다.
③ 폐기물처리업에 대하여 관할 관청의 사전 적정통보를 받고 막대한 비용을 들여 요건을 갖춘 다음 허가신청을 한 경우, 행정청이 청소업자의 난립으로 효율적인 청소업무의 수행에 지장이 있다는 이유로 불허가처분을 하였다 할지라도 신뢰보호의 원칙에 반하지 아니한다.
④ 법원이 「질서위반행위규제법」에 따라서 하는 과태료 재판은 원칙적으로 행정소송에서와 같은 신뢰보호의 원칙 위반 여부가 문제되지 아니한다.

04. 신뢰보호의 원칙에 관한 설명으로 옳지 않은 것은?

① 행정청이 공적인 견해에 반하는 행정처분을 함으로써 달성하려는 공익이 행정청의 공적 견해표명을 신뢰한 개인이 그 행정처분으로 인하여 입게 되는 이익의 침해를 정당화할 수 있을 정도로 강한 경우에는 그 행정처분은 위법하지 않다.
② 과세관청이 질의회신 등을 통하여 어떤 견해를 대외적으로 표명하였더라도 그것이 중요한 사실관계와 법적인 쟁점을 제대로 드러내지 아니한 채 추상적으로 질의한데 따른 것이라면, 공적인 견해표명에 의하여 정당한 기대를 가지게 할 만한 신뢰가 부여된 경우로 볼 수 없다.
③ 행정청의 공적 견해표명은 보호가치 있는 신뢰의 대상이어야 하므로, 묵시적인 표시만으로는 성립할 수 없고 명시적인 표시가 있었을 것을 요한다.
④ 폐기물처리업에 대하여 관할 관청의 사전 적정통보를 받고 막대한 비용을 들여 요건을 갖춘 다음 허가신청을 한 경우, 행정청이 청소업자의 난립으로 효율적인 청소업무의 수행에 지장이 있다는 이유로 불허가처분을 하였다면 신뢰보호의 원칙에 반하여 위법하다.

05. 공법관계와 사법관계의 구별에 대한 설명으로 옳지 않은 것은?

① 국유재산 중 행정재산의 사용허가는 공법관계이나, 한국공항공단이 무상사용허가를 받은 행정재산에 대하여 하는 전대행위는 사법관계이다.
② 조달청장이 「예산회계법」에 따라 계약을 체결하거나 입찰보증금 국고귀속조치를 취하는 것은 사법관계에 해당한다.
③ 국유재산의 무단점유에 대한 변상금부과는 공법관계에 해당하나, 국유 일반재산의 대부행위는 사법관계에 해당한다.
④ 조달청장이 법령에 근거하여 입찰참가자격을 제한하는 것은 사법관계에 해당한다.

06. 다음 중 행정주체가 아닌 것은?

① 국가　② 소방청장
③ 대구광역시　④ 전라남도 장성군

07. 신고에 관한 설명으로 옳지 않은 것은?

① 법령등에서 행정청에 일정한 사항을 통지함으로써 의무가 끝나는 신고를 규정하고 있는 경우, 신고가 법령등에 규정된 형식상의 요건에 적합하면 신고서가 접수기관에 도달된 때에 신고 의무가 이행된 것으로 본다.
② 「행정절차법」에서는 수리를 요하는 신고를 규정하고 있고, 「행정기본법」에서는 수리를 요하지 않는 신고를 규정하고 있다.
③ 법령등으로 정하는 바에 따라 행정청에 일정한 사항을 통지하여야 하는 신고로서 법률에 신고의 수리가 필요하다고 명시되어 있는 경우에는 행정청이 수리하여야 효력이 발생한다.
④ 「유통산업발전법」상 대규모점포의 개설 등록은 수리를 요하는 신고로서 행정처분에 해당한다.

08. 사인의 공법행위로서의 신고에 관한 설명으로 옳지 않은 것은?

① 「행정절차법」은 의무적 신고를 규정하고, 행정청의 수리를 요하는 신고는 규정하고 있지 않다.
② 개발행위허가가 의제 되는 건축신고는 수리를 요하는 신고이다.
③ 「행정기본법」에는 법률에 신고의 수리가 필요하다고 명시되어 있는 경우, 행정청이 수리하여야 효력이 발생한다는 규정이 있다.
④ 인ㆍ허가적 성격 또는 등록적 성격의 신고는 수리를 요하는 신고이나, 영업양도에 따른 지위승계 신고는 수리를 요하지 아니한다.

09. 소방행정규칙 중 국민에게도 효력이 미칠 수 있는 것은?

① 화재조사 및 보고규정
② 국가화재안전성능기준(NFPC)
③ 소방공무원 근무규정
④ 소방공무원 승진시험 시행요강

10. 「행정 효율과 협업 촉진에 관한 규정」 제4조에서 지시문서로 구분되는 행정규칙의 종류가 아닌 것은?

① 훈령　② 예규
③ 일일명령　④ 고시

11. 다음 중 허가와 인가에 대한 설명으로 옳은 것을 모두 고르면?

ㄱ. 허가는 원칙적으로 신청을 요하나 무출원허가나 수정허가가 가능한 반면, 인가는 반드시 신청을 요하고 무출원 인가나 수정인가가 불가하다.
ㄴ. 허가는 강제집행 등의 대상이 되지 않지만 인가는 행정벌이나 강제집행 대상이다.
ㄷ. 허가의 대상은 사실행위와 법률행위지만 인가는 법률행위만 속한다.
ㄹ. 허가는 공법적 효과를 발행하지만 인가는 공·사법적 효과를 발생한다.
ㅁ. 허가는 형성적 행정행위의 일종이며 인가는 명령적 행정행위이다.

① ㄱ.ㄴ.ㄷ ② ㄱ.ㄷ.ㄹ
③ ㄴ.ㄷ.ㄹ ④ㄴ.ㄹ.ㅁ
⑤ ㄷ.ㄹ.ㅁ

12. 강학상 인가의 성질을 지닌 것만을 있는 대로 고른 것은?

ㄱ.「도시 및 주거환경정비법」상 재건축조합설립인가
ㄴ.「민법」상 재단법인의 정관변경허가
ㄷ.「여객자동차 운수사업법」상 개인택시운송사업면허
ㄹ.「국토의 계획 및 이용에 관한 법률」상 토지거래허가 구역 내의 토지거래허가

① ㄱ ② ㄴ, ㄹ
③ ㄷ, ㄹ ④ ㄱ, ㄴ, ㄹ

13. 행정행위의 효력발생 요건으로서 개별적 송달에 대한 설명으로 적절하지 않은 것은?
① 정보통신망을 이용한 송달은 송달 받을 자가 동의하는 경우에 한한다.
② 송달 받을 자(대표자 또는 대리인을 포함한다)의 주소·거소·영업소·사무소 또는 전자우편주소로 한다.
③ 송달은 우편과 정보통신망을 이용한 방법에 한한다.
④ 앞 ①의 경우 송달 받을 자는 송달 받을 전자우편주소 등을 지정하여야 한다.

14. 「행정기본법」상 처분의 효력과 관련 "처분은 권한이 있는 기관이 취소 또는 철회하거나 기간의 경과 등으로 소멸되기 전까지는 유효한 것으로 (　　)된다. 다만, 무효인 처분은 처음부터 그 효력이 발생하지 아니한다" 에서 괄호 안에 적절한 것은?
① 추정 ② 통용
③ 간주 ④ 적용

15. 행정행위의 취소와 철회에 대한 설명으로 가장 적절하지 않은 것은?
① 외형상 하나의 행정처분이라 하더라도 가분성이 있거나 그 처분대상의 일부가 특정될 수 있다면 그 일부만의 취소도 가능하다.
② 행정행위를 한 처분청은 그 행위에 하자가 있더라도 별도의 법적 근거가 없으면 스스로 이를 취소할 수 없다.
③ 철회는 적법요건을 구비하여 완전히 효력을 발하고 있는 행정행위를 사후적으로 그 행위의 효력의 전부 또는 일부를 장래에 향해 소멸시키는 행정처분이다.
④ 행정청은 종전 처분과 양립할 수 없는 처분을 함으로써 묵시적으로 종전 처분을 취소할 수도 있다.

16. 행정행위의 실효에 대한 설명으로 적절하지 않은 것은?
① 실효사유가 발생한 때로부터 장래에 향하여 효력이 소멸된다는 점에서, 중대하고 명백한 하자로 인하여 처음부터 아무런 효력을 발생하지 않은 무효와 구별된다.
② 일단 적법하게 발생된 효력이 실효사유에 의해 소멸된다.
③ 하자와의 관계가 특히 중요하다.
④ 일정한 사실의 발생에 의하여 당연히 그 효력이 소멸되는 점에서, 행정행위의 효력을 소멸시키는 행정청의 의사행위를 필요로 하는 취소·철회와도 구별된다.

17. 「행정절차법」상 불이익 처분(침익적 처분)의 절차 시 처분의 사전통지에 포함될 사항이 아닌 것은?
① 행정쟁송의 방법
② 처분에 대하여 의견을 제출할 수 있다는 뜻과 의견을 제출하지 아니하는 경우의 처리방법
③ 처분하고자 하는 원인이 되는 사실과 처분의 내용 및 법적 근거
④ 당사자의 성명 또는 명칭과 주소

18. 소방서장이 소방시설관리업자에 대한 행정처분을 함에 있어 청문을 실시하고자 한다. 2026년 3월 20일에 청문을 한다면 언제까지 사전통지를 하여야 하는가?
① 3월 12일까지 ② 3월 9일까지
③ 3월 4일까지 ④ 2월 20일까지

19. 다중이용업소에 대한 화재위험평가의 결과 그 위험유발지수가 「다중이용업소의 안전관리에 관한 특별법 시행령」이 정하는 기준이상인 경우 해당 다중이용업주에 대하여 필요한 조치를 명한 후 그 정한 기간 이내에 당해 명령을 이행하지 아니하는 자에 대하여는 1천만원 이하의(　　)을 부과할 수 있는바, 괄호 안에 적절한 것은?
① 가산금 ② 과징금
③ 가산세 ④ 이행강제금

20. 이행강제금에 관한 설명으로 옳지 않은 것은?
① 「농지법」상 이행강제금 부과처분은 항고소송의 대상이 되는 처분이 아니다.
② 이행강제금 납부의무는 상속인 기타의 사람에게 승계할 수 있는 성질의 것으로 사망한 사람에게 이행강제금을 부과하는 처분이나 결정도 가능하다.
③ 「행정기본법」상 이행강제금의 부과란 의무자가 행정상의무를 이행하지 아니하는 경우 행정청이 적절한 이행기간을 부여하고, 그 기한까지 행정상 의무를 이행하지 아니하면 금전급부의무를 부과하는 것을 말한다.
④ 「행정기본법」상 행정청은 의무자가 계고에서 정한 기한까지 행정상 의무를 이행하지 아니한 경우 이행강제금의 부과 금액, 사유, 시기를 문서로 명확하게 적어 의무자에게 통지하여야 하고 행정상 의무를 이행할 때까지 이행강제금을 반복하여 부과할 수 있다.

21. 과징금에 대한 설명으로 옳지 않은 것은?
① 구 독점규제 및 공정거래에 관한 법률 소정의 부당지원행위에 대한 과징금은 부당지원행위의 억지라는 행정독적을 실현하기 위한 행정상 제재금으로서의 성격에 부당이득환수적 요소도 부가되어 있으므로 국가형벌권 행사로서의 처벌에 해당하지 아니한다.
② 행정기본법령에 따르면, 과징금 납부 의무자가 과징금을 분할 납부하려는 경우에는 납부기한 7일 전까지 과징금의 분할 납부를 신청하는 문서에 해당 사유를 증명하는 서류를 첨부하여 행정청에 신청해야 한다.

③ 관할 행정청이 여객자동차운송사업자의 여러 가지 위반행위를 인지하였다면 전부에 대하여 일괄하여 최고한도 내에서 하나의 과징금 부과처분을 하는 것이 원칙이고, 인지한 위반행위 중 일부에 대해서만 우선 과징금 부과처분을 하고 나머지에 대해서는 차후에 별도의 과징금 부과처분을 하는 것은 다른 특별한 사정이 없는 한 허용되지 않는다.
④ 과징금의 근거가 되는 법률에는 과징금에 관한 부과·징수 주체, 부과 사유, 상한액, 가산금을 징수하려는 경우 그 사항, 과징금 또는 가산금 체납 시 강제징수를 하려는 경우 그 사항을 명확하게 규정하여야 한다.

22. 「행정기본법」 제29조는 과징금의 납부에 대해 규정하고 있는바, 이에 대한 설명으로 적절하지 않은 것은?
① 과징금은 한꺼번에 납부하는 것을 원칙으로 한다.
② 다만 과징금 전액을 한꺼번에 내기 어렵다고 인정될 때에는 그 납부기한을 연기하거나 분할 납부하게 할 수 있다.
③ 재해·재난 등으로 재산에 손실을 입은 경우도 납부기한을 연기하거나 분할 납부할 수 있는 사유이다.
④ 과징금을 한꺼번에 내면 자금 사정에 현저한 어려움이 예상되는 경우도 납부기한을 연기하거나 분할 납부할 수 있는 사유이다.

23. 「행정심판법」에 대한 설명으로 옳지 않은 것은?
① 청구인이 피청구인을 잘못 지정한 경우에는 위원회는 직권으로 또는 당사자의 신청에 의하여 결정으로써 피청구인을 경정할 수 있다.
② 행정심판위원회는 심판청구의 대상이 되는 처분보다 청구인에게 불리한 재결을 할 수 있다.
③ 중앙행정심판위원회는 위법 또는 불합리한 명령 등의 시정조치를 관계 행정기관에 요청할 수 있다.
④ 법령의 규정에 따라 공고하거나 고시한 처분이 재결로써 취소되거나 변경되면 처분을 한 행정청은 지체 없이 그 처분이 취소 또는 변경되었다는 것을 공고하거나 고시하여야 한다.

24. 「행정심판법」의 규정 내용으로 옳지 않은 것은?
① 의무이행심판은 처분을 신청한 자로서 행정청의 거부처분 또는 부작위에 대하여 일정한 처분을 구할 법률상이익이 있는 자가 청구할 수 있다.
② 위원회는 필요하다고 인정하면 그 행정심판 결과에 이해관계가 있는 제3자나 행정청에 그 사건 심판에 참가할 것을 요구할 수 있다.
③ 위원회는 필요하다고 인정할 때에는 직권으로 증거조사를 할 수 있고, 당사자가 주장하지 아니한 사실에 대하여도 판단할 수 있다.
④ 청구인이 천재지변, 전쟁, 사변(事變), 그 밖의 불가항력 으로 인하여 처분이 있음을 알게 된 날부터 90일 이내에 심판청구를 할 수 없었을 때에는 그 사유가 소멸한 날부터 14일 이내에 행정심판을 청구할 수 있다.

25. 행정소송의 피고에 관한 설명으로 옳은 것은?
① 저작권심의조정위원회 위원장은 저작권 등록업무의 처분청으로서 그 등록처분에 대한 무효확인소송에서 피고적격을 가진다.
② 중앙노동위원회의 처분에 대한 소송은 중앙노동위원회를 피고로 한다.
③ 행정처분을 행할 적법한 권한 있는 상급행정청으로부터 내부위임을 받은 데 불과한 하급행정청이 권한 없이 행정처분을 한 경우에도 그 상급행정청을 그 처분에 대한 행정소송의 피고로 한다.
④ 에스에이치공사가 택지개발사업 시행자인 서울특별시장으로부터 이주대책 수립권한을 포함한 택지개발사업에 따른 권한을 위임 또는 위탁받은 경우, 이주대책 대상자들이 에스에이치공사 명의로 이루어진 이주대책에 관한 처분에 대한 취소소송을 제기함에 있어 정당한 피고는 에스에이치공사가 된다.

제6회 소방법령 Ⅳ

01. 「소방공무원 임용령 시행규칙」상 소방공무원 인사사무를 전산관리 하는데 필요한 서식 및 사무절차는 어떻게 정하는가?
① 소방청장이 고시하는 바에 따른다.
② 「공무원 인사처리 규칙」에서 정한다.
③ 소방청장이 따로 정할 수 있다.
④ 인사혁신처장이 따로 정하는 바에 따른다.

02. 징계처분 및 직위해제 처분을 받은 소방공무원에 대한 인사기록 말소(기간의 경과에 따른 말소인 경우를 말함)의 방법으로 적절한 것은?
① 기존 인사기록카드 외에 또 다른 인사기록카드를 작성하여 함께 보관하여야 한다.
② 당해처분기록에 말소된 사실을 표기하는 방법에 의한다.
③ 당해처분기록에 붉은 줄을 2줄로 그어 표기하는 방법에 의한다.
④ 인사기록카드를 재작성하여야 한다.

03. 자격증 등 소지자의 가점과 관련 가점을 위하여 필요한 자료의 제출 기한은 언제까지인가?
① 해당 채용시험의 최종합격자 발표 전 까지로 한다.
② 해당 채용시험의 면접시험일까지로 한다.
③ 해당 채용시험의 1차시험일 까지로 한다.
④ 해당 채용시험의 최종시험예정일까지로 한다.

04. 「소방공무원 임용령」에서 규정한 사항 외에 채용비위심의위원회의 구성 및 운영 등에 필요한 사항은 어떻게 정하는가?
① 소방청장이 정한다.
② 「소방공무원 임용령 시행규칙」으로 정한다.
③ 시험실시권자나 임용권자가 정한다.
④ 소방청장이 정하여 고시한다.

05. 소방공무원의 채용시험 실시권자는 "경력경쟁채용시험등을 실시하는 경우 (　　)에 소방청장이 정하는 바에 따라 채용과정이 적절하게 이루어졌는지 점검해야 한다" 에서 괄호 안에 적절한 것은?
① 최종합격자 발표 전
② 면접시험 전
③ 최종합격자 발표 직후
④ 최종합격자 발표 후 7일 이내

06. 소속 소방공무원(시·도지사가 임용권을 행사하는 소방공무원은 제외한다)을 파견하는 경우로서 임용권자 또는 임용제청권자가 인사혁신처장과 협의하여야 하는 경우가 아닌 것은?
① 다른 국가기관 또는 지방자치단체나 그 외의 기관·단체에서 국가적 사업을 수행하기 위하여 특히 필요한 경우
② 「공무원 인재개발법」에 따른 공무원교육훈련기관의 교수요원으로 선발되거나 그 밖에 교육훈련 관련 업무수행을 위하여 필요한 경우
③ 다른 기관의 업무폭주로 인한 행정지원의 경우
④ 국제기구, 외국의 정부 또는 연구기관에서의 업무수행 및 능력개발을 위하여 필요한 경우

07. 근무성적 제1차평정자와 제2차평정자의 평정결과가 분포비율과 맞지 아니할 경우에는 조정위원회를 소집하여 근무성적평정을 분포비율에 맞도록 조정할 수 있는 자는?

① 조정위원회의 위원장
② 조정위원회가 설치된 기관의 장
③ 해당 소방기관의 장
④ 조정위원회의 위원장 또는 조정위원회가 설치된 기관의 장

08. 소방공무원 경력평정의 결과는 어디에 반영해야 하는가?

① 근무성적 평정에 반영한다.
② 승진대상자 명부작성에 반영한다.
③ 근무성적 및 경력평정 성적에 반영한다.
④ 승진후보자 명부작성에 반영한다.

09. 근무성적평정점을 산정하거나 직장훈련성적 및 체력검정성적 평정점을 산정하는 경우로서 신규임용 또는 승진임용되어 해당 계급에서 최초로 평정을 하는 경우의 평정점 산정 방법으로 적절한 것은?

① 해당 평정점을 그 평정단위기간의 평정점 평균으로 한다.
② 그 평정단위기간의 평정점 평균으로 한다.
③ 해당 평정점을 그 평정단위기간의 평정점으로 한다.
④ 해당 평정점을 그 평정단위기간의 평정점+평정점 평균으로 한다.

10. 소방공무원 승진시험의 "최종합격자 결정은 제1차시험 성적 (　　)퍼센트, 제2차시험 성적 (　　)퍼센트 및 당해 계급에서의 최근에 작성된 승진대상자명부의 총평정점 (　　)퍼센트를 합산한 성적의 고득점 순위에 의하여 결정한다" 에서 괄호 안에 적절한 것은?

① 50, 20, 30　② 40, 20, 40
③ 50, 10, 40　④ 60, 10, 30

11. 소방공무원이 「소방공무원법」 제29조에서 규정하고 있는 지휘권 남용등의 금지 규정을 위반한 때의 처벌로 적절한 것은?

① 10년이하의 징역 또는 금고에 처한다.
② 5년이하의 징역 또는 5천만원 이하의 벌금에 처한다.
③ 5년이하의 징역 또는 금고에 처한다.
④ 7년이하의 징역 또는 7천만원 이하의 벌금에 처한다.

12. 경상북도 영천소방서에 설치되는 소방공무원 징계위원회에 민간위원과 관련 소방공무원 퇴직자의 자격으로 적절한 것은?

① 소방령·지방소방령 이상의 직위에서 근무하고 퇴직한 사람으로서 퇴직일부터 3년이 경과한 사람
② 20년 이상 근속하고 퇴직한 사람
③ 20년 이상 근속하고 퇴직한 사람으로서 퇴직일부터 3년이 경과한 사람
④ 10년 이상 근속하고 퇴직한 사람으로서 퇴직일부터 3년이 경과한 사람

13. 교육훈련기관의 장은 다음 연도의 교육훈련계획을 수립하여 언제까지 소방청장에게 제출해야 하는가?

① 매년 12월 15일　② 매년 12월 20일
③ 매년 12월 31일　④ 매년 12월 10일

14. "인화성액체"라 함은 액체(제3석유류, 제4석유류 및 동식물유류의 경우 1기압과 섭씨 20도에서 액체인 것만 해당한다)로서 인화의 위험성이 있는 것을 말하는바, 이에서 제외되는 기준으로 그 기준이 적절하지 않은 것은?

① 「약사법」 제2조제4호에 따른 의약품 중 인화성액체를 포함하고 있는 것
② 「약사법」 제2조제7호에 따른 의약외품(알코올류에 해당하는 것은 제외한다) 중 수용성인 인화성액체를 50부피퍼센트 이하로 포함하고 있는 것
③ 「화장품법」 제2조제1호에 따른 화장품 중 인화성액체를 포함하고 있는 것
④ 「생활화학제품 및 살생물제의 안전관리에 관한 법률」 제3조제4호에 따른 안전확인대상생활화학제품(알코올류에 해당하는 것은 제외한다) 중 수용성인 인화성액체를 30부피퍼센트 이하로 포함하고 있는 것

15. "특수인화물이라 함은 이황화탄소, 다이에틸에터 그 밖에 1기압에서 발화점이 섭씨 (　　)도 이하인 것 또는 인화점이 섭씨 영하 (　　)도 이하이고 비점이 섭씨 (　　)도 이하인 것을 말한다" 에서 괄호 안에 적절한 것은?

① 100, 20, 40　② 20, 40, 100
③ 100, 40, 20　④ 20, 100, 40

16. 특정·준특정옥외탱크저장소에 대하여 실시하는 구조안전점검의 경우, 특정옥외저장탱크에 안전조치를 한 후 구조안전점검시기 연장신청을 하여 당해 안전조치가 적정한 것으로 인정받는 것과 관련, 안전조치는 "특정 · 준특정옥외저장탱크의 부식 등에 대한 안전성을 확보하는 데 필요한 조치" 도 가능한바, 이의 내용으로 적절하지 않은 것은?

① 특정 、준특정옥외저장탱크의 애뉼러 판(annular plate) 및 밑판 외면의 보수를 하지 아니하거나 변형이 없도록 하는 조치
② 지반이 충분한 지지력을 확보하는 동시에 침하에 대하여 충분한 안전성을 확보하는 조치
③ 특정 、준특정옥외저장탱크에 구조상의 영향을 줄 우려가 있는 보수를 하지 아니하거나 변형이 없도록 하는 조치
④ 구조물이 현저히 불균형하게 가라앉는 현상(이하 "부등침하" 라 한다)이 없도록 하는 조치

17. 특정·준특정옥외탱크저장소에 대하여 실시하는 구조안전점검의 경우, 특정옥외저장탱크에 안전조치를 한 후 구조안전점검시기 연장신청을 하여 당해 안전조치가 적정한 것으로 인정받는 것과 관련, 안전조치는 "위험물의 저장관리 등에 관한 필요한 조치" 도 가능한바, 이의 내용으로 적절하지 않은 것은?

① 지반이 충분한 지지력을 확보하는 동시에 침하에 대하여 충분한 안전성을 확보하는 조치
② 특정옥외저장탱크의 에뉼러판 및 밑판의 부식율(에뉼러판 및 밑판이 부식에 의하여 감소한 값을 판의 경과연수로 나누어 얻은 값을 말한다)이 연간 0.02밀리미터 이하일 것
③ 특정 、준특정옥외저장탱크에 대하여 현저한 부식성이 있는 위험물을 저장하지 아니하도록 하는 조치
④ 부식의 발생에 영향을 주는 물 등의 성분의 적절한 관리

18. 옥외저장탱크의 보유공지를 확보함에 있어 제6류위험물의 경우 원래의 기준에 의한 보유공지의 얼마 이상의 너비로 할 수 있으며, 그 최소너비로 맞는 것은?

① 3분의 1 이상의 너비, 1.5m 이상
② 4분의 1 이상의 너비, 1.0m 이상
③ 4분의 1 이상의 너비, 1.5m 이상
④ 3분의 1 이상의 너비, 1.0m 이상

19. 옥외탱크저장소 중 특정옥외저장탱크의 기초 및 지반은 탱크의 하중 등에 의하여 발생하는 응력에 대하여 안전한 것으로 하여야 하는바, 이에 해당하지 않은 것은?
① 특정옥외저장탱크의 자중
② 특정옥외저장탱크 부속설비의 자중
③ 저장하는 위험물의 중량
④ 설치되는 소화설비 배관의 중량

20. 주유취급소에 설치되는 탱크 중 지하에 매설하지 않아도 되는 경우는?
① 1,000리터용의 폐유탱크
② 10,000리터용의 급유탱크
③ 2,000리터용의 난방용 탱크
④ 20,000리터용의 주유탱크

21. 고정주유설비 등 펌프기기의 주유관 끝부분에서의 최대배출량으로 이동저장탱크에 주입하기 위한 고정급유설비의 펌프기기는 최대배출량을 얼마로 하여야 하는가?
① 분당 350리터 이하
② 분당 300리터 이하
③ 분당 250리터 이하
④ 분당 200리터 이하

22. 화학실험실의 일반취급소로서 특례가 적용되기 위한 기준으로 적절한 것은?
① 지정수량의 20배 미만의 것
② 지정수량의 30배 미만의 것
③ 지정수량의 40배 미만의 것
④ 지정수량의 50배 미만의 것

23. 제조소와 일반취급소로서 소화난이도 등급 I 에 해당하기 위한 조건으로 지정수량의 기준은(고인화점위험물만을 100℃ 미만의 온도에서 취급하는 것은 제외)?
① 250배 이상인 것
② 200배 이상인 것
③ 150배 이상인 것
④ 100배 이상인 것

24. 판매취급소에서 위험물을 배합하거나 옮겨 담는 작업을 할 수 없는 것은?
① 제1류 위험물 중 브로민산염류
② 인화점이 38℃ 이상인 제4류 위험물을 배합실에서 배합하는 경우
③ 도료류
④ 황

25. 「재난 및 안전관리 기본법」 제3조제1호에 따른 재난이 발생한 장소에서 주입설비를 부착한 이동탱크저장소로부터 자동차의 연료탱크에 인화점 40℃ 이상의 위험물을 주입하는 경우로 열거되지 않은 것은?
① 소방자동차
② 긴급구조지원기관 소속의 자동차
③ 재난에 긴급히 대응할 필요가 있는 경우로서 소방대장 및 긴급구조지원기관의 장이 지정하는 자동차
④ 현장에 비상 출동한 소방대원의 자동차

제6회 소방전술

01. 구획실 내의 화재진행단계 중 플래쉬오버가 일어나는 시기로 적절한 것은?
① 성장기에서 쇠퇴기 간의 사이(과도기적 시기)
② 성장기에서 최성기 간의 사이(과도기적 시기)
③ 최성기에서 쇠퇴기 간의 사이(과도기적 시기)
④ 발화에서 성장기 간의 사이(과도기적 시기)

02. 화재에 있어서 발생되는 에너지는 열과 빛의 형태로 존재하게 된다. 화재에서 일정 시간 동안 발산되는 열에너지의 양을 무엇이라 하는가?
① 열발산율
② 열확보율
③ 열확산율
④ 열흡수율

03. 인명검색 및 구조활동 시 검색조의 편성방법에 대한 설명으로 적절한 것은?
① 검색조는 검색원 2명, 로프 확보원 1명을 1개조로 구성한다.
② 검색조는 검색원 2명, 엄호주수대원 2명을 1개조로 구성한다.
③ 검색조는 검색원 2명, 로프 확보원 2명을 1개조로 구성한다.
④ 검색조는 검색원 2명, 엄호주수대원 2명, 로프 확보원 1명을 1개조로 구성한다.

04. 요구조자 운반법 중 등에 업고 포복구출 시 세 번째 절차(순서)에 해당하는 것은?
① 포복한 구조대원의 등에 업한다.
② 포복자세를 취한 구조원이 앞에 위치한다.
③ 허리를 받치며 구조
④ 허리부분에 가랑이를 벌리고 상반신을 일으킨다.

05. 유해화학물질 사고 대응과 관련 "사람의 생명을 위협할 정도의 농도에 노출될 수 있는 풍상 · 풍하 사고주변지역" 을 말하는 것은?
① 초기이격지역
② 사고대응지역
③ 유해심각지역
④ 방호활동지역

06. 가연성, 독성, 부식성 등 물성에 기인하는 위험성과 외부의 힘, 열응력, 상변화, 진동, 유동소음, 고온, 저온 등 상태의 위험성을 예측하는 명칭으로 적절한 것은?
① 폭발 위험성의 예지
② 정적 위험성의 예지
③ 동적 위험성의 예지
④ 발화 위험성의 예지

07. 화재의 성장단계별 주요 화재현상과 관련 "실내 전체가 발화온도까지 미리 충분히 가열된 상태에서 한순간에 화재로 뒤덮이는 상태" 를 말하는 것은?
① 백드래프트
② 중성대
③ 롤오버
④ 플래시오버

08. 보호구의 보관 방법에 대한 설명으로 적절하지 않은 것은?
① 땀으로 오염된 경우에 세척하고 건조하여 변형되지 않도록 할 것
② 신속한 착용이 가능하도록 차고 가까운 곳에 보관할 것
③ 보호구가 필요할 때 언제라도 착용할 수 있도록 재료의 부식, 변질 등이 발생하지 않도록 청결하고 성능이 유지된 상태에서 보관되도록 할 것
④ 발열성 물질을 보관하는 주변에 가까이 두지 말 것

09. 화재감정기관의 지정을 취소할 수 있는 사유의 근거(법 또는 시행령상의 근거를 말함)가 다른 하나는?
① 의뢰받은 감정을 정당한 사유 없이 거부하거나 1개월 이상 수행하지 않은 경우
② 고의 또는 중대한 과실로 감정 결과를 사실과 다르게 작성한 경우
③ 거짓이나 그 밖의 부정한 방법으로 지정을 받은 경우
④ 지정기준에 적합하지 아니하게 된 경우

10. 「화재조사 및 보고규정」에서 "화재와 관계되는 물건의 형상, 구조, 재질, 성분, 성질 등 이와 관련된 모든 현상에 대하여 과학적 방법에 의한 필요한 실험을 행하고 그 결과를 근거로 화재원인을 밝히는 자료를 얻는 것을 말하는 것"을 지칭하는 것은?
① 판단 ② 감정
③ 실험 ④ 조사

11. 제6류 위험물인 과산화수소 중 펄프와 종이 표백에 사용하는 농도는?
① 65wt% ② 60wt%
③ 55wt% ④ 50wt%

12. 위험물 사고 대응요령 중 위험물의 누출만 있을 경우(화재 미발생)조치에 대한 설명으로 적절하지 않은 것은?
① 초기 대응자는 누출된 위험물이 하수구나 배수로를 통해 오염이 확산되는 것을 방지하기 위해 방유제를 쌓거나 유체의 흐름을 차단하는 등의 조치를 해야 한다.
② 앞 ①의 조치는 사람에게 노출되는 것을 방지하기 위해 누출된 유체가 흘러가기 전에 해야 하고, 위험할 경우라도 반드시 해야 한다.
③ 사고가 발생한 동안에 바람의 방향이 이동할 수 있음을 기억해야 하고 사고발생장소의 바람방향을 모니터링 해야 한다.
④ 가스의 제거를 위해 무인관창을 이용한 물분무 등으로 증기운을 억제할 수 있을 것이다.

13. 급수탑 및 지상에 설치하는 소화전·저수조의 경우 소방용수 표지에 표시되는 문자 중 바깥쪽 문자의 내용으로 적절한 것은?
① 5미터 이내 주정차금지
② 주정차금지
③ 소화전·저수조
④ 소방용수

14. 구조대상자 현장 응급처치 중 쇼크 시 행해야 하는 응급처치는?
① 신체적·심리적 안정유도
② 체온유지
③ 기도확보, 인공호흡, 심폐소생술
④ 외부출혈의 지혈

15. 응원요청과 관련 구급대의 요청기준으로 필요한 구급차의 대수는 구급대 1대당 중증의 경우는 몇 인을 기준으로 하는가?
① 2인 기준 ② 1인 기준
③ 정원 내 기준 ④ 3인 기준

16. 로프 설치의 지지점 만들기에 대한 설명 중 연장된 로프에 카라비너, 도르래 등을 넣어 로프의 연장 방향을 바꾸는 장소를 말하는 것은?
① 교환점 ② 지지점
③ 교착점 ④ 지점

17. 현수로프의 설치 원칙에 대한 설명 중 현수점에서 하강지점(지표면)까지의 하강 로프 길이는?
① 로프가 완전히 닿고 0.5~1m 정도의 여유가 있어야 한다.
② 로프가 완전히 닿고 1~2m 정도의 여유가 있어야 한다.
③ 로프가 완전히 닿고 2~3m 정도의 여유가 있어야 한다.
④ 로프가 완전히 닿고 3~4m 정도의 여유가 있어야 한다.

18. 건축구조물의 구성양식에 따른 분류 중 "모든 하중을 인장력으로 전달하게 하여 힘과 좌굴로 인한 불안정성과 허용응력을 감소시켜 지붕 및 바닥 등을 인장력을 가한 케이블로 지지하는 구조"는?
① 절판구조(折板構造 : folded plate)
② 막구조(膜構造 : membrane)
③ 곡면구조(曲面構造 : thin shell)
④ 현수구조(懸垂構造 : suspension structure)

19. 콘크리트의 화재성상 중 철근콘크리트의 수명을 단축시키는 근본적이고 치명적인 원인은?
① 압축강도의 저하
② 콘크리트의 중성화(알칼리성의 상실)
③ 콘크리트의 박리
④ 열응력에 따른 균열 발생

20. 일반적인 죽음에 대한 정서반응으로 나타나는 감정적 단계는?
① 부정 → 우울 → 협상 → 분노 → 수용
② 부정 → 협상 → 분노 → 우울 → 수용
③ 부정 → 분노 → 우울 → 협상 → 수용
④ 부정 → 분노 → 협상 → 우울 → 수용

21. 구조 현장에서 개인의 안전을 확보하기 위한 단계 중 "위험물질, 자원, 추가자원 필요성 등"을 평가하는 단계의 내용으로 적절한 것은?
① 상황에 대한 전반적인 평가를 실시한다.
② 상황에 맞는 개인 안전장비를 착용한다.
③ 구조 계획을 세운다.
④ 주위 변화에 주의를 기울인다.

22. 추가적인 산소 공급이 필요한 환자 중 "쇼크(저관류성)환자"의 산소공급 필요성은?
① 심혈관계가 각 조직에 충분한 혈액을 공급하지 못해 발생하며 산소공급으로 혈액 중 산소포화도를 높이는 효과가 있다.
② 뇌 또는 심장에 충분한 혈액이 공급되지 않아 발생하는 응급상황으로 산소공급이 중요하다.
③ 고농도의 산소공급은 생존 가능성을 높여 준다.
④ 심장의 응급상황으로 산소가 필요하다.

23. 연소에 따른 "연기 흡입" 으로 인한 호흡기계 손상의 징후는?

① 가열된 공기, 증기 그리고 불꽃이 기도로 들어와 화상을 일으키는 경우로 부종과 기도폐쇄를 유발한다.

② 들숨 시 낮은 산소 포화도를 야기 한다.

③ 황화수소 또는 시안화칼륨과 같은 물질이 기도 내 화학화상을 유발하고 혈중 독성 물질을 생산하기도 한다.

④ 앞 ③의 경우 증상 및 징후가 몇 시간 후에 나타날 수도 있다.

24. 다음 중 「119구조·구급에 관한 법률 시행규칙」에서 정하는 일반구급대의 출동구역은?

① 구급대가 설치되어 있는 지역 관할 시·군·구

② 구급대가 설치되어 있는 지역 관할 시·도

③ 소속 소방서의 관할 구역

④ 구급대가 설치되어 있는 지역 관할 소방서 및 인접 소방서의 관할 구역

25. 재난관리 실태를 공시해야 하는 기한(시기)으로 적절한 것은?

① 매년 1월 31일까지

② 매년 2월 28일까지

③ 매년 3월 31일까지

④ 매년 4월 30일까지

제7회 행 정 법

01. 소방업무와 관련하여 다음 중 비권력적 행정으로 보기 어려운 것은?

① 「소방기본법」에 따라 초등학생에게 실시하는 소방안전교육

② 「소방시설 설치 및 관리에 관한 법률」에 따라서 실시하는 건축허가등의 동의 업무

③ 「화재의 예방 및 안전관리에 관한 법률」에 따라서 실시하는 화재안전조사

④ 「119구조·구급에 관한 법률」에 따라 수행하는 응급환자 이송

02. 다음 중 권력행정이 아닌 것은?

① 즉시강제　② 하천관리

③ 대집행　④ 공용부담

03. 신뢰보호의 원칙에 관한 설명으로 옳지 않은 것은?

① 행정청은 공익 또는 제3자의 이익을 현저히 해칠 우려가 있는 경우를 제외하고는 행정에 대한 국민의 정당하고 합리적인 신뢰를 보호하여야 한다.

② 행정청은 권한 행사의 기회가 있음에도 불구하고 장기간 권한을 행사하지 아니하여 국민이 그 권한이 행사되지 아니할 것으로 믿을 만한 정당한 사유가 있는 경우에는 공익 또는 제3자의 이익을 현저히 해칠 우려가 있는 경우를 예외로 하고 그 권한을 행사해서는 아니 된다.

③ 동일한 사유에 관하여 보다 무거운 면허취소처분을 하기 위하여 이미 행하여진 가벼운 면허정지처분을 취소하는 것은 신뢰보호 원칙에 반한다.

④ 신뢰보호의 원칙은 「행정기본법」이 제정되어 시행됨에 따라 비로소 인정된 것으로 볼 수 있다.

04. 신뢰보호의 원칙에 관한 설명으로 옳은 것은?

① 납세자에게 신뢰의 대상이 되는 공적인 견해가 표명되었다는 사실은 과세처분의 적법성에 대한 증명책임이 있는 과세관청이 주장·입증하여야 한다.

② 「국세기본법」 제18조제3항에서 말하는 비과세관행이 성립하려면 상당한 기간에 걸쳐 과세를 하지 않은 객관적 사실이 존재하면 충분하고, 나아가 과세관청 자신이 그 사항에 관하여 과세할 수 있음을 알면서도 어떤 특별한 사정 때문에 과세하지 않는다는 주관적인 의사까지 요구되는 것은 아니다.

③ 폐기물관리법령에 따른 관할 관청의 폐기물처리업 사업계획에 대한 적정통보는 그 사업부지 토지에 대한 국토이용계획 변경신청을 승인하여 주겠다는 취지의 공적인 견해표명을 한 것으로 볼 수 있다.

④ 행정청이 착오로 인하여 국적이탈을 이유로 주민등록을 말소한 행위를 법령에 따라 국적이탈이 처리되었다는 견해를 표명한 것으로 볼 수는 없으며, 상대방이 이러한 주민등록말소를 통하여 자신의 국적이탈이 적법하게 처리된 것으로 신뢰하였다고 하더라도 이는 보호할 가치 있는 신뢰에 해당하지 않는다. ⑤ 담당 공무원으로부터 국립공원 인근 자연녹지지역에서 토석채취허가가 법적으로 가능할 것이라는 말을 듣고 관련 토지를 매수하는 등 많은 비용을 투자하고 형질변경 및 토석채취허가를 신청한 사람에 대해 관할 행정청이, 해당 토지에서 토석채취작업을 하면주변의 환경·풍치·미관 등이 크게 손상될 우려가 있다는 이유를 들어 이를 불허가처분 하는 것은 신뢰보호원칙에 반한다고 볼 수 없다.

05. 행정주체로서 공무수탁사인에 해당하지 않는 경우는?

① 사인이 다른 사인의 자동차검사업무를 위탁받아 대신해 주는 경우
② 사인의 별정우체국장이 체신업무를 행하는 경우
③ 사선(私船)의 선장 또는 사항공기(私航空機)의 기장이 호적이나 경찰업무를 수행하는 경우
④ 사인이 공공사업의 시행자로서 다른 사인의 토지를 수용하는 경우

06. 다음 중 소방행정의 객체로 보기 어려운 것은?

① 특정소방대상물의 관계인 ② 소방시설업자
③ 한국소방산업기술원 ④ 모든 국민

07. 신고에 관한 설명으로 옳은 것은?

① 「체육시설의 설치·이용에 관한 법률」상 당구장업은 적법한 요건을 갖춘 신고를 접수한 행정청의 수리행위가 있어야 신고로서의 효력이 발생한다.
② 인·허가 의제의 효과를 수반하는 건축신고는 일반적인 건축신고와는 달리 특별한 사정이 없는 한 행정청이 그 실체적 요건에 관한 심사를 한 후 수리하여야 하는 신고이다.
③ 봉안시설 설치 신고가 「장사 등에 관한 법률」 관련 규정의 모든 요건에 맞는 신고라 하더라도 신고인은 봉안시설을 곧바로 설치할 수는 없고 행정청의 수리행위가 있어야 하며 신고필증 교부행위가 필요하다.
④ 사업양도·양수에 따른 허가관청의 지위승계신고의 수리에서 수리대상인 사업양도·양수가 존재하지 않거나 무효라 하더라도 수리행위가 당연무효는 아니라 할 것이므로 양도자는 허가관청을 상대로 위 신고수리처분의 무효확인소송을 제기할 수 없다.
⑤ 「수산업법」 제47조 소정의 어업의 신고는 이른바 자기완결적 신고라 할 것이므로 관할관청의 적법한 수리가 없었다 하더라도 적법한 어업신고가 있는 것으로 볼 수 있다.

08. 행정법상 법률요건과 법률사실에 관한 설명으로 옳지 않은 것은?

① 「국유재산법」상 변상금부과처분에 대한 취소소송이 진행되는 동안에는 그 부과권의 소멸시효는 진행하지 아니한다.
② 금전의 급부를 목적으로 하는 국가의 권리의 경우 소멸시효의 중단·정지 그 밖의 사항에 관하여 다른 법률의 규정이 없는 때에는 「민법」 의 규정을 적용한다.
③ 조세채권의 소멸시효기간이 완성된 후에 부과된 과세처분은 당연무효이다.
④ 특별시장 등이 거짓이나 부정한 방법으로 화물자동차 유가보조금(부정수급액)을 교부받은 운송사업자 등으로부터 부정수급액을 반환받을 권리에 대해서는 「지방재정법」 에서 정한 5년의 소멸시효가 적용된다.
⑤ 제3자가 체납자가 납부해야 할 체납액을 체납자 명의로 완납한 경우, 제3자는 국가에 대하여 부당이득반환을 청구할 수 없다.

09. 행정행위에 관한 설명으로 옳은 것만을 〈보기〉에서 있는 대로 고른 것은?

〈보 기〉
ㄱ. 변상금 부과처분에 대한 취소소송이 진행중이라도 그 부과권자로서는 위법한 처분을 스스로 취소하고 그 하자를 보완하여 다시 적법한 부과처분을 할 수도 있다.
ㄴ. 과세 예고 통지 후 과세전적부심사 청구나 그에 대한 결정이 있기도 전에 과세처분을 하는 것은 절차상 하자가 중대하고도 명백하여 무효이다.
ㄷ. 권한 없는 행정기관이 한 당연무효의 행정처분을 취소할 수 있는 권한은 당해 행정처분을 한 처분청에 속한다.
ㄹ. 수익적 행정처분의 하자가 당사자의 사실은폐나 기타 사위의 방법에 의한 신청행위에 기인한 것이라면 당사자는 처분에 의한 이익이 위법하게 취득되었음을 알아 취소가능성도 예상하고 있었다 할 것이므로, 그 자신이 처분에 관한 신뢰이익을 원용할 수 없음은 물론 행정청이 이를 고려하지 아니하였다고 하여도 재량권의 남용이 되지 않는다.

① ㄱ, ㄴ ② ㄱ, ㄷ, ㄹ
③ ㄴ, ㄷ, ㄹ ④ ㄱ, ㄴ, ㄷ, ㄹ

10. 행정행위에 대한 설명으로 옳지 않은 것은?

① 여객자동차운송사업의 한정면허는 특정인에게 권리나 이익을 부여하는 수익적 행정행위로서 재량행위에 해당한다.
② 난민 인정에 관한 신청을 받은 행정청은 원칙적으로 법령이 정한 난민 요건에 해당하는지를 심사하여 난민 인정 여부를 결정할 수 있을 뿐이고, 법령이 정한 난민 요건과 무관한 다른 사유만을 들어 난민 인정을 거부할 수는 없다.
③ 자동차관리사업자로 구성하는 사업자단체 설립인가는 인가권자가 가지는 지도ㆍ감독 권한의 범위 등과 아울러 설립인가에 관하여 구체적인 기준이 정하여져 있지 않은 점 등에 비추어 재량행위로 보아야 한다.
④ 공익법인의 기본재산 처분허가에 부관을 붙인 경우, 그 처분허가의 법적 성질은 명령적 행정행위인 허가에 해당하여 조건으로서 부관의 부과가 허용되지 아니한다.

11. 소방행정행위와 관련된 다음 설명 중 공법적 효과만 발생하는 경우는?

① 「소방기본법」 제43조제2항의 규정에 따른 소방안전원의 정관의 변경인가
② 「소방기본법」 제40조의 규정에 따른 한국소방안전원의 설립
③ 「위험물안전관리법」 제6조의 규정에 따른 위험물시설의 설치 및 변경 허가
④ 「소방산업의 진흥에 관한 법률」 제14조의 규정에 따른 한국소방산업기술원의 설립

12. 「행정기본법」 제16조는 "인허가 시 결격사유" 를 규정하고 있는바, 이에 대한 설명으로 적절하지 않은 것은?

① 결격사유는 규정의 필요성이 분명해야 한다.
② 결격사유는 유사한 다른 제도와 균형을 이루어야 한다.
③ 결격사유는 필요한 만큼만 규정해야 한다.
④ 결격사유는 대상이 되는 자격, 신분, 영업 또는 사업 등과 실질적인 관련이 있어야 한다.

13. 행정행위의 효력에 관한 설명으로 옳지 않은 것은?

① 이미 취소소송의 제기기간을 경과하여 확정력이 발생한 행정처분에는 그 근거가 되는 법률에 대한 위헌결정의 소급효가 미치지 않는다.
② 행정처분이 아무리 위법하다고 하여도 그 하자가 중대하고 명백하여 당연무효라고 보아야 할 사유가 있는 경우를 제외하고는, 행정소송 등에 의하여 적법히 취소될 때까지는 아무도 그 하자를 이유로 그 효과를 부정하지 못한다.
③ 민사소송에 있어서 어느 행정처분의 당연무효 여부가 선결문제로 되는 때에는 이를 판단하여 당연무효임을 전제로 판결할 수 있다.
④ 불가쟁력이 발생한 부담금 부과처분의 근거 법률에 대한 위헌결정이 있으면, 후행 압류처분의 취소를 구하는 소송에서 재판의 내용과 효력에 대한 법률적 의미가 달라진다.

14. 행정행위의 효력에 관한 설명으로 옳지 않은 것은?

① 소방공무원이 소방시설 등의 설치 또는 유지·관리에 대한 명령을 구술로 고지하여 「행정절차법」을 위반한 경우 위 명령을 위반한 자에게 명령 위반을 이유로 행정형벌을 부과할 수 있다.
② 민사소송에 있어서 어느 행정처분의 당연무효 여부가 선결문제로 되는 때에는 이를 판단하여 당연무효임을 전제로 판결할 수 있고 반드시 행정소송 등의 절차에 의하여 그 취소나 무효확인을 받아야 하는 것은 아니다.
③ 행정처분이 아무리 위법하다고 하여도 그 하자가 중대하고 명백하여 당연무효라고 보아야 할 사유가 있는 경우를 제외하고는 아무도 그 하자를 이유로 무단히 그 효과를 부정하지 못한다.
④ 조세의 과오납이 부당이득이 되기 위하여는 납세 또는 조세의 징수가 실체법적으로나 절차법적으로 전혀 법률상의 근거가 없거나 과세처분의 하자가 중대하고 명백하여 당연무효이어야 하고, 과세처분의 하자가 단지 취소할 수 있는 정도에 불과할 때에는 과세관청이 이를 스스로 취소하거나 항고소송절차에 의하여 취소되지 않는 한 그로 인한 조세의 납부가 부당이득이 된다고 할 수 없다.

15. 행정행위의 실효의 사유로 보기 어려운 것은?
① 그 대상의 소멸로서 실효된다.
② 해제조건의 성취에 의해 소멸된다.
③ 시기의 도래에 의해 소멸된다.
④ 행정행위는 목적달성에 따라 그 목적이 완료됨으로써 효력이 소멸한다.

16. 행정행위의 실효의 효과에 대한 적절한 설명은?
① 행정행위의 실효사유가 발생하면 행정청의 의사행위에 의하여 효력이 소멸된다.
② 행정행위의 실효사유가 발생하면 행정청의 특별한 의사행위를 기다릴 것 없이 그때부터 장래에 향하여 당연히 효력이 소멸된다.
③ 행정행위의 실효사유가 발생하면 행정청의 특별한 의사행위를 기다릴 것 없이 소급하여 효력이 소멸된다.
④ 행정행위의 실효사유가 발생하면 행정청의 특별한 의사행위에 의하여 소급하여 효력이 소멸된다.

17. 「행정절차법」상 청문의 사전통지의 내용으로 적절하지 않은 것은?
① 의견제출 기한
② 의견제출 기관의 명칭과 주소
③ 변호사의 조력을 받을 수 있다는 뜻
④ 처분에 대하여 의견을 제출할 수 있다는 뜻과 의견을 제출하지 아니하는 경우의 처리방법

18. 「행정절차법」상 청문 주재자 등에 대한 설명으로 적절하지 않은 것은?
① 행정청이 소속직원을 청문주재자로 선정 할 수도 있다.
② 청문주재자에 대해서는 제척·기피·회피제도가 있다.
③ 청문은 원칙적으로 공개하여야 한다.
④ 행정청은 직권 또는 당사자의 신청에 의하여 수개의 사안을 병합하거나 분리하여 청문을 실시할 수 있다.

19. 이행강제금에 관한 설명으로 옳지 않은 것은?
① 이행강제금의 본질상 시정명령을 받은 의무자가 이행강제금이 부과되기 전에 그 의무를 이행한 경우라도 시정명령에서 정한 기간을 지나서 이행하였다면 이행강제금을 부과할 수 있다.
② 행정청은 이행강제금을 부과받은 자가 납부기한까지 이행강제금을 내지 아니하면 국세강제징수의 예 또는 「지방행정제재·부과금의 징수 등에 관한 법률」에 따라 징수한다.
③ 이행강제금은 의무자에게 시정명령을 받은 의무의 이행을 명하고 그 이행기간 안에 의무를 이행하지 않으면 이행강제금이 부과된다는 사실을 고지함으로써 의무자에게 심리적 압박을 주어 의무의 이행을 간접적으로 강제하는 행정상의 간접강제 수단에 해당한다.
④ 이행강제금은 부작위의무나 비대체적 작위의무에 대한 강제집행 수단으로 이해되어 왔으나, 이는 이행강제금제도의 본질에서 오는 제약은 아니며, 이행강제금은 대체적 작위의무의 위반에 대하여도 부과될 수 있다.
⑤ 현행 「건축법」상 위법건축물에 대한 이행강제수단으로 대집행과 이행강제금이 인정되고 있는데, 행정청은 개별사건에 있어서 위반내용, 위반자의 시정의지 등을 감안하여 대집행과 이행강제금을 재량에 의해 선택적으로 활용할 수 있다.

20. 「행정기본법」상 즉시강제에 대한 설명으로 적절하지 않은 것은?
① 즉시강제를 실시하기 위하여 현장에 파견되는 집행책임자는 그가 집행책임자임을 표시하는 증표를 보여 주어야 하며, 즉시강제의 이유와 내용을 고지하여야 한다.
② 앞 ①의 경우 집행책임자는 즉시강제를 하려는 재산의 소유자 또는 점유자를 알 수 없거나 현장에서 그 소재를 즉시 확인하기 어려운 경우에는 즉시강제를 실시한 후 집행책임자의 이름 및 그 이유와 내용을 고지할 수 있다.
③ 즉시강제를 실시한 후에도 재산의 소유자 또는 점유자를 알 수 없는 경우는 게시판이나 인터넷 홈페이지에 게시하는 등 적절한 방법에 의한 공고로써 고지를 갈음할 수 있다.
④ 재산의 소유자 또는 점유자가 국외에 거주하거나 행방을 알 수 없는 경우는 관보 또는 시·도의 공보에 게재함으로써 고지를 갈음할 수 있다.

21. 과징금에 관한 설명으로 옳지 않은 것은?
① 초기에는 의무위반으로 취득한 경제적 이익을 박탈하기 위한 행정상 제재수단으로 도입되었으나 최근에는 영업정지에 갈음하여 부과되는 형태로 많이 활용되고 있다.
② 과징금은 한꺼번에 납부하는 것이 원칙이나 행정청은 과징금을 부과받은 자가 재해 등으로 재산에 현저한 손실을 입어 전액을 한꺼번에 내기 어렵다고 인정될 때에는 그 납부기한을 연기하거나 분할 납부하게 할 수 있다.
③ 「부동산 실권리자명의 등기에 관한 법률」상 실권리자명의 등기의무를 위반한 명의신탁자에 대한 과징금의 부과처분은 재량행위에 해당하므로 조세를 포탈하거나 법령에 의한 제한을 회피할 목적이 아닌 경우에는 이를 부과하지 않거나 전액 감면할 수 있다.
④ 금전상 제재인 과징금은 법령이 규정한 범위 내에서 그 부과처분 당시까지 부과관청이 확인한 사실을 기초로 일의적으로 확정되어야 할 것이지, 추후에 부과금 산정기준이 되는 새로운 자료가 나왔다고 하여 새로운 부과처분을 할 수 있는 것은 아니다.
⑤ 구 「독점규제 및 공정거래에 관한 법률」에서 부당 지원행위 주체에 대하여 형사처벌과 함께 과징금 부과처분을 할 수 있도록 규정한 것은 헌법상 이중처벌금지원칙에 반하는 것은 아니다.

22. 이행강제금과 과징금에 관한 설명으로 옳지 않은 것은?
① 「건축법」상 이행강제금은 시정명령의 불이행이라는 과거의 위반행위에 대한 제재가 아니라, 시정명령을 이행하지 않고 있는 건축주 등에 대하여 다시 상당한 이행기한을 부여하고 기한 안에 시정명령을 이행하지 않으면 이행강제금이 부과된다는 사실을 고지함으로써 의무자에게 심리적 압박을 주어 시정명령에 따른 의무의 이행을 간접적으로 강제하는 행정상의 간접강제 수단에 해당한다.

② 이행강제금의 본질상 시정명령을 받은 의무자가 이행강제금이 부과되기 전에 그 의무를 이행한 경우에는 비록 시정명령에서 정한 기간을 지나서 이행한 경우라도 이행강제금을 부과할 수 없다.
③ 「국세징수법」 제23조의 각 규정에 의하면, 이행강제금 부과처분을 받은 자가 이행강제금을 기한 내에 납부하지 아니한 때에는 그 납부를 독촉할 수 있으며, 납부 독촉에도 불구하고 이행강제금을 납부하지 않으면 체납절차에 따라 이행강제금을 징수할 수 있고, 이때 이행강제금 납부의 최초 독촉은 항고소송의 대상이 되는 행정처분이라 할 수 없다.
④ 과징금부과처분은 행정법규 위반이라는 객관적 사실에 착안하여 가하는 제재이므로 반드시 현실적인 행위자가 아니라도 법령상 책임자로 규정된 자에게 부과되고 원칙적으로 위반자의 고의·과실을 요하지 아니하나, 위반자의 의무 해태를 탓할 수 없는 정당한 사유가 있는 등의 특별한 사정이 있는 경우에는 이를 부과할 수 없다.

23. 행정심판에 대한 설명으로 옳은 것은?
① 행정심판위원회는 직접 처분을 하였을 때에는 그 사실을 해당 행정청에 통보하여야 하며, 그 통보를 받은 행정청은 행정심판위원회가 한 처분을 자기가 한 처분으로 보아 관계 법령에 따라 관리·감독 등 필요한 조치를 하여야 한다.
② 임시처분은 집행정지와 보충성 관계가 없고, 행정심판위원회는 집행정지로 목적을 달성할 수 있는 경우에도 임시처분 결정을 할 수 있다.
③ 취소심판의 인용재결에는 취소재결, 취소명령재결, 변경재결, 변경명령재결이 있다.
④ 「행정심판법」에서는 재결의 집행력을 확보하는 수단으로서 간접강제 제도를 두고 있지 않다.

24. 행정심판에 관한 설명으로 옳지 않은 것은?
① 의무이행심판은 당사자의 신청에 대한 행정청의 위법 또는 부당한 거부처분이나 부작위에 대하여 일정한 처분을 하도록 하는 행정심판이다.
② 임시처분제도는 「행정심판법」 제30조 제2항에 따른 집행정지로 목적을 달성할 수 있는 경우에는 허용되지 아니한다.
③ 인용재결이 확정된 경우 처분의 기초가 되는 사실관계나 법률적 판단이 확정되고 당사자나 법원은 이에 기속되어 모순되는 주장이나 판단을 할 수 없다.
④ 인용재결의 기속력은 재결의 주문 및 그 전제된 요건사실의 인정과 판단에 미치고, 종전 처분이 재결에 의하여 취소되었다 하더라도 종전 처분 시와는 다른 사유를 들어서 처분을 하는 것은 기속력에 저촉되지 않는다.
⑤ 취소심판에서도 항고소송과 마찬가지로 처분청은 당초 처분의 근거로 삼은 사유와 기본적 사실관계가 동일성이 있다고 인정되는 한도 내에서만 다른 사유를 추가 또는 변경할 수 있다.

25. 항고소송의 대상에 관한 설명으로 옳은 것은?
① 「병역법」상 군의관이 하는 징병검사시의 신체등위판정은 항고소송의 대상이 되는 행정처분이다.
② 지방의회 의장에 대한 불신임의결은 의장으로서의 권한을 박탈하는 행정처분의 일종으로서 항고소송의 대상이 된다.
③ 세무조사결정은 항고소송의 대상이 되는 행정처분에 해당하지 않는다.
④ 구 「남녀차별금지 및 구제에 관한 법률」상 국가인권위원회의 성희롱 결정 및 시정조치권고는 행정소송의 대상이 되는 행정처분에 해당하지 않는다.

제7회 소방법령Ⅳ

01. 소방공무원 인사위원회 위원장의 직무 범위로 적절한 것은?
① 인사위원회의 사무를 통할하며, 인사위원회를 대표한다.
② 인사위원회의 사무를 총괄하며, 인사위원회를 운영한다.
③ 인사위원회의 사무를 총괄하며, 의장이 된다.
④ 인사위원회의 사무를 총괄하며, 인사위원회를 대표한다.

02. 소방공무원 인사기록(표준인사관리시스템으로 작성 · 유지 · 관리되는 인사기록은 제외한다)은 어디에 편철하여야 하는가?
① 소방공무원인사기록작성철
② 소방공무원인사기록관리철
③ 소방공무원인사기록철
④ 소방공무원인사기록등 관리철

03. 소방공무원 채용시험 응시자격 기준(요건) 등에 대한 설명으로 적절하지 않은 것은?
① 소방청장은 원활한 결원보충과 지역적인 특수성을 고려하여 필요하다고 인정할 경우에는 일정한 지역의 시 · 도 또는 시 · 군 · 구에서 일정한 기간 동안 거주한 사람으로 응시자격을 제한하여 시험을 실시할 수 있다.
② 소방공무원의 임용을 위한 각종 시험의 경우 원칙적으로 학력의 제한을 두지 아니한다.
③ 앞 ②의 경우 다만, 소방에 관한 전문기술교육을 받은 사람의 경력경쟁채용등은 학력제한을 둔다.
④ 「국가공무원법」 또는 다른 법령에 의하여 공무원으로 임용될 수 없는 자는 소방공무원의 임용을 위한 각종 시험에 응시할 수 없다.

04. 소방공무원 채용 선발시험 중 체력시험의 윗몸일으키기분야 평가점수 중 남, 여가 각각 10점을 득하려면 이에 적절한 것은(회/분)?
① 남 : 51 이상, 여 : 41 이상
② 남 : 52 이상, 여 : 42 이상
③ 남 : 54 이상, 여 : 44 이상
④ 남 : 53 이상, 여 : 46 이상

05. 경력경쟁채용시험등 실시권자는 필요한 경우에는 행정정보의 공동이용을 통하여 필요한 행정정보를 확인하여야 하는 바, 이의 서류로 열거되지 않은 것은?
① 「의사상자 등 예우 및 지원에 관한 법률」에 따른 의사상자 증명서
② 국가보훈처장이 발급하는 취업지원 대상자 증명서
③ 주민등록표 등본, 병적확인서 또는 군복무확인서
④ 「국가기술자격법」에 따른 국가기술자격증(소지자에 한한다)

06. 시간선택제전환 소방공무원을 지정한 경우에 그 공무원의 남은 근무 시간의 범위에서 채용할 수 있는 자의 명칭으로 적절한 것은?
① 시간제계약직소방공무원
② 시간선택제임기제공무원
③ 시간제계약직공무원
④ 시간선택제임기제소방공무원

07. 승진임용을 할 수 없는 제한기간 등에 대한 설명으로 적절하지 않은 것은?

① 제안의 채택·시행으로 포상을 받은 경우에는 승진임용 제한기간의 3분의 1을 단축할 수 있다.
② 징계처분으로 승진임용 제한기간 중에 있는 사람이 휴직하거나 직위해제처분을 받는 경우 징계처분에 따른 남은 승진임용 제한기간은 복직한 날부터 계산한다.
③ 승진임용 제한기간 중에 있는 자가 다시 징계처분을 받은 경우의 승진임용 제한기간은 전 처분에 대한 제한기간이 끝난 날부터 계산한다.
④ 소방공무원이 징계처분을 받은 후 당해 계급에서 국무총리 이상의 포상 받은 경우에는 승진임용 제한기간의 2분의 1을 단축할 수 있다.

08. 승진대상자명부의 점수가 동일한 때에 선순위자 결정방법에 있어 세 번째에 해당하는 사유는?

① 소방공무원으로 장기근무한 사람
② 해당 계급에서 장기근무한 사람
③ 해당 계급의 바로 하위 계급에서 장기근무한 사람
④ 근무성적평정점이 높은 사람

09. 승진시험의 최종합격자를 결정할 때 시험승진임용예정 인원수를 초과하여 동점자가 있는 경우에는 어떻게 최종합격자를 결정하는가?

① 최근에 작성된 승진대상자명부의 총평정점이 높은 사람을 최종합격자로 결정한다.
② 승진대상자명부 순위가 높은 순서에 따라 최종합격자를 결정한다.
③ 해당 계급에서 장기근무한 사람을 최종합격자로 결정한다.
④ 소방공무원으로 장기근무한 사람을 최종합격자로 결정한다.

10. 화재 진압 업무에 동원된 소방공무원으로서 「소방공무원법」 제21조제1항을 위반하여 거짓 보고나 통보를 하거나 같은 조 제2항을 위반하여 직무를 게을리하거나 유기한 자에 대한 벌칙은?

① 5년이하의 징역 또는 5천만원 이하의 벌금에 처한다.
② 5년이하의 징역 또는 금고에 처한다.
③ 3년이하의 징역 또는 금고에 처한다.
④ 3년이하의 징역 또는 3천만원 이하의 벌금에 처한다.

11. 소방공무원 징계위원회 회의의 공개에 또는 비공개에 대한 설명으로 적절한 것은?

① 회의는 공개하지 않는다.
② 회의는 원칙적으로 공개하나 심의、의결의 공정성을 보장하기 위하여 특정 사항은 공개하지 않는다.
③ 퇴직일부터 2년이 경과한 사람
③ 회의는 징계심의자 본인에게는 공개한다.
④ 회의는 공개한다.

12. 소방청 소속 소방감인 소방공무원의 징계의결 요구권자는?

① 대통령 ② 국무총리
③ 인사혁신처장 ④ 소방청장

13. 소방청장이 교육훈련기관의 장에게 협업 · 개방 등을 요청할 수 있는 구체적인 사유는?

① 국가 및 지방자치단체의 재난대응 역량을 제고하고, 교육훈련기관 운영의 효율성을 높이기 위하여
② 교육훈련기관 운영의 효율성을 높이기 위하여
③ 국가 및 지방자치단체의 재난대응 역량을 제고하기 위하여
④ 교육훈련기관간 상호 교류 및 교육훈련의 효율성을 높이기 위하여

14. 고체 또는 액체로서 폭발의 위험성 또는 가열분해의 격렬함을 판단하기 위하여 고시로 정하는 시험에서 고시로 정하는 성질과 상태를 나타내는 것을 말하는 것은?

① 자기반응성물질 ② 분해폭발성물질
③ 분해성물질 ④ 폭발성물질

15. 액체로서 산화력의 잠재적인 위험성을 판단하기 위하여 고시로 정하는 시험에서 고시로 정하는 성질과 상태를 나타내는 것을 말하는 것은?

① 산화성고체 또는 액체 ② 산화성액체
③ 가연성액체 ④ 산화성고체

16. 한국소방산업기술원은 특정 · 준특정옥외탱크저장소의 관계인이 의뢰한 정기검사에 대해 소방청장이 정하여 고시하는 기준에 따라 정기검사를 실시함에 있어 "정밀정기검사 대상인 경우" 적합여부를 확인해야 할 내용으로 열거되지 않은 것은?

① 용접부에 관한 사항
② 수직도、수평도에 관한 사항(지중탱크에 대한 것은 제외한다)
③ 밑판(지중탱크의 경우에는 누액방지판을 말한다)의 이상유무에 관한 사항
④ 구조、설비의 외관에 관한 사항

17. 자체소방대와 관련 2이상의 사업소가 상호응원에 관한 협정을 체결하고 있는 경우의 특례에 대한 설명으로 적절하지 않은 것은?

① 2 이상의 사업소가 상호응원에 관한 협정을 체결하고 있는 경우에는 당해 모든 사업소를 하나의 사업소로 본다.
② 제조소 또는 취급소에서 취급하는 제4류 위험물을 합산한 양을 하나의 사업소에서 취급하는 제4류 위험물의 최대수량으로 간주한다.
③ 앞 ②에 따라 화학소방자동차의 대수 및 자체소방대원을 정할 수 있다.
④ 앞 ③의 경우 각 사업소의 자체소방대에는 최소 2대 이상의 화학소방자동차와 차량마다 5인 이상의 자체소방대원을 두어야 한다.

18. 옥외탱크저장소 중 특정옥외저장탱크의 기초 및 지반 중 지반은 소방청장이 정하여 고시하는 범위 내에 있는 지반이 일정 기준에 적합하여야 하는바, 이의 설명으로 적절하지 않은 것은?

① 기초(소방청장이 정하여 고시하는 것에 한한다)의 표면으로부터 3m 이내의 기초직하의 지반부분이 기초와 동등 이상의 견고성이 있고, 지표면으로부터의 깊이가 10m까지의 지질(기초의 표면으로부터 3m 이내의 기초직하의 지반부분을 제외한다)이 소방청장이 정하여 고시하는 것외의 것일 것
② 탱크하중에 대한 지지력 계산에 있어서의 지지력안전율 및 침하량 계산에 있어서의 계산침하량이 소방청장이 정하여 고시하는 값일 것
③ 점성토(찰기가 있는 흙) 지반은 압밀도시험을 하여 일정기준 이상이어야 한다.
④ 사질토(砂質土) 지반은 표준관입시험에서 각각 압밀하중에 대하여 압밀도가 90%(일부 예외 조건 있음] 이상 또는 표준관입시험치가 평균 15 이상의 값일 것

19. 옥외저장탱크의 구조 등에 대한 설명으로 적절하지 않은 것은?

① 밑판을 지반면에 접하게 설치하는 경우에는 정해진 기준에 따라 밑판 외면의 부식을 방지하기 위한 조치를 강구하여야 한다.
② 옥외저장탱크는 위험물의 폭발 등에 의하여 탱크내의 압력이 정상적으로 상승하는 경우에 내부의 가스 또는 증기를 상부로 방출할 수 있는 구조로 하여야 한다.
③ 옥외저장탱크 중 압력탱크(최대상용압력이 부압 또는 정압 5KPa을 초과하는 탱크를 말한다)외의 탱크(제4류 위험물의 옥외저장탱크에 한한다)에 있어서는 밸브 없는 통기관 또는 대기밸브부착 통기관을 설치하여야 한다.

④ 옥외저장탱크의 외면에는 녹을 방지하기 위한 도장을 하여야 한다. 다만, 탱크의 재질이 부식의 우려가 없는 스테인레스 강판 등인 경우에는 그러하지 아니하다.

20. "이동저장탱크의 상부를 통하여 주입하는 고정급유설비의 주유관에는 당해 탱크의 밑부분에 달하는 주입관을 설치하고, 그 배출량이 분당 (　　　)를 초과하는 것은 이동저장탱크에 주입하는 용도로만 사용할 것" 에서 괄호 안에 적절한 것은?

① 140리터　② 120리터
③ 100리터　④ 80리터

21. 고정급유설비의 중심선을 기점으로 하여 도로경계선까지(　　)이상, 부지경계선 및 담까지(　　)이상, 건축물의 벽까지(　　) 이상 거리를 두어야 한다 에서 괄호 안에 들어갈 적당한 내용은?

① 4m, 1m, 2m　② 4m, 2m, 2m
③ 4m, 2m, 4m　④ 4m, 2m, 1m

22. 옥내저장소로서 소화난이도 등급Ⅰ에 해당하기 위한 조건 중 지정수량으로 적절한 것은?

① 250배 이상인 것　② 200배 이상인 것
③ 150배 이상인 것　④ 100배 이상인 것

23. 옥외탱크저장소로서 소화난이도 등급Ⅰ에 해당하기 위한 조건의 기준으로 적절하지 않은 것은?

① 지반면으로부터 탱크 옆판의 상단까지 높이가 6m 이상인 것
② 지중탱크 또는 해상탱크로서 지정수량의 100배 이상인 것
③ 앞 ②의 경우 제6류 위험물을 저장하는 것 및 고인화점위험물만을 100℃ 미만의 온도에서 저장하는 것은 제외한다.
④ 고체위험물을 저장하는 것으로서 지정수량의 150배 이상인 것

24. 이동탱크저장소는 규정된 상치장소에 주차하여야 하나 원거리 운행 등으로 상치장소에 주차할 수 없는 경우에는 별도의 장소에도 주차할 수 있는바, 이의 장소로 적절하지 않은 것은?

① 벽·기둥·바닥·보·서까래 및 지붕이 내화구조로 된 건축물의 1층으로서 개구부가 없는 내화구조의 격벽 등으로 당해 건축물의 다른 용도의 부분과 구획된 장소
② 소방본부장 또는 소방서장으로부터 승인을 받은 장소
③ 도로(갓길 및 노상주차장을 포함한다) 외의 장소로서 화기취급장소 또는 건축물로부터 5m 이상 이격된 장소
④ 제조소등이 설치된 사업장 내의 안전한 장소

25. 알킬알루미늄등 및 아세트알데하이드등의 취급기준은 규칙 별표 18의 Ⅲ(저장의 기준) 제1호 내지 제5호에 정하는 것 외에 당해 위험물의 성질에 따라 별도의 조치를 하여야 하는바, 이에 대한 내용으로 적절하지 않은 것은?

① 아세트알데하이드등의 제조소 또는 일반취급소에 있어서 아세트알데하이드등을 취급하는 설비에는 연소성 혼합기체의 생성에 의한 폭발의 위험이 생겼을 경우에 불활성의 기체 또는 수증기를 봉입할 것
② 알킬알루미늄등의 제조소 또는 일반취급소에 있어서 알킬알루미늄등을 취급하는 설비에는 불활성의 기체를 봉입할 것
③ 알킬알루미늄등의 이동탱크저장소에 있어서 이동저장탱크로부터 알킬알루미늄등을 꺼낼 때에는 동시에 200㎪ 이하의 압력으로 불활성의 기체를 봉입할 것
④ 아세트알데하이드등의 이동탱크저장소에 있어서 이동저장탱크로부터 아세트알데하이드등을 꺼낼 때에는 동시에 200㎪ 이하의 압력으로 불활성의 기체를 봉입할 것

제7회 소 방 전 술

01. "뜨거운 가스층이 천장부분에서 형성될 때에, 연기 속에 들어 있는 뜨거운 미립자들은 구획실에 있는 다른 가연물들로 에너지를 방사하기 시작한다. 이렇게 발화원에서 떨어져 있는 가연물들은 때때로 (　　　)이라고 불린다" 에서 괄호 안에 적절한 것은?

① 원격 가연물　② 이격 가연물
③ 연소 가능한 가연물　④ 표적 가연물

02. 폐쇄된 내화구조 건축물 내에서 화재가 진행될 때 연소과정은 산소공급이 부족한 상태에서 서서히 훈소 된다. 이때 불완전 연소된 가연성가스와 열이 집적된 상태에서 일시에 다량의 공기(산소)가 공급될 때 순간적으로 폭발적 발화현상이 발생하는데 이와 같은 현상을 무엇이라 하는가?

① 롤오버(Roll Over)
② 플래임오버(Flameover)
③ 플래쉬오버(Flashover)
④ 백드래프트(Backdraft)

03. 가스의 연소가 가스분출 구멍의 가스 유출속도보다 더 클 때 또는 연소속도는 일정해도 가스의 유출 속도가 더 작게 되었을 때 불꽃은 가스분출 구멍에서 버너 너부로 침입하여 관창의 끝에서 연소하는 현상은?

① 백염(하얀 불꽃)　② 플래쉬백(역화)
③ 황염(노란색 불꽃)　④ 블로우 오프(Blow off)

04. 콘크리트, 석재 등 내화재료가 고열에 의해 내부 습기가 팽창되면서 균열이 일어나 박리되는 현상으로 화재시 콘크리트 구조물에 물리적, 화학적 영향을 주어 다괴되는 현상을 말하는 것은?

① 폭박현상　② 폭발현상
③ 폭열현상　④ 폭리현상

05. 고층건물 화재에서 가장 흔하고 성공적으로 사용되는 전략으로 적절한 것은?

① 측면공격　② 공격유보
③ 정면공격　④ 외부공격

06. 화재진압활동 안전수칙과 관련 지휘관의 안전수칙으로 적절하지 않은 것은?(Ⅱ)

① 대형화재일 경우에는 현장안전점검관(현장안전담당)은 방면안전보조자를 두어 정보를 수집한다.
② 지휘관은 대원들을 화재진압ㆍ인명구조를 위한 탐색ㆍ구조에 임할 때는 지휘관에게 보고하고 내부진입을 하도록 하여야 한다.
③ 현장안전점검관(현장안전담당)은 안전장비 착용사항을 점검하고 2인1조로 행동하도록 조치하여야 한다.
④ 현장안전점검관(현장안전담당)은 현장을 순회하면서 안전을 유지하며, 문제의 정보가 수집되면 즉시 대원들에게 전파하여야 한다.

07. 화재현장 소방작전 활동 안전관리와 관련 파괴작업 시 유의사항으로 적절하지 않은 것은?

① 개구부를 설정 파괴하는 경우는 내부에 진입한 각대와 연결을 취하여 안전을 확인한 다음 실시한다.
② 창문·출입문·셔터 등을 개방코자 할 때에는 주수태세를 취한 다음 파괴토록 한다.
③ 대형해머·도끼·갈고리 등을 사용할 때에는 항상 주위의 안전에 주의하라.
④ 유리를 파괴할 때에는 관창이나 갈고리·해머 등으로 파괴하고 잔존물은 손이나 드라이버 등으로 제거한다.

08. 구조현장 안전관리와 관련 산악 · 암벽 · 빙벽인명구조 시 주의사항에 대한 내용으로 적절하지 않은 것은?
① 손에 땀이 나서 장비를 놓치거나 추락하는 것에 유의한다.
② 길을 잃기 쉬우므로 휴대폰과 무전기를 휴대한다.
③ 반드시 2개 이상의 지지점을 확보하고, 강도를 확인한다.
④ 경사면, 절벽에서 구조대원이 서로 부딪히거나 밀치지 않도록 주의한다.

09. 「화재조사 및 보고규정」에서 "피해물의 내용연수가 다한 경우 잔존하는 가치의 재구입비에 대한 비율" 을 지칭하는 것은?
① 최종손해율 ② 최종잔가율
③ 최초손해율 ④ 최종피해율

10. 「화재조사 및 보고규정」상 화재현장에서 부상당한 경우 중상으로 분류하는 기준은?
① 입원치료를 필요로 하는 경우
② 2주 이상의 입원치료를 필요로 하는 부상
③ 4주 이상의 입원치료를 필요로 하는 부상
④ 3주 이상의 입원치료를 필요로 하는 부상

11. 위험물 사고 대응요령 중 위험물의 누출 및 화재발생 시 조치에 대한 설명으로 적절하지 않은 것은?(I)
① 물과 반응하는 물질에는 폼을 사용하는 것이 좋다.
② 화학물질의 종류가 확인되지 않았다면 화재를 진압하기 보다는 생명과 재산을 보호하는데 중점을 두어야 한다.
③ 물질이 수용성이면 알콜형 폼을 사용하여야 한다.
④ 누출된 화학물질이 덜 유해하다면 최선의 방호책은 타도록 내버려 두는 것이다.

12. 위험물 분류 및 표지에 관한 기준(GHS)의 주요내용 중 유해위험성 분류의 항목은 모두 몇 개인가?
① 29개 ② 31개
③ 33개 ④ 35개

13. 급수탑 및 지상에 설치하는 소화전·저수조의 경우 소방용수 표지에 표시되는 문자와 관련 안쪽 문자의 바탕색으로 적절한 것은?
① 노란색 ② 파란색
③ 흰색 ④ 붉은색

14. 구조대상자와의 상호관계 중 청각장애인을 구조하는 경우 적절하지 않은 방법은?
① 대화에 앞서 구조대상자를 주목시키기 위해서 그의 앞에 서서 이름을 부르거나 팔, 어깨 등을 가볍게 건드리거나 책상, 벽을 두드리는 방법으로 주목을 끈다.
② 청각장애인을 구조하게 되는 경우에 대비하여 평소에 관련된 기초수어를 익혀두어야 한다.
③ 일부 청각장애인들은 입 모양을 보고도 대화하고자 하는 내용을 알 수 있으므로 입 모양을 크고 정확히 하여 말하도록 한다.
④ 필기도구에 의한 필담은 시간을 지체할 수 있으므로 피하는 것이 좋다.

15. 동물의 단순 구조요청을 거절한 경우에 구조거절 확인서를 작성하여 소속 소방관서장에게 보고하고 소속 소방관서에 보관하여야 하는 기간은?
① 3년간 보관
② 2년간 보관
③ 1년간 보관
④ 6개월간 보관

16. 현수로프의 설치방법으로서 지지물이 크거나 틈새가 좁아 지지물에 직접 로프를 묶기 곤란한 경우 또는 신속히 설치하여야 할 필요가 있는 경우에 사용하는 방법으로 적절한 것은?
① 간접 고정하기
② 지지물에 직접 묶기
③ 카라비나 이용하기
④ 직접 고정하기

17. 회수 로프의 설치 방법 중 다음 그림(사진)의 방법으로 적절한 것은?

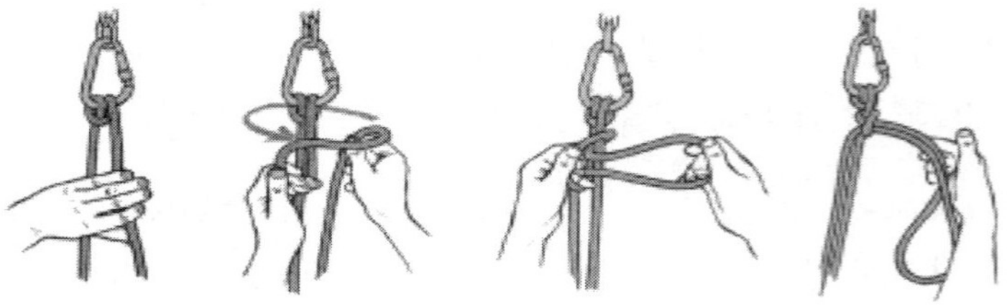

① 로프감기
② 회수 매듭을 이용하는 방법
③ 회수설치
④ 로프묶기

18. 항공기 사고 시 탑승객 구조와 관련 내부 생존자 구출에 대한 설명 중 먼저 해야 할 조치로 적절한 것은?
① 3인 1조로 진입 하여야 한다.
② 2인 2조로 차근차근 진입하여야 한다.
③ 2인 1조로 팀을 이루어 진입하여야 한다.
④ 한사람의 구조대원만이 비행기 안에 진입해야 한다.

19. 헬기를 활용 실종자를 찾을 때 항공기로부터의 탐색 시 "고도 및 속도" 로 적절한 것은?
① 일반적으로 200ft(60m) 이하, 시속 40마일 이하에서 실시된다.
② 일반적으로 200ft(60m) 이하, 시속 60마일 이하에서 실시된다.
③ 일반적으로 300ft(90m) 이하, 시속 40마일 이하에서 실시된다.
④ 일반적으로 300ft(90m) 이하, 시속 60마일 이하에서 실시된다.

20. 흔히 발생하는 전염 질환과 감염 경로 중 간염의 전염 경로는?
① 오염된 물질과의 접촉
② 공기, 감염부위의 직접 접촉
③ 혈액, 대변, 체액, 오염된 물질
④ 입과 코의 분비물

21. 전염질환 중 후천성면역결핍증(AIDS)의 잠복기는?
① 몇 개월 또는 몇 년
② 2~10일

③ 11~21일
④ 2~6주

22. 성인 심장마비 환자 소생술과 관련 병원 밖 심정지의 경우 두 번째 절차는?
① 심정지 후 통합 치료
② 조기 파악 및 예방
③ 응급의료 반응 체계에 신고
④ 신속한 고품질 심폐소생술 실시

23. 다음 중 자동심장충격기의 사용 순서로 적절한 것은?
① CPR 실시 ⇒ 반응 여부 확인 ⇒ AED 전원 켜기 ⇒ 패드 부착 및 분석 장애물 제거 ⇒ 분석 버튼 누르기
② 반응 여부 확인 ⇒ AED 전원 켜기 ⇒ CPR 실시 ⇒ 패드 부착 및 분석 장애물 제거 ⇒ 분석 버튼 누르기
③ 반응 여부 확인 ⇒ CPR 실시 ⇒ AED 전원 켜기 ⇒ 패드 부착 및 분석 장애물 제거 ⇒ 분석 버튼 누르기
④ 반응 여부 확인 ⇒ CPR 실시 ⇒ 패드 부착 및 분석 장애물 제거 ⇒ AED 전원 켜기 ⇒ 분석 버튼 누르기

24. 소방청장이 소방항공기의 안전하고 신속한 출동과 체계적인 현장활동의 관리 · 조정 · 통제를 위하여 소방청에 설치 · 운영하여야 하는 조직은?
① 119항공운항상황실
② 119항공운항관리센터
③ 119항공운항관제실
④ 119항공운항통제실

25. 재난관리책임기관의 장은 재난을 효율적으로 관리하기 위하여 재난유형에 따라 위기관리 매뉴얼을 작성 · 운용하여야 하는바, "국가적 차원에서 관리가 필요한 재난에 대하여 재난관리 체계와 관계 기관의 임무와 역할을 규정한 문서로 위기대응 실무매뉴얼의 작성 기준이 되며, 재난관리주관기관의 장이 작성" 하는 매뉴얼은?
① 긴급구조 표준매뉴얼
② 위기대응 실무매뉴얼
③ 위기관리 표준매뉴얼
④ 현장조치 행동매뉴얼

제8회 행 정 법

01. 다음 중 국고행정의 설명으로 적절하지 않은 것은?
① 근래에는 사법적 형식의 행정활동을 통한 행정목적의 수행이 점차 축소되어 가고 있다.
② 따라서 「민법」 기타 사법의 적용을 받는다.
③ 국·공유 일반재산(잡종재산)을 임대하거나 매각하는 것 등이 그 예이다.
④ 국고행정은 행정주체가 사법상의 재산권주체로서 행하는 사경제적 작용을 말한다.

02. 행정법에 대한 설명으로 옳지 않은 것은?
① 대륙법계는 공법과 사법의 구별을 강조하면서 행정사건은 사법법원이 아닌 별도의 법원(재판소)의 관할에 속하도록 하고 있다.
② 프랑스에서 행정법원(재판소, Conseil d'Etat)이 출범하게 된 배경은 대혁명 이후 행정사건에 대한 사법(司法)법원의 간섭을 배제하기 위한 필요성과 관련이 있다.
③ 공법과 사법의 구별을 강조하지 않는 영미법계 국가에서는 오늘날 행정법의 특수성은 인정되지 않으며 행정기관의 결정에 대한 재판권은 통상의 사법법원이 행사한다.
④ 우리나라의 행정법은 전통적으로 대륙법계의 경향을 받아 행정에 특유한 공법으로서의 성격을 강조하고 있으면서도 행정사건은 별도의 행정법원(재판소)이 아닌 사법법원의 관할에 속한다.

03. 판례가 신뢰보호의 원칙의 요건으로 했던 내용이 아닌 것은?
① 행정청이 개인에 대하여 신뢰의 대상이 되는 공적인 견해표명을 하여야 한다.
② 행정청의 견해표명이 정당하다고 신뢰한데 대하여 그 개인에게 귀책사유가 있어야 한다.
③ 그 개인이 그 견해표명을 신뢰하고 이에 어떠한 행위를 하였어야 한다.
④ 행정청이 위 견해표명에 반하는 처분을 함으로써 그 견해 표명을 신뢰한 개인의 이익이 침해되는 결과가 초래되어야 한다.

04. 신뢰보호의 원칙에 대한 설명으로 옳은 것(○)과 옳지 않은 것(×)을 바르게 연결한 것은?
(가) 행정청이 공적인 의사표명을 하였다면 이후 사실적 · 법률적 상태의 변경이 있더라도 행정청이 이를 취소하지 않는 한 여전히 공적인 의사표명은 유효하다.
(나) 재량권 행사의 준칙인 행정규칙의 공표만으로 상대방은 보호가치 있는 신뢰를 갖게 되었다고 볼 수 있다.
(다) 행정청이 공적 견해를 표명하였는지를 판단할 때는 반드시 행정조직상의 형식적인 권한분장에 구애될 것은 아니다.
(라) 신뢰보호원칙의 위반은 「국가배상법」상의 위법 개념을 충족시킨다.

	(가)	(나)	(다)	(라)
①	×	×	○	○
②	○	○	×	○
③	○	×	○	×
④	×	○	○	×

05. 특정소방대상물의 관계인이 「소방시설 설치 및 관리에 관한 법률」제 22조의 규정에 따라 소방시설관리업자에게 자체점검을 실시하도록 한 경우에 대한 다음 설명 중 적절한 것은?

① 소방시설관리업자는 공무수탁사인으로 볼 수 있다.
② 소방시설관리업자는 소방본부장 또는 소방서장이 해야 할 소방검사를 대신하는 것이므로 행정주체가 된다.
③ 따라서 특정소방대상물의 관계인과 소방시설관리업자와의 관계는 행정법관계(공법관계)이다.
④ 특정소방대상물의 관계인과 소방시설관리업자와의 사이는 행정법관계(공법관계) 아니라 사법상의 관계에 불과하다.

06. 개인적 공권에 대한 설명으로 옳지 않은 것은?

① 환경영향평가 대상지역 밖의 주민이라 할지라도 공유수면매립면허처분 등으로 인하여 그 처분 전과 비교하여 수인한도를 넘는 환경피해를 받거나 받을 우려가 있는 경우에는, 공유수면매립면허처분 등으로 인하여 환경상 이익에 대한 침해 또는 침해우려가 있다는 것을 입증함으로써 그 처분 등의 무효확인을 구할 원고적격을 인정받을 수 있다.
② 공무원연금 수급권과 같은 사회보장수급권은 헌법규정만으로는 이를 실현할 수 없어 법률에 의한 형성이 필요하고, 그 구체적인 내용 즉 수급요건 등은 법률에 의하여 비로소 확정된다.
③ 행정처분에 있어서 수익처분의 상대방은 그의 권리나 법률상 보호되는 이익이 침해되었다고 볼 수 없으므로 달리 특별한 사정이 없는 한 그 수익처분의 취소를 구할 이익이 없다.
④ 행정계획은 행정기관 내부의 행동 지침에 불과하므로, 도시계획구역 내 토지 등을 소유하고 있는 주민은 입안권자에게 도시계획입안을 요구할 수 있는 법규상 또는 조리상의 신청권이 없다.

07. 「행정기본법」상 행정에 관한 기간의 계산과 관련 "행정에 관한 기간의 계산에 관하여는 이 법 또는 다른 법령등에 특별한 규정이 있는 경우를 제외하고는 (　　　)을 준용한다"에서 괄호 안에 적절한 것은?

① 「행정절차법」　② 「민법」
③ 「헌법」　④ 「행정조사기본법」

08. 「행정기본법」상 법령등 또는 처분에서 국민의 권익을 제한하거나 의무를 부과하는 경우 권익이 제한되거나 의무가 지속되는 기간의 계산에 대한 설명으로 적절하지 않은 것은?

① 기간을 일, 주, 월 또는 연으로 정한 경우에는 기간의 첫날을 산입한다.
② 기간의 말일이 토요일 또는 공휴일인 경우에도 기간은 그 날로 만료한다.
③ 앞 ①과 ②의 기준에 따르는 것이 국민에게 불리한 경우에는 그러하지 아니하다.
④ 기간을 시, 분, 초로 정한 경우에는 시부터 시작한다.

09. 행정행위에 관한 설명으로 옳지 않은 것은?

① 친일반민족행위자재산조사위원회의 국가귀속결정은 당해 재산이 친일재산에 해당한다는 사실을 확인하는 이른바 준법률행위적 행정행위의 성격을 가진다.
② 사업자등록증에 대한 검열은 납세의무자임을 확인하는 준법률행위적 행정행위로서의 확인에 해당한다.
③ 지적공부 소관청의 지목변경신청 반려행위는 국민의 권리관계에 영향을 미치는 것으로서 항고소송의 대상이 되는 행정처분에 해당한다.
④ 인감증명행위는 출원자의 현재 사용하는 인감에 대하여 구체적인 사실을 증명하는 것일 뿐이므로 무효확인을 구할 법률상 이익이 없다.

10. 행정행위에 대한 설명으로 옳은 것은?

① 건축물의 건축이 「국토의 계획 및 이용에 관한 법률」상 개발행위에 해당할 경우 그 건축의 허가권자는 개발행위허가가 의제되는 건축허가신청이 국토계획법령이 정한 개발행위허가기준에 부합하지 아니하면 이를 거부할 수 있다.
② 주택건설사업계획 승인처분에 따라 의제된 인·허가의 위법함을 다투고자 하는 이해관계인은 의제된 인·허가의 취소를 구할 것이 아니라, 주된 처분인 주택건설사업계획 승인처분의 취소를 구하여야 한다.
③ 「하천법」에 의한 하천의 점용허가는 강학상 허가에 해당한다.
④ 「출입국관리법」상 체류자격 변경허가는 기속행위이므로 신청인이 관계법령에서 정한 요건을 충족하면 허가권자는 신청을 받아들여 허가해야 한다.

11. 특정한 사실 또는 법률관계의 존부(存否) 또는 정부(正否)에 관하여 의문이나 다툼이 있는 경우에 행정청이 이를 공권적으로 판단·확정하는 행위는?

① 확인　② 공증
③ 통지　④ 수리

12. 「도시 및 주거환경정비법」에 관한 설명으로 옳지 않은 것은?('23 소방사 공채)

① 조합설립인가 처분은 단순히 사인들의 조합설립행위에 대한 보충행위로서의 성질을 갖는 것에 그치지 않는다.
② 사업시행계획이 무효인 경우 그에 대한 인가처분이 있다고 하더라도 사업시행계획이 유효한 것으로 될 수 없다.
③ 관리처분계획에 대하여 인가·고시가 있는 경우에 총회결의의 하자를 이유로 그 효력 유무를 다투는 확인의 소를 제기하는 것은 특별한 사정이 없는 한 허용된다.
④ 조합원 지위를 상실한 토지 등 소유자는 주택재개발사업에 대한 사업시행계획에 당연무효의 하자가 있는 경우, 사업시행계획의 무효확인 또는 취소를 구할 법률상 이익이 있다.

13. 행정행위의 효력에 관한 설명으로 옳지 않은 것은?

① 행정처분의 당연무효 여부가 민사소송에서 선결문제가 되는 경우 수소법원은 처분이 당연무효임을 전제로 판결할 수 있고 반드시 항고소송에 의하여 그 취소나 무효확인을 받아야 하는 것은 아니다.
② 관할 소방서장으로부터 소방시설 불량사항에 관한 시정보완명령을 받고도 따르지 아니하였다는 내용으로 기소된 사안에서, 담당 소방공무원이 시정보완명령을 구술로 고지하였다면, 이러한 행정처분은 당연무효이고 행정형벌을 부과할 수 없다.
③ 행정청으로부터 시정명령을 받은 사람이 이를 위반한 경우, 그로 인하여 같은 법에서 정한 처벌을 하기 위해서는 그 시정명령이 적법해야 하는 것이 원칙이나, 시정명령의 하자가 당연무효가 아닌 취소사유에 불과하다면 시정명령 위반죄가 성립될 수 있다.
④ 어떠한 행정처분이 항고소송에서 위법한 것으로 확인되었다 할지라도 그 자체만으로 곧바로 그 행정처분이 공무원의 고의 또는 과실로 인한 불법행위를 구성한다고 단정할 수는 없다.

14. 선결문제에 관한 판례의 내용으로 옳지 않은 것은?

① 민사소송에 있어서 행정처분의 당연무효 여부가 선결문제로 되는 때에는 이를 판단하여 당연무효임을 전제로 판결할 수 있고, 반드시 행정소송 등의 절차에 의하여 그 취소나 무효확인을 받아야 하는 것은 아니다.
② 과세처분에 하자가 있는 경우 하자의 정도와 상관없이 조세를 이미 납부한 자는 부당이득반환청구소송을 제기할 수 있으며, 민사법원은 이를 판단할 수 있다.

③ 「국토의 계획 및 이용에 관한 법률」에 따른 처분이나 조치명령에 따라야 할 의무위반을 이유로 형사처벌을 하기 위해서는 그 처분이나 조치명령이 적법한 것이어야 하므로 형사법원은 해당 조치명령의 위법성을 판단할 수 있다.
④ 연령 미달의 결격자인 피고인이 형의 이름으로 운전면허시험에 응시하여 교부받은 운전면허는 당연무효가 아니고 취소되지 않는 한 유효하므로 피고인의 운전행위는 무면허운전에 해당하지 아니한다.
⑤ 무단으로 공유재산 등을 사용·수익·점유하는 자가 관리청의 변상금 부과처분에 따라 그에 해당하는 돈을 납부한 경우라면 위 변상금부과처분이 당연무효이거나 행정소송을 통해 먼저 취소되기 전에는 사법상 부당이득반환청구로써 위 납부액의 반환을 구할 수 없다.

15. 행정상 확약에 대한 설명 중 적절하지 않은 것은?
① 확약은 "행정기관이 국민에 대한 관계에 있어서 자기구속을 할 의도로서 장래에 향하여 행정행위의 발급 또는 불발급을 약속하는 의사표시" 이다.
② 확약의 성질에 대해 이를 행정행위로 보는 긍정설이 다수설이다.
③ 확약에 관한 명문규정이 없는 우리나라의 경우 허용성을 논할 실익이 있겠는바, 인정해야 한다는 긍정설이 다수설이다.
④ 재량행위에 관하여 확약을 할 수 있다는데 이론이 없다.

16. 「행정절차법」상 확약에 대한 설명으로 적절하지 않은 것은?
① 법령등에서 당사자가 신청할 수 있는 처분을 규정하고 있는 경우 행정청은 당사자의 신청에 따라 장래에 어떤 처분을 하거나 하지 아니할 것을 내용으로 하는 의사표시를 할 수 있고 이를 확약이라 한다.
② 확약은 문서로 하여야 한다.
③ 행정청은 다른 행정청과의 협의 등의 절차를 거쳐야 하는 처분에 대하여 확약을 하려는 경우에는 확약을 하기 전에 그 절차를 거쳐야 한다.
④ 확약이 위법한 경우라도 확약을 한 행정청은 이에 기속된다.

17. 소방청장이 「소방기본법」을 개정함에 있어 「행정절차법」에 따라 2026년 7월 1일에 공청회를 개최하고자 하는 경우 언제까지 당사자 등에게 이를 통지하여야 하는가?
① 6월 16일
② 6월 20일
③ 6월 23일
④ 6월 9일

18. 광주광역시장이 「비상구 등 불법행위 신고 포상제 운영 조례」를 제정함에 있어 이해당사자 등의 의견을 듣기 위해 입법예고를 하고자 한다. 2026년 4월 1일자 광주시보에 입법예고 하였다면 특별한 사정이 없는 한 언제까지 예고를 종료할 수 있는가?
① 4월 8일
② 4월 15일
③ 4월 16일
④ 4월 21일

19. 행정상 즉시강제에 관한 설명으로 옳지 않은 것은?
① 행정상 즉시강제는 처분성이 인정되지 않으므로 직접 항고소송을 제기할 수는 없고 국가배상청구만 가능 하다.
② 「식품위생법」상 영업소 폐쇄명령을 받은 자가 영업을 계속할 경우 강제폐쇄하는 조치는 행정상 즉시강제에 해당하지 않는다.
③ 행정강제는 행정상 강제집행을 원칙으로 하고, 즉시 강제는 예외적으로 인정되는 강제수단이다.
④ 행정상 즉시강제는 엄격한 실정법상의 근거를 필요로 한다.

20. 행정조사에 관한 설명으로 옳지 않은 것은?
① 조사대상자의 자발적 협조를 얻는 경우가 아니라면 행정기관은 법령등에서 행정조사를 규정하고 있는 경우에 한하여 행정조사를 실시할 수 있다.
② 행정기관의 장은 당해 행정기관 내의 2 이상의 부서가 동일하거나 유사한 업무분야에 대하여 동일한 조사대상자에게 행정조사를 실시하는 경우에는 공동조사를 하여야 한다.
③ 우편물 통관검사절차에서 이루어지는 우편물의 개봉, 시료채취, 성분분석 등의 검사를 함에 있어 이에 대한 압수·수색영장 없이 이루어진 것이라도 특별한 사정이 없는 한 위법하다고 볼 수 없다.
④ 세무조사가 과세자료의 수집 또는 신고내용의 정확성 검증이라는 본연의 목적이 아니라 부정한 목적을 위하여 행하여진 경우, 세무조사에 의하여 수집된 과세자료를 기초로 한 과세처분 역시 위법하다.
⑤ 부과처분을 위한 과세관청의 질문조사권이 행해지는 세무조사결정이 있는 경우 그 세무조사결정은 납세의무자의 권리·의무에 직접 영향을 미치지 아니하므로 항고소송의 대상이 되지 않는다

21. 국가배상에 대한 설명으로 옳은 것은?
① 국가배상청구의 요건인 '공무원의 직무' 에는 행정주체가 사경제 주체로서 하는 작용도 포함된다
② 청구기간 내에 헌법소원이 적법하게 제기되었음에도 헌법재판소 재판관이 청구기간을 오인하여 각하결정을 한 경우, 이에 대한 불복절차 내지 시정절차가 없는 때에는 국가배상책임을 인정할 수 있다.
③ 군 복무 중 사망한 군인 등의 유족인 원고가 국가배상법 에 따른 손해배상금을 지급받은 경우, 국가는 군인연금법 소정의 사망보상금을 지급함에 있어 원고가 받은 손해배상금 상당 금액을 공제할 수 없다.
④ 외국인이 피해자인 경우 해당 국가와 상호보증이 없더라도 국가배상법이 적용된다.

22. 국가배상책임의 요건에 관한 설명으로 옳지 않은 것은?
① 「국가배상법」이 정한 손해배상청구의 요건인 '공무원의 직무' 에는 국가나 지방자치단체의 권력적 작용뿐만 아니라 비권력적 작용도 포함되지만 단순한 사경제의 주체로서 하는 작용은 포함되지 않는다.
② 공무원에게 부과된 직무상 의무의 내용이 전적으로 또는 부수적으로 사회구성원 개인의 안전과 이익을 보호하기 위하여 설정된 것이라면, 그와 같은 의무를 위반함으로 인하여 피해자가 입은 손해에 대하여는 상당인과관계가 인정되는 범위 내에서 배상책임이 성립한다.
③ 항고소송에서 위법한 것으로서 취소된 행정처분이 객관적 정당성을 상실하였다고 인정될 정도에 이른 것이 아닌 경우, 당해 행정처분은 공무원의 고의 또는 과실에 의한 불법행위를 구성하게 된다.
④ 공무원 개인이 지는 손해배상책임에서 중과실이란 공무원에게 통상 요구되는 정도의 상당한 주의를 하지 않더라도 약간의 주의를 한다면 손쉽게 위법·유해한 결과를 예견할 수 있는 경우임에도 만연히 이를 간과한 경우와 같이, 거의 고의에 가까운 현저한 주의를 결여한 상태를 의미한다.

23. 행정심판의 재결의 기속력에 대한 설명으로 적절하지 않은 것은?
① 심판청구를 인용하는 재결은 피청구인과 그 밖의 관계 행정청을 기속(羈束)한다.
② 재결에 의하여 취소되거나 무효 또는 부존재로 확인되는 처분이 당사자의 신청을 거부하는 것을 내용으로 하는 경우에는 그 처분을 한 행정청은 재결의 취지에 따라 다시 이전의 신청에 대한 처분을 하여야 한다.

③ 당사자의 신청을 거부하거나 부작위로 방치한 처분의 이행을 명하는 재결이 있으면 행정청은 지체 없이 이전의 신청에 대하여 재결의 취지에 따라 처분을 하여야 한다.
④ 법령의 규정에 따라 공고하거나 고시한 처분이 재결로써 취소되거나 변경되면 처분을 한 행정청은 처분을 한 날부터 5일 이내에 그 처분이 취소 또는 변경되었다는 것을 공고하거나 고시하여야 한다.

24. 행정청의 처분의 효력 유무 또는 존재 여부에 대한 확인을 하는 심판은?
① 존재확인심판
② 부존재확인심판
③ 무효등확인심판
④ 유효등확인심판

25. 행정소송에 관한 설명으로 옳은 것은?
① 광주광역시문화예술회관장의 시립합창단원에 대한 재위촉 거부는 공법상 당사자소송의 대상이 아니다.
② 「행정소송법」상 판결에 의하여 취소되는 처분이 당사자의 신청을 거부하는 것을 내용으로 하는 경우에는 그 처분을 행한 행정청은 판결의 취지에 따라 다시 이전의 신청에 대한 처분을 하여야 한다.
③ 납세의무부존재확인의 소는 공법상의 법률관계 그 자체를 다투는 소송으로서의 공법상 당사자소송에 해당하지 않는다.
④ 「행정소송법」상 기관소송은 국가 또는 공공단체의 기관이 법률에 위반되는 행위를 한 때에 직접 자기의 법률상 이익과 관계없이 그 시정을 구하기 위하여 제기하는 소송이다.

제8회 소방법령 Ⅳ

01. 소방공무원 인사위원회의 간사는 누가 임명하는가?
① 인사위원회위원장
② 인사위원회 위원이 지정한 사람을 인사위원회가 설치된 기관의 장
③ 인사위원회가 설치된 기관의 장
④ 인사위원회의 의결을 거쳐 인사위원회위원장

02. 소방위 계급으로 사업·운송용조종사 또는 항공·항공공장정비사의 자격자가 경력경쟁채용시험등에 응시할 수 있는 사람의 나이로 적절한 것은?
① 23세 이상 40세 이하
② 23세 이상 45세 이하
③ 21세 이상 40세 이하
④ 21세 이상 45세 이하

03. 소방령 이상의 경력경쟁채용시험등에 응시할 수 있는 사람의 나이로 적절한 것은?
① 20세이상 45세이하
② 25세이상 45세이하
③ 20세이상 40세이하
④ 25세이상 40세이하

04. 소방공무원 공개경쟁채용시험의 필기시험과목 중 소방관계법규의 범위 중 내용이 적절하지 않은 것은?
① 「소방기본법」 및 그 하위법령
② 위험물안전관리법」, 같은 법 시행령 및 같은 법 시행규칙
③ 「소방시설 설치 및 관리에 관한 법률」 및 그 하위법령
④ 「다중이용업소의 안전관리에 관한 특별법」 및 그 하위법령

05. 소방공무원 채용후보자등록서류의 보존에 대한 설명으로 적절한 것은?
① 채용후보자등록서류는 1통을 임용권자에게 통보하고 1통은 인사기록서류로 보존한다.
② 채용후보자등록서류는 1통을 임용서류에 첨부하고 1통은 인사기록서류로 보존한다.
③ 채용후보자등록서류는 1통을 등록서류에 첨부하고 1통은 임용권자가 보존한다.
④ 채용후보자등록서류는 1통을 임용서류에 첨부하고 1통은 소방기관의 장이 보존한다.

06. 채용후보자가 소방공무원으로 임용되기 전에 임용과 관련하여 소방공무원 교육훈련기관에서 교육훈련을 받은 경우에 임용 방법으로 적절한 것은?
① 그 교육훈련성적 순위에 따라 임용하여야 한다.
② 채용후보자명부의 등재순위에 따라 임용하여야 한다.
③ 채용후보자명부의 등재 순위 및 교육훈련성적을 반영하여 임용하여야 한다.
④ 그 교육훈련성적 순위에 따라 임용할 수 있다.

07. 근무성적평정 결과는 원칙적으로 공개하지 않지만 소방기관의 장은 근무성적평정이 완료되면 어떠한 방법으로 조치할 수 있는가?

① 평정 대상 소방공무원에게 근무성적평정 결과를 통보하여야 한다.
② 평정 대상 소방공무원에게 근무성적평정 결과를 통보할 수 있다.
③ 본인에게만 열람시켜야 한다.
④ 본인에게만 열람하게 할 수 있다.

08. 경력평정 중 소방사의 기본경력은 몇 년으로 하는가?
① 평정기준일부터 최근 1년간
② 평정기준일부터 최근 2년 6개월간
③ 평정기준일부터 최근 2년간
④ 평정기준일부터 최근 1년 6개월간

09. 승진대상자명부의 조정과 관련 승진임용의 제한 사유 또는 승진심사대상 제외 사유가 발생한 사람의 경우 조치 방법으로 적절한 것은?
① 승진대상자명부에서 삭제하고, 승진제외자명부에 추가한다.
② 승진대상자명부에 추가하고, 승진제외자명부에서 삭제하며, 그 사유를 해당 서식의 비고란에 각각 적는다.
③ 승진대상자명부에서 삭제하고, 승진제외자명부에 추가하며, 그 사유를 해당 서식의 비고란에 각각 적는다.
④ 승진대상자명부에 추가하고, 승진제외자명부에서 삭제한다.

10. 소방사를 소방교로 근속승진 임용하려는 경우 근속기간으로 적절한 것은?
① 해당 계급에서 2년 이상 근속자
② 해당 계급에서 3년 이상 근속자
③ 해당 계급에서 4년 이상 근속자
④ 해당 계급에서 5년 이상 근속자

11. 소방장을 소방위로 근속승진 임용하려는 경우 근속기간으로 적절한 것은?
① 해당 계급에서 5년 이상 근속자
② 해당 계급에서 6년 이상 근속자
③ 해당 계급에서 6년 6개월 이상 근속자
④ 해당 계급에서 7년 이상 근속자

12. 소방기관의 장은 그 소속 소방공무원에 대한 징계등 사건이 상급기관에 설치된 징계위원회의 관할에 속할 때에는 그 상급기관의 장에게 징계의결등의 요구를 신청해야 하는바, 이 경우 신청을 받은 기관의 장은 어떻게 조치해야 하는가?
① 지체 없이 관할 징계위원회에 징계의결등을 요구해야 한다.
③ 퇴직일부터 2년이 경과한 사람
② 7일 이내에 관할 징계위원회에 징계의결등을 요구해야 한다.
③ 10일 이내에 관할 징계위원회에 징계의결등을 요구해야 한다.
④ 즉시 관할 징계위원회에 징계의결등을 요구해야 한다.

13. 교육훈련기관에서의 교육, 직장훈련 및 위탁교육훈련의 내용 · 방법 및 성과 등을 정기 또는 수시로 확인 · 평가하여 이를 개선 · 발전시켜야 하는 자는?
① 소방기관의 장
② 교육훈련기관의 장
③ 소방청장
④ 소방청장 또는 시 · 도지사

14. 옥외저장소에 대한 다음 설명 중 적절하지 않은 것은?
① 제2류 위험물 및 제4류 위험물 중 시 · 도의 조례에서 정하는 위험물(「관세법」 제154조의 규정에 의한 보세구역 안에 저장하는 경우에 한정한다)은 옥외저장소에 저장이 가능하다.
② 「국제해사기구에 관한 협약」에 의하여 설치된 국제해사기구가 채택한 「국제해상위험물규칙」(IMDG Code)에 적합한 용기에 수납된 위험물도 옥외저장소에 저장이 가능하다.
③ 제1류 위험물은 모두 옥외저장소에 저장할 수 없다.
④ 제6류 위험물은 모두 옥외저장소에 저장할 수 없다.

15. 이송취급소에서 제외되는 기준에 대한 설명으로 적절하지 않은 것은?
① 사업소와 사업소의 사이에 도로(폭 2m 이상의 일반교통에 이용되는 도로로서 자동차의 통행이 가능한 것을 말한다)만 있고 사업소와 사업소 사이의 이송배관이 그 도로를 횡단하는 경우
② 해상구조물에 설치된 배관(이송되는 위험물이 별표 1의 제4류 위험물중 제1석유류인 경우에는 배관의 안지름이 30센티미터 미만인 것에 한한다)으로서 해당 해상구조물에 설치된 배관이 길이가 50미터 이하인 경우
③ 제조소등에 관계된 시설(배관을 제외한다) 및 그 부지가 같은 사업소 안에 있고 당해 사업소 안에서만 위험물을 이송하는 경우
④ 「농어촌 전기공급사업 촉진법」에 따라 설치된 자가발전시설에 사용되는 위험물을 이송하는 경우

16. 기계에 의하여 하역하는 구조로 된 운반용기의 최대용적과 관련 고체위험물의 최대용적이 3,000리터만 해당하는 운반용기의 종류가 아닌 것은?
① 경질플라스틱제
② 플렉시블(flexible) 합성수지제
③ 플렉시블(flexible) 플라스틱필름제
④ 목제(라이닝부착)

17. 위험물의 운송기준과 관련 운송책임자의 감독 또는 지원의 방법에 대한 설명으로 적절하지 않은 것은?
① 운송책임자가 이동탱크저장소에 동승하여 운송 중인 위험물의 안전확보에 관하여 운전자에게 필요한 감독 또는 지원을 하는 방법
② 앞 ①의 경우 다만, 운전자가 운송책임자의 자격이 있는 경우에는 운송책임자의 자격이 없는 자가 동승할 수 있다.
③ 운송의 감독 또는 지원을 위하여 마련한 별도의 사무실에 운송책임자가 대기하면서 이동탱크저장소의 운전자에 대하여 1일 5회 이상 안전확보 상황을 확인하는 것에 의한 방법
④ 운송의 감독 또는 지원을 위하여 마련한 별도의 사무실에 운송책임자가 대기하면서 비상시의 응급처치에 관하여 조언을 하는 것에 의한 방법

18. 옥외저장탱크 중 압력탱크 외의 탱크에 설치되는 밸브 없는 통기관의 경우 인화점이 38℃ 미만인 위험물만을 저장 또는 취급하는 탱크에 설치하는 통기관에는 화염방지장치를 설치하고, 그 외의 탱크에 설치하는 통기관에는 얼마 이상의 구리망 또는 동등 이상의 성능을 가진 인화방지장치를 설치하여야 하는가?
① 50메쉬(mesh)   ② 40메쉬(mesh)
③ 20메쉬(mesh)   ④ 10메쉬(mesh)

19. 위험물 옥외저장탱크의 펌프설비 설치에 대한 설명으로 적절하지 않은 것은?
① 가연성 증기가 체류할 우려가 있는 펌프실에는 그 증기를 옥외의 높은 곳으로 배출하는 설비를 설치할 것
② 펌프실에는 위험물을 취급하는데 필요한 채광, 조명 및 환기의 설비를 설치할 것
③ 인화점이 21℃ 미만인 위험물을 취급하는 펌프설비에는 보기 쉬운 곳

에 제9호 마목의 규정에 준하여"옥외저장탱크 펌프설비"라는 표시를 한 게시판과 방화에 관하여 필요한 사항을 게시한 게시판을 설치할 것
④ 펌프실 외의 장소에 설치하는 펌프설비에는 그 직하의 지반면의 주위에 높이 0.2m 이상의 턱을 만들 것

20. 주유취급소의 건축물 등의 구조에 대한 설명으로 적절하지 않은 것은?
① 창 및 출입구에는 60분+방화문 · 60분방화문 · 30분방화문 또는 불연재료로 된 문을 설치할 것
② 원칙적으로 건축물의 벽 · 기둥 · 바닥 · 보 및 지붕을 내화구조로 할 것
③ 주유취급소의 관계자가 거주하는 주거시설의 용도에 사용하는 부분은 개구부가 없는 내화구조의 바닥 또는 벽으로 당해 건축물의 다른 부분과 구획하여야 한다.
④ 앞 ③의 경우 주유를 위한 작업장 등 위험물취급장소에 면한 쪽의 벽에는 출입구를 설치하지 아니하여야 한다.

21. 주유취급소의 건축물 중 사무실 그 밖의 화기를 사용하는 곳(일부 제외 있음)은 누설한 가연성의 증기가 그 내부에 유입되지 아니하도록 하여야 하는바, 이 때 출입구의 기준으로 적절한 것은?
① 건축물의 안에서 밖으로 수시로 개방할 수 있는 자동폐쇄식의 것으로 할 것
② 건축물의 밖에서 안으로 수시로 개방할 수 있는 자동폐쇄식의 것으로 할 것
③ 건축물의 안밖에서 개방할 수 있는 자동폐쇄식의 것으로 할 것
④ 건축물의 밖에서 안으로 개방할 수 있는 자동폐쇄식의 것으로 할 것

22. 암반탱크저장소의 경우 소화난이도 등급 I 에 해당하려면 액표면적이 얼마이어야 하는가?
① 액표면적 30㎡ 이상 ② 액표면적 40㎡ 이상
③ 액표면적 50㎡ 이상 ④ 액표면적 66㎡ 이상

23. 소화난이도등급 I 에 해당하는 제조소 및 일반취급소에서 설치하여야 할 소화설비의 종류 중 화재발생시 연기가 충만할 우려가 있는 장소에 설치해야 하는 소화설비는?
① 옥내소화전설비
② 이동식 물분무등소화설비
③ 스프링클러설비
④ 옥외소화전설비

24. 기계에 의하여 하역하는 구조로 된 용기는 고체의 위험물을 수납하는 것에 있어서는 별표 20(기계에 의하여 하역하는 구조로 된 운반용기의 최대용적) 제1호, 액체의 위험물을 수납하는 것에 있어서는 별표 20 제2호에 정하는 기준 및 별표19(위험물의 운반에 관한 기준)에서 정하는 기준에 적합하여야 하는바, 별표19에서 정하는 기준으로 적절하지 않은 것은?
① 운반용기의 부속설비에는 수납하는 위험물이 당해 부속설비로부터 누설되지 아니하도록 개폐밸브를 설치하여 안전하도록 할 것
② 용기본체가 틀로 둘러싸인 운반용기는 별도의 요건에 적합하게 할 것
③ 운반용기는 부식 등의 열화에 대하여 적절히 보호될 것
④ 운반용기는 수납하는 위험물의 내압 및 취급 시와 운반시의 하중에 의하여 당해 용기에 생기는 응력에 대하여 안전할 것

25. 운반용기와 관련 기계에 의하여 하역하는 구조로 된 용기 외의 용기가 받아야 하는 시험이 아닌 것은?
① 낙하시험 ② 파열전파시험
③ 내압시험 ④ 기밀시험

제8회 소방전술

01. 화재의 진행단계 중 플래쉬오버가 발생할 때, 뜨거운 가스층으로부터 발산하는 복사에너지는 얼마를 초과하는가?
① 10kW/㎡를 초과 ② 20kW/㎡를 초과
③ 30kW/㎡를 초과 ④ 40kW/㎡를 초과

02. "비중이 물보다 큰 중유 등의 유류화재 시 물 소화약제를 무상(안개형태)으로 방사하거나, 포소화약제를 방사하는 경우 유류표면에 엷은 층(유화층, 물과 유류의 중간성질)이 형성되어 공기 중 산소공급을 차단시켜 소화하는 방법을 질식소화 중 (   )라 한다" 에서 괄호 안에 적절한 것은?
① 유막소화 ② 차단소화
③ 유화소화 ④ 무상소화

03. 분무주수를 활용한 배연 · 배열의 일반적인 유의사항과 관련 "화점실의 연소상황에 따라서 ( )를 하거나 또는 ( )로 전환하여 간다" 에서 괄호 안에 적절한 것은?
① 확산주수, 분무주수
② 반사주수, 확산주수
③ 확산주수, 중속분무주수
④ 반사주수, 중속분무주수

04. 일반적으로 소방호스 보관대에 보관할 때, 화재현장에서 사용 후 철수하기 위해 적재할 때 등에 사용하는 호스 사리기의 종류(방법)는?
① 접은 소방호스
② 두 겹말은 소방호스
③ 한 겹말은 소방호스
④ 혼합형 접은 소방호스

05. 다음 사진과 같은 적재 방법을 말하는 것은?

① 말굽형 적재
② 혼합형(특수형)적재
③ 아코디언형 적재
④ 평면형 적재

06. 옥외 소방호스 연장 중 옥외계단의 연장에 대한 설명으로 적절하지 않은 것은?
① 계단부분의 연장된 소방호스는 소방활동에 지장이 되는 경우도 있으므로 다선 연장은 피하고 소방호스를 매달아 올림으로 연장한다.
② 3층 이하의 경우는 손으로 연장하는 것이 가장 효과적이다.
③ 4층 이상의 경우는 매달아 올려 연장한다.
④ 송수에 따라 소방호스가 연장되므로 굴곡에 주의한다.

07. 구급현장 안전관리와 관련 구급환자 이송 전 안전준비 사항에 대한 설명으로 적절하지 않은 것은?(Ⅰ)
① 환자 응급처치 시에는 반드시 고무장갑을 착용한다.
② 귀서 시에는 긴급자동차가 아니므로 일반자동차의 교통법규를 준수한다.
③ 구급대원의 감염병 감염여부 수시 확인 및 보균자 발견 시 교체한다.
④ 구급차에는 상시 감염병 환자를 대비한 1회용품을 적재한다.

08. 소방훈련 기본안전관리에 대한 설명으로 적절하지 않은 것은?
① 추락위험이 수반된 훈련에는 생명로프 및 안전매트 등을 반드시 사용하여 충분한 안전조치를 취하라.
② 인명구조용 기자재는 안전사용기준과 요령에 따라 바르게 취급(사용)토록 하라.
③ 화염 열이나 농연 속에서의 훈련을 실시할 때에는 안전책임자 외에 유사시 신속히 대응할 수 있는 안전요원을 별도로 배치하여 두라.
④ 훈련 시 요구조자는 원칙적으로 대원으로 한다.

09. 「화재조사 및 보고규정」상 건물의 동수 산정과 관련 다음 사진(그림)과(목조 또는 내화조 건물의 경우 격벽으로 방화구획이 되어 있는 경우를 말함) 같은 경우의 동수 산정 방법은?

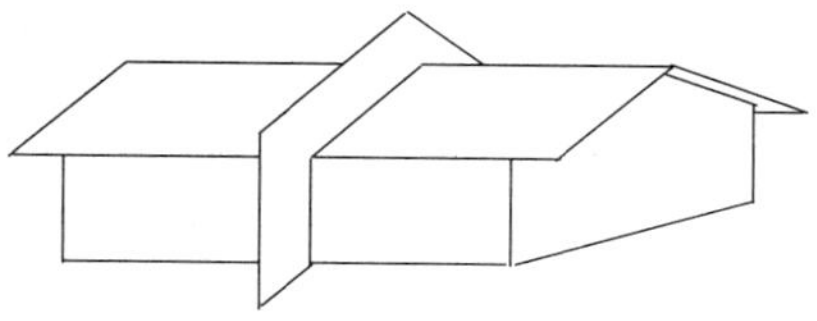

① 같은 동으로 한다.
② 각각 별동으로 한다.
③ 같은 동으로 본다.
④ 각각 별동으로 본다.

10. 화재현장조사서 작성상의 유의사항 중 적절하지 않은 것은?
① 조사를 실시하는 경우에는 공평성·중립성을 담보하기 위하여 가급적 입회인을 둔다.
② 조사의 핵심이 되는 「발굴·복원단계」에서의 관찰·확인은 발화원·경과·착화물과 결부된 사실을 구체적이며 상세하게 기재해 둘 필요가 있다.
③ 특히, 발화 원인으로 된 화원에 대하여 긍정해야 할 사실 뿐만 아니라 화원으로서 부정해야 할 사실을 빠짐없이 조사하여 기재하여야 한다.
④ 현장조사서에는 주관적 판단이나 조사자가 의도하는 결론으로 유도하는 듯한 기재방법은 금한다.

11. 위험물 분류 및 표지에 관한 기준(GHS)의 주요내용과 관련 "유해위험성 분류" 의 항목 중 물리적 위험성은 모두 몇 개인가?
① 7개 ② 10개
③ 13개 ④ 16개

12. 위험물 분류 및 표지에 관한 기준(GHS)의 표시방법 중 다음 표시가 함께 있는 경우에 해당하는 것은?

① 폭발성물질 또는 화약류
② 산화성가스
③ 자연발화성 고체
④ 자기 반응성 물질 및 혼합물

13. 상수도소화용수설비를 대신 할 수 있는 소방시설로서 적절한 것은?
① 소화수조 또는 저수조
② 저수조
③ 옥외소화전설비
④ 옥내소화전설비 또는 옥외소화전설비

14. 구조현장의 초기대응 절차 (LAST) 중 구조활동의 실행 단계로 안전하고 신속하게 구조대상자에게 접근하는 단계는?
① 4단계 ② 3단계
③ 2단계 ④ 1단계

15. 구조대원이 구조활동상황을 기록한 구조활동일지를 소속 소방관서에 보관하여야 하는 기간은?
① 소속 소방관서에 5년간 보관
② 소속 소방관서에 3년간 보관
③ 소속 소방관서에 2년간 보관
④ 소속 소방관서에 1년간 보관

16. 구조장비 보유기준 중 적절하지 않은 것은?
① 인명구조 활동에 있어서 다양한 장비를 보유하고 이를 적절히 활용하는 것은 구조활동의 중요한 요인이다.
② 「119구조 · 구급에 관한 법률 시행규칙」으로(제3조) 119구조대에서 갖추어야 할 장비와 구조대원이 휴대하여야 할 장비기준을 정하고 있다.
③ 구조장비기준은 반드시 보유하여야 할 장비의 최대 보유기준을 정하고 있다.
④ 평소 다양한 구조장비의 특성과 사용법을 알아두고, 구조활동을 전개할 때는 현장 상황을 자세히 살펴서 신속하고 안전하게 작업할 수 있는 장비를 선택하도록 하여야 한다.

17. 회수 로프의 설치 방법 중 "최종 하강자가 로프 설치를 바꾸어 쉽게 회수하도록 하는 방법" 인 것은?
① 로프감기 ② 로프풀기
③ 회수설치 ④ 로프묶기

18. 헬기유도 수신호 중 전진에 해당하는 것은?
① 손바닥을 위로 팔을 뻗고 위로 움직임을 반복
② 오른손을 뒤로 하고 왼손가락으로 이륙방향 표시
③ 손바닥은 몸 쪽으로, 팔로 끌어당기는 동작을 반복
④ 손바닥을 바깥쪽으로, 팔로 밀어 내는 동작 반복

19. 붕괴 사고 시 굴착 깊이와 경사도 중 "모래가 많은 토질" 의 경우 굴착면의 깊이와 경사는?
① 5m 미만 또는 35°
② 2m 미만 또는 35°
③ 3m 미만 또는 75°
④ 5m 미만 또는 75°

20. 흔히 발생하는 전염 질환 중 비말에 의해 전파되는 질환의 예방법은?
① 환자 이동을 최소화 한다.
② 처치 후 소독비누로 손을 씻거나 물 없이 사용하는 손 소독제를 사용한다.
③ 환자와 1m 이내에서 접촉할 경우는 마스크를 착용한다.
④ 장갑을 착용하고 처치 후에는 오염된 장갑으로 환자나 기구를 만지지 않는다.

21. 소독과 멸균에 관한 용어의 정의 중 소독(Disinfecting)에 대한 설명으로 적절한 것은?
① 미생물 중 병원성 미생물을 사멸시키기 위한 물질을 말한다.
② 생물체가 아닌 환경으로부터 세균의 아포를 제외한 미생물을 제거하는 과정이다.
③ 단기간 접촉되는 경우 높은 수준의 소독제로 작용할 수 있다.
④ 진균과 박테리아의 아포를 포함한 모든 형태의 미생물을 파괴하는 것을 말한다.

22. 복통의 증상과 징후 중 내장 통증의 징후는?
① 복강을 따라 벽쪽 복막에서 나타나는 통증이다.
② 마치 분만통증과 같은 복통은 흔히 배내 속이 빈 장기로 인해 나타난다.
③ 벽측 통증은 복막의 부분 자극으로 직접 나타난다.
④ 유출된 혈액이 모여 마치 풍선과 같은 유형을 나타내기도 한다.

23. 다음 복통 유발 질병 중 배대동맥류의 징후와 증상은?
① 식도에서 항문까지 어느 곳에서도 나타날 수 있으며 혈액은 구토(선홍색 또는 커피색) 또는 대변(선홍색, 적갈색, 검정색)으로 나온다.
② 출혈은 복막을 자극하고 복통/압통과도 관련이 있다.
③ 배를 지나가는 대동맥벽이 약해지거나 풍선처럼 부풀어 올랐을 때 나타난다.
④ 복강 내 출혈로 외상으로 인한 지라출혈이 있다.

24. 구급대원이 작성한 구급활동 일지의 보관기간은?
① 5년 ② 3년
③ 2년 ④ 1년

25. 「재난 및 안전관리 기본법」상 수방 · 진화 · 구조 및 구난 등의 조치권자가 아닌 자는 누구인가?
① 중앙긴급구조통제단장
② 시 · 도 긴급구조통제단장
③ 시 · 군 · 구 긴급구조통제단장
④ 시장 · 군수 · 구청장

제9회 행 정 법

01. 행정법과 관련한 다음 설명 중 적절하지 않은 것은?
① 행정법은 행정의 조직 · 작용 · 구제 · 절차에 관한 법이다.
② 헌법은 변하여도 행정법은 변하지 않는다는 것을 표현하는 행정법의 특수성은 기술성이다.
③ 행정법의 기본원리로서 법치주의는 실질적 법치주의를 말한다.
④ 행정작용의 발동은 법률의 수권에 의하여 행해져야 한다는 법원칙은 법률우위의 원칙이다.

02. 행정기능의 확대에 따른 최근의 새로운 행정법의 이론적 경향의 예로 보기 어려운 것은?
① 행정의 전문성·기술성·과학성 증대 등으로 인한 행정청의 판단여지 확대
② 행정절차의 법적규제 강화
③ 국가배상청구소송에서 위험책임론의 확장
④ 행정소송에서 법률상 보호이익의 확대

03. 「국세기본법」 제18조제3항과 「행정절차법」 제4조제2항이 명문으로 규정하고 있는 행정법의 일반원칙은?
① 부당결부금지의 원칙 ② 평등의 원칙
③ 비례의 원칙 ④ 신뢰보호의 원칙

04. 다음은 행정의 자기구속에 관한 판례의 내용이다. (ㄱ)과 (ㄴ)에 들어갈 행정법의 일반 원칙으로 옳은 것은?

> 재량권행사의 준칙인 행정규칙이 그 정한 바에 따라 되풀이 시행되어 행정관행이 이루어지게 되면 (ㄱ)이나 (ㄴ)에 따라 행정기관은 그 상대방에 대한 관계에서 그 규칙에 따라야할 자기구속을 받게 되므로, 이러한 경우에는 특별한 사정이 없는 한 그를 위반하는 처분은 (ㄱ)이나 (ㄴ)에 위배되어 재량권을 일탈·남용한 위법한 처분이 된다.

① 비례의 원칙, 부당결부금지의 원칙
② 비례의 원칙, 신뢰보호의 원칙
③ 평등의 원칙, 신뢰보호의 원칙
④ 평등의 원칙, 부당결부금지의 원칙

05. 대법원 판례상 반사적 이익으로 재판에 의하여 구제받기 어려운 것은?
① 중계유선방송 사업허가를 받은 중계유선방송사업자의 사업상 이익
② 장의자동차 운송사업구역 면허에 따른 영업이 보호되는 사업구역의 이익
③ 환경영향평가대상사업에 해당하는 국립공원 집단시설지구 개발사업에 관한 공원사업시행허가처분에 대한 환경영향평가대상지역 안의 주민들의 이익
④ 공유수면매립면허처분과 관련한 환경영향평가대상지역 안의 주민의 이익

06. 다음 중 대법원 판례의 입장에 관한 설명으로 옳은 것은?
① 한의사면허의 법적 성질은 경찰금지를 해제하는 명령적 행위로서 강학상 허가이다.
② 약사에게 한약조제권을 인정해주는 한약조제시험 합격처분의 효력에 대하여 한의사가 무효등확인소송을 제기한 경우 원고적격성을 갖는다.

③ 과세처분에 있어 증액경정처분의 경우에 증액경정처분은 당초처분에 흡수되어 독립한 존재가치를 상실하여 당연히 소멸하고 당초처분만이 취소소송의 대상이 된다.
④ 건축허가가 건축법 소정의 이격거리를 두지 않아 위법한 경우에 설령 건축공사가 완료되었다고 해도 인접 대지 소유자는 건축허가의 취소를 구할 소의 이익이 인정된다.

07. 「소방기본법」이 개정되어 2026년 3월 31일 공포되었다. 개정법률 부칙에는 '이법은 공포 후 6개월이 경과한 날부터 시행 한다' 고 규정하고 있다. 이 개정 법률의 시행 시점은 다음 어느 것인가?
① 2026년 9월 30일 오전 0시
② 2026년 9월 31일 오전 0시
③ 2026년 10월 1일 오전 0시
④ 2026년 10월 2일 오전 0시

08. 「행정기본법」상 법령등 시행일의 기간 계산에 대한 설명으로 적절하지 않은 것은?
① 법령등을 공포한 날부터 시행하는 경우에는 공포한 날을 시행일로 한다.
② 법령등을 공포한 날부터 일정 기간이 경과한 날부터 시행하는 경우 법령등을 공포한 날을 첫날에 산입하지 아니한다.
③ 법령등을 공포한 날부터 일정 기간이 경과한 날부터 시행하는 경우 그 기간의 말일이 토요일 또는 공휴일인 때에는 그 말일로 기간이 만료한다.
④ 여기서의 "법령등" 에는 훈령 、예규 등의 행정규칙은 제외한다.

09. 행정처분에 대한 설명으로 옳지 않은 것은?
① 과징금부과처분이 법이 정한 한도액을 초과하여 위법할 경우 법원으로서는 그 한도액을 초과한 부분이나 법원이 적정하다고 인정되는 부분을 초과한 부분만을 취소할 수 있다.
② 건축물대장의 용도는 건축물의 소유권을 제대로 행사하기 위한 전제요건으로서 건축물 소유자의 실체적 권리관계에 밀접하게 관련되어 있으므로, 건축물대장 소관청의 용도변경신청 거부행위는 국민의 권리관계에 영향을 미치는 것으로서 항고소송의 대상이 되는 행정처분에 해당한다.
③ 한국철도시설공단(현 국가철도공단)이 공사낙찰적격심사 감점처분의 근거로 내세운 규정은 공사낙찰적격심사세부기준이고, 이러한 규정은 공공기관이 사인과의 계약관계를 공정하고 합리적 、효율적으로 처리할 수 있도록 관계 공무원이 지켜야 할 계약사무처리에 관한 필요한 사항을 규정한 것으로서 공공기관의 내부규정에 불과하여 대외적 구속력이 없다.
④ 식품위생법 에 따른 식품접객업(일반음식점영업)의 영업신고의 요건을 갖춘 자라고 하더라도, 그 영업신고를 한 당해 건축물이 건축법 소정의 허가를 받지 아니한 무허가 건물이라면 적법한 신고를 할 수 없다.

10. 행정행위에 대한 설명으로 옳은 것만을 모두 고르면?

〈보 기〉
ㄱ. 변상금 부과처분에 대한 취소소송이 진행 중인 경우 부과권자는 위법한 처분을 스스로 취소하고 그 하자를 보완하여 다시 적법한 부과처분을 할 수 없다.
ㄴ. 행정청이 도시 및 주거환경정비법 등 관련 법령에 근거하여 행하는 조합설립인가처분은 사인들의 조합설립행위에 대한 보충행위로서의 성질을 갖는 것에 그친다.
ㄷ. 여객자동차 운수사업법 에 따른 개인택시운송사업면허는 특정인에게 권리나 이익을 부여하는 재량행위이다.
ㄹ. 귀화허가는 외국인에게 대한민국 국적을 부여함으로써 국민으로서의 법적 지위를 포괄적으로 설정하는 행위에 해당한다.

① ㄱ, ㄴ　② ㄴ, ㄷ
③ ㄷ, ㄹ　④ ㄱ, ㄷ, ㄹ

11. 확인의 형식과 효과 등에 대한 설명으로 적절하지 않은 것은?
① 원칙적으로 확인에는 부관을 부가할 수 있다.
② 확인은 언제나 구체적 처분형식으로 행해진다.
③ 일반적으로 일정한 형식을 요하는 요식행위가 보통이다.
④ 확인은 준사법적 행위이므로 행정청은 그 내용을 임의로 취소·변경할 수 없는 불가변력이 발생한다.

12. 공증에 대한 다음 설명 중 적절하지 않은 것은?
① 다수설의 설명에 따르면 공증은 의문이나 분쟁이 있는 것을 전제로 한다.
② 각종의 등기·등록·증명서의 발급 등이 이에 해당한다.
③ 특정한 사실 또는 법률관계의 존재를 공적으로 증명하는 행위를 말한다.
④ 확인이 일반적으로 공증(증명서 등)형식으로 대외적으로 표시되므로 확인과 공증의 구별은 확실치 않다고 봄이 타당 시 된다는 견해도 있다.

13. 다음 사례를 읽고 보기 중 판례의 태도와 가장 부합하는 것은?

개인택시 운전사 甲은 운전도중 휴대전화로 통화를 하다가 교통경찰관에게 적발되었다. 이에 관할 지방경찰청장(경찰서장)은 「도로교통법」 제49조제1항, 같은 법 시행규칙 제91조 제1항 [별표 28]의 운전면허행정처분기준에 의거 甲에게 벌점 15점을 부과하였다.

① 「도로교통법 시행규칙」 제91조 [별표 28]에서 정한 행정처분기준의 법적 성질은 법규명령이다.
② 「도로교통법 시행규칙」상의 벌점은 각 위반 항목별로 규정된 점수가 최고한도를 규정한 것으로 볼 만한 근거가 없으므로, 위 위반행위에 대한 벌점 15점은 획일적으로 받게 되는 확정 점수이다.
③ 벌점이 누적되면 운전면허 정지처분을 받을 위험성이 있는 것이므로 벌점의 부과는 국민의 권리·의무에 변동을 가져오는 행정처분에 해당한다.
④ 위 [별표 28]의 운전면허행정처분기준은 대외적 효력이 없어 국민을 구속하지 않지만 법원은 이에 기속된다.

14. 선결문제에 대한 판례의 입장으로 옳지 않은 것은?
① 조세부과처분이 무효임을 이유로 이미 납부한 세금의 반환을 청구하는 민사소송에서 법원은 그 조세부과처분이 무효라는 판단과 함께 세금을 반환하라는 판결을 할 수 있다.
② 영업허가취소처분으로 손해를 입은 자가 제기한 국가배상청구소송에서 법원은 영업허가취소처분에 취소사유에 해당하는 하자가 있는 경우에는 영업허가취소처분의 위법을 이유로 배상청구를 인용할 수 없다.
③ 물품을 수입하고자 하는 자가 세관장에게 수입신고를 하여 그 면허를 받고 물품을 통관한 경우에는, 세관장의 수입면허가 중대하고도 명백한 하자가 있는 행정행위이어서 당연무효가 아닌 한 「관세법」 소정의 무면허수입죄가 성립될 수 없다.
④ 영업허가취소처분 이후에 영업을 한 행위에 대하여 무허가영업으로 기소되었으나 형사법원이 판결을 내리기 전에 영업허가취소처분이 행정소송에서 취소되면 형사법원은 무허가영업행위에 대해서 무죄를 선고하여야 한다.

15. 행정계획에 대한 설명으로 옳지 않은 것은?
① 행정청은 구체적인 행정계획을 입안 、결정할 때 비교적 광범위한 형성의 재량을 가진다.

② 행정청이 행정계획을 입안·결정할 때 이익형량을 하였으나 정당성과 객관성이 결여된 경우에는 그 행정계획 결정은 위법하게 될 수 있다.
③ 도시계획의 결정·변경 등에 관한 권한을 가진 행정청은 이미 도시계획이 결정·고시된 지역에 대하여도 다른 내용의 도시계획을 결정·고시할 수 있고, 이때에 후행 도시계획에 선행 도시계획과 서로 양립할 수 없는 내용이 포함되어 있다면, 특별한 사정이 없는 한 선행 도시계획은 후행 도시계획과 같은 내용으로 변경된다.
④ 도시기본계획은 도시의 장기적 개발 방향과 미래상을 제시하는 도시계획 입안의 지침이 되는 장기적·종합적인 개발계획으로서 직접적인 구속력이 있으므로, 도시계획시설결정 대상면적이 도시기본계획에서 예정했던 것보다 증가할 경우 도시기본계획의 범위를 벗어나 위법하다.

16. 행정계획에 관한 설명으로 옳지 않은 것은?
① 도시기본계획에 대한 항고소송을 제기할 수 없지만 환지계획에 대해서는 항고소송으로 다툴 수 있다.
② 도시계획의 입안에 있어 공고 및 공람 절차에 하자가 있는 도시계획결정은 위법하다.
③ 국토이용계획변경신청을 거부하는 것이 실질적으로 해당 행정처분 자체를 거부하는 결과가 되는 경우에는 항고소송의 대상이 되는 행정처분에 해당한다.
④ 도시계획구역 내 토지 등을 소유하고 있는 주민에게 도시계획 입안을 요구할 수 있는 법규상 또는 조리상의 신청권이 있는 경우 그 신청에 대한 거부행위는 항고소송의 대상이 된다.
⑤ 행정주체가 행정계획을 입안결정함에 있어서 이익형량을 전혀 행하지 아니하거나 이익형량의 고려 대상에 마땅히 포함시켜야 할 사항을 누락한 경우 또는 이익형량을 하였으나 정당성과 객관성이 결여된 경우에 그 행정계획결정은 형량에 하자가 있어 위법하다.

17. 소방청장이 다중이용업소로 사용되는 모든 지하층에 간이 스프링클러설비를 설치하도록 하는 정책을 수립함에 있어 「행정절차법」상 행정예고를 하려고 하는바 예고기간은 며칠 이상으로 하여야 하는가?
① 7일　② 10일
③ 14일　④ 20일

18. 「행정절차법」상 행정청은 정책, 제도 및 계획(이하"정책등"이라 한다)을 수립·시행하거나 변경하려는 경우에는 이를 예고하여야 하는바, 예고를 하지 아니할 수 있는 사유로 적절하지 않은 것은?
① 신속하게 국민의 권리를 보호하여야 하거나 예측이 어려운 특별한 사정이 발생하는 등 긴급한 사유로 예고가 현저히 곤란한 경우
② 법령등의 단순한 집행을 위한 경우
③ 정책등의 내용이 국민의 권리·의무 또는 일상생활과 관련이 적은 경우
④ 정책등의 예고가 공공의 안전 또는 복리를 현저히 해칠 우려가 상당한 경우

19. 행정조사에 관한 설명으로 옳지 않은 것은?
① 행정조사는 조사목적을 달성하는 데 필요한 최소한의 범위 안에서 실시하여야 하며, 다른 목적 등을 위하여 조사권을 남용하여서는 아니 된다.
② 조사대상자의 자발적인 협조를 전제할 뿐 조사 거부에 대한 어떠한 제재도 없는 임의적 행정조사라면 법령상 명확한 위임 근거가 없다고 하더라도 가능하다.
③ 부과처분을 위한 과세관청의 질문조사권이 행하여지는 세무조사의 경우 납세자 또는 그 납세자와 거래가 있다고 인정되는 자 등은 세무공무원의 과세자료 수집을 위한 질문에 대답하고 검사를 수인하여야 할 법적 의무를 부담한다.
④ 행정조사를 실시하고자 하는 행정기관의 장은 「통계법」 제3조 제2호에 따른 지정통계의 작성을 위하여 조사하는 경우에 반드시 서면으로 조사대상자에게 행정조사 목적 등을 통지하여야 한다.
⑤ 음주운전 여부에 대한 조사 과정에서 운전자 본인의 동의를 받지 아니하고 법원의 영장 없이 채혈조사를 한 결과를 근거로 한 운전면허 정지·취소처분은 특별한 사정이 없는 한 위법한 처분으로 볼 수밖에 없다.

20. 「행정조사기본법」의 규정 내용으로 옳지 않은 것은?
① 행정기관의 장은 인터넷 등 정보통신망을 통하여 조사대상자로 하여금 자료의 제출 등을 하게 할 수 있다.
② 행정기관의 장은 법령등에서 규정하고 있는 조사사항을 조사대상자로 하여금 스스로 신고하도록 하는 제도를 운영할 수 있다.
③ 행정조사를 실시할 행정기관의 장은 행정조사를 실시한 후에 다른 행정기관에서 동일한 조사대상자에게 동일하거나 유사한 사안에 대하여 행정조사를 실시하였는지 여부를 확인하여야 한다.
④ 행정조사는 법령등 또는 행정조사운영계획으로 정하는 바에 따라 정기적으로 실시함을 원칙으로 하지만, 법령등의 위반에 대한 신고를 받거나 민원이 접수된 경우에는 수시조사를 할 수 있다.

21. 행정상 손해배상에 관한 설명으로 옳은 것만을 〈보기〉에서 고른 것은?

〈보 기〉
ㄱ. 행위 자체의 외관을 객관적으로 관찰하여 공무원의 직무행위로 보여진다 하더라도 그것이 실질적으로 직무행위에 해당하지 않는다면 그 행위는 「국가배상법」 소정의 '직무를 집행하면서' 행한 것으로 볼 수 없다.
ㄴ. 공무원에게 부과된 직무상 의무의 내용이 공공 일반의 이익을 위한 것이거나 행정기관 내부의 질서를 규율하기 위한 것이라면 공무원의 당해 직무상 의무위반으로 피해자가 입은 손해에 대해서는 상당인과관계가 인정되는 범위 내에서 공적 주체가 손해배상책임을 진다.
ㄷ. 국가 등의 가해 공무원에 대한 구상권은 손해의 공평한 부담이라는 견지에서 신의칙상 상당하다고 인정되는 한도 내에서만 인정된다.
ㄹ. 장관으로부터 도지사를 거쳐 군수에게 재위임된 국가사무인 기관위임사무를 처리함에 있어서 군수가 고의 또는 과실로 타인에게 손해를 가한 경우, 원칙적으로 그 사무의 귀속 주체인 국가가 손해배상책임을 지며 군은 비용을 부담한다고 볼 수 있는 경우에 한하여 국가와 함께 손해배상책임을 진다.
ㅁ. 생명·신체의 침해로 인한 국가배상을 받을 권리는 양도하거나 압류하지 못한다.

① ㄱ, ㄴ, ㄷ　② ㄱ, ㄴ, ㄹ
③ ㄴ, ㄷ, ㄹ　④ ㄴ, ㄷ, ㅁ
⑤ ㄷ, ㄹ, ㅁ

22. 국가배상에 대한 설명으로 옳은 것은?
① 국가배상법에 따른 손해배상의 소송은 배상심의회에 배상신청을 하지 아니하면 제기할 수 없다.
② 국가배상소송을 제기하는 경우 민사소송이 아니라 공법상 당사자소송으로 제기하여야 한다.

③ 군 복무 중 사망한 사람의 유족이 국가배상을 받은 경우, 관할 행정청 등은 군인연금법 상 사망보상금에서 소극적 손해배상금 상당액을 공제할 수 있을 뿐, 이를 넘어 정신적 손해배상금까지 공제할 수는 없다.
④ 공공시설물의 하자로 손해를 입은 외국인에게는 해당 국가와 상호 보증이 없더라도 국가배상법이 적용된다.

23. 무효등확인심판 청구와 부작위에 대한 의무이행심판청구의 경우 행정심판청구기간으로 적절한 것은?
① 원칙적으로 기간제한이 없다. ② 180일
③ 1년 ④ 2년

24. 제주특별자치도 교육감의 처분이나 부작위에 대한 행정심판기관은?
① 행정안전부행정심판위원회
② 제주특별자치도행정심판위원회
③ 국민권익위원회행정심판위원회
④ 중앙행정심판위원회

25. 항고소송의 대상에 대한 설명으로 옳지 않은 것은?
① 어떠한 처분에 법령상 근거가 있는지, 「행정절차법」에서 정한 처분절차를 준수하였는지는 소송요건 심사단계에서 고려하여야 한다.
② 병무청장이 「병역법」에 따라 병역의무 기피자의 인적사항 등을 인터넷 홈페이지에 게시하는 등의 방법으로 공개한 경우 병무청장의 공개결정은 항고소송의 대상이 되는 행정처분이다.
③ 국민건강보험공단이 행한 '직장가입자 자격상실 및 자격변동 안내' 통보는 가입자 자격의 변동 여부 및 시기를 확인하는 의미에서 한 사실상 통지행위에 불과할 뿐, 항고소송의 대상이 되는 행정처분에 해당하지 않는다.
④ 행정청의 행위가 '처분' 에 해당하는지가 불분명한 경우에는 그에 대한 불복방법 선택에 중대한 이해관계를 가지는 상대방의 인식가능성과 예측가능성을 중요하게 고려하여 규범적으로 판단하여야 한다.

제9회 소방법령 Ⅳ

01. 소방공무원 인사협의회의 궁극적인 구성 · 운영의 목적으로 적절한 것은?
① 소방공무원의 적절한 인사를 위해
② 시 · 도와 협의하기 위해
③ 소방공무원의 공정한 임용을 위해
④ 시 · 도지사와 협의하기 위해

02. 소방공무원 경력경쟁채용시험등의 필기시험과목 중 일반분야로서 소방정, 소방령의 필수과목이 아닌 것은?
① 한국사 ② 영어
③ 행정학 ④ 행정법

03. 소방공무원 채용후보자의 자격상실과 관련 소방공무원 임용심사위원회의 의결을 거쳐야 하는 경우는?
① 채용후보자로서 받아야 할 교육훈련에 응하지 않은 경우
② 채용후보자로서 품위를 크게 손상하는 행위를 함으로써 소방공무원으로서의 직무를 수행하기 곤란하다고 인정되는 경우
③ 채용후보자가 임용 또는 임용제청에 응하지 않은 경우
④ 채용후보자로서 교육훈련을 받는 중 질병, 병역 복무 또는 그 밖에 교육훈련을 계속할 수 없는 불가피한 사정 외의 사유로 퇴교처분을 받은 경우

04. 출산휴가와 연속되는 육아휴직을 명하는 경우로서 육아휴직을 명한 이후의 출산휴가기간과 육아휴직기간을 합하여 얼마 이상인 경우 정원이 따로 있는 것으로 보고 결원을 보충할 수 있는가?
① 6개월 ② 1년
③ 3개월 ④ 1가월

05. 「소방공무원법」상 "소방공무원은 바로 아래 하위계급에 있는 소방공무원 중에서 ( ), 경력평정, 그 밖의 능력을 실증(實證)하여 승진임용 한다" 에서 괄호 안에 적절한 것은?
① 근무성적 ② 근무평정
③ 교육훈련성적 ④ 근무평가

06. 경력평정은 「승진임용규정 시행규칙」 별지 제3호서식의 평정표에 의하여 평정하되, 경력평정표는 누가 날인해야 하는가?
① 평정자와 확인자가 서명 날인한다.
② 확인자가 서명 날인한다.
③ 평정자가 서명 날인한다.
④ 피평정자 본인의 확인을 거쳐 평정자와 확인자가 서명 날인한다.

07. 다음 중 소방공무원 보통승진심사위원회를 두는 곳이 아닌 곳은 어디인가?
① 중앙소방학교
② 국립소방연구원
③ 소방청
④ 시 · 도 소방본부

08. 소방공무원의 승진심사는 언제 실시하는가?
① 근무성적평정이 끝난 후 승진심사위원회가 설치된 기관의 장이 정하는 날
② 근무성적평정이 끝난 후 30일 이내
③ 근무성적평정이 끝난 후 승진이 필요한 경우
④ 승진심사위원회가 설치된 기관의 장이 정하는 날

09. 소방위를 소방경으로 근속승진임용하려는 경우 근속기간으로 적절한 것은?
① 해당 계급에서 7년 6개월 이상 근속자
② 해당 계급에서 8년 이상 근속자
③ 해당 계급에서 9년 이상 근속자
④ 해당 계급에서 10년 이상 근속자

10. 국정과제 등 주요 업무의 추진실적이 우수한 소방공무원이나 적극행정 수행 태도가 돋보인 소방공무원이 근속승진 할 경우 근속승진 기간을 단축하는 소방공무원의 인원수는 누가 제한할 수 있는가?
① 소방청장 ② 인사혁신처장
③ 행정안전부장관 ④ 국무총리

11. "소방공무원은 ( )과 ( )를 단정히 하고, 항상 ( )를(을) 유지하여야 한다" 에서 괄호 안에 적절한 것은?
① 복장, 외모, 품성 ② 제복, 용모, 품성
③ 제복, 용모, 품위 ④ 복장, 용모, 품위

12. 소방기관의 장은 「국가공무원법」 제83조 제3항에 따라 수사개시 통보를 받으면 지체 없이 징계의결등의 요구나 그 밖에 징계등 절차의 진행 여부를 결정해야 한다. 이 경우 같은 조 제2항에 따라 그 절차를 진행하지 않기로 결정한 경우에는 이를 누구에게 통보해야 하는가?
① 징계등 혐의자 상급기관의 장
② 수사 개시 통보자
③ 수사기관의 장
④ 징계등 혐의자

13. "6개월 이상의 위탁교육훈련을 받은 소방공무원에 대해서는 특별한 경우를 제외하고 ( )년의 범위에서 교육훈련기간과 같은 기간[국외 위탁교육훈련의 경우에는 교육훈련기간의 ( )배에 해당하는 기간으로 한다] 동안 교육훈련 분야와 관련된 직무 분야에서 복무하게 해야 한다" 에서 괄호 안에 적절한 것은?
① 3년, 2배 ② 6년, 2배
③ 5년, 2배 ④ 2년, 2배

14. 위험물안전관리법」상 제조소등을 설치하거나 행정안전부령이 정하는 사항을 변경하고자 하는 때에는 시·도지사의 허가를 받도록 하고 있는바, 「위험물안전관리법 시행령」에서는 이를 누구에게 위임(일부 예외 있음)하고 있는가?
① 소방본부장 또는 소방서장
② 소방서장
③ 소방서장과 119안전센터장
④ 소방서장과 한국소방산업기술원

15. 제조소등의 설치허가 또는 변경허가를 받으려는 자는 설치허가 또는 변경허가신청서에 행정안전부령으로 정하는 서류를 첨부하여 제출하여야 하는바, 제조소등의 위치 · 구조 및 설비에 관한 도면으로 열거된 것 중 내용이 적절하지 않은 것은?
① 당해 제조소등을 포함하는 사업소 안 및 주위의 주요 건축물과 공작물의 배치
② 당해 제조소등이 설치된 건축물 안에 제조소등의 용도로 사용되지 아니하는 부분이 있는 경우 그 부분의 배치 및 구조
③ 당해 제조소등을 구성하는 건축물, 공작물 및 기계 · 기구 그 밖의 설비의 배치
④ 당해 제조소등에 설치하는 전기설비, 가스설비, 피뢰설비, 소화설비, 경보설비 및 피난설비의 개요

16. 이동탱크저장소에 의한 위험물운송자는 장거리에 걸치는 운송을 하는 때에는 2명 이상의 운전자로 하여야 하는바, 이에 대한 예외의 사유가 아닌 것은?
① 운송하는 위험물이 제4류 위험물인 경우
② 운송 도중에 2시간 이내마다 20분 이상씩 휴식하는 경우
③ 운송하는 위험물이 제2류 위험물·제3류 위험물(칼슘 또는 알루미늄의 탄화물과 이것만을 함유한 것에 한한다)인 경우
④ 운송책임자를 동승시킨 경우

17. 이동탱크저장소에 의한 위험물운송자가 지켜야 할 사항에 대한 설명으로 적절하지 않은 것은?
① 위험물운송자는 이동저장탱크로부터 위험물이 현저하게 새는 등 재해발생의 우려가 있는 경우에는 재난을 방지하기 위한 응급조치를 강구하는 동시에 소방관서 그 밖의 관계기관에 통보할 것
② 위험물운송자는 위험물안전카드를 휴대하고 당해 카드에 기재된 내용에 따를 것. 다만, 재난 그 밖의 불가피한 이유가 있는 경우에는 당해 기재된 내용에 따르지 아니할 수 있다.
③ 위험물(모든 제4류 위험물에 한한다)을 운송하게 하는 자는 별지 제48호서식의 위험물안전카드를 위험물운송자로 하여금 휴대하게 할 것
④ 위험물운송자는 이동탱크저장소를 휴식·고장 등으로 일시 정차시킬 때에는 안전한 장소를 택하고 당해 이동탱크저장소의 안전을 위한 감시를 할 수 있는 위치에 있는 등 운송하는 위험물의 안전확보에 주의할 것

18. 옥외저장탱크에 부착되는 부속설비는 한국소방산업기술원 또는 소방청장이 정하여 고시하는 국내·외 공인시험기관에서 시험 또는 인증 받은 제품을 사용하여야 하는바, 부속설비에 해당하지 않은 것은?
① 비상압력배출장치 ② 폼배관용 밸브
③ 폼챔버(foam chamber) ④ 통기관대기밸브

19. 인화성액체위험물의 옥외탱크저장소의 방유제안에 설치된 탱크가 2기 이상인 때에 방유제의 크기는?
① 그 탱크 중 용량이 최대인 것의 용량의 100% 이상
② 그 탱크 중 용량이 최대인 것의 용량의 110% 이상
③ 그 탱크 중 용량이 최대인 것의 용량의 120% 이상
④ 그 탱크 중 용량이 최대인 것의 용량의 130% 이상

20. 건축물에서 옥내주유취급소의 용도에 사용하는 부분에 상층이 있는 경우 상층으로의 연소를 방지하기 위하여 설치되는 캔틸레버의 기준으로 적절하지 않은 것은?
① 캔틸레버의 재료는 내화구조로 하여야 한다.
② 옥내주유취급소의 용도에 사용하는 부분(고정주유설비와 접하는 방향 및 벽이 개방된 부분에 한한다)의 바로 위층의 바닥에 이어서 1.5m 이상 내어 붙일 것
③ 앞 ②의 경우 바로 위층의 바닥으로부터 높이 5m 이내에 있는 위층의 외벽에 개구부가 없는 경우에는 그러하지 아니하다.

④ 캔틸레버 끝부분과 위층의 개구부(열지 못하게 만든 방화문과 연소방지상 필요한 조치를 한 것을 제외한다)까지의 사이에는 7m에서 당해 캔틸레버의 내어 붙인 거리를 뺀 길이 이상의 거리를 보유할 것

21. 주유취급소에 설치되는 담 또는 벽은 내화구조나 불연재료로 하여야 하나, 일정한 기준에 적합할 경우는 담 또는 벽의 일부분에 유리를 부착할 수 있는바, 유리를 부착하는 위치는 주입구, 고정주유설비 및 고정급유설비로부터 얼마 이상 거리를 두어야 하는가?

① 5m 이상
② 4m 이상
③ 3m 이상
④ 2m 이상

22. 소화난이도등급 I 에 해당하는 옥외탱크저장소 중 지중탱크에 설치하여야 할 소화설비의 종류로서 적절하지 않은 것은?

① 고정식 포소화설비
② 물분무소화설비
③ 이동식 이외의 불활성가스소화설비
④ 이동식 이외의 할로젠화합물소화설비

23. 소화난이도등급 I 에 해당하는 옥외탱크저장소 중 지중탱크 또는 해상탱크 외의 것으로서 만을 저장취급 하는 것, 인화점이 70℃이상의 제4류 위험물만을 저장·취급하는 것 이외의 그밖의 것에 설치하는 소화설비는 고정식 포소화설비를 설치해야 하는바, 포소화설비가 적응성이 없는 경우에는 어떤 설비를 설치해야 하는가?

① 물분무소화설비
② 분말소화설비
③ 할로젠화합물소화설비
④ 스프링클러설비

24. 제3류위험물의 운반용기 수납기준으로 "자연발화성물질 중 알킬알루미늄등은 운반용기의 내용적의 (　　)% 이하의 수납율로 수납하되, (　　)℃의 온도에서 (　　)% 이상의 공간용적을 유지하도록 할 것" 에서 괄호 안에 적절한 것은?

① 95, 50, 3
② 90, 50, 5
③ 90, 55, 3
④ 98, 55, 1

25. 위험물의 운반에 관한 기준 중 적재방법(별표 19 II 를 말함)과 관련 기계에 의하여 하역하는 구조로 된 운반용기에 대한 수납에 대한 설명으로 적절하지 않은 것은?

① 액체위험물을 수납하는 경우에는 55℃의 온도에서의 증기압이 100㎪ 이하가 되도록 수납할 것
② 복수의 폐쇄장치가 연속하여 설치되어 있는 운반용기에 위험물을 수납하는 경우에는 용기본체에 가까운 폐쇄장치를 먼저 폐쇄할 것
③ 온도변화 등에 의하여 액상이 되는 고체의 위험물은 액상으로 되었을 때 당해 위험물이 새지 아니하는 운반용기에 수납할 것
④ 휘발유, 벤젠 그 밖의 정전기에 의한 재해가 발생할 우려가 있는 액체의 위험물을 운반용기에 수납 또는 배출할 때에는 당해 재해의 발생을 방지하기 위한 조치를 강구할 것

제9회 소방전술

01. 공설 소방조직이나 사설 소방조직에 의한 화재의 예방 · 진압으로 인명과 재산의 손실을 최소화하기 위한 제반 소방활동을 의미하며 협의로는 화재예방 활동을 의미하는 용어로 적절한 것은?

① 현장대응
② 화재방어
③ 화재대응
④ 화재활동

02. "화재진압은 화재발생 대상물의 위치, 구조, 용도, 설비, 가연물의 종류와 상태, 기상, 도로, 지형, (　　) 등에 따라 소방장비 및 기계기구의 활용방법, 소방대의 운영 등이 달라지게 된다" 에서 괄호 안에 적절한 것은?

① 소방용수
② 소방력
③ 소방용기계기구
④ 소방장비

03. 옥외 소방호스 연장과 관련 "인접건물을 통한 연장방법" 에 대한 설명으로 적절하지 않은 것은?

① 건물 간에 인접하고 있는 상호 난간을 이용한다.
② 인접건물의 연결송수관을 활용하여 소방호스를 연장한다.
③ 인접건물 사이가 떨어져 있는 경우는 사다리를 접은 상태로 인접건물에 걸쳐 연장한다.
④ 인접건물의 지붕에서 사다리를 걸쳐 소방호스를 연장한다.

04. 대상별 관창배치와 관련 일반목조건물 화재 시 방수구 수는 몇 구를 원칙으로 하는가?

① 1구
② 2구
③ 3구
④ 4구

05. 화재진압 활동에 적용하는 전략 중 공격적 작전상황의 끝에 가깝고, 방어적 작전상황의 시작에 해당될 때 적용되는 작전 형태로 적절한 것은?

① 공격 또는 방어적 작전
② 한계적 작전
③ 방어적 작전
④ 공격적 작전

06. 화재진압 활동과 관련 작전계획(공격계획)의 절차(기본적 단계) 중 네 번째 단계에 해당하는 것은?

① 임무부여
② 상황평가 : 상황분석
③ 사용가능한 자원의 판정 : 자원분석
④ 전술적 필요의 판정 : 구체적 계획

07. 분말소화약제의 주된 소화효과로 적절한 것은?

① 냉각작용
② 질식소화
③ 부촉매 및 질식소화
④ 부촉매소화

08. 소화약제로서 물의 물리적 성질에 대한 설명으로 적절하지 않은 것은?
①온도에 따라 다르기는 하지만 1킬로그램/㎠(0.1Mpa)의 압력 증가에 평균 3.0×10-10~5.0×10-10씩 부피가 감소한다.
② 물은 압력을 받으면 약간은 압축되기 때문에 압축성 유체로 간주할 수 있다.
③ 물의 표면 장력은 20℃에서 72.75dyne/㎝이며 온도가 상승하면 표면 장력은 작아진다.
④ 물의 점도는 1atm, 20℃에서 1.0cP(1centipoise=0.01g/㎝·sec)이며 온도가 올라가면 점도는 작아진다.

09. 고체와 액체의 연소는 "불꽃연소와 ( )로 구분할 수 있다" 에서 괄호 안에 적절한 것은?
① 표면연소 ② 자기연소
③ 증발연소 ④ 화염연소

10. 연소불꽃의 색상에 따른 온도 중 연소불꽃의 온도가 1,300℃일 경우의 색상은?
① 암적색 ② 휘적색
③ 백적색 ④ 황적색

11. 주간점검(5톤 중형펌프 시동 전)의 장치성능(외부 전원공급장치) 점검과 관련 수구 연결 전 배터리 전압과 수구 연결 후 배터리 전압으로 적절한 것은?
① 수구 연결 전 배터리 전압(22.3V), 수구 연결 후 배터리 전압(22.87V)
② 수구 연결 전 배터리 전압(23.3V), 수구 연결 후 배터리 전압(23.87V)
③ 수구 연결 전 배터리 전압(24.3V), 수구 연결 후 배터리 전압(25.87V)
④ 수구 연결 전 배터리 전압(25.3V), 수구 연결 후 배터리 전압(26.87V)

12. 공통교재 소방차량장비실무 중 소방자동차 점검·정비와 관련 사다리차(굴절차) 주간점검은 모두 몇 가지를 하도록 하고 있는가?
① 20가지 ② 22가지
③ 25가지 ④ 28가지

13. 소화수조, 저수조에 가압송수장치를 설치해야 하는 기준으로 적절한 것은?
① 소화수조 또는 저수조가 지표면으로부터의 깊이(수조 내부바닥까지의 길이를 말한다)가 5.0m 이상인 지하에 있는 경우
② 소화수조 또는 저수조가 지표면으로부터의 깊이(수조 내부바닥까지의 길이를 말한다)가 4.0m 이상인 지하에 있는 경우
③ 소화수조 또는 저수조가 지표면으로부터의 깊이(수조 내부바닥까지의 길이를 말한다)가 4.5m 이상인 지하에 있는 경우
④ 소화수조 또는 저수조가 지표면으로부터의 깊이(수조 내부바닥까지의 길이를 말한다)가 5.5m 이상인 지하에 있는 경우

14. 엔진동력 장비의 경우 엔진오일을 별도로 주입하므로 오일의 양이 적거나 변질되지 않은지 수시로 점검해야 하는 것은?
① 동력절단기 ② 유압펌프
③ 발전기 ④ 체인톱

15. 구조장비의 점검과 관리에 대한 다음 설명 중 적절하지 않은 것은?
① 모든 장비는 평소 점검 정비를 충분히 하여야 작업현장에서 제 성능을 발휘할 수 있다.
② 세부적인 조작법이나 주의사항은 제작회사에서 제공하는 사용설명서를 참고하도록 하여야 한다.
③ 구조대원은 필요한 경우 장비를 분해하여 꼼꼼히 정비하여야 한다.
④ 서툴게 정비된 장비는 오히려 위험을 초래하여 인명의 피해와 재산 손실을 유발할 수 있다.

16. 차량을 이용한 로프 연장과 관련 "첫 번째 과정으로 연장된 로프 끝에 ( )이나 ( )을 하고 카라비너를 건다" 에서 괄호 안에 적절한 것은?
① 8자매듭, 두겹고정매듭
② 두겹팔자매듭, 고정매듭
③ 8자매듭, 옭매듭
④ 두겹8자매듭, 이중8자매듭

17. 타인확보 방법 중 8자 하강기, 그리그리, 스톱 등 각종의 확보 기구에 로프를 통과시켜 마찰을 일으키도록 하는 방법은?
① 어깨확보
② 장비를 이용한 확보
③ 허리확보
④ 신체를 이용하는 확보

18. 가스의 연소성에 따른 분류 중 불연성가스에 해당하는 것은?
① 프로판, 부탄, 수소
② 공기, 산소, 염소
③ 메탄, 에탄
④ 질소, 아르곤

19. 산악의 기상특성 중 표층 눈사태 현상을 설명하고 있는 것은?
① 기온이 올라가 적설의 밑바닥이나 급한 비탈, 또는 슬랩면에서 눈 녹은 물이 흐르고 있는 상태가 가장 위험하다.
② 바위 등 돌출부분이 발달하여 밑으로 수그러지며 공기층의 공동이 생기게 되므로 눈으로 보고 판단하는 부분보다 훨씬 뒤의 선에서 붕괴된다.
③ 크러스트 된 이전의 눈과 새로운 눈 사이에 미세한 층이 발생하고 눈의 무게를 이기지 못할 정도가 되면 결국 눈이 흘러내리게 된다.
④ 대량의 눈이 쌓인 지역에 기온이 올라가면 눈의 접착력이 약해지면서 눈의 밑바닥에서 슬립이 일어나 눈이 무너져 내리게 된다.

20. 인체기본해부학 기본용어 중 "안쪽/가쪽(medial/lateral)"을 설명하고 있는 것은?
① 중앙 겨드랑이선으로 인체를 나누어 앞과 뒤를 구분한 것이다.
② 몸통에 가까이 있는지 멀리 있는지를 나타낸다.
③ 중앙선에 가까이 있는지 멀리 있는지를 나타낸다.
④ 코에서 배꼽까지 수직으로 내린 선으로 인체를 좌우로 나눈다.

21. 현장에 도착했을 때의 환자 자세 그리고 처치 자세를 표현할 때 사용하는 기본용어에 대한 설명으로 "트렌델렌버그 자세(Trendelenburg position)" 를 설명하는 것은?
① 혈액이 심장으로 돌아오는 정맥 귀환량을 증가시켜 주어 심박출력을 강화하는 데 효과가 있기 때문에 쇼크 자세로 사용된다.
② 등을 바닥에 대고 바로 누워 침상의 다리 쪽을 45° 높여서 머리가 낮고 다리가 높게 하는 자세이다.
③ 머리와 흉부는 수평 되게 유지하고 다리를 45° 로 올려주는 자세이다.
④ 윗몸을 45° ~ 60° 세워서 앉은 자세이다.

22. 실혈에 따른 증상 및 징후가 혼돈, 안절부절, 흥분으로 나타내는 기관은?
① 심혈관계
② 피부
③ 골절관계
④ 뇌

23. 피부의 해부학적 구조 중 지방층으로 지방과 연결조직은 외부충격을 완화시키는 역할을 하며 큰 혈관과 신경섬유가 통과하는 곳은?
① 내진피
② 내피하층
③ 피지선
④ 피하층

24. 119항공구조대 소속 조종사가 받아야 하는 교육훈련 중 "비행교육훈련" 에 해당하지 않은 것은?
① 자격회복훈련
② 계기비행훈련
③ 기술유지비행훈련
④ 기종전환교육훈련(신규임용자 포함)

25. 소방청장등이 감염병환자등의 이송 등의 업무를 수행할 수 있는 것과 관련 "감염병 확산으로 인하여 「재난 및 안전관리 기본법」 제38조제2항에 따른 ( ) 이상의 위기경보가 발령된 경우로서 보건복지부장관 또는 질병관리청장이 요청하는 경우" 가능한바, 괄호 안에 적절한 것은?
① 경계 ② 주의
③ 심각 ④ 예비

제10회 행 정 법

01. 행정법의 성문성에 대한 설명으로 적절하지 않은 것은?
① 국민의 권리·의무에 관한 사항을 일방적으로 규율하기 때문이다.
② 예측가능성의 보장과 법적생활의 안정성을 도모하기 위해서 성문법주의가 강하게 나타난다.
③ 따라서 행정법의 성문성의 특색은 불문법의 존재가치는 인정하지 않는다.
④ 대부분의 행정법은 법률에 시행령, 시행규칙을 두고 있다.

02. 행정법의 특색에 대한 설명으로 적절하지 않은 것은?
① 행정법의 집단성·평등성과 관련 규율내용을 정형화하는 경향에 있다.
② 행정법은 기술적·수단적 성질을 가진다.
③ 행정법이 재량권을 인정하는 경우도 재량권의 한계를 벗어난 행위는 위법이 된다.
④ 행정법의 획일 강행성은 행정청에게는 해당하지 않는다.

03. 부당결부금지의 원칙에 관한 설명으로 옳지 않은 것은?
① 「행정기본법」은 부당결부금지의 원칙을 명문으로 규정 하고 있다.
② 이륜자동차를 음주운전한 사유만 가지고서는 제1종 대형면허나 보통면허의 취소나 정지를 할 수 없다.
③ 제1종 대형면허로 운전할 수 있는 차량을 운전면허 정지기간 중에 운전한 경우에는 이와 관련된 제1종 보통면허까지 취소할 수 있다.
④ 행정청이 수익적 행정처분을 하면서 사전에 상대방과 체결한 협약상의 의무를 부담으로 부가하였는데 부담의 전제가 된 주된 행정처분의 근거 법령이 개정되어 부관을 붙일 수 없게 된 경우, 곧바로 위 협약의 효력이 소멸한다.

04. 다음 중 판례가 부당결부금지의 원칙에 위반된다고 보지 않은 경우는?
① 혈중알코올농도 0.140%의 주취상태로 배기량 125cc 이륜자동차를 운전하였다는 이유로 관할 지방경찰청장이 갑의 자동차운전면허[제1종 대형, 제1종 보통, 제1종 특수(대형견인 · 구난), 제2종 소형]를 취소하는 처분을 한 사안
② 트레일러 운전면허취소사유로 제1종 보통면허나 대형면허를 취소한 경우
③ 이륜자동차를 음주운전 한 사유로 제1종대형면허나 보통면허의 취소나 정지를 한 경우
④ 사업자에게 주택사업계획승인을 하면서 그 주택사업과는 아무런 관련이 없는 토지를 기부채납 하도록 하는 부관을 주택사업계획승인에 붙인 경우

05. 행정법의 법원에 대한 설명으로 적절한 것은?
① 조약을 국내에 적용하기 위해서는 반드시 국회에서 재적의원 과반수의 동의를 받아야 한다.
② 헌법상 기본권 제한의 법리는 행정법 해석에 적용될 수 없다.
③ 「국세기본법」은 세법적용과 조세행정에 있어서 행정선례법을 인정하고 있다.
④ 입어권은 민중적 관습법이기 때문에 행정법의 법원으로 보기 어렵다는 것이 판례의 입장이다.

06. 판례가 제재 사유의 승계를 인정한 경우가 아닌 것은?

① 주유소 영업의 양도인이 등유가 섞인 유사휘발유를 판매한 바를 모르고 이를 양수한 석유판매영업자에게 전 운영자인 양도인의 위법사유를 들어 사업정지기간 중 최장기인 6월의 사업정지에 처한 영업정지처분
② 개인택시 운송사업의 양도·양수에 대한 인가를 한 후, 그 양도·양수 이전에 있었던 양도인에 대한 운송사업면허 취소사유를 들어 양수인의 사업면허를 취소
③ 산림을 무단형질변경한 자가 사망한 경우, 상속인에게 복구명령
④ 종전의 석유판매업자가 유사석유제품을 판매하는 위법행위를 한 경우 지위를 승계한 자에게 사업정지 등 제재처분

07. 「행정기본법」상 기간의 계산에 관한 설명으로 옳지 않은 것은?
① 행정에 관한 기간의 계산에 관하여는 「행정기본법」 또는 다른 법령등에 특별한 규정이 있는 경우를 제외하고는 「민법」을 준용한다.
② 법령등 또는 처분에서 국민의 권익을 제한하거나 의무를 부과하는 경우 권익이 제한되거나 의무가 지속되는 기간을 일, 주, 월 또는 연으로 정한 경우에는 국민에게 불리한 경우가 아니라면 기간의 첫날을 산입한다.
③ 법령등 또는 처분에서 국민의 권익을 제한하거나 의무를 부과하는 경우 권익이 제한되거나 의무가 지속되는 기간의 말일이 토요일 또는 공휴일인 경우에는 국민에게 불리한 경우가 아니라면 기간은 그 익일로 만료한다.
④ 법령등의 시행일을 정하거나 계산할 때에는 법령등을 공포한 날부터 시행하는 경우 공포한 날을 시행일로 한다.
⑤ 법령등의 시행일을 정하거나 계산할 때에는 법령등을 공포한 날부터 일정 기간이 경과한 날부터 시행하는 경우 법령등을 공포한 날을 첫날에 산입하지 아니한다.

08. 「민원 처리에 관한 법률」에서 규정하고 있는 기간의 계산에 대해 틀리게 설명된 것은?
① 민원사무의 처리기간을 5일 이하로 정한 경우에는 민원의 접수시각부터 시간단위로 계산한다.
② ①의 경우 공휴일 및 토요일을 산입하지 아니한다.
③ 1일은 8근무시간으로 한다.
④ 민원사무의 처리기간을 6일 이상으로 정한 경우에는 주단위로 계산하고 첫날을 산입 하되, 토요일 및 공휴일을 산입하지 아니한다.

09. 행정행위에 관한 다음 설명 중에서 적절한 것은?
① 행정행위의 개념은 실정법상 발전되어 온 개념이다.
② 특별권력관계를 인정하는 입장에서는 특별권력관계 내부에서의 행위도 행정행위이다.
③ 행정행위는 행정청의 행위이므로 공무수탁사인의 행위도 포함된다.
④ 행정행위는 항상 공법적 효과만 발생시킨다.

10. 재량권의 한계에 관한 설명으로 옳지 않은 것은?
① 재량권 불행사 및 해태는 그 자체로서 재량권의 일탈·남용에 해당한다.
② 사실의 존부에 대한 판단에는 재량권이 인정될 수 있으므로 사실을 오인하여 재량권을 행사한 경우에는 그 처분이 위법하다고 할 수 없다.
③ 재량행위에 대한 사법심사는 행정청의 재량에 기초한 공익 판단의 여지를 감안하여 법원이 독자적인 결론을 내리지 않고 해당 처분에 재량권 일탈·남용이 있는지 여부만을 심사한다.
④ 수개의 징계사유 중 일부가 인정되지 않더라도 인정되는 다른 일부 징계사유만으로도 당해 징계처분의 타당성을 인정하기에 충분한 경우에는 그 징계처분은 위법하지 않다.

11. 공증의 성질과 형식에 대한 설명으로 적절하지 않은 것은?
① 원칙적으로 문서에 의하여야 한다.
② 기속행위에 속한다.
③ 공증은 판단표시행위이다.
④ 일정한 형식(등기·등록 등)이 요구되는 것이 보통이다.

12. 공증의 효과에 대한 설명으로 적절하지 않은 것은?
① 공증의 공통된 효과는 공증된 사항에 대해 공적 증거력을 부여하는데 있다.
② 공증은 법령에 정해진 바에 따라 권리행사의 요건, 권리의 성립요건 또는 권리설정의 요건이 되기도 한다.
③ 그 밖의 효력은 법령이 정하는 바에 의한다.
④ 반증이 있다하더라도 공증된 사항을 번복할 수 없다는 것이 다수설의 입장이다(공정력의 인정)

13. 행정행위의 공정력과 선결문제에 대한 설명으로 가장 적절하지 않은 것은?
① 미리 그 행정처분의 취소판결이 있어야만, 그 행정처분의 위법임을 이유로 한 손해배상의 청구를 할 수 있다.
② 소방시설 등의 설치 또는 유지·관리에 대한 명령이 행정처분으로서 하자가 있어 무효인 경우에는 명령에 따른 의무위반이 생기지 아니하므로 행정형벌을 부과할 수 없다.
③ 과세처분의 하자가 단지 취소할 수 있는 정도에 불과할 때에는 취소되지 않은 한 그로 인한 조세의 납부가 부당이득이 된다고 할 수 없다.
④ 연령미달의 결격자인 피고인이 소외인의 이름으로 운전면허시험에 응시, 합격하여 교부받은 운전면허는 취소되지 않은 한 유효하다.

14. 행정행위의 하자의 승계에 관한 설명으로 옳지 않은 것은?
① 선행 행정행위에 불가쟁력이 발생하지 않은 경우에도 하자의 승계가 인정된다.
② 선행 행정행위가 무효인 경우에는 후행 행정행위도 당연히 무효이므로 하자의 승계문제가 제기되지 않는다.
③ 선행 행정행위와 후행 행정행위가 서로 합하여 1개의 법률효과를 완성하는 때에는 선행 행정행위에 하자가 있으면 그 하자는 후행 행정행위에 승계된다.
④ 선행 행정행위와 후행 행정행위가 서로 독립하여 별개의 법률효과를 목적으로 하는 경우에도 선행 행정행위의 불가쟁력이나 구속력이 그로 인하여 불이익을 입게 되는 자에게 수인한도를 넘는 가혹함을 가져오며, 그 결과가 당사자에게 예측가능한 것이 아닌 경우에는 선행행위의 위법을 후행행위의 위법사유로 주장할 수 있다.

15. 행정계획에 관한 설명으로 옳지 않은 것은?
① 행정계획은 특정한 행정목표를 달성하기 위하여 행정에 관한 전문적·기술적 판단을 기초로 관련되는 행정수단을 종합·조정함으로써 장래의 일정한 시점에 일정한 질서를 실현하기 위하여 설정한 활동기준이나 그 설정 행위를 말한다.
② 산업단지에서 제조업을 하려는 자가 입주계약 체결에 따라 공장설립 승인을 받은 것으로 의제되는 경우에는 공장건물을 건축하려면 「건축법」상 건축허가와 「국토의 계획 및 이용에 관한 법률」상 개발행위허가를 받은 것으로 본다.
③ '환경오염 발생 우려' 와 같이 장래에 발생할 불확실한 상황과 파급효과에 대한 예측이 필요한 요건에 관한 행정청의 재량적 판단은 그 내용이 현저히 합리성을 결여하였다거나 상반되는 이익이나 가치를 대비해 볼 때 형평이나 비례의 원칙에 뚜렷하게 배치되는 등의 사정이 없는 한 폭넓게 존중하여야 한다.
④ 「국토의 계획 및 이용에 관한 법률」상 개발행위허가는 허가기준 및 금지요건이 불확정 개념으로 규정된 부분이 많아 그 요건에 해당하는지 여부는 행정청의 재량판단의 영역에 속한다.

16. 행정계획에 대한 설명으로 옳지 않은 것은?
① 비구속적인 행정계획은 헌법소원의 대상이 될 수 없다.
② 행정계획은 법률의 형식일 수도 있다.
③ 행정계획을 결정하는 데에는 비록 광범위한 재량이 인정되지만 만일 이익형량의 고려 대상에 포함시켜야 할 중요한 사항을 누락하였다면 그 행정계획은 위법하다.
④ 「행정절차법」은 행정청은 정책, 제도 및 계획을 수립·시행하거나 변경하려는 경우에는 이를 예고하도록 하고 있다.

17. 「행정절차법」상 행정예고절차에 대한 설명으로 옳은 것은?
① 행정청은 정책, 제도 및 계획(이하 "정책등")을 수립·시행하거나 변경하려는 경우 국민생활에 매우 큰 영향을 주거나 많은 국민의 이해가 상충되는 사항 그리고 널리 국민의 의견을 수렴할 필요가 있는 사항에 한하여 행정예고를 하여야 한다.
② 행정청이 정책 등을 수립·시행하거나 변경하려는 경우라도 법령의 단순한 집행을 위한 때에는 예고를 하지 아니할 수 있다.
③ 긴급한 사유로 예고가 현저히 곤란한 경우에도 행정청은 정책 등을 예고하여야 한다.
④ 공공의 안전 또는 복리를 현저히 해할 상당한 우려가 있는 경우에는 행정예고에 관한 규정을 적용하지 아니한다.
⑤ 정책 등의 내용이 국민의 권리·의무 또는 일상생활과 관련이 없더라도 행정예고를 하여야 한다.

18. 「공공기관의 정보공개에 관한 법률」에 관한 설명으로 옳은 것은?
① 대법원은 정보공개청구권의 헌법적 근거를 헌법 제21조 표현의 자유에서 도출하고 있다.
② 모든 국민은 정보의 공개를 청구할 권리를 가지나, 외국인은 정보공개를 청구할 수 없다.
③ 사법시험 제2차 시험의 답안지 열람은 사법시험업무의 수행에 현저한 지장을 초래한다고 볼 수 있으므로 비공개사유에 해당한다.
④ 청구인이 정보공개와 관련한 공공기관의 결정에 대하여 불복이 있거나 정보공개 청구 후 30일이 경과하도록 정보공개 결정이 없는 때에는 「행정소송법」에서 정하는 바에 따라 행정소송을 제기할 수 있다.

19. 행정조사에 관한 설명으로 옳지 않은 것은?
① 세무조사결정은 납세의무자의 권리·의무에 직접 영향을 미치는 공권력의 행사에 따른 행정작용으로서 항고소송의 대상이 된다.
② 국제우편물 통관검사 절차에서 이루어지는 우편물의 개봉, 시료채취, 성분분석 등의 검사는 압수·수색영장 없이도 가능한 행정조사의 성격을 갖고 있다.
③ 세관공무원이 밀수품을 싣고 왔다는 정보에 의하여 정박 중인 선박에 대하여 수색을 하려면 비록 소유자 또는 점유자의 승낙을 얻었을지라도 이와 별개로 법관의 압수수색영장을 발부받아야 한다.
④ 부가가치세액 재경정처분은 이미 피고가 행한 세무조사와 같은 세목, 같은 과세기간에 대하여 실시한 중복세무조사에 기초하여 이루어진 것이므로 위법하다.

20. 「행정조사기본법」상 "행정조사"의 정의에 포함되지 않은 내용은?
① 현장조사 ② 문서열람
③ 임의동행 ④ 출석 및 진술요구

21. 국가배상에 관한 설명으로 옳지 않은 것은?
① 「국가배상법」 제2조의 공무원의 직무행위는 객관적으로 직무행위로서의 외형을 갖추고 있으면 되고 주관적으로 공무집행의 의사는 없어도 된다.
② 공무원이 고의 또는 중과실로 불법행위를 하여 손해를 입힌 경우 피해자는 공무원 개인에 대해 손해배상을 청구할 수 있다.
③ 어떠한 행정처분이 항고소송에서 취소되었다면 그 기판력으로 인해 곧바로 국가배상책임이 인정될 수 있다.
④ 국가나 지방자치단체가 공익사업을 시행하는 과정에서 주민들이 일시적으로 행정절차에 참여할 권리를 침해 받았다는 사정만으로 곧바로 국가나 지방자치단체가 주민들에게 정신적 손해에 대한 배상의무를 부담한다고 단정할 수 없다.

22. 행정상 손해배상에 관한 설명으로 옳지 않은 것은?
① 대한변호사협회장은 '변호사등록에 관한 사무' 를 수행하는 경우라고 할지라도 「국가배상법」 제2조에서 정한 공무원에 해당하지 않는다.
② 「국가배상법」 제2조가 적용되는 직무행위에는 권력작용과 비권력적 공행정작용을 포함하는 모든 공행정 작용 및 입법작용과 사법작용을 포함한다.
③ 인사업무담당 공무원이 다른 공무원의 공무원증을 위조한 행위는 외관상으로 「국가배상법」 제2조 제1항의 직무집행과 관련이 있다.
④ 행정청이 그 권한을 행사하지 아니한 것이 현저하게 합리성을 잃어 사회적 타당성이 없는 경우에는 직무상 의무를 위반한 것이 되어 위법하다.

23. 서울특별시 종로소방서장의 처분이나 부작위에 대한 행정심판기관으로 적절한 것은?
① 서울특별시 소방재난본부 행정심판위원회
② 소방청 행정심판위원회
③ 서울특별시 행정심판위원회
④ 국민권익위원회 행정심판위원회

24. 감사원장의 처분이나 부작위에 대한 행정심판기관으로 적절한 것은?
① 감사원행정심판위원회
② 대통령행정심판위원회
③ 중앙행정심판위원회
④ 국민권익위원회행정심판위원회

25. 항고소송의 대상이 되는 처분에 관한 설명으로 옳지 않은 것은?
① 과태료의 부과 여부 및 그 당부는 최종적으로 「질서위반행위규제법」의 절차에 의하여 판단되어야 한다고 할 것이므로, 그 과태료 부과처분은 행정청을 피고로 하는 항고소송의 대상이 되는 처분이라고 볼 수 없다.
② 행정청의 행위가 항고소송의 대상이 되는 처분에 해당하는지가 불분명한 경우에는 그에 대한 불복방법 선택에 중대한 이해관계를 가지는 상대방의 인식가능성과 예측가능성을 중요하게 고려해서 규범적으로 판단해야 한다.
③ 어떠한 처분의 근거나 법적인 효과가 행정규칙에 규정되어 있다고 하더라도, 그 처분이 행정규칙의 내부적 구속력에 의하여 상대방에게 권리의 설정 또는 의무의 부담을 명하거나 기타 법적인 효과를 발생하게 하는 등으로 그 상대방의 권리 의무에 직접 영향을 미치는 행위라면, 이 경우에도 항고소송의 대상이 되는 처분에 해당한다고 보아야 한다.
④ 「총포·도검·화약류 등의 안전관리에 관한 법률」에 따른 총포·화약안전기술협회가 회비납부의무자에 대하여 한 회비납부통지는 항고소송의 대상이 되는 처분에 해당하지 않는다.

제10회 소방법령 Ⅳ

01. 「소방공무원법」 제6조에서 규정하고 있는 소방공무원의 임용 방법 중 소방령 이상의 소방공무원(소방총감 제외)의 임용절차로 적절한 것은?
① 소방청장의 제청으로 대통령이 임용한다.
② 소방청장의 제청으로 행정안전부장관을 거쳐 대통령이 임용한다.
③ 소방청장의 제청으로 행정안전부장관 및 국무총리를 거쳐 대통령이 임용한다.
④ 소방청장의 제청으로 국무총리를 거쳐 대통령이 임용한다.

02. 소방청장에게 소방공무원의 인사에 관한 통계 보고를 하여야 하는 자가 아닌 경우는?
① 시ㆍ도 소방본부장
② 중앙119구조본부장
③ 국립소방연구원장
④ 중앙소방학교장

03. 특정한 자격 등을 소지한 경우에는 경력 등 응시요건을 정하여 같은 사유에 해당하는 다수인을 대상으로 한 경쟁의 방법으로 소방공무원을 채용할 수 있는바, 이의 시험명칭으로 적절한 것은?
① 특별경쟁채용시험
② 제한경쟁채용시험
③ 다수경쟁채용시험
④ 경력경쟁채용시험

04. 소방공무원 경력경쟁채용시험등의 필기시험과목 중 항공분야의 소방경ㆍ소방위의 필수과목으로 적절한 것은?
① 항공법규, 항공장비
② 항공법규, 항공영어
③ 항공법규, 비행이론
④ 항공기체, 항공영어

05. 소방공무원을 상위계급의 직위에 하위 계급자를 보직하는 경우에 대한 설명으로 적절한 것은?
① 상위계급의 결원이 있고, 「소방공무원 승진임용 규정」에 따른 승진임용후보자가 없는 경우로 한정한다.
② 상위계급의 결원이 있고, 「소방공무원 승진임용 규정」에 따른 승진대상자가 없는 경우로 한정한다.
③ 상위계급의 결원이 있고, 결원을 3개월 이내에 충원할 수 없을 때로 한정한다.
④ 해당 기관에 상위계급의 결원이 있으면 된다.

06. 다음 중 심사승진에 의해서만 승진되는 계급으로 적절한 것은?
① 소방정과 소방준감으로의 승진
② 소방령과 소방정으로의 승진
③ 소방준감으로의 승진
④ 소방령, 소방정, 소방준감으로의 승진

07. 소방공무원이 소방청과 시·도간 또는 시ㆍ도 상호 간에 인사교류 된 경우 근무성적평정은 어떻게 해야 하는가?
① 인사교류 후 1개월 이내에 전입한 기관에서 새로 평정하여야 한다.
② 인사교류 전에 받은 근무성적평정을 해당 소방공무원의 평정으로 한다.
③ 인사교류 후 2개월 이내에 전입한 기관에서 새로 평정하여야 한다.
④ 인사교류 후 3개월 이내에 전입한 기관에서 새로 평정하여야 한다.

08. 경력평정에 있어 기본경력과 초과경력의 산정방법으로 적절한 것은?
① 월별 점수에 근무한 기간(월)을 곱하여 소수점 셋째자리까지 계산한다.
② 월별 점수에 근무한 기간(월)을 곱하여 소수점 셋째자리에서 반올림한다.
③ 월별 점수에 근무한 기간(월)을 곱하여 소수점 둘째자리까지 계산한다.
④ 월별 점수에 근무한 기간(월)을 곱하여 소수점 둘째자리에서 반올림한다.

09. 소방공무원 중앙승진심사위원회 위원으로 적절한 것은?
① 승진심사대상자보다 상위 계급의 소방공무원
② 승진심사대상자보다 상위 계급의 소방공무원 또는 외부 전문가
③ 소방준감이상의 소방공무원
④ 소방준감이상의 소방공무원 또는 외부 전문가

10. 소방공무원 보통승진심사위원회의 구성으로 적절한 것은?
① 위원장을 포함한 위원 5명 이상 7명 이하로 구성한다.
② 위원장을 포함한 위원 7명 이상 11명 이하로 구성한다.
③ 위원장을 포함한 위원 5명 이상 9명 이하로 구성한다.
④ 위원장을 포함한 위원 7명 이상 9명 이하로 구성한다.

11. 임용권자는 소방경으로의 근속승진임용을 위한 심사를 할 때에는 연도별로 합산하여 해당 기관의 근속승진 대상자의 얼마에 해당하는 인원수(소수점 이하가 있는 경우에는 1명을 가산한다)를 초과하여 근속승진임용할 수 없는가?
① 100분의 60 ② 100분의 50
③ 100분의 40 ④ 100분의 30

12. 하복 또는 동복을 선택하여 착용할 수 있는 기간으로 적절한 것은?
① 5월 1일부터 5월 15일까지 및 9월 20일부터 10월 10일까지
② 5월 5일부터 5월 15일까지 및 9월 25일부터 10월 15일까지
③ 5월 5일부터 5월 20일까지 및 9월 25일부터 10월 10일까지
④ 5월 1일부터 5월 25일까지 및 9월 15일부터 10월 20일까지

13. 징계등 혐의자가 출석통지서의 수령을 거부한 경우 징계위원회에서의 조치는?
① 징계의결등을 요구한 기관장에게 그 사실을 통보하여야 한다.
② 1차에 한정하여 다시 출석통지를 해야 한다.
③ 진술할 권리를 포기한 것으로 본다.
④ 관보(시·도의 경우에는 공보)에 의하여 출석통지를 다시 해야 한다.

14. 제조소등의 설치허가 또는 변경허가를 받으려는 자는 설치허가 또는 변경허가신청서에 행정안전부령으로 정하는 서류를 첨부하여 제출하여야 하는바, 50만리터 이상의 옥외탱크저장소의 경우 당해 옥외탱크저장소의 탱크와 관련된 제출할 서류로 열거되지 않은 것은?
① 공사 시작 및 종료 시점표
② 기초ㆍ지반 및 탱크본체의 설계도서
③ 공사계획서
④ 지질조사자료 등 기초ㆍ지반에 관하여 필요한 자료와 용접부에 관한 설명서 등 탱크에 관한 자료

15. 제조소등의 설치허가 또는 변경허가를 받으려는 자는 설치허가 또는 변경허가신청서에 행정안전부령으로 정하는 서류를 첨부하여 제출하여야 하는바, 옥외저장탱크가 해상탱크인 경우 해당 해상탱크와 관련 제출할 서류로 열거되지 않은 것은?
① 당해 해상탱크의 탱크본체ㆍ정치설비(해상탱크를 동일장소에 정치하기 위한 설비를 말한다. 이하 같다) 그 밖의 설비의 설계도서
② 공사계획서
③ 공사공정표
④ 지반 및 탱크본체의 설계도서

16. 「위험물안전관리법」상 시·도지사, 소방본부장 또는 소방서장의 감독 및 조치명령권으로 열거되지 않은 것은?
① 위험물탱크안전성능시험자에 대한 명령
② 무허가 장소의 위험물에 대한 조치명령
③ 제조소등에 대한 사용금지명령
④ 저장·취급기준의 준수명령

17. 출입 · 검사자가 제조소등의 관계인에 대하여 당해 제조소등의 사용을 일시 정지하거나 그 사용을 제한하도록 한 긴급 사용정지·제한명령을 위반한 경우의 벌칙은?
① 3년 이하의 징역 또는 3천만원 이하의 벌금
② 1년 이하의 징역 또는 1천만원 이하의 벌금
③ 1천500만원 이하의 벌금
④ 1천만원 이하의 벌금

18. 방유제 내에 설치하는 옥외저장탱크의 수를 제한 없이 설치할 수 있는 경우는?
① 인화점이 250℃ 이상인 위험물을 저장 또는 취급하는 옥외저장탱크
② 인화점이 300℃ 이상인 위험물을 저장 또는 취급하는 옥외저장탱크
③ 인화점이 200℃ 이상인 위험물을 저장 또는 취급하는 옥외저장탱크
④ 인화점이 350℃ 미만인 위험물을 저장 또는 취급하는 옥외저장탱크

19. 방유제의 설치기준에 대한 설명으로 적절하지 않은 것은?
① 높이가 1m를 넘는 방유제 및 간막이 둑의 안팎에는 방유제 내에 출입하기 위한 계단 또는 경사로를 설치할 것
② 방유제에는 그 내부에 고인 물을 외부로 배출하기 위한 배수구를 설치하고 이를 개폐하는 밸브 등을 방유제의 외부에 설치할 것
③ 용량이 50만리터 이상인 위험물을 저장하는 옥외저장탱크에 있어서는 앞 ②의 밸브 등에 그 개폐상황을 쉽게 확인할 수 있는 장치를 설치할 것
④ 방유제 또는 간막이 둑에는 해당 방유제를 관통하는 배관을 설치하지 아니할 것

20. 주유취급소에 설치되는 담 또는 벽은 내화구조나 불연재료로 하여야 하나, 일정한 기준에 적합할 경우는 담 또는 벽의 일부분에 유리를 부착할 수 있는바, 유리의 부착방법으로 적절한 것은?
① 유리판을 접착제를 이용 담 또는 벽에 견고하게 부착할 것
② 유리판의 테두리를 금속제의 구조물에 견고하게 고정하고 해당 구조물을 담 또는 벽에 견고하게 부착할 것
③ 유리판의 테두리를 금속제 또는 플라스틱의 구조물에 견고하게 고정하고 해당 구조물을 담 또는 벽에 견고하게 부착할 것
④ 유리판의 테두리를 플라스틱의 구조물에 견고하게 고정하고 해당 구조물을 담 또는 벽에 견고하게 부착할 것

21. 주유취급소의 시설기준 중 자가용주유취급소에 적용되지 않는 기준은?
① 표지 및 게시판
② 고정주유설비
③ 탱크
④ 주유공지 및 급유공지

22. 소화난이도등급 I에 해당하는 옥내탱크저장소로서 그밖의 것에 설치하여야 할 소화설비의 종류로서 적절하지 않은 것은?
① 고정식 포소화설비
② 이동식 이외의 할로젠화합물소화설비
③ 옥외소화전설비
④ 이동식 이외의 불활성가스소화설비

23. 제조소와 일반취급소로서 면적을 기준으로 소화난이도 등급 II에 해당하기 위한 조건으로 적절한 것은?
① 바닥면적 600m^2 이상인 것
② 바닥면적 300m^2 이상인 것
③ 연면적 600m^2 이상인 것
④ 연면적 300m^2 이상인 것

24. 위험물의 운반기준과 관련 중요기준이 아닌 것은?
① 적재하는 위험물의 성질에 따라 일광의 직사 드는 빗물의 침투를 방지하기 위하여 유효하게 피복하는 등 정하는 기준에 따른 조치를 하여야 한다.
② 지정수량 이상의 위험물을 차량으로 운반하는 경우에 있어서 다른 차량에 바꾸어 싣거나 휴식 · 고장 등으로 차량을 일시 정차시킬 때에는 안전한 장소를 택하고 운반하는 위험물의 안전확보에 주의하여야 한다.
③ 위험물은 당해 위험물이 용기 밖으로 쏟아지거나 위험물을 수납한 운반용기가 전도 · 낙하 또는 파손되지 아니하도록 적재하여야 한다.
④ 운반용기는 수납구를 위로 향하게 하여 적재하여야 한다.

25. 제2류 위험물 중 철분·금속분·마그네슘 또는 이들 중 어느 하나 이상을 함유한 것의 운반용기에 대한 주의사항 표시의 내용으로 적절한 것은?
① 화기엄금 및 물기주의
② 화기주의 및 물기엄금
③ 화기엄금
④ 화기주의

제10회 소방전술

01. 정보통신장비 중 정보처리장비(중분류)의 종류로 열거되지 않은 것은?
① 주변 입출력장치 ② 전산장비
③ 통신제어장비 ④ 네트워크장비

02. 소방용수시설 중 급수탑의 설치기준으로 적절한 것은?
① 급수배관의 구경은 100밀리미터 이상으로 하고, 개폐밸브는 지상에서 1.5미터 이상 1.7미터 이하의 위치에 설치하도록 할 것
② 급수배관의 구경은 65밀리미터 이상으로 하고, 개폐밸브는 지상에서 1.2미터 이상 1.5미터 이하의 위치에 설치하도록 할 것
③ 급수배관의 구경은 100밀리미터 이상으로 하고, 개폐밸브는 지상에서 1미터 이상 1.5미터 이하의 위치에 설치하도록 할 것
④ 급수배관의 구경은 65밀리미터 이상으로 하고, 개폐밸브는 지상에서 1.5미터 이상 1.7미터 이하의 위치에 설치하도록 할 것

03. 수직부분에 대한 경계관창 배치 중 에스컬레이터 경계요령으로 적절하지 않은 것은?
① 셔터구획의 경우는 셔터 상부의 감아올리는 부분에서 천장 속으로 연소할 위험이 있다.
② 방화셔터가 폐쇄되어 있더라도 셔터 부근에 가연물이 있는 경우는 셔터의 가열에 의해서 착화 연소할 위험이 있으므로 제거하거나 예비주수를 한다.
③ 에스컬레이터의 방화구획이 열려 있으면 통풍이 되어 연소 확대의 우려가 있으므로, 조기에 확인하여 개방된 경우는 폐쇄한다.
④ 에스컬레이터의 방화구획은 수평구획과 수직구획이 있는데, 수평구획은 상층에 열기가 강해 연소위험이 크므로 경계관창을 우선 배치한다.

04. 고압으로 유류화재에 질식효과가 있는 주수방법으로 적절한 것은?
① 중속분무주수 ② 고속분무주수
③ 저속분무주수 ④ 확산주수

05. 항공기 화재의 소방활동과 관련 포 방사에 대한 설명으로 적절하지 않은 것은?(Ⅱ)
① 포의 침투가 어려운 날개 내부 등의 소화는 이산화탄소를 활용한다.
② 동체 상부 및 그 주변 약 10m 이내를 우선적으로 소화한다.
③ 고발포는 지표 등 평탄한 부분을, 저발포 방사는 기체 등 입체부분을 소화한다.
④ 관창은 진입구 부근에 포방사를 실시하고 스스로 인명구조 외에 다른 구조대원 및 요구조자를 보호한다.

06. 방사선을 내는 능력 혹은 방사선을 내는 물질로서 우라늄 등의 방사성물질을 지칭하는 용어로 적절한 것은?
① 중성자선 ② 양자선
③ 방사선 ④ 방사능

07. 스프링클러 소화설비 헤드의 주수 형태를 지칭하는 것은?
① 봉상(주수) ② 적상(주수)
③ 무상(주수) ④ 직사(주수)

08. 목재, 고무, 플라스틱, 원면, 짚 등의 화재에 사용되고 있는 첨가제의 물질을 지칭하는 것은?
① 증점제 ② 동결방지제(부동제)
③ 부동제 ④ 침투제

09. 외부의 직접적인 점화원이 없이 가열된 열의 축적에 의하여 발화가 되고 연소가 되는 최저의 온도를 말하는 것은?
① 발화점 ② 인화점
③ 폭발점 ④ 연소점

10. 연소의 3요소 또는 연소의 4요소라고 할 때 4요소에 해당하는 것은?
① 부촉매반응 ② 부촉매작용
③ 연쇄반응 ④ 화학반응

11. 소방자동차의 기관(엔진)의 구분 중 둘 이상의 동력원을 이용하여 차량을 구동하는 방식으로 적절한 것은?
① 하이브리드 엔진
② 가솔린 엔진(SI엔진)
③ 전기 엔진
④ LPG 엔진

12. 보편적인 자동차 동력전달 과정으로 적절한 것은?
① 클러치–변속기–종감속기어–추진축–차동기어–액슬축–휠&타이어
② 클러치–변속기–추진축–차동기어–종감속기어–액슬축–휠&타이어
③ 클러치–추진축–변속기–종감속기어–차동기어–액슬축–휠&타이어
④ 클러치–변속기–추진축–종감속기어–차동기어–액슬축–휠&타이어

13. 소방자동차 기관(엔진) 중 연료탱크는 몇 시간 방수할 수 있는 양의 연료를 넣을 수 있어야 하는가?
① 3시간 ② 4시간
③ 5시간 ④ 6시간

14. 로프총의 사용방법 중 화약식 로프총에 20GA 추진탄을 사용할 경우 유효사거리는?
① 180m ② 150m
③ 120m ④ 100m

15. 다음 그림(사진)의 명칭으로 적절한 것은?

① 공압식 로프총 ② 마취석궁
③ 블로우건 ④ 마취총(단총)

16. 기본하강 중 하강 기구를 이용한 하강에서 크기가 작아 휴대 및 활용이 용이한 장점이 있는 하강 기구는?
① 8자 하강기 ② 로봇하강기
③ 스톱하강기 ④ 구조용하강기

17. 하강하는 방법 중 오버행(over-hang)하강의 기본적인 방법으로 적절한 것은?
① 수직으로 하강한다.
② 달려서 하강한다.
③ 공중으로 하강한다.
④ 비스듬히 하강한다.

18. 미국 방화협회(NFPA)의 위험물 식별시스템에 의한 표시에서 "W" 의 뜻은?
① 화재위험성물질
② 물의 사용이 위험하다는 것
③ 인체유해성물질
④ 산화성 화학물질

19. 119생활안전대 업무특성과 관련 "생활안전대 업무는 문개방, 장신구 제거를 비롯하여 대형고드름 등 낙하우려 위험물제거·안전조치, 벌집제거 등 피해우려 야생동물 포획 및 퇴치와 같은 구조활동 분야 등 영역이 넓음을 의미" 하는 특성은?
① 주민 밀접성
② 관련 법령의 다양성
③ 활동영역의 다양성
④ 비긴급성과 잠재적 위험성

20. 근골계의 머리뼈 중 얼굴형을 나타내는 뼈는?
① 광대뼈 ② 아래턱뼈과 위턱뼈
③ 눈확(orbit) ④ 코뼈

21. 호흡기계 생리학과 관련 호흡평가 내용 중 영아의 분당 호흡수로 적절한 것은?
① 분당 15-30회 ② 분당 20-25회
③ 분당 25-50회 ④ 분당 12-20회

22. 연부조직의 타박상에 대한 징후 중 "직접적인 멍" 의 손상 가능성이 있는 장기 및 처치로 적절한 것은?
① 배 내 장기 손상 가능성, 환자가 토하는 경우 특히 배 타박상이 있는지 시진하고 구토물에서 커피색 혈액이 나오는지 확인한다.
② 가슴손상 가능성, 환자가 기침을 할 때 피가 섞인 거품을 보인다면 허파 손상 가능성이 있으므로 호흡곤란이 있는지 확인한다.
③ 타박상 아래 장기(지라, 간, 콩팥)의 손상 가능성이 있다.
④ 목뼈 또는 뇌 손상 가능성이 있으므로 입, 코, 귀에서의 혈액 확인이 필요하다.

23. 성인의 화상중증도 분류 중 중등도로 분류되는 요소는?
① 체표면적 25%이상의 2도 화상인 10세 이상 50세 이하의 환자
② 원통형 화상, 전기화상
③ 체표면적 15%이상, 25%미만의 2도 화상인 10세 이상 50세 이하의 환자
④ 흡인화상이나 골절을 동반한 화상

24. 소방청장등은 구조 · 구급활동을 위하여 필요하다고 인정하는 때에는 다른 사람의 토지 · 건물 또는 그 밖의 물건을 일시사용, 사용의 제한 또는 처분을 하거나 토지 · 건물에 출입할 수 있는바, 정당한 사유 없이 이를 거부 또는 방해한 자에대한 벌칙은?
① 500만원 이하의 과태료 ② 100만원 이하의 벌금
③ 200만원 이하의 벌금 ④ 300만원 이하의 벌금

25. 재난현장의 긴급구조 현장지휘는 원칙적으로 시 · 군 · 구긴급구조통제단장이 지휘하도록 하고 있는바, 중앙긴급구조통제단장이 직접 현장지휘를 할 수 있는 요건은?
① 중앙통제단장이 필요하다고 인정하면
② 시 · 도 긴급구조통제단장이 요청하는 경우
③ 대통령령으로 정하는 대규모 재난이 발생하거나 그 밖에 필요하다고 인정하면
④ 필요하다고 인정하면

제11회 행 정 법

01. 행정법의 특수성 중 성격이 다른 하나는?
① 법원(형식)의 다양성과 행정입법의 우세
② 성문법주의
③ 획일성·강행성
④ 행정법의 일반원칙의 중요성

02. 다음 행정 관련 법령 중 가장 하위의 효력을 가지는 것은?
① 「다중이용업소의 안전관리에 관한 특별법 시행령」
② 「광주광역시 의용소방대 설치 조례」
③ 「재난 및 안전관리 기본법」
④ 「화재의 예방 및 안전관리에 관한 법률 시행규칙」

03. 행정법의 효력에 관한 설명으로 옳은 것만을 〈보기〉에서 있는 대로 고른 것은?

〈 보 기 〉
ㄱ. 처분은 무효인 경우를 제외하고, 권한이 있는 기관이 취소 또는 철회하거나 기간의 경과 등으로 소멸되기 전까지는 유효한 것으로 통용된다.
ㄴ. 조례와 규칙은 특별한 규정이 없으면 공포한 날부터 20일이 지나면 효력을 발생한다.
ㄷ. 개정 법령이 기존의 사실 또는 법률관계를 적용대상으로 하면서 국민의 재산권과 관련하여 종전보다 불리한 법률효과를 규정하고 있는 경우에도 그러한 사실 또는 법률관계가 개정 법령이 시행되기 이전에 이미 완성 또는 종결된 것이 아니라면 개정 법령을 적용하는 것이 헌법상 금지되는 소급입법에 의한 재산권 침해라고 할 수는 없다.
ㄹ. 어떠한 법률조항에 대하여 헌법재판소가 헌법불합치결정을 하여 그 법률조항을 합헌적으로 개정 또는 폐지하는 임무를 입법자의 형성 재량에 맡긴 이상, 그 개선입법의 소급적용 여부와 소급적용의 범위는 원칙적으로 입법자의 재량에 달린 것이다.

① ㄱ
② ㄴ, ㄹ
③ ㄱ, ㄴ, ㄷ
④ ㄱ, ㄴ, ㄷ, ㄹ

04. 행정법의 효력에 관한 설명으로 옳지 않은 것은?
① 대통령령, 총리령 및 부령은 특별한 규정이 없으면 공포한 날부터 20일이 경과함으로써 효력을 발생한다.
② 법령 등의 공포일 또는 공고일은 해당 법령 등을 게재한 관보 또는 신문이 발행된 날로 한다.
③ 당사자의 신청에 따른 처분은 법령등에 특별한 규정이 있거나 처분 당시의 법령등을 적용하기 곤란한 특별한 사정이 있는 경우를 제외하고는 신청 당시의 법령등에 따른다.
④ 상위 법령등의 단순한 집행을 위한 법령을 지정하려는 경우에는 입법 예고를 하지 않을 수 있다.
⑤ 국민의 권리 제한 또는 의무 부과와 직접 관련되는 대통령령, 총리령 및 부령은 긴급히 시행하여야 할 특별한 사유가 있는 경우를 제외하고는 공포일부터 적어도 30일이 경과한 날부터 시행되도록 하여야 한다.

05. 행정주체의 의사가 행정행위로 표시되는 경우에 그 행정행위는 중대하고 명백한 흠이 있는 경우를 제외하고는 권한있는 기관에 의하여 취소될 때까지는 일응 유효성의 추정을 받아 구속력을 가지는데 이와 같은 특질은?

① 행정의사의 절대력　② 행정의사의 공정력
③ 행정의사의 확정력　④ 행정의사의 강제력

06. 행정법관계는 행정상 공법관계를 의미한다고 볼 때 이의 특질로서 적절하지 않은 것은?

① 행정의사의 지도력
② 행정의사의 공정력
③ 행정의사의 강제력
④ 행정의사의 존속력(확정력)

07. 행정에 관한 기간의 계산에 관하여는 「행정기본법」 또는 다른 법령등에 특별한 규정이 있는 경우를 제외하고는 「민법」을 준용하도록 하고 있는바, 이에 대한 설명으로 적절하지 않은 것은?

① 기간을 시·분·초로 정한 때에는 즉시로부터 기산 한다.
② 기간을 일·주·월·연으로 정한 때에는 익일부터 기산 하는 것이 원칙이다.
③ 기간을 일·주·월·연으로 정한 때에는 기간 말일의 종료로 기간이 만료한다.
④ 따라서 기간의 말일이 공휴일인 때에도 말일에 만료한다.

08. 행정입법에 관한 설명으로 옳지 않은 것은?

① 헌법에서 정한 행정부가 아닌 기관에 의한 행정입법에는 국회규칙, 대법원규칙, 헌법재판소규칙, 중앙선거관리위원회규칙, 감사원규칙이 있다.
② 행정입법을 실질적 기준에 따라 구분하는 학설은 행정입법의 법규성 유무, 즉 대외적 구속력이 있는지 여부에 따라 법규명령과 행정규칙으로 구분한다.
③ 대법원은 법률의 위임을 받아 부령인 「도로교통법 시행규칙」 형식으로 정한 운전면허행정처분기준을 행정청 내부의 사무처리준칙이라고 판시하였다.
④ 법규명령이 구체적인 집행행위를 매개하지 않고 직접 국민의 기본권을 침해하는 경우에는 헌법소원심판의 대상이 된다.

09. 행정청의 재량에 관한 설명으로 옳지 않은 것은?

① 행정청이 제재처분 양정을 하면서 공익과 사익의 형량을 전혀 하지 않았거나 이익형량의 고려대상에 마땅히 포함하여야 할 사항을 누락한 경우 또는 이익형량을 하였으나 정당성·객관성이 결여된 경우, 제재처분은 재량권을 일탈·남용한 것이라고 보아야 한다.
② 행정청이 감경사유를 전혀 고려하지 않았거나 감경사유에 해당하지 않는다고 오인하여 개별처분기준에서 정한 상한으로 처분을 한 경우, 마땅히 고려대상에 포함하여야 할 사항을 누락하였거나 고려대상에 관한 사실을 오인한 경우에 해당하여 재량권을 일탈·남용한 것이라고 보아야 한다.
③ 행정청의 전문적인 정성적 평가 결과는 그 판단의 기초가 된 사실인정에 중대한 오류가 있거나 그 판단이 사회 통념상 현저하게 타당성을 잃어 객관적으로 불합리 하다는 등의 특별한 사정이 없는 한 법원이 그 당부를 심사하기에는 적절하지 않으므로 가급적 존중되어야 한다.
④ 경찰공무원이 담당사건의 고소인으로부터 금품을 수수하고 향응과 양주를 제공 받았으며 이를 은폐하기 위하여 고소인을 무고하는 범죄행위를 하였다는 사유로 해임처분을 받았으나 위 징계사유 중 금품수수 사실이 인정되지 않는 경우, 나머지 징계사유만으로 당초의 해임처분을 유지할 수는 없다.

10. 「위험물안전관리법」 제12조에서 '시·도지사는 제조소등의 관계인이 다음 각호의 어느 하나에 해당하는 때에는 행정안전부령이 정하는 바에 따라 제6조제1항의 규정에 따른 허가를 취소하거나 6월 이내의 기간을 정하여 제조소등의 전부 또는 일부의 사용정지를 명할 수 있다' 고 하여, 허가취소나 사용정지를 명하는 것을 할 수도 안 할 수도 있고(　), 허가취소와 사용정지명령 중 어느 것을 해도 무방한 경우(　), 이를 재량행위 측면에서 분류했을 경우 괄호 안에 적절한 것은?

① 선택재량, 결정재량
② 자유재량, 기속재량
③ 기속재량, 자유재량
④ 결정재량, 선택재량

11. 다음 준법률적 행정행위 중 통지행위에 해당하는 것만을 모두 고른 것은?

㉠ 특허출원의 공고	㉡ 부동산등기부에의 등기
㉢ 귀화의 고시	㉣ 선거에 있어 당선인 결정
㉤ 대집행의 계고	

① ㉠ ㉡ ㉣　② ㉢ ㉣ ㉤
③ ㉠ ㉢ ㉤　④ ㉡ ㉢ ㉣

12. 준법률행위적 행정행위인 통지에 대한 설명으로 적절하지 않은 것은?

① 소방시설 시정보완명령서를 관계인에게 통지하는 것 등이 그 예이다.
② 토지수용에 있어서의 사업인정의 고시도 통지에 해당한다.
③ 통지란 특정인 또는 불특정 다수인에 대해 특정한 사항을 알리는 행위를 말한다.
④ 이미 성립한 행정행위의 효력발생요건으로서의 교부나 송달은 통지에 해당하지 않는다.

13. 행정행위의 하자에 대한 설명으로 옳지 않은 것은?

① 수익적 행정처분의 취소 제한에 관한 법리는 처분청이 수익적 행정처분을 직권으로 취소하는 경우에 적용되는 법리일 뿐 쟁송취소의 경우에는 적용되지 않는다.
② 구 학교보건법 상 학교환경위생정화구역에서의 금지행위 및 시설의 해제 여부에 관한 행정처분을 함에 있어 학교환경위생정화위원회 심의절차를 누락하였다면, 특별한 사정이 없는 한 이는 행정처분을 위법하게 하는 취소사유가 된다.
③ 행정청이 청문서 도달기간을 어겼다면 당사자가 이에 대하여 이의 하지 아니한 채 스스로 청문일에 출석하여 방어의 기회를 충분히 가졌더라도 청문서 도달기간을 준수하지 아니한 하자가 치유되는 것은 아니다.
④ 토지등급결정내용의 개별통지가 있었다고 볼 수 없어 토지등급결정이 무효라면, 토지소유자가 그 결정 이전이나 이후에 토지등급결정내용을 알았다 하더라도 개별통지의 하자가 치유되는 것은 아니다.

14. 처분의 하자에 관한 판례의 내용으로 옳지 않은 것은?

① 과징금을 부과하면서 여러 개의 처분사유에 터잡아 하나의 과징금 부과처분을 하였고 그 처분사유들 중 일부에 위법이 있으나 그 부분이 과징금 부과처분에 영향을 미치지 아니하였다면 그 부과처분을 위법하다고 할 수 없다.
② 단속 경찰관이 자신의 명의로 운전면허정지처분 통지서를 작성·교부하였다면 권한 없는 자에 의하여 행하여진 점에서 무효의 처분에 해당한다.

③ 구 「학교보건법」상 학교환경위생정화구역에서의 금지행위 및 시설의 해제 여부에 관한 행정처분을 함에 있어 학교환경위생정화위원회의 심의절차를 누락한 것은 취소사유가 된다.
④ 행정처분의 하자가 중대하고 명백한 것인지 여부를 판별함에 있어서는 그 법규의 목적, 의미, 기능 등을 목적론적으로 고찰함과 동시에 구체적 사안 자체의 특수성에 관하여도 합리적으로 고찰하여야 한다.
⑤ '4대강 살리기 사업' 중 한강 부분에 관한 각 하천 공사시행계획 및 각 실시계획승인처분에 보의 설치와 준설 등에 대한 예비타당성조사를 실시하지 아니한 하자는 예산 자체의 하자가 되며 이에 따라 해당 하천 부분에 관한 각 하천공사시행계획 및 각 실시계획승인처분의 하자도 인정된다.

15. 공법상 계약에 관한 설명으로 옳지 않은 것은?
① 「행정기본법」에 따르면, 행정청은 법령등을 위반하지 아니하는 범위에서 공법상 계약을 체결할 수 있으며, 이 경우 계약의 목적 및 내용을 명확하게 적은 계약서를 작성하여야 한다.
② 지방자치단체가 일방 당사자가 되는 이른바 '공공계약' 이 사경제의 주체로서 상대방과 대등한 위치에서 체결하는 사법상 계약에 해당하는 경우, 그에 관한 법령에 특별한 정함이 있는 경우를 제외하고는 사적 자치와 계약자유의 원칙 등 사법의 원리가 그대로 적용된다.
③ 공법상 계약의 한쪽 당사자가 다른 당사자를 상대로 효력을 다투거나 이행을 청구하는 소송은 공법상의 법률관계에 관한 분쟁이므로 분쟁의 실질이 손해배상액의 구체적인 산정방법·금액에 국한되는 경우에도 공법상 당사자소송으로 제기하여야 한다.
④ 지방자치단체를 당사자로 하는 계약에 관하여는 그 계약의 성질이 사법상 계약인지 공법상 계약인지와 상관없이 원칙적으로 「지방자치단체를 당사자로 하는 계약에 관한 법률」의 규율이 적용된다고 보아야 한다.

16. 행정상 계약에 관한 설명으로 옳지 않은 것은?
① 행정청은 법령등을 위반하지 아니하는 범위에서 행정목적을 달성하기 위하여 필요한 경우에는 공법상 법률관계에 대한 계약을 체결할 수 있다.
② 국가가 당사자가 되는 이른바 공공계약은 사경제 주체로서 상대방과 대등한 위치에서 체결하는 사법상 계약이다.
③ 국가와 사인 사이에 계약이 체결되었다면 법령에 따라 작성해야 하는 계약서가 따로 작성되지 않았다고 하더라도 효력이 있다.
④ 「공공기관의 운영에 관한 법률」에 따른 입찰참가자격 제한 조치는 행정처분에 해당한다.

17. 정보공개에 관한 설명으로 옳지 않은 것은?
① 모든 국민은 정보공개청구권을 가지며, 여기서 국민에는 자연인뿐만 아니라 권리능력 없는 사단과 재단도 포함된다.
② 국내에 일정한 주소를 두고 있지 않은 외국인이 학술대회 발표를 위해 1주일간 체류하는 경우에는 정보공개청구권자가 될 수 없다.
③ 정보공개법령상 공개의 대상이 되는 정보는 공공기관이 직무상 작성 또는 취득하여 관리하고 있는 문서(전자문서 포함) 및 전자매체를 비롯한 모든 형태의 매체 등에 기록된 사항을 말한다.
④ 정보공개청구는 정보공개를 구하는 자가 공개를 구하는 정보를 행정기관이 보유·관리하고 있을 상당한 개연성이 있다는 점을 입증함으로써 족하다 할 것이지만, 공공기관이 그 정보를 보유·관리하고 있지 아니한 경우에는 특별한 사정이 없는 한 정보공개거부처분의 취소를 구할 법률상의 이익이 없다.
⑤ 한국방송공사(KBS)는 정보공개의무가 있는 「공공기관의 정보공개에 관한 법률」 제2조 제3호의 '공공기관' 에 해당한다.

18. 「공공기관의 정보공개에 관한 법률」상 정보공개제도에 관한 설명으로 옳지 않은 것은?
① 정보공개는 비공개를 원칙으로 하고 공개는 예외에 해당하므로 비공개 대상정보는 제한적으로 해석하여야 한다.
② 정보공개청구권자가 공공기관에 대해 정보의 사본 또는 출력물의 교부의 방법으로 공개방법을 선택하여 정보공개청구를 하는 경우에 「공공기관의 정보공개에 관한 법률」에서 규정한 정보의 사본 또는 복제물의 교부를 제한할 수 있는 사유에 해당하지 않는 한 정보공개청구권자가 선택한 공개방법에 따라 정보를 공개하여야 하므로 그 공개방법을 선택할 재량권이 없다고 해석함이 상당하다.
③ 공개청구의 대상이 되는 정보란 공공기관이 직무상 작성 또는 취득하여 현재 보유·관리하고 있는 문서·도면·사진·필름·테이프·슬라이드 및 이에 준하는 매체 등에 기록된 사항을 말하고 반드시 그 문서가 원본일 필요는 없다.
④ 공개청구의 대상이 되는 정보가 이미 다른 사람에게 공개되어 널리 알려져 있다거나 인터넷 등을 통하여 공개되어 인터넷 검색 등을 통하여 쉽게 알 수 있다는 사정만으로는 소의 이익이 없다거나 비공개결정이 정당화될 수 없다.

19. 「행정조사기본법」에서 행정기관의 장이 행정조사 대상자의 출석·진술을 요구하는 때에 발송하는 출석요구서의 필요적 기재사항이 아닌 것은?
① 출석에 따른 수당 지급 사항
② 출석하여 진술하여야 하는 내용
③ 출석거부에 대한 제재(근거 법령 및 조항 포함)
④ 일시와 장소

20. 「행정조사기본법」에서 규정하고 있는 현장조사에 대한 설명으로 적절하지 않은 것은?
① 현장조사를 하는 조사원은 그 권한을 나타내는 증표를 지니고 이를 조사대상자에게 내보여야 한다.
② 원칙적으로 현장조사는 해가 뜨기 전이나 해가 진 뒤에는 할 수 없다.
③ 현장출입조사서 또는 법령 등에서 현장조사 시 제시하도록 규정하고 있는 문서를 조사대상자에게 발송하여야 한다.
④ 앞 ②의 경우 조사대상자 본인이 동의한 경우는 가능하나 대리인이나 관리책임이 있는 자의 동의로는 불가능하다.

21. 행정상 손해배상에 대한 설명으로 옳은 것은?
① 국회의원은 원칙적으로 정치적 책임을 질뿐이므로 헌법에 따른 구체적 입법의무를 부담하고 있음에도 그 입법에 필요한 상당한 기간이 경과하도록 고의 또는 과실로 그 입법의무를 이행하지 아니하는 경우 그 배상책임이 인정되기 어렵다.
② 주무 부처인 중앙행정기관이 입법 예고를 통해 법령안의 내용을 국민에게 예고한 적이 있다면, 그것이 법령으로 확정되지 아니하였다고 하더라도 국가는 위 법령안에 관련된 사항에 대해 이해관계자들에게 어떠한 신뢰를 부여한 것으로 볼 수 있다.
③ 공무원에게 부과된 직무상 의무의 내용이 전적으로 또는 부수적으로 사회구성원 개인의 안전과 이익을 보호하기 위하여 설정된 것이라면, 공무원이 그와 같은 직무상 의무를 위반함으로써 피해자가 입은 손해에 대해서는 상당인과관계가 인정되는 범위에서 국가가 배상책임을 진다.
④ 「금융위원회의 설치 등에 관한 법률」의 입법 취지에 비추어 볼 때, 금융감독원에 금융기관에 대한 검사·감독의무를 부과한 법령의 목적이 금융상품에 투자한 투자자 개인의 이익을 직접 보호하기 위한 것이라고 할 수 있으므로, 피고 금융감독원 및 그 직원들의 위법한 직무집행과 해당 저축은행의 후순위사채에 투자한 원고들이 입은 손해 사이에 상당인과관계가 인정된다.

22. 「국가배상법」의 규정 내용으로 옳지 않은 것은?
① 「국가배상법」에 따라 배상금을 지급받으려는 자는 그 주소지 · 소재지 또는 배상원인 발생지를 관할하는 지구심의회에 배상신청을 하여야 한다.
② 배상결정을 받은 신청인은 지체 없이 그 결정에 대한 동의서를 첨부하여 국가나 지방자치단체에 배상금 지급을 청구하여야 한다.
③ 생명 · 신체에 대한 침해와 물건의 멸실 · 훼손으로 인한 손해 외의 손해는 대통령령으로 정하는 기준 내에서 피해자의 사회적 지위, 과실의 정도, 생계 상태, 손해 배상액 등을 고려하여 배상하여야 한다.
④ 국가나 지방자치단체가 손해를 배상할 책임이 있는 경우에 공무원의 선임 · 감독 또는 영조물의 설치 · 관리를 맡은 자와 공무원의 봉급 · 급여, 그 밖의 비용 또는 영조물의 설치 · 관리 비용을 부담하는 자가 동일하지 아니하면 그 비용을 부담하는 자도 손해를 배상하여야 한다.

23. 「행정심판법」상 간접강제 제도에 관한 설명으로 옳지 않은 것은?
① 행정심판의 재결의 기속력에 따른 재처분의무를 이행하지 않은 경우에 재결의 실효성을 확보하기 위하여 행정청에 일정한 배상을 명령하는 제도이다.
② 행정심판위원회는 사정의 변경이 있는 경우에는 당사자의 신청에 의하여 간접강제결정의 내용을 변경할 수 있다.
③ 행정심판위원회는 청구인의 신청 또는 직권으로 간접강제를 결정할 수 있다.
④ 청구인은 「행정심판법」상 간접강제에 관한 행정 심판위원회의 결정에 불복하는 경우 그 결정에 대하여 행정소송을 제기할 수 있다.
⑤ 간접강제결정의 효력은 피청구인인 행정청이 소속된 국가지방자치단체 또는 공공단체에 미치며, 결정서 정본은 간접강제결정에 불복하는 행정소송의 제기와 관계없이 「민사집행법」에 따른 강제집행에 관하여는 집행권원과 같은 효력을 가진다.

24. 처분에 대한 행정심판제기의 경우 기재사항이 아닌 것은?
① 처분을 한 행정청의 고지의 유무 및 그 내용
② 심판청구의 취지 및 이유
③ 심판청구의 대상이 되는 처분의 내용
④ 처분이 있은 날

25. 판례에서 항고소송의 대상으로 인정된 것만을 있는 대로 고른 것은?

ㄱ. 운전면허 행정처분처리대장상의 벌점의 배점
ㄴ. 병역기피자의 인적 사항 등의 공개 결정
ㄷ. 국가인권위원회의 성희롱결정 및 시정조치권고
ㄹ. 「국가공무원법」상 결격사유에 근거한 당연퇴직의 인사발령통보

① ㄱ
② ㄴ, ㄷ
③ ㄷ, ㄹ
④ ㄱ, ㄴ, ㄷ, ㄹ

제11회 소 방 법 령 Ⅳ

01. 「소방공무원 임용령」상 휴직 기간이 끝나거나 휴직 사유가 소멸된 후에도 직무에 복귀하지 아니하거나 직무를 감당할 수 없을 때 직권으로 면직시키는 경우 임용일자로 적절한 것은?
① 임용권자가 정하는 날
② 휴직기간의 만료일 전 날 또는 휴직사유의 소멸일의 전 날
③ 휴직기간의 만료일 또는 휴직사유의 소멸일
④ 휴직기간의 만료일의 다음 날 또는 휴직사유의 소멸일의 다음 날

02. 교육훈련을 마친 소방간부후보생에 대한 소방위로의 신규채용 시 검정의 방법·합격자의 결정 등에 관하여 필요한 사항은 누가 정하는가?
① 중앙소방학교장
② 소방청장 또는 시·도지사
③ 소방청장
④ 시·도지사 또는 중앙소방학교장

03. 소방공무원의 채용시험 또는 소방간부후보생 선발시험에 응시할 수 있는 신체조건 중 혈압에 있어 고혈압의 한계로 적절한 것은?
① 수축기혈압이 150mmHg을 초과하거나 확장기 혈압이 95mmHg을 초과하는 것
② 수축기혈압이 145mmHg을 초과하거나 확장기 혈압이 90mmHg을 초과하는 것
③ 수축기혈압이 140mmHg을 초과하거나 확장기 혈압이 95mmHg을 초과하는 것
④ 수축기혈압이 150mmHg을 초과하거나 확장기 혈압이 90mmHg을 초과하는 것

04. 소방행정의 기획 및 관리에 필요한 능력·지식을 검정할 수 있는 정도의 출제수준이 되어야 하는 경우는?
① 소방장 및 소방교 선발시험
② 소방간부후보생선발시험
③ 소방경 이상의 선발시험
④ 소방령 이상의 선발시험

05. 신규채용에 의하여 소방사로 임용된 자의 보직부여에 대한 설명으로 적절한 것은?
① 소방서 소속 119안전센터 또는 119구조 · 구급대
② 소방서 소속 119안전센터
③ 최하급 소방기관의 외근부서
④ 최하급 소방기관

06. 소방공무원의 승진임용과 관련 계급별 승진임용예정인원수를 정함에 있어서 특별승진임용예정인원수를 따로 책정한 경우 승진임용예정인원수의 결정방법은?
① 당초 승진임용예정인원수에서 특별승진임용예정인원수를 뺀 인원수를 당해 계급의 승진임용예정인원수로 한다.
② 당초 승진임용예정인원수와 특별승진임용예정인원수를 더하여 당해 계급의 승진임용예정인원수로 한다.

③ 당초 승진임용예정인원수에 특별승진임용예정인원수를 포함하여 당해 계급의 승진임용예정인원수로 한다.
④ 당초 승진임용예정인원수와 특별승진임용예정인원수를 별도로 하여 당해 계급의 승진임용예정인원수로 한다.

07. 근무성적, 경력 및 교육훈련성적의 평정 실시 시기의 기준으로 적절한 것은?
① 매년 4월 1일과 10월 1일을 기준
② 매년 7월 1일과 1월 1일을 기준
③ 매년 3월 31일과 9월 30일을 기준
④ 매년 6월 30일과 12월 31일을 기준

08. 소방공무원 보통승진심사위원회의 구성과 관련 외부 전문가가 참여 가능한 보통승진심사위원회는?
① 소방청의 보통승진심사위원회
② 중앙소방학교의 보통승진심사위원회
③ 중앙119구조본부의 보통승진심사위원회
④ 국립소방연구원의 보통승진심사위원회

09. 중앙소방학교 소속 소방령의 소방정으로의 승진심사를 관할하는 것은?
① 소방청 중앙승진심사위원회
② 소방청 보통승진심사위원회
③ 중앙소방학교 보통승진심사위원회
④ 소방청 특별승진심사위원회

10. 「소방공무원법」상 특별승진임용과 관련 2계급까지 특별승진시킬 수 있는 요건으로 적절한 것은?
① 소방위 이하의 소방공무원으로서 모든 소방공무원의 귀감이 되는 공을 세우고 순직한 사람
② 소방활동 현장에서 순직한 사람
③ 청렴하고 투철한 봉사 정신으로 직무에 모든 힘을 다하여 공무 집행의 공정성을 유지하고 깨끗한 공직 사회를 구현하는 데에 다른 공무원의 귀감이 된 사람
④ 소방공무원으로서 순직한 사람

11. "징계의결등 요구권자는 신속한 징계절차 진행이 필요하다고 판단되는 징계등 사건에 대하여 관할 징계위원회에 (　　)를 신청할 수 있다" 에서 괄호 안에 적절한 것은?
① 신속심사 ② 신속의결
③ 우선의결 ④ 우선심사

12. 다음 중 징계등 의결서의 이유란에 구체적으로 적지 않아도 되는 사항은?
① 징계등 면제 사유 해당 여부
② 정상참작여부
③ 증거의 판단
④ 징계등의 원인이 된 사실

13. 소방기관의 장이나 임용권자 또는 임용제청권자가 교육훈련 대상자를 선발 함에 있어 고려할 사항이 아닌 것은?
① 교육훈련의 횟수
② 신규채용일 또는 승진임용일
③ 경력 및 건강상태
④ 담당업무

14. 이송취급소의 변경허가 사유에 대한 기준으로 적절하지 않은 것은?
① 자동화재탐지설비를 신설 또는 철거하는 경우
② 누설확산방지조치ㆍ운전상태의 감시장치ㆍ안전제어장치ㆍ압력안전장치ㆍ누설검지장치를 신설하는 경우
③ 방호구조물을 신설 또는 철거하는 경우
④ 주입구ㆍ배출구 또는 펌프설비의 위치를 변경하는 경우

15. 시·도지사 또는 소방서장이 제조소등의 설치허가 또는 변경허가의 신청을 받은 때에 확인(검토)해야 하는 기준으로 적절하지 않은 것은?
① 지정수량의 1천배 이상의 위험물을 취급하는 제조소 또는 일반취급소 : 구조 · 설비에 관한 사항에 대해 한국소방산업기술원의 기술검토를 받았는지를 확인
② 제조소등의 위치·구조 및 설비가 법 제5조제4항의 규정에 의한 기술기준에 적합한지 확인
③ 옥외탱크저장소(저장용량이 100만 리터 이상인 것만 해당한다) 또는 암반탱크저장소 : 위험물탱크의 기초ㆍ지반, 탱크본체 및 소화설비에 관한 사항에 대해 한국소방산업기술원의 기술검토를 받았는지를 확인
④ 제조소등에서의 위험물의 저장 또는 취급이 공공의 안전유지 또는 재해의 발생방지에 지장을 줄 우려가 없다고 인정되는지 확인

16. 「위험물안전관리법」상 안전교육대상자에게 안전교육을 받게 하여야 하는 자는?
① 제조소등의 관계인
② 소방본부장 또는 소방서장
③ 소방청장, 소방본부장 또는 소방서장
④ 제조소등의 허가를 받은 자

17. 한국소방산업기술원 또는 한국소방안전원은 위험물안전관리에 관한 실무교육신청이 있는 때에는 교육실시 며칠 전까지 교육대상자에게 교육장소와 교육일시를 통보하여야 하는가?
① 교육실시 3일 전까지 ② 교육실시 5일 전까지
③ 교육실시 7일 전까지 ④ 교육실시 10일 전까지

18. 단층건축물에 설치되는 옥내저장탱크의 용량은 원칙적으로 얼마까지 가능한가?
① 지정수량의 50배 이하 ② 지정수량의 40배 이하
③ 지정수량의 30배 이하 ④ 지정수량의 20배 이하

19. 단층건축물에 설치되는 옥내저장탱크 중 압력탱크 외의 탱크로서 제4류 위험물의 옥내저장탱크에 설치하는 통기관에 대한 설명으로 적절하지 않은 것은?
① 밸브 없는 통기관을 설치하여야 한다.
② 인화점이 40℃ 미만인 위험물의 탱크에 설치하는 통기관에 있어서는 부지경계선으로부터 1.0m 이상 이격하여야 한다.
③ 통기관의 끝부분은 건축물의 창·출입구 등의 개구부로부터 1m 이상 떨어진 옥외의 장소에 설치해야 한다.
④ 지면으로부터 4m 이상의 높이로 설치하여야 한다.

20. 셀프용고정주유설비 또는 셀프용고정급유설비의 주위에 표시 하여야 하는 내용으로 적절하지 않은 것은?
① 셀프용고정주유설비 또는 셀프용고정급유설비의 주위의 보기 쉬운 곳에 고객이 직접 주유할 수 있다는 의미의 표시를 할 것
② 앞 ①과 관련 자동차의 정차위치 또는 용기를 놓는 위치를 표시할 것
③ 주유호스 등의 직근에 호스기기 등의 사용방법 및 위험물의 품목을 표시할 것

④ 셀프용고정주유설비 또는 셀프용고정급유설비와 셀프용이 아닌 고정주유설비 또는 고정급유설비를 함께 설치하는 경우에는 울타리로 상호 구분 할 것

21. 압축수소충전설비 설치 주유취급소의 충전설비의 설치기준으로 적절하지 않은 것은?
① 위치는 주유공지 또는 급유공지 외의 장소로 하되, 주유공지 또는 급유공지에서 압축수소를 충전하는 것이 불가능한 장소로 할 것
② 충전호스는 자동차등의 가스충전구와 정상적으로 접속하지 않는 경우에는 가스가 공급되지 않는 구조로 하고, 300kg중 이하의 하중에 의하여 깨져 분리되거나 이탈되어야 하며, 깨져 분리되거나 이탈된 부분으로부터 가스 누출을 방지할 수 있는 구조일 것
③ 자동차등의 충돌을 감지하여 운전을 자동으로 정지시키는 구조일 것
④ 자동차등의 충돌을 방지하는 조치를 마련할 것

22. 주유취급소로서 소화난이도 등급Ⅱ에 해당하기 위한 조건으로 적절한 것은?
① 옥내주유취급소로서 소화난이도 등급Ⅰ의 제조소등에 해당하지 아니하는 것
② 옥내주유취급소로서 지정수량 200배 이상 취급하는 것
③ 주유취급소로서 소화난이도 등급Ⅰ의 제조소등에 해당하지 아니하는 것
④ 모든 주유취급소

23. 5만리터용 지하저장탱크 5기를 설치하고 고정주유설비 5개를 설치한 옥외주유취급소의(건축물의 면적은 적용하지 아니한다)소화난이도등급은 어디에 해당하는가?
① 소화난이도등급 Ⅰ
② 소화난이도등급 Ⅱ
③ 소화난이도등급 Ⅲ
④ 소화난이도등급 Ⅳ

24. 위험물의 운반용기의 외부에 표시하는 주의사항 표시로 3류 위험물 중 자연발화성물질에 대해 적절한 것은?
① 화기주의
② 화기엄금 및 공기접촉주의
③ 화기주의 및 충격주의
④ 화기엄금 및 공기접촉엄금

25. 지정수량 이상의 위험물을 차량으로 운반하는 경우에 위험성을 알리는 표지를 설치하여야 하는바, 적절한 것은?
① 표지는 차량의 전면 및 후면의 보기 쉬운 곳에 내걸어야 한다.
② 소방청장이 정하여 고시하는 바에 따라 운반하는 위험물의 위험성을 알리는 표지를 설치하여야 한다.
③ 한변의 길이가 0.3m 이상, 다른 한변의 길이가 0.6m 이상인 표지를 하여야 한다.
④ 바탕은 흑색으로 하고 황색의 반사도료 그 밖의 반사성이 있는 재료로 "위험물"이라고 표시하여야 한다.

제11회 소방전술

01. "화재진압 활동 시에 행동의 중점을 연소방지 활동과 소화활동 중 어디에 두어야 하는가는 화재의 상황, (　　), 기상 등에 의하여 결정된다" 에서 괄호 안에 적절한 것은?
① 소방력　② 소방용수
③ 소방활동 역량　④ 건물구조

02. 소방전술 교재에서는 화재대응매뉴얼에 포함해야 할 사항을 9가지 열거하고 있는바, "화재 발생시 접근 및 진입, 인력과 장비의 배치, 환기, 연소확대 방지를 위한 중요한 정보" 에 해당하는 것은?
① 건물 규모와 구조
② 접근경로 · 차량 배치
③ 건물의 수용물
④ 건물의 소화설비

03. 사다리를 활용한 주수요령 중 "어깨에 거는 방법의 경우는 전개형 분무관창의 직사주수로 (　　)가 한도이지만 허리에 대는 방법은 관창을 로프로 창틀 또는 사다리선단에 결속하면 (　　)까지도 방수할 수 있다" 에서 괄호 안에 적절한 것은?
① 0.2MPa, 0.25~0.3MPa
② 0.1MPa, 0.15~0.3MPa
③ 0.3MPa, 0.35~0.45MPa
④ 0.25MPa, 0.3~0.4MPa

04. 화재실의 소화 주수와 관련 "화재 초기로 수용물 또는 벽면, 바닥면 혹은 천장 등이 부분적으로 연소하고 있을 때는 실내로 진입해 (　　) 또는 (　　)에 의해 소화 한다" 에서 괄호 안에 적절한 것은?
① 직사주수, 확산주수
② 직사주수, 분무주수
③ 반사주수, 확산주수
④ 분무주수, 확산주수

05. 방사선 중 내부피폭에서 가장 위험한 것은?
① β 선　② α 선
③ γ 선　④ X선

06. 방사능 시설 화재 시 방사선 위험구역의 설정과 관련 "출입자에 대하여 방사선의 장해를 방지하기 위한 조치가 필요한 구역" 을 지칭하는 것은?
① Hot Zone
② Cold Zone
③ Warm Zone
④ Clear Zone

07. 다음 중에서 고팽창포인 것은?
① 합성계면활성제포　② 단백포
③ 알콜형포　④ 수성막포

08. 방출된 포가 파포되지 않기 위해 강해야 하는 성질은?
① 점착성 ② 내유성
③ 내열성 ④ 발포성

09. 연소반응이 일어나려면 가연물과 산소공급원이 적절한 조화를 이루어 연소범위를 만들었을 때 외부로부터 활성화 에너지가 필요한데 이를 무엇이라 하는가?
① 단열압축 ② 불꽃
③ 점화원 ④ 에너지

10. 가솔린엔진의 연소와 같은 경우에 해당하는 연소형태는?
① 확산연소
② 예혼합연소
③ 폭발연소
④ 분해연소

11. 소방자동차 자동변속기의 주요 구성부품 중 다음 좌측과 우측의 사진의 명칭으로 적절한 것은?

① 좌 : 브레이크 디스크, 우 : 유성기어장치
② 좌 : 토오크 컨버터, 우 : 유압제어장치
③ 좌 : 토오크 컨버터, 우 : 유성기어장치
④ 좌 : 클러치 디스크, 우 : 유성기어장치

12. 소방자동차와 관련 자동식 에어컨트롤 장치로서 "전기적인 신호를 받아서 유체의 흐름을 차단 또는 공급하거나 방향을 전환시켜주는 밸브" 는?
① 해제밸브
② 체크밸브
③ 삼방밸브
④ 솔레노이드밸브

13. 소방펌프 조작 시 일어날 수 있는 맥동현상(서어징현상)에 대한 설명으로 적절하지 않은 것은?
① 흡수하여 방수하거나 중계송수 할 때 연성계의 수치를 확인하여 연성계 수치 이상 압력으로 방수하지 않도록 주의해야 한다.
② 소방펌프 조작판 연성계와 압력계의 바늘이 흔들리고 동시에 방수량에 변동이 일어나는 현상이다.
③ 소방펌프 가동 중에 마치 숨을 쉬는 것과 같은 또는 맥박이 뛰는 것과 같은 현상이 발생한다.
④ 맥동현상은 주로 수원이 많을 때 발생한다.

14. 구조용 로프의 재료에 따른 성능 중 신장율이 큰 순서로 적절한 것은?
① 나일론 ⇒ 마닐라삼 ⇒ 폴리에스터 ⇒ 면
② 폴리에스터 ⇒ 나일론 ⇒ 폴리에틸렌 ⇒ 면
③ 나일론 ⇒ 폴리에틸렌 ⇒ 폴리에스터 ⇒ 면
④ 나일론 ⇒ 폴리에스터 ⇒ 폴리에틸렌 ⇒ 면

15. 산악용 11㎜ 로프의 경우 인장강도와 충격력(80kg에 대하여)으로 적절한 것은?
① 1,500kg 내외의 인장강도와 400daN~500daN 정도의 충격력
② 2,000kg 내외의 인장강도와 500daN~600daN 정도의 충격력
③ 3,000kg 내외의 인장강도와 700daN~900daN 정도의 충격력
④ 3,000kg 내외의 인장강도와 900daN~1,000daN 정도의 충격력

16. 헬리콥터 하강 방법 중 "착지점 약 (　　)m 상공에서 서서히 제동을 걸기 시작 지상 약 (　　)m 위치에서는 반드시 정지할 수 있는 스피드까지 낮추어 지상에 천천히 착지한다" 에서 괄호 안에 적절한 것은?
① 20, 5 ② 15, 5
③ 10, 3 ④ 5, 2

17. 다음의 등반법으로 적절한 것은?

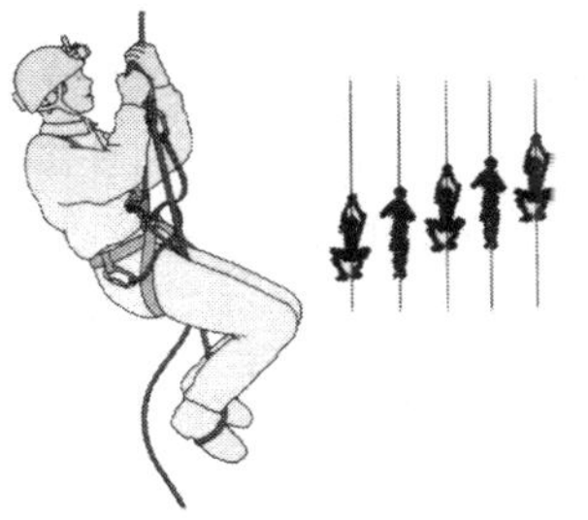

① 쥬마를 이용한 수직상승 방법
② 그리그리를 이용한 수직상승 방법
③ 한줄 등반법
④ 두줄 등반법

18. 119생활안전대의 허위 119신고에 따른 과태료부과에 관한 사항으로 적절하지 않은 것은?
① 기록관리는 전산입력으로 자동보관 한다.
② 법적근거는 「소방기본법」이다.
③ 현장상황은 현장 도착 후 6하 원칙 내용 상세히 기록한다.
④ 300만원 이하의 과태료를 부과한다.

19. 다음 중 119생활안전대에서 운영하는 차량 및 보유 장비의 기준으로 적절하지 않은 것은?
① 중형 생활안전차량(2.5t급)의 승차인원은 5인승 이상이다.
② 중형 생활안전차량(2.5t급)의 제원은 전장 6,225㎜ 이하, 전폭 2,030㎜ 이하, 전고 2,325㎜ 이하이다.
③ 차량 표식 및 도장은 소방청 "소방자동차 색상디자인 표준 도색지침" 의 '특수소방차' (소방황색)적용기준을 준용한다.
④ 소형 생활안전차량(승합밴 형)의 승차인원은 3인승 이상이다.

20. 성인과 다른 소아의 비정상적인 호흡양상 중 느린맥이 의미하는 것은?
① 시끄러운 호흡음일 때의 양상이다.
② 정상적으로는 가슴과 배가 동시에 팽창·수축되어야 하나 반대로 되는 경우이다.
③ 허파꽈리에 불충분한 산소가 공급되는 징후로 저산소증을 의미한다.
④ 날숨이 빨라질 때 생기는 비효율적인 양상이다.

21. 순환계의 저관류성 쇼크증상 중 "의식변화" 의 징후에 해당하는 것은?
① 불안감과 흥분
② 저체온, 창백하거나 회색빛 피부, 입술이나 안구결막에 청색증, 오심 · 구토

③ 허약감, 무력감, 차고 끈적거리고 창백한 족, 영·유아에게서의 모세혈관 재충혈 지연
④ 빠른 맥(초기), 빠른 호흡, 얕고 불규칙하며 힘든 호흡, 저혈압(후기)

22. 연성부목 형태 중 진공부목에 대한 설명은?
① 환자에게 편안하며 접촉이 균일하다.
② 심하게 각이 졌거나 구부러진 곳에서 효과적으로 사용된다.
③ 외부 출혈이 있는 상처에 압박을 가할 수 있으므로 지혈도 가능하다는 장점이 있다.
④ 온도 및 공기압력에 의해 변화가 생기는 단점이 있다.

23. 구조된 사람과 물건의 인도 · 인계에 대한 설명 중 적절하지 않은 것은?
① 신원이 확인된 사망자를 그 보호자 또는 유족에게 지체 없이 인도하여야 한다.
② 구조된 물건의 소유자가 있는 경우에는 소유자에게 그 물건을 인계하여야 한다.
③ 구조된 물건의 소유자를 알 수 없는 때는 원칙적으로 특별자치도지사 · 시장 · 군수 · 구청장에게 인도하거나 인계하여야 한다.
④ 사망자의 신원이 확인되지 아니한 때는 관할 구역의 종합병원에 안치하여야 한다.

24. 「재난 및 안전관리 기본법」은 "각종 재난으로부터 국토를 보존하고 국민의 생명 · 신체 및 재산을 보호하기 위하여 국가와 지방자치단체의 (   )를 확립한다" 에서 괄호 안에 적절한 것은?
① 재난 및 안전관리체계
② 재난 및 안전관리질서
③ 재난 및 안전관리체제
④ 재난 및 안전관리

25. 다음 중 안전정책조정위원회의 위원장이 되는 자는?
① 행정안전부장관
② 행정안전부의 재난안전관리사무를 담당하는 본부장
③ 행정안전부2차관
④ 국무총리실 국무조정실장

제12회 행 정 법

01. 행정법의 규정내용상 특색 중 행정주체의 우월성에 대한 설명으로 적절하지 않은 것은?
① 국가·공공단체 등에게 지배권을 인정하는 것이다.
② 따라서 행정주체의 우월성은 행정권에 고유한 본연의 성질에 속한다.
③ 오늘날은 행정의 우월성에 제약을 가하는 입법 경향이 나타나고 있다.
④ 청문·공청회 등 사전절차의 도입 등이 우월성을 제약하는 입법이라고 할 수 있다.

02. 「행정기본법」 제8조와 관련 "행정작용은 (   )에 위반되어서는 아니 되며, 국민의 권리를 제한하거나 의무를 부과하는 경우와 그 밖에 국민생활에 중요한 영향을 미치는 경우에는 (   )에 근거하여야 한다" 에서 괄호 안에 적절한 것은?
① 헌법 ② 법률
③ 헌법 또는 법률 ④ 법치주의

03. 「행정기본법」상 행정에 관한 기간의 계산에 대한 설명으로 적절하지 않은 것은?
① 행정에 관한 기간의 계산에 관하여는 이 법 또는 다른 법령등에 특별한 규정이 있는 경우를 제외하고는 「행정절차법」을 준용한다.
② 법령등 또는 처분에서 국민의 권익을 제한하거나 의무를 부과하는 경우 권익이 제한되거나 의무가 지속되는 기간의 계산은 기간을 일, 주, 월 또는 연으로 정한 경우에는 기간의 첫날을 산입한다.
③ 앞 ②의 경우 기간의 말일이 토요일 또는 공휴일인 경우에도 기간은 그 날로 만료한다.
④ 앞 ②, ③의 경우에 따르는 것이 국민에게 불리한 경우에는 그러하지 아니하다.

04. 「행정기본법」상 행정에 관한 나이의 계산 및 표시에 대한 설명으로 적절하지 않은 것은?
① 행정에 관한 나이는 다른 법령등에 특별한 규정이 있는 경우를 제외하고는 출생일을 산입하여 계산한다.
② 앞 ①의 경우 만(滿) 나이로 계산한다.
③ 앞 ①의 경우 또한 연수(年數)로 표시한다.
④ 다만, 1세에 이르지 아니한 경우에는 0세로 표시할 수 있다.

05. 전북특별자치도 군산소방서장의 위험물주유취급소 허가취소에 대해 업주가 부당하다며 행정심판을 제기하였고, 전북특별자치도 행정심판위원회가 이를 인용재결 하였으나, 이후 소방서장의 허가취소가 정당하다는 판단이 되더라도 이미 인용재결한 내용을 함부로 변경할 수 없는 것은 행정의사의 어떤 효력 때문인가?
① 불가변력
② 불가쟁력
③ 행정의사의 확정력
④ 행정의사의 예선적효력

06. 행정의사의 확정력 중 행정행위에 대한 쟁송을 인정하는 경우 쟁송제기기간이 경과하였거나 심급을 다 거친 경우에는 더 이상 행정행위의 효력을 다툴 수 없게 하는 특질은?

① 불가항력 ② 불가변력
③ 불가집행력 ④ 불가쟁력

07. 「행정기본법」상 행정의 입법활동에 관한 설명으로 옳지 않은 것은?

① 국가나 지방자치단체가 법령등을 제정·개정·폐지 하고자 하거나 그와 관련된 활동을 할 때에는 헌법과 상위 법령을 위반해서는 아니 되며, 헌법과 법령등에서 정한 절차를 준수하여야 한다.
② 행정의 입법활동은 일반 국민 및 이해관계자로부터 의견을 수렴하고 관계 기관과 충분한 협의를 거쳐 책임 있게 추진되어야 한다.
③ 법령등의 내용과 규정은 다른 법령등과 조화를 이루어야 하고 법령등 상호 간에 중복되거나 상충되지 아니하여야 한다.
④ 법령등은 일반 국민이 그 내용을 쉽고 명확하게 이해할 수 있도록 알기 쉽게 만들어져야 한다.
⑤ 행정의 입법활동의 절차 및 정부입법계획의 수립에 관하여 필요한 사항은 정부의 법제업무에 관한 사항을 규율하는 부령으로 정한다.

08. 행정입법에 대한 설명으로 옳지 않은 것은?

① 정부는 권한 있는 기관에 의하여 위헌으로 결정되어 법령이 헌법에 위반되거나 법률에 위반되는 것이 명백한 경우 등 대통령령으로 정하는 경우에는 해당 법령을 개선하여야 한다.
② 헌법 제107조제2항은 구체적 규범통제를 규정하고 있기 때문에 당사자는 구체적 사건의 심판을 위한 선결문제로서 행정입법의 위법성을 주장하여 법원에 대하여 당해 사건에 대한 적용 여부의 판단을 구할 수 있다.
③ 일반적으로 법률의 위임에 따라 효력을 갖는 법규명령의 경우에 위임의 근거가 없어 무효였다면 나중에 법 개정으로 위임의 근거가 부여되었다고 하여 그때부터 유효한 법규명령이 되는 것은 아니다.
④ 법률의 시행령은 모법인 법률에 의하여 위임받은 사항이나 법률이 규정한 범위 내에서 법률을 현실적으로 집행하는 데 필요한 세부적인 사항만을 규정할 수 있을 뿐, 법률에 의한 위임이 없는 한 법률이 규정한 개인의 권리ㆍ의무에 관한 내용을 변경ㆍ보충하거나 법률에 규정되지 아니한 새로운 내용을 규정할 수는 없다.

09. 기속행위와 재량행위에 관한 설명으로 옳지 않은 것은?

① 기속행위와 재량행위의 구분은 당해 행위의 근거가 된 법규의 체재·형식과 그 문언, 당해 행위가 속하는 행정 분야의 주된 목적과 특성, 당해 행위 자체의 개별적 성질과 유형 등을 모두 고려하여 판단하여야 한다.
② 재량행위에 대한 사법심사가 이루어지는 경우, 법원은 독자의 결론을 도출하고, 그 결론에 비추어 행정청이 한 판단의 적법 여부를 독자의 입장에서 판정하는 방식에 의해야 한다.
③ 건축허가권자는 건축허가신청이 「건축법」 등 관계 법규에서 정하는 어떠한 제한에 배치되지 않는 이상 당연히 같은 법조에서 정하는 건축허가를 하여야 하고, 중대한 공익상의 필요가 없는데도 관계 법령에서 정하는 제한사유 이외의 사유를 들어 요건을 갖춘 자에 대한 허가를 거부할 수는 없다.
④ 판례는 재량권과 판단여지를 구분하지 않고, 판단여지가 인정되는 경우에도 재량권이 인정되는 것으로 본다.

10. 「소방시설 설치 및 관리에 관한 법률」 제35조 제1항 각호를 위반한 소방시설관리업자에 대해 등록을 취소하거나 영업정지를 명하려고 할 때 '재량권이 영(0)으로 수축된 경우' 소방서장이 해야 할 조치에 대한 설명으로 적절한 것은?

① 결정재량이 부정됨에 따라 등록취소나 영업정지를 하여야 한다.
② 선택재량이 부정됨에 따라 반드시 등록취소를 하여야 한다.
③ 자유재량이 인정됨으로 결정재량과 선택재량 모두 소방서장의 판단에 의하게 된다.
④ 소방서장은 아무런 조치를 할 수 없게 된다.

11. 통지의 효과 등에 대한 설명으로 적절하지 않은 것은?

① 통지에는 토지세목의 공고·특허출원의 공고·귀화의 고시 등 어떠한 사실에 대한 관념의 통지일 때도 있다.
② 통지의 효과는 행위자의 의사에 기하여 생긴다.
③ 고지는 일반적으로 그 효력을 발생시키기 위한 요건에 지나지 않으며, 그 자체로서 독립한 행정행위가 아닌 점에서 여기서 말하는 통지와는 구별된다.
④ 대집행의 계고·납세의 독촉 등 행위자 의사의 통지인 경우도 있다.

12. 준법률행위적 행정행위로서 수리에 대한 설명으로 적절하지 않은 것은?

① 수리란 타인의 행정청에 대한 행위를 유효한 행위로서 받아들이는 행위를 말한다.
② 수리는 단순한 사실행위인 도달과 구별되며, 수동적인 행정청의 의사행위(인식의 표시행위)이다.
③ 수리에 의해 사법상의 효과가 발생하기는 어렵다.
④ 결정·재결 등을 행할 행정청의 의무를 발생시키기도 한다.

13. 행정행위의 하자에 관한 판례의 태도로 옳지 않은 것은?

① 예비타당성조사를 실시하지 아니한 하자는 그로써 곧바로 당해 처분인 하천공사시행계획의 하자가 인정 된다고 할 것이다.
② 과징금을 부과함에 있어 여러 개의 처분사유에 기하여 하나의 과징금 부과처분을 하였으나 그 처분사유를 중 일부에 위법이 있다고 하더라도 위법한 부분이 그 과징금 부과처분에 영향을 미치지 아니하였다면 그 부과처분을 위법하다고 볼 것은 아니다.
③ 양도인이 최초 영업허가를 받을 당시에 '영업장 면적' 이 허가(신고) 대상이 아니었더라도 영업자 지위승계신고 수리 시점을 기준으로 당시의 식품위생법령에 따른 인적·물적 요건을 갖추어야 하므로 양수인에게 '영업장 면적' 변경신고의무가 있다.
④ 운전면허에 대한 정지처분 권한은 경찰청장으로부터 경찰서장에게 권한위임된 것이므로 단속 경찰관이 자신의 명의로 운전면허행정처분 통지서를 작성·교부 하여 행한 운전면허정지처분은 권한 없는 자에 의하여 행하여진 점에서 무효의 처분에 해당한다.

14. 행정행위의 하자에 관한 설명으로 옳지 않은 것은?

① 하자 있는 행정처분이 당연무효가 되기 위해서는 그 하자가 중대하거나 또는 명백하여야 하고, 이를 판별함에 있어서는 법규의 목적ㆍ의미 등을 목적론적으로 고찰함과 동시에 구체적인 사안 자체의 특수성에 관하여도 합리적으로 고찰하여야 한다.
② 하자의 치유는 늦어도 처분에 대한 불복 여부의 결정 및 불복신청에 편의를 줄 수 있는 상당한 기간 내에 하여야 한다.
③ 당연무효인 처분은 불가쟁력이 발생할 여지가 없다.
④ 선행처분과 후행처분이 서로 독립하여 별개의 법률효과를 목적으로 하는 때에도 선행처분이 당연무효이면 선행처분의 하자를 이유로 후행처분의 효력을 다툴 수 있다.

15. 공법상 계약에 관한 설명으로 옳은 것은?

① 지방자치단체가 근무기간을 정하여 임용하는 공무원으로 시민옴부즈만을 채용하는 행위는 공법상 계약에 해당한다.

② 국가를 당사자로 하는 계약이나 「공공기관의 운영에 관한 법률」의 적용대상인 공기업이 일방 당사자가 되는 모든 계약은 공법상 계약으로 본다.
③ 기부채납은 기부자의 소유재산을 지방자치단체의 공유재산으로 무상증여하도록 하는 지방자치단체의 일방적 의사표시인 행정처분에 해당한다.
④ 공공사업의 시행자가 그 사업에 필요한 토지를 협의취득하는 행위는 공행정주체로서 행하는 공법상 계약에 해당한다.
⑤ 중앙행정기관인 방위사업청과 부품개발 협약을 체결한 기업이 협약을 이행하는 과정에서 환율변동 및 물가상승 등 외부적 요인으로 발생한 초과 비용 지급에 대한 소송은 민사소송에 의한다.

16. 공법상 계약에 관한 설명으로 옳지 않은 것은?
① 국가를 당사자로 하는 계약이나 「공공기관의 운영에 관한 법률」의 적용 대상인 공기업이 일방 당사자가 되는 계약은 사법상 계약으로서, 사적자치와 계약자유의 원칙을 비롯한 사법의 원리가 원칙적으로 적용된다.
② 지방자치단체의 관할구역 내에 있는 각급 학교에서 학교회계직원으로 근무하는 것을 내용으로 하는 근로계약은 공법상 계약이다.
③ 음식물류 폐기물의 수집·운반, 가로 청소, 재활용품의 수집·운반 업무를 대행할 것을 위탁하고 그에 대한 대행료를 지급하는 것을 내용으로 하는 용역도급계약은 사법상 계약이다.
④ 법률우위의 원칙은 공법상 계약에도 적용되므로 공법상계약의 내용은 법률에 위반하지 않아야 한다.

17. 정보공개에 관한 설명으로 옳은 것은?
① 「공공기관의 정보공개에 관한 법률」 제9조 제1항 제4호의 '진행 중인 재판에 관련된 정보'에 해당한다는 사유로 정보공개를 거부하려면 그 정보가 진행 중인 재판의 소송기록 자체에 포함된 내용이어야만 한다.
② 「공공기관의 정보공개에 관한 법률」 제9조 제1항 제6호 본문 규정에 따라 비공개대상이 되는 정보는 성명·주민등록번호 등 개인식별정보에 한정된다.
③ 「공공기관의 정보공개에 관한 법률」 제9조 제1항 제5호의 '공개될 경우 업무의 공정한 수행에 현저한 지장을 초래한다고 인정할 만한 상당한 이유가 있는 경우'란 공개될 경우 업무의 공정한 수행이 객관적으로 현저하게 지장을 받을 것이라는 고도의 개연성이 존재하는 경우를 의미한다.
④ 「공공기관의 정보공개에 관한 법률」 제5조 제1항의 국민에는 자연인은 물론 법인을 포함하지만 권리능력 없는 사단이나 재단은 이에 해당하지 아니한다.
⑤ 공공기관은 「공공기관의 정보공개에 관한 법률」상 개별적 비공개 사유에 해당하는 경우 이에 대한 주장이나 입증 없이 개괄적인 사유의 제시만으로 그 공개를 거부할 수 있다.

18. 「공공기관의 정보공개에 관한 법률」의 규정 내용으로 옳지 않은 것은?
① 국가안전보장、국방、통일、외교관계 등에 관한 사항으로서 공개될 경우 국가의 중대한 이익을 현저히 해칠 우려가 있다고 인정되는 정보는 공개하지 아니할 수 있다.
② 공공기관의 정보공개 담당자는 정보공개 업무를 성실하게 수행하여야 하며, 공개 여부의 자의적인 결정, 고의적인 처리 지연 또는 위법한 공개 거부 및 회피 등 부당한 행위를 하여서는 아니 된다.
③ 지방자치단체는 그 소관 사무에 관하여 법령의 범위에서 정보공개에 관한 조례를 정하여야 한다.
④ 공공기관은 청구인이 사본 또는 복제물의 교부를 원하는 경우에는 이를 교부하여야 한다.

19. 「행정조사기본법」에서 규정하고 있는 자료의 영치 등에 대한 설명으로 적절하지 않은 것은?
① 조사원은 자료 등을 사진으로 촬영하거나 사본을 작성하는 등의 방법으로 영치에 갈음할 수 있다.
② 조사원이 영치를 완료한 때에는 영치조서 1부를 작성하여야 한다.
③ 조사원이 현장조사 중에 자료 등을 을 영치하는 때에는 조사대상자 또는 그 대리인을 입회시켜야 한다.
④ 영치한 자료 등을 검토한 결과 당해 행정조사와 관련이 없다고 인정되는 경우는 이를 반환하여야 한다.

20. 행정벌에 대한 설명으로 옳지 않은 것은?
① 지방자치단체 소속 공무원이 지방자치단체 고유의 자치사무를 수행하던 중 도로법 규정에 의한 위반행위를 한 경우 지방자치단체는 도로법 소정의 양벌규정에 따라 처벌대상이 되는 법인에 해당하지 않는다.
② 개인정보 보호법 에 따르면, 죄형법정주의의 원칙상 '법인격 없는 공공기관'을 개인정보 보호법 소정의 양벌규정에 의하여 처벌할 수 없고, 그 경우 행위자 역시 위 양벌규정으로 처벌할 수 없다.
③ 과태료의 부과、징수, 재판 및 집행 등의 절차에 관한 다른 법률의 규정 중 질서위반행위규제법의 규정에 저촉되는 것은 질서위반행위규제법으로 정하는 바에 따른다.
④ 질서위반행위규제법 에 따르면, 당사자와 검사는 과태료 재판에 대하여 즉시항고를 할 수 있으며, 이 경우 항고는 집행정지의 효력이 있다.

21. 「국가배상법」에 관한 설명으로 옳지 않은 것은?
① 「국가배상법」상 생명·신체의 침해로 인한 국가배상을 받을 권리는 양도할 수 있으나 압류하지 못한다.
② 「국가배상법」은 외국인이 피해자인 경우에는 해당 국가와 상호보증이 있을 때에만 적용한다.
③ 「국가배상법」에 따른 손해배상의 소송은 배상심의회에 배상신청을 하지 아니하고도 제기할 수 있다.
④ 「국가배상법」 제2조가 적용되는 '공무원의 직무'에는 권력적 작용만이 아니라 비권력적 작용도 포함되며 단지 행정주체가 사경제주체로서 하는 활동만 제외된다.

22. 「국가배상법」상 이중배상금지에 대한 판례의 입장으로 옳지 않은 것은?
① 「국가배상법」 제2조 제1항 단서에서 정한 '다른 법령의 규정'에 따른 보상금청구권이 모두 시효로 소멸된 경우라고 하더라도 「국가배상법」 제2조제1항 단서 규정이 적용된다.
② 경찰공무원인 피해자가 「공무원연금법」에 따라 공무상 요양비를 지급 받는 것은 「국가배상법」 제2조 제1항 단서에서 정한 '다른 법령의 규정'에 따라 보상을 지급 받는 것에 해당하지 않는다.
③ 훈련으로 공상을 입은 군인이 「국가배상법」에 따라 손해배상금을 지급 받은 다음 「보훈보상대상자 지원에 관한 법률」이 정한 보훈급여금의 지급을 청구하는 경우, 국가는 「국가배상법」 제2조제1항 단서에 따라 그 지급을 거부할 수 있다.
④ 군인이 교육훈련으로 공상을 입은 경우라도 「군인연금법」 또는 「국가유공자예우등에 관한 법률」에 의하여 재해보상금、유족연금、상이연금 등 별도의 보상을 받을 수 없는 경우에는 「국가배상법」 제2조제1항 단서의 적용 대상에서 제외하여야 한다.

23. 행정심판 청구의 변경에 대한 설명으로 적절하지 않은 것은?
① 청구인은 청구의 기초에 변경이 없는 범위 안에서 청구의 취지 또는 이유를 변경할 수 있다.
② 청구의 변경은 서면으로 신청하여야 한다.
③ 행정심판위원회는 청구의 변경에 대한 심사권은 없다.
④ 피청구인이 심판청구 후에 그 대상인 처분을 변경한 때에는 청구인은 변경된 처분에 맞추어 청구의 취지 또는 이유를 변경할 수 있다.

24. 행정심판의 청구에 따른 처분의 정지 즉, 집행정지를 할 수 있는 요건으로서 적절하지 않은 것은?
① 처분이나 그 집행 또는 절차의 속행으로 인하여 생길 회복하기 어려운 손해를 예방하기 위한 필요가 있어야 한다.
② 긴급한 필요가 있다고 인정되어야 한다.
③ 당사자의 신청이 집행정지의 필요 요건이다.
④ 집행정지는 공공복리에 중대한 영향을 미칠 우려가 있을 때에는 허용되지 아니한다.

25. 항고소송의 소송요건에 관한 설명으로 옳은 것은?
① 「병역법」상 지방병무청장의 병역처분, 「공기업준정부기관 회계사무규칙」에 의한 한국전력공사의 부정당업자제재처분 및 구청장의 주택건설사업계획승인처분은 항고소송의 대상이 된다.
② 행정청의 상수원보호구역변경처분에 대해 그 상수원으로부터 급수를 받는 인근 지역주민은 해당 처분에 대한 취소를 구할 법률상 이익이 인정된다.
③ 「행정소송법」 제12조의 법률상 이익은 직접적이고 구체적·개인적인 이익을 말하며 행정의 적법성 보장을 위해 간접적이거나 사실적 경제적 이익이라도 보호가치가 있는 경우에는 원고적격을 인정한다.
④ 거부처분의 처분성을 인정하기 위한 전제요건이 되는 신청권의 존부는 구체적 사건에서 관계 법규의 해석에 의하여 구체적으로 결정되는 것이고 신청인이 그 신청에 따른 단순한 응답을 받을 권리를 넘어서 신청의 인용이라는 만족적 결과를 얻을 권리를 의미한다.
⑤ 구 「주택법」상 건축물의 입주예정자는 그 건축물에 대한 사용검사처분의 무효확인이나 취소를 통해 건축물의 하자 상태 등을 제거하거나 법률적 지위가 달라진다 할 것이므로 사용검사처분의 취소를 구할 법률상 이익이 인정된다.

제12회 소방법령 Ⅳ

01. 「소방공무원 임용령」 제3조의 소방공무원 임용과 관련 대통령은 소방청과 그 소속기관의 특정 계급에 더해 소방청장에게 임용권을 위임하고 있는바, 그 계급으로 적절한 것은?
① 소방준감, 소방정
② 소방정 및 소방령
③ 소방정
④ 소방준감, 소방정 및 소방령

02. 「소방공무원 임용령」상 임용일자를 정하는 기준으로 적절한 것은?
① 그 임용장 또는 임용통지서가 피임용자에게 송달되는 기간 및 사무인계에 필요한 기간을 참작하여 정하여야 한다.
② 인력운용상 필요에 따라 임용권자가 정한다.
③ 그 임용장 또는 임용통지서가 피임용자에게 송달되는 기간을 참작하여 정하여야 한다.
④ 「소방공무원 임용령」상 임용일자를 정하는 별도의 기준은 없다.

03. 경력경쟁채용시험등을 통하여 채용된 소방공무원을 "처음 임용하는 경우에는 그 시험실시 당시의 (   ) 외의 직위에 임용할 수 없다"에서 괄호 안에 적절한 것은?
① 임용조건
② 임용예정 직위
③ 시험실시권자가 지정하는 직위
④ 임용조건 직위

04. 경찰공무원을 경력경쟁채용등 시험에 의해 채용할 경우 요건으로 적절하지 않은 것은?
① 경위 이하의 경찰공무원이어야 한다.
② 최근 5년 이내에 해당업무에 종사하여야 한다.
③ 화재감식 또는 범죄수사업무에 종사한 경력이어야 한다.
④ 앞 ③의 경우 경력이 3년 이상이어야 한다.

05. 소방공무원의 채용시험 또는 소방간부후보생선발시험에 응시할 수 있는 신체조건 중 청력은 얼마 이하의 소리를 들을 수 있어야 하는가?
① 25데시벨(dB) 이하
② 30데시벨(dB) 이하
③ 35데시벨(dB) 이하
④ 40데시벨(dB) 이하

06. 위탁교육훈련을 받은 소방공무원의 최초보직은 어디로 하여야 하는가?
① 소방공무원 교육훈련기관의 교수요원
② 중앙 또는 지방소방학교의 교수요원
③ 위탁교육훈련의 내용에 따라 중앙 또는 지방소방학교 교수요원
④ 지방소방학교의 교수요원

07. 소방공무원의 계급별 교육훈련 성적평정 중 소방장 이하의 평정 성적의 종류가 아닌 것은?

① 체력검정성적　　② 전문교육훈련성적
③ 사이버교육훈련성적　　④ 전문능력성적

08. 소방령 · 소방경 · 소방위의 교육훈련성적의 평점 중 가장 높은 것은?
① 직장훈련성적
② 관리역량교육성적
③ 체력검정성적
④ 전문교육훈련성적

09. 국립소방연구원의 보통승진심사위원회의 관할로 적절한 것은?
① 소속 소방공무원의 소방정 이하 계급으로의 승진심사
② 소속 소방공무원의 소방령 이하 계급으로의 승진심사
③ 소속 소방공무원의 소방경 이하 계급으로의 승진심사
④ 소속 소방공무원의 소방위 이하 계급으로의 승진심사

10. 승진임용예정 인원수가 1~10일 경우 승진심사 대상인 사람의 수로 적절한 것은?
① 승진임용예정 인원수 1명당 6배수
② 승진임용예정 인원수 1명당 5배수
③ 승진임용예정 인원수 1명당 4배수
④ 승진임용예정 인원수 1명당 3배수

11. 천재 · 지변 · 화재 또는 그 밖에 이에 준하는 재난현장에서 직무수행 중 사망하였거나 부상을 입어 사망한 사람이 특별승진하는 경우에 적용을 제외하도록 열거하고 있는 것이 아닌 것은?
①「승진임용규정」 제7조 : 근무성적평정
②「승진임용규정」 제5조 : 승진소요최저근무연수
③「승진임용규정」 제6조 : 승진임용의 제한
④「승진임용규정」제4조 승진임용 구분별 임용비율과 승진임용 예정 인원수의 책정

12. 공무원의 징계 의결을 요구하는 경우 그 징계 사유가 금전, 물품, 부동산, 향응 또는 그 밖에 대통령령으로 정하는 재산상 이익을 취득하거나 제공한 경우에는 해당 징계 외에 행위로 취득하거나 제공한 금전 또는 재산상 이득의 (　　) 배 내의 (　　　) 부과 의결을 징계위원회에 요구하여야 하는바, 괄호 안에 적절한 것은?
① 5, 징계변상금　　② 3, 징계과태료
③ 5, 징계부가금　　④ 3, 징계과징금

13. 징계위원의 제척 · 기피 또는 회피로 인하여 위원의 수가 과반수에 미달할 경우에 위원회가 조치할 사항은?
① 추가위원의 임명 또는 위촉을 요청
② 위원회의 재구성을 요청
③ 임시위원의 임명 또는 위촉을 요청
④ 징계등 혐의자 심의 불가 통지

14. 액체위험물을 저장 또는 취급하는 탱크는 충수 · 수압검사를 받아야 하는바, 이를 제외 할 수 있는 경우가 아닌 것은?
① 이동탱크저장소에 설치되는 저장탱크
②「고압가스 안전관리법」 제17조제1항에 따른 특정설비에 관한 검사에 합격한 탱크
③ 제조소 또는 일반취급소에 설치된 탱크로서 용량이 지정수량 미만인 것
④「산업안전보건법」 제84조제1항에 따른 안전인증을 받은 탱크

15. 위험물제조소등의 완공검사와 관련한 다음 설명 중 적절하지 않은 것은?
① 완공검사를 실시한 결과 당해 제조소등이 기술기준에 적합하다고 인정하는 때에는 완공검사합격확인증을 교부해야 한다.
② 제조소등의 일부에 대한 설치 또는 변경을 마친 후 그 일부를 미리 사용하고자 하는 경우에는 당해 제조소등의 일부에 대하여 완공검사를 받을 수 있다.
③ 앞 ②의 경우 다만, 당해 변경공사와 관계가 없는 부분은 조건없이 완공검사를 받기 전에 미리 사용할 수 있다.
④ 원칙적으로 완공검사를 받아 기술기준에 적합하다고 인정받은 후가 아니면 이를 사용하여서는 아니 된다.

16.「위험물안전관리법」상 시·도지사의 권한을 소방서장에게 위임한 사항의 내용으로 적절하지 않은 것은?
① 제조소등의 설치허가 또는 변경허가 전부
② 제조소등의 설치허가의 취소와 사용정지
③ 제조소등의 사용 중지신고 또는 재개신고의 수리
④ 제조소등의 용도폐지신고의 수리

17.「위험물안전관리법 시행령」에서 소방본부장 또는 소방서장이 한국소방산업기술원에 위탁한 사항은?
①「위험물안전관리법」 제18조에 따른 정기점검 및 정기검사
②「위험물안전관리법」 제18조제3항에 따른 정기검사
③「위험물안전관리법」 제18조제1항에 따른 정기점검
④「위험물안전관리법」 제18조제1항에 따른 정기점검 중 구조안전점검

18. 제4류 위험물 중 옥내탱크저장소의 탱크 전용실을 단층건축물 외의 건축물에 설치할 수 있는 위험물의 종류로 적절한 것은?
① 인화점이 70℃ 이상인 위험물
② 인화점이 30℃ 이상인 위험물
③ 인화점이 21℃ 이상인 위험물
④ 인화점이 38℃ 이상인 위험물

19. 옥내탱크저장소의 탱크 전용실을 단층건축물 외의 건축물에 설치할 경우 전용실의 구조 등에 대한 설명으로 적절하지 않은 것은?
① 탱크전용실의 출입구에는 60분+방화문 또는 60분방화문을 설치할 것
② 탱크전용실은 벽 · 기둥 · 바닥 및 보를 내화구조로 할 것
③ 상층이 없는 경우에 있어서는 지붕을 불연재료로 하며, 천장을 설치하지 아니할 것
④ 탱크전용실은 상층이 있는 경우에 있어서는 상층의 바닥을 내화구조로 할 것

20. 압축수소의 수입설비(受入設備)의 설치장소로 적절한 것은?
① 위치는 주유공지 또는 급유공지 외의 장소로 하되, 주유공지 또는 급유공지에서 가스를 수입하는 것이 가능한 장소로 할 것
② 위치는 주유공지 또는 급유공지 외의 장소로 하되, 주유공지 또는 급유공지에서 가스를 수입하는 것이 불가능한 장소로 할 것
③ 위치는 주유공지 또는 급유공지 내의 장소로 하되, 주유공지 또는 급유공지에서 가스를 수입하는 것이 불가능한 장소로 할 것
④ 위치는 주유공지 또는 급유공지 내의 장소로 하되, 주유공지 또는 급유공지에서 가스를 수입하는 것이 가능한 장소로 할 것

21. 제2종판매취급소에서 취급할 수 있는 위험물의 양으로 적절한 것은?
① 지정수량의 100배 이하
② 지정수량의 60배 이하
③ 지정수량의 50배 이하
④ 지정수량의 40배 이하

22. 이동탱크탱크저장소의 자동차용소화기의 능력으로 소화분말은 그 양이 얼마 이상이어야 하는가?
① 2.5킬로그램 이상
② 3.0킬로그램 이상
③ 3.3킬로그램 이상
④ 3.5킬로그램 이상

23. 제조소등의 옥외에 설치된 공작물은 외벽이 내화구조인 것으로 간주하고 공작물의 어떤 면적을 연면적으로 하여 소요단위를 산정하는가?
① 공작물의 연면적의 합계
② 공작물의 바닥면적의 합계
③ 공작물의 최대수평투영면적
④ 공작물마다 1소요단위로 함

24. 제5류 위험물 중 위험등급Ⅰ의 위험물이 되기 위한 지정수량으로 적절한 것은?
① 지정수량이 10킬로그램인 위험물
② 지정수량이 50킬로그램인 위험물
③ 지정수량이 100킬로그램인 위험물
④ 지정수량이 150킬로그램인 위험물

25. 제2류 위험물 중 위험등급Ⅱ의 위험물이 되기 위한 지정수량으로 적절한 것은?
① 300킬로그램인 위험물
② 100킬로그램인 위험물
③ 500킬로그램인 위험물
④ 1,000킬로그램인 위험물

제12회 소방전술

01. 다음 중 「현장대응활동 검토회의 운영규정」상 현장대응활동 검토회의를 할 수 있는 자로 적절한 것은?
① 소방청장, 소방본부장 또는 소방서장
② 소방서장 또는 119안전센터장
③ 소방청장
④ 시·도 소방본부장 또는 소방서장

02. 현장대응활동 검토회의의 원칙적인 주재자는 누구인가?
① 관할 소방서장 또는 소방본부장
② 관할 소방서장
③ 관할 119안전센터장
④ 관할 소방본부장이 지정한 자

03. 연소 확대 방지를 위해 숨겨진 공간 확인 단계 중 "냉난방 시스템의 흡입관 주위의 천장을 개방해 보고 불꽃이 천장을 통과하여 흡입관 주위에 침투되지 않았는지 확인해야 하는" 단계는?
① 두 번째 단계　② 네 번째 단계
③ 세 번째 단계　④ 첫 번째 단계

04. 중량셔터 파괴방법 중 셔터가 가열에 의해 붉게 변화하고 있는 상태의 경우 파괴(절단)형태로 적절한 것은?
① 역삼각형　② 네도형네모형
③ 삼각형　④ 아치형

05. 방사능 시설 화재 시 소화활동과 관련 안전관리 중 오염검사에 대한 설명으로 적절하지 않은 것은?
① 오염은 다량의 물과 비눗물(산성보다 알카리성 쪽이 효과가 있다)에 의한 세척이 효과적이지만 관계시설에 설치해 있는 제염제를 유효하게 활용한다.
② 오염검사는 원칙적으로 시설 내의 오염검사기를 활용하고 시설관계자에게 실시하게 한다.
③ 오염물은 시설관계자에 일괄해서 인도하고 처리를 의뢰한다. 소방설비는 원칙적으로 재사용하지 않는다.
④ 소방대원은 오염검사가 종료되고 지시가 있을 때까지 절대로 흡연 및 음식물을 섭취하지 않는다.

06. 독극물 화재의 소방활동 일반원칙에 대한 설명으로 적절하지 않은 것은(Ⅰ)?
① 독극물 위험구역 및 폭발 위험구역을 설정한다.
② 소방활동 구역을 설정한다.
③ 소방대의 소방활동 이외 관계자·자위소방대는 가급적 참여시키지 않는다.
④ 소방활동은 독극물 등의 품명, 물성을 특정해서 재해의 실태 및 위험성을 파악해 피해 확대방지, 주민과 대원의 안전확보에 중점을 둔다.

07. 불화단백포 소화약제는 저장성이 우수한바, 그 기간으로 적절한 것은?
① 8~10년　② 11~12년
③ 3~4년　④ 5~6년

08. 포소화약제의 주된 소화 효과에 대한 설명으로 적절한 것은?
① 가연성 증기의 생성 억제에 있다.
② 대류와 복사에 의한 열의 이동 차단효과에 있다.
③ 질식 효과와 상당량의 수분에 의한 냉각 효과이다.
④ 주변 공기의 배출 효과에 있다.

09. 이상연소 현상 중 연료가스의 분출속도가 연소속도보다 빠를 때 불꽃이 버너의 노즐에서 떨어져서 연소하는 현상은?
① 불완전연소
② 선화(Lifting)
③ 역화(Back fire)
④ 블로우 오프(Blow-off)현상

10. 일반적으로 수평방향으로의 연기의 속도로 적절한 것은?
① 0.5m/sec
② 0.5~1m/sec
③ 1.5m/sec
④ 2.0m/sec

11. 소방펌프 조작 시 일어날 수 있는 현상과 관련 "관내에 물이 가득 차서 흐르는 경우 그 관로 끝에 있는 밸브를 갑자기 폐쇄할 경우 물이 갖고 있는 운동에너지는 압력에너지로 변하고 큰 압력 상승이 일어나서 관을 넓히려고 한다. 이 경우 압력상승은 압력파가 되어 관내를 왕복하는 현상" 은?
① 진공현상 ② 수격현상
③ 서징현상 ④ 수막현상

12. "진공펌프의 성능은 30초 이내에 절대진공의 ( )%인 660mmHg까지 도달하여야 하고 진공의 누기는 10초에 ( )mmHg 이하이어야 한다" 에서 괄호 안에 적절한 것은?
① 90, 10 ② 86, 10
③ 90, 20 ④ 88, 20

13. 소방자동차 수동변속기의 종류 중 변환레버에 의해 직접 기어를 움직여 변속하는 것으로 가장 간단한 변속방식인 것은?
① 상시치합식 ② 단기치합식
③ 섭동기어식 ④ 동기물림식

14. 로프 관리 및 사용상의 주의점 중 로프를 사용할 때에 반드시 2줄로 설치하여 안전을 확보하여야 하는 경우는?
① 직경 11mm이하의 로프를 사용할 때
② 직경 9mm이하의 로프를 사용할 때
③ 직경 7mm이하의 로프를 사용할 때
④ 직경 6mm이하의 로프를 사용할 때

15. 특수 도르래 중 카라비너에 도르래가 걸린 상태에서 360° 회전이 가능한 장비는?
① 로프꼬임 방지기
② Z자형 도르래
③ 수평2단 도르래
④ 정지형 도르래

16. 풋록(Foot Lock) 등반 시 두 줄 등반법에 대한 설명으로 적절하지 않은 것은?
① 양손으로 등반로프를 지지 양발로 바깥 측에서 수회 감는다.
② 등반원은 보조원의 로프조작 도움을 받아 양손으로 2본의 로프를 함께 잡아 신체를 당겨 올려 발을 교대로 하여 위쪽으로 움직여 등반한다.
③ 당겨 올린 발뒤꿈치에 힘을 가해 발등을 벽면으로 향한다.
④ 보조원은 등반원의 아래쪽에서 양손으로 1본씩 로프를 잡고, 등반원의 구령에 맞춰 이동하는 쪽의 로프를 느슨하게 고정시키는 발의 로프를 당겨서 보조한다.

17. 도하기법 중 쥬마를 이용해서 건너기에 사용되는 도르래의 종류로 적절한 것은?
① 1단 도르래
② 수평2단 도르래
③ 수평3단 도르래
④ 수평4단 도르래

18. 잠금장치의 구조 및 작동원리 중 "주 잠금장치용 디지털 도어록" 의 특징은?
① 단독으로만 사용하는 경우는 거의 없으며, 보통 현관문 주키(실린더)와 같이 설치하여 사용한다.
② 잠금장치는 두개의 날름쇠(사각날름쇠, 삼각날름쇠)로 이루어져 있으며 일반적인 현관문 도어록(현관정)과 비슷하나 약간의 차이가 있다.
③ 외부에는 번호판, 지문인식기, 카드인식기 등 전자도어록을 작동시키기 위한 외부장치가 부착되어 있으며, 내부에는 배터리케이스, 개/폐 레버 등이 있는 잠금장치가 방화문에 부착되어 있다.
④ 일반 보조키를 대책 보강 하기 위한 경우가 많으므로 현관문용 도어록 (현관정)과 같이 설치되어 있다.

19. 소방 안전관리의 특성 중 계속성·반복성에 대한 설명으로 적절한 것은?
① 화재현장에 있어서 소방활동은 안전관리와 면밀하게 일체되어 있는 경우가 많다.
② 화재현장의 위험을 확인한 후에 임무수행과 안전확보를 양립시키는 특성이다.
③ 안전관리에는 끝이 없으므로 반복하여 실행하여야 한다.
④ 소방활동의 안전관리는 출동에서부터 귀소하기까지 한 순간도 끊임없이 계속된다.

20. 응급상황에 효과적으로 대응하기 위한 통신 체계 요소 중 기지국의 전파거리는?
① 10km ② 15km
③ 20km ④ 30km

21. 기록지를 작성해야 하는 이유 중 기록지를 분석해서 환자처치나 의약품이 어떠한 것이 효과적인지 결정해서 구급활동의 질을 향상시키는 기능은?
① 의료 기능
② 교육·연구 기능
③ 법적 기능
④ 행정적 기능

22. 의식장애 환자에게 보통 일어나는 경련의 환자평가에서 꼭 평가해야 하는 것은?
① 혈압 ② 머리손상
③ 호흡 ④ 생체징후

23. 의식이 있는 뇌졸중 환자를 평가하는 방법 중 F(face)는?
① 하나의 문장을 얘기하고 따라하도록 시킨다. 말이 느리거나 못한다면 비정상
② 시계가 있다면 몇 시인지 물어보고 없다면 낮인지 밤인지 물어본다.

③ 입 꼬리가 올라가도록 웃으면서 따라서 웃도록 시킨다. 치아가 보이지 않거나 양쪽이 비대칭인 경우 비정상
④ 눈을 감고 양 손을 동시에 앞으로 들어 올려 10초간 멈추도록 한다. 양손의 높이가 다르거나 한 손을 전혀 들어 올리지 못할 경우 비정상

24. 다음 중 구급대원의 자격기준 중 업무에 있어 조건이 있는 경우는?
① 의료인
② 2급 응급구조사 자격을 취득한 사람
③ 소방청장이 실시하는 구급업무에 관한 교육을 받은 사람
④ 1급 응급구조사 자격을 취득한 사람

25. 관계 중앙행정기관의 장은 국가안전관리기본계획에 따른 소관 업무에 관한 집행계획을 어떤 절차를 거쳐 확정하여야 하는가?
① 행정안전부장관을 거쳐 국무총리가 확정한다.
② 행정안전부장관이 확정한다.
③ 안전정책조정위원회의 심의를 거쳐 국무총리의 승인을 받아 확정한다.
④ 중앙안전관리위원회의 심의를 거쳐 국무총리의 승인을 받아 확정한다.

제13회 행 정 법

01. 법치행정의 원칙에 대한 설명으로 옳지 않은 것은?
① 규율대상이 국민의 기본권 및 기본적 의무와 관련한 중요성을 가질수록 그리고 그에 관한 공개적 토론의 필요성 또는 상충하는 이익 사이의 조정 필요성이 클수록, 그것이 국회의 법률에 의해 직접 규율될 필요성은 더 증대된다고 보아야 한다.
② 법률의 시행령은 법률에 의한 위임 없이도 법률이 규정한 개인의 권리·의무에 관한 내용을 변경·보충하거나 법률에 규정되지 아니한 새로운 내용을 규정할 수 있다.
③ 법률유보의 원칙은 '법률에 의한 규율' 만을 요청하는 것이 아니라 '법률에 근거한 규율' 을 요청하는 것이기 때문에 기본권의 제한에는 법률의 근거가 필요할 뿐이고 기본권제한의 형식이 반드시 법률의 형식일 필요는 없다.
④ 행정작용은 법률에 위반되어서는 아니 되며, 국민의 권리를 제한하거나 의무를 부과하는 경우와 그 밖에 국민생활에 중요한 영향을 미치는 경우에는 법률에 근거해야 한다.

02. 법치행정에 관한 설명으로 옳지 않은 것은?
① 「행정기본법」에 명문 규정을 두고 있다.
② 행정작용은 국민의 권리를 제한하거나 의무를 부과하는 경우와 그 밖에 국민생활에 중요한 영향을 미치는 경우에는 법률에 근거하여야 한다.
③ 일반적으로 처분이 주체·내용·절차와 형식의 요건을 모두 갖추고 외부에 표시된 경우에는 처분의 존재가 인정된다.
④ 행정청이 처분을 하는 때에는 다른 법령 등에 특별한 규정이 있는 경우를 제외하고는 문서로 하여야 하는 것이 원칙이다.
⑤ 구 「소방시설 설치·유지 및 안전관리에 관한 법률」에 따른 소방공무원의 시정보완명령 고지가 구두로 행하여졌다면 그 내용이 적법하다 하더라도 해당 처분은 취소사유에 해당한다.

03. 「행정기본법」상 법령등 시행일의 기간 계산에 대한 설명으로 적절하지 않은 것은?
① 법령등(훈령·예규·고시·지침 등을 포함한다)의 시행일을 정하거나 계산할 때의 기준이다.
② 법령등을 공포한 날부터 시행하는 경우에는 공포한 날을 시행일로 한다.
③ 법령등을 공포한 날부터 일정 기간이 경과한 날부터 시행하는 경우 법령등을 공포한 날을 첫날에 산입하지 아니한다.
④ 법령등을 공포한 날부터 일정 기간이 경과한 날부터 시행하는 경우 그 기간의 말일이 토요일 또는 공휴일인 때에는 그 다음 날 기간이 만료한다.

04. 「행정기본법」상 법 적용의 기준에 대한 설명으로 적절하지 않은 것은?
① 법령등을 위반한 행위의 성립과 이에 대한 제재처분은 법령등에 특별한 규정이 있는 경우를 제외하고는 법령등을 위반한 행위 당시의 법령등에 따른다.
② 앞 ①과 관련 다만, 법령등을 위반한 행위 후 법령등의 변경에 의하여 그 행위가 법령등을 위반한 행위에 해당하지 아니하거나 제재처분 기준이 가벼워진 경우로서 해당 법령등에 특별한 규정이 없는 경우에는 변경된 법령등을 적용한다.

③ 당사자의 신청에 따른 처분은 예외없이 처분 당시의 법령등에 따른다.
④ 새로운 법령등은 법령등에 특별한 규정이 있는 경우를 제외하고는 그 법령등의 효력 발생 전에 완성되거나 종결된 사실관계 또는 법률관계에 대해서는 적용되지 아니한다.

05. 특별권력관계에 있어서 기본권의 제한이 허용되지 않은 것은?
① 공무원에 대한 신앙의 자유 제한
② 수형자에 대한 통신의 자유 제한
③ 경찰공무원에 대한 손해배상청구권의 제한
④ 군인에 대한 주거이전의 자유 제한

06. 다음 글에 대한 설명으로 옳지 않은 것은?

> 교도소장 X는 복역 중인 甲이 변호사에게 보내기 위하여 발송을 의뢰한 서신을 법령상 검열사유에 해당하지 않음에도 불구하고 발송 전에 검열하였다. 이에 甲은 X의 위와 같은 서신검열행위로 말미암아 통신의 비밀이 침해되었다고 주장하며 다투고자 한다.

① 교도소장 X의 서신검열행위는 이른바 특별권력관계 내부에서의 행위이지만 그에 대한 사법심사는 가능하다.
② 교도소장 X의 서신검열행위는 법률에 근거함이 없이 행하여졌다면 위법하다.
③ 교도소장 X의 서신검열행위는 강학상 행정행위에 해당한다.
④ 甲이 교도소장 X의 서신검열행위에 대해 취소소송을 제기함이 없이 곧바로 국가배상 청구소송을 제기한 경우, 수소법원은 그 위법성 여부를 심리·판단할 수 있다.

07. 행정입법에 관한 설명으로 옳지 않은 것은?
① 교육부장관이 시·도교육감에게 통보한 내신성적 산정지침은 행정조직 내부에서의 내부적 심사기준이라기보다는 그 지침으로 인해 국민의 권익에 대한 직접적·구체적 변동을 가져올 수 있는 점에서 항고소송의 대상이 되는 처분으로 보아야 한다.
② 행정규칙의 내용이 상위법령에 반하는 것이라면 법치국가원리에서 파생되는 법질서의 통일성과 모순금지 원칙에 따라 그것은 법질서상 당연무효이고, 행정내부적 효력도 인정될 수 없다.
③ 구 「청소년보호법」에 따른 청소년유해매체물결정 및 고시처분은 일반 불특정 다수인을 상대방으로 하는 행정처분이다.
④ 시외버스운송사업의 사업계획변경 기준 등에 관한 구 「여객자동차운수사업법 시행규칙」은 대외적 구속력이 있는 법규명령에 해당한다.
⑤ 보건복지부 고시인 약제급여·비급여목록 및 급여상한금액표는 다른 집행행위의 매개 없이 그 자체로서 국민건강보험가입자, 국민건강보험공단, 요양기관 등의 법률관계를 직접 규율하는 행정처분의 성격을 가진다.

08. 행정입법에 관한 설명으로 옳지 않은 것은?
① 일반적으로 법률의 위임에 의하여 효력을 갖는 법규명령의 경우, 구법에 위임의 근거가 없어 무효였더라도 사후에 법 개정으로 위임의 근거가 부여되면 그때부터는 유효한 법규명령이 된다.
② 법령에서 행정처분의 요건 중 일부 사항을 부령으로 정할 것을 위임한 데 따라 시행규칙 등 부령에서 이를 정한 경우에 그 부령의 규정은 국민에 대해서도 구속력이 있는 법규명령에 해당한다.
③ 상급행정기관이 소속 공무원이나 하급행정기관에 대하여 세부적인 업무처리절차나 법령의 해석·적용 기준을 정해 주는 행정규칙은 상위법령에 반하지 않는다고 하더라도 상위법령의 구체적 위임이 있지 않는 한, 행정조직 내부적으로도 효력을 가지지 못하고 대외적으로도 국민이나 법원을 구속하는 효력이 없다.
④ 법령보충적 행정규칙은 물론이고, 재량권 행사의 준칙이 되는 행정규칙이 그 정한 바에 따라 되풀이 시행되어 행정관행이 이루어지고 행정의 자기구속원리에 따라 대외적 구속력을 가지는 경우에는 헌법소원의 대상이 될 수 있다.

09. 재량행위에 대한 판례의 입장으로 옳지 않은 것은?
① 법령에 근거한 구체적인 집행행위가 재량행위인 경우에는 법령은 집행관청에게 기본권침해의 가능성만을 부여할 뿐 법령 스스로가 기본권의 침해행위를 규정하고 행정청이 이에 따르도록 구속하는 것이 아니고, 이때의 기본권의 침해는 집행기관의 의사에 따른 집행행위, 즉 재량권의 행사에 의하여 비로소 이루어지고 현실화되므로 이러한 경우에는 법령에 의한 기본권침해의 직접성이 인정될 여지가 없다.
② 제재적 행정처분이 사회통념상 재량권의 범위를 일탈하였거나 남용하였는지 여부는 처분사유로 된 위반행위의 내용과 당해 처분행위에 의하여 달성하려는 공익목적 및 이에 따르는 제반사정 등을 객관적으로 심리하여 공익침해의 정도와 그 처분으로 인하여 개인이 입게 될 불이익을 비교 교량하여 판단하여야 한다.
③ 생물학적 동등성 시험자료에 조작이 있음을 이유로 해당 의약품의 회수, 폐기를 명한 처분에 어떠한 재량권의 일탈·남용이 있다고 할 수는 없다.
④ 검사의 임용 여부는 임용권자의 자유재량에 속하는 사항이고, 임용권자가 동일한 검사신규임용의 기회에 원고를 비롯한 다수의 검사 지원자들로부터 임용 신청을 받아 전형을 거쳐 자체에서 정한 임용기준에 따라 이들 일부만을 선정하여 검사로 임용하는 경우에 있어서 법령상 검사임용 신청 및 그 처리의 제도에 관한 명문 규정이 없을 때 조리상 전형 결과의 응답을 해 줄 의무는 없다.

10. 재량행위에 대한 다음 설명 중 적절하지 않은 것은?
① 재량권의 내적 한계를 넘어선 경우를 재량권의 남용이라 한다.
② 군의관에 대한 전역거부처분이 재량권의 일탈 · 남용에 해당하지 않는다.
③ 회분함량이 기준치를 0.5% 초과한 수입녹용 전량을 폐기처리 지시한 처분은 재량권을 일탈 · 남용한 경우에 해당한다.
④ 주유소의 관리인이 부정휘발유를 구입 판매한 것을 이유로 위험물취급소 설치허가를 취소한 행정처분은 재량권의 범위를 일탈한 것이다.

11. 행정행위의 부관에 관한 설명으로 옳지 않은 것은?
① 부담에 의해 부과된 의무를 불이행한 경우 부담부 행정행위는 당연히 효력을 상실한다.
② 「행정기본법」상 행정청은 부관을 붙일 수 있는 처분을당사자가 동의한 경우에는 그 처분을 한 후에도 부관을 새로 붙이거나 종전의 부관을 변경할 수 있다.
③ 갱신신청 없이 유효기간이 지나면 주된 행정행위는 효력이 상실되므로 갱신기간이 지나 신청한 경우에는 기간연장신청이 아니라 새로운 허가신청으로 보아야 한다.
④ 행정행위가 그 내용상 장기간에 걸쳐 계속될 것이 예상되는데 유효기간이 허가 또는 특허된 사업의 성질상 부당하게 단기로 정해진 경우에는 그 유효기간을 '허가 또는 특허의 조건의 존속기간' 으로 보아야 한다.

12. 「행정기본법」에 규정된 부관에 대한 설명으로 적절하지 않은 것은?
① 행정청은 처분에 재량이 있는 경우에는 부관(조건, 기한, 부담, 철회권의 유보 등을 말한다)을 붙일 수 있다.
② 행정청은 처분에 재량이 없는 경우에는 법률에 근거가 있는 경우에 부관을 붙일 수 있다.

③ 행정청은 부관을 붙일 수 있는 처분이 법률에 근거가 있는 경우에는 그 처분을 한 후에도 부관을 새로 붙이거나 종전의 부관을 변경할 수 있다.
④ 앞 ③의 경우 당사자의 신청이 있는 경우에도 또한 같다.

13. 무효와 부존재를 구별하는 학설에 의할 때, 행정행위의 부존재에 해당하는 것은?
① 공무원의 착오로 인한 행정행위
② 행정청의 호의적 알선에 의한 행위
③ 필요한 청문절차를 거치지 않은 행위
④ 사기·강박에 의한 행위

14. 행정행위의 무효와 취소에 관한 다음 설명 중 가장 적절한 것은?
① 음주운전을 단속한 경찰관 명의로 행한 운전면허정지처분은 취소사유에 해당한다.
② 무효인 행정행위도 상당한 시간이 경과하게 되는 경우 불가쟁력이 인정된다.
③ 행정행위의 일부가 무효이면 나머지 부분도 무효라고 보는 것이 원칙이다.
④ 무효인 행정행위도 취소소송의 제소요건을 갖추는 경우 취소소송의 형식으로 소제기가 가능하다.

15. 「행정기본법」상 공법상 계약에 대한 설명으로 적절하지 않은 것은?
① 행정청은 법령등을 위반하지 아니하는 범위에서 행정목적을 달성하기 위하여 필요한 경우에는 공법상 법률관계에 관한 계약(공법상 계약)을 체결할 수 있다.
② 앞 ①의 경우 계약의 목적 및 내용을 명확하게 적은 계약서를 2부 작성하여야 한다.
③ 행정청은 공법상 계약의 상대방을 선정하고 계약 내용을 정할 때 공법상 계약의 공공성을 고려하여야 한다.
④ 행정청은 공법상 계약의 상대방을 선정하고 계약 내용을 정할 때 제3자의 이해관계를 고려하여야 한다.

16. 밑줄 친 부분의 행정작용에 해당하는 것은?

> 정부는 다음 달 초부터 자동차 운전자들이 자주 일삼는 교차로 꼬리 물기에 대하여 단속보다는 <u>이를 지양하는 방향으로 계도하기로 하고 적극 홍보에 나섰다.</u>

① 행정기관이 장래 일정기간 내에 도달해야 할 목표를 설정하고 제 수단을 조정·통합하는 작용 또는 그 활동기준
② 행정기관이 행정목적을 실현하기 위하여 특정인에게 일정한 행위를 하거나 하지 아니하도록 지도·권고·조언 등을 하는 행정작용
③ 행정활동의 한 수단으로 공행정 목적을 수행하기 위한 계약적 행정작용
④ 일정한 행정작용을 하거나 하지 않을 것을 내용으로 하는 행정청의 구속력 있는 약속

17. 「공공기관의 정보공개에 관한 법률」에 관한 설명으로 옳지 않은 것은?
① 형사재판확정기록에 관해서는 「형사소송법」 제59조의 2에 따른 열람·등사 신청이 허용되고 그 거부나 제한 등에 대한 불복은 준항고에 의하며, 형사재판확정기록이 아닌 불기소처분으로 종결된 기록에 관해서는 정보 공개법에 따른 정보공개청구가 허용되고 그 거부나 제한 등에 대한 불복은 항고소송절차에 의한다.
② 국민의 정보공개청구권은 법률상 보호되는 구체적인 권리이므로, 공공기관에 대하여 정보의 공개를 청구하였다가 공개거부처분을 받은 청구인은 행정소송을 통하여 그 공개거부처분의 취소를 구할 법률상의 이익이 있다.
③ 정보공개를 청구하는 자가 공공기관에 대해 정보의 사본 또는 출력물 교부의 방법으로 공개방법을 선택하여 정보공개청구를 한 경우, 공개청구를 받은 공공기관은 그 공개 방법을 선택할 재량권이 존재한다고 해석함이 상당하다.
④ 청구인은 법원행정처장의 정보비공개결정에 대하여 행정법원에 소를 제기하지 않고 바로 헌법소원심판을 청구하였으므로, 법원행정처장의 정보비공개결정에 대한 헌법소원 심판청구는 보충성원칙을 흠결하여 부적법하다.

18. 행정정보공개 및 개인정보 보호에 관한 설명으로 옳지 않은 것은?
① 정보공개청구의 대상이 되는 정보는 반드시 원본이어야 한다.
② 「공공기관의 정보공개에 관한 법률」에 따르면 지방자치단체는 그 소관 사무에 관하여 법령에 위배되지 않는 범위에서 정보공개에 관한 조례를 제정할 수 있다.
③ 「개인정보 보호법」에 따르면 정보주체는 개인정보처리자가 이 법을 위반한 행위로 손해를 입으면 개인정보처리자에게 손해배상을 청구할 수 있다. 이 경우 그 개인정보처리자는 고의 또는 과실이 없음을 입증하지 아니하면 책임을 면할 수 없다.
④ 「개인정보 보호법」에 따르면 개인정보와 관련한 분쟁의 조정을 원하는 자는 개인정보 분쟁조정위원회에 조정을 신청할 수 있으며, 개인정보 분쟁조정위원회는 그 신청 내용을 상대방에게 알려야 하며, 상대방은 특별한 사유가 없는 한 분쟁조정에 응하여야 한다.

19. 행정벌에 관한 설명으로 옳지 않은 것은?
① 행정질서벌은 형벌이 아니므로 형법총칙이 적용되지 않기 때문에, 「질서위반행위규제법」에서도 고의나 과실을 질서위반행위의 성립요건으로 하지 않고 있다.
② 행정청의 과태료 처분이나 법원의 과태료 재판이 확정된 후 법률이 변경되어 그 행위가 질서위반행위에 해당하지 아니하게 된 때에는 변경된 법률에 특별한 규정이 없는 한 과태료의 징수 또는 집행을 면제한다.
③ 통고처분은 행정청에 의해 부과되기는 하나 행정처분이 아니므로 그에 대한 불복절차는 행정쟁송으로 할 수 없다.
④ 당사자의 이의제기가 있으면 행정청의 과태료 부과처분은 그 효력을 상실한다.
⑤ 특별한 사정이 없는 이상 경찰서장은 범칙행위에 대한 형사소추를 위하여 이미 한 통고처분을 임의로 취소할 수 없다.

20. 형사범과 형사벌에 대한 항정범과 행정형벌의 특수성과 관련하여 문제로 제기되고 있지 않은 것은?
① 고의의 성립
② 개인의 책임능력
③ 과실범의 처벌
④ 행정범에 대한 형법총칙의 적용문제

21. 국가배상에 관한 법적용 순서로 적절한 것은?
① ㉠ 특별법 ㉡ 국가배상법 ㉢ 민법의 순으로 적용된다.
② ㉠ 국가배상법 ㉡ 특별법 ㉢ 민법의 순으로 적용된다.
③ ㉠ 민법 ㉡ 특별법 ㉢ 국가배상법의 순으로 적용된다.
④ ㉠ 특별법 ㉡ 민법 ㉢ 국가배상법의 순으로 적용된다.

22. 국가를 상대로 하는 손해배상 청구소송에서 국가를 대표하는 자는?
① 대통령
② 국무총리
③ 행정안전부장관
④ 법무부장관

23. 행정심판위원회의 위원장이 직권으로 심리·결정에 갈음하는 결정을 할 경우에 대한 설명으로 적절하지 않은 것은?
① 위원회의 심리·결정을 기다릴 경우 중대한 손해가 생길 우려가 있다고 인정되면 할 수 있다.
② 이 경우 위원장은 위원회에 그 사실을 보고하고 추인을 받아야 한다.
③ 위원회의 추인을 받지 못한 때에는 위원장은 집행정지 또는 집행정지의 취소에 관한 결정을 취소하여야 한다.
④ 앞 ②의 경우 위원회에 대한 보고는 3일 이내에 하여야 한다.

24. 행정심판청구의 보정에 대한 설명으로 적절하지 않은 것은?
① 위원회는 심판청구가 적법하지 아니하나 보정(補正)할 수 있다고 인정하면 기간을 정하여 청구인에게 보정할 것을 요구할 수 있다.
② 다만, 경미한 사항은 직권으로 보정할 수 있다.
③ 보정기간은 재결기간에 산입한다.
④ 보정은 서면으로 하여야 한다.

25. 다음 설명 중 옳지 않은 것은?
① 「감염병의 예방 및 관리에 관한 법률」 제71조에 의한 예방접종 피해에 대한 국가의 보상책임은 무과실책임 이지만 질병, 장애 또는 사망이 예방접종으로 발생 하였다는 점이 인정되어야 한다.
② 예방접종과 장애 등 사이의 인과관계는 반드시 의학적·자연과학적으로 명백히 증명되어야 하는 것은 아니고, 간접적 사실관계 등 제반 사정을 고려할 때 인과관계가 있다고 추단되는 경우에는 증명이 있다고 보아야 한다.
③ 수익적 행정행위 신청에 대한 거부처분은 당사자의 신청에 대하여 관할 행정청이 거절하는 의사를 대외적으로 명백히 표시함으로써 성립되고, 거부처분이 있은 후 당사자가 다시 신청을 한 경우에는 신청의 제목 여하에 불구하고 그 내용이 새로운 신청을 하는 취지라면 관할 행정청이 이를 다시 거절하는 것은 새로운 거부처분으로 봄이 원칙이다.
④ 주한 미군에 근무하면서 특수업무를 수행하는 한국인 군무원에 대한 주한 미군 측의 고용해제 통보 후 국방부 장관이 행한 직권면직의 인사발령은 항고소송의 대상이 되는 행정처분이다.

제13회 소방법령 Ⅳ

01. 「소방공무원 임용령」 제3조 제1항에 따르면 시·도지사는 대통령의 위임을 받아 소방공무원의 임용권(소방본부장 및 지방소방학교장은 제외)을 행사할 수 있는바, 그 계급으로 적절한 것은?
① 소속 소방정 이상의 소방공무원
② 소속 소방공무원
③ 소속 소방경 이상의 소방공무원
④ 소속 소방령 이상의 소방공무원

02. 신체정신상의 장애로 장기요양이 필요하여 휴직한 경우, 휴직기간만료로 인하여 퇴직한 소방공무원을 퇴직한 날로부터 3년 이내에 퇴직 시에 재직한 계급 또는 그에 상응하는 계급의 소방공무원으로 재임용하는 경우는 경력경쟁채용시험으로 채용할 수 있는바, 그 조건으로 적절한 것은?
① 전 재직기관에 전력을 조회하여 재임용에 따른 결격사유가 없는 것으로 확인된 경우로 한정한다.
② 전 재직기관에 전력을 조회하여 징계처분의 전과가 없는 것으로 확인된 경우로 한정한다.
③ 전 재직기관에 전력을 조회하여 그 퇴직사유가 확인된 경우로 한정한다.
④ 전 재직기관에 전력을 조회하여 징계처분의 전과가 없어야 하며 그 퇴직사유가 확인된 경우로 한정한다.

03. 임용예정 직무에 관련된 자격증 소지자를 경력경쟁채용등 시험에 의하여 임용하는 경우 해당하는 자격증을 소지한 후 당해 분야에 2년 이상 종사한 경력이 있어야 하는바, 해당 자격증을 소지하기 전의 경력을 포함하여 산정하는 경우로 적절한 것은?
① 항공 분야 조종사
② 항공 분야 정비사
③ 소방정분야 항해사
④ 항공 분야 조종사 및 정비사

04. 소방공무원의 공개경쟁채용시험 및 소방간부후보생 선발시험의 합격자 결정 중 필기시험의 결정방법으로 적절한 것은?
① 각 과목 40퍼센트 이상을 득점하고, 전 과목 총점의 60퍼센트 이상을 득점한 사람 중에서 선발예정인원의 2배수 범위에서 고득점자순으로 결정
② 각 과목 40퍼센트 이상을 득점하고, 전 과목 총점의 60퍼센트 이상을 득점한 사람 중에서 선발예정인원의 4배수 범위에서 고득점자순으로 결정
③ 각 과목 40퍼센트 이상을 득점하고, 전 과목 총점의 60퍼센트 이상을 득점한 사람 중에서 선발예정인원의 1.5배수 범위에서 고득점자순으로 결정
④ 각 과목 40퍼센트 이상을 득점하고, 전 과목 총점의 60퍼센트 이상을 득점한 사람 중에서 선발예정인원의 3배수 범위에서 고득점자순으로 결정

05. 소방서 소속 소방정의 근무성적 1차평정자로 적절한 것은?

① 소속 시·도지사
② 소속 시·도 소방본부장
③ 소속 시·도 부시장 또는 부지사
④ 소속 시 · 도 소방본부 소방행정과장

06. 소방장 이하의 전문교육훈련성적 및 직장훈련성적 반영점수로 적절한 것은?
① 전문교육훈련성적 4점, 직장훈련성적 3점
② 전문교육훈련성적 3점, 직장훈련성적 3점
③ 전문교육훈련성적 3점, 직장훈련성적 4점
④ 전문교육훈련성적 4점, 직장훈련성적 4점

07. 소방공무원 교육훈련성적의 평정과 관련 이를 평정하지 않는 기준으로 적절한 것은?
① 교육훈련성적이 만점의 50퍼센트 미만인 사람
② 「소방공무원 교육훈련규정」 제17조에 따른 교육훈련성적이 만점의 60퍼센트 미만인 사람
③ 교육훈련성적이 만점의 60퍼센트 미만인 사람
④ 「소방공무원 교육훈련규정」 제17조에 따른 수료요건 또는 졸업요건을 갖추지 못한 사람

08.소방공무원 승진심사위원회가 승진심사대상자가 승진될 계급에서의 직무수행 능력을 평가하기 위하여 심사하는 "근무성과" 에 해당하지 않은 것은?
① 근무성적평정
② 교육훈련성적평정
③ 근무부서 및 담당업무
④ 경력평정

09. 국무총리 소속하에 설치된 징계위원회에서 관할하는 소방공무원의 계급은?
① 소방준감 이상
② 소방감 이상
③ 소방정감 이상
④ 소방총감

10. 소방청 소속 소방사인 소방공무원에 대한 징계 또는 징계부가금 사건의 관할로 적절한 것은?
① 소방청에 설치된 보통소방공무원 징계위원회
② 소방청에 설치된 소방공무원 징계위원회
③ 소방청에 설치된 중앙소방공무원 징계위원회
④ 국무총리 소속하에 설치된 중앙징계위원회

11. 징계위원회가 징계등 사건을 의결할 때에 고려해야 할 사항으로 열거되지 않은 것은?
① 평소 행실
② 징계등 요구의 내용
③ 비위행위가 공직 사회에 미치는 영향
④ 징계등 혐의자의 혐의 당시 계급

12. 징계위원회가 징계등 의결을 한 때의 조치로 적절한 것은?
① 징계의결등을 했을 때에는 지체 없이 징계의결등을 요구한 자에게 의결서 부본(副本)을 보내어 통지하여야 한다.
② 징계의결등을 했을 때에는 지체 없이 징계의결등을 요구한 자에게 의결서 사본(寫本)을 보내어 통지하여야 한다.
③ 징계의결등을 했을 때에는 지체 없이 징계의결등을 요구한 자에게 의결서 원본(原本)을 보내어 통지하여야 한다.
④ 징계의결등을 했을 때에는 지체 없이 징계의결등을 요구한 자에게 의결서 정본(正本)을 보내어 통지하여야 한다.

13. 수료 또는 졸업요건을 갖추지 못한 사람에 대한 조치로 적절한 것은?
① 두 차례에 한정하여 다시 교육훈련을 받게 할 수 있다.
② 한차례에 한정하여 다시 교육훈련을 받게 하되, 비용은 본인이 부담한다.
③ 수료 또는 졸업요건을 갖출 때까지 교육훈련을 받게 하되 비용은 본인이 부담한다.
④ 한 차례에 한정하여 다시 교육훈련을 받게 할 수 있다.

14. 제조소등의 완공검사 신청 시기와 관련 전체 공사가 완료된 후에는 완공검사를 실시하기 곤란한 경우 완공검사 신청 시기로 적절하지 않은 것은?
① 기술원이 지정하는 부분의 비파괴시험을 실시하는 시기
② 위험물설비 또는 배관의 설치가 완료되어 기밀시험 또는 내압시험을 실시하는 시기
③ 배관을 반자 안에 설치하는 경우에는 반자를 마감하기 직전
④ 배관을 지하에 설치하는 경우어는 시·도지사, 소방서장 또는 기술원이 지정하는 부분을 매몰하기 직전

15. 제조소등의 관계인은 제조소등의 사용을 중지하려는 경우에는 위험물의 제거 및 제조소등에의 출입통제 등 행정안전부령으로 정하는 안전조치를 하여야 하는바, 이에 해당하지 않은 것은?
① 관계인이 아닌 사람에 대한 해당 제조소등에의 출입금지 조치
② 해당 제조소등의 사용중지 사실의 게시
③ 탱크 · 배관 등 위험물을 저장 포는 취급하는 설비에서 위험물 및 가연성 증기 등의 제거
④ 해당 제조소등에 대해 월1회 이상 이상 유무 확인

16. 업무상 과실로 제조소등에서 위험물을 유출·방출 또는 확산시켜 사람을 사상에 이르게 한 경우의 벌칙은?
① 5년 이하의 징역 또는 5천만원 이하의 벌금
② 5년 이하의 징역 또는 금고나 5천만원 이하의 벌금
③ 10년 이하의 징역 또는 금고나 1억원 이하의 벌금
④ 10년 이하의 징역 또는 1억원 이하의 벌금

17. 위험물안전관리자 또는 그 대리자가 참여하지 아니한 상태에서 위험물을 취급한 자 의 벌칙은?
① 1년이하의 징역 또는 1천만원이하의 벌금
② 500만원 이하의 벌금
③ 1천만원 이하의 벌금
④ 1천500만원 이하의 벌금

18. 옥내저장탱크의 탱크 전용실을 단층건축물 외의 건축물에 설치할 경우 2층 이상에 설치되는 경우는 지정수량 10배이하 이어야 하는바, 제4석유류 및 동식물유류 외의 제4류 위험물에 있어서의 기준은?
① 당해 수량이 10,000리터를 초과할 때에는 10,000리터
② 당해 수량이 5,000리터를 초과할 때에는 5,000리터
③ 당해 수량이 5,000리터를 초과할 때에는 5,000리터
④ 당해 수량이 4,000리터를 초과할 때에는 4,000리터

19. 지하저장탱크를 2 이상 인접해 설치하는 경우 당해 2 이상의 지하저장탱크의 용량의 합계가 지정수량의 100배 이하인 때에 그 상호간의 간격을 0.5m로 하지만 이를 지키지 않아도 되는 경우는?

① 그 사이에 탱크전용실의 벽이나 두께 30㎝ 이상의 콘크리트 구조물이 있는 경우
② 그 사이에 탱크전용실의 벽이나 두께 25㎝ 이상의 콘크리트 구조물이 있는 경우
③ 그 사이에 탱크전용실의 벽이나 두께 20㎝ 이상의 콘크리트 구조물이 있는 경우
④ 그 사이에 탱크전용실의 벽이나 두께 15㎝ 이상의 콘크리트 구조물이 있는 경우

20. 제2종판매취급소의 건축물의 구조 등에 대한 설명으로 적절하지 않은 것은?
① 연소의 우려가 없는 부분에 한하여 창을 두되, 해당 창에는 60분+방화문ㆍ60분방화문 또는 30분방화문을 설치할 것
② 상층이 없는 경우에는 지붕을 불연재료로 할 것
③ 상층이 있는 경우에는 상층의 바닥을 내화구조로 할 것
④ 동시에 상층으로의 연소를 방지하기 위한 조치를 강구할 것

21. 다음 중 이송취급소를 설치할 수 없는 장소에도 불구하고 설치할 수 있는 예외를 인정하고 있는바, 예외의 내용으로 적절하지 않은 것은?
① 지형상황 등 부득이한 사유가 있고 안전에 필요한 조치를 하는 경우
② 고속국도 및 자동차전용도로의 차도· 갓길 및 중앙분리대를 횡단하여 설치하는 경우
③ 호수저수지 등으로서 수리의 수원이 되는 곳을 횡단하여 설치하는 경우
④ 급경사지역으로서 붕괴의 위험이 있는 지역을 횡단하여 설치하는 경우

22. 제조소등에 설치하는 옥내소화전설비에 대한 설치기준으로 적절한 것은?
① 제조소등의 건축물의 층마다 당해 층의 각 부분에서 하나의 호스 접속구까지의 수평거리가 50m 이하가 되도록 설치할 것
② 제조소등의 건축물의 층마다 당해 층의 각 부분에서 하나의 호스 접속구까지의 보행거리가 50m 이하가 되도록 설치할 것
③ 제조소등의 건축물의 층마다 당해 층의 각 부분에서 하나의 호스 접속구까지의 수평거리가 25m 이하가 되도록 설치할 것
④ 제조소등의 건축물의 층마다 당해 층의 각 부분에서 하나의 호스 접속구까지의 보행거리가 25m 이하가 되도록 설치할 것

23. 제조소등에 설치하는 옥내소화전설비에 대한 설치기준과 관련 "옥내소화전은 제조소등의 건축물의 층마다 당해 층의 각 부분에서 하나의 호스접속구까지의 수평거리가 25m 이하가 되도록 설치하고 이 경우 옥내소화전은 각층의 (　　)에 1개 이상 설치하여야 한다" 에서 괄호 안에 적절한 것은?
① 출입구 밖
② 출입구 입구
③ 출입구 안쪽 부근
④ 출입구 부근

24. 다음중 제5류 위험물과 혼재가 가능한 위험물은?
① 제1류위험물　② 제3류위험물
③ 제4류위험물　④ 제6류위험물

25. 제5류 위험물 중 위험등급Ⅱ의 위험물이 되기 위한 조건은?
① 지정수량 300킬로그램인 위험물
② 지정수량 200킬로그램인 위험물
③ 지정수량 500킬로그램인 위험물
④ 지정수량 10킬로그램인 것 외의 위험물

제13회 소 방 전 술

01. 소방현장에서 가장 흔하게 활용되는 전략개념은 우선순위에 따른 화재진압을 하는 것인바, 이의 순서로 적절한 것은?
① ① 인명구조(Rescue) → ② 외부확대 방지(Exposure) → ③ 화점진압(Extinguish) →④ 내부확대 방지(Confine) → ⑤ 재발방지를 위한 점검·조사(Overhaul)
② ① 인명구조(Rescue) → ② 외부확대 방지(Exposure) → ③ 내부확대 방지(Confine) → ④ 화점진압(Extinguish) → ⑤ 재발방지를 위한 점검·조사(Overhaul)
③ ① 인명구조(Rescue) → ② 내부확대 방지(Confine) → ③ 외부확대 방지(Exposure) → ④ 화점진압(Extinguish) → ⑤ 재발방지를 위한 점검·조사(Overhaul)
④ ① 내부확대 방지(Confine) → ② 인명구조(Rescue) → ③ 외부확대 방지(Exposure) → ④ 화점진압(Extinguish) → ⑤ 재발방지를 위한 점검·조사(Overhaul)

02. 출동준비 단계에서의 교육훈련과 관련 관할 내 소방대상물의 위치·구조·설비현황을 서류, 도면, 영상 등 각종 자료를 활용하여 하는 훈련의 명칭으로 적절한 것은?
① 영상훈련　② 도상훈련
③ 일상훈련　④ 소방훈련

03. 판유리의 파괴순서는 유리의 중량을 고려하여야 하는바, 그 방법으로 적절한 것은?(Ⅱ)
① 아랫부분부터 종으로 파괴한다.
② 아랫부분부터 횡으로 파괴한다.
③ 윗부분부터 종으로 파괴한다.
④ 윗부분부터 횡으로 파괴한다.

04. 바닥파괴의 일반적 유의사항으로 적절하지 않은 것은?
① 파괴 장소 결정 및 시기는 현장지휘자의 지시에 의하여 한다.
② 고열을 받은 부분은 콘크리트가 부서지기 쉽게 되므로 비교적 파괴가 용이하다.
③ 철근 및 배관류는 바닥 중앙에 적으므로 중앙의 파괴가 가장 용이하다.
④ 건축설계도 등의 자료를 수집하고 대들보, 기둥, 배관상황을 추정하여 파괴 장소를 선정한다.

05. 독극물 화재 시 인명검색·구조에 대한 설명으로 적절하지 않은 것은?(Ⅱ)
① 예측 불가한 사태에 활동할 수 있는 대원의 배치 및 연락할 수 있는 체제를 유지한다.
② 요구조자의 안전확보상황 등에서 필요에 따라 요구조자에 호흡보호기를 착용시킨다.
③ 오염된 요구조자에 대해 독·극물위험구역 외에서 탈의, 비눗물, 물 등의 제염조치를 실시하고 그 후 구호소 등의 안전한 장소에서 구호조치를 실시한다.
④ 인화 또는 폭발위험이 있는 경우는 안전이 확보될 때 까지 즉시 철수 한다.

06. 독극물 화재 시 소화활동에 대한 설명으로 적절하지 않은 것은?(l)

① 가연성 독성가스의 소화는 소화 후 밸브의 폐쇄 등에 의한 응급조치에 의해 누설· 유출방지를 할 수 있는 경우에 실시한다.

② 액체 독극물 등의 소화활동에 있어서 밸브의 폐쇄 등 응급조치에 의해 누설·유출정지가 가능한 경우는 화재의 확대방지를 위해 소화에 선행 또는 병행해서 누설·유출정지의 응급조치를 실시한다.

③ 독극물 등의 누설·유출정지가 곤란한 경우는 일단 철수한 후 재진입여부를 결정한다.

④ 소화는 독극물 등의 위험성, 저장형태 및 발화장소 등 화재실태에 적합한 소화방법을 선정해서 실시하며, 독극물의 중화, 희석 등의 응급조치를 병행해서 실시한다.

07. 이산화탄소(소화약제)의 일반적 성질에 대한 설명으로 적절하지 않은 것은?

① 가장 큰 소화 효과는 질식 효과이며 약간의 냉각 효과도 있다.

② 무색, 무취이다.

③ 전기적으로 전도성이다.

④ 공기 중에 약 0.03vol% 존재하며 동·식물의 호흡 및 유기물의 연소에 의해서도 발생되고 천연 가스, 광천수 등에도 함유되어 있다.

08. 이산화탄소(소화약제)의 최소 설계 농도는 보통 얼마 이상으로 설계해야 하는가?

① 38vol% ② 34vol%

③ 30vol% ④ 26vol%

09. 건물 내부와 외부 공기밀도 차이로 인해 발생한 압력 차이에 의해 발생하는 효과는?

① 굴뚝효과 ② 부력효과

③ 중성대 효과 ④ 이동효과

10. 빛, 소리 및 충격 압력을 수반하는 순간적으로 완료되는 화학변화를 말하는 것은?

① 폭굉 ② 발열반응

③ 순간반응 ④ 폭발반응

11. 연성계에 대한 설명으로 적절하지 않은 것은?

① 물을 흡수할 경우 연성계의 바늘은 빨간색(진공측)을 가리킨다.

② 소화전 또는 다른 소방차로부터 중계를 받아 압력이 있는 물을 급수시킬 때 연성계는 흰 지시부분(압력측)을 가리킨다.

③ 연성계는 소방펌프 흡입부나 흡수배관에서 동관으로 연결하여 펌프실 양측 조작반에 취부 되어 있다.

④ 진공도가 급격히 하락(하강)하는 것은 스트레이너 등이 오물이나 찌꺼기 등으로 막혀있음을 나타내므로 즉시 확인한다.

12. 소방펌프 RPM 조절방법의 구분으로 적절한 것은?

① 자동식과 수동식

② 기계식과 전기식

③ 전기식과 전자식

④ 수동식과 전자식

13. 소방자동차의 클러치 유격상태(점검)와 관련 적절한 것은?

① 클러치 페달을 손으로 눌렀을 때 저항을 느끼는 위치까지의 거리를 유격이라 하며, 통상 12~21㎜이다, 바닥과의 간극은 30㎜ 이상이면 일반적으로 정상이다.

② 클러치 페달을 손으로 눌렀을 때 저항을 느끼는 위치까지의 거리를 유격이라 하며, 통상 8~16㎜이다, 바닥과의 간극은 40㎜ 이상이면 일반적으로 정상이다.

③ 클러치 페달을 손으로 눌렀을 때 저항을 느끼는 위치까지의 거리를 유격이라 하며, 통상 8~16㎜이다, 바닥과의 간극은 30㎜ 이상이면 일반적으로 정상이다.

④ 클러치 페달을 손으로 눌렀을 때 저항을 느끼는 위치까지의 거리를 유격이라 하며, 통상 12~21㎜이다, 바닥과의 간극은 40㎜ 이상이면 일반적으로 정상이다.

14. 방사능 오염이 예상되는 보행자 또는 차량을 탐지하여 피폭여부를 검사하는 장비로서 주로 알파, 베타 방출 핵종의 유출 시 사용하는 장비는?

① 개인 오염 감시기

② 방사선 측정기

③ 방사성 오염 감시기

④ 핵종 분석기

15. 구조에서 많이 사용하는 중간크기의 모델인 경우 유압절단기의 제원은?

① 중량은 15kg 전후이고 절단력은 40t 내외

② 중량은 10kg 전후이고 절단력은 30t 내외

③ 중량은 13kg 전후이고 절단력은 35t 내외

④ 중량은 20kg 전후이고 절단력은 45t 내외

16. 들것에 의한 구조대상자 결착과 관련 수직상태를 유지하는 경우 중 "(   ) 로프는 들것의 상단에만 결착한다" 는 절차가 있는바, 괄호 안에 적절한 것은?

① 고정매듭

② 8자매듭

③ 두겹8자매듭

④ 이중8자매듭

17. 끌어올려지는 들것이 바위의 돌출부에 걸리거나 흔들림을 방지하기 위하여 위험지역에서 구조대원이 들것의 안정을 위하여 조작하는 로프를 말하는 것은?

① 안정로프

② 보조로프

③ 유도로프

④ 안전로프

18. 특정한 현장상황을 설정하고 작업중에 발생할 수 있는 위험요인을 발견·파악하여 그에따른 대책을 강구함으로서 동일 또는 유사한 상황에서 사전에 위험요인을 제거할 수 있도록 하는 훈련을 말하는 것은?

① 위험대처훈련

② 위험대비훈련

③ 위험감수훈련

④ 위험예지훈련

19. 현장활동 안전관리에 따른 사고발생의 모델로 "물적요인" 과 관련 있는 것은?

① 불안전한 제도

② 불안전한 상태

③ 불안전한 생각

④ 불안전한 물건

20. 대형사고현장의 구급 대응 중 "현장 확인" 의 세부 내용으로 적절한 것은?
① 안전거리를 유지하고 현장 안전 확인
② 즉각적인 이송 및 처치에 따른 환자 분류
③ 환자 수 및 상황에 따른 적절한 인원 및 구급차 배치
④ 환자 상태에 따른 응급 처치 제공

21. 중증도 분류(응급환자 분류)와 관련 "전신적인 위험 없이 손상이 국한된 경우" 의 분류는?
① 비응급환자
② 지연환자
③ 응급환자
④ 긴급환자

22. 중독 환자의 평가에서 현장안전을 확인한 후 첫 번째로 해야 할 것은?
① 의식평가
② 호흡평가
③ 기도평가
④ 병력 청취

23. 약물중독으로 인한 환자의 증상 및 징후가 "과도한 침분비" 인 경우의 환자는?
① 구강 복용 환자
② 흡입에 의한 중독 환자
③ 흡수로 인한 중독 환자
④ 주입에 의한 중독 환자

24. 119구조대의 편성·운영에 관한 사항 중 시 · 도의 규칙으로 정하는 바에 따라 소방서마다 1개 대 이상 설치하되, 소방서가 없는 시 · 군 · 구(자치구)의 경우에는 해당 시 · 군 · 구 지역의 중심지에 있는 119안전센터에 설치할 수 있는 구조대는?
① 직할구조대
② 테러대응구조대
③ 일반구조대
④ 특수구조대

25. 재난예방을 위한 긴급안전점검을 정당한 사유 없이 거부 또는 기피하거나 방해한 자에 대한 처벌은?
① 500만원이하의 벌금에 처한다.
② 300만원이하의 벌금에 처한다.
③ 1년이하의 징역 또는 1천만원이하의 벌금에 처한다.
④ 1년이하의 징역 또는 500만원이하의 벌금에 처한다.

제14회 행 정 법

01. 법치행정의 원리에 대한 설명으로 옳지 않은 것은?
① 국회가 형식적 법률로 직접 규율해야 할 필요성은 규율대상이 기본권 및 기본적 의무와 관련된 중요성을 가질수록, 그에 관한 공개적 토론의 필요성 또는 상충하는 이익 사이의 조정 필요성이 클수록 더 증대된다.
② 국가계약의 본질적인 내용은 사인 간의 계약과 다를 바가 없어 법령에 특별한 규정이 있는 경우를 제외하고는 사법의 규정 내지 법원리가 그대로 적용되므로, 국가와 사인 간의 계약은 국가계약법령에 따른 요건과 절차를 거치지 않더라도 유효하다.
③ 지방의회의원에 대하여 유급보좌인력을 두기 위해서는 법률의 근거가 필요하다.
④ 납세의무자에게 조세의 납부의무뿐만 아니라 스스로 과세표준과 세액을 계산하여 신고하여야 하는 의무까지 부과하는 경우에는 신고의무불이행에 따른 불이익의 내용을 법률로 정하여야 한다.

02. 법치행정에 관한 설명으로 적절하지 않은 것은?
① 국가유공자등 단체의 대의원 정수 및 선임방법 등을 정관에 정하도록 한 경우 이는 법률유보의 원칙을 위배한 것이다.
② 지방의회의 유급보좌인력을 두는 것은 국회입법사항이다.
③ 소방작용관련 법률로서 통칙적이며 가장 기본적인 법원이 되는 법은 「소방기본법」이다.
④ 도시환경정비사업을 시행하는 사업시행인가 신청에 필요한 동의정족수를 규약에서 정하도록 한 경우는 법률유보의 원칙에 위반된다.

03. 반드시 관보에 게재할 사항에 해당하지 않은 것은?
① 총리령 공포
② 국회의장에 의한 법률 공포
③ 예산공고
④ 헌법 개정안 공고

04. 「행정기본법」상 처분에 관한 규정 내용으로 옳지 않은 것은?
① 처분은 권한이 있는 기관이 취소 또는 철회하거나 기간의 경과 등으로 소멸되기 전까지는 유효한 것으로 통용된다. 다만, 무효인 처분은 처음부터 그 효력이 발생하지 아니한다.
② 당사자의 신청에 따른 처분은 법령등에 특별한 규정이 있거나 처분 당시의 법령등을 적용하기 곤란한 특별한 사정이 있는 경우를 제외하고는 처분 당시의 법령등에 따른다.
③ 행정청은 위법 또는 부당한 처분의 전부나 일부를 소급하여 취소할 수 있다. 다만, 당사자의 신뢰를 보호할 가치가 있는 등 정당한 사유가 있는 경우에는 장래를 향하여 취소할 수 있다.
④ 행정청은 법령등의 위반행위가 종료된 날부터 3년이 지나면 해당 위반행위에 대하여 제재처분(인허가의 정지·취소·철회, 등록 말소, 영업소 폐쇄와 정지를 갈음하는 과징금 부과를 말한다)을 할 수 없다.

05. 행정법관계에 있어 사법 규정의 적용에 대한 설명으로 가장 적절한 것은?
① 행정법의 일반원리와 사법의 일반원리는 전혀 별개이다.
② 권력관계에는 사법규정의 적용이 전혀 있을 수 없다.
③ 관리관계는 본질적으로 사법관계와 성질이 다르다.
④ 「행정소송법」에 특별한 규정이 없으면 「민사소송법」의 규정이 준용된다.

06. 행정법관계에 있어 사법규정의 적용에 대한 학설과 판례의 입장은?
① 사법규정이 그대로 적용된다고 하는 직접적용설
② 사법규정이 유추 적용된다는 유추적용설
③ 사법규정을 적용할 수 없다는 소극설
④ 사법규정과 공법규정이 모두 적용된다는 절충설

07. 행정입법에 대한 설명으로 옳지 않은 것은?
① 총리령·부령의 제정 절차는 대통령령의 경우와는 달리 국무회의 심의는 거치지 않아도 된다.
② 법령보충적 행정규칙은 물론이고 재량권 행사의 준칙이 되는 행정규칙이 행정의 자기구속원리에 따라 대외적 구속력을 가지는 경우에는 헌법소원의 대상이 될 수 있다.
③ 상위법령의 위임이 없음에도 상위법령에 규정된 처분 요건에 해당하는 사항을 부령에서 변경하여 규정한 경우 그 부령의 규정은 국민에 대한 대외적 구속력이 있다.
④ 「특정다목적댐법」에서 댐 건설로 손실을 입으면 국가가 보상해야 하고 그 절차와 방법은 대통령령으로 제정토록 명시되어 있음에도 미제정된 경우, 법령제정의 여부는 「행정소송법」상 부작위위법확인소송의 대상이 될 수 없다.

08. 행정입법에 대한 설명으로 옳지 않은 것은?
① 법률의 시행령이나 시행규칙은 법률의 위임이 없으면 개인의 권리·의무에 관한 내용을 변경·보충하거나 법률이 규정하지 아니한 새로운 내용을 정할 수는 없으므로, 모법에 이에 관하여 직접 위임하는 규정을 두지 아니하였다면 당연히 이를 무효라고 보아야 한다.
② 법률에서 군법무관의 보수의 구체적 내용을 시행령에 위임했음에도 불구하고 행정부가 정당한 이유 없이 시행령을 제정하지 않은 것은 불법행위이므로 이에 대하여 국가배상청구를 할 수 있다.
③ 일반적으로 법률의 위임에 따라 효력을 갖는 법규명령의 경우에 위임의 근거가 없어 무효였더라도 나중에 법 개정으로 위임의 근거가 부여되면 그때부터는 유효한 법규명령으로 볼 수 있다.
④ 행정처분이 법규성이 없는 내부지침 등의 규정에 위배된다고 하더라도 그 이유만으로 처분이 위법하게 되는 것은 아니며, 내부지침 등에서 정한 요건에 부합한다고 하여 반드시 그 처분이 적법한 것이라고 할 수도 없다.

09. 수익적 행정행위와 부담적 행정행위의 구별실익에 해당하지 않은 것은?
① 행정쟁송
② 행정절차
③ 취소·철회의 자유
④ 재량성

10. 국민에 대하여 일정한 작위·부작위·급부·수인 등의 의무를 명(부과)하거나, 혹은 이들 의무를 면(해제)하는 행정행위는?
① 형성적 행정행위
② 복효적 행정행위
③ 명령적 행정행위
④ 허가적 행정행위

11. 「행정기본법」에 규정된 부관의 요건이 아닌 것은?
① 해당 처분의 목적에 위배되지 아니할 것
② 해당 처분과 실질적인 관련이 있을 것
③ 해당 처분의 목적을 달성하기 위하여 필요한 최소한의 범위일 것
④ 당사자의 동의가 있을 것

12. 행정행위의 부관에 대한 설명으로 옳지 않은 것은?
① 기부채납받은 행정재산에 대한 사용·수익허가에서 공유재산의 관리청이 정한 사용·수익허가의 기간은 그 허가의 효력을 제한하기 위한 행정행위의 부관으로서 이러한 사용·수익허가의 기간에 대해서는 독립하여 행정소송을 제기할 수 없다.
② 토지소유자가 토지형질변경행위허가에 붙은 기부채납의 부관에 따라 토지를 국가나 지방자치단체에 기부채납(증여)한 경우, 기부채납의 부관이 당연무효이거나 취소되지 아니한 이상 토지소유자는 위 부관으로 인하여 증여계약의 중요부분에 착오가 있음을 이유로 증여계약을 취소할 수 없다.
③ 행정행위의 부관인 부담에 정해진 바에 따라 당해 행정청이 아닌 다른 행정청이 그 부담상의 의무이행을 요구하는 의사표시를 하였을 경우, 이러한 행위가 당연히 항고소송의 대상이 되는 처분에 해당한다고 할 수는 없다.
④ 행정처분에 부담인 부관을 붙인 경우 부관의 무효화에 의하여 본체인 행정처분 자체의 효력에도 영향이 있게 될 수 있으며, 그 처분을 받은 사람이 부담의 이행으로 사법상 매매 등의 법률행위를 한 경우 그 법률행위 자체는 당연무효이다.

13. 행정행위의 취소와 철회에 관한 설명으로 옳은 것은?
① 철회의 효과에 관하여 「행정기본법」은 소급효에 대해 명시적으로 규정함이 없으나, 판례는 별도의 법적 근거가 있다면 소급효 또한 인정할 수 있다는 입장이다.
② 당사자가 거짓이나 그 밖의 부정한 방법으로 처분을 받은 경우 행정청은 처분을 취소하고자 할 때 취소로 달성되는 공익과 당사자가 입게 될 불이익을 비교·형량하여야 한다.
③ 행정청은 적법한 처분이 법률에서 정한 철회 사유에 해당하게 된 경우 그 처분의 전부 또는 일부를 장래를 향해 철회할 수 있는데, 처분을 철회하는 경우 철회로 인하여 당사자가 입게 될 불이익과 철회로 얻게 되는 공익을 비교·형량할 필요는 없다.
④ 연금의 지급결정과 같은 수익적 행정행위를 취소하는 처분이 적법하더라도, 그 처분에 기초하여 잘못 지급된 급여액에 해당하는 금액을 환수하는 처분은 적법하다.

14. 행정처분의 취소와 철회에 관한 설명으로 옳지 않은 것은?
① 행정청은 부당한 처분의 전부나 일부를 소급하여 취소할 수 있다.
② 행정청은 인허가 등을 취소하는 처분을 할 때는 원칙적으로 청문을 하여야 한다.
③ 행정청은 당사자에게 권리나 이익을 부여하는 처분을 취소하려는 경우, 당사자가 중대한 과실로 처분의 위법성을 알지 못하면 취소로 인하여 입게 될 불이익을 취소로 달성되는 공익과 비교·형량하여야 한다.
④ 행정청은 중대한 공익을 위하여 필요한 경우 적법한 처분의 전부 또는 일부를 장래를 향하여 철회할 수 있다.

15. 「행정기본법」은 자동적 처분에 대해 규정하고 있는바, "행정청은 (　　)로(으로) 정하는 바에 따라 완전히 자동화된 시스템(인공지능 기술을 적용한 시스템을 포함한다)으로 처분을 할 수 있다. 다만, 처분에 재량이 있는 경우는 그러하지 아니하다" 에서 괄호 안에 적절한 것은?
① 법률
② 법령
③ 법령등
④ 명령

16. 행정상 사실행위에 관한 설명으로 옳지 않은 것은?
① 훈장 수여 등 서훈수여 처분의 경우, 유족 등 제3자는 처분의 상대방이 될 수 없고, 망인을 대신하여 단지 사실행위로서 훈장 등을 교부받거나 보관할 수 있는 지위에 있을 뿐이다.

② 교도소장의 미결수용자 이송처분은 권력적 사실행위로서 「행정심판법」과 「 행정소송법」이 규정하는 처분개념인 '공권력행사' 로서 처분성이 인정된다.
③ 교도소장이 수형자를 '접견내용 녹음·녹화 및 접견 시 교도관 참여대상자' 로 지정한 사안에서, 이와 같은 지정행위는 행정청의 공법상 행위로서 항고소송의 대상이 되는 '처분' 에 해당한다.
④ 부실기업의 정리와 관련하여 주거래은행의 의사를 지원·독려하는 정부의 행위는 「행정심판법」과 「행정소송법」이 규정하고 있는 처분개념인 '공권력행사' 에 해당된다.

17. 개인정보 보호에 관한 설명으로 옳은 것은?
① 개인정보처리자의 「개인정보 보호법」 위반에 대한 손해배상의 경우, 「국가배상법」상 배상책임과 마찬가지로 정보주체가 고의나 과실을 입증해야 한다.
② 「개인정보 보호법」에 따르면 개인정보처리자는 개인정보의 처리 목적에 필요한 범위에서 개인정보의 정확성, 안전성 및 최신성이 보장되도록 하여야 한다.
③ 집단분쟁조정의 기간은 「개인정보 보호법」 제49조 제2항에 따른 공고가 종료된 날의 다음 날부터 30일 이내로 하며 부득이한 사정이 있는 경우에는 분쟁조정위원회의 의결로 처리기간을 연장할 수 있다.
④ 이미 공개된 개인정보를 정보주체의 동의가 있었다고 객관적으로 인정되는 범위 내에서 처리를 할 때는 정보주체의 별도의 동의는 불필요하다고 보아야 하고, 별도의 동의를 받지 아니하였다고 하여 「개인정보 보호법」을 위반한 것으로 볼 수 없다.
⑤ 「개인정보 보호법」에 따라 개인정보를 보호해야 하는 개인정보처리자는 스스로 또는 다른 사람을 통하여 개인정보를 처리하는 공공기관과 법인을 말하며 단체 및 개인은 포함되지 않는다.

18. 「개인정보 보호법」상 개인정보 보호제도에 대한 설명으로 옳은 것은?
① 살아 있는 개인에 관하여 알아볼 수 있는 정보라도 가명처리함으로써 원래의 상태로 복원하기 위한 추가 정보의 사용·결합 없이는 특정 개인을 알아볼 수 없게 된 정보는 이 법에 따른 개인정보에 해당하지 아니한다.
② 개인정보 보호위원회는 대통령 직속 기관으로 대통령이 직접 지휘·감독한다.
③ 정보주체가 자신의 개인정보에 대한 열람을 공공기관에 요구하고자 할 때에는 공공기관에 직접 열람을 요구하거나 대통령령으로 정하는 바에 따라 개인정보 보호위원회를 통하여 열람을 요구할 수 있다.
④ 개인정보처리자는 당초 수집 목적과 합리적으로 관련된 범위에서 정보주체에게 불이익이 발생하는지 여부, 암호화 등 안전성 확보에 필요한 조치를 하였는지 여부 등을 고려하더라도 정보주체의 동의 없이는 개인정보를 제3자에게 제공할 수 없다.

19. 통고처분에 관한 설명으로 옳지 않은 것은?
① 조세범, 출입국사범, 교통사범 등의 경우에 인정된다.
② 통고처분을 받은 자가 통고처분의 내용을 이행하지 않으면 권한 행정청은 일정기간 내에 고발할 수 있고, 그에 따라 형사소송절차로 이행되게 된다.
③ 통고처분을 받은 자가 금액을 법정기간 내에 납부하면 과벌절차가 종료되고, 일사부재리의 원칙에 따라 형사소추를 할 수 없다.
④ 통고처분은 「행정소송법」상 처분에 해당하며, 항고소송의 대상이 된다.

20. 통고처분에 대한 설명으로 옳지 않은 것은?
① 통고처분은 「행정소송법」상 처분에 해당하며, 행정소송의 대상이 된다는 것이 판례의 입장이다.
② 조세범, 출입국사범, 교통사범 등의 경우에 인정되고 있다.
③ 통고처분을 이행하면 일사부재리의 원칙 적용되어 동일사건에 대하여 다시 처벌받지 아니한다.
④ 「관세법」상 통고처분과 관련하여 통고처분을 할 것인지의 여부는 행정청의 재량에 맡겨져 있다는 것이 판례의 입장이다.

21. 강원특별자치도 춘천소방서 소속 소방공무원이 소방용수시설을 사용 후 사후관리를 제대로 하지 않아 물이 새어 인접 건물의 붕괴를 초래하여 발생한 손해에 대해 피해자는 누구를 피고로 손해배상을 청구하여야 하는가?
① 국가　② 소방청
③ 강원특별자치도　④ 춘천시

22. 손실보상에 대한 설명으로 옳은 것만을 모두 고르면?
ㄱ. 공공필요에 의한 재산권의 수용·사용 또는 제한 및 그에 대한 보상은 법률로써 하되, 정당한 보상을 지급하여야 한다.
ㄴ. 하천법 부칙과 이에 따른 특별조치법이 하천구역으로 편입된 토지에 대하여 손실보상청구권을 규정하였다고 하더라도 당해 법률규정이 아니라 관리청의 보상금지급결정에 의하여 비로소 손실보상청구권이 발생한다.
ㄷ. 공익사업을 위한 토지 등의 취득 및 보상에 관한 법률 상 보상금의 증감에 관한 소송인 경우 그 소송을 제기하는 자가 토지소유자 또는 관계인일 때에는 지방토지수용위원회 또는 중앙토지수용위원회를 피고로 한다.
ㄹ. 수용재결에 불복하여 취소소송을 제기하는 때에는 이의신청을 거친 경우에도 수용재결을 한 중앙토지수용위원회 또는 지방토지수용위원회를 피고로 하여 수용재결의 취소를 구하여야 하지만, 이의신청에 대한 재결 자체에 고유한 위법이 있는 경우에는 그 이의재결을 한 중앙토지수용위원회를 피고로 하여 이의재결의 취소를 구할 수 있다.
① ㄱ, ㄴ　② ㄱ, ㄹ
③ ㄴ, ㄷ　④ ㄴ, ㄷ, ㄹ

23. 행정심판위원회의 증거조사 방법 등에 대한 설명으로 적절하지 않은 것은?
① 위원회는 당사자의 신청 또는 직권에 의하여 증거를 조사할 수 있다.
② 특별한 학식과 경험을 가진 제3자에게 감식을 명하는 일을 할 수 있다.
③ 당사자 또는 관계인이 가지고 있는 문서·장부·물건 그 밖의 증거자료의 제출을 요구하고 이를 영치하는 방법으로 증거조사를 할 수 있다.
④ 당사자나 관계인(관계 행정기관 소속 공무원을 포함한다)을 위원회의 회의에 출석하게 하여 신문(訊問)하는 방법으로 증거조사를 할 수 있다.

24. 행정심판의 청구를 취하 할 수 있는 시기로 적절한 것은?
① 심판청구에 대한 의결이 있을 때까지
② 심판청구에 대한 의결이 있기 전까지
③ 심판청구에 대한 의결이 있은 후까지
④ 심판청구를 한 날로부터 30일까지

25. 「행정소송법」에서의 기간을 계산함에 있어 국외에서의 특례로 적절하지 않은 것은?
① 소송행위 추완에 있어서는 그 기간을 14일에서 30일로
② 소의 제기에 있어서는 그 기간을 60일에서 90일로
③ 소의 취하에 있어서는 그 기간을 15일에서 30일로
④ 제3자에 의한 재심청구에 있어서는 그 기간을 30일에서 60일로 한다.

제14회 소방법령 Ⅳ

01. 「소방공무원 임용령」의 임용권 위임에 따라 중앙119구조본부 소속 소방령의 정직 임용권을 행사하는 자는 누구인가?
① 중앙119구조본부장을 거쳐 소방청장
② 소방청장 또는 중앙119구조본부장
③ 중앙119구조본부장
④ 소방청장

02. 「소방공무원 임용령」에 따라 충청남도 논산소방서 소속 소방위에 대한 휴직 임용권을 행사하는 자로 적절한 것은?
① 충청남도지사
② 논산소방서장
③ 충청남도지사의 위임에 따라 논산소방서장
④ 충청남도지사의 위임에 따라 충청남도 소방본부장

03. 임용예정 직무에 관련된 자격증 소지자를 경력경쟁채용등 시험에 의하여 임용하는 경우 시험 응시자격 구분의 임용예정분야가 아닌 것은?
① 자동차운전분야 ② 소방정·항공 분야
③ 구조분야 ④ 정보통신분야

04. 시보임용소방공무원이 정규소방공무원으로 임용하는 것이 부적당하다고 인정되는 경우어떤 절차를 거쳐 면직시키거나 면직을 제청할 수 있는가?
① 임용심사위원회의 승인 ② 임용심사위원회의 심사
③ 임용심사위원회의 협의 ④ 임용심사위원회의 의결

05. 소방 업무에 경험이 있는 의용소방대원을 소방사 계급의 소방공무원으로 임용하는 경우에 신체검사를 제외한 시험방법으로 적절한 것은?
① 종합적성검사、면접시험과 필기시험 또는 실기시험
② 체력시험、종합적성검사、면접시험과 필기시험 또는 실기시험
③ 서류전형、체력시험、종합적성검사、면접시험과 필기시험 또는 실기시험
④ 면접시험과 필기시험 또는 실기시험

06. 소방공무원 시험의 합격결정과 관련 종합적성검사 결과는 어떻게 처리하는가?
① 별도의 방법으로 반영한다.
② 체력시험에 반영한다.
③ 실기시험에 반영한다.
④ 면접시험에 반영한다.

07. 소방공무원의 필수보직기간 및 전보의 제한과 관련 1년 이내의 제한 기간에 불구하고 전보할 수 있는 사유로 열거되지 않은 것은?(Ⅰ)
① 당해 소방공무원의 승진 또는 강임의 경우
② 임용권자를 달리하는 기관 간의 전보의 경우
③ 전보권자를 달리하는 기관 간의 전보의 경우
④ 보조기관 내에서의 전보의 경우

08. 징계처분을 받은 경우 징계처분 기간을 제외하고 징계의 종류에 따라 일정 기간은 승진소요최저근무연수에 포함되지 않고, 또한 특별한 원인으로 징계처분을 받은 경우는 이 기간에 6개월을 더하도록 하고 있는바, 이 경우 「국가공무원법」 제78조의2제1항 각 호의 어느 하나에 해당하는 사유로 인한 징계처분도 이에 포함하도록 하고 있는바, 동 내용으로 열거된 것과 다른 내용은?
① 「국고금 관리법」 제2조제1호에 따른 국고금의 유용으로 인한 징계처분
② 「지방재정법」에 따른 예산 및 「지방자치단체 기금관리기본법」에 따른 기금의 배임으로 인한 징계처분
③ 「보조금 관리에 관한 법률」 제2조제1호에 따른 보조금의 횡령으로 인한 징계처분
④ 「국가재정법」에 따른 국가재정의 횡령으로 인한 징계처분

09. 소방공무원의 전문교육훈련성적과 관련 "공무원교육훈련기관의 직무관련 교육과정 및 임용권자가 인정하는 외부 교육기관의 직무관련 교육과정" 에서의 취득할 수 있는 점수로 적절한 것은?
① 해당 계급에서 0.5점을 초과할 수 없다.
② 해당 계급에서 1.0점을 초과할 수 없다.
③ 해당 계급에서 0.8점을 초과할 수 없다.
④ 해당 계급에서 1.5점을 초과할 수 없다.

10. 소방공무원 승진심사의 절차 및 방법과 관련 제1단계에서 승진심사대상자에 대하여 승진심사 사전심의표에 소방청장이 정하는 기준에 따라 점수 평가를 한 다음 평가된 위원들의 점수를 집계한 후 보정지수를 적용하여 환산점수를 계산하는바, 여기서의 보정지수로 적절한 것은?
① 위원평가 최고점과 최저점의 편차
② 승진임용예정 인원수
③ 승진심사 대상인 사람의 수
④ 객관평가 최고점과 최저점의 편차

11. 국립소방연구원 소속 소방경인 소방공무원에 대한 중징계 또는 중징계 관련 징계부가금 사건의 관할로 적절한 것은?
① 소방청에 설치된 소방공무원 징계위원회
② 국립소방연구원에 설치된 소방공무원 징계위원회
③ 국무총리 소속하에 설치된 중앙징계위원회
④ 소방청에 설치된 보통소방공무원 징계위원회

12. "임용권자와 징계처분등 처분권자가 다를 경우 징계처분등 처분권자가 ( ), ( ), ( ) 또는 ( )의 징계처분등을 했을 때에는 지체 없이 그 결과에 의결서 사본을 첨부하여 임용권자와 그 소방공무원이 소속한 소방기관의 장에게 통지하여야 한다" 에서 괄호 안에 적절한 것은?
① 해임, 강등, 정직, 감봉
② 파면, 해임, 감봉, 견책
③ 파면, 해임, 강등, 정직
④ 강등, 정직, 감봉, 견책

13. 교수요원의 자격기준으로 적절하지 않은 것은?
① 담당할 분야와 관련된 자격증을 소지한 사람
② 담당할 분야와 관련된 석사 이상의 학위를 소지한 사람
③ 담당할 분야와 관련된 실무、연구 또는 강의 경력이 3년 이상인 사람
④ 담당할 분야와 관련된 3개월 이상의 교육훈련을 이수한 사람

14. 제조소등의 행정처분기준 중 일반기준에 대한 설명으로 적절하지 않은 것은?
① 위반행위의 횟수에 따른 행정처분기준은 최근 1년간 같은 위반행위로 행정처분을 받은 경우에 적용한다.
② 사용정지 또는 업무정지의 처분기간 중에 사용정지 또는 업무정지에 해당하는 새로운 위반행위가 있는 때에는 종전의 처분기간 만료일의 다음 날부터 새로운 위반행위에 따른 사용정지 또는 업무정지의 행정처분을 한다.
③ 2 이상의 처분기준이 동일한 사용정지이거나 업무정지인 경우에는 중한 처분의 2분의 1까지 가중처분 할 수 있다.
④ 위반행위가 2 이상인 때에는 그 중 중한 처분기준에 의한다.

15. 제조소등의 위치·구조 및 설비가 기술기준에 적합하지 아니하여 그 기술기준에 적합하도록 제조소등의 위치·구조 및 설비의 수리·개조 또는 이전을 명한 때 이에 따르지 아니한 경우의 벌칙은?
① 1년 이하의 징역 또는 1천만원 이하의 벌금
② 1천만원 이하의 벌금
③ 1천500만원 이하의 벌금
④ 500만원 이하의 벌금

16. 「위험물안전관리법」상 양벌규정과 관련 "법인의 대표자나 법인 또는 개인의 대리인, 사용인, 그 밖의 종업원이 그 법인 또는 개인의 업무에 관하여 「위험물안전관리법」 제33조제1항의 위반행위를 하면 그 행위자를 벌하는 외에 그 법인 또는 개인을 (　　) 이하의 벌금에 처하고, 같은 조 제2항의 위반행위를 하면 그 행위자를 벌하는 외에 그 법인 또는 개인을 (　　) 이하의 벌금에 처한다" 에서 괄호 안에 적절한 것은?
① 5천만원, 1억원
② 3천만원, 5천만원
③ 1천만원, 2천만원
④ 1억원, 2억원

17. "부과권자는 고의 또는 중과실이 없는 위반행위자가 「소상공인기본법」 제2조에 따른 소상공인에 해당하고, 과태료를 체납하고 있지 않은 경우에는 위반행위자의 현실적인 부담능력 등을 고려하여 제2호의 개별기준에 따른 과태료의 (　　) 범위에서 그 금액을 줄여 부과할 수 있다에서 괄호 안에 적절한 것은?
① 100분의 60　　② 100분의 90
③ 100분의 80　　④ 100분의 70

18. 지하저장탱크의 탱크 전용실의 벽·바닥 및 뚜껑의 내부에는 지름 (　)mm부터 (　)mm까지의 철근을 가로 및 세로로 (　)cm부터 (　)cm까지의 간격으로 배치하여야 하는바, 괄호 안에 적절한 것은?
① 7, 13, 5, 15　　② 9, 10, 5, 15
③ 7, 10, 5, 10　　④ 9, 13, 5, 20

19. 지하저장탱크를 위험물의 누설을 방지할 수 있도록 두께 15cm(측방 및 하부에 있어서는 30cm) 이상의 콘크리트로 피복하는 구조로 하여 지면 하에 설치하는 것을 칭하는 것은?
① 특수누설방지구조의 지하탱크저장소
② 누설방지구조의 지하탱크저장소
③ 특별누설방지구조의 지하탱크저장소
④ 콘크리트구조의 지하탱크저장소

20. 다음 중 이송취급소에 사용되는 밸브의 구조로 적절한 것은?
① 탄소강 플랜지형 밸브(KS B 2361)
② 주강 플랜지형 밸브(KS B 2361)
③ 형강 플랜지형 밸브(KS B 2361)
④ 철강 플랜지형 밸브(KS B 2361)

21. 이송취급소에 설치하는 배관의 두께에 대한 설명으로 적절하지 않은 것은?
① 배관의 외경 139.8 이상 165.2 미만, 배관의 두께 5.1
② 배관의 외경 114.3 이상 139.8 미만, 배관의 두께 5.0
③ 배관의 외경 114.3 미만, 배관의 두께 4.5
④ 배관의 외경 508.0 이상, 배관의 두께 9.5

22. 제조소등에 설치하는 옥내소화전설비의 각 노즐끝부분의 방수압력과 방수량으로 적절한 것은?
① 방수압력 350kPa 이상, 방수량 1분당 260리터 이상
② 방수압력 350kPa 이상, 방수량 1분당 130리터 이상
③ 방수압력 170kPa 이상, 방수량 1분당 130리터 이상
④ 방수압력 250kPa 이상, 방수량 1분당 260리터 이상

23. 제조소등에 설치하는 스프링클러설비는 스프링클러헤드를 동시에 사용할 경우에 각 끝부분의 방사압력과 방수량으로 적절한 것은?
① 방사압력이 150kPa 이상이고 방수량이 1분당 160리터 이상
② 방사압력이 130kPa 이상이고 방수량이 1분당 160리터 이상
③ 방사압력이 100kPa 이상이고 방수량이 1분당 80리터 이상
④ 방사압력이 200kPa 이상이고 방수량이 1분당 80리터 이상

24. 위험물의 운반용기의 적재방법 중 제1류 위험물 중 알칼리금속의 과산화물 또는 이를 함유한 것에 대한 조치로 적절한 것은?
① 보냉 컨테이너에 수납하는 등 적정한 온도관리를 할 것
② 방수성이 있는 피복으로 덮을 것
③ 차광성이 있는 피복으로 가릴 것
④ 충격 등을 방지하기 위한 조치를 강구할 것

25. 주입설비를 부착한 이동탱크저장소로부터 해당 건설공사와 관련된 자동차에 인화점 40℃ 이상의 위험물을 주입 할 수 있는 건설기계는?
① 덤프트럭과 콘크리트믹서트럭
② 덤프트럭과 불도저
③ 굴삭기와 불도저
④ 해당 건설공사와 관련된 모든 건설기계

제14회 소 방 전 술

01. 화재출동명령에서 판단해야 할 일반적 사항으로 화재상황 중 화재 종별을 알고 판단해야 하는 사항으로 적절한 것은?
① 활동중점
② 소방력의 투입 정도
③ 화재실태 추정
④ 초기활동에 필요한 기자재

02. 소방대의 화재현장 출동과 관련 유의사항 등에 대한 설명으로 적절하지 않은?
① 긴급자동차로서의 법령준수도 필수적이다.
② 출동도중에 각 대원은 차량의 안전운행을 꾀함과 동시에 무선연락이나 출동지휘자로부터의 지시에 주의를 기울여야 한다.
③ 화재현장에 도착한 선착대는 화재장소 주위의 상황이나 연기, 열기의 상황 등의 정보를 후착대에게 적극적으로 제공할 필요가 있다.
④ 화재현장 가까이에 이르면 연기, 불꽃, 불티의 확산, 주위 사람들의 움직임 등을 차량 내에서 확인하고 진압활동의 준비체제에 들어갈 필요가 있다.

03. 에어백이 없는 경우 엘리베이터 문 파괴 방법 중 세 번째로 해야 할 작업으로 적절한 것은?
① 간격이 있으면 나무를 집어넣어 고정하고 웨지람(쐐기)을 위쪽으로 이동시키면서 나무도 위쪽으로 이동한다.
② 문의 1/2 높이에 달한 때 웨지람을 대(능력 1톤이상)로 교환하여 문에 설치하여 있는 록핀을 절단할 때까지 조작을 계속한다.
③ 3cm 정도 간격이 되면 유압식구조기구를 넣어 눌러서 넓힌다.
④ 문과 문 사이 아랫부분에 도어오프너, 지렛대 등을 집어넣는다.

04. 교육연구시설(교육시설 내에 있는 기숙사 및 합숙소를 포함한다)의 경우 연면적 얼마 이상인 것은 모든 층에 자동화재탐지설비를 설치해야 하는가?
① 연면적 1천500㎡ 이상인 경우
② 연면적 2천㎡ 이상인 경우
③ 연면적 2천500㎡ 이상인 경우
④ 연면적 3천㎡ 이상인 경우

05. 공동구 화재 시 소방활동 중 검색·구조활동 요령에 대한 설명으로 적절하지 않은 것은?
① 요구조자 및 장소에 대해서 충분한 정보수집을 실시한다.
② 장시간 사용 가능한 공기호흡기를 착용하고 진입구 및 검색범위를 설정해서 실시한다.
③ 검색은 반드시 엄호주수 하에 실시한다.
④ 진입은 급기구 측으로 하고 철수는 배기측으로 한다.

06. 공동구 화재 시 소방활동 중 소화활동 요령에 대한 설명으로 적절하지 않은 것은?
① 진입태세가 준비되면 장시간 사용 가능한 공기호흡기를 착용하고 급기측에서 진입함과 동시에 배기측에 경계관창을 배치한다.
② 소구획으로 구분되어 있는 경우는 대량방수로 물을 채우는 방법으로 소화한다.
③ 연소방지설비가 설치되어 있는 경우 신속히 활용한다.
④ 진입조건이 정리 될 때까지의 사이는 연소저지선이 되는 맨홀, 급·배기구측에 대구경관창을 배치하고 화세의 억제를 꾀한다.

07. 할론 소화약제의 구조에 대한 설명으로 적절하지 않은 것은?
① 할론1301이 독성이 적다하더라도 화재의 불꽃과 반응하게 되면 여러 가지 독성가스를 방출한다.
② 일반적으로 할론 중에 불소는 불활성과 안전성을 높여 주고 브로민은 소화 효과를 높여 준다.
③ Halon은 분자 내의 결합력은 강한 반면, 분자간의 결합력은 약하기 때문에 쉽게 기화되어 소화 후 잔사가 남지 않는 장점도 지니고 있다.
④ 이산화탄소, 할론 1211이나 할론 2402(할론 1301제외)는 독성 때문에 실내 지하층, 무창층 또는 밀폐된 거실로서 바닥면적이 50㎡미만의 장소에는 사용 할 수 없게끔 화재안전기준에 규정되어 있다.

08. 할론 소화약제의 적응 화재에 대한 설명 중 사용이 제한되는 소화 대상물은?
① 기상, 액상의 인화성 물질
② 종이, 목재, 섬유 같은 일반적인 가연물질
③ 가솔린 또는 다른 인화성 연료를 사용하는 기계
④ 금속의 수소 화합물(LiH, NaH, CaH_2, $LiAH_4$ 등)

09. 화학적 폭발 중 수소(H_2)+산소(O_2), 수소(H_2)+염소(Cl_2)에 빛을 쪼일 때 일어나는 폭발의 종류는?
① 촉매폭발 ② 연소폭발
③ 분해폭발 ④ 중합폭발

10. 폭발의 영향 중 비산에 대한 설명으로 적절하지 않은 것은?
① 구조물과 용기 등은 부서지거나 쪼개져서 멀리까지 날아가서 또 다른 손상을 일으키거나 그 물체에 의해 사상자가 발생할 수도 있다.
② 압력이 클수록 비산범위는 넓어진다.
③ 비산은 물체의 재질과 압력에 따라 크거나 작은 입자 등으로 분산된다.
④ 비산은 폭발의 결과로 나타난다.

11. "방수총은 수평으로 360° 회전, 상방으로 75°, 하방으로 ( )°의 범위로 방수할 수 있다" 에서 괄호 안에 적절한 것은?
① 15 ② 20 ③ 25 ④ 30

12. 펌프의 진동으로 배관 및 연결부의 파손이 우려되는 부위에 설치하여 진동을 흡수하여 배관을 보호하는 역할을 하는 것은?
① 스트레이너 ② 배관 신축이음
③ 수격방지기 ④ 압력챔버

13. 소화수조 또는 저수조가 적절하게 설치된 것 이외의 상수도 소화용수설비의 설치를 면제할 수 있는 기준으로 적절한 것은?
① 설치대상인 특정소방대상물의 각 부분으로부터 수평거리 140m 이내에 공공의 소방을 위한 소화전이 화재안전기준에 적합하게 설치되어 있는 경우
② 설치대상인 특정소방대상물의 각 부분으로부터 수평거리 120m 이내에 공공의 소방을 위한 소화전이 화재안전기준에 적합하게 설치되어 있는 경우
③ 설치대상인 특정소방대상물의 각 부분으로부터 수평거리 200m 이내에 공공의 소방을 위한 소화전이 화재안전기준에 적합하게 설치되어 있는 경우
④ 설치대상인 특정소방대상물의 각 부분으로부터 수평거리 150m 이내에 공공의 소방을 위한 소화전이 화재안전기준에 적합하게 설치되어 있는 경우

14. 에어백의 부양능력과 규격 중 대형 에어백의 부양능력과 규격은?
① 부양능력 40t 이상 (611㎜×22㎜, 8.5kg), 부양높이 35cm 내외
② 부양능력 17t 이상 (381㎜×22㎜, 3.6kg), 부양높이 20cm 내외
③ 부양능력 25t 이상 (511㎜×22㎜, 6.5kg), 부양높이 30cm 내외
④ 부양능력 30t 이상 (551㎜×22㎜, 7.5kg), 부양높이 30cm 내외

15. 매몰자영상탐지기 장비운용 시 일반적인 주의사항으로 적절하지 않은 것은?
① 신축봉은 완전방수가 된 장비가 아니므로 주의하고, 선이나 연결기를 밟지 않아야 한다.
② 지시 부호들이 일렬로 정렬될 때까지 무리하게 힘으로 연결되지 않도록 한다.
③ 선이 꼬이지 않도록 하고 선을 직경 2인치 이하의 고리 안에 두지 말아야 한다.
④ 헤드를 움직일 수 없는 위치에 두지 않아야 한다.

16. 구조대상자와 함께 하강하기 중 매달고 하강하기의 첫 번째 절차에서 고리를 만드는 적절한 매듭의 종류는?
① 세겹고정매듭
② 두겹고정매듭
③ 8자매듭
④ 두겹8자매듭

17. 구조대상자를 구출하는 방법 중에 계곡이나 하천 등 정상적인 방법으로 진입하여 구조대상자를 구출할 수 없는 지역에 로프를 설치하고 위험지역 상공을 가로질러 구출하는 기술은?
① 사다리를 이용한 응급하강
② 상층에서 수직으로 하강시키기
③ 수평이동 구조
④ 사다리를 이용한 로프 구출

18. 현장활동안전관리와 관련 현장활동 인적 위험요인 분석 중 "모른다" 의 위험요인은?
① 기능미숙, 작업량과다, 어려움
② 심신 부조화, 환경의 불량, 조건의 부적합
③ 교육 불충분, 이해 및 기억 불충분, 망각
④ 상황파악의 오류, 무의식, 고의

19. 현장활동안전관리와 관련 현장활동 인적 위험요인 분석 중 "하지 않는다" 중 "규율준수에 잘못이 있다" 와 관련된 것은?
① 상황파악의 오류, 무의식, 고의
② 무의식(의식저하), 고의, 수줍음
③ 기능미숙, 작업량과다, 어려움
④ 심신 부조화, 환경의 불량, 조건의 부적합

20. 환자 들어 올리기와 이동의 다양한 방법 중 들것보다는 의자형(계단용) 들것을 이용해야 하는 방법은?
① 손을 뻗고 당기는 법
② 계단에서의 운반
③ 통나무 굴리기 방법
④ 한 손 운반

21. 다음 그림(사진)의 긴급이동 방법으로 적절한 것은?

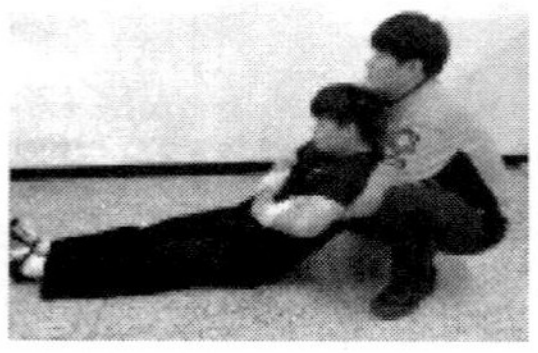

① 가슴 끌기 ② 옷 끌기
③ 어깨 끌기 ④ 경사 끌기

22. 열 손실 기전에 대한 원리 중 주로 아무것도 걸치지 않은 머리에서 많이 일어나는 현상은?
① 기화 ② 대류
③ 전도 ④ 복사

23. 저체온증의 증상 및 징후 중 이성을 잃고 환경에 대한 반응 상실(바보 같은 모습) 이 나타나는 중심체온은?
① 30.0℃-32.0℃
② 32.0℃-35.0℃
③ 27.0℃-30.0℃
④ 26.0℃-27.0℃

24. 「119법」상 "누구든지 위급상황에 처한 경우에는 (   ) 로(으로)부터 신속한 구조와 구급을 통하여 생활의 안전을 영위할 권리를 가진다" 에서 괄호 안에 적절한 것은?
① 119구조대 및 119구급대
② 소방청장, 소방본부장, 소방서장
③ 119구조기관
④ 국가와 지방자치단체

25. 「재난 및 안전관리 기본법」상 중앙긴급구조통제단장이 되는 자는?
① 중앙119구조본부장
② 소방청차장
③ 행정안전부장관
④ 소방청장

제15회 행정법

01. 행정의 법 원칙에 관한 판례의 내용이다. (　　)에 들어갈 것은?

> 텔레비전방송수신료 금액의 결정은 수신료에 관한 본질적인 중요한 사항이므로 국회가 스스로 행하여야 하는 사항에 속하는 것임에도 불구하고 한국방송공사법에서 국회의 결정이나 관여를 배제한 채 한국방송공사로 하여금 수신료금액을 결정해서 문화관광부장관의 승인을 얻도록 한 것은 (　　)원칙에 위반된다.

① 비례　② 평등
③ 신뢰보호　④ 법률유보
⑤ 부당결부금지

02. 법률유보의 원칙에 관한 설명으로 옳지 않은 것은?

① 법률유보원칙은 단순히 행정작용이 법률에 근거를 두기만 하면 충분한 것이 아니라, 국가공동체와 그 구성원에게 기본적이고도 중요한 의미를 갖는 영역, 특히 국민의 기본권실현과 관련된 영역에 있어서는 국민의 대표자인 입법자가 그 본질적 사항에 대해서 스스로 결정하여야 한다는 요구까지 내포한다.
② 자치조례에 대한 법률의 위임은 법규명령에 대한 법률의 위임과 같이 반드시 구체적으로 범위를 정하여 할 필요가 없으며 포괄적인 것으로 족하다.
③ 토지 등 소유자가 도시환경정비사업을 시행하는 경우, 사업시행인가 신청 시 필요한 토지 등 소유자의 동의요건을 정하는 것은 국민의 권리와 의무의 형성에 관한 기본적이고 본질적인 사항이 아니므로 국회의 법률로써 규정해야 할 사항이 아니다.
④ 수신료 징수업무를 한국방송공사가 직접 수행할 것인지 제3자에게 위탁할 것인지, 위탁한다면 누구에게 위탁하도록 할 것인지, 위탁받은 자가 자신의 고유업무와 결합하여 징수업무를 할 수 있는지는 징수업무 처리의 효율성 등을 감안하여 결정할 수 있는 사항으로서 국민의 기본권제한에 관한 본질적인 사항이 아니다.

03. 「행정기본법」상 처분에 대한 이의신청에 관한 설명으로 옳지 않은 것은?

① 행정청의 처분에 이의가 있는 당사자는 처분을 받은 날부터 30일 이내에 해당 행정청에 이의신청을 할 수 있다.
② 행정청은 이의신청을 받으면 부득이한 사유가 아니라면 그 신청을 받은 날부터 14일 이내에 그 이의신청에 대한 결과를 신청인에게 통지하여야 한다.
③ 처분에 대한 이의신청을 한 경우에는 「행정심판법」에 따른 행정심판을 제기할 수 없다.
④ 과태료 부과 및 징수에 관한 사항은 「행정기본법」에 따른 이의신청이 인정되지 아니한다.
⑤ 다른 법률에서 이의신청과 이에 준하는 절차에 대하여 정하고 있는 경우에도 그 법률에서 규정하지 아니한 사항에 관하여는 「행정기본법」에서 정하는 바에 따른다.

04. 「행정기본법」상 기간의 계산에 대한 설명으로 옳지 않은 것은?

① 행정에 관한 기간의 계산에 관하여는 행정기본법 또는 다른 법령등에 특별한 규정이 있는 경우를 제외하고는 민법 을 준용한다.
② 법령등을 공포한 날부터 일정 기간이 경과한 날브터 시행하는 경우 그 기간의 말일이 토요일 또는 공휴일인 때에는 그 말일로 기간이 만료한다.
③ 법령등을 공포한 날부터 일정 기간이 경과한 날부터 시행하는 경우 법령등을 공포한 날을 첫날에 산입한다.
④ 법령등 또는 처분에서 국민의 권익을 제한하거나 의무를 부과하는 경우 권익이 제한되거나 의무가 지속되는 기간을 계산할 때에 기간을 일, 주, 월 또는 연으로 정한 경우에는 기간의 첫날을 산입한다. 다만, 그러한 기준을 따르는 것이 국민에게 불리한 경우에는 그러하지 아니하다.

05. 사인의 공법행위에 관한 설명으로 옳지 않은 것은?

① 인허가의제 효과를 수반하는 건축신고는 특별한 사정이 없는 한 수리를 요하는 신고로 보아야 한다.
② 「식품위생법」상 식품접객업의 영업신고 요건을 갖추었다면, 그 영업신고를 한 당해 건축물이 무허가건축물이라 할지라도 영업신고는 적법하게 이루어진 것으로 본다.
③ 주민들의 거주지 이동에 따른 주민등록전입신고에 대하여 행정청은 「주민등록법」의 입법 목적 범위 내에서 이를 심사하여 수리를 거부할 수 있다.
④ 법령등으로 정하는 바에 따라 행정청에 일정한 사항을 통지하여야 하는 신고로서 법률에 신고의 수리가 필요하다고 명시되어 있는 경우에는 행정기관의 내부 업무 처리 절차로서 수리를 규정한 경우가 아닌 한, 행정청이 수리하여야 효력이 발생한다.
⑤ 건축허가권자는 건축신고가 「건축법」, 「국토의 계획 및 이용에 관한 법률」 등 관계 법령에서 정하는 명시적인 제한에 배치되지 않는 경우에도 건축을 허용하지 않아야 할 중대한 공익상 필요가 있는 경우에는 건축신고의 수리를 거부할 수 있다.

06. 사인의 공법행위에 대한 설경으로 옳은 것은?

① 공무원에 의해 제출된 사직원은 그에 터잡은 의원면직처분이 있을 때까지 철회될 수 있고, 일단 면직처분이 있고 난 이후에도 자유로이 취소 및 철회될 수 있다.
② 시장 등의 주민등록전입신고 수리 여부에 대한 심사는 「주민등록법」의 입법 목적의 범위 내에서 제한적으로 이루어져야 하는바, 전입신고자가 30일 이상 생활의 근거로서 거주할 목적으로 거주지를 옮기는지 여부가 심사 대상으로 되어야 한다.
③ 행정청은 신청에 구비서류의 미비 등 흠이 있는 경우 원칙상 형식적·절차적인 요건만을 보완요구하여야 하므로 실질적인 요건에 관한 흠이 민원인의 단순한 착오나 일시적인 사정 등에 기인한 경우에도 보완을 요구할 수 없다.
④ 사인의 공법행위는 원칙적으로 발신주의에 따라 그 효력이 발생한다.

07. 행정입법에 관한 설명으로 옳지 않은 것은?

① 구 「도시 및 주거환경정비법」에서 주택재개발사업시행인가 신청 시 토지 등 소유자의 동의요건을 재개발조합의 정관에 포괄적으로 위임하고 있는 것은 헌법 제75조에서 정하고 있는 포괄위임입법 금지 원칙에 위배된다.
② 일반적으로 법률의 위임에 따라 효력을 갖는 법규명령의 경우에 그 위임의 근거가 없어 무효였더라도 나중에 법 개정으로 위임의 근거가 부여 되면, 그 법규명령이 위임의 한계를 벗어난 해석 규정으로 인정되지 않는 한, 그때부터는 유효한 법규명령으로 볼 수 있다.

③ 행정규칙의 내용이 상위법령에 반하는 것이라면 법원은 해당 행정규칙이 법질서 상 부존재하는 것으로 취급하여 행정기관이 한 조치의 당부를 상위법령의 규정과 입법 목적 등에 따라서 판단하여야 한다.
④ 법령이 일부 개정된 경우에는 기존 법령 부칙의 경과규정을 개정 또는 삭제하거나 이를 대체하는 별도의 규정을 두는 등의 특별한 조치가 없는 한 개정 법령에 다시 경과규정을 두지 않았다고 하여 기존 법령 부칙의 경과규정이 당연히 실효되는 것은 아니다.
⑤ 추상적인 법령에 관한 제정의 여부 등은 그 자체로서 국민의 구체적인 권리의무에 직접적 변동을 초래하는 것이 아니어서 부작위위법확인소송의 대상이 될 수 없다.

08. 「행정기본법」상 행정의 입법활동에 대한 설명으로 적절하지 않은 것은?
① 국가나 지방자치단체가 법령등을 제정ㆍ개정ㆍ폐지하고자 하거나 그와 관련된 활동을 할 때에는 헌법과 상위 법령을 위반해서는 아니 되며, 헌법과 법령등에서 정한 절차를 준수하여야 한다.
② 일반 국민 및 이해관계자로부터 의견을 수렴하고 관계 기관과 충분한 협의를 거쳐 책임 있게 추진되어야 한다.
③ 법령등의 내용과 규정은 다른 법령등과 조화를 이루어야 하고, 법령등 상호 간에 중복되거나 상충되지 아니하여야 한다.
④ 법제처는 매년 해당 연도에 추진할 법령안 입법계획을 수립하여야 한다.

09. 명령적 행정행위 중 하명에 대한 설명으로 적절하지 않은 것은?
① 일반통치권에 기하여 국민에 대해 작위·부작위·급부·수인 등의 의무를 명하는 행위를 말한다.
② 이 중에서 부작위를 명하는 행정행위를 특히 금지라 한다.
③ 하명은 재량행위의 성질을 가짐이 보통이다.
④ 하명은 부담적 행정행위에 속하며, 따라서 법령의 근거를 필요로 한다.

10. 하명의 대상 및 상대방에 대한 설명으로 적절하지 않은 것은?
① 하명은 주로 사실상의 행위에 대해서 행해진다.
② 부작위(금지)하명은 불특정 다수인에 대해서만 행해진다.
③ 하명은 법률상의 행위에 대해서 행해지는 경우도 있다.
④ 불특정 다수인에게 행해지는 경우를 보통 일반처분이라고 한다.

11. 행정행위의 부관에 대한 설명으로 옳지 않은 것은?
① 행정처분에 붙은 부담인 부관이 제소기간 도과로 확정되어 이미 불가쟁력이 생긴 경우에도 그 부담의 이행으로서 하게 된 사법상 매매 등의 법률행위의 효력을 다툴 수 있다.
② 부담부 행정처분에 있어서 처분의 상대방이 부담을 이행하지 아니한 경우에 처분청이 이를 들어 당해 처분을 철회할 수 없다.
③ 지방국토관리청장이 일부 공유수면매립지에 대하여 한 국가 귀속 처분은 매립준공인가를 함에 있어서 매립의 면허를 받은 자의 매립지에 대한 소유권취득을 규정한 구 공유수면매립법의 법률효과를 일부 배제하는 부관을 붙인 것이다.
④ 부담이 처분 당시 법령을 기준으로 적법하다면 처분 후 부담의 전제가 된 주된 행정처분의 근거 법령이 개정됨으로써 행정청이 더 이상 부관을 붙일 수 없게 되었다 하더라도 곧바로 위법하게 되거나 그 효력이 소멸하게 되는 것은 아니다.

12. 행정행위의 부관에 관한 설명으로 옳지 않은 것은?
① 행정청은 처분에 재량이 없는 경우에는 법률에 근거가 있는 경우에 부관을 붙일 수 있다.
② 허가의 목적달성을 사실상 어렵게 하여 그 본질적 효력을 해하는 부관은 적법하지 않다.
③ 행정처분에 부과한 부담이 무효가 된 경우라도, 특별한 사정이 없는 한 부담의 이행으로 행한 사법상 매매 등의 법률행위 자체를 당연히 무효화하는 것은 아니다.
④ 부담의 전제가 된 주된 처분의 근거 법령이 개정됨으로써 행정청이 더 이상 부관을 붙일 수 없게 되었다면, 특별한 사정이 없는 한 그 부담의 효력은 소멸하게 된다.

13. 처분의 취소와 철회에 관한 설명으로 옳지 않은 것은?
① 행정청은 위법 또는 부당한 처분의 전부나 일부를 소급하여 취소할 수 있으나, 당사자의 신뢰를 보호할 가치가 있는 경우에는 장래를 향하여 취소할 수 있다.
② 과세관청이 조세부과처분을 취소하면 해당 처분은 효력이 상실되지만, 이후 이를 다시 취소하는 경우에는 그 조세부과처분의 효력은 당연히 회복된다.
③ 처분의 취소 사유는 원칙적으로 처분의 성립 당시에 존재하였던 하자를 말하고, 철회 사유는 처분이 성립된 이후에 새로이 발생한 것으로서 처분의 효력을 존속시킬 수 없는 사유를 말한다.
④ 행정청이 종교단체에 대하여 기본재산전환인가를 함에 있어 인가조건을 부가하고 그 불이행 시 인가를 취소할 수 있도록 하였다면 그 인가조건은 부관으로서 철회권의 유보에 해당한다.
⑤ 수익적 처분에 대한 취소권 등의 행사는 기득권의 침해를 정당화할 만한 중대한 공익상의 필요 또는 제3자의 이익보호의 필요가 있는 때에 한하여 허용되며 이러한 법리는 쟁송취소에는 적용되지 않는다.

14. 행정행위의 하자에 관한 설명으로 옳지 않은 것은?
① 하자 있는 행정행위의 치유는 행정행위의 성질이나 법치주의의 관점에서 볼 때 원칙적으로 허용될 수 없으며, 예외적으로 행정행위의 무용한 반복을 피하고 당사자의 법적 안정성을 위해 이를 허용하는 때에도 국민의 권리나 이익을 침해하지 않는 범위에서 구체적 사정에 따라 합목적적으로 인정할 필요가 있다.
② 행정처분을 한 처분청은 그 처분의 성립에 하자가 있는 경우, 이를 취소할 별도의 법적근거가 없다고 하더라도 직권으로 이를 취소할 수 있다.
③ 징계처분이 중대하고 명백한 흠 때문에 당연무효의 것이라면 징계처분을 받은 자가 이를 용인하였다 하여 그 흠이 치유되는 것은 아니다.
④ 수도과태료의 부과처분에 대한 납세고지서의 송달이 부적법하면 그 부과처분은 효력이 발생할 수 없지만 처분의 상대방이 객관적으로 위 부과처분의 존재를 인식할 수 있었다는 사실로써 송달의 하자가 치유된다.

15. 비공식 행정작용에 관한 설명으로 적절하지 않은 것은?
① 비공식 행정작용을 통한 국가간섭은 법외적(法外的) 작용이므로 헌법상의 법치국가의 원리와 모순되기 때문에 허용되지 않은 것이 원칙이다.
② 비공식 행정작용은 행정기관과 사인 사이에 행하여지기 때문에 그 사인과 제3자의 지위보장에 적합한 행위형식이다.
③ 비공식적 행정작용은 사실행위로서 아무런 법적 효과를 발생하지 않은 작용이므로 처분성이 인정되지 않는다.
④ 비공식 행정작용도 행정법의 일반법원칙에 의한 구속을 받는다.

16. 비공식적 행정작용의 유용성에 대한 설명으로 적절하지 않은 것은?
① 사전절차로서 행정주체와 상대방간의 의사소통을 통한 협상을 통해 향후 법의 해석과 적용에서 발생될 수 있는 법적 불확실성을 제거할 수 있다.
② 공식적 행정작용에 따르는 노력·비용 등을 절감시켜 행정의 효율성과 실용성을 도모한다.
③ 법적분쟁의 회피 내지 조기해결을 도모할 수 있다는 점에 그 유용성이 있다 하겠다.
④ 행정작용의 신속성을 확보하는데 유용하다.

17. 「개인정보 보호법」에 관한 설명으로 옳지 않은 것은?
① 「개인정보 보호법」에는 집단분쟁조정제도에 대한 규정을 두고 있다.
② 정보주체는 개인정보처리자가 「개인정보 보호법」을 위반한 행위로 손해를 입으면 개인정보처리자에게 손해배상을 청구할 수 있으며, 이 경우 그 개인정보처리자는 고의 또는 과실이 없음을 입증할 책임을 부담한다.
③ 교도소에 수용 중이던 재소자가 담당 교도관들을 상대로 가혹행위를 이유로 형사고소 및 민사소송을 제기하면서 그 증명자료 확보를 위해 정보공개를 요청한 '근무 보고서'는 비공개대상정보에 해당한다.
④ 고정형영상정보처리기기운영자는 고정형 영상정보처리기기의 설치 목적과 다른 목적으로 고정형 영상정보처리기기를 임의로 조작하거나 다른 곳을 비춰서는 아니 되며, 녹음기능은 사용할 수 없다.

18. 행정상 강제집행에 관한 설명으로 옳지 않은 것은?
① 행정법상의 의무 이행이 있는 경우에 행정청이 의무자의 신체 또는 재산에 실력을 가하여 의무를 이행시키거나 이행한 것과 동일한 상태를 실현하는 작용을 행정상 강제집행이라고 한다.
② 행정상 강제집행에는 장래에 향하여 의무 이행을 강제하는 것을 직접적인 목적으로 하며 이에는 행정대집행, 이행강제금의 부과, 직접강제, 강제징수, 즉시강제, 보안처분 등이 있다.
③ 대집행의 근거법으로는 대집행에 관한 일반법인 「행정대집행법」과 대집행에 관한 개별법 규정이 있고 행정상 강제징수에 대한 근거법으로 「국세징수법」과 「국세징수법」을 준용하는 여러 개별법 규정이 있다.
④ 행정청이 행정대집행의 방법으로 건물의 철거 등 대체적 작위의무의 이행을 실현할 수 있는 경우에는 따로 민사소송의 방법으로 그 의무의 이행을 구할 수 없다.

19. 통고처분에 대한 설명으로 옳은 것은?
① 통고처분을 받은 자가 그 통고에 따라 이행한 경우에는 다시 소추할 수 없다.
② 통고처분은 행정질서벌에도 인정된다.
③ 통고처분이 행하여지더라도 공소시효의 진행은 중단되지 않는다.
④ 「조세범 처벌절차법」상 통고처분을 받은 자는 30일 이내에 통고된 내용을 이행하여야한다.

20. 행정질서벌(과태료)에 관한 설명으로 옳은 것은?
① 행정질서벌인 과태료는 형법총칙이 적용된다.
② 「질서위반행위규제법」에 의하면, 자신의 행위가 위법하지 아니한 것으로 오인하고 행한 질서위반행위는 그 오인에 정당한 이유가 있는 때에 한하여 과태료를 부과하지 아니한다.
③ 과태료 부과권자는 개별 법률에서 정함이 없이 법원이 「형법」에 따라 정하며 개별 법률에서 행정청이 부과하도록 한 경우에도 행정청의 과태료 부과에 불복하는 경우 법원이 「형사소송법」 절차에 따라 부과한다.
④ 행정청에 의해 부과되는 경우에 과태료 부과행위는 행정행위인데 「질서위반행위규제법」은 과태료 부과에 이의가 제기된 경우에 행정청의 과태료 부과처분은 그 효력이 상실되고 이의 제기를 받은 부과행정청은 관할 검찰에 통보하여 검사가 과태료를 결정한다.

21. 행정상 손실보상에 관한 설명으로 옳은 것은?
① 헌법재판소는 공시지가에 의한 보상을 하는 것은 합헌으로 보았으나, 개발이익을 배제하여 보상금액을 결정하는 것은 위헌이라고 결정하였다.
② 「공익사업을 위한 토지 등의 취득 및 보상에 관한 법률」에 따라 공익사업에 필요한 토지 등의 취득 또는 사용으로 인하여 토지소유자나 관계인이 입은 손실은 사업시행자가 보상하여야 한다. 이 때 보상은 해당 공익사업을 위한 공사에 착수하기 이전에 이루어지며, 다른 특별한 규정이 없는 한 현금 지급을 원칙으로 한다.
③ 대법원은 국군보안사가 사인 소유의 방송사 주식을 강제로 국가에게 증여하게 한 사건에서 수용유사적 침해이론에 근거해 손실보상을 인정한다고 판시하였다.
④ 대법원은 하천구역으로 편입된 토지에 대한 손실보상청구권과 관련하여 공법상의 법률관계를 대상으로 하는 당사자소송 절차에 의하지 않고 민사소송 절차에 따라야 한다고 판시하였다.

22. 공용수용 및 손실보상에 관한 설명으로 옳지 않은 것은?
① 「공익사업을 위한 토지 등의 취득 및 보상에 관한 법률」상 주거용 건축물 세입자의 주거이전비 보상청구권은 그 요건을 충족하는 경우에 당연히 발생하는 것이므로 주거이전비 보상청구소송은 「행정소송법」상 당사자소송에 의하여야 한다.
② 구 「공공용지의취득및손실보상에관한특례법」상 사업시행자가 이주대책을 수립하여 이주대책에서 정한 절차에 따라 이주대책대상자로 확인·결정하여야만 이주자에게 비로소 구체적인 수분양권이 발생한다.
③ 토지수용위원회의 수용재결이 있은 후라고 하더라도 토지소유자와 사업시행자가 다시 협의하여 토지 등의 취득·사용 및 그에 대한 보상에 관하여 임의로 계약을 체결할 수 있다.
④ 헌법 제23조 제3항이 규정하는 정당한 보상이란 원칙적으로 피수용재산의 객관적인 재산가치를 완전하게 보상하는 것이어야 한다는 완전보상을 뜻한다.
⑤ 일반 공중의 이용에 제공되는 공공용물을 허가나 특허 없이 일반사용하고 있던 자가 당해 공공용물에 관한 적법한 개발행위로 인하여 종전에 비하여 그 일반사용이 제한을 받게 되었다면 그로 인한 불이익은 특별한 사정이 없는 한 손실보상의 대상이 된다.

23. 행정심판위원회의 재결의 방법(구분) 등어 대한 설명으로 적절하지 않은 것은?
① 위원회는 심판청구가 이유 없다고 인정할 때에는 그 심판청구를 기각한다.
② 위원회는 취소심판의 청구가 이유 있다고 인정할 때에는 처분청에게 취소 또는 변경할 것을 명해야 한다.
③ 위원회는 무효등확인심판의 청구가 이유 있다고 인정할 때에는 처분의 효력 유무 또는 존재 여부를 확인한다.
④ 위원회는 의무이행심판의 청구가 이유 있다고 인정할 때에는 지체 없이 신청에 따른 처분을 하거나 이를 할 것을 명한다.

24. 행정소송에 대한 설명으로 옳지 않은 것은?
① 해당 처분을 다툴 법률상 이익이 있는지 여부는 직권조사사항으로 이에 관한 당사자의 주장은 직권발동을 촉구하는 의미밖에 없으므로, 원심법원이 이에 관하여 판단하지 않았다고 하여 판단유탈의 상고이유로 삼을 수 없다.
② 행정청은 민사소송법 상의 보조참가를 할 수 있을 뿐만 아니라 행정소송법 에 의한 소송참가를 할 수 있고 공법상 당사자소송의 원고가 된다.
③ 부작위위법확인의 소에 있어 당사자가 행정청에 대하여 어떠한 행정행위를 하여 줄 것을 요구할 수 있는 법규상 또는 조리상 권리를 갖고 있지 아니한 경우에는 원고적격이 없거나 항고소송의 대상인 위법한 부작위가 있다고 볼 수 없어 그 부작위위법확인의 소는 부적법하다.
④ 국가가 국토이용계획과 관련한 지방자치단체의 장의 기관위임사무의 처리에 관하여 지방자치단체의 장을 상대로 취소소송을 제기하는 것은 허용되지 않는다.

25. 취소소송의 원고적격 및 협의의 소의 이익에 관한 설명으로 옳지 않은 것은?
① 甲이 현역병 입영대상으로 병역처분을 받고 그 취소소송 중 모병에 응하여 현역병으로 자진입대한 경우, 甲은 현역병 입영처분의 취소를 구할 소의 이익은 없다.
② 운전기사 乙의 합승행위를 이유로 乙이 소속된 운수회사에 대하여 과징금부과처분이 있은 경우, 乙은 그 과징금부과처분의 취소를 구할 이익이 없다.
③ 행정청이 공무원 丙에 대하여 새로운 직위해제사유에 기한 직위해제처분을 한 경우에도 그 이전 직위해제 처분은 여전히 존재하므로 丙은 이전 직위해제처분의 취소를 구할 소의 이익이 있다.
④ 丁은 고등학교에서 퇴학처분을 당한 후 고등학교졸업 학력검정고시에 합격한 경우, 丁은 퇴학처분의 취소를 구할 소의 이익이 있다.

제15회 소방법령 Ⅳ

01. 소방청장은 시·도 소속 소방경 이하의 소방공무원에 대한 임용권을 누구에게 위임하고 있는가?
① 소방본부 소속은 시·도지사, 소방서·지방소방학교·119특수대응단 및 소방체험관 소속은 소방서장, 지방소방학교장, 119특수대응단장, 소방체험관장
② 시·도 소방본부장
③ 소방본부 소속은 소방본부장, 소방서·지방소방학교·119특수대응단 및 소방체험관 소속은 소방서장, 지방소방학교장, 119특수대응단장, 소방체험관장
④ 시·도지사

02. 임용예정 직무에 관련된 자격증 소지자를 경력경쟁채용등 시험으로 소방공무원에 채용할 경우 임용예정분야의 응시자격 중 기능사가 포함되지 않은 분야는?
① 자동차운전분야
② 안전관리분야
③ 소방정·항공 분야
④ 정보통신분야

03. 경력경쟁채용시험등과 관련 공개경쟁시험으로 임용하는 것이 부적당한 경우에 임용예정 직무에 관련된 자격증 소지자를 임용하는 경우에 신체검사를 제외한 시험방법으로 적절한 것은?
① 서류전형·체력시험·종합적성검사·면접시험과 필기시험 또는 실기시험
② 종합적성검사·면접시험과 필기시험 또는 실기시험
③ 면접시험과 필기시험 또는 실기시험
④ 체력시험·종합적성검사·면접시험과 필기시험 또는 실기시험

04. 소방공무원 경력경쟁채용시험등의 최종합격자 결정에 대한 설명으로 면접시험만 실시하는 경우의 반영 비율은?
① 면접시험성적 60퍼센트, 신체검사 40퍼센트
② 면접시험성적 40퍼센트, 신체검사 60퍼센트
③ 면접시험성적 100퍼센트
④ 면접시험성적 50퍼센트, 신체검사 50퍼센트

05. 「국가공무원법」 제71조제1항제1호에 따라 신체·정신상의 장애로 장기 요양이 필요하여 휴직하였다가 휴직기간이 만료되어 퇴직한 소방공무원을 퇴직한 날부터 3년(「공무원 재해보상법」에 따른 공무상 부상 또는 질병으로 인한 휴직의 경우에는 5년) 이내에 퇴직 시에 재직하였던 계급 또는 그에 상응하는 계급의 소방공무원으로 경력경쟁채용시험을 통하여 재임용하는 경우 최초로 그 직위에 임용된 날부터 필수보직기간(전보제한기간)은?
① 1년 ② 2년
③ 3년 ④ 5년

06. 근무성적평정과 관련 소방서에 근무하는 소방령의 1차평정자로 적절한 것은?
① 소속 소방서 소방행정과장
② 소속 소방서장

③ 소속 시·도 소방본부장
④ 소속 시·도 소방본부 소속행정과장

07. 소방공무원이 평정결과에 대해 이의를 신청할 수 있는 평정은?
① 근무성적평정
② 가점평정
③ 경력평정
④ 교육훈련성적평정

08. 소방공무원 승진심사에 따른 제1단계 사전심의를 생략할 수 있는 경우는?
① 승진임용예정인원수가 4명 이내인 승진심사의 경우
② 승진임용예정인원수가 3명 이내인 승진심사의 경우
③ 승진임용예정인원수가 2명 이내인 승진심사의 경우
④ 승진임용예정인원수가 1명 이내인 승진심사의 경우

09. 임용권자 또는 임용제청권자는 언제까지 대우공무원 발령일을 기준으로 하여 대우공무원 선발요건에 적합한 대상자를 결정하여야 하는가?
① 매월 말 5일 전까지
② 매월 말까지
③ 매분기 말 5일 전까지
④ 매분기 말까지

10. 중앙119구조본부에 설치된 징계위원회가 관할하는 징계사건(소방청에 설치된 소방공무원 징계위원회의 관할은 제외)으로 적절한 것은?
① 소속 소방령 이하의 소방공무원에 대한 징계등 사건
② 소속 소방장 이하의 소방공무원에 대한 징계등 사건
③ 소속 소방위 이하의 소방공무원에 대한 징계등 사건
④ 소속 소방경 이하의 소방공무원에 대한 징계등 사건

11. 소방교육훈련정책위원회를 구성·운영할 수 있는 자는?
① 소방청장 또는 시·도지사
② 중앙소방학교장
③ 소방청장
④ 중앙소방학교장 및 각 지방소방학교장

12. 소방청에 설치되는 소방교육훈련정책위원회의 위원이 되는 자가 아닌 경우는?
① 각 지방소방학교의 장
② 소방청 기획조정관
③ 시·도 소방본부의 소방공무원 교육훈련 담당 과장급 공무원
④ 중앙소방학교의 교육훈련 담당 과장

13. 교수요원 역량강화 및 평가와 전보에 대한 설명으로 적절하지 않은 것은?
① 교육훈련기관의 장은 교수요원으로 임용될 사람 또는 임용된 사람에게 강의, 훈련, 교육운영 등에 관한 전문성과 역량을 강화할 수 있도록 관련 교육훈련과정을 주기적으로 이수하게 해야 한다.
② 교육훈련기관의 장은 교수요원의 전문역량을 강화하고 강의 품질을 향상시키기 위해 교수요원의 체계적 관리·육성 방안을 마련해야 한다.
③ 「소방공무원임용령」 제28조제2항에 따른 필수보직기간이 끝난 교수요원을 전보할 때에는 본인의 희망을 고려해야 한다.
④ 교육훈련기관의 장은 교수요원의 교수역량을 평가하여 근무성적 평정, 교육훈련 선발, 연구비 지원 등에 반영해야 한다.

14. 제조소등의 관계인이 안전관리자를 해임하거나 안전관리자가 퇴직한 경우 필요한 조치로 적절한 것은?
① 해임 또는 퇴직한 날부터 14일 이내에 소방본부장 또는 소방서장에게 신고하여야 한다.
② 그 관계인 또는 안전관리자는 소방본부장이나 소방서장에게 14일 이내에 그 사실을 알려 해임되거나 퇴직한 사실을 확인받을 수 있다.
③ 그 관계인 또는 안전관리자는 소방본부장이나 소방서장에게 14일 이내에 그 사실을 알려 해임되거나 퇴직한 사실을 확인받아야 한다.
④ 그 관계인 또는 안전관리자는 소방본부장이나 소방서장에게 그 사실을 알려 해임되거나 퇴직한 사실을 확인받을 수 있다.

15. 안전관리자를 선임한 제조소등의 관계인은 안전관리자가 여행·질병 그 밖의 사유로 인하여 일시적으로 직무를 수행할 수 없는 등 사유가 있을 경우 대리자를 지정하여야 하는 바, 이 경우 대리자의 자격요건으로 적절한 것은?
① 제조소등의 위험물 안전관리업므에 있어서 안전관리자를 지휘·감독하는 직위에 있는 자
② 법 제28조제1항에 따른 안전교육을 받은 자 또는 제조소등의 위험물 안전관리업무에 있어서 안전관리자를 지휘·감독하는 직위에 있는 자
③ 「위험물안전관리법」 제28조제1항의 규정에 의한 안전교육을 받은 자로서 제조소등에서 위험물안전관리에 관한 업무에 1년 이상 종사한 경력이 있는 자
④ 제조소등에서 위험물안전관리에 관한 업무에 1년 이상 종사한 경력이 있는 자로서 「위험물안전관리법」 제28조제1항의 규정에 의한 안전교육을 받은 자

16. 수용인원이 20명 이상이면 제조소와의 안전거리를 30m이상 두어야 하는 곳으로 열거되지 않은 곳은?
① 「가정폭력방지 및 피해자보호 등에 관한 법률」 제7조의2제1항에 따른 보호시설
② 「노인복지법」 제31조제1호부터 제3호까지에 해당하는 노인복지시설
③ 「장애인복지법」 제58조제1항에 따른 장애인복지시설
④ 「노숙인 등의 복지 및 자립지원에 관한 법률」 제2조제2호에 따른 노숙인복지시설

17. 고압가스, 액화석유가스 또는 도시가스를 저장 또는 취급하는 시설로서 안전거리를20m 이상 두어야 하는 기준으로 적절하지 않은 것은?
① 「액화석유가스법」의 규정에 의하여 허가를 받아야 하는 액화석유가스제조시설 및 액화석유가스저장시설
② 「고압가스법」의 규정에 의하여 허가를 받거나 신고를 하여야 하는 고압가스저장시설
③ 「고압가스법」의 규정에 의하여 허가를 받거나 신고를 하여야 하는 고압가스제조시설(용기에 충전하는 것을 포함한다) 또는 고압가스 사용시설로서 1일 20m^3 이상의 용적을 취급하는 시설이 있는 것
④ 「고압가스법」의 규정에 의하여 허가를 받거나 신고를 하여야 하는 액화산소를 소비하는 시설

18. 간이탱크저장소와 간이저장탱크의 설치 등에 대한 설명으로 적절하지 않은 것은?
① 표지와 게시판을 설치하여야 한다.
② 전용실 안에 설치하는 경우에는 탱크와 전용실의 벽과의 사이에 0.5m 이상의 간격을 유지하여야 한다.
③ 움직이거나 넘어지지 아니하도록 지면 또는 가설대에 고정시켜야 한다.
④ 옥외에 설치하는 경우에는 그 탱크의 주위에 너비 1.5m 이상의 공지를 두어야 한다.

19. 간이저장탱크에는 밸브 없는 통기관을 설치하여야 하는바, 그 기준에 대한 설명으로 적절하지 않은 것은?
① 통기관의 지름은 25㎜ 이상으로 할 것
② 가는 눈의 구리망 등으로 인화방지장치를 할 것
③ 통기관은 옥외에 설치하되, 그 끝부분의 높이는 지상 2.0m 이상으로 할 것
④ 통기관의 끝부분은 수평면에 대하여 아래로 45° 이상 구부려 빗물 등이 침투하지 아니하도록 할 것

20. 이송취급소의 배관의 이음은 원칙적으로 아크용접으로 하도록 하고 있고, 예외적으로 다른 하나의 방법을 열거하고 있는바, 이의 종류는?
① 플랜지이음　② 산소용접
③ 전기용접　④ 커플링이음

21. 방호구조물의 안에 설치되지 않은 이송취급소의 배관을 시가지 도로의 노면 아래에 매설하는 경우 보호판 또는 방호구조물의 외면과 노면과의 거리는 얼마로 하여야 하는가?
① 0.5m 이상　② 0.8m 이상
③ 1.0m 이상　④ 1.2m 이상

22. 제조소등에 설치하는 물분무소화설비의 수원의 수량은 분무헤드가 가장 많이 설치된 방사구역의 모든 분무헤드를 동시에 사용할 경우에 당해 방사구역의 표면적 1㎡당 1분당 (　　)의 비율로 계산한 양으로 (　　)간 방사할 수 있는 양 이상이 되도록 설치할 것에서 괄호 안에 적당한 것은?
① 30리터, 20분
② 20리터, 30분
③ 30리터, 30분
④ 20리터, 20분

23. 옥내저장소에 자동화재탐지설비를 설치해야 하는 기준에 대한 설명으로 적절하지 않은 것은?
① 옥내저장소로 사용되는 부분 외의 부분이 있는 건축물에 설치된 옥내저장소
② 앞 ①의 경우 옥내저장소와 옥내저장소 외의 부분이 내화구조의 바닥 또는 벽으로 개구부 없이 구획된 것과 제2류(인화성고체는 제외한다) 또는 제4류의 위험물(인화점이 70℃ 미만인 것은 제외한다)만을 저장 또는 취급하는 것은 제외한다.
③ 처마높이가 6m 이상인 건물의 것
④ 저장창고의 연면적이 100㎡를 초과하는 것

24. 위험물의 저장기준에 대한 다음 설명 중 중요기준에 해당하는 것은?
① 이동탱크저장소에는 당해 이동탱크저장소의 완공검사합격확인증 및 정기점검기록을 비치하여야 한다.
② 황을 용기에 수납하지 아니하고 저장하는 옥외저장소에서는 황을 경계표시의 높이 이하로 저장하고, 황이 넘치거나 비산하는 것을 방지할 수 있도록 경계표시 내부의 전체를 난연성 또는 불연성의 천막 등으로 덮고 당해 천막 등을 경계표시에 고정하여야 한다.
③ 컨테이너식 이동탱크저장소외의 이동탱크저장소에 있어서는 위험물을 저장한 상태로 이동저장탱크를 옮겨 싣지 아니하여야 한다.
④ 피견인자동차에 고정된 이동저장탱크에 위험물을 저장할 때에는 당해 피견인자동차에 견인자동차를 결합한 상태로 두어야 한다.

25. 옥외탱크저장소에 설치해야 하는 자동화재탐지설비 또는 자동화재속보설비의 설치가 제외되는 기준으로 적절하지 않은 것은?
① 옥외탱크저장소의 방유제와 옥외저장탱크 사이의 지표면을 불연성 및 불침윤성(수분에 젖지 않는 성질)이 있는 철근콘크리트 구조 등으로 한 경우는 자동화재탐지설비를 설치하지 않을 수 있다.
② 「화학물질관리법 시행규칙」 별표 5 제6호의 화학물질안전원장이 정하는 고시에 따라 가스감지기를 설치한 경우도 자동화재탐지설비를 설치하지 않을 수 있다.
③ 「위험물안전관리법」 제19조에 따른 자체소방대를 설치한 경우는 자동화재탐지설비를 설치하지 않을 수 있다.
④ 위험물안전관리자가 해당 사업소에 24시간 상주하는 경우는 자동화재속보설비를 설치하지 않을 수 있다.

제15회 소방전술

01. 화재원인에 따른 화재의 분류 중 마찰에 의해 발화된 것의 분류로 적절한 것은?

① 자연발화 ② 화학발화
③ 산화발화 ④ 혼촉발화

02. 최고조에 오른 실내의 "플래쉬오버 상태에서 발산되는 열 발산율은 (　　)KW 또는 그 이상이 될 수 있다" 에서 괄호 안에 적절한 것은?

① 3,000KW ② 5,000KW
③ 60,000KW ④ 10,000KW

03. 건축물 화재 진압시스템의 분석 틀의 요소 중 "크기, 위치" 는 화재, 건물구조, 위험노출, 자원, 조건 중에서 어디에 해당하는가?

① 자원 ② 위험노출
③ 조건 ④ 화재

04. 알람 밸브(유수검지장치)에 의한 화점확인 방법으로 제1단계에서 제5단계 중 4단계로 적절한 것은?

① 소방시설관리업체로 하여금 소방시설에 대한 전반적인 점검과 보수를 하도록 조치한다.
② 가압송수장치의 펌프를 확인한다.
③ 건물 위층부터 검색을 시작한다.
④ 우선 수신기 상에 표시된 층을 확인하고 이 구역을 검색하되. 수신기 상에 정확한 위치와 층이 확인되지 않을 수도 있다.

05. 다음 사진과 같은 적재방법을 말하는 것은?

① 아코디언형 적재
② 혼합형(특수형)적재
③ 평면형 적재
④ 말굽형 적재

06. "판매시설, 운수시설 및 창고시설(물류터미널로 한정한다)로서 바닥면적의 합계가 (　　) 이상이거나 수용인원이 (　　) 이상인 경우에는 모든 층" 에 스프링클러설비를 설치해야 한다 "에서 괄호 안에 적절한 것은?

① 3천㎡, 300명 ② 3천㎡, 500명
③ 5천㎡, 500명 ④ 6천㎡, 1천명

07. 제3류 위험물 중 금속칼륨이나 금속나트륨의 소화수단(제독제)으로 적절한 것은?

① 규조토 ② 활석분
③ 건조사 ④ 활성탄

08. 방사능 시설 화재 시 대응구역의 기능 및 특성과 관련 "구급차 접근이 가능한 경찰통제선 내 장소로 방사선량률이 자연방사선량과 비슷한 정도의 구역(0.3μ Sv/h)" 을 말하는 구역은?

① 일반인관리구역
② 현장지휘본부
③ 과학수사구역
④ 초동대응자 관리구역

09. 플래쉬오버 현상이 관찰되었을 때 지휘자가 해야 할 특별한 조치는?

① 즉시 배연작업을 해야 한다.
② 즉시 진화작업과 배연작업을 실시해야 한다.
③ 공간을 냉각시키기 위한 방수작업과 배연작업을 실시해야 한다.
④ 즉시 진화작업을 개시해야 한다.

10. 가연성금속과 가연성금속의 합금 화재인 D급 화재의 적응 소화약제로 적절한 것은?

① 금속화재용 분말
② 수성막포(AFFF)
③ Halon 1211,1301
④ 이산화탄소

11. 유류화재 시 저발포 포의 사용 구분과 관련 유출화재에 적합한 포의 종류는?

① 단백포, 불화단백포
② 단백포, 수성막포
③ 계면활성제포, 수성막포
④ 단백포, 불화단백포, 계면활성제포, 수성막포

12. 「화재조사 및 보고규정」상 소방관서장이 임명하거나 위촉할 수 있는 화재합동조사단의 단장과 단원의 숫자로 적절한 것은?

① 단장 1명과 단원 3명 이상
② 단장 1명과 단원 4명 이상
③ 단장 1명과 단원 5명 이상
④ 단장 1명과 단원 7명 이상

13. 소방자동차와 관련 소방용도로 사용되는 대부분의 펌프의 종류로 적절한 것은?

① 축류펌프 ② 원심펌프
③ 왕복펌프 ④ 사류펌프

14. 조난자를 구조할 때 적용하는 수색구조에 있어서 구조활동이 진행되는 순서는?

① 수색 ⇒ 구조 ⇒ 위험평가 ⇒ 응급의료
② 위험평가 ⇒ 구조 ⇒ 수색 ⇒ 응급의료
③ 위험평가 ⇒ 수색 ⇒ 구조 ⇒ 응급의료
④ 수색 ⇒ 위험평가 ⇒ 구조 ⇒ 응급의료

15. 구조대원이 근무 중에 위험물·유독물 및 방사성물질에 노출되거나 감염성 질병에 걸린 구조대상자와 접촉한 경우에 그 사실을 몇 시간 이내에 보고하여야 하는가?

① 지체 없이
② 24시간
③ 48시간
④ 72시간

16. 헬기 활용 구조에 있어 헬기의 미부회전익(Tail rotor)의 회전 속도는?
① 1,500~1,800/rpm
② 1,500~2,000/rpm
③ 1,800~2,000/rpm
④ 1,800~2,200/rpm

17. 다음 자세를 설명하고 있는 것은?

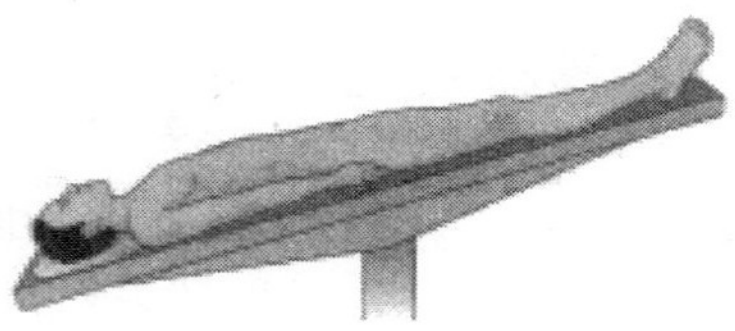

① 트렌델렌버그 자세(Trendelenburg position)
② 변형된 트렌델렌버그 자세(Trendelenburg position)
③ 바로누운자세(supine)
④ 엎드린 자세(prone)

18. 순환계 중 “신경계는 크게 중추신경계와 (　　　　)로 나눌 수 있다” 에서 괄호 안에 적절한 것은?
① 자율신경계
② 말초신경계
③ 비자율신경계
④ 비중추신경계

19. 대량 환자 발생 시 두 번째로 응급처치 및 이송을 실시해야 하는 환자는?
① 비응급환자
② 응급환자
③ 긴급환자
④ 지연환자

20. 환자 이동 장비 중 척추손상 의심 환자를 1인이 운반할 때에 적절하지 않은 장비는?
① 가변형 들것
② 의자형 들것
③ 바스켓형 들것
④ 분리형 들것

21. 호흡유지 장비 중 충전식 흡인기의 사용법 중 두 번째에 해당하는 것은?
① 수지교차법으로 입을 벌린 후 흡인튜브를 넣는다.
② 흡인 전에 환자에게 산소를 공급한다.
③ 환자의 입가장자리에서 귓불까지의 길이를 측정하여 흡인튜브의 적절한 깊이를 결정한다.
④ 흡인튜브를 흡인관에 끼운다.

22. 환자 의식수준의 4단계 중 어떠한 자극에도 반응하지 않는 상태는?
① U(Unresponse)
② V(Verbal Stimuli)
③ P(Pain Stimuli)
④ A(Alert)

23. 복통의 증상과 징후 중 통증 유발부위가 아닌 다른 부위에서 느끼는 통증을 말하는 것은?
① 연관 통증
② 벽쪽 통증
③ 내장 통증
④ 쥐어뜯는 듯한 통증

24. 국제구조대 · 국제구급대의 파견 규모 및 기간은 재난유형과 파견지역의 피해 등을 종합적으로 고려하여 누구와 협의하여 소방청장이 정하는가?
① 해당 국가 공관장
② 행정안전부장관
③ 외교부장관
④ 해당 국가 공관장

25. 「재난 및 안전관리 기본법」 제34조의6제1항 본문에 따른 위기상황 매뉴얼을 작성 · 관리하지 아니한 소유자 · 관리자 또는 점유자에 대한 처벌로 적절한 것은?
① 300만원 이하의 과태료
② 200만원 이하의 과태료
③ 100만원 이하의 과태료
④ 500만원 이하의 벌금

실 전 모 의 고 사

소방승진시험대비

정답 및 해설

제1회 행 정 법

01. ③

해설
• ③이 적절하지 않다. 즉, 대법관은 대법원장의 제청으로 국회의 동의를 얻어 대통령이 임명하므로 형식적 의미에서나 실질적 의미에서나 모두 행정에 해당한다.
• ①, ②, ④는 적절한 설명이다.

02. ④

해설
• 형식미의 행정이란 실정법에 의하여 행정기관에 부여된 작용은 그 성질에 관계없이 모두 행정으로 보는 것이고, 실질적의미의 행정이란 성질상 입법적 작용이나 사법적 작용과는 구별되는 행정을 말하는바, ④의 시·도의 행정심판위원회가 행하는 행정심판의 재결은 준사법적 성질을 가지는 것으로서 형식적의미로는 행정에 속하나 실질적의미로는 사법적 작용인 것이다.
• 나머지는 모두 실질적의미의 행정에 속한다.

03. ③

해설
• ③이 옳지 않다. 판례는 "판례는 "행정처분이 발하여진 후 새로운 부담을 부가하거나 이미 부가되어 있는 부담의 범위 또는 내용 등을 변경하는 이른바 사후부담은, 법률에 명문의 규정이 있거나 그것이 미리 유보되어 있는 경우 또는 상대방의 동의가 있는 경우에 허용되는 것이 원칙이다" 고 하였다(대판 2009.11.12. 2008다98006).

04. ①

해설
• ①이 적절하지 않음은 앞에서 살펴본바와 같다(대판 2013.1.16., 2012추84).
• ②, ③, ④는 적절한 설명이다.

05. ①

해설
• ①이 옳지 않다. ①의 경우는 반대로 되어있다. 「행정기본법」 제6조(행정에 관한 기간의 계산)제1항은 "행정에 관한 기간의 계산에 관하여는 이 법 또는 다른 법령등에 특별한 규정이 있는 경우를 제외하고는 「민법」을 준용한다" 라고 규정되어 있다.
• ②, ③, ④는 옳다.
• ②의 경우는 「행정기본법」 제14조 제1항
• ③의 경우는 「행정기본법」 제4조 제2항
• ④의 경우는 「행정기본법」 제27조 제2항

06. ④

해설
• ④가 옳지 않다. 「행정기본법」 제20조는 "행정청은 법률로 정하는 바에 따라 완전히 자동화된 시스템(인공지능 기술을 적용한 시스템을 포함한다)으로 처분을 할 수 있다. 다만, 처분에 재량이 있는 경우는 그러하지 아니하다" 고 규정하고 있다.
• ①, ②, ③은 옳다.
• ①은 「행정기본법」 제8조(법치행정의 원칙)
• ②는 「동법」 제12조(신뢰보호의 원칙) 제2항
• ③은 「동법」 제30조(행정상 강제) 제1항

07. ②

해설
• ②가 옳지 않다. 판례는 "이러한 장기요양기관의 폐업신고와 노인의료복지시설의 폐지신고는, 행정청이 관계 법령이 규정한 요건에 맞는지를 심사한 후 수리하는 이른바 '수리를 필요로 하는 신고' 에 해당한다. 그러나 행정청이 그 신고를 수리하였다고 하더라도, 신고서 위조 등의 사유가 있어 신고행위 자체가 효력이 없다면, 그 수리행위는 유효한 대상이 없는 것으로서, 수리행위 자체에 중대 · 명백한 하자가 있는지를 따질 것도 없이 당연히 무효이다" 고 하였다(대판 2018.6.12. 2018두33593).

08. ④

해설
• ④가 옳지 않다. 자기완결적 신고에 대해서는 「행정절차법」 제40조에서 규정하고 있다. ※ 「행정절차법」 제40조(신고) 제1항 및 제2항
제40조(신고) ① 법령등에서 행정청에 일정한 사항을 통지함으로써 의무가 끝나는 신고를 규정하고 있는 경우 신고를 관장하는 행정청은 신고에 필요한 구비서류, 접수기관, 그 밖에 법령등에 따른 신고에 필요한 사항을 게시(인터넷 등을 통한 게시를 포함한다)하거나 이에 대한 편람을 갖추어 두고 누구나 열람할 수 있도록 하여야 한다.
② 제1항에 따른 신고가 다음 각 호의 요건을 갖춘 경우에는 신고서가 접수기관에 도달된 때에 신고 의무가 이행된 것으로 본다.
1. 신고서의 기재사항에 흠이 없을 것 2. 필요한 구비서류가 첨부되어 있을 것 3. 그 밖에 법령등에 규정된 형식상의 요건에 적합할 것

09. ①

해설
• ①이 적절하지 않다. 「행정기본법」 제40조
※ 제40조(법령해석) ① 누구든지 법령등의 내용에 의문이 있으면 법령을 소관하는 중앙행정기관의 장(이하 "법령소관기관" 이라 한다)과 자치법규를 소관하는 지방자치단체의 장에게 법령해석을 요청할 수 있다. ② 법령소관기관과 자치법규를 소관하는 지방자치단체의 장은 각각 소관 법령등을 헌법과 해당 법령등의 취지에 부합되게 해석 · 집행할 책임을 진다.
③ 법령소관기관이나 법령소관기관의 해석에 이의가 있는 자는 대통령령으로 정하는 바에 따라 법령해석업무를 전문으로 하는 기관에 법령해석을 요청할 수 있다.④ 법령해석의 절차에 관하여 필요한 사항은 대통령령으로 정한다.

10. ④

해설
• ④의 경우 「국가화재안전성능기준」(NFPC)은 소방청 고시로 정해져 있다.
• ①의 「다중이용업소의 안전관리에 관한 특별법」은 「화재의 예방 및 안전관리에 관한 법률」 및 「소방시설 설치 및 관리에 관한 법률」의 적용을 받는 외에 다중이용업소에 대해 별도의 소방시설등이 적용되므로 특별법이라 할 수 있다. • ②는 적절한 설명이다.
• ③의 「화재의 예방 및 안전관리에 관한 법률 시행령」은 위임명령과 집행명령의 성격을 아울러 가지고 있다.

11. ①

해설 ①의 허가 또는 통제허가란 법령에 의한 일반적 금지(부작위의무)를 특정한 경우에 해제하여 적법한 행위(사실행위 또는 법률행위)를 행할 수 있게 하여주는 행정행위(처분)를 말한다. 영업허가·위험물 제조소등 설치허가·건축허가 등이 그 예이다.

12. ③

해설 ③이 적절하다. 이 경우 요 허가행위를 무허가로 행한 경우(무허가 행위의 효과)는 행정상의 강제집행이나 행정벌의 대상은 되지만, 행위 자체의 법률적 효력은 부인되지 않는 것이 일반적이다.

13. ④

해설
- ④가 옳지 않다. 판례는 "행정청이 종교단체에 대하여 기본재산전환인가를 함에 있어 인가조건을 부가하고 그 불이행시 인가를 취소할 수 있도록 한 경우, 인가조건의 의미는 철회권을 유보한 것이라고" 하였다(대판 2003.5.30. 2003다6422).
- ①, ②, ③은 옳다.

14. ④

해설
- ④가 옳지 않다. 판례는 "어업면허처분을 함에 있어 그 면허의 유효기간을 1년으로 정한 경우, 위 면허의 유효기간은 행정청이 위 어업면허처분의 효력을 제한하기 위한 행정행위의 부관이라 할 것이고 이러한 행정행위의 부관은 독립하여 행정소송의 대상이 될 수 없는 것이므로 위 어업면허처분 중 그 면허유효기간만의 취소를 구하는 청구는 허용될 수 없다" 고 하였다(대판 1986.8.19. 86누202).

15. ③

해설
- ③이 옳지 않다. 판례는 "행정행위의 성질이나 법치주의의 관점에서 볼 때 하자있는 행정행위의 치유는 원칙적으로 허용될 수 없을 뿐만 아니라 이를 허용하는 경우에도 국민의 권리와 이익을 침해하지 않는 범위에서 구체적 사정에 따라 합목적적으로 가려야 할 것인 바, 이 사건 처분에 관한 하자가 행정처분의 내용에 관한 것이고 새로운 노선면허가 이 사건 소 제기 이후에 이루어진 사정 등에 비추어 보면 하자의 치유는 인정되지 않는다" 고 하였다(대판 1991.5.28. 90누1359) • ①, ②, ④는 옳다.

16. ③

해설 ③이 적절하다. 판례는 "하자 있는 행정행위의 치유나 전환은 행정행위의 성질이나 법치주의의 관점에서 볼 때 원칙적으로 허용될 수 없는 것이지만, 행정행위의 무용한 반복을 피하고 당사자의 법적 안정성을 위해 이를 허용하는 때에도 국민의 권리와 이익을 침해하지 않는 범위에서 구체적 사정에 따라 합목적적으로 인정해야 할 것이다" 고 하였다(대판 1983.7.26. 82누420).

17. ③

해설
- ③이 옳지 않다. 판례는 "도시 · 군계획시설결정과 실시계획인가는 도시 · 군계획시설사업을 위하여 이루어지는 단계적 행정절차에서 별도의 요건과 절차에 따라 별개의 법률효과를 발생시키는 독립적인 행정처분이다. 그러므로 선행처분인 도시 · 군계획시설결정에 하자가 있더라도 그것이 당연무효가 아닌 한 원칙적으로 후행처분인 실시계획인가에 승계되지 않는다" 고 하였다(대판 2017.7.18. 2016두49938).

18. ③

해설
- ③이 적절하지 않다. 비공식적 행정작용은 그 전모가 외부에 노출되지 않는 수면 아래의 행정작용이므로 이해관계 있는 제3자에게 불리하게 작용될 위험성이 있음은 앞에서 살펴본 바와 같다.
- ①, ②, ④는 적절한 설명이다.

19. ④

해설
- ④가 옳다. 판례는 "여러 처분사유에 관하여 하나의 제재처분을 하였을 때 그중 일부가 인정되지 않는다고 하더라도 나머지 처분사유들만으로도 처분의 정당성이 인정되는 경우에는 그 처분을 위법하다고 보아 취소하여서는 아니 된다" 고 하였다(대판 2020.5.14. 2019두63515).

20. ④

해설
- 「행정기본법」 제22조 제1항
- 제22조(제재처분의 기준)
  ① 제재처분의 근거가 되는 법률에는 제재처분의 주체, 사유, 유형 및 상한을 명확하게 규정하여야 한다. 이 경우 제재처분의 유형 및 상한을 정할 때에는 해당 위반행위의 특수성 및 유사한 위반행위와의 형평성 등을 종합적으로 고려하여야 한다.

21. ④

해설
- ④가 옳지 않다. "「질서위반행위규제법」 제7조(고의 또는 과실)는 고의 또는 과실이 없는 질서위반행위는 과태료를 부과하지 아니한다" 고 하고 있다.

22. ④

해설
- ④가 옳지 않다. 「질서위반행위규제법」 제17조(과태료의 부과)제1항은 과태료의 부과를 "행정청은 제16조의 의견 제출 절차를 마친 후에 서면(당사자가 동의하는 경우에는 전자문서를 포함한다. 이하 이 조에서 같다)으로 과태료를 부과하여야 한다" 라고 규정하고 있다. 법원에의 통보는 과태료를 부과받은 자가 이의제기를 한 경우에 하는 절차이다(「질서위반행위규제법」 제20조 및 제21조 참조).

23. ①

해설
- ①이 옳지 않다. 판례는 "토지가 구 소하천정비법(2016.1.27. 법률 제13919호로 개정되기 전의 것, 이하 같다)에 의하여 소하천구역으로 적법하게 편입된 경우 그로 인하여 그 토지의 소유자가 사용 · 수익에 관한 권리행사에 제한을 받아 손해를 입고 있다고 하더라도 구 소하천정비법 제24조에서 정한 절차에 따라 손실보상을 청구할 수 있음은 별론으로 하고, 관리청의 제방 부지에 대한 점유를 권원 없는 점유와 같이 보아 손해배상이나 부당이득의 반환을 청구할 수 없다" 고 하였다(대판 2021.12.30. 2018다284608).

24. ①

해설
- ①이 옳다. 판례는 "공공사업의 시행자가 그 사업에 필요한 토지를 협의취득하는 행위는 사경제주체로서 행하는 사법상의 매매행위에 지나지 아니하다" 고 하였다(대판1996.4.26. 96다3319).

25. ②

해설
- ②가 옳지 않다. 판례는 "행정청이 식품위생법령에 따라 영업자에게 행정제재처분을 한 후 그 처분을 영업자에게 유리하게 변경하는 처분을 한 경우, 변경처분에 의하여 당초 처분은 소멸하는 것이 아니고 당초부터 유리하게 변경된 내용의 처분으로 존재하는 것이므로, 변경처분에 의하여 유리하게 변경된 내용의 행정제재가 위법하다 하여 그 취소를 구하는 경우 그 취소소송의 대상은 변경된 내용의 당초 처분이지 변경처분은 아니고, 제소기간의 준수 여부도 변경처분이 아닌 변경된 내용의 당초 처분을 기준으로 판단하여야 한다" 고 하였다(대판 2007.4.27. 2004두9302).

제1회 소방법령 Ⅳ

01. ③

해설 「임용령 시행규칙」 제4조 제2항〈개정 2020.3.13.〉
② 임용권자는 직위해제를 할 때에는 제1항 본문에 따른 인사발령 통지서에 직위해제처분 사유 설명서를 첨부해야 한다.

02. ③

해설 「임용령 시행규칙」 제2조의2(임용심사위원회) 제1항
① 영 제22조의2제1항에 따른 임용심사위원회(이하 "위원회" 라 한다)는 위원장 1명을 포함하여 5명 이상 8명 이하의 위원으로 구성한다.

03. ②

해설 「임용령」 제39조 제3항
③ 제1항제2호에 따른 필기시험은 선택형으로 하되, 기입형 또는 논문형을 추가할 수 있다.
※ 「임용령」 제39조 제1항 제2호
2. 법 제7조제2항제2호 · 제3호 및 제6호부터 제8호까지의 규정에 따른 경력경쟁채용시험등의 경우에는 서류전형 · 체력시험 · 종합적성검사 · 면접시험과 필기시험 또는 실기시험. 다만, 업무의 특수성 등을 고려하여 필요하다고 인정되는 경우에는 필기시험과 실기시험을 모두 병행하여 실시할 수 있다.
※ 「소방공무원법」 제7조
2. 공개경쟁시험으로 임용하는 것이 부적당한 경우에 임용예정 직무에 관련된 자격증 소지자를 임용하는 경우
3. 임용예정직에 상응하는 근무실적 또는 연구실적이 있거나 소방에 관한 전문기술교육을 받은 사람을 임용하는 경우
6. 외국어에 능통한 사람을 임용하는 경우
7. 경찰공무원을 그 계급에 상응하는 소방공무원으로 임용하는 경우
8. 소방 업무에 경험이 있는 의용소방대원을 소방사 계급의 소방공무원으로 임용하는 경우

04. ①

해설 「임용령」 제46조 제5항 제2호 나목
나. 필기시험과 면접시험을 실시하는 경우 : 필기시험 성적 75퍼센트 및 면접시험 성적 25퍼센트의 비율로 합산한 성적

05. ①

해설 「임용령」 제28조 제3항
1. 공개경쟁시험으로 임용하는 것이 부적당한 경우에 임용예정 직무에 관련된 자격증 소지자를 임용하는 경우는
2. 최초로 그 직위에 임용된 날부터 5년의 필수보직기간이 지나야 다른 직위 또는 임용권자를 달리하는 기관에 전보될 수 있다.

06. ③

해설 「승진임용 규정」 제5조 제2항 제1호 라목〈개정 2025.1.24.〉
1. 「국가공무원법」 제71조에 따른 휴직 기간 중 다음 각 목의 기간
라. 「국가공무원법」 제71조제2항제4호에 따른 휴직(이하 "육아휴직" 이라 한다)은 그 휴직 기간. 다만, 제1항의 기간에 포함하는 기간은 제8항 제3호에 따라 육아휴직을 대신하여 시간선택제전환소방공무원으로 지정되어 근무한 기간과 합산하여 자녀 1명당 3년을 초과할 수 없다.
※ 「국가공무원법」 제71조 제2항 제4호
4. 8세 이하 또는 초등학교 2학년 이하의 자녀를 양육하기 위하여 필요하거나 여성공무원이 임신 또는 출산하게 된 때

07. ④

해설 「승진임용 규정 시행규칙」 제6조 및 별표1
소방서에서 근무하는 소방령의 근무성적 1차 평정자는 소속 소방서장이고 2차 평정자는 소속 시 · 도 소방본부장이다.

08. ④

해설 「승진임용 규정 시행규칙」 제25조 제3항
③ 제2단계 심사는 본심사 단계로 제1단계 사전심의에서 승진심사 선발인원의 2배수 내외로 회부된 심사대상자에 대하여 심사위원 전원합의로 최종승진임용예정자를 선발(전원합의가 이루어지지 않으면 투표로 결정)한다. 이 경우 별지 제8호서식에 따른 승진심사 종합평가결과서를 작성한다.

09. ④

해설 「승진임용 규정」 제25조 제1항
① 승진심사위원회는 승진심사를 완료한 때에는 지체없이 다음 각호의 서류를 작성하여 중앙승진심사위원회에 있어서는 소방청장에게, 보통승진심사위원회에 있어서는 당해 위원회가 설치된 기관의 장에게 보고하여야 한다.
1. 승진심사의결서
2. 승진심사종합평가서
3. 승진임용예정자로 선발된 자 및 선발되지 아니한 자의 명부

10. ③

해설 「소방공무원법」 제18조(보훈)
소방공무원으로서 교육훈련 또는 직무수행 중 사망한 사람(공무상의 질병으로 사망한 사람을 포함한다) 및 상이(공무상의 질병을 포함한다)를 입고 퇴직한 사람과 그 유족 또는 가족은 「국가유공자 등 예우 및 지원에 관한 법률」 또는 「보훈보상대상자 지원에 관한 법률」에 따른 예우 또는 지원을 받는다.

11. ③

해설 「소방공무원 징계령」 제4조 제1항
① 징계위원회는 다음 각 호의 구분에 따라 공무원위원과 민간위원으로 구성한다. 이 경우 민간위원의 수는 위원장을 제외한 위원 수의 2분의 1 이상이어야 한다.

12. ③

해설 「교육훈련규정」 제4조 제2항
② 교육훈련기관을 관장하는 소방청장과 시 · 도지사는 교육과정별 우선 순위에 따라 소방기관별로 교육인원을 균등하게 배정해야 한다.

13. ④

해설 「시행규칙」 제6조(제조소등의 설치허가의 신청) 제1호
1. 다음 각목의 사항을 기재한 제조소등의 위치 · 구조 및 설비에 관한 도면 가. 당해 제조소등을 포함하는 사업소 안 및 주위의 주요 건축물과 공작물의 배치 나. 당해 제조소등이 설치된 건축물 안에 제조소등의 용도로 사용되지 아니하는 부분이 있는 경우 그 부분의 배치 및 구조 다. 당해 제조소등을 구성하는 건축물, 공작물 및 기계 · 기구 그 밖의 설비의 배치(제조소 또는 일반취급소의 경우에는 공정의 개요를 포함한다)
라. 당해 제조소등에서 위험물을 저장 또는 취급하는 건축물, 공작물 및 기계 · 기구 그 밖의 설비의 구조(주유취급소의 경우에는 별표 13 Ⅴ 제1호 각목의 규정에 의한 건축물 및 공작물의 구조를 포함한다)
마. 당해 제조소등에 설치하는 전기설비, 피뢰설비, 소화설비, 경보설비 및 피난설비의 개요
바. 압력안전장치 · 누설점검장치 및 긴급차단밸브 등 긴급대책에 관계된 설비를 설치하는 제조소등의 경우에는 당해 설비의 개요

14. ①

해설

「법」 제3조의2(국가의 책무) 제1항
① 국가는 위험물에 의한 사고를 예방하기 위하여 다음 각 호의 사항을 포함하는 시책을 수립·시행하여야 한다.
1. 위험물의 유통실태 분석 2. 위험물에 의한 사고 유형의 분석
3. 사고 예방을 위한 안전기술 개발 4. 전문인력 양성
5. 그 밖에 사고 예방을 위하여 필요한 사항

15. ②

해설

「법」 제34조의3(벌칙)
저장소 또는 제조소등이 아닌 장소에서 지정수량 이상의 위험물을 저장 또는 취급한 자는 3년이하의 징역 또는 3천만원이하의 벌금에 처한다.

16. ①

해설

「시행규칙」 제55조 3호 및 제6호
3. 위험물시설의 안전을 담당하는 자를 따로 두는 제조소등의 경우에는 그 담당자에게 다음 각목의 규정에 의한 업무의 지시, 그 밖의 제조소등의 경우에는 다음 각목의 규정에 의한 업무
가. 제조소등의 위치·구조 및 설비를 법 제5조제4항의 기술기준에 적합하도록 유지하기 위한 점검과 점검상황의 기록·보존
나. 제조소등의 구조 또는 설비의 이상을 발견한 경우 관계자에 대한 연락 및 응급조치
다. 화재가 발생하거나 화재발생의 위험성이 현저한 경우 소방관서 등에 대한 연락 및 응급조치
라. 제조소등의 계측장치·제어장치 및 안전장치 등의 적정한 유지·관리
마. 제조소등의 위치·구조 및 설비에 관한 설계도서 등의 정비·보존 및 제조소등의 구조 및 설비의 안전에 관한 사무의 관리
6. 그 밖에 위험물을 수납한 용기를 차량에 적재하는 작업, 위험물설비를 보수하는 작업 등 위험물의 취급과 관련된 작업의 안전에 관하여 필요한 감독의 수행

17. ③

해설

「시행령」 제12조 제3호
3. 동일구내에 있거나 상호 100미터 이내의 거리에 있는 저장소로서 저장소의 규모, 저장하는 위험물의 종류 등을 고려하여 행정안전부령이 정하는 저장소를 동일인이 설치한 경우
※ 「시행규칙」 제56조 제1항
① 영 제12조제1항제3호에서"행정안전부령이 정하는 저장소"라 함은 다음 각 호의 1에 해당하는 저장소를 말한다.
1. 10개 이하의 옥내저장소
2. 30개 이하의 옥외탱크저장소
3. 옥내탱크저장소
4. 지하탱크저장소
5. 간이탱크저장소
6. 10개 이하의 옥외저장소
7. 10개 이하의 암반탱크저장소
※ 본 문제의 경우에는 옥외저장소가 10개 이하로 제한이 있다.

18. ①

해설

「시행규칙」 제28조 및 별표4의Ⅱ 제2호〈개정 2024.5.20.〉
2. 제조소의 작업공정이 다른 작업장의 작업공정과 연속되어 있어, 제조소의 건축물 그 밖의 공작물의 주위에 공지를 두게 되면 그 제조소의 작업에 현저한 지장이 생길 우려가 있는 경우 당해 제조소와 다른 작업장 사이에 다음 각목의 기준에 따라 방화상 유효한 격벽(隔壁)을 설치한 때에는 당해 제조소와 다른 작업장 사이에 제1호의 규정에 의한 공지를 보유하지 아니할 수 있다.
가. 방화벽은 내화구조로 할 것, 다만 취급하는 위험물이 제6류 위험물인 경우에는 불연재료로 할 수 있다.
나. 방화벽에 설치하는 출입구 및 창 등의 개구부는 가능한 한 최소로 하고, 출입구 및 창에는 자동폐쇄식의 60분+방화문 또는 60분방화문을 설치할 것 다. 방화벽의 양단 및 상단이 외벽 또는 지붕으로부터 50cm 이상 돌출하도록 할 것

19. ①

해설

「시행규칙」 제28조 및 별표4의 Ⅳ 제3호
3. 지붕(작업공정상 제조기계시설 등이 2층 이상에 연결되어 설치된 경우에는 최상층의 지붕을 말한다)은 폭발력이 위로 방출될 정도의 가벼운 불연재료로 덮어야 한다. 다만, 위험물을 취급하는 건축물이 다음 각목의 1에 해당하는 경우에는 그 지붕을 내화구조로 할 수 있다.
가. 제2류 위험물(분말상태의 것과 인화성고체를 제외한다), 제4류 위험물 중 제4석유류·동식물유류 또는 제6류 위험물을 취급하는 건축물인 경우
나. 다음의 기준에 적합한 밀폐형 구조의 건축물인 경우
1) 발생할 수 있는 내부의 과압(過壓) 또는 부압(負壓)에 견딜 수 있는 철근콘크리트조일 것
2) 외부화재에 90분 이상 견딜 수 있는 구조일 것

20. ①

해설

「시행규칙」 제34조 및 별표10 Ⅱ 제2호
2. 이동저장탱크는 그 내부에 4,000리터 이하마다 3.2㎜ 이상의 강철판 또는 이와 동등 이상의 강도·내열성 및 내식성이 있는 금속성의 것으로 칸막이를 설치하여야 한다. 다만, 고체인 위험물을 저장하거나 고체인 위험물을 가열하여 액체 상태로 저장하는 경우에는 그러하지 아니하다.

21. ④

해설

「시행규칙」 제34조 및 별표10 Ⅱ 제4호 가목의 1)
최대수량의 위험물을 저장한 상태에 있을 때의 당해 탱크중량의 중심점과 측면틀의 최외측을 연결하는 직선과 그 중심점을 지나는 직선중 최외측선과 직각을 이루는 직선과의 내각이 35도 이상이 되도록 하여야 한다.

22. ③

해설

「시행규칙」 제39조 및 별표15 Ⅲ 제4호
4. 하천 홍수관리구역 내 매설
배관을 「하천법」 제12조에 따라 지정된 홍수관리구역 내에 매설하는 경우에는 제1호의 규정을 준용하는 것 외에 둑 또는 호안(기슭·둑침식 방지시설)이 하천 홍수관리구역의 지반면과 접하는 부분으로부터 하천관리상 필요한 거리를 유지하여야 한다.

23. ①

해설

「시행규칙」 제39조 및 별표15 Ⅲ 제6호 다목
다. 배관은 원칙적으로 이미 설치된 배관에 대하여 30m 이상의 안전거리를 둘 것

24. ②

해설

「시행규칙」 제42조 및 별표17 Ⅱ 제1호의 가, 다, 라목
옥내주유취급소가 자동화재탐지설비 설치대상이다.

25. ①

해설

「시행규칙」 제42조 및 별표17 Ⅱ 제2호 라목
라. 옥외탱크저장소에 설치하는 자동화재탐지설비의 감지기 설치기준
1) 불꽃감지기를 설치할 것. 다만, 불꽃을 감지하는 기능이 있는 지능형 폐쇄회로텔레비전(CCTV)을 설치한 경우 불꽃감지기를 설치한 것으로 본다.
2) 옥외저장탱크 외측과 별표 6 Ⅱ에 따른 보유공지 내에서 발생하는 화재를 유효하게 감지할 수 있는 위치에 설치할 것
3) 지지대를 설치하고 그 곳에 감지기를 설치하는 경우 지지대는 벼락에 영향을 받지 않도록 설치할 것

제1회 소방전술

01. ②

해설 **화재의 정의(「소방의 화재조사에 관한 법률」 제2조)**
"화재"란 사람의 의도에 반하거나 고의 또는 과실에 의하여 발생하는 연소 현상으로서 소화할 필요가 있는 현상 또는 사람의 의도에 반하여 발생하거나 확대된 화학적 폭발현상을 말한다.

02. ③

해설 **소화 적응성에 따른 화재의 분류** ; 일반화재는 목재, 섬유, 고무, 플라스틱 등과 같은 일반 가연물의 화재를 말한다. 발생빈도나 피해액이 가장 큰 화재이다. 일반화재에 대한 소화기 적응화재 표시는 A로 표시하고, 표시색은 백색이다.

03. ③

해설 **화재상황평가** ; 내화구조의 기준과 관련 바닥의 내화구조 기준은 철근콘크리트조 또는 철골 · 철근콘크리트조로서 두께가 10㎝ 이상인 것이다.

04. ④

해설 **화재상황평가** ; 안전도 3등급 건물의 주요 연소확대 요소는 숨은 공간이나 작은 구멍이다. 가장 일반적인 숨은 공간은 다락방과 같은 공간이다.

05. ③

해설 **기타 활동** ; 수손방지 작업은 지휘자의 명령에 근거해 실시한다. 활동의 순위는 화점 직하층의 방, 양옆의 방, 다른 방 그리고 다른 층 순서로 한다.

06. ②

해설 **화재진압과 소방전술**
모든 팀의 구성원들은 아래와 같이 잠재적인 요소를 잘 살펴보아야 할 것이다. (5) 화재 때문에 약해진 지주 위에 있는 짐들 (6) 엎질러질 가능성이 있는 위험하거나 인화성이 높은 상품들 (7) 백드래프트(backdraft) 또는 플래쉬오버상태 (8) 전기 충격 위험들 (9) 대원들의 탈진, 혼란, 공포 (10) 부상자들

07. ④

해설 **일반가연물 화재진압** ; 목조건물 화재는 주위건물로의 연소 확대 저지를 중점으로 하기 때문에 관창의 배치도 연소위험이 큰 쪽, 연소할 경우 진압활동이 곤란한 쪽으로의 배치를 우선하며, 관창배치의 우선순위는 화재의 뒷면, 측면 및 2층, 1층의 순으로 한다.

08. ②

해설 **압기 공사장 화재 : 소화활동 요령**
(1) 진입 가능한 경우 ; (가) 연결송수관이 설치되어 있고, 갱내로 송수가 가능한 경우는 소방호스를 연장해서 주수를 실시한다. (나) 소방호스연장이 불가능한 경우는 물양동이를 활용해서 소화한다. (다) 압기를 개방(갱내를 대기압화 한다)하는 것이 가능한 경우의 소화는 압기 개방후 통상의 일반화재와 같은 활동을 실시한다. (라) 갱내에 고발포 소화장치, 스프링클러설비, 연결살수설비 등이 설치되어 있을 때는 적극적으로 활용한다.
(2) 진입 불가능한 경우 ; (가) 검색 가능한 곳의 요구조자를 검색하고 자연진화를 기다린다. (나) 압기 갱내 화재로 요구조자가 없는 경우는 수몰에 의한 소화, 자연진화, 불연가스 봉입 등에 의한 방법으로 소화한다.

09. ①

해설 **압기 공사장 화재 : 소방활동 일반원칙**
(1) 대원 개개의 활동을 금지하고 지휘자의 통제 하에 실시한다.
(2) 화재진압 및 인명구조활동은 2차 재해의 방지를 중점으로 한다.
(3) 압기 갱내 진입대원은 잠수연수 수료자 또는 특별구조대원 중에서 적임자가 실시한다. (4) 공사관계자를 적극 활용하고 관계기관과 연계하여 활동을 한다. (5) 호흡기의 착용 및 이탈은 안전한 장소를 지정해서 실시한다. 특히 압기 갱내 작업에 임할 때에는 사용시간이 통상보다 짧아지므로 충분히 유의한다.

10. ④

해설 01. 사용되는 분말의 입도는 10~70㎛ 범위이며 최적의 소화효과를 나타내는 입도는 20~25㎛이다. 02. 분말 소화약제는 적응 화재에 따라 크게 두 가지로 분류한다. 즉 유류화재(B급화재)나 전기화재(C급화재)에 사용하는 BC 분말과, B · C급화재는 물론이고 일반화재(A급화재)에도 사용할 수 있는 ABC 분말로 나누어진다. BC 분말에는 제1종 분말(탄산수소나트륨을 주성분으로 한 분말), 제2종 분말(탄산수소칼륨을 주성분으로 한 분말), 제4종 분말(탄산수소칼륨과 요소가 반응한 분말)이 있으며, ABC 분말에는 제3종 분말(인산염을 주성분으로 한 분말)이 있다. 03. 제2종 분말을 개량한 것으로 탄산수소칼륨($KHCO_3$)과 요소($CO(NH_2)_2$)와의 반응물($KC_2N_2H_3O_3$)을 주성분으로 하는 약제인 것은 제4종 분말 소화약제이다.

11. ①

해설 **분말 소화약제의 종류 및 특성** ; 분말 소화약제 주성분의 성상 분말 소화약제의 종류 및 특성과 관련 형태가 무색 결정(정방정계)인 것은 제1인산암모늄이다.

12. ①

해설 **위험물의 정의(「위험물안전관리법」 제2조)**
"위험물"이라 함은 인화성 또는 발화성 등의 성질을 가지는 것으로서 대통령령 즉, 「위험물 안전관리법 시행령」이 정하는 물품을 말한다.

13. ②

해설 **방수 및 흡수방법** ; 폼 메인밸브를 개방한다.
(2) 폼수용액 조절 밸브(3%, 6%)를 조절한다.
(3) 폼수용액 순환밸브(폼 송수밸브)를 개방한다.
(4) 2~3초 후 포가 물과 혼합되어 방수가 시작된다.

14. ④

해설 **「소방기본법」 제1조(목적)** ; 이 법은 화재를 예방 · 경계하거나 진압하고 화재, 재난 · 재해, 그 밖의 위급한 상황에서의 구조 · 구급 활동 등을 통하여 국민의 생명 · 신체 및 재산을 보호함으로써 공공의 안녕 및 질서 유지와 복리증진에 이바지함을 목적으로 한다.

15. ③

해설 **「119법 시행령」 제5조(119구조대의 편성과 운영) 제1항 제3호**
3. 직할구조대 : 대형 · 특수 재난사고의 구조, 현장 지휘 및 테러현장 등의 지원 등을 위하여 소방청 또는 시 · 도 소방본부에 설치하되, 시 · 도 소방본부에 설치하는 경우에는 시 · 도의 규칙으로 정하는 바에 따른다.

16. ①

해설 **구조로프의 용도** ; 로프는 구조활동 및 훈련에 있어 대원의 진입 및 탈출, 구조대상자의 구출, 각종 장비의 운반 및 고정, 장애물의 견인 제거 등 다양한 용도로 활용할 수 있는 장비이다.

17. ②

해설 **매듭의 종류**
(1) 마디짓기(結節) – 로프의 끝이나 중간에 마디나 매듭·고리를 만드는 방법
(2) 이어매기(連結) – 한 로프를 다른 로프와 서로 연결하는 방법
(3) 움켜매기(結着) – 로프를 지지물 또는 특정 물건에 묶는 방법

18. ①

해설 **마디 짓기 : 줄사다리매듭**
줄사다리매듭은 로프에 일정한 간격을 두고 수 개의 옭매듭을 만들어 로프를 타고 오르거나 내릴 때에 지지점으로 이용할 수 있도록 하는 매듭이다.

19. ④

해설 **화재현장에서 발생하는 유독가스 ;** 암모니아(NH_3)가 25ppm으로 허용농도가 가장 크다

20. ①

해설 **수직맨홀 진입** ; 구조대상자는 원칙적으로 바스켓 들것에 결착하고 맨홀구조기구를 이용하여 구출하며 특히 추락 등 신체적 충격을 받았거나 받았을 것으로 의심되는 구조대상자는 보호조치를 한 후에 구출한다.

21. ②

해설 **건물, 공작물 구조현장 안전관리** ; 건물, 공작물 지하부분 및 낮은 곳에 있어서 구조활동은 일반적으로 어둡고 협소하여 활동이 힘들고 큰 장비는 활용이 어려우므로 공간을 고려하여 장비를 선택하여야 한다. 또한 환기가 불충분하거나 유독물질이 체류하는 경우가 많으므로 호흡보호를 하여야 한다.

22. ④

해설 **토사붕괴 사고 구조현장 안전관리** ; 유출된 토사 등은 손앞에서부터 순차적으로 제거하여 활동의 장애가 없는 장소에 운반하고 활동공간을 확보하여 행동한다.

23. ④

해설 **기도확보유지 장비 : 코인두 기도기**
코인두 기도기는 의식이 있는 환자에게 일시적으로 기도를 확보해 주기 위한 기구로 입인두 기도기를 사용할 수 없을 때 사용한다.

24. ①

해설 「119법」 **제10조의2(119구급상황관리센터의 설치·운영 등) 제1항**
① 소방청장은 119구급대원 등에게 응급환자 이송 등에 관한 정보를 효율적으로 제공하기 위하여 소방청과 시·도 소방본부에 119구급상황관리센터(이하 "구급상황센터"라 한다)를 설치·운영하여야 한다. 〈개정 2024. 12. 3.〉

25. ③

해설 「시행령」 **제3조의2(재난관리주관기관)** 및 별표1의3 〈개정 2024.7.16.〉
자연재난 유형별 재난관리주관과 관련 행정안전부 소관은 다음과 같다.
1) 「자연재해대책법」 제2조제2호에 따른 자연재해로서 낙뢰, 가뭄, 폭염 및 한파로 인해 발생하는 재해 2) 「자연재해대책법」 제2조제3호에 따른 풍수해(조수로 인해 발생하는 재해는 제외한다) 3) 「지진·화산재해대책법」 제2조제1호에 따른 지진재해 4) 「지진·화산재해대책법」 제2조제2호에 따른 화산재해

제2회 행 정 법

01. ②

해설 • ②가 적절하지 않다. 행정의 본질은 공익 즉, 국가목적을 실현하는 데 있다. 따라서 행정법에 있어서 공익개념은 행정법의 일반원칙이자 행정법 해석의 기준이 되며, 행정활동의 기준이자 한계로서 작용하는 핵심 개념이다. • ①, ③, ④는 적절한 설명이다.

02. ①

해설 • ①이 옳지 않다. 형식적의미의 행정의 개념도 행정법학의 연구대상인 '행정'과의 관계에서 중요한 의미를 가진다. • ②, ③, ④는 적절한 설명이다.

03. ③

해설 • ③이 옳지 않다. ③은 부당결부금지원칙을 설명하고 있다. 판례는 "부당결부금지의 원칙이란 행정주체가 행정작용을 함에 있어서 상대방에게 이와 실질적인 관련이 없는 의무를 부과하거나 그 이행을 강제하여서는 아니 된다는 원칙을 말한다"고 하였다(대판 2009.2.12. 2005다65500).

04. ③

해설 • 「행정기본법」 제10조
※ 제10조(비례의 원칙) 행정작용은 다음 각 호의 원칙에 따라야 한다.
1. 행정목적을 달성하는 데 유효하고 적절할 것
2. 행정목적을 달성하는 데 필요한 최소한도에 그칠 것
3. 행정작용으로 인한 국민의 이익 침해가 그 행정작용이 의도하는 공익보다 크지 아니할 것

05. ④

해설 • ④가 옳지 않다.
※「행정기본법」 제23조(제재처분의 제척기간) ① 행정청은 법령등의 위반행위가 종료된 날부터 5년이 지나면 해당 위반행위에 대하여 제재처분(인허가의 정지·취소·철회, 등록 말소, 영업소 폐쇄와 정지를 갈음하는 과징금 부과를 말한다. 이하 이 조에서 같다)을 할 수 없다. ② 다음 각 호의 어느 하나에 해당하는 경우에는 제1항을 적용하지 아니한다. 1. 거짓이나 그 밖의 부정한 방법으로 인허가를 받거나 신고를 한 경우 2. 당사자가 인허가나 신고의 위법성을 알고 있었거나 중대한 과실로 알지 못한 경우 3. 정당한 사유 없이 행정청의 조사·출입·검사를 기피·방해·거부하여 제척기간이 지난 경우 4. 제재처분을 하지 아니하면 국민의 안전·생명 또는 환경을 심각하게 해치거나 해칠 우려가 있는 경우

06. ③

해설 • ③이 옳지 않다. 지문 ③과 같은 내용은 「행정기본법」에 없다. 다만, 동법 제3조 제2항은 "② 국가와 지방자치단체는 행정의 능률과 실효성을 높이기 위하여 지속적으로 법령등과 제도를 정비·개선할 책무를 진다"고 규정하고 있다.

07. ①

해설 • ①이 옳지 않다. 판례는 "따라서 인·허가의제 효과를 수반하는 건축신고는 일반적인 건축신고와는 달리, 특별한 사정이 없는 한 행정청이 그 실체적 요건에 관한 심사를 한 후 수리하여야 하는 이른바 '수리를 요하는 신고'로 보는 것이 옳다"고 하였다(대판 2011.1.20. 2010두14954 전원합의체).

08. ④

해설 ④가 아니다. 고장난 소방용수시설을 수리하는 행위는 사인과 소방행정기관 간의 사법상 계약에 의해 이루어지는 것이므로 사인의 공법행위가 아니다.

09. ②

해설 • ②가 옳지 않다. 즉, 항고소송은 행정청의 처분 등이나 부작위에 대하여 제기하는 소송 즉, 행정청의 위법한 처분이나 재결 또는 부작위로 인하여 권리·이익의 침해를 받은 자가 그 위법을 이유로 취소·변경 등을 구하는 소송이다.

10. ②

해설 • ②가 옳지 않다. 판례는 "상위법령의 시행에 필요한 세부적 사항을 정하기 위하여 행정관청이 일반적 직권에 의하여 제정하는 이른바 집행명령은 근거법령인 상위법령이 폐지되면 특별한 규정이 없는 이상 실효되는 것이나, 상위법령이 개정됨에 그친 경우에는 개정법령과 성질상 모순, 저촉되지 아니하고 개정된 상위법령의 시행에 필요한 사항을 규정하고 있는 이상 그 집행명령은 상위법령의 개정에도 불구하고 당연히 실효되지 아니하고 개정법령의 시행을 위한 집행명령이 제정, 발효될 때까지는 여전히 그 효력을 유지한다" 고 하였다(대판 1989.9.12. 88누6962)

11. ④

해설 • ④가 적절하지 않다. 특허·인가 등 형성적 행위를 요함에도 불구하고 특허나 인가를 받지 않고 한 행위는 원칙적으로 그 효력이 부인되는데 그치고, 특별한 규정이 없는 한 처벌의 대상은 되지 아니한다.

12. ①

해설 • ①이 적절하지 않다. 판례는 "주류판매업 면허는 설권적 행위가 아니라 주류판매의 질서유지, 주세 보전의 행정목적 등을 달성하기 위하여 개인의 자연적 자유에 속하는 영업행위를 일반적으로 제한하였다가 특정한 경우에 이를 회복하도록 그 제한을 해제하는 강학상의 허가로 해석되므로 주세법 제10조 제1호 내지 제11호에 열거된 면허제한사유에 해당하지 아니하는 한 면허관청으로서는 임의로 그 면허를 거부할 수 없다" 고 하였다(대판 1995.11.10. 95누5714).

13. ④

해설 • ④가 옳지 않다. 판례는 "수익적 행정처분에 있어서는 법령에 특별한 근거규정이 없다고 하더라도 그 부관으로서 부담을 붙일 수 있고, 그와 같은 부담은 행정청이 행정처분을 하면서 일방적으로 부가할 수도 있지만 부담을 부가하기 이전에 상대방과 협의하여 부담의 내용을 협약의 형식으로 미리 정한 다음 행정처분을 하면서 이를 부가할 수도 있다" 고 하였다(대판 2009.2.12. 2005다65500).

14. ③

해설 • ③이 옳지 않다. 판례는 "수익적 행정처분에 있어서는 법령에 특별한 근거규정이 없다고 하더라도 그 부관으로서 부담을 붙일 수 있고, 그와 같은 부담은 행정청이 행정처분을 하면서 일방적으로 부가할 수도 있지만 부담을 부가하기 이전에 상대방과 협의하여 부담의 내용을 협약의 형식으로 미리 정한 다음 행정처분을 하면서 이를 부가할 수도 있다" 고 하였다(대판 2009.2.12, 2005다65500).

15. ②

해설 • ②가 옳지 않다. 판례는 "그러나 선행처분과 후행처분이 서로 독립하여 별개의 법률효과를 발생시키는 경우에는 선행처분에 불가쟁력이 생겨 그 효력을 다툴 수 없게 되면 선행처분의 하자가 중대하고 명백하여 선행처분이 당연무효인 경우를 제외하고는 특별한 사정이 없는 한 선행처분의 하자를 이유로 후행처분의 효력을 다툴 수 없는 것이 원칙이다. 다만 그 경우에도 선행처분의 불가쟁력이나 구속력이 그로 인하여 불이익을 입게 되는 자에게 수인한도를 넘는 가혹함을 가져오고, 그 결과가 당사자에게 예측가능한 것이 아니라면, 국민의 재판받을 권리를 보장하고 있는 헌법의 이념에 비추어 선행처분의 후행처분에 대한 구속력을 인정할 수 없다" 고 하였다(대판 2019.1.31. 선고 2017두40372). ※ 하자의 승계가 인정된다는 의미임 • ①, ③, ④는 옳다.

16. ③

해설 • ③의 경우는 행정처분을 위법하게 하는 취소사유가 된다. 판례는 "구 학교보건법상 학교환경위생정화구역에서의 금지행위 및 시설의 해제 여부에 관한 행정처분을 함에 있어 학교환경위생정화위원회의 심의를 거치도록 한 취지 및 그 심의절차를 누락한 행정처분은 특별한 사정이 없는 한 이는 행정처분을 위법하게 하는 취소사유가 된다" 고 하였다(대판 2007.3.15, 2006두15806).

17. ①

해설 ①이 적절하지 않다. 비공식적 행정작용은 법률에 반대규정이 없는 한 원칙적으로 허용되며, 그에 대한 근거로는 ㉠행정은 행정작용을 함에 있어서 헌법상의 원리인 청문의 의무를 갖고 있고, 이러한 청문의무는 단순한 의견청취에 한정할 것이 아니라 중요한 논점에 대한 상대방과의 논의를 포함한 것이어야 하고 ㉡행정은 조사의무에 따라 사실관계를 명확히 해야 하는데 이러한 의무는 관계인과의 협력관계에서만 적정하게 이행될 수 있으며 ㉢행정은 공익과 사익을 정당하게 형량 하여 적정한 결정을 할 의무가 있다는 점 등을 들고 있다.

18. ④

해설
• ④가 옳다. 행정절차법 제17조(처분의 신청) 제8항
• ①, ②, ③은 옳지 않다.
• ①의 경우 「행정절차법」 제17조(처분의 신청) 제4항은 "행정청은 신청을 받았을 때에는 다른 법령등에 특별한 규정이 있는 경우를 제외하고는 그 접수를 보류 또는 거부하거나 부당하게 되돌려 보내서는 아니 되며, 신청을 접수한 경우에는 신청인에게 접수증을 주어야 한다. 다만, 대통령령으로 정하는 경우에는 접수증을 주지 아니할 수 있다" 고 규정하고 있다.
• ②의 경우 「행정절차법」 제19조(처리기간의 설정·공표) 제3항은 "행정청은 제2항에 따라 처리기간을 연장할 때에는 처리기간의 연장사유와 처리 예정 기한을 지체 없이 신청인에게 통지하여야 한다" 고 규정하고 있다.
• ③의 경우 「행정절차법」 제20조(처분기준의 설정·공표) 제1항은 "행정청은 필요한 처분기준을 해당 처분의 성질에 비추어 되도록 구체적으로 정하여 공표하여야 한다. 처분기준을 변경하는 경우에도 또한 같다" 고 규정하고 있다.

19. ②

해설
• **「행정기본법」 제22조 제2항**
• ② 행정청은 재량이 있는 제재처분을 할 때에는 다음 각 호의 사항을 고려하여야 한다.
1. 위반행위의 동기, 목적 및 방법 2. 위반행위의 결과
3. 위반행위의 횟수
4. 그 밖에 제1호부터 제3호까지에 준하는 사항으로서 대통령령으로 정하는 사항
• 「행정기본법 시행령」 제3조 ; 제3조(제재처분의 기준) 법 제22조제2항제4호에서 "대통령령으로 정하는 사항"이란 다음 각 호의 사항을 말한다. 1. 위반행위자의 귀책사유 유무와 그 정도 2. 위반행위자의 법 위반상태 시정·해소를 위한 노력 유무

20. ③

해설 • ③이 옳지 않다. 판례는 "관계 법령에 위반하여 장례식장 영업을 하고 있는 자의 장례식장 사용 중지 의무는 행정대집행법 제2조의 규정에 의한 대집행의 대상이 아니다" 고 하였다(대판 2005.9.28. 2005두7464).

21. ③

해설
- ③이 적절하지 않다. 법률에 따르지 아니하고는 어떤 행위도 질서위반행위로 과태료를 부과하지 아니하도록 하고 있다. 이를 질서위반행위 법정주의라 한다(동법 제6조).

22. ①

해설
- ①이 적절하지 않다. 14세가 되지 아니한 자의 질서위반행위는 과태료를 부과하지 아니한다. 다만, 다른 법률에 특별한 규정이 있는 경우에는 그러하지 아니하다(동법 제9조).

23. ④

해설
- ④가 옳지 않다. 판례는 "손실보상금의 지급을 구하거나 손실보상청구권의 확인을 구하는 소송은 행정소송법 제3조 제2호 소정의 당사자소송에 의하여야 한다" 고 하였다(대판 2006.5.18. 2004다6207).

24. ④

해설
- ④가 옳지 않다. 판례는 "어떤 보상항목이 공익사업을 위한 토지 등의 취득 및 보상에 관한 법령상 손실보상대상에 해당함에도 관할 토지수용위원회가 사실을 오인하거나 법리를 오해함으로써 손실보상대상에 해당하지 않는다고 잘못된 내용의 재결을 한 경우에는, 피보상자는 관할 토지수용위원회를 상대로 그 재결에 대한 취소소송을 제기할 것이 아니라, 사업시행자를 상대로 구 공익사업을 위한 토지 등의 취득 및 보상에 관한 법률 제85조 제2항에 따른 보상금증감소송을 제기하여야 한다" 고 하였다(대판 2018.7.20. 2015두4044).

25. ④

해설
- ㄴ, ㄹ, ㅁ이 규정에 없다.
- ㄴ의 경우 「행정소송법」에는 집행정지 제도만 있고(동법 제23조) 가처분 제도는 없음
- ㄹ의 경우 「행정소송규칙」 제15조는 조정권고를 규정하고 있음을 참고
- ㄱ, ㄷ은 규정하고 있다.
- ㄱ은 「행정소송법」 제14조(피고경정)
- ㄷ은 「행정소송법」 제6조

※ 제6조(명령 · 규칙의 위헌판결등 공고) 제1항
①행정소송에 대한 대법원판결에 의하여 명령 · 규칙이 헌법 또는 법률에 위반된다는 것이 확정된 경우에는 대법원은 지체없이 그 사유를 행정안전부장관에게 통보하여야 한다.

제2회 소방법령 Ⅳ

01. ②

해설
「임용령 시행규칙」 제11조(인사기록의 종류)
인사기록의 종류는 다음 각 호와 같다. [전문개정 2025.1.31.]
1. 소방공무원 인사기록카드
2. 선서문 3. 신원조사회보서(「보안업무규정」 제36조에 따라 신원조사를 받은 경우만 해당한다)
4. 최종학교졸업증명서 또는 학력을 증명하는 서류
5. 면허 또는 자격증명서 6. 경력증명서 7. 전력조사회보서
8. 공무원채용신체검사서
9. 그 밖에 인사기록관리자가 필요하다고 인정하는 서류

02. ③

해설
「임용령 시행규칙」 제12조 제2항부터 제4항
② 초임보직 소방기관의 장은 제1항에 따라 작성한 인사기록을 제13조제1항 각 호의 구분에 따라 직접 보관하거나 해당 소방공무원의 인사기록을 보관하는 소방기관의 장에게 송부해야 한다.
③ 인사기록관리자는 퇴직한 소방공무원을 재임용한 경우에는 제13조제1항에 따라 인사기록을 보관하고 있는 소방기관의 장에게 해당 소방공무원의 인사기록의 사본의 송부를 요청할 수 있으며, 그 요청을 받은 소방기관의 장은 지체 없이 이를 송부해야 한다.
④ 제20조의 규정에 의한 전보제한 사유에 해당되는 자에 대하여는 그 사유를 소방공무원 인사기록카드의 경력사항 란에 기재하여야 한다.

03. ④

해설
「임용령」 제23조(시보임용의 면제 및 기간단축)
① 제24조에 따라 시보임용예정자가 받은 교육훈련기간은 이를 시보로 임용되어 근무한 것으로 보아 시보임용 기간을 단축할 수 있다.② 다음 각호의 1에 해당하는 경우에는 시보임용을 면제한다.
1. 소방공무원으로서 소방공무원승진임용규정에서 정하는 상위계급에의 승진에 필요한 자격요건을 갖춘 자가 승진예정계급에 해당하는 계급의 공개경쟁채용시험에 합격하여 임용되는 경우
2. 정규의 소방공무원이었던 자가 퇴직당시의 계급 또는 그 하위의 계급으로 임용되는 경우

04. ②

해설
「임용령」 제42조(채용시험의 가점) 제2항 제2호
② 제1항에 따른 점수의 가산은 다음 각 호의 방법에 따른다.
2. 제1항 각 호에 따른 동일한 분야에서 가점 인정대상이 두 개 이상인 경우에는 각 분야별로 본인에게 유리한 것 하나만을 가산한다.

05. ③

해설
「임용령」 제46조 제5항 제2호 사목
사. 필기시험 · 체력시험 · 실기시험 및 면접시험을 실시하는 경우 : 필기시험 성적 30퍼센트, 체력시험 성적 15퍼센트, 실기시험 성적 30퍼센트 및 면접시험 성적 25퍼센트의 비율로 합산한 성적

06. ③

해설
「임용령」 제28조 제3항 단서
③ 법 제7조제2항제1호부터 제4호까지의 규정, 제6호 및 제7호에 따라 경력경쟁채용시험등을 통하여 채용된 소방공무원은 최초로 그 직위에 임용된 날부터 다음 각 호의 구분에 따른 필수보직기간이 지나야 다른 직위 또는 임용권자를 달리하는 기관에 전보될 수 있다.

다만, 제1항제1호 · 제2호 · 제4호(승진 또는 강임된 소방공무원을 그 직급에 맞는 직위로 전보하는 경우로 한정한다) · 제6호 및 제7호의 경우에는 그렇지 않다. 〈개정 2023. 4. 7.〉
※ 따라서 2년과 5년의 필수보직기간 및 전보제한에도 불구하고 다음의 경우는 전보가 가능하다.
1. 직제상의 최저단위 보조기관 내에서의 전보의 경우(1호)
2. 기구의 개편, 직제 또는 정원의 변경으로 인한 전보의 경우(2호)
3. 당해 소방공무원의 승진 또는 강임의 경우(4호)
4. 징계처분을 받은 경우(6호)
5. 형사사건에 관련되어 수사기관에서 조사를 받고 있는 경우(7호)는 전보제한 기간 내에 전보가 가능하다.

07. ③

해설 「승진임용 규정」 제5조 제3항
③ 퇴직한 소방공무원이 퇴직 당시의 계급 이하의 계급으로 임용된 경우 퇴직 전의 재직기간 중 재임용 당시의 계급 이상의 계급으로 재직한 기간은 재임용 당시 계급에 한정하여 제1항의 기간에 포함한다.

08. ④

해설 「승진임용 규정 시행규칙」 제6조 및 별표1
소방청 관 · 국외 근무하는 소방위의 1차 평정자는 소속 과장, 2차 평정자는 차장이다.

09. ①

해설 「승진임용 규정」 제11조(승진대상자명부의 작성) 제2항 제1호
소방청 소속 소방공무원은 소방청장이 작성권자이다.

10. ③

해설 「승진임용 규정」 제26조(심사승진후보자명부의 작성) 제1항
① 임용권자 또는 임용제청권자는 승진심사위원회에서 승진임용예정자로 선발된 자에 대하여 제25조제2항에 따른 승진임용예정자 명부의 순위에 따라 심사승진후보자명부를 작성하여야 한다.〈개정 2010.12.27.〉

11. ④

해설 「소방공무원 임용령」 제60조(특별위로금) 제2항
② 위로금은 제1항에 따른 공무상요양으로 소방공무원이 요양하면서 출근하지 아니한 기간에 대하여 지급하되, 36개월을 넘지 아니하는 범위에서 지급한다.

12. ③

해설 「소방공무원 임용령」 제60조 제1항 본문
① 법 제19조에 따른 특별위로금(이하 이 조에서"위로금"이라 한다)은 다음 각 호의 어느 하나에 해당하는 활동이나 교육 · 훈련으로 인하여 질병에 걸리거나 부상을 입어 「공무원 재해보상법」제9조에 따라 요양급여의 지급대상자로 결정된 소방공무원에게 지급한다. 〈개정 2020.3.10.〉

13. ④

해설 「소방공무원 징계령」 제4조 제1항 제1호
① 징계위원회는 다음 각 호의 구분에 따라 공무원위원과 민간위원으로 구성한다. 이 경우 민간위원의 수는 위원장을 제외한 위원 수의 2분의 1 이상이어야 한다. 〈개정 2022. 3. 15.〉
1. 소방청 징계위원회 : 위원장 1명을 포함하여 17명 이상 33명 이하의 위원

14. ③

해설 「법」 제5조 제5항, 「시행령」 별표1
지문 ③이 지정수량 이상이다. 적린은 지정수량이 100킬로그램, 금속분은 지정수량이 500킬로그램 인바, 앞 문제 해설의 방법으로 계산하면 합계가 1로 지정수량 이상이다. 나머지는 같은 방법으로 대입해 보면 모두 지정수량 미만이다.

15. ①

해설 「시행령」 제3조(위험물의 지정수량) 및 별표1
아염소산염류, 염소산염류, 과염소산염류, 무기과산화물의 지정수량은 50킬로그램이다.

16. ④

해설 「시행령」 제13조 및 별표6 저장소 제3호
위험물저장소에 대한 안전관리자의 자격과 관련 안전관리자교육이수자 또는 소방공무원경력자가 선임될 수 있는 조건으로 옥내탱크저장소의 조건은 다음과 같다.

3. 옥내탱크 저장소	제4류 위험물만을 저장하는 것으로서 지정수량 5배 이하의 것
	제4류 위험물 중 제2석유류 · 제3석유류 · 제4석유류 · 동식물유류만을 저장하는 것

17. ④

해설 「시행규칙」 제57조 제1항 및 별표 22
※ 면적 제한없이 전용사무실을 갖추면 된다.
①「기업활동 규제완화에 관한 특별조치법」 제40조제1항제3호의 규정에 의하여 위험물안전관리자의 업무를 위탁받아 수행할 수 있는 관리대행기관(이하"안전관리대행기관"이라 한다)은 다음 각호의 1에 해당하는 기관으로서 별표 22의 안전관리대행기관의 지정기준을 갖추어 소방청장의 지정을 받아야 한다.
1. 법 제16조제2항의 규정에 의한 탱크시험자로 등록한 법인
2. 다른 법령에 의하여 안전관리업무를 대행하는 기관으로 지정 · 승인 등을 받은 법인
※ 별표 22
비고 : 기술인력란의 각호에 정한 2 이상의 기술인력을 동일인이 겸할 수 없다.

18. ③

해설 「시행규칙」 제28조 및 별표4의 Ⅷ 제2호
위험물을 가열하거나 냉각하는 설비 또는 위험물의 취급에 수반하여 온도변화가 생기는 설비에는 온도측정장치를 설치하여야 한다.

19. ③

해설 「시행규칙」 제28조 및 별표4의 Ⅹ 제1호
위험물제조소내의 위험물을 취급하는 배관은 다음 각호의 기준에 의하여 설치하여야 한다.
1. 배관의 재질은 강관 그 밖에 이와 유사한 금속성으로 하여야 한다. 다만, 다음 각 목의 기준에 적합한 경우에는 그러하지 아니하다.
가. 배관의 재질은 한국산업규격의 유리섬유강화플라스틱 · 고밀도폴리에틸렌 또는 폴리우레탄으로 할 것
나. 배관의 구조는 내관 및 외관의 이중으로 하고, 내관과 외관의 사이에는 틈새공간을 두어 누설여부를 외부에서 쉽게 확인할 수 있도록 할 것. 다만, 배관의 재질이 취급하는 위험물에 의해 쉽게 열화될 우려가 없는 경우에는 그러하지 아니하다.
다. 국내 또는 국외의 관련공인시험기관으로부터 안전성에 대한 시험 또는 인증을 받을 것

라. 배관은 지하에 매설할 것. 다만, 화재 등 열에 의하여 쉽게 변형될 우려가 없는 재질이거나 화재 등 열에 의한 악영향을 받을 우려가 없는 장소에 설치되는 경우에는 그러하지 아니하다.

20. ①

해설 **「시행규칙」 제34조 및 별표10 Ⅲ**

2. 제1호에 따른 수동폐쇄장치를 설치하는 경우에는 수동폐쇄장치를 작동시킬 수 있는 레버 또는 이와 유사한 기능을 하는 것을 설치하고, 그 바로 옆에 해당 장치의 작동방식을 표시하여야 한다. 이 경우 레버를 설치하는 경우에는 다음 각 목의 기준에 따라 설치하여야 한다.

가. 손으로 잡아당겨 수동폐쇄장치를 작동시킬 수 있도록 할 것

나. 길이는 15㎝ 이상으로 할 것

21. ①

해설 **「시행규칙」 제34조 및 별표10 Ⅴ 〈개정 2024.5.20.〉**

Ⅴ. 표지 및 상치장소 표시

3. 법 제19조의2제2항에 따라 이동탱크저장소에는 보기 쉬운 곳에 해당 이동탱크저장소가 금연구역임을 알리는 표지를 설치해야 한다. 이 경우 표지에는 금연을 상징하는 그림 또는 문자가 포함되어야 한다.

22. ③

해설 **「시행규칙」 제39조 및 별표15 Ⅳ**

2. 가연성증기의 체류방지조치

배관을 설치하기 위하여 설치하는 터널(높이 1.5m 이상인 것에 한한다)에는 가연성 증기의 체류를 방지하는 조치를 하여야 한다.

23. ②

해설 **「시행규칙」 제39조 및 별표15 Ⅳ**

지문 ②의 장치는 열거되어 있지 않다. 열거된 것은

7. 운전상태의 감시장치
8. 안전제어장치
9. 압력안전장치
10. 누설검지장치 등

24. ④

해설 **「시행규칙」 제49조 및 별표18 Ⅱ**

제조소등에서의 위험물의 저장 및 취급의 기준 중 위험물의 유별 저장·취급의 공통기준만 중요기준이다.

25. ②

해설 **「시행규칙」 제49조 및 별표18 Ⅱ 제1호 전단**

위험물의 유별 저장·취급의 공통기준(중요기준)은 다음과 같다.

1. 제1류 위험물은 가연물과의 접촉·혼합이나 분해를 촉진하는 물품과의 접근 또는 과열·충격·마찰 등을 피해야 한다.

제2회 소 방 전 술

01. ③

해설 **소화 적응성에 따른 화재의 분류** ; 표시색이 황색인 것은 유류화재와 가스화재이다.

02. ④

해설 **화재의 소실정도에 따른 분류**

「화재조사 및 보고규정」 제16조(소실정도)

건물의 반소의 기준이 되는 비율은 30% 이상이며 소실정도에 따른 분류는 다음과 같다.

구 분	내 용
전 소	건물이 70% 이상 소실되었거나 그 미만이라도 잔존부분을 보수하여도 재사용이 불가능한 화재를 말한다.
반 소	건물이 30% 이상 70% 미만이 소실된 화재를 말한다.
부분소	전소, 반소에 해당하지 아니하는 화재를 말한다.

03. ①

해설 **화재상황평가 : 경량 목구조**

경량 목구조 건물의 가장 큰 붕괴 위험성은 벽 붕괴이다. 경량 목구조 건물의 벽은 목재 등 가연성으로 되어 있고 화염에 노출되면 비교적 짧은 시간 내에 연소하여 붕괴된다. 창문에서 화염이 나오는 시점이 되면 건물 붕괴 신호로 간주해야 한다.

04. ①

해설 **현장지휘**

의사결정능력은 현장지휘관이 신속하고 정확한 의사결정을 내리기 위해 필요한 사항으로 다음과 같다.

(1) 가정과 사실의 구별(즉, 추측된 불완전한 정보와 실제정보의 구별)
(2) 현장작전상황의 환류(재검토)를 통해 작전계획을 변경할 수 있는 유연한 자세
(3) 표준대응방법의 개발
(4) 행동 개시 후에는 즉시 관리자의 역할로 복귀(전술적 책임은 위임)

05. ①

해설 **일반가연물 화재진압**

방화조 건물 화재진압 시 관창배치는 다음과 같다.

(1) 뒷면을 최우선으로 하고 측면, 2층 및 1층의 순으로 옥내진입을 원칙으로 한다.
(2) 풍향, 주위의 건물배치를 고려하여 관창배치의 우선순위를 결정한다.
(3) 연소건물에 내화조 건물의 개구부가 면하여 있는 경우는 내화조건물에 관창을 배치한다.

06. ②

해설 **일반가연물 화재진압 : 대규모 목조건물 화재진압 요령**

(1) 수량이 풍부한 소방용수를 선정한다. 연못, 풀, 저수조, 하천 등의 소방용수를 점령하여 대량 방수체제를 취한다.

(2) 옥내에 진입할 때의 관창부서는 화염의 확대를 고려하여 여유호스를 확보하면서 진입한다. 천장 속의 화염확대는 빠르므로 여유거리를 취하여 천장 등의 파괴를 하면서 화점에 방수한다.
(3) 옥내로 진입 곤란한 경우의 관창배치는 화점건물의 화세제압과 인접건물로의 연소방지로 구분하여 연소방지 후 화점 건물로 진입할 수단을 강구한다.
(4) 연소 확대 방지에는 방화벽, 계단구, 건물의 굴곡부 등에 관창을 집중시킨다.
(5) 방수는 붕괴, 낙하를 방지하기 위하여 높은 곳을 목표로 한다.
(6) 복사열이 크고 비화위험이 있으므로 부근의 건물에 대하여 주의를 기울인다.
(7) 붕괴, 천장낙하에 주의하고 직사방수로 떨어지기 쉬운 것을 떨어뜨린 후 진입한다.

07. ④

해설

안전의 원리 : 안전사고

안전이란 사고가 없거나 재해가 없는 상태를 나타낸다. 따라서「안전사고」란 고의성이 없는 어떤 불안전한 행동이나 조건이 선행되어, 일을 저해하거나 또는 능률을 저하시키며 직접 또는 간접적으로 인명이나 재산의 손실을 가져올 수 있는 사건을 말한다.

08. ④

해설

소방활동의 특수성

소방활동의 특수성 중 활동장해 요인은 다음과 같다.
(1) 재해현장에는 소방대원의 행동을 저해하는 각종 요인이 있다. 출동 시에는 도로상 교통혼잡과 주차위반 차량 등으로 인하여 현장 도착이 지연되고, 화재현장에서의 화염, 열기, 연기 등으로 활동장해를 받게 된다.
(2) 내화건물 및 지하 화재에 있어서 화염은 물론 짙은 연기와 열기로 인한 진입장해로 인명검색이나 소화활동이 제한을 받게 된다.
(3) 또 연기에 포함된 유독가스나 정전에 의한 암흑 속에서 행동, 통로에 전개된 소방호스, 벽·기둥의 붕괴, 도괴, 유리나 기와 등의 낙하물, 수용물의 산재 등으로 내·외의 모든 장소에는 활동장해 요인이 잠재하고 있다.

09. ③

해설

화재조사의 특징

(1) 화재조사는 현장성을 갖는다. (2) 화재조사는 신속성을 유지해야 한다.
(3) 화재조사는 정밀과학성이 요구된다. (4) 화재조사는 보존성을 갖는다.
(5) 화재조사는 안전하게 진행되어야 한다. (6) 화재조사는 강제성을 갖는다.
(7) 화재조사는 다양한 빛을 만드는 프리즘과 같다.

10. ②

해설

화재피해금액의 산정 ; 화재피해금액은 화재 당시의 피해물과 동일한 구조, 용도, 질, 규모를 재건축 또는 재구입하는 데 소요되는 가액에서 사용손모(損耗) 및 경과연수에 따른 감가공제를 하고 현재가액을 산정하는 실질적·구체적 방식에 의한다.

11. ①

해설

「시행령」 제3조 및 별표1 비고 21호

21."산화성액체"라 함은 액체로서 산화력의 잠재적인 위험성을 판단하기 위하여 고시로 정하는 시험에서 고시로 정하는 성질과 상태를 나타내는 것을 말한다.

12. ③

해설

위험물 화학 : 금속결합

금속결합은 금속 양이온과 주위에 자유로이 움직이는 전자 사이의 인력이다. 금속의 높은 끓는점과 증발열은 금속이온이 주위의 자유전자로부터 벗어나기가 어렵기 때문이며,

일반적으로 자유금속전자로 될 수 있는 원자가전자의 수가 많으면 많을수록 그 금속의 녹는점이나 끓는점이 높다. 또한 이런 금속은 원자가전자의 수가 적은 금속보다 더 단단하고 조밀하다. 녹는점은 원자의 크기와 금속에서의 원자가거리에 의해서도 영향을 받는다. 또 순수한 금속과 많은 합금은 액체상태에서 높은 전도도와 금속광택의 성질을 가진다.

13. ③

해설

그 밖의 특수소방자동차 : 내폭 화학차

대형 유류화재 또는 항공기 화재 등 화세가 커서 근접하여 진압 활동하기에 위험이 큰 화재에 대하여 대원보호 및 진압활동 가능한 특수소방자동차 중 하나이다.
(1) 소화약제 : 물 이외에 폼, 분말 등 2가지 이상의 약제 적재하고 있다.
(2) 차 체 : 방탄철판, 방탄유리 및 방염 방열 타이어 사용
(3) 차량 상부에 유선 또는 무선 방수포를 장착하고 차량 내부에서 조정한다.

14. ②

해설

구조활동의 원칙 : 현장 활동의 우선순위 준수

모든 사고현장에 있어서 가장 우선하여 고려할 사항은 인명의 안전(Life safety)이고 그다음 사고의 안정화(Incident stabilization), 재산가치의 보존(Property conservation)의 순서이다.

15. ②

해설

구조활동의 성패를 좌우하는 요인 : 구조 활동 우선순위

인명을 구조하는 과정에 있어서는 구조대상자의 생명을 보전하는 것이 가장 중요하므로 구명(救命)을 최우선으로 하고 다음에 신체구출, 정신적 · 육체적 고통경감, 피해의 최소화의 순으로 구조활동의 우선순위를 결정한다.

16. ①

해설

마디 짓기 : 나비매듭

나비매듭은 로프 중간에 고리를 만들 필요가 있을 경우에 사용하며 다른 매듭에 비하여 충격을 받은 경우에도 풀기가 쉬운 것이 장점이다. 중간 부분이 손상된 로프를 임시로 사용하고자 하는 경우에 손상된 부분이 가운데로 오도록 하여 매듭을 만들면 손상된 부분에 힘이 가해지지 않아 응급대처가 가능하다.

17. ③

해설

피셔맨 매듭 : 피셔맨매듭의 완성된 형태이다

18. ①

해설

일반 사고 구조활동 : 단순한 내부진입

진입하고자 하는 장소가 3층 이하의 저층이라면 아래층에서 사다리를 사용하여 진입하는 것을 우선적으로 고려한다. 이 경우에는 사다리를 펼칠 장소의 안전을 고려해야 한다.

19. ①

해설

자동차 사고의 일반적 특성 : 2차 사고의 발생 위험

2차 사고의 발생 위험이 높은 경우는 사고로 차량이 손상되면 연료가 누출되어 화재나 폭발이 발생하기도 하며, 적재된 위험물질이 누출되는 등 2차 사고가 발생할 위험성이 높다. 특히 안개, 강우, 강설 등으로 시야가 확보되지 않고 운전여건이 좋지 않을 때에는 다수의 차량이 연쇄 충돌하는 사고가 발생하기도 한다.

20. ③

해설 **안전한 현장활동의 기본 준수사항 : 구조대상자의 동의(명시적, 묵시적)**
구조대상자에 대한 보호측면과 추후 발생 될 수 있는 구조활동상의 자격 시비 등 민,형사상의 문제점을 예방하기 위하여 의식이 있는 경우에는 명시적인 방법으로, 의식이 없는 경우에는 묵시적인 동의를 적용하여 상대의 동의를 구하되 자신의 소속과 자격, 현장상황을 설명하고 구조대상자로부터 동의를 얻도록 한다.

21. ①

해설 **「응급의료에 관한 법률」 제2조(정의) 제1호**
1. "응급환자"란 질병, 분만, 각종 사고 및 재해로 인한 부상이나 그 밖의 위급한 상태로 인하여 즉시 필요한 응급처치를 받지 아니하면 생명을 보존할 수 없거나 심신에 중대한 위해(危害)가 발생할 가능성이 있는 환자 또는 이에 준하는 사람으로서 보건복지부령으로 정하는 사람을 말한다.

22. ②

해설 **호흡유지 장비 : 백-밸브 마스크 소생기**
백-밸브 마스크 소생기는 보유 산소장비 없이 즉각적인 초기 환기를 제공할 수 있다.

23. ③

해설 **목뼈 보호대의 사용방법 ;** 환자의 크기에 맞는 적절한 고정장비를 선택한다.
- 머리를 중립자세로 유지하고 어깨에서 하악까지의 높이를 측정

24. ①

해설 **「법률」 제28조(벌칙)**
정당한 사유 없이 제13조제2항을 위반하여 구조 · 구급활동을 방해한 자는 5년 이하의 징역 또는 5천만원 이하의 벌금에 처한다. 〈개정 2017. 12. 26.〉

25. ②

해설 **「법」 제3조(정의) 제11호**
11. "재난안전통신망"이란 재난관리책임기관 · 긴급구조기관 및 긴급구조지원기관이 재난 및 안전관리업무에 이용하거나 재난현장에서의 통합지휘에 활용하기 위하여 구축 · 운영하는 통신망을 말한다.

제3회 행 정 법

01. ②

해설 • ②가 적절하다. 한편 실질적 의미의 행정은 성질상 입법·사법과 구별되는 국가작용을 말한다(이론상 행정).

02. ④

해설 • ④가 형식적의미의 행정으로 볼 수 없다. 국회사무총장의 소속공무원의 임명은 실질적 의미의 행정에 해당하나 국회기관의 행위라는 점에서 형식적 의미의 입법작용에 해당한다.

03. ②

해설 • 「행정기본법」 제8조부터 제13조 • 제8조(법치행정의 원칙) 행정작용은 법률에 위반되어서는 아니 되며, 국민의 권리를 제한하거나 의무를 부과하는 경우와 그 밖에 국민생활에 중요한 영향을 미치는 경우에는 법률에 근거하여야 한다. • 제9조(평등의 원칙) 행정청은 합리적 이유 없이 국민을 차별하여서는 아니 된다. • 제10조(비례의 원칙) 행정작용은 다음 각 호의 원칙에 따라야 한다. 1. 행정목적을 달성하는 데 유효하고 적절할 것 2. 행정목적을 달성하는 데 필요한 최소한도에 그칠 것 3. 행정작용으로 인한 국민의 이익 침해가 그 행정작용이 의도하는 공익보다 크지 아니할 것

04. ②

해설 • ②가 옳지 않다. 판례는 "특정 사항에 관하여 신뢰보호원칙상 행정청이 그와 배치되는 조치를 할 수 없다고 할 수 있을 정도의 행정관행이 성립되었다고 하려면 상당한 기간에 걸쳐 그 사항에 관하여 동일한 처분을 하였다는 객관적 사실이 존재할 뿐만 아니라, 행정청이 그 사항에 관하여 다른 내용의 처분을 할 수 있음을 알면서도 어떤 특별한 사정 때문에 그러한 처분을 하지 않는다는 의사가 있고 이와 같은 의사가 명시적 또는 묵시적으로 표시되어야 한다. 단순히 착오로 어떠한 처분을 계속한 경우는 이에 해당되지 않고, 따라서 처분청이 추후 오류를 발견하여 합리적인 방법으로 변경하는 것은 신뢰보호원칙에 위배되지 않는다" 고 하였다(대판 2020.7.23. 2020두33824).

05. ④

해설 • ④가 옳다(「행정기본법」 제14조 제2항 및 제3항).
※ 제14조(법 적용의 기준) ② 당사자의 신청에 따른 처분은 법령등에 특별한 규정이 있거나 처분 당시의 법령등을 적용하기 곤란한 특별한 사정이 있는 경우를 제외하고는 처분 당시의 법령등에 따른다. ③ 법령등을 위반한 행위의 성립과 이에 대한 제재처분은 법령등에 특별한 규정이 있는 경우를 제외하고는 법령등을 위반한 행위 당시의 법령등에 따른다.

06. ②

해설 • ②가 옳지 않다. 「행정기본법」 제20조는 "제20조(자동적 처분) 행정청은 법률로 정하는 바에 따라 완전히 자동화된 시스템(인공지능 기술을 적용한 시스템을 포함한다)으로 처분을 할 수 있다. 다만, 처분에 재량이 있는 경우는 그러하지 아니하다" 고 규정하고 있다.

07. ②

해설 • ㉠, ㉡, ㉥이 옳다. ㉠은 대판 2001.8.24, 99두9971. ㉡의 경우 판례는 "건축주명의변경신고의 수리거부는 허가대상건축물의 양수인의 명의변경을 신고할 수 있는 공법상의 권리라는 구체적 법적 이익을 침해하여 양수인의 권리 · 의무에 직접 영향을 미치는 것으로서 취소소송의 대상이 되는 처분이다" 고 하였다(대판 1992.3.31., 91누4911). ㉥은 대판 2011.1.20., 2010두14954.

08. ④

해설
• ④가 옳지 않다. 판례는 "헌법 제75조, 제95조가 정하는 포괄적인 위임입법의 금지는, 그 문리해석상 정관에 위임한 경우까지 그 적용 대상으로 하고 있지 않고, 또 권력분립의 원칙을 침해할 우려가 없다는 점 등을 볼 때, 법률이 정관에 자치법적 사항을 위임한 경우에는 원칙적으로 적용되지 않는다" 고 하였다(헌재결 2001.4.26. 2000헌마122).

09. ①

해설
• ①이 적절하지 않다. 행정권이 발하는 명령이면서도 「헌법」의 일부 규정의 효력을 정지시키는 등 헌법적(헌법 대위적)효력을 가지는 명령이 이에 해당한다. 1972년 10월에 제정된 이른바 「유신헌법」 제51조의 긴급조치가 이에 해당한다.

10. ③

해설
• ③의 「소방공무원 징계령」은 명칭에도 불구하고 대통령령임을 유의하여야 한다. • ①, ②, ④는 적절한 설명이다.

11. ①

해설
• ㄱ의 경우 "공유수면매립면허는 설권행위인 특허의 성질을 갖는 것이므로 원칙적으로 행정청의 자유재량에 속한다" 고 하였다(대판 1989.9.12., 88누9206)
• ㄴ의 경우 "개인택시운송사업면허는 특정인에게 권리나 이익을 부여하는 행정행위로서 법령에 특별한 규정이 없는 한 재량행위이고, 그 면허를 위하여 필요한 기준을 정하는 것도 역시 행정청의 재량에 속하는 것이다" 고 하여 특허라 하였다(대판 1998.2.13., 97누13061).

12. ②

해설
• ②가 옳지 않다. 판례는 "인가처분에는 고유한 하자가 없는데 사업시행계획에 하자가 있다면 사업시행계획의 무효확인이나 취소를 구하여야 할 것이지 사업시행계획의 무효를 주장하면서 곧바로 그에 대한 인가처분의 무효확인이나 취소를 구하여서는 아니 된다" 고 하였다(대판 2021.2.10. 2020두48031).

13. ②

해설
• ②가 옳지 않다. 해제조건부 행정행위는 조건이 되는 사실의 성취에 의하여 당연히 효력이 소멸되는 데 대하여, 부담부 행정행위는 부담을 이행하지 않더라도 당연히 그 효력이 소멸되지 않음은 앞에서 살펴본바와 같다. • ①, ③, ④는 적절한 설명이다.

14. ①

해설
• ①이 적절하지 않다. 철회권의 유보로써 유보한 사실(상대방의 의무위반 등)이 발생해도 행정행위의 철회가 항상 자유로운 것은 아니다.

15. ④

해설
• 「행정기본법」 제18조 • 제18조(위법 또는 부당한 처분의 취소) ① 행정청은 위법 또는 부당한 처분의 전부나 일부를 소급하여 취소할 수 있다. 다만, 당사자의 신뢰를 보호할 가치가 있는 등 정당한 사유가 있는 경우에는 장래를 향하여 취소할 수 있다.

16. ①

해설
• ①이 옳지 않다. 판례는 "행정행위(과세처분)의 취소처분의 위법이 중대하고 명백하여 당연무효이거나, 그 취소처분에 대하여 소원 또는 행정소송으로 다툴 수 있는 명문규정이 있는 경우는 별론, 행정행위의 취소처분의 취소에 의하여 이미 효력을 상실한 행정행위를 소생시킬 수 없고, 그러기 위하여는 원 행정행위와 동일내용의 행정행위를 다시 행할 수밖에 없다" 고 하였다(대판 1979.5.8. 77누61).

17. ③

해설
• ③이 옳지 않다. 판례는 "「행정절차법」 제40조의3(위반사실 등의 공표) 제7항은(⑦ 행정청은 위반사실등의 공표를 하기 전에 당사자가 공표와 관련된 의무의 이행, 원상회복, 손해배상 등의 조치를 마친 경우에는 위반사실등의 공표를 하지 아니할 수 있다" 고 규정하고 있다..

18. ④

해설
• ④가 옳지 않다. 「행정절차법」 제40조의2(확약) 제2항에서 "확약은 문서로 하여야 한다" 고 규정하고 있다.

19. ③

해설
• ③이 옳지 않다. 「행정대집행법」 제5조는 "제5조(비용납부명령서) 대집행에 요한 비용의 징수에 있어서는 실제에 요한 비용액과 그 납기일을 정하여 의무자에게 문서로써 그 납부를 명하여야 한다" 고 규정하고 있다.

20. ②

해설
• ②가 옳지 않다. 판례는 "건물의 소유자에게 위법건축물을 일정기간까지 철거할 것을 명함과 아울러 불이행할 대에는 대집행한다는 내용의 철거대집행 계고처분을 고지한 후 이에 불응하자 다시 제2차, 제3차 계고서를 발송하여 일정기간까지의 자진철거를 촉구하고 불이행하면 대집행을 한다는 뜻을 고지하였다면 행정대집행법상의 건물철거의무는 제1차 철거명령 및 계고처분으로서 발생하였고 제2차, 제3차의 계고처분은 새로운 철거의무를 부과한 것이 아니고 다만 대집행기한의 연기통지에 불과하므르 행정처분이 아니다" 고 하였다(대판 1994.10.28. 94누5144).

21. ③

해설
• ③이 적절하지 않다. 신분에 의하여 과태료를 감경 또는 가중하거나 과태료를 부과하지 아니하는 때에는 그 신분의 효과는 신분이 없는 자에게는 미치지 아니한다(동법 제12조 제3항).

22. ④

해설
• ④가 적절하지 않다. 결정의 고지는 법원이 적당하다고 인정하는 방법으로 한다. 다만, 공시송달을 하는 경우에는 「민사소송법」에 따라야 한다(동법 제37조).

23. ②

해설
• ②가 옳지 않다. 「공익사업을 위한 토지 등의 취득 및 보상에 관한 법률」 제85조(행정소송의 제기) 제2항은 "② 제1항에 따라 제기하려는 행정소송이 보상금의 증감(增減)에 관한 소송인 경우 그 소송을 제기하는 자가 토지소유자 또는 관계인일 때에는 사업시행자를, 사업시행자일 때에는 토지소유자 또는 관계인을 각각 피고로 한다" 고 규정하고 있다.

24. ④

해설
• ㉡과 ㉢이 허용되지 않는다.
– ㉡ 「행정소송법」상 예방적 부작위청구소송이 인정되는 것은 아니다.
– ㉢ 「행정소송법」상 의무이행소송이 인정되는 것은 아니다.

25. ①

해설
• ①이 옳지 않다. 판례는 "아파트관리사무소 소장으로 근무하면서 관리사무소를 위하여 종합소득세의 신고 · 납부, 경정청구 등의 업무를 처리하였다는 것만으로는, 위 소장에게 경정청구를 거부한 과세관청의 처분에 대해 취소를 구할 법률상의 이익이 있다고 보기 어렵다" 고 하였다(대판 2003.9.23. 2002두1267).

제3회 소방법령 Ⅳ

01. ②

해설 「임용령 시행규칙」 제3조 (임명장 또는 임용장) 전단
임용권자는 소방공무원으로 신규 채용되거나 승진되는 소방공무원에게 임명장을 수여한다.

02. ②

해설 「임용령 시행규칙」 제13조(인사기록의 보관 및 이관) 제1항
① 소방공무원 인사기록(표준인사관리시스템으로 작성 · 유지 · 관리되는 인사기록은 제외한다)은 다음 각 호의 구분에 따른 소방기관의 장이 보관한다. 〈개정 2020.3.13.〉
1. 초임보직 소방기관이 소방청 또는 소방청의 소속기관인 경우 : 소방청장 또는 소방청 소속기관의 장
2. 초임보직 소방기관이 특별시 · 광역시 · 특별자치시 · 도 · 특별자치도(이하" 시 · 도"라 한다) 소속인 경우 : 시 · 도지사 ② 삭제

03. ①

해설 「임용령」 제33조(시험실시의 원칙) 본문
소방공무원의 채용시험은 계급별로 실시한다.

04. ④

해설 「임용령」 제33조(시험실시의 원칙)
소방공무원의 채용시험은 계급별로 실시한다. 다만, 결원보충을 원활히 하기 위하여 필요하다고 인정될 때에는 직무분야별·성별·근무예정지역 또는 근무예정기관별로 구분하여 실시할 수 있다.

05. ①

해설 「임용령」 제47조(동점자의 합격결정) 〈개정 2014. 12. 9.〉
공개경쟁채용시험 · 경력경쟁채용시험등 및 소방간부후보생 선발시험의 합격자를 결정할 때 선발예정인원을 초과하여 동점자가 있는 경우에는 그 선발예정인원에 불구하고 모두 합격자로 한다. 이 경우 동점자의 결정은 총득점을 기준으로 하되, 소수점 이하 둘째자리까지 계산한다.

06. ④

해설 「임용령」 제50조의2(시험위원 등에 대한 수당 지급)
제50조에 따른 시험위원 및 채용시험의 운영 · 관리 등의 업무를 수행하는 시험관리관 등에게는 예산의 범위에서 수당을 지급한다. [본조신설 2024. 8. 13.]

07. ①

해설 「임용령」 제29조 제2항 및 제3항
② 제1항에 따른 인사교류의 인원(같은 항 제3호에 따라 실시하는 인원을 제외한다)은 필요한 최소한으로 하되, 소방청장은 시 · 도 간 교류인원을 정할 때에는 미리 해당 시 · 도지사의 의견을 들어야 한다.
③ 소방청장은 인사교류계획을 수립함에 있어서 시 · 도지사로부터 교류대상자의 추천이 있거나 해당 시 · 도로 전입요청이 있는 경우에는 이를 최대한 반영하여야 하며, 해당 시 · 도지사의 동의 없이는 인사교류대상자의 직위를 미리 지정하여서는 아니 된다.〈개정 2020.3.10.〉

08. ③

해설 「임용령」 제29조 제5항부터 제7항 〈신설 2020.3.10.〉
⑤ 소방청과 시 · 도 간 및 시 · 도 상호 간에 인사교류를 하는 경우에는 인사교류 대상자 본인의 동의나 신청이 있어야 한다.
다만, 소방청과 그 소속기관 소속 소방공무원으로서 시 · 도 소속 소방공무원으로의 임용예정계급이 인사교류 당시의 계급보다 상위계급인 경우에는 동의를 받지 않을 수 있다.
⑥ 소방청장은 소방인력 관리를 위해 필요한 경우에는 소방청과 시 · 도 간 및 시 · 도 상호 간의 인사교류를 제한할 수 있다.
⑦ 제1항부터 제6항까지에서 규정한 사항 외에 인사교류에 필요한 사항은 소방청장이 정한다.

09. ①

해설 「승진임용 규정 시행규칙」 제6조 및 별표1 〈개정 2024.1.11.〉
2. "소속 국장" 에는 기획조정관을,"소속 과장"에는 대변인, 담당관, 실장, 팀장 · 구조대장 · 센터장 등 과장급 부서장을 포함한다.
3. 청장실 및 차장실의 경우 운영지원과장을 소속 과장으로 본다.

10. ①

해설 「승진임용 규정」 제11조 제4항
④ 승진대상자명부 및 승진대상자통합명부는 매년 4월 1일과 10월 1일을 기준으로 하여 작성한다. 〈개정 2023. 3. 28.〉

11. ①

해설 「승진임용규정」 제29조 제2항
② 시 · 도지사는 제1항에 따라 시험을 실시하는 경우 시험의 문제출제를 소방청장에게 의뢰할 수 있다. 이 경우 문제출제를 위한 비용 부담 등에 필요한 사항은 시 · 도지사와 소방청장이 협의하여 정한다. 〈신설 2020. 3. 10., 2021. 11. 23.〉

12. ①

해설 「소방공무원 징계령」 제4조 제2항 전단
② 징계위원회의 위원장은 해당 징계위원회가 설치된 기관의 장의 차순위 계급자(동일계급의 경우에는 직위를 설치하는 법령에 규정된 직위의 순위를 기준으로 정한다)가 된다.

13. ③

해설 「교육훈련규정」 제5조 제3항 및 별표1
전문교육훈련은 직장훈련으로 실시. 다만, 직장훈련으로 실시하기 곤란한 경우에는 교육훈련기관에서의 교육으로 실시하되, 교육훈련기관에서의 교육으로도 실시하기 곤란한 경우에는 위탁교육훈련으로 실시

14. ①

해설 「시행령」 제3조 및 별표1 ; 제2류 위험물 중 인화성고체의 지정수량은 1,000킬로그램이다.

15. ④

해설 「시행령」 제3조 및 별표1
금속의 수소화물의 지정수량은 300킬로그램이다.

16. ④

해설

「시행규칙」 제60조(탱크시험자의 등록신청 등) 제1항

① 법 제16조제2항에 따라 탱크시험자로 등록하려는 자는 별지 제36호서식의 신청서(전자문서로 된 신청서를 포함한다)에 다음 각 호의 서류(전자문서를 포함한다)를 첨부하여 시·도지사에게 제출하여야 한다.
1. 삭제 〈2006.8.3.〉 / 2. 기술능력자 연명부 및 기술자격증
3. 안전성능시험장비의 명세서
4. 보유장비 및 시험방법에 대한 기술검토를 기술원으로부터 받은 경우에는 그에 대한 자료
5. 「원자력안전법」에 따른 방사성동위원소이동사용허가증 또는 방사선발생장치이동사용허가증의 사본 1부 / 6. 사무실의 확보를 증명할 수 있는 서류

17. ①

해설

「시행규칙」 제61조(변경사항의 신고 등) 제1항

① 탱크시험자는 법 제16조제3항의 규정에 의하여 다음 각호의 1에 해당하는 중요사항을 변경한 경우에는 별지 제38호서식의 신고서(전자문서로 된 신고서를 포함한다)에 다음 각호의 구분에 따른 서류(전자문서를 포함한다)를 첨부하여 시·도지사에게 제출하여야 한다.
1. 영업소 소재지의 변경 : 사무소의 사용을 증명하는 서류와 위험물탱크안전성능시험자등록증
2. 기술능력의 변경 : 변경하는 기술인력의 자격증과 위험물탱크안전성능시험자등록증
3. 대표자의 변경 : 위험물탱크안전성능시험자등록증
4. 상호 또는 명칭의 변경 : 위험물탱크안전성능시험자등록증

18. ④

해설

「시행규칙」 제28조 및 별표4의 X 제3호

3. 배관을 지상에 설치하는 경우에는 지진·풍압·지반침하 및 온도변화에 안전한 구조의 지지물에 설치하되, 지면에 닿지 아니하도록 하고 배관의 외면에 부식방지를 위한 도장을 하여야 한다. 다만, 불변강관 또는 부식의 우려가 없는 재질의 배관의 경우에는 부식방지를 위한 도장을 아니 할 수 있다.

19. ①

해설

「시행규칙」 제28조 및 별표4의 XII 〈개정 2024.5.20.〉

3. 아세트알데하이드등을 취급하는 제조소의 특례는 다음 각목과 같다.
가. 아세트알데하이드등을 취급하는 설비는 은·수은·동·마그네슘 또는 이들을 성분으로 하는 합금으로 만들지 아니할 것

20. ①

해설

「시행규칙」 제34조 및 별표10 VI(펌프설비) 제2호

2. 피견인식 이동탱크저장소의 견인부분에 설치된 차량구동용 엔진의 동력원을 이용하여 위험물을 이송하는 경우에는 다음 각목의 기준에 적합하여야 한다.
가. 견인부분에 작동유탱크 및 유압펌프를 설치하고, 피견인부분에 오일모터 및 펌프를 설치할 것
나. 트랜스미션(Transmission)으로부터 동력전동축을 경유하여 견인부분의 유압펌프를 작동시키고 그 유압에 의하여 피견인부분의 오일모터를 경유하여 펌프를 작동시키는 구조일 것

21. ④

해설

「시행규칙」 제34조 및 별표10 VIII 제3호

3. 컨테이너식 이동탱크저장소에 대하여는 V제2호를 적용하지 아니하되, 이동저장탱크의 보기 쉬운 곳에 가로 0.4m 이상, 세로 0.15m 이상의 백색 바탕에 흑색 문자로 허가청의 명칭 및 완공검사번호를 표시하여야 한다.

22. ③

해설

「시행규칙」 제39조 및 별표15 IV 제10호 가목 2)

2) 배관계 내의 위험물의 양을 측정하는 방법에 의하여 자동적으로 위험물의 누설을 검지하는 장치 또는 이와 동등 이상의 성능이 있는 장치

23. ③

해설

「시행규칙」 제39조 및 별표15 IV 제12호

12. 위험물 제거조치 : 배관에는 서로 인접하는 2개의 긴급차단밸브 사이의 구간마다 당해 배관안의 위험물을 안전하게 물 또는 불연성 기체로 치환할 수 있는 조치를 하여야 한다.

24. ②

해설

「시행규칙」 제49조 및 별표18 II 제6, 7호

위험물의 유별 저장·취급의 공통기준(중요기준)은 다음과 같다.
6. 제6류 위험물은 가연물과의 접촉·혼합이나 분해를 촉진하는 물품과의 접근 또는 과열을 피하여야 한다.
7. 제1호 내지 제6호의 기준은 위험물을 저장 또는 취급함에 있어서 당해 각호의 기준에 의하지 아니하는 것이 통상인 경우는 당해 각호를 적용하지 아니한다. 이 경우 당해 저장 또는 취급에 대하여는 재해의 발생을 방지하기 위한 충분한 조치를 강구하여야 한다.

25. ③

해설

「시행규칙」 제49조 및 별표18 III 제2호

2. 영 별표 1의 유별을 달리하는 위험물은 동일한 저장소(내화구조의 격벽으로 완전히 구획된 실이 2 이상 있는 저장소에 있어서는 동일한 실. 이하 제3호에서 같다)에 저장하지 아니하여야 한다. 다만, 옥내저장소 또는 옥외저장소에 있어서 다음의 각목의 규정에 의한 위험물을 저장하는 경우로서 위험물을 유별로 정리하여 저장하는 한편, 서로 1m 이상의 간격을 두는 경우에는 그러하지 아니하다(중요기준).
가. 제1류 위험물(알칼리금속의 과산화물 또는 이를 함유한 것을 제외한다)과 제5류 위험물을 저장하는 경우
나. 제1류 위험물과 제6류 위험물을 저장하는 경우
다. 제1류 위험물과 제3류 위험물 중 자연발화성물질(황린 또는 이를 함유한 것에 한한다)을 저장하는 경우
라. 제2류 위험물 중 인화성고체와 제4류 위험물을 저장하는 경우
마. 제3류 위험물 중 알킬알루미늄등과 제4류 위험물(알킬알루미늄 또는 알킬리튬을 함유한 것에 한한다)을 저장하는 경우
바. 제4류 위험물 중 유기과산화물 또는 이를 함유하는 것과 제5류 위험물 중 유기과산화물 또는 이를 함유한 것을 저장하는 경우

제3회 소방전술

01. ②

해설

유염 화재

유염화재는 열과 화염이 크게 발생하는 일반적인 화재유형 이다. 대표적인 목재화재는 나무 조각이 외부 열에 의해 가열되면 건조되면서 먼저 수증기가 배출되고 나무 표면이 변색되면서 열분해(분자의 결합이 열로 인해 끊어져 물질의 상변화가 일어나는 현상)가 일어난다.

02. ③

해설

열과 온도

(1) 화재현장을 경험해 본 사람들은 누구나 화재 시 많은 양의 열이 발생한다는 것을 알고 있다. 열은 물체의 온도가 서로 다를 때, 한 물체로부터 다른 물체로 전달되는 에너지이다.

(2) 열은 지구상에서 찾아 볼 수 있는 가장 흔한 형태의 에너지이다. 온도는 열을 표시하는 지표이며, 어떤 기준에 근거한 대상물의 따뜻함이나 차가움에 대한 측정치이다. 오늘날 대부분의 경우에 있어서, 그 표준은 물의 빙점(섭씨 0도 또는 화씨 32도) 과 끓는점(섭씨 100도 또는 화씨 212도)에 근거한다.

(3) 온도는 표준방식에서 "섭씨(℃)" 를, 그리고 미국 관행방식에서는 "화씨(℉)" 단위를 사용하여 측정한다.

03. ④

해설

현장지휘 : 현장지휘관의 바람직한 자질과 성향

(1) 대원의 임무에 대한 존중 자세 (2) 냉정하고 침착한 지시와 통제능력 (3) 훈련과 경험에 의한 전문적 지휘지식 (4) 행동 지향적이 아니라 지시 지향적 태도(의사결정 중심의 태도) (5) 상황을 안정시킬 수 있는 대안제시능력(문제해결능력) (6) 심리적 체력적 대응능력 (7) 의사전달능력(무전기사용능력 등) (8) 안전이 확보된 타당한 위험의 감수능력 (9) 모든 직원에 대한 관심과 공정성 유지 (10) 자신과 다른 사람, 장비, 그리고 전략과 전술적 접근법에 대한 한계 인식능력 (11) 지휘에 대한 존중태도 및 훈련되고 일관성이 있는 태도

04. ③

해설

현장지휘

현장지휘권을 확립하는데 필요한 요소 중 4단계인 것은 주기적으로 상황을 평가하고 예측하기이다.

05. ②

해설

일반가연물 화재진압 : 여관, 호텔의 화재진압 요령은 다음과 같다.

(1) 선착대는 경비원, 야간의 숙직자로부터 초기대응 상황을 구체적으로 듣고 상황을 파악한다.

(2) 자동화재탐지설비의 작동상황을 확인하여 필요한 기자재, 진입수단을 결정하고 활동한다.

(3) 관창진입은 화점층, 화점층 상층부를 최우선하여 배치한다.

(4) 관창은 원칙적으로 각층마다 배치한다. 복도 등에 광범위하게 연소확대되고 있는 경우에는 방화구획을 이용하여 연소를 지지한다.

(5) 상층이 발화 층인 경우에는 방수한 물이 계단 등으로 흘러내리므로 방수커버를 이용하여 옥외로 배수되도록 조치하는 등 수손방지에 노력한다.

(6) 농연·열기가 충만한 내부에 진입할 경우 직사방수를 하는 대원을 엄호하기 위하여 뒤에서 분무방수를 한다.

(7) 침대, 커튼, 카페트 등의 잔화처리는 옥외로 이동시키거나 욕실에서 물을 적셔 완전하게 소화한다.

06. ④

해설

일반가연물 화재진압 : 병원의 화재진압 요령은 다음과 같다.

(1) 선착대는 경비원, 당직원으로부터 정확한 화점 및 요구조자의 정보를 수집한다. (2) 화재초기, 중기의 방어는 적극적으로 내부진입 수단을 강구하여 관창을 전개한다. (3) 병원에 설치되어 있는 소화설비 등을 효과적으로 활용한다. (4) 자위소방대가 있는 경우에는 소방대가 도착한 후에도 계속하여 지원협력하게 한다. (5) 연소확대가 예상되는 경우 관창배치는 제1을 화점층, 제2를 화점상층을 목표로 배치한다. (6) 방수는 직사, 분무를 효과적으로 하여 소화한다. (7) 환자에게 방수하면, 쇼크 또는 냉기로 악영향을 주는 경우가 있으므로 엄호방수는 주의를 요한다. (8) 화재진압계획이 있는 것은 그 계획을 참고하여 소방활동을 한다.

07. ④

해설

재해(사고)발생 이론 : 하인리히 이론

하인리히는 사고와 재해의 관련을 명백히 하기 위해 「1:29:300의 법칙」으로 재해구성비율을 설명하면서 1회의 중상재해가 발생했다면 그 사람은 같은 원인으로 29회의 경상재해를 일으키고, 또 같은 성질의 무상해 사고를 300회 동반한다고 하는 것이다. 전 사고 330건 중 중상이 나올 확률은 1건, 경상이 29건, 무재해사고는 300건이 발생 할 수 있다고 주장하였다.

08. ④

해설

재해예방

재해예방대책을 실행하기 위한 사고예방대책의 기본원리 5단계

(1) 1단계 : 안전조직(조직체계 확립) ; 경영자의 안전목표 설정, 안전관리자 선임, 안전라인 및 참모조직, 안전활동 방침 및 계획수립, 조직을 통한 안전활동 전개 등 안전관리에서 가장 기본적인 활동은 안전관리 조직의 구성이다.

(2) 2단계 : 사실의 발견(현황파악) : 각종 사고 및 활동기록의 검토, 작업 분석, 안전점검 및 검사, 사고조사, 안전회의 및 토의, 근로자의 제안 및 여론 조사 등에 의하여 불안전 요소를 발견한다. (3) 3단계 : 분석 평가(원인 규명) : 사고원인 및 경향성 분석, 사고기록 및 관계자료 분석, 인적 · 물적 환경조건 분석, 작업공정 분석, 교육훈련 및 직장배치 분석, 안전수칙 및 방호장비의 적부 분석 등을 통하여 사고의 직접 및 간접 원인을 찾아낸다.

(4) 4단계 : 시정방법의 선정(대책 선정) : 기술적 개선, 배치조정, 교육훈련의 개선, 안전행정의 개선, 규정 및 수칙 등 제도의 개선, 안전운동의 전개 등 효과적인 개선방법을 선정한다.

(5) 5단계 : 시정책의 적용(목표달성) : 시정책은 3E, 즉 기술(Engineering), 교육(Education), 관리(Enforcement)를 완성함으로써 이루어진다.

09. ②

해설

화재피해금액 산정기준 적용요령(「화재조사 및 보고규정」 제18조

(1) 피해물의 경과연수가 불분명한 경우에 그 자산의 구조, 재질 또는 관계인등의 진술 기타 관계자료 등을 토대로 객관적인 판단을 하여 경과연수를 정한다. (2) 공구 및 기구 · 집기비품 · 가재도구를 일괄하여 재구입비를 산정하는 경우 개별 품목의 경과연수에 의한 잔가율이 50%를 초과하더라도 50%로 수정할 수 있으며, 중고구입기계장치 및 집기비품으로서 그 제작연도를 알 수 없는 경우에는 그 상태에 따라 신품가액의 30% 내지 50%를 잔가율로 정할 수 있다. (3) 화재피해금액 산정매뉴얼은 본 규정에 저촉되지 아니하는 범위에서 적용하여 화재피해금액을 산정한다.

10. ②

해설

「행정조사기본법」 제13조(자료등의 영치)

① 조사원이 현장조사 중에 자료 · 서류 · 물건 등(이하 이 조에서 "자료등"이라 한다)을 영치하는 때에는 조사대상자 또는 그 대리인을 입회시켜야 한다. ② 조사원이 제1항에 따라 자료등을 영치하는 경우에 조사대상자의 생활이나 영업이 사실상 불가능하게 될 우려가 있는 때에는 조사원은 자료등을 사진으로 촬영하거나 사본을 작성하는 등의 방법으로 영치에 갈음할 수 있다. 다만, 증거인멸의 우려가 있는 자료등을 영치하는 경우에는 그러하지 아니하다.

③ 조사원이 영치를 완료한 때에는 영치조서 2부를 작성하여 입회인과 함께 서명날인하고 그중 1부를 입회인에게 교부하여야 한다.
④ 행정기관의 장은 영치한 자료등이 다음 각 호의 어느 하나에 해당하는 경우에는 이를 즉시 반환하여야 한다. 1. 영치한 자료등을 검토한 결과 당해 행정조사와 관련이 없다고 인정되는 경우 2. 당해 행정조사의 목적의 달성 등으로 자료등에 대한 영치의 필요성이 없게 된 경우

11. ②

해설 **위험물의 위험성 : 인화성**
가연성 증기를 발생하는 액체 또는 고체가 공기 중에 그 표면 가까이 적은 화염이 닿은때 그 도화선이 되어 표면 근처에서 연소하기에 충분한 농도의 증기를 발생하여 불이 붙는 성질을 인화성이라 하고 이때의 최저온도를 인화점(인화온도)라고 말한다.

12. ①

해설 **위험물 성상 판정 : 위험물의 유형 및 품명**
「위험물안전관리법 시행령」 별표1에서는 위험물을 6개 유형 55개 품명으로 규정하고 있으나 동표에 해당하는 품명의 명칭을 가진 물품들도 그 발화점, 인화점, 순도, 입자의 크기, 형태에 따라서 각각 위험도가 다르기 때문에 이들 물리적 성상이 일정기준 이상일 때에만 위험물에 해당하게 된다.

13. ③

해설 **개 요 : 물의 증발잠열**
물은 증발될 때 방대한 양의 증기를 생성하는데 증기로 바뀌면 그 체적은 약 1,700배 이상 커진다. 이것은 1리터의 액체상태의 물은 기화된 후 약1.7 ㎥의 공간 을 차지할 수 있는 양이 됨을 의미한다.

14. ②

해설 **구조활동의 전개 : 장비의 현장조달과 관계자의 활용**
방사성 물질이나 독극물의 누출, 기타 평소에 접해보지 않은 특이한 사고가 발생하여 구조 활동에 임하는 경우 독단적인 판단으로 활동하지 말고 현장 관계자 및 관련 전문가, 유경험자 등의 지식과 기술을 적극적으로 활용한다.

15. ④

해설 **현장 도착 시 조치 : 현장 홍보활동 실시**
차량에 설치된 방송설비나 핸드마이크를 활용하여 구조대가 도착한 취지를 알려 사고 당사자와 인근주민이 안심할 수 있도록 한다. (1) 사고와 관련된 관계자를 호출한다.
(2) 일반인과 관계자에게 위험이 있다고 예측된 때는 안전한 장소로 대피시킨다. (3) 경계구역으로 설정된 범위 내에는 필요한 관계자 이외의 출입을 통제한다.

16. ④

해설 **클렘하이스트 매듭** : 클렘하이스트 매듭의 완성된 형태이다.

17. ④

해설 **매듭의 종류**
1. 마디짓기(결절) : 옭매듭(엄지매듭), 두겹옭매듭(고리 옭매듭), 8자매듭, 두겹8자매듭, 이중8자매듭, 줄사다리매듭, 고정매듭, 두겹고정매듭 , 나비매듭
2. 이어매기(연결) : 바른매듭, 한겹매듭, 두겹매듭, 8자연결매듭, 피셔맨매듭
3. 움켜매기(결착) : 말뚝매기매듭, 절반매듭, 잡아매기매듭, 감아매기매듭, 클램하이스트 매듭

18. ②

해설 **자동차 사고 구출장비 : 유압구조장비(유압전개기, 유압절단기, 유압램)**
유압구조장비는 큰 힘을 발휘하면서도 유압엔진과 작동부분이 분리되어 있어 진동이나 압력이 차체나 구조대상자에게 절단되지 않는다. 따라서 도어의 해체나 계기판에 의한 신체의 압박해소, 차체의 절단 또는 파괴 분해에 광범위하게 사용한다.

19. ②

해설 **구조튜브(Rescue Tube) 활용 구조 : 의식이 없거나 지친 구조대상자의 구조방법**
의식이 없거나 지친 구조대상자의 구조는 구조대상자를 뒤로 젖혀 수평자세를 취하도록 한다. 이때 두 사람의 머리가 서로 부딪치지 않게 조심하고 배영의 다리차기를 이용하여 이동한다.

20. ③

해설 **응급의료서비스 체계의 인력**
(1) 1급 응급구조사의 업무범위
(가) 심폐소생술의 시행을 위한 기도유지(기도기(airway)의 삽입, 기도삽관(intubation), 후두마스크 삽관 등을 포함한다.
(나) 정맥로의 확보
(다) 인공호흡기를 이용한 호흡의 유지
(라) 약물투여 : 저혈당성 혼수시 포도당의 주입, 흉통시 니트로글리세린의 혀아래(설하) 투여, 쇼크시 일정량의 수액투여, 천식발작시 기관지확장제 흡입 (마) 제2호의 규정에 의한 2급 응급구조사의 업무
(2) 2급 응급구조사의 업무범위
(가) 구강내 이물질의 제거
(나) 기도기(airway)를 이용한 기도유지
(다) 기본 심폐소생술 (라) 산소투여
(마) 부목 · 척추고정기 · 공기 등을 이용한 사지 및 척추 등의 고정 (바) 외부출혈의 지혈 및 창상의 응급처치 (사) 심박 · 체온 및 혈압 등의 측정 (아) 쇼크방지용 하의 등을 이용한 혈압의 유지 (자) 자동심장충격기를 이용한 규칙적 심박동의 유도 (차) 흉통 시 니트로글리세린의 혀 아래(설하) 투여 및 천식발작 시 기관지확장제 흡입(환자가 해당약물을 휴대하고 있는 경우에 한함)

21. ②

해설 **응급처치의 시간척도 : 현장처치 시간** ; 현장에서 환자를 이동시킬 수 있도록 안정시키는데 소요되는 시간을 현장 처치 시간(stabilization time)이라고 정의한다.

22. ①

해설 **SAMPLE은 다음과 같다.**
(1) Signs/Symptoms – 질병의 징후 및 증상
(2) Allergies – 약물, 음식, 환경 요소 등에 대한 알레르기
(3) Medications – 현재 복용 중인 약물 (4) Pertinent past medical history – 관련 있는 과거병력
(5) Last oral intake – 마지막 음식물 섭취 (6) Events – 현재 질병이나 손상을 일으킨 사건

23. ①

해설 **환자평가 : 1차 평가 단계(순서)**
(1) 단계적인 평가는 적절한 평가와 즉각적인 처치 그리고 우선순위를 결정할 수 있다. 1차 평가의 단계는 다음과 같다. ① 첫인상 ② 의식수준 ③ 기도 ④ 호흡 ⑤ 순환 ⑥ 위급정도 판단(이송여부 판단)
(2) 1차 평가를 통해 치명적인 상태 파악과 즉각적인 처치가 제공되어야 한다. 즉각적인 처치란 평가와 동시에 처치를 하는 것을 말한다.

24. ①

해설 「119법 시행규칙」 제25조 제1항 제3호 : 연 40시간 이상 항공구조훈련을 받아야 한다.

25. ③

해설 「법」 제12조의2(안전관리민관협력위원회)
① 조정위원회의 위원장은 재난 및 안전관리에 관한 민관 협력관계를 원활히 하기 위하여 중앙안전관리민관협력위원회(이하"중앙민관협력위원회"라 한다)를 구성·운영할 수 있다.
② 지역위원회의 위원장은 재난 및 안전관리에 관한 지역 차원의 민관 협력관계를 원활히 하기 위하여 시·도 또는 시·군·구 안전관리민관협력위원회(이하 이 조에서"지역민관협력위원회"라 한다)를 구성·운영할 수 있다.
③ 중앙민관협력위원회의 구성 및 운영에 필요한 사항은 대통령령으로 정하고, 지역민관협력위원회의 구성 및 운영에 필요한 사항은 해당 지방자치단체의 조례로 정한다.

제4회 행 정 법

01. ②

해설 ②가 적절하다. 사법(司法)과 행정은 다 같이 법 집행작용이나 사법은 피동적·일회적인 작용인 점에 반해 행정은 능동적·계속적인 작용인 점에서 차이가 있다.

02. ②

해설 ②가 학설이 아니다. 통치행위 이론을 긍정하는 ㉠긍정설[사법자제설, 자유재량설, 내재적 한계설(권력분립설), 독자성설(제4의 국가작용설)이 있음]과, 순수한 정치문제가 아니고 그 속에 법률문제가 결부되어 있는 경우에는 법률문제에 대한 법원의 심사·판단이 부인될 수 없다는 ㉡부정설의 입장이 있다.

03. ①

해설 • ①이 옳지 않다. 판례는 "개발이익환수에 관한 법률에 정한 개발사업을 시행하기 전에, 행정청이 민원예비심사에 대하여 관련부서 의견으로 '저촉사항 없음' 이라고 기재하였다고 하더라도, 이후의 개발부담금부과처분에 관하여 신뢰보호의 원칙을 적용하기 위한 요건인, 신뢰의 대상이 되는 공적인 견해표명을 한 것이라고는 보기 어렵다" 고 하였다(대판 2006.6.9. 2004두46).

04. ①

해설 • ①이 옳지 않다. 판례는 "신뢰보호의 원칙은 행정청이 공적인 견해를 표명할 당시의 사정이 그대로 유지됨을 전제로 적용되는 것이 원칙이므로, 사후에 그와 같은 사정이 변경된 경우에는 그 공적 견해가 더 이상 개인에게 신뢰의 대상이 된다고 보기 어려운 만큼, 특별한 사정이 없는 한 행정청이 그 견해표명에 반하는 처분을 하더라도 신뢰보호의 원칙에 위반된다고 할 수 없다" 고 하였다(대판 2020.6.25. 2018두34732).

05. ②

해설 • ②가 옳지 않다. 보기 끝부분의 "고시를 제외한다" 가 아니라 "고시를 포함한다" 이다.
※ 「행정규제기본법」 제2조 제1항 제2호 2. "법령등" 이란 법률·대통령령·총리령·부령과 그 위임을 받는 고시(告示) 등을 말한다.

06. ④

해설 • ④가 옳지 않다. 판례는 "행정주체인 재건축조합을 상대로 관리처분계획안에 대한 조합 총회결의의 효력 등을 다투는 소송은 행정처분에 이르는 절차적 요건의 존부나 효력 유무에 관한 소송으로서 그 소송결과에 따라 행정처분의 위법 여부에 직접 영향을 미치는 공법상 법률관계에 관한 것이므로, 이는 행정소송법상의 당사자소송에 해당한다" 고 하였다(대판 2009.10.29. 2008다97737).

07. ②

해설 • ②가 적절하지 않다. 판례는 "건축불허가처분을 하면서 그 사유의 하나로 소방시설과 관련된 소방서장의 건축부동의 의견을 들고 있으나 그 보완이 가능한 경우, 보완을 요구하지 아니한 채 곧바로 건축허가신청을 거부한 것은 재량권의 범위를 벗어난 것이다" 고 하였다(대판 2004.10.15. 2003두6573).

08. ④

해설 • ④가 적절하지 않다. 민원인은 해당 민원사무의 처리가 종결되기 전에는 그 신청의 내용을 보완하거나 변경 또는 취하할 수 있다(「민원 처리에 관한 법률」 제22조제2항).

09. ②

해설 • ②가 적절하지 않다. 대통령령에는 전문에 국무회의의 심의를 거친 뜻을 기재하고, 대통령이 서명한 후 대통령인을 찍고 그 일자를 명기하며, 국무총리와 관계 국무위원이 부서(副署)한다(「법령 등 공포에 관한 법률」 제7조).

10. ④

해설 • ④가 적절하지 않다. 법규명령은 관보에 게재하여 공포한다(「법령 등 공포에 관한 법률」 제11조). 이 경우 공포일은 그 법규명령을 게재한 관보가 발행된 날을 말하는데, 판례에 의하면 관보가 발행된 날이라 함은 형식적으로 관보에 기재되어 있는 날(일부일)이 아니라 현실적으로 관보가 발행된 날을 의미한다고 한다.

11. ④

해설 • ④가 옳지 않다. 판례는 "이러한 인허가 의제 규정의 입법 취지를 고려하면, 주택건설사업계획 승인권자가 구 주택법 제17조 제3항에 따라 도시·군관리계획 결정권자와 협의를 거쳐 관계주택건설사업계획을 승인하면 같은 조 제1항 제5호에 따라 도시·군관리계획결정이 이루어진 것으로 의제되고, 이러한 협의 절차와 별도로 국토의 계획 및 이용에 관한 법률 제28조 등에서 정한 도시·군관리계획 입안을 위한 주민 의견청취 절차를 거칠 필요는 없다" 고 하였다(대판 2018.11.29. 2016두38792).

12. ③

해설 • ③이 옳지 않다. 발명의 특허는 용어에도 불구하고 준법률행위적 행정행위 중 확인에 해당하나 광업허가는 용어에도 불구하고 특허이다.

13. ②

해설 • ②가 적절하지 않다. 「행정절차법」 제24조(처분의 방식) ① 행정청이 처분을 할 때에는 다른 법령등에 특별한 규정이 있는 경우를 제외하고는 문서로 하여야 하며, 다음 각 호의 어느 하나에 해당하는 경우에는 전자문서로 할 수 있다. 〈개정 2022.1.11.〉 1. 당사자등의 동의가 있는 경우 2. 당사자가 전자문서로 처분을 신청한 경우 ② 제1항에도 불구하고 공공의 안전 또는 복리를 위하여 긴급히 처분을 할 필요가 있거나 사안이 경미한 경우에는 말, 전화, 휴대전화를 이용한 문자 전송, 팩스 또는 전자우편 등 문서가 아닌 방법으로 처분을 할 수 있다. 이 경우 당사자가 요청하면 지체 없이 처분에 관한 문서를 주어야 한다. 〈신설 2022.1.11.〉 ③ 처분을 하는 문서에는 그 처분 행정청과 담당자의 소속·성명 및 연락처(전화번호, 팩스번호, 전자우편주소 등을 말한다)를 적어야 한다. 〈개정 2022.1.11.〉

14. ④

해설 • ④가 옳지 않다. 판례는 "[1]상대방 있는 행정처분은 특별한 규정이 없는 한 의사표시에 관한 일반법리에 따라 상대방에게 고지되어야 효력이 발생하고, 상대방 있는 행정처분이 상대방에게 고지되지 아니한 경우에는 상대방이 다른 경로를 통해 행정처분의 내용을 알게 되었다고 하더라도 행정처분의 효력이 발생한다고 볼 수 없다. [2]피고가 인터넷 홈페이지에 이 사건 처분의 결정 내용을 게시한 것만으로는 행정절차법 제14조에서 정한 바에 따라 송달이 이루어졌다고 볼 수 없고, 원고가 그 홈페이지에 접속하여 결정 내용을 확인하여 알게 되었다고 하더라도 마찬가지이다" 고 하였다(대판 2019.8.9. 2019두38656).

15. ①

해설 ①이 적절하다. 행정행위의 취소대상 직권취소는 주로 수익적 행정행위가 그 대상이 되고, 쟁송취소는 주로 부담적 행정행위가 그 대상이 된다.

16. ③

해설 • ③의 경우 쟁송취소의 경우도 행정소송의 경우는 위법한 경우이나 행정심판의 경우는 위법·부당이 취소사유이다. • ①, ②, ④는 적절한 설명이다.

17. ②

해설 • ②가 옳지 않다. 「행정절차법」 제40조의3(위반사실 등의 공표) 제3항 ※ ③ 행정청은 위반사실등의 공표를 할 때에는 미리 당사자에게 그 사실을 통지하고 의견제출의 기회를 주어야 한다. 다만, 다음 각 호의 어느 하나에 해당하는 경우에는 그러하지 아니하다.
1. 공공의 안전 또는 복리를 위하여 긴급히 공표를 할 필요가 있는 경우
2. 해당 공표의 성질상 의견청취가 현저히 곤란하거나 명백히 불필요하다고 인정될 만한 타당한 이유가 있는 경우 3. 당사자가 의견진술의 기회를 포기한다는 뜻을 명백히 밝힌 경우

18. ②

해설 • ②가 옳다. 「행정절차법」 제40조의2 제2항(② 확약은 문서로 하여야 한다).

19. ②

해설 • ②가 옳지 않다. 판례는 "이 사건 용도위반 부분을 장례식장으로 사용하는 것이 관계 법령에 위반한 것이라는 이유로 장례식장의 사용을 중지할 것과 이를 불이행할 경우 행정대집행법에 의하여 대집행하겠다는 내용의 이 사건 처분은, 이 사건 처분에 따른 '장례식장 사용중지 의무'가 원고 이외의 '타인이 대신'할 수도 없고, 타인이 대신하여 '행할 수 있는 행위'라고도 할 수 없는 비대체적 부작위 의무에 대한 것이므로, 그 자체로 위법함이 명백하다" 고 하였다(대판 2005.9.28. 2005두7464).

20. ③

해설 • ③이 옳지 않다. 판례는 "건축법위반 건축물의 철거를 명하고 그 의무불이행시 행할 대집행의 계고를 함에 있어서 의무자가 이행하여야 할 행위와 그 의무불이행시 대집행할 행위의 내용 및 범위는 반드시 대집행계고서에 의하여서만 특정되어야 하는 것은 아니고 그 처분 전후에 송달된 문서나 기타 사정을 종합하여 이를 특정할 수 있으면 족하다" 고 하였다(대판 1992.3.10. 91누4140)

21. ④

해설 • ④가 적절하지 않다. 행정청이 관할 법원에 통브를 하거나 통보하지 아니하는 경우에는 그 사실을 즉시 당사자에게 통지하여야 한다(「질서위반행위규제법」 제21조).

22. ④

해설 2억원 이하의 과징금을 부과할 수 있다(「위험물안전관리법」 제13조(과징금처분) ① 시·도지사는 제12조 각 호의 어느 하나에 해당하는 경우로서 제조소등에 대한 사용의 정지가 그 이용자에게 심한 불편을 주거나 그 밖에 공익을 해칠 우려가 있는 때에는 사용정지처분에 갈음하여 2억원 이하의 과징금을 부과할 수 있다.

23. ④

해설
- ④가 옳지 않다. 판례는 "행정소송의 경우 처분청이 판결에 불복해 상소할 수 있으나, 행정심판의 경우 처분청은 재결에 불복해 제소할 수 없다" 고 하였다(대판 1998.5.8. 97누15432). ※「행정심판법」 제49조(재결의 기속력 등) ① 심판청구를 인용하는 재결은 피청구인과 그 밖의 관계 행정청을 기속(羈束)한다.

24. ③

해설
- ③이 옳다.「행정심판법」 제43조 제3항
③ 위원회는 취소심판의 청구가 이유가 있다고 인정하면 처분을 취소 또는 다른 처분으로 변경하거나 처분을 다른 처분으로 변경할 것을 피청구인에게 명한다.
※ 취소심판 : 행정청의 위법 또는 부당한 처분을 취소하거나 변경하는 행정심판(「행정심판법」 제5조 제1호

25. ④

해설
- ④가 옳지 않다. 판례는 "조세 부과의 근거가 되었던 법률규정이 위헌으로 선언된 경우, 비록 그에 기한 과세처분이 위헌결정 전에 이루어졌고, 과세처분에 대한 제소기간이 이미 경과하여 조세채권이 확정되었으며, 조세채권의 집행을 위한 체납처분의 근거규정 자체에 대하여는 따로 위헌결정이 내려진 바 없다고 하더라도, 위와 같은 위헌결정 이후에 조세채권의 집행을 위한 새로운 체납처분에 착수하거나 이를 속행하는 것은 더 이상 허용되지 않고, 나아가 이러한 위헌결정의 효력에 위배하여 이루어진 체납처분은 그 사유만으로 하자가 중대하고 객관적으로 명백하여 당연무효라고 보아야 한다" 고 하였다(대판 2012.2.16. 2010두10907, 전원합의체).

제 4 회 소방법령 Ⅳ

01. ②

해설
「임용령」 제2조 제4호
4."필수보직기간"이란 소방공무원이 다른 직위로 전보되기 전까지 현 직위에서 근무하여야 하는 최소기간을 말한다.

02. ①

해설
「임용령 시행규칙」 제14조 〈개정 2020.3.13.〉
② 소방공무원은 성명 · 주소 기타 인사기록의 기록내용을 변경하여야 할 정당한 사유가 있는 때에는 그 사유가 발생한 날부터 30일 이내에 소속 인사기록관리자에게 신고해야 한다.
③ 인사기록관리자는 제1항 및 제2항에 따라 인사기록(표준인사관리시스템으로 작성 · 유지 · 관리되는 인사기록은 제외한다)이 변경된 경우에는 제13조제1항에 따라 인사기록을 보관하는 소방기관의 장에게 별지 제4호서식에 증빙서류를 첨부하여 보고 또는 통보해야 한다.

03. ①

해설
「임용령」 제34조 제3항 〈개정 2022.4.5.〉
③ 시 · 도지사는 제1항에 따라 시 · 도 소속 소방경 이하 소방공무원의 신규채용시험을 실시하는 경우 시험의 문제출제를 소방청장에게 의뢰할 수 있다. 이 경우 시험 문제출제를 위한 비용 부담 등에 필요한 사항은 시 · 도지사와 소방청장이 협의하여 정한다.

04. ③

해설
「임용령 시행규칙) 제24조 및 별표6
한국어능력검정시험과 관련 5퍼센트의 가점되는 경우는 다음과 같다.
1. 한국실용글쓰기검정 750점 이상
2. KBS한국어능력시험 770점 이상
3. 국어능력인증시험 162점 이상

05. ③

해설
「임용령」 제51조(부정행위자에 대한 조치) 제1항
① 소방공무원의 채용시험 또는 소방간부후보생 선발시험에서 다음 각 호의 어느 하나에 해당하는 행위를 한 사람에 대해서는 그 시험을 정지 또는 무효로 하거나 합격을 취소하고, 그 처분이 있은 날부터 5년간 이 영에 따른 시험의 응시자격을 정지한다.
1. 다른 수험생의 답안지를 보거나 본인의 답안지를 보여주는 행위
2. 대리 시험을 의뢰하거나 대리로 시험에 응시하는 행위
3. 통신기기, 그 밖의 신호 등을 이용하여 해당 시험 내용에 관하여 다른 사람과 의사소통하는 행위
4. 부정한 자료를 가지고 있거나 이용하는 행위
5. 병역, 가점 또는 영어능력검정시험 성적에 관한 사항 등 시험에 관한 증명서류에 거짓 사실을 적거나 그 서류를 위조 · 변조하여 시험결과에 부당한 영향을 주는 행위
6. 체력시험에 영향을 미칠 목적으로 인사혁신처장이 정하여 고시하는 금지약물을 복용하거나 금지방법을 사용하는 행위
7. 그 밖에 부정한 수단으로 본인 또는 다른 사람의 시험결과에 영향을 미치는 행위

06. ④

해설 「임용령」 제51조 제3항부터 제6항

③ 다른 법령에 의한 국가공무원 또는 지방공무원의 임용시험에서 부정행위를 하여 당해 시험에의 응시자격이 정지 중에 있는 자는 그 기간 중 이 영에 의한 시험에 응시할 수 없다.
④ 시험실시권자는 제1항에 따른 처분을 할 때에는 그 이유를 붙여 처분을 받는 사람에게 알리고, 그 명단을 관보에 게재해야 한다. ⑤ 부정행위를 한 응시자가 공무원일 경우에는 시험실시권자는 관할 징계위원회에 징계의결을 요구하거나 그 공무원이 소속하고 있는 기관의 장에게 이를 요구하여야 한다. ⑥ 시험실시권자는 인사혁신처장이 정하는 바에 따라 제1항제6호에 해당하는지 여부를 확인할 수 있다. ※ 앞 ⑥에서 제1항 제6호 : 6. 체력시험에 영향을 미칠 목적으로 인사혁신처장이 정하여 고시하는 금지약물을 복용하거나 금지방법을 사용하는 행위

07. ②

해설 「승진임용 규정」 제6조(승진임용의 제한) 〈개정 2023.3.28.〉

① 다음 각 호의 어느 하나에 해당하는 소방공무원은 승진임용을 할 수 없다. 1. 징계처분 요구 또는 징계의결 요구, 징계처분, 직위해제, 휴직(「공무원 재해보상법」에 따른 공무상 질병 또는 부상으로 인한 휴직자를 제38조제1항제4호 또는 제5호에 해당하여 특별승진임용하는 경우는 제외한다) 또는 시보임용 기간 중에 있는 사람

08. ②

해설 「승진임용 규정 시행규칙」 제7조(근무성적의 평정점)

근무성적의 총평정점은 60점을 만점으로 하되, 제1차평정자와 제2차평정자는 각각 30점을 최고점으로 하여 평정한다.

09. ①

해설 「승진임용 규정 시행규칙」 제19조 제2항

②승진대상자명부 작성기준일 현재 다음 각 호의 어느 하나에 해당되는 사람이 있는 경우에는 승진제외자명부를 별지 제6호서식에 따라 작성하여 승진대상자명부의 뒷면에 합쳐서 보관해야 한다. 이 경우 승진제외자명부의 비고란에는 현 계급의 임용일자, 징계처분, 휴직 등 그 사유와 사유발생연월일을 적어야 한다.
1. 영 제5조에 따라 승진소요최저근무연수에 미달된 사람
2. 영 제6조에 따라 승진임용의 제한사유에 해당되는 사람
3. 영 제23조에 따라 승진심사대상에서 제외되는 사람

10. ④

해설 「승진임용 규정」 제30조(응시자격)

1. 제1차시험 실시일 현재 제5조제1항의 규정에 의한 승진소요최저근무연수에 달할 것 2. 삭제 〈2010. 12. 27.〉
3. 제6조제1항의 규정에 의한 승진임용의 제한을 받은 자가 아닐 것.
4. 삭제 〈1999. 9. 9.〉

11. ③

해설 「소방공무원법」 제26조(심사청구)

「국가공무원법」 제75조에 따라 처분사유 설명서를 받은 소방공무원이 그 처분에 불복할 때에는 그 설명서를 받은 날부터 30일 이내에, 같은 조에서 정한 처분 외에 본인의 의사에 반한 불리한 처분을 받은 소방공무원은 그 처분이 있음을 안 날부터 30일 이내에 같은 법에 따라 설치된 소청심사위원회에 이에 대한 심사를 청구할 수 있다. 이 경우 변호사를 대리인으로 선임할 수 있다.

12. ④

해설 「소방공무원 징계령」 제4조 제3항 본문

③ 징계위원회의 공무원위원은 다음 각 호의 어느 하나에 해당하는 공무원 중에서 해당 징계위원회가 설치된 기관의 장이 임명하되, 특별한 사유가 없으면 최상위 계급자부터 차례로 임명하여야 한다.

다만, 해당 기관에 공무원위원이 될 공구원의 수가 제1항에 따른 위원 수에 미달되는 경우에는 다른 소방기관의 소방공무원 중에서 그 소방기관의 장의 추천을 받아 임명할 수 있다.

13. ①

해설 「교육훈련규정」 제5조 제3항 및 별표1 비고

해당 계급에 임용되기 직전 또는 해당 계급에서 신임교육을 받은 사람은 해당 계급의 관리역량교육을 받은 것으로 본다.

14. ①

해설 「시행규칙」 제3조(위험물 품명의 지정) 제2항

② 영 별표 1 제3류의 품명란 제11호에서 "행정안전브령으로 정하는 것" 이라 함은 염소화규소화합물을 말한다.

15. ④

해설 「시행규칙」 제3조(위험물 품명의 지정) 제3항

③ 영 별표 1 제5류의 품명란 제1C호에서 "행정안전부령으로 정하는 것" 이라 함은 다음 각호의 1에 해당하는 것을 말한다
1. 금속의 아지화합물
2. 질산구아니딘

16. ①

해설 「시행령」 제15조 제2항 〈신설 2024.7.2.〉

② 법 제17조제4항에서 "대통령령으로 정하는 제조소등" 이란 제1항에 따른 제조소등 가운데 저장 또는 취급하는 위험물의 최대수량의 합이 지정수량의 3천배 이상인 제조소등을 말한다. 이 경우 소방청장은 예방규정 이행 실태 평가 대상인 제조소등의 위험성 등을 고려하여 행정안전부령으로 정하는 바에 따라 평가 방법을 다르게 할 수 있다.

17. ①

해설 「시행규칙」 제63조 제1항 제8호부터 제13호

8. 위험물 취급작업의 기준에 관한 사항
9. 이송취급소에 있어서는 배관공사 현장책임자의 조건 등 배관공사 현장에 대한 감독체제에 관한 사항과 배관주위에 있는 이송취급소 시설 외의 공사를 하는 경우 배관의 안전확보에 관한 사항
10. 재난 그 밖의 비상시의 경우에 취하여야 하는 조치에 관한 사항
11. 위험물의 안전에 관한 기록에 관한 사항 12. 제조소등의 위치 · 구조 및 설비를 명시한 서류와 도면의 정비에 관한 사항
13. 그 밖에 위험물의 안전관리에 관하여 필요한 사항

18. ④

해설 「시행규칙」 제29조 및 별표5 I 제4호〈개정 2024.7.30.〉

3. 옥내저장소에는 별표 4 Ⅲ제1호의 기준에 따라 보기 쉬운 곳에"위험물 옥내저장소"라는 표시를 한 표지와 같은 표 Ⅲ제2호의 기준에 따라 방화에 관하여 필요한 사항을 게시한 게시판 및 같은 표 Ⅲ 제3호의 기준을 준용하여 해당 옥내저장소가 금연구역임을 알리는 표지를 설치해야 한다.

19. ④

해설 「시행규칙」 제29조 및 별표5 I 제5호〈개정 2024.5.20.〉

5. 저장창고는 지면에서 처마까지의 높이(이하"처마높이"라 한다)가 6m 미만인 단층건물로 하고 그 바닥을 지반면보다 높게 하여야 한다. 다만, 제2류 또는 제4류의 위험물만을 저장하는 창고로서 다음 각목의 기준에 적합한 창고의 경우에는 20m 이하로 할 수 있다.

가. 벽 · 기둥 · 보 및 바닥을 내화구조로 할 것
나. 출입구에 60분+방화문 또는 60분방화문을 설치할 것
다. 피뢰침을 설치할 것. 다만, 주위상황에 의하여 안전상 지장이 없는 경우에는 그러하지 아니하다.

20. ②

해설 **「시행규칙」 제34조 및 별표10 Ⅸ 제1호 사목**
사. 주유호스는 최대상용압력의 2배 이상의 압력으로 수압시험을 실시하여 누설 그 밖의 이상이 없는 것으로 할 것

21. ④

해설 **「시행규칙」 제35조 및 별표11 Ⅲ 제1호**
Ⅲ. 인화성고체, 제1석유류 또는 알코올류의 옥외저장소의 특례
제2류 위험물 중 인화성고체(인화점이 21℃ 미만인 것에 한한다. 이하 Ⅲ에서 같다) 또는 제4류 위험물 중 제1석유류 또는 알코올류를 저장 또는 취급하는 옥외저장소에 있어서는 Ⅰ제1호의 규정에 의한 기준에 의하는 외에 당해 위험물의 성질에 따라 다음 각호에 정하는 기준에 의한다.
1. 인화성고체, 제1석유류 또는 알코올류를 저장 또는 취급하는 장소에는 당해 위험물을 적당한 온도로 유지하기 위한 살수설비 등을 설치하여야 한다.

22. ④

해설 **「시행규칙」 제39조 및 별표15 Ⅳ 제15호 나목의 2)**
2) 기자재창고에는 다음의 기자재를 비치할 것
가) 3%로 희석하여 사용하는 포소화약제 400리터이상, 방화복(또는 방열복) 5벌 이상, 삽 및 곡괭이 각 5개 이상
나) 유출한 위험물을 처리하기 위한 기자재 및 응급조치를 위한 기자재

23. ①

해설 **「시행규칙」 제39조 및 별표15 Ⅳ 제23호 가목**

펌프등의 최대상용압력	공지의 너비
1㎫ 미만	3m 이상
1㎫ 이상 3㎫ 미만	5m 이상
3㎫ 이상	15m 이상

24. ②

해설 **「시행규칙」 제49조 및 별표18 Ⅲ 제5호**
5. 옥내저장소에서 동일 품명의 위험물이더라도 자연발화할 우려가 있는 위험물 또는 재해가 현저하게 증대할 우려가 있는 위험물을 다량 저장하는 경우에는 지정수량의 10배 이하마다 구분하여 상호간 0.3m 이상의 간격을 두어 저장하여야 한다. 다만, 제48조의 규정에 의한 위험물 또는 기계에 의하여 하역하는 구조로 된 용기에 수납한 위험물에 있어서는 그러하지 아니하다(중요기준).

25. ②

해설 **「시행규칙」 제49조 및 별표18 Ⅲ 제11호**
11. 이동저장탱크에는 당해 탱크에 저장 또는 취급하는 위험물의 위험성을 알리는 표지를 부착하고 잘 보일 수 있도록 관리하여야 한다.

제4회 소방전술

01. ④

해설 **화학적 반응 : 산화**
(1) 지구상에서 비교적 보편적인 화학현상 중의 하나가 산화이다. 산화는 산소와 다른 요소간의 화학적 결합의 형태이다.
(2) 산소는 지구상에서 가장 보편적인 요소 중의 하나이며(대기 중 21%가 산소로 구성되어 있다), 지상에서 발견되는 거의 모든 요소들과 반응한다.
(3) 산화는 발열반응이며 에너지를 발산한다. 산화반응으로 가장 잘 알려진 예는 철에 녹이 스는 것이다. 산소와 철이 결합하게 되면 녹이라고 불리는 붉은 화합물을 생성하게 된다. 이러한 반응은 발열 과정이므로 언제나 열을 생성한다. 정상적으로 그 과정은 매우 느리고, 발산하는 열은 그것이 발견되기 전에 사라진다. 만약 녹이 스는 물질이 한정된 공간에 있고, 열이 소멸되지 않는다면, 이때의 산화과정은 한정된 공간내의 온도를 증가시키게 된다.

02. ①

해설 **열 전달의 형태 ;** 복사는 부분의 노출화재(화재가 시발된 건물이나 가연물들로부터 떨어져 있는 건물이나 가연물들에 점화되는 화재)의 원인이다.

03. ①

해설 **현장지휘 ;** 8단계 : 화재현장 검토회의 주재(대응활동 평가)
(1) 특별한 이유가 없는 한 화재진압이 완결된 후 현장에서 간략히 검토회의를 가지는 것이 바람직하다. 이러한 검토회의는 주요 단위지휘관 들만 모여 간단한 대화의 시간을 가지는 형식으로 진행하는 것일 수도, 모든 출동대가 참여하는 전체적 검토회의 형식으로 운영 될 수도 있다. 팀활동에 대한 가장 효과적인 평가와 개선시점은 화재진압 활동 직후이다.
(2) 이러한 검토회의는 문제점을 발견하고 개선하는 기회이기도 하지만 배테랑 대원들이 어떻게 효과적으로 호스를 전개하고 진압하였는지, 1차 인명검색 때 어떻게 침대 밑에 있는 아이를 발견하였는지 등에 대한 교훈적 내용을 들을 수 있는 기회가 되기도 한다. 다른 사회계층에서처럼, 가장 가치 있는 교훈은 대게 성공한 경우보다 실패한 경우에 더욱 강화되는 경향이 있다. (3) 지휘권의 확립은 종국적으로 화재 발생 시 진압 활동을 지휘하고 통제함으로써 이루어진다. 일상적 화재현장에서 이러한 8가지 단계를 수행하고 숙달하면 좀 더 복잡하고 큰 규모의 화재에 대한 지휘능력은 향상 될 것이 분명하다.

04. ①

해설 **화점확인 ;** 정보수집 내용은 다음과 같다.
(1) 관계자가 어떠한 사람인가 확인함과 동시에 다음 사항을 청취하여 메모한다. (가) 대피지연 또는 행방불명자 유무를 최우선으로 수집한다. (나) 부상자 유·무 및 성명, 연령, 상태 등 (다) 최초발견, 통보, 소화자 등으로부터 출화 장소 및 당시상황 (라) 건물 수용인에 의한 인명구조 활동 등

05. ①

해설 **위험물(유류) 화재진압 : 주요한 차이점들은 아래와 같다.**
(1) 소방대원이 교통사고 위험에 노출됨 (2) 지나가는 차량 운전자의 생명 위협 (3) 소방용수의 부족 (4) 관련된 물질이 무엇인지 결정하는 것에 대한 어려움 (5) 엎질러지고 유출된 것을 쓸어 담는 것에 대한 어려움 (6) 충돌한 힘 때문에 손상되거나 약해진 탱크나 배관 (7) 차량이기 때문에 안정돼 있지 않다는 점 (8) 사고 현장(주택가 근처, 학교 등)에 대한 관심 집중

06. ③

해설 **위험물(유류) 화재진압 :** 제4류 위험물의 소화방법은 다음과 같다. (1) 소화방법은 질식소화가 효과적이다. 그 수단으로서 연소위험물에 대한 소화와 화면 확대방지 태세를 취하여야 한다. (2) 소화는 포, 분말, CO_2가스, 건조사 등을 주로 사용하지만 상황에 따라서는 탱크용기 등을 외부에서 냉각시켜 가연성 증기의 발생을 억제하는 수단도 생각할 수 있다. (3) 평면적 유류화재의 초기소화에 필요한 포의 두께는 최저 5~6㎝이어야 하기 때문에 연소면적에 따라 필요한 소화포의 양을 계산한다. (4) 화면 확대를 방지하기 위하여 토사 등을 유효하게 활용하여 위험물의 유동을 막는다. (5) 유류화재에 대한 방수소화의 효과는 인화점이 낮고 휘발성이 강한 것은 방수에 의한 냉각소화는 불가능하다. 그러나 소량이면 분무방수에 의한 화세 억제의 효과가 있다. 또, 인화점이 높고 휘발성이 약한 것은 강력한 분무방수로 소화할 수 있다.

07. ②

해설 **안전교육 :** 역할기법(Role Playing)
(1) 현실에 가까운 모의적인 장면을 설정하여 그 안에서 각자가 특정한 역할을 연기함으로서 현실의 문제해결을 생각하는 방법과 능력을 몸에 익히는 방법이다. (2) 루마니아 태생 모레노(J.Moreno)가 창안한 심리극에서 유래된 것으로, 인간관계의 문제를 해결하는 기법으로 기업에서 많이 활용되고 있다. (3) 이 기법은 부여받은 상황에서 연기자에게 자유롭게 연기를 하도록 하고, 종료 후에 각각의 입장에서 문제점, 대책 등 전원이 토의하고 검토한다.

08. ③

해설 **소방대원의 체력증진계획의 목표 ;** 소방업무의 특성을 고려해 볼 때 '왜 많은 소방공무원들이 현장이나 기타의 장소에서 심장마비 등과 같은 질환으로 사망하고 있는지'를 알 수 있다. 그 이유는 거의 모든 소방활동들이 신체 특히, 심장부분에 엄청난 정도의 스트레스(Stress)를 가하는 특성이 있기 때문이다.

09. ④

해설 **「법」 제2조(정의) 제1항 제2호**
2. "화재조사"란 소방청장, 소방본부장 또는 소방서장이 화재원인, 피해상황, 대응활동 등을 파악하기 위하여 자료의 수집, 관계인등에 대한 질문, 현장 확인, 감식, 감정 및 실험 등을 하는 일련의 행위를 말한다.

10. ④

해설 **「법」 제6조(화재조사전담부서의 설치 · 운영 등) 제1항**
① 소방관서장은 전문성에 기반하는 화재조사를 위하여 화재조사전담부서(이하 "전담부서"라 한다)를 설치 · 운영하여야 한다.

11. ①

해설 **제1류 위험물 ;** 제1류 위험물 중 그 밖의 행정안전부령이 정하는 것 중 지정수량이 50킬로그램인 것은 차아염소산염류이다.

12. ④

해설 **제2류 위험물 : 금속분 ;** 금속분을 원자번호순으로 정리
(1) 13Al(알루미늄), 14Si(규소), 21Sc(스칸듐), 22Ti(타이타늄/티타늄/티탄), 23V(바나듐), 24Cr(크로뮴/크롬), 25Mn(망가니즈/망간), 30Zn(아연), 31Ga(갈륨), 32Ge(저마늄/게르마늄), 39Y(이트륨), 40Zr(지르코늄), 41Nb(나이오븀/니오븀/니오브), 42Mo(몰리브데넘/몰리브덴), 43Tc(테크네튬), 44Ru(루테늄), 47Ag(은), 48Cd(카드뮴), 49In(인듐), 50Sn(주석), 51Sb(안티모니/안티몬), 52Te(텔루륨), 72Hf(하프늄), 73Ta(탄탈럼/탄탈), 74W(텅스텐), 75Re(레늄), 76Os(오스뮴), 77Ir(이리듐), 78Pt(백금), 79Au(금), 81Tl(탈륨), 82Pb(납), 83Bi(비스무트), 84Po(폴로늄) (2) 상기 금속의 분말로서 150㎛의 체를 통과하는 것이 50wt% 이상인 것이 금속분임

13. ②

해설 **소방용수시설의 설치(「소방기본법」 제10조 제2항)**
시 · 도지사는 제21조제1항에 따른 소방자동차의 진입이 곤란한 지역 등 화재발생 시에 초기 대응이 필요한 지역으로서 대통령령으로 정하는 지역에 소방호스 또는 호스 릴 등을 소방용수시설에 연결하여 화재를 진압하는 시설이나 장치(이하 "비상소화장치"라 한다)를 설치하고 유지 · 관리할 수 있다.

14. ②

해설 **현장의 실태파악 : 사고 장소의 확인**
(1) 발생장소 소재지, 건물의 규모, 사고가 발생한 위치 (2) 사고의 규모, 현장에 잠재된 위험성과 진입상의 장애유무 (3) 현장 진입수단과 경로의 확인 ※ 지문(보기) ②의 내용은 활동 중 장해와 2차 사고 위험에 해당하는 내용이다.

15. ②

해설 **현장 보고 : 도착 시 보고**
구조대가 현장에 도착한 즉시 육안 관찰 사항 및 관계자로부터 청취된 사항을 보고하며 가능한 범위에서 다음 내용을 추가한다. 보고내용의 신속한 전파가 가능하도록 무선을 활용한다.
(1) 사고발생 장소 (2) 사고개요 3) 구조대상자의 상태와 숫자 (4) 확인된 부상자 수와 그 정도 (5) 주의의 위험상태 (6) 응원대의 필요성 (7) 기타 구조활동상 필요한 사항

16. ③

해설 **응용된 절반매듭(half hitch)의 순서**
(1) 지문(보기)
①은 말뚝매기의 다른 방법, 로드 끝을 둥글게 겹쳐서 끼운다.
(2) 지문(보기) ②는 잡아매기이다.
(3) 지문(보기) ④는 말뚝매기의 로프 끝 처리법이다.

17. ③

해설 **두겹고정매듭 활용**
두겹고정매듭은 맨홀이나 우물 등 협소한 수직공간에 구조대원이 진입하거나 구조대상자를 구출할 때 사용한다. 두겹고정매듭을 만들어 고리부분에 양 다리를 넣고 손으로는 로프를 잡고 지지하도록 한다. 로프의 끝을 길게 하여 가슴부분에 고정매듭을 만들면 두 손을 자유롭게 쓸 수도 있다.

18. ①

해설 **호흡을 위한 장비 ;** 다이브 컴퓨터(Dive Computer)는 다이버에게 최대 수심과 잠수시간을 계산하여 감압에 대한 정보를 알려주는 것이다.

19. ①

해설 **수중구조 기술 : 다이버 자신의 구조 ;** 이 경우는 멈춤 → 생각 → 조절 순으로 하여야 한다.

20. ①

해설 **미국의 응급의료체계 운영**
병원 전 단계에서는 일반적으로 EMT(3단계)에 의해서 운영되는데 일반구급차에는 EMT-B나 EMT-I가 탑승하고 특수구급차에는 EMT-P가 탑승한다. '911'로 응급신고가 접수되면 전화상담원은 경찰업무 및 소방업무로 구분하여 즉시 출동지령을 하게 된다.

21. ③

해설 응급구조사의 법적 책임을 나타내는 사항

분 류	내 용
동의의 법칙	묵시적 동의, 미성년자 치료에 있어서의 동의
	정신질환의 동의, 치료 거부권

22. ②

해설 **환자평가 : 1차 평가(피부를 통한 순환평가)**

환자 정상 피부는 따뜻하고 건조한 상태로 비정상적인 경우는 다음과 같다.
(1) 차갑고 축축함 : 관류가 부적절한 경우와 혈액량이 감소된 경우(열손상 환자, 쇼크 환자, 흥분 상태) (2) 차가운 피부 : 차가운 환경에 노출된 환자
(3) 뜨겁고 건조함 : 열이 있거나 중증 열손상 환자

23. ①

해설 **환자평가 : 2차 평가(정상 혈압 범위)**

구 분	수축기압	이완기압
성인	90~150(나이+100)	60~90mmHg
아동과 청소년 청소년(12-15세) 아동(7-11세) 소아(4-6세)	약 80+(나이×2) 평균 114 평균 105 평균 99	약 2/3수축기압 평균 76 평균 69 평균 65

24. ②

해설 **「119법 시행규칙」 제18조(구급활동상황의 기록유지) 제4항**

④ 소방본부장은 구급활동상황을 종합하여 연 2회 소방청장에게 보고하여야 한다.
※ 소방본부장은 구조활동상황을 종합하여 연 2회 소방청장에게 보고하여야 한다(시행규칙 제17조 제2항).

25. ②

해설 **「시행령」 제29조(시 · 도안전관리계획 및 시 · 군 · 구안전관리계획의 작성) 제3항**

③ 시 · 도지사는 전년도 12월 31일까지, 시장 · 군수 · 구청장은 해당 연도 2월 말일까지 소관 안전관리계획을 확정하여야 한다.
〈신설 2012.8.23., 2017.1.6.〉

제5회 행 정 법

01. ①

해설 ① 의 경우 심판대상이 된다고 했다. 판례는 "대통령의 긴급재정경제명령은 국가긴급권의 일종으로서 고도의 정치적 결단에 의하여 발동되는 행위이고 그 결단을 존중하여야 할 필요성이 있는 행위라는 의미에서 이른바 통치행위에 속한다고 할 수 있으나, 통치행위를 포함하여 모든 국가작용은 국민의 기본권적 가치를 실현하기 위한 수단이라는 한계를 반드시 지켜야 하는 것이고, 헌법재판소는 헌법의 수호와 국민의 기본권 보장을 사명으로 하는 국가기관이므로 비록 고도의 정치적 결단에 의하여 행해지는 국가작용이라고 할지라도 그것이 국민의 기본권 침해와 직접 관련되는 경우에는 당연히 헌법재판소의 심판대상이 된다" 고 하였다(헌재결 1996.2.29., 93헌마186).

02. ①

해설 ①의 적법절차를 논거로 제시하였다. 헌법재판소는 "이 사건 파병결정은 대통령이 파병의 정당성뿐만 아니라 북한 핵 사태의 원만한 해결을 위한 동맹국과의 관계, 우리나라의 안보문제, 국·내외 정치관계 등 국익과 관련한 여러 가지 사정을 고려하여 파병부대의 성격과 규모, 파병기간을 국가안전보장회의의 자문을 거쳐 결정한 것으로, 그 후 국무회의 심의·의결을 거쳐 국회의 동의를 얻음으로써 헌법과 법률에 따른 절차적 정당성을 확보했음을 알 수 있다. 그렇다면 이 사건 파견결정은 그 성격상 국방 및 외교에 관련된 고도의 정치적 결단을 요하는 문제로서, 헌법과 법률이 정한 절차를 지켜 이루어진 것임이 명백하므로, 대통령과 국회의 판단은 존중되어야 하고 헌법재판소가 사법적 기준만으로 이를 심판하는 것은 자제되어야 한다. 이에 대하여는 설혹 사법적 심사의 회피로 자의적 결정이 방치될 수도 있다는 우려가 있을 수 있으나 그러한 대통령과 국회의 판단은 궁극적으로는 선거를 통해 국민에 의한 평가와 심판을 받게 될 것이다" 고 하였다(헌재결 2004.04.29., 2003헌마 814).

03. ①

해설 • ①이 옳지 않다. 판례는 "행정상의 법률관계에 있어서 행정청의 행위에 대하여 신뢰보호의 원칙이 적용되기 위해서는, 첫째 행정청이 개인에 대하여 신뢰의 대상이 되는 공적인 견해표명을 하여야 하고, 둘째 행정청의 견해표명이 정당하다고 신뢰한 데에 대하여 그 개인에게 귀책사유가 없어야 하며, 셋째 그 개인이 그 견해표명을 신뢰하고 이에 상응하는 어떠한 행위를 하였어야 하고, 넷째 행정청이 위 견해표명에 반하는 처분을 함으로써 그 견해표명을 신뢰한 개인의 이익이 침해되는 결과가 초래되어야 하며, 마지막으로 위 견해표명에 따른 행정처분을 할 경우 이로 인하여 공익 또는 제3자의 정당한 이익을 현저히 해할 우려가 있는 경우가 아니어야 한다" 고 하였다(대판 2006.6.9. 2004두46).

04. ④

해설 • ④가 옳다. 판례는 "병무청 담당부서의 담당공무원에게 공적 견해의 표명을 구하는 정식의 서면질의 등을 하지 아니한 채 총무과 민원팀장에 불과한 공무원이 민원봉사차원에서 상담에 응하여 안내한 것을 신뢰한 경우, 신뢰보호 원칙이 적용되지 아니한다" 고 하였다(대판 2003.12.26. 2003두1875).

05. ③

해설 • ③이 옳지 않다. 판례는 "국가가 수익자인 수요기관을 위하여 국민을 계약상대자로 하여 체결하는 요청조달계약에는 다른 법률에 특별한 규정이 없는 한 당연히 국가계약법이 적용된다. 그러나 위 법리에 의하여 요청조달계약에 적용되는 국가계약법 조항은 국가가 사경제 주체로서 국민과 대등한 관계에 있음을 전제로 한 사법(사법)관계에 관한 규정에 한정되고, 고권적 지위에서 국민에게 침익적 효과를 발생시키는 행정처분에 관한 규정까지 당연히 적용된다고 할 수 없다" 고 하였다(대판 2017.6.29. 2014두14389).

06. ②

해설
• ㄱ, ㄷ은 옳지 않다.
– ㄱ의 경우 판례는 "따라서 구 군인연금법령상 급여를 받으려고 하는 자는 우선 관계 법령에 따라 국방부장관 등에게 급여지급을 청구하여 국방부장관 등이 이를 거부하거나 일부 금액만 인정하는 급여지급결정을 하는 경우 그 결정을 대상으로 항고소송을 제기하는 등으로 구체적 권리를 인정받은 다음 비로소 당사자소송으로 그 급여의 지급을 구하여야 하고, 구체적인 권리가 발생하지 않은 상태에서 곧바로 국가를 상대로 한 당사자소송으로 급여의 지급을 소구하는 것은 허용되지 않는다" 고 하였다(대판 2022.3.31. 2019두36711).
– ㄷ의 경우 판례는 "따라서 행정주체인 재건축조합을 상대로 관리처분계획안에 대한 조합 총회결의의 효력 등을 다투는 소송은 행정처분에 이르는 절차적 요건의 존부나 효력 유무에 관한 소송으로서 그 소송결과에 따라 행정처분의 위법 여부에 직접 영향을 미치는 공법상 법률관계에 관한 것이므로, 이는 행정소송법상의 당사자소송에 해당한다" 고 하였다(대판 2009.10.15. 2009다10638,10645).

07. ②

해설
• ②가 적절하지 않다. ㉠판례는 "건축주명의변경신고에 관한 「건축법 시행규칙」 제3조의2의 규정은 단순히 행정관청의 사무집행의 편의를 위한 것에 지나지 않는 것이 아니라, 허가대상건축물의 양수인에게 건축주의 명의변경을 신고할 수 있는 공법상의 권리를 인정함과 아울러 행정관청에게는 그 신고를 수리할 의무를 지게 한 것으로 봄이 상당하다" 고 하였다(대판 1992.3.31. 91누4911). ㉡따라서 건축주 명의변경 신고는 자기완결적 신고가 아니라 수리를 요하는 행정행위이다.

08. ②

해설
• ②가 옳지 않다. 판례는 "행정처분의 근거 법규 등에 그 처분으로 환경상 침해를 받으리라고 예상되는 영향권의 범위가 구체적으로 규정된 경우, 영향권 내의 주민들에 대하여는 당해 처분으로 인하여 직접적이고 중대한 환경피해를 입으리라고 예상할 수 있고, 이와 같은 환경상의 이익은 주민 개개인에 대하여 개별적으로 보호되는 직접적·구체적 이익으로서 그들에 대하여는 특단의 사정이 없는 한 환경상 이익에 대한 침해 또는 침해우려가 있는 것으로 사실상 추정되어 법률상 보호되는 이익으로 인정됨으로써 원고적격이 인정되며, 그 영향권 밖의 주민들은 당해 처분으로 인하여 그 처분 전과 비교하여 수인한도를 넘는 환경피해를 받거나 받을 우려가 있다는 자신의 환경상 이익에 대한 침해 또는 침해우려가 있음을 입증하여야만 법률상 보호되는 이익으로 인정되어 원고적격이 인정된다" 고 하였다(대판 2009.9.24.,2009두2825).

09. ①

해설
• ①이 옳지 않다. 판례는 "위임의 구체성·명확성의 요구 정도는 규제대상의 종류와 성격에 따라 달라지는데, 처벌법규나 조세법규와 같은 기본권 침해영역에서는 급부영역에서보다 그 구체성의 요구가 강화 된다" 고 하였다(헌재결 1997.2.20., 95헌바27).

10. ①

해설
• ①이 옳지 않다. 판례는 "어떠한 고시가 일반적·추상적 성격을 가질 때에는 법규명령 또는 행정규칙에 해당할 것이지만, 다른 집행행위의 매개 없이 그 자체로서 직접 국민의 구체적인 권리의무나 법률관계를 규율하는 성격을 가질 때에는 항고소송의 대상이 되는 행정처분에 해당한다" 고 하였다(대판 2003.10.9. 2003무23).

11. ②

해설
• ②가 적절하지 않다. 인가는 상대방의 법률적 행위를 보충하여 그 법률적 효과를 완성시켜 주는 행위로서 형성적 행위인데 대하여, 허가는 상대방에게 자연적 자유를 회복시켜주는 행위로서 명령적 행위의 일종이다.

12. ③

해설
• ③이 옳지 않다. 판례는 "기본행위인 사업시행계획이 무효인 경우 그에 대한 인가처분이 있다고 하더라도 그 기본행위인 사업시행계획이 유효한 것으로 될 수 없으며, 기본행위가 적법·유효하고 보충행위인 인가처분 자체에만 하자가 있다면 그 인가처분의 무효나 취소를 주장할 수 있다고 할 것이지만, 인가처분에 하자가 없다면 기본행위에 하자가 있다고 하더라도 따로 그 기본행위의 하자를 다투는 것은 별론으로 하고 기본행위의 무효를 내세워 바로 그에 대한 인가처분의 취소 또는 무효확인을 구할 수 없다" 고 하였다(대판 2014.2.27. 2011두25173).

13. ④

해설
• ④가 적절하지 않다. 공시송달은 송달 받을 자의 주소 등을 통상의 방법으로 확인할 수 없는 경우와 송달이 불가능한 경우에는 송달 받을 자가 알기 쉽도록 관보·공보·게시판·일간신문 중 하나 이상에 공고하고 인터넷에도 공고하여야 한다(「행정절차법」 제14조). 따라서 인터넷에 의한 공고는 강제사항이다.

14. ③

해설
• ③이 적절하지 않다. 공시송달의 경우는 다른 법령 등에 특별한 규정이 있는 경우를 제외하고는 공고 일부터 14일이 경과한 때에 그 효력이 발생한다. 다만, 긴급히 시행하여야 할 특별한 사유가 있어 효력발생시기를 달리 정하여 공고한 경우에는 그에 의한다(「행정절차법」 제15조제3항).

15. ③

해설
• 「행정기본법」 제19조 • 제19조(적법한 처분의 철회) ① 행정청은 적법한 처분이 다음 각 호의 어느 하나에 해당하는 경우에는 그 처분의 전부 또는 일부를 장래를 향하여 철회할 수 있다.
1. 법률에서 정한 철회 사유에 해당하게 된 경우 2. 법령등의 변경이나 사정변경으로 처분을 더 이상 존속시킬 필요가 없게 된 경우 3. 중대한 공익을 위하여 필요한 경우 ② 행정청은 제1항에 따라 처분을 철회하려는 경우에는 철회로 인하여 당사자가 입게 될 불이익을 철회로 달성되는 공익과 비교·형량하여야 한다.

16. ①

해설
• ①이 옳지 않다. ①의 경우는 '비교·형량 하여야 한다" 이다. ※ 제19조(적법한 처분의 철회) ① 행정청은 적법한 처분이 다음 각 호의 어느 하나에 해당하는 경우에는 그 처분의 전부 또는 일부를 장래를 향하여 철회할 수 있다. 1. 법률에서 정한 철회 사유에 해당하게 된 경우 2. 법령등의 변경이나 사정변경으로 처분을 더 이상 존속시킬 필요가 없게 된 경우 3. 중대한 공익을 위하여 필요한 경우 ② 행정청은 제1항에 따라 처분을 철회하려는 경우에는 철회로 인하여 당사자가 입게 될 불이익을 철회로 달성되는 공익과 비교·형량하여야 한다.

17. ③

해설
• ③이 옳지 않다. 판례는 "「행정절차법」 제21조제4항제3호는 침해적 행정처분을 할 경우 청문을 실시하지 않을 수 있는 사유로서 '해당 처분의 성질상 의견청취가 현저히 곤란하거나 명백히 불필요하다고 인정될 만한 상당한 이유가 있는 경우' 를 규정하고 있으나, 여기에서 말하는 '의견청취가 현저히 곤란하거나 명백히 불필요하다고 인정될 만한 상당한 이유가 있는지 여부' 는 해당 행정처분의 성질에 비추어 판단하여야 하는 것이지, 청문통지서의 반송 여부, 청문통지의 방법 등에 의하여 판단할 것은 아니며, 또한 행정처분의 상대방이 통지된 청문일시에 불출석하였다는 이유만으로 행정청이 관계 법령상 그 실시가 요구되는 청문을 실시하지 아니한 채 침해적 행정처분을 할 수는 없을 것이므로, 행정처분의 상대방에 대한 청문통지서가 반송되었다거나, 행정처분의 상대방이 청문일시에 불출석하였다는 이유로 청문을 실시하지 아니하고 한 침해적 행정처분은 위법하다" 고 하였다(대판 2001.4.13. 2000두3337).

18. ③

해설 • ③이 옳지 않다. • ②와 ③의 경우는 「행정절차법」 제23조 참조
※ 제23조(처분의 이유제시) ①행정청은 처분을 하는 때에는 다음 각호의 1에 해당하는 경우를 제외하고는 당사자에게 그 근거와 이유를 제시하여야 한다. 1. 신청내용을 모두 그대로 인정하는 처분인 경우 2. 단순·반복적인 처분 또는 경미한 처분으로서 당사자가 그 이유를 명백히 알 수 있는 경우 3. 긴급을 요하는 경우 ②행정청은 제1항제2호 및 제3호의 경우에 처분 후 당사자가 요청하는 경우에는 그 근거와 이유를 제시하여야 한다.

19. ④

해설 • ②가 적절하다. 대집행은 대체적 작위의무 위반에 대하여 행하는 강제집행이며, 절차는 계고, 영장통지, 실행, 비용징수 등의 단계를 거치게 된다.

20. ③

해설 ③이 적절하다. 대집행은 ①계고 ②대집행영장에 의한 통지 ③대집행의 실행 ④비용징수의 4단계로 나누어진다. 그러나 긴급 시에는 일부절차를 생략할 수 있다(「행정대집행법」 제3조부터 제6조).

21. ③

해설 • 「행정기본법」 제28조(과징금의 기준) 제1항
① 행정청은 법령등에 따른 의무를 위반한 자에 대하여 법률로 정하는 바에 따라 그 위반행위에 대한 제재로서 과징금을 부과할 수 있다.

22. ③

해설 • 「행정기본법」 제28조(과징금의 기준) 제2항
② 과징금의 근거가 되는 법률에는 과징금에 관한 다음 각 호의 사항을 명확하게 규정하여야 한다. 1. 부과 · 징수 주체 / 2. 부과 사유 / 3. 상한액 / 4. 가산금을 징수하려는 경우 그 사항
5. 과징금 또는 가산금 체납 시 강제징수를 하려는 경우 그 사항

23. ③

해설 • ③이 옳지 않다. 「행정심판법」 제27조(심판청구의 기간) 제1항은 "① 행정심판은 처분이 있음을 알게 된 날부터 90일 이내에 청구하여야 한다" 고 규정하고 있고, 제3항은 "행정심판은 처분이 있었던 날부터 180일이 지나면 청구하지 못한다. 다만, 정당한 사유가 있는 경우에는 그러하지 아니하다" 고 규정하고 있다.

24. ③

해설 • ③이 옳지 않다. 직권으로 또는 당사자의 신청에 의하여 임시처분을 결정할 수 있다. 「행정심판법」 제31조 제1항은 "① 위원회는 처분 또는 부작위가 위법 · 부당하다고 상당히 의심되는 경우로서 처분 또는 부작위 때문에 당사자가 받을 우려가 있는 중대한 불이익이나 당사자에게 생길 급박한 위험을 막기 위하여 임시지위를 정하여야 할 필요가 있는 경우에는 직권으로 또는 당사자의 신청에 의하여 임시처분을 결정할 수 있다" 고 규정하고 있다.

25. ③

해설 • ③이 옳지 않다. 「행정소송법」 제31조(제3자에 의한 재심청구)
① 처분등을 취소하는 판결에 의하여 권리 또는 이익의 침해를 받은 제3자는 자기에게 책임없는 사유로 소송에 참가하지 못함으로써 판결의 결과에 영향을 미칠 공격 또는 방어방법을 제출하지 못한 때에는 이를 이유로 확정된 종국판결에 대하여 재심의 청구를 할 수 있다. ② 제1항의 규정에 의한 청구는 확정판결이 있음을 안 날로부터 30일 이내, 판결이 확정된 날로부터 1년 이내에 제기하여야 한다. ③ 제2항의 규정에 의한 기간은 불변기간으로 한다.

제5회 소방법령 Ⅳ

01. ④

해설 **「임용령 시행규칙」 제2조 제2항**
② 임용제청권자가 소방공무원을 임용제청할 때에는 공무원 임용제청서로써 한다. 다만, 임용제청기관에서의 임용제청 보고는 공무원 임용제청 보고서로써 한다.〈개정 2020.3.13.〉

02. ②

해설 **「임용령」 제15조(경력경쟁채용의 요건 등)제4항**
④ 법 제7조제2항제3호에 따른 근무실적 또는 연구실적이 있는 사람의 경력경쟁채용등은 다음 각 호의 어느 하나에 해당하는 사람으로 한정한다.
1. 국가기관 · 지방자치단체 · 공공기관 그 밖의 이에 준하는 기관의 임용예정직위에 관련 있는 직무분야의 근무 또는 연구경력이 3년(소방공무원 외의 공무원으로서 다음 각 목에 해당하는 사람을 해당 부문 · 분야의 소방공무원으로 경력경쟁채용등을 하는 경우에는 2년) 이상으로서 해당 임용예정계급에 상응하는 근무 또는 연구경력이 1년 이상인 사람 가. 소방기관에서 별표 1에 따른 특수기술부문에 근무한 경력이 있는 사람 나. 국가기관에서 구조업무와 관련 있는 직무분야에 근무한 경력이 있는 사람

03. ③

해설 **「임용령」 제51조의2(채용 비위 관련자의 합격 등 취소) 제1항**
① 「국가공무원법」 제45조의3제1항 전단에서 "대통령령등으로 정하는 비위" 란 법령을 위반하여 채용시험에 개입하거나 채용시험에 부당한 영향을 주는 행위 등 채용시험의 공정성을 해치는 행위를 말한다.[본조신설 2024. 8. 13.]
※ 「국가공무원법」 제45조의3(채용 비위 관련자의 합격 등 취소)
① 시험실시기관의 장 또는 임용권자는 누구든지 공무원 채용과 관련하여 대통령령등으로 정하는 비위를 저질러 유죄판결이 확정된 경우에는 그 비위 행위로 인하여 채용시험에 합격하거나 임용된 사람에 대하여 대통령령등으로 정하는 바에 따라 합격 또는 임용을 취소할 수 있다. 이 경우 취소 처분을 하기 전에 미리 그 내용과 사유를 당사자에게 통지하고 소명할 기회를 주어야 한다. ② 제1항에 따른 취소처분은 합격 또는 임용 당시로 소급하여 효력이 발생한다.

04. ②

해설 **「임용령」 제51조의3(채용비위심의위원회의 설치 등)**
① 「국가공무원법」 제45조의3제1항 전단에 따른 합격 또는 임용 취소 여부를 심의하기 위하여 시험실시권자나 임용권자 소속으로 채용비위심의위원회(이하 이 조에서 "심의위원회" 라 한다)를 둔다.
② 심의위원회는 위원장 1명을 포함하여 5명 이상 8명 이내의 위원으로 성별을 고려하여 구성한다.
③ 심의위원회의 위원장은 시험실시권자나 임용권자로 하거나 시험실시권자나 임용권자가 지명하는 소속 공무원으로 한다.

05. ①

해설 **「승진임용 규정」 제6조 제1항 제2호** ; 이 경우는 6개월을 징계처분으로 인한 승진임용최저근무연수 산입 제한기간에 추가한다.

06. ③

해설 **「승진임용 규정」 제6조 제1항 제2호**
이 경우는 강등의 산입제한기간 18개월+성희롱으로 인한 추가기간 6개월을 합하면 24개월이 승진소요최저근무연수에 산입되지 아니 한다.

07. ②

해설 **「승진임용 규정 시행규칙」 제9조 제2항 전단**
② 제1항의 조정위원회는 피평정자의 상위직급공무원 중에서 조정위원회가 설치된 기관의 장이 지정하는 3인이상 5인이하의 위원으로 구성한다.

08. ②

해설 **「승진임용 규정 시행규칙」 제19조 제5항 제2호 가목**
⑤ 영 제11조제1항에 따른 교육훈련성적평정점 중 직장훈련성적 및 체력검정성적은 다음 각 호의 구분에 따른 계산방식에 따라 산정한다. 〈개정 2024. 1. 11.〉
2. 체력검정성적 평정점
가. 소방령 이하 소방장 이상 계급의 소방공무원 : 명부작성 기준일부터 최근 2년 6개월 이내에 해당 계급에서 최근 2회 평정한 평정점의 평균

09. ①

해설 **「승진임용 규정 시행규칙」 제19조 〈개정 2024. 1. 11.〉**
⑤ 영 제11조제1항에 따른 교육훈련성적평정점 중 직장훈련성적 및 체력검정성적은 다음 각 호의 구분에 따른 계산방식에 따라 산정한다.
1. 직장훈련성적 평정점 가. 소방령 이하 소방장 이상 계급의 소방공무원 : 명부작성 기준일부터 최근 2년 이내에 해당 계급에서 4회 평정한 평정점의 평균

10. ③

해설 **「승진임용규정 시행규칙」 제28조 및 별표8의 비고**
소방법령 II : 「소방기본법」, 「소방시설 설치 및 관리에 관한 법률」 및 「화재의 예방 및 안전관리에 관한 법률」

11. ③

해설 **「소방공무원법」 제27조 제3항**
③ 소방공무원 고충심사위원회의 구성, 심사 절차 및 운영에 필요한 사항은 대통령령으로 정한다.
※ **「공무원고충처리규정」 제3조의3 제3항**
③ 소방공무원고충심사위원회의 위원장은 설치기관 소속 공무원 중에서 인사 또는 감사 업무를 담당하는 과장 또는 이에 상당하는 직위를 가진 사람이 된다. 〈개정 2022. 1. 25.〉

12. ②

해설 **「소방공무원 징계령」 제4조 제4항 제1호 다목**
1. 소방청 및 시 · 도에 설치된 징계위원회의 경우에는 다음 각 목에 해당하는 사람 다. 소방공무원으로 소방정 또는 법률 제16768호 소방공무원법 전부개정법률 제3조의 개정규정에 따라 폐지되기 전의 지방소방정 이상의 직위에서 근무하고 퇴직한 사람으로서 퇴직일부터 3년이 경과한 사람

13. ①

해설 **「소방공무원 징계령」 제4조 제4항 제2호 가목**
이 경우는 법관 · 검사 또는 변호사로 5년 이상 근무한 사람이 자격이 있다.

14. ①

해설 **「시행령」 제3조 및 별표1 비고 1호**
문제는 산화성고체를 설명하고 있다.

15. ①

해설 **「시행령」 제3조 및 별표1 비고 7호〈개정 2024.4.30.〉**
7. 황화인 · 적린 · 황 및 철분은 제2호(가연성고체)에 따른 성질과 상태가 있는 것으로 본다.

16. ①

해설 **「법」 제18조(정기점검 및 정기검사) 제1항**
① 대통령령이 정하는 제조소등의 관계인은 그 제조소등에 대하여 행정안전부령이 정하는 바에 따라 제5조제4항의 규정에 따른 기술기준에 적합한지의 여부를 정기적으로 점검하고 점검결과를 기록하여 보존하여야 한다.
「시행령」 제16조(정기점검의 대상인 제조소등)
법 제18조제1항에서 "대통령령이 정하는 제조소등"이라 함은 다음 각호의 1에 해당하는 제조소등을 말한다. 〈개정 2024.7.2.〉
1. 제15조제1항 각 호의 어느 하나에 해당하는 제조소등
2. 지하탱크저장소
3. 이동탱크저장소
4. 위험물을 취급하는 탱크로서 지하에 매설된 탱크가 있는 제조소 · 주유취급소 또는 일반취급소

17. ④

해설 **「법」 제35조(벌칙) 제4호**
위험물제조소등의 정기점검을 하지 아니하거나 점검기록을 허위로 작성한 경우와 정기검사를 받지 아니한 경우의 처벌은 1년 이하의 징역 또는 1천만원 이하의 벌금에 처하도록 되어 있다.

18. ④

해설 **「시행규칙」 제29조 및 별표5 I 제9호〈개정 2024.5.20.〉**
9.저장창고의 출입구에는 60분+방화문 · 60분방화문 또는 30분방화문을 설치하되, 연소의 우려가 있는 외벽에 있는 출입구에는 수시로 열 수 있는 자동폐쇄식의 60분+방화문 또는 60분방화문을 설치하여야 한다.
12. 액상의 위험물의 저장창고의 바닥은 위험물이 스며들지 아니하는 구조로 하고, 적당하게 경사지게 하여 그 최저부에 집유설비를 하여야 한다.

19. ③

해설 **「시행규칙」 제29조 및 별표5 Ⅷ 제2호 다목의 1), 2)**
1) 저장창고는 150㎡ 이내마다 격벽으로 완전하게 구획할 것. 이 경우 당해 격벽은 두께 30㎝ 이상의 철근콘크리트조 또는 철골철근콘크리트조로 하거나 두께 40㎝ 이상의 보강콘크리트블록조로 하고, 당해 저장창고의 양측의 외벽으로부터 1m 이상, 상부의 지붕으로부터 50㎝ 이상 돌출하게 하여야 한다.
2) 저장창고의 외벽은 두께 20㎝ 이상의 철근콘크리트조나 철골철근콘크리트조 또는 두께 30㎝ 이상의 보강콘크리트블록조로 할 것

20. ③

해설 **「시행규칙」 제36조 및 별표12 I 제2호 다목**
다. 암반탱크에 가해지는 지하수압은 저장소의 최대운영압 보다 항상 크게 유지할 것

21. ①

해설 **「시행규칙」 제37조 및 별표13 Ⅲ 제1호 가목**
1. 주유취급소에는 다음 각목의 탱크 외에는 위험물을 저장 또는 취급하는 탱크를 설치할 수 없다. 다만, 별표 10 I 의 규정에 의한 이동탱크저장소의 상시주차장소를 주유공지 또는 급유공지 외의 장소에 확보하여 이동탱크저장소(당해주유취급소의 위험물의 저장 또는 취급에 관계된 것에 한한다)를 설치하는 경우에는 그러하지 아니하다.
가. 자동차 등에 주유하기 위한 고정주유설비에 직접 접속하는 전용탱크로서 50,000리터 이하의 것

22. ①

해설
「시행규칙」 제39조 및 별표15 Ⅳ 제26호 가목
26. 위험물의 주입구 및 배출구
가. 위험물의 주입구 및 배출구는 화재예방 상 지장이 없는 장소에 설치할 것

23. ③

해설
「시행규칙」 제40조 및 별표16 Ⅰ 제2호 나목
나. 세정작업의 일반취급소는 인화점이 40℃ 이상인 제4류 위험물로서 지정수량의 30배미만의 것을 취급할 경우 특례가 적용된다.

24. ②

해설
「시행규칙」 제49조 및 별표18 Ⅲ 제21호 가목
옥외저장탱크 또는 옥내저장탱크 중 압력탱크에 있어서는 알킬알루미늄등의 취출에 의하여 당해 탱크내의 압력이 상용압력 이하로 저하하지 아니하도록 불활성의 기체를 봉입하여야 한다.

25. ①

해설
「시행규칙」 제49조 및 별표18 Ⅳ 제5호의 8)
8) 자동차 등에 주유할 때에는 고정주유설비 또는 고정주유설비에 접속된 탱크의 주입구로부터 4m 이내의 부분(별표 13 Ⅴ 제1호다목 및 라목의 용도에 제공하는 부분 중 바닥 및 벽에서 구획된 것의 내부를 제외한다)에, 이동저장탱크로부터 전용탱크에 위험물을 주입할 때에는 전용탱크의 주입구로부터 3m 이내의 부분 및 전용탱크 통기관의 끝부분으로부터 수평거리 1.5m 이내의 부분에 있어서는 다른 자동차 등의 주차를 금지하고 자동차 등의 점검·정비 또는 세정을 하지 아니할 것

제5회 소방전술

01. ③

해설
연소의 4요소 : 산소(산화제)
일반적으로 공기 중에는 약 21%의 산소가 있다. 실내온도(섭씨 21도 또는 화씨 70도)에서는 14%의 낮은 산소농도에서도 연소반응이 일어난다. 그러나 구획실(compartment) 화재에서 실내온도가 증가할 때 더 낮은 산소농도에서도 불꽃연소가 발생한다는 사실을 실험을 통해 알 수 있다.

02. ③

해설
화재의 진행단계
최근 미국에서는 실내화재의 생애주기(Life cycle)를
(1) 성장기(Growth stage) / (2) 최성기(Fully developed stage)
(3) 쇠퇴기(Decay stage)의 3가지 단계로 구분하기도 한다.

03. ②

해설
화점확인 : 수신기 확인방법은 다음과 같다.
(1) 현장에 최초로 도착한 선착대장은 수위실, 건물 로비, 방제센터 등에 설치된 자동화재 탐지설비의 수신기를 확인하기 위해 담당직원이나 소방안전관리자와 접촉해야 한다. (2) 수신기를 통해 가장 신뢰할 수 있는 경보 발생 층과 위치에 관련된 정보를 수집할 수 있다. 수신기에 경보가 표시된 층을 확인과 함께 현장에서 수집한 정보와 비교한다. 가끔 정보가 일치하지 않을 수도 있다. 예를 들어, 5층에 거주하는 사람이 로비에 내려와서 계단에 누적된 연기를 보고 아래층에서 연기가 발생하고 있다고 말할 수도 있다. 화재 발생 층은 실제로 13층이거나 더 아래일 수도 있다. 수신기를 확인함으로써 이러한 정보 불일치를 극복할 수 있다. (3) 그러나 수신기에 여러 층에서 동시에 화재감지 신호가 발생하는 경우도 있다. 이런 경우에는 수신기에 표시된 최하층에서부터 화점검색을 시작한다.

04. ①

해설
화점확인 ; 공조시스템이 설치된 건물에서 화재 발생 위치를 찾는 것은 매우 어렵다. 어떤 층에서 발생하는 약간의 연기 냄새를 조사할 때, 최우선적으로 조치할 사항은 공조시스템을 차단하는 것이다. 시스템 상의 방화 댐퍼를 차단하면 공기의 흐름이 중단되어 화재 발생 위치를 찾아내기 쉽다.

05. ③

해설
위험물(유류) 화재진압

유별	유해위험물	영 문 명	소화수단(제독제)
제1류	염소산칼륨	POTASSIUM CHLORATE	물
	염소산나트륨	SODIUM CHLORATE	물
	과산화칼륨	POTASSIVUM PEROXIDE	건조사
	과산화나트륨	SODIUM PEROXIDE	건조사
	삼산화크로뮴	CHROMIC ANHYDRIDE	가성소다수용액, 소석회
	다이크로뮴산염류	DICHROMIC ACID	물

06. ①

해설
위험물(유류) 화재진압 ; 위험물화재의 특수현상 중 그 위험성이 가장 큰 것은 오일오버(Oilover)현상이다.

07. ④

해설

소방공무원의 교육훈련과 안전

우리의 현 실정과는 다소 거리가 있기는 하지만 훈련을 실시할 때 바람직한 교육생과 교관의 비율은 5명 : 1명이다. 만약 제반여건 때문에 5 : 1의 원칙을 적용하는 것이 불가능한 경우라 할지라도 가능하면 교육생의 안전 확보 및 교육의 효과를 높이기 위하여 교관 1인당 교육생의 수를 적게 편성하도록 하는 것이 바람직하다.

08. ②

해설

안전한 운전기법과 방어운전

결빙(結氷)된 도로에서의 차량 정지거리는 정상적인 도로에서 보다 훨씬 증가하므로 해당차량의 운전자는 결빙도로에서 각 차량의 속도별 정지거리를 사전에 파악하여 방어운전을 할 수 있도록 하여야 한다(일반적으로 결빙지역에서의 정지거리는 정상적인 조건보다 3~15배 정도 더 길어진다고 한다).

09. ①

해설

「시행규칙」 제3조(전담부서의 장비 · 시설) 및 별표

구 분	기자재명 및 시설규모
기록용 기기 (13종)	디지털카메라(DSLR)세트, 비디오카메라세트, TV, 적외선거리측정기, 디지털온도 · 습도측정시스템, 디지털풍향풍속기록계, 정밀저울, 버니어캘리퍼스(아들자가 달려 두께나 지름을 재는 기구), 웨어러블캠, 3D스캐너, 3D카메라(AR), 3D캐드시스템, 드론

10. ②

해설

「법」 제13조(관계 기관 등의 협조) 제2항

② 소방관서장은 화재원인 규명 및 피해액 산출 등을 위하여 필요한 경우에는 금융감독원, 관계 보험회사 등에 「개인정보 보호법」 제2조제1호에 따른 개인정보를 포함한 보험가입 정보 등을 요청할 수 있다. 이 경우 정보 제공을 요청받은 기관은 정당한 사유가 없으면 이를 거부할 수 없다.

11. ②

해설

제3류 위험물 : 칼륨의 소화약제

소화방법은 마른모래 정도가 있으나 대량일 경우 소화가 어렵다.
※ 물, CCl_4 또는 CO_2와는 폭발 반응하므로 절대 사용할 수 없다.

12. ③

해설

제5류위험물

자기반응성물질이라 함은 고체 또는 액체로서 폭발의 위험성 또는 가열분해의 격렬함을 판단하기 위하여 고시로 정하는 시험에서 고시로 정하는 성질과 상태를 나타내는 것을 말한다. 분자 내 연소를 하는 물질로서 외부로부터 산소의 공급 없이도 연소, 폭발할 수 있는 물질이다.

13. ①

해설

소방용수시설의 설치기준

소방용수 시설별 단점 비교는 다음과 같다.

종 별	단 점
지상식 소화전	◦지상으로 돌출되어 있기 때문에 차량 등에 의하여 파손될 우려가 있다. ◦도로에는 설치가 곤란하다
지하식 소화전	◦사용이 불편하고 관리가 어렵다. ◦강설시 동결되어 사용할 수 없는 경우가 발생한다. ◦도로포장 공사 시 매몰 우려 및 뚜껑 높여야 한다.
급수탑	◦도로면에 설치되어 있기 대문에 차량 등에 의해 파손되는 경우가 많다. ◦설치기준 부족으로 불필요한 물이 낭비되며 배수장치의설치방법에 따라 동절기에 동결되는 경우가 발생한다. ◦유지관리를 위해 동절기에 보온조치 등을 의한 예산이 필요하다. ◦도시미관을 해친다.
저수조	◦설치비용이 많이 든다. ◦뚜껑이 너무 무거워 사용하기가 불편하다. ◦설치위치 선정이 용이하지 않다. ◦공사 시 교통에 많은 지장이 초래된다.

14. ①

해설

구조활동 : 구조 활동의 순서

첫 번째는 "현장 활동에 방해되는 각종 장해요인을 제거한다" 이다.

15. ④

해설

구조활동 : 장비 선택 시 유의사항(1)~(4)

(1) 사용 목적에 맞는 것을 선택한다. 절단 또는 파괴, 잡아당기거나 끌어올리는 등의 구조활동을 펼치기에 적합한 장비를 선택한다.
(2) 활동공간이 협소하거나 인화물질의 존재, 감전위험성, 환기 등 현장상황을 고려하여 특성에 맞는 것을 선택한다.
(3) 긴급 상황에 맞는 것을 선택한다. 급할 때는 가장 능력이 높은 것을 선택한다.
(4) 동등의 효과가 얻어지는 경우는 조작이 간단한 것을 선택한다.

16. ②

해설

둥글게 사리기

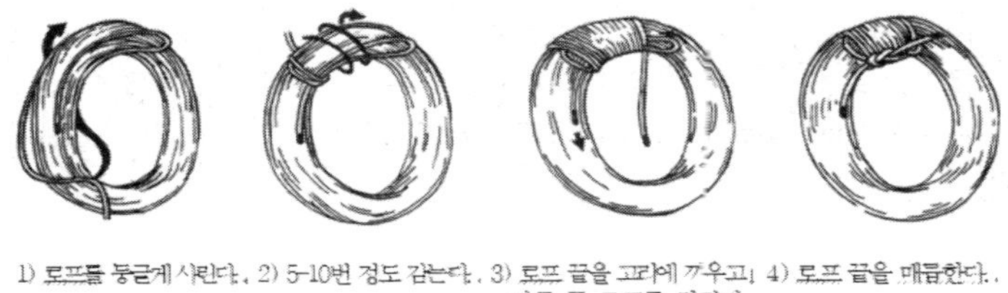

1) 로프를 둥글게 사린다. 2) 5-10번 정도 감는다. 3) 로프 끝을 고리에 끼우고 4) 로프 끝을 매듭한다. 다른 쪽 로프를 당긴다.

17. ④

해설

사슬 사리기

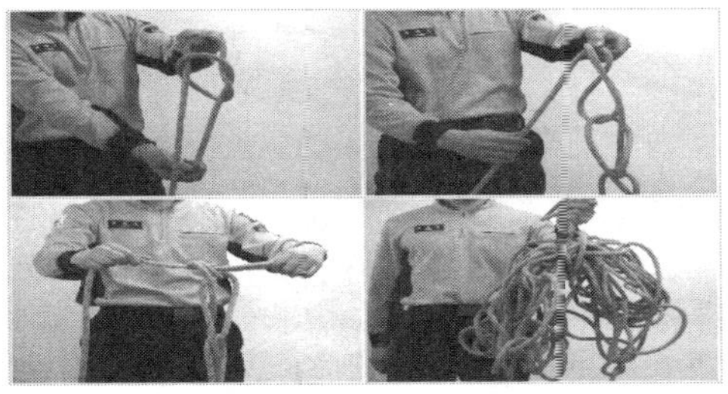

18. ④

해설

잠수에 사용되는 용어 : 감압정지

실제 잠수 시간이 최대 잠수 가능시간을 초과했을 때에 상승도중 감압표상에 지시된 수심에서 지시된 시간만큼 머무르는 것을 "감압정지"라 하고, 머무르는 시간을 "감압시간" 이라 한다. 그리고 감압은 가슴 정 중앙이 지시된 수심에 위치하여야 한다.

19. ①

해설 **수중탐색(검색) : 반원탐색(Tended Search)**
(1) 조류가 세고 탐색면적이 넓을 때 사용한다. 원형탐색을 응용한 형태로 해안선, 방파제, 부두 등에 의해 원형탐색이 어려울 경우 반원 형태로 탐색한다.
(2) 정박하고 있는 배에서 물건을 떨어뜨릴 경우 가라앉는 동안 수류가 흐르는 방향으로 약간 벗어나게 되기 때문에 수류의 역방향은 탐색할 필요가 없다. 이런 경우에 원형탐색을 한다면 비효율적이며 수류가 흘러가는 방향만을 반원탐색으로 탐색하는 것이 효과적이다.

20. ②

해설 **응급구조사의 치료기준 : 전문적 또는 제도화된 기준**
전문적 기준은 응급의료에 관련된 조직과 사회에서 널리 인정된 학술적인 사항에 의한 기준을 말한다. 제도화된 기준은 특수한 법률과 응급구조사가 속해 있는 단체에서의 권장사항에 의한 기준을 말한다. 따라서 전문적 또는 제도화된 기준을 준수하려면 첫째, 응급구조사는 그들이 속한 조직이 공포한 기준에 익숙해야 한다. 둘째, 응급구조사가 속해 있는 조직이 합리적이고 현실적인 기준을 제정하도록 노력하여야 하며, 응급구조사에 불합리한 측면을 부과하지 않도록 하여야 한다.

21. ①

해설 **응급구조사의 법적 책임 : 동의의 법칙(정신질환자의 동의)**
정신질환자의 동의는 긴급한 응급상황이라면 묵시적 동의가 적용되어야 한다.

22. ①

해설 **비외상 의식이 있는 환자 : 현 병력-OPQRST**
의식이 있는 경우는 많은 정보를 얻을 수 있다. SAMPLE력과 신체검진을 실시하고 OPQRST를 질문한다. 이 검진은 특히 호흡이 가쁘거나 가슴통증을 호소할 때 중요하다. - 유발/완화(Provocation or Palliation) : 어떤 움직임이나 압박 또는 외부요인이 증상을 악화 또는 완화시키는지? (쉬면은 진정이 되는지?)

23. ②

해설 **인공호흡방법 : 환기의 비율**
인공호흡 시에는 환자에게 적절한 환기가 이루어지고 있는가를 아래와 같이 평가한다. (1) 매 환기 시 환자의 흉부가 자연스럽게 상승, 하강하는가?
(2) 환기의 비율은 적절한가? - 성인 10~12회/분, 소아·영아 12~20회 이상/분, 신생아 40~60회/분 (3) 환자의 심박동수가 정상으로 돌아왔는가?
(4) 환자의 피부색이 호전되었는가(혈색의 회복 등)?

24. ②

해설 **「119법」 제3조(국가 등의 책무) 제2항**
② 국가와 지방자치단체는 구조 · 구급업무를 효과적으로 수행하기 위한 체계의 구축 및 구조 · 구급장비의 구비, 그 밖에 구조 · 구급활동에 필요한 기반을 마련하여야 한다.

25. ②

해설 **「시행령」 제29조의2(재난 사전 방지조치)**
① 행정안전부장관은 법 제25조의4제1항에 따라 재난 발생을 사전에 방지하기 위하여 다음 각 호의 사항이 포함된 재난발생 징후 정보(이하 "재난징후정보"라 한다)를 수집 · 분석하여 관계 재난관리책임기관의 장에게 미리 필요한 조치를 하도록 요청할 수 있다.〈개정 2024.6.18.〉
1. 재난 발생 징후가 포착된 위치 2. 위험요인 발생 원인 및 상황
3. 위험요인 제거 및 조치 사항 4. 그 밖에 재난 발생의 사전 방지를 위하여 필요한 사항

제6회 행 정 법

01. ②

해설 • ②가 적절하지 않다. ②의 경우 행정주체가 주는 수단을 통해서 개인 또는 단체를 돌보며 그들의 이익추구를 촉진시켜주는 활동을 급부행정이라고 한다.

02. ④

해설 • ④의 경우가 전형적인 비권력적 사실행위이다.
• ①의 경우는 「소방기본법」 제27조의 규정에 따라 주어진 위험시설 등에 대한 긴급조치로서 즉시강제에 해당하며 따라서 권력적 사실행위 이다. • ②의 경우도 「소방의 화재조사에 관한 법률」 제9조의 규정에 따라 화재발생 장소에 출입하여 조사하고 질문하는 것으로서 권력적 사실행위이다.
• ③의 경우도 「소방기본법」 제25조에 따른 강제처분(즉시강제)으로서 권력적 사실행위이다.

03. ③

해설 • ③이 옳지 않다. 판례는 "폐기물처리업에 대하여 관할 관청의 사전 적정통보를 받고 막대한 비용을 들여 허가요건을 갖춘 다음 허가신청을 하였음에도 청소업자의 난립으로 효율적인 청소업무의 수행에 지장이 있다는 이유로 한 불허가처분은 신뢰보호의 원칙에 반하여 재량권을 남용한 위법한 처분이다" 고 하였다(대판 1998.5.8. 98두4061).

04. ③

해설 • ③이 옳지 않다. 판례는 "과세관청의 공적인 견해표명은 원칙적으로 일정한 책임 있는 지위에 있는 세무공무원에 의하여 명시적 또는 묵시적으로 이루어짐을 요한다" 고 하였다(대판 2019.1.17. 2018두42559).

05. ④

해설 • ④가 옳지 않다. 국가나 지방자치단체와의 계약을 위반한 사업자들에 대하여 국가 행정청이나 지방자치단체장이 「국가를 당사자로 하는 계약에 관한 법률」 제27조나 「지방자치단체를 당사자로 하는 계약에 관한 법률」 제31조에 따라 행하는 입찰참가자 자격제한 행위는 공법행위로서 항고소송의 대상이 되는 처분이라는 것이 다수설과 판례의 입장이다.

06. ②

해설 ②가 행정주체가 아니다. 행정주체란 행정법 관계에서 행정권의 담당자로서 행정권을 행사하는 자를 말한다. 행정권을 실제 행사하는 자는 공무원이지만 그 행위의 법적 효과는 추상적 인격체인 국가 또는 지방자치단체와 같은 행정주체에게 귀속되는 것이라는 점에 주의할 필요가 있다. 외견상으로는 주무관청이 행정주체인 것처럼 보이기도 하나, 행정기관은 행정주체가 아님을 유의해야 한다.

07. ②

해설 • ②가 옳지 않다. 「행정절차법」은 수리를 요하지 않는 신고를 규정하고 있고(제40조), 「행정기본법」은 수리를 요하는 신고를 규정하고 있다(제34조). ※ 「행정절차법」 제40조(신고) ① 법령등에서 행정청에 일정한 사항을 통지함으로써 의무가 끝나는 신고를 규정하고 있는 경우 신고를 관장하는 행정청은 신고에 필요한 구비서류, 접수기관, 그 밖에 법령등에 따른 신고에 필요한 사항을 게시(인터넷 등을 통한 게시를 포함한다)하거나 이에 대한 편람을 갖추어 두고 누구나 열람할 수 있도록 하여야 한다.

08. ④

해설 • ④가 옳지 않다. 판례는 "「액화석유가스의 안전 및 사업관리법」 제7조제2항에 의한 사업양수에 의한 지위승계신고를 수리하는 허가관청의 행위는 단순한 양도·양수자 사이에 발생한 사법상의 사업양도의 법률효과에 의하여 양수자가 사업을 승계하였다는 사실의 신고를 접수하는 행위에 그치는 것이 아니라 실질에 있어서 양도자의 사업허가를 취소함과 아울러 양수자에 적법하게 사업을 할 수 있는 법규상 권리를 설정하여 주는 행위로서 사업허가자의 변경이라는 법률효과를 발생시키는 행위이므로 허가관청이 동법 제7조제2항에 의한 사업양수에 의한 지위승계신고를 수리하는 행위는 행정처분에 해당한다" 고 하였다(대판 1993.6.8., 91누11544). 따라서 지위승계 신고는 수리를 요하는 신고이다.

09. ②

해설 ②의 「국가화재안전성능기준」은 소방청 고시로서 국민에게도 효력을 미치나, 「소방공무원 근무규정」과 「화재조사 및 보고규정」은 소방청 훈령이고, 「소방공무원 승진시험 시행요강」은 소방청 예규로서 소방조직 내부에서만 효력이 있다.

10. ④

해설 ④가 이에 해당하지 않는다. 「행정 효율과 협업 촉진에 관한 규정」 제4조에서 지시문서로 구분되는 행정규칙의 종류는 훈령·지시·예규 및 일일명령이며, 고시는 공고 등과 함께 공고문서에 해당한다.

11. ②

해설 • ②가 옳다. 허가·특허·인가의 구별은 다음과 같다.

분 류	허 가	특 허	인 가
의 의	일반적·추상적으로 금지된 자연적 자유의 회복	특정인에게 새로운 권리의 부여	제3자의 법률행위를 보충하여 그 법률효과를 완성함
법 적 성 질	기속행위 명령적 행위 (이설 있음)	재량행위 형성적 행위 (설권행위)	재량행위 (이설 있음)형성적 행위(보충행위)
출 원	원칙적으로 신청을 요함 무 출원허가, 수정허가 가능	반드시 신청을 요함 무 출원특허, 수정 특허 불가	반드시 신청을 요함 무 출원인가, 수정 인가불가
효 과	공법적 효과만 발생	공·사법적 효과 발생	공·사법적 효과 발생
대 상	법률행위, 사실행위	법률행위, 사실행위	법률행위만 가능
위 반 행 위 의 효 과	적법요건(행위는 유효)행정벌이나 강제집행의 대상이 됨	효력요건 (행위는 무효) 강제집행 등의 대상이 안됨	효력요건 (행위는 무효) 강제집행 등의 대상이 안됨
공통점	법률적 행정행위, 수익적 행정행위이며, 신청에 의한 행정행위이다.		

12. ②

해설 • ㄴ, ㄹ이 강학상 인가이다. – ㄴ의 경우 판례는 " 재단법인의 정관변경 "허가"는 법률상의 표현이 허가로 되어 있기는 하나, 그 성질에 있어 법률행위의 효력을 보충해 주는 것이지 일반적 금지를 해제하는 것이 아니므로, 그 법적 성격은 인가라고 보아야 한다" 고 하였다(대판 1996.5.16. 95누4810 전원합의체). – ㄹ의 경우 판례는 "규제지역 내에서도 토지거래의 자유가 인정되나 다만 위 허가를 허가 전의 유동적 무효 상태에 있는 법률행위의 효력을 완성시켜 주는 인가적 성질을 띈 것이라고 보는 것이 타당하다" 고 하였다(대판 1991.12.24. 90다12243 전원합의체).

13. ③

해설 • ③이 적절하지 않다. 「행정절차법」 제14조는 송달에 관하여 다음과 같이 규정하고 있다.
※ 「행정절차법」 제14조(송달) ① 송달은 우편, 교부 또는 정보통신망 이용 등의 방법으로 하되, 송달받을 자(대표자 또는 대리인을 포함한다. 이하 같다)의 주소 · 거소(居所) · 영업소 · 사무소 또는 전자우편주소(이하 "주소등" 이라 한다)로 한다. 다만, 송달받을 자가 동의하는 경우에는 그를 만나는 장소에서 송달할 수 있다. ② 교부에 의한 송달은 수령확인서를 받고 문서를 교부함으로써 하며, 송달하는 장소에서 송달받을 자를 만나지 못한 경우에는 그 사무원 · 피용자(被傭者) 또는 동거인으로서 사리를 분별할 지능이 있는 사람(이하 이 조에서 "사무원등" 이라 한다)에게 문서를 교부할 수 있다. 다만, 문서를 송달받을 자 또는 그 사무원등이 정당한 사유 없이 송달받기를 거부하는 때에는 그 사실을 수령확인서에 적고, 문서를 송달할 장소에 놓아둘 수 있다. 〈개정 2014.1.28.〉 ③ 정보통신망을 이용한 송달은 송달받을 자가 동의하는 경우에만 한다. 이 경우 송달받을 자는 송달받을 전자우편주소 등을 지정하여야 한다. ④ 다음 각 호의 어느 하나에 해당하는 경우에는 송달받을 자가 알기 쉽도록 관보, 공보, 게시판, 일간신문 중 하나 이상에 공고하고 인터넷에도 공고하여야 한다. 1. 송달받을 자의 주소등을 통상적인 방법으로 확인할 수 없는 경우 2. 송달이 불가능한 경우 ⑤ 제4항에 따른 공고를 할 때에는 민감정보 및 고유식별정보 등 송달받을 자의 개인정보를 「개인정보 보호법」에 따라 보호하여야 한다. 〈신설 2022.1.11.〉

14. ②

해설 • 「행정기본법」 제15조
• 제15조(처분의 효력) 처분은 권한이 있는 기관이 취소 또는 철회하거나 기간의 경과 등으로 소멸되기 전까지는 유효한 것으로 통용된다. 다만, 무효인 처분은 처음부터 그 효력이 발생하지 아니한다.

15. ②

해설 • ②가 적절하지 않다. 행정행위를 한 처분청은 그 행위에 하자가 있는 경우에는 별도의 법적 근거가 없더라도 스스로 이를 취소할 수 있다(대판 2006.5.25, 2003두4669).

16. ③

해설 ③의 경우 실효는 일단 적법하게 발생된 효력이 실효사유에 의해 소멸되고, 하자와는 전혀 관계가 없다.

17. ①

해설 • ①이 포함될 사항이 아니다(「행정절차법」 제21조제1항)
※ 「행정절차법」 제21조제1항
① 행정청은 당사자에게 의무를 부과하거나 권익을 제한하는 처분을 하는 경우에는 미리 다음 각 호의 사항을 당사자등에게 통지하여야 한다.
1. 처분의 제목 2. 당사자의 성명 또는 명칭과 주소
3. 처분하려는 원인이 되는 사실과 처분의 내용 및 법적 근거
4. 제3호에 대하여 의견을 제출할 수 있다는 뜻과 의견을 제출하지 아니하는 경우의 처리방법
5. 의견제출기관의 명칭과 주소 6. 의견제출기한
7. 그 밖에 필요한 사항

18. ②

해설 ②가 맞다. 행정청은 청문을 실시하고자 하는 경우에 청문이 시작되는 날부터 10일 전까지 사전 통지를 해야 하므로 3월 9일까지 해야 한다(「행정절차법」 제21조제2항).

19. ④

해설 이 때 부과할 수 있는 것이 이행강제금이다. 소방작용관련 5법에는 「다중이용업소의 안전관리에 관한 특별법」에만 이행강제금 제도가 있다(동법 제26조).

20. ②

해설 • ②가 옳지 않다. 판례는 "이행강제금 납부의무는 상속인 기타의 사람에게 승계될 수 없는 일신전속적인 성질의 것이므로 이미 사망한 사람에게 이행강제금을 부과하는 내용의 처분이나 결정은 당연무효이고, 이행강제금을 부과받은 사람의 이의에 의하여 비송사건절차법에 의한 재판절차가 개시된 후에 그 이의한 사람이 사망한 때에는 사건 자체가 목적을 잃고 절차가 종료한다" 고 하였다(대결 2006.12.8. 2006마470).

21. ②

해설 • ②가 옳지 않다. 「행정기본법 시행령」 제7조 제1항은 "과징금 납부기한을 연기하거나 과징금을 분할 납부하려는 경우에는 납부기한 10일 전까지 과징금 납부기한의 연기나 과징금의 분할 납부를 신청하는 문서에 같은 조 각 호의 사유를 증명하는 서류를 첨부하여 행정청에 신청해야 한다" 고 규정하고 있다.

22. ③

해설 • 「행정기본법」 제29조
제29조(과징금의 납부기한 연기 및 분할 납부) 과징금은 한꺼번에 납부하는 것을 원칙으로 한다. 다만, 행정청은 과징금을 부과받은 자가 다음 각 호의 어느 하나에 해당하는 사유로 과징금 전액을 한꺼번에 내기 어렵다고 인정될 때에는 그 납부기한을 연기하거나 분할 납부하게 할 수 있으며, 이 경우 필요하다고 인정하면 담보를 제공하게 할 수 있다. 1. 재해 등으로 재산에 현저한 손실을 입은 경우 2. 사업 여건의 악화로 사업이 중대한 위기에 처한 경우 3. 과징금을 한꺼번에 내면 자금 사정에 현저한 어려움이 예상되는 경우 4. 그 밖에 제1호부터 제3호까지에 준하는 경우로서 대통령령으로 정하는 사유가 있는 경우

23. ②

해설 • ②가 옳지 않다. 「행정심판법」 제47조(재결의 범위) 제2항 : ② 위원회는 심판청구의 대상이 되는 처분보다 청구인에게 불리한 재결을 하지 못한다.

24. ③

해설 • ③이 옳지 않다. 보기 끝부분의 판단할 수 있다가 옳지 않다. 위원회는 필요하면 당사자가 주장하지 아니한 사실에 대하여도 심리할 수 있다(「행정심판법」 제39조(직권심리).

25. ④

해설 • ④가 옳다. 판례는 "에스에이치공사가 택지개발사업 시행자인 서울특별시장으로부터 이주대책 수립권한을 포함한 택지개발사업에 따른 권한을 위임 또는 위탁받은 경우, 이주대책 대상자들이 에스에이치공사 명의로 이루어진 이주대책에 관한 처분에 대한 취소소송을 제기함에 있어 정당한 피고는 에스에이치공사가 된다" 고 하였다(대판 2007.8.23. 2005두3776).

제6회 소방법령 Ⅳ

01. ③

해설 **「임용령 시행규칙」 제7조(인사사무의 전산관리서식 등)**
인사사무를 전산관리 하는데 필요한 서식 및 사무절차는 소방청장이 따로 정할 수 있다.

02. ②

해설 **「임용령 시행규칙」 제14조의2 제3항 및 제4항**
③ 제1항 및 제2항의 규정에 의한 기록의 말소는 인사기록카드상의 당해 처분기록에 말소된 사실을 표기하는 방법에 의한다. 다만, 제1항 제2호 또는 제2항 제2호에 해당되고 그 해당사유발생일 이전에 징계 또는 직위해제처분을 받은 사실이 없을 때에는 당해사실이 나타나지 아니하도록 인사기록카드를 재작성하여야 한다.
④ 징계처분 및 직위해제처분의 말소방법, 절차 등에 관하여 필요한 사항은 소방청장이 정한다.

03. ④

해설 **「임용령 시행규칙) 제24조 및 별표6, 비고 제3호〈개정 2024. 8. 14.〉**
3. 가점을 위하여 필요한 자료의 제출기한은 해당 채용시험의 최종시험예정일까지로 한다.

04. ①

해설 **「임용령」 제51조의3 제7항**
⑦ 제1항부터 제6항까지에서 규정한 사항 외에 심의위원회의 구성 및 운영 등에 필요한 사항은 소방청장이 정한다.

05. ①

해설 **「임용령」 제52조 제2항**
② 시험실시권자는 경력경쟁채용시험등을 실시하는 경우 최종합격자 발표 전에 소방청장이 정하는 바에 따라 채용과정이 적절하게 이루어졌는지 점검해야 한다. 〈신설 2024. 8. 13.〉[제목개정 2024. 8. 13.]

06. ②

해설 **「임용령」 제30조 제4항**
④ 제1항에 따라 소속 소방공무원(제3조제1항 및 같은 조 제5항제1호 · 제3호에 따라 시 · 도지사가 임용권을 행사하는 소방공무원은 제외한다)을 파견하는 경우로서 다음 각 호의 어느 하나에 해당하는 경우에는 임용권자 또는 임용제청권자가 인사혁신처장과 협의하여야 한다. 다만, 인사혁신처장이 「행정기관의 조직과 정원에 관한 통칙」 제24조의2에 따라 별도정원의 직급 · 규모 등에 대하여 행정안전부장관과 협의된 파견기간의 범위에서 소방경 이하 소방공무원의 파견기간을 연장하거나 소방경 이하 소방공무원의 파견기간이 끝난 후 그 자리를 교체하는 경우에는 인사혁신처장과의 협의를 생략할 수 있다. 1. 제1항제1호부터 제3호까지 및 제6호 · 제7호에 따라 소속 소방공무원을 파견하는 경우 2. 제1호에 따른 파견기간을 연장하는 경우 3. 제1호에 따른 파견 중 파견기간이 끝나기 전에 파견자를 복귀시키는 경우로서 인사혁신처장이 정하는 사유에 해당하는 경우
※ 제1항제1호부터 제3호까지 및 제6호 · 제7호 1. 다른 국가기관 또는 지방자치단체나 그 외의 기관 · 단체에서 국가적 사업을 수행하기 위하여 특히 필요한 경우 2. 다른 기관의 업무폭주로 인한 행정지원의 경우 3. 관련 기관 간의 긴밀한 협조가 필요한 특수업무를 공동수행하기 위하여 필요한 경우 6. 국제기구, 외국의 정부 또는 연구기관에서의 업무수행 및 능력개발을 위하여 필요한 경우 7. 국내의 연구기관, 민간기관 및 단체에서의 업무수행 · 능력개발이나 국가정책 수립과 관련된 자료수집 등을 위하여 필요한 경우

07. ①

해설 「승진임용 규정 시행규칙」 제9조 제3항

③ 조정위원회의 위원장은 제1차평정자와 제2차평정자의 평정결과가 영 제7조제3항의 분포비율과 맞지 아니할 경우에는 조정위원회를 소집하여 근무성적평정을 영 제7조제3항의 분포비율에 맞도록 조정할 수 있다.

08. ②

해설 「승진임용 규정」 제9조(경력평정) 제1항

① 소방공무원의 경력평정은 당해 계급에서의 근무연수를 평정하여 승진대상자 명부작성에 반영한다.

09. ①

해설 「승진임용 규정 시행규칙」 제19조 제7항

⑦ 제3항에 따라 근무성적평정점을 산정하거나 제5항에 따라 직장훈련성적 및 체력검정성적 평정점을 산정하는 경우로서 신규임용 또는 승진임용되어 해당 계급에서 최초로 평정을 하는 경우에는 해당 평정점을 그 평정단위 기간의 평정점 평균으로 한다.〈신설 2015.6.30.〉

10. ③

해설 「승진임용 규정」 제34조 제4항 본문

④ 최종합격자 결정은 제1차시험 성적 50퍼센트, 제2차시험 성적 10퍼센트 및 당해 계급에서의 최근에 작성된 승진대상자명부의 총평정점 40퍼센트를 합산한 성적의 고득점 순위에 의하여 결정한다.

11. ③

해설 「소방공무원법」 제22조(지휘권 남용 등의 금지)

화재 진압 또는 구조·구급 활동을 할 때 소방공무원을 지휘·감독하는 사람은 정당한 이유 없이 그 직무수행을 거부 또는 유기하거나 소방공무원을 지정된 근무지에서 진출·후퇴 또는 이탈하게 하여서는 아니 된다.

※「소방공무원법」 제34조(벌칙) 제3호

제34조(벌칙) 다음 각 호의 어느 하나에 해당하는 자는 5년 이하의 징역 또는 금고에 처한다.

3. 화재 진압 또는 구조·구급 활동을 할 때 소방공무원을 지휘·감독하는 자로서 제22조를 위반하여 정당한 이유 없이 그 직무수행을 거부 또는 유기하거나 소방공무원을 지정된 근무지에서 진출·후퇴 또는 이탈하게 한 자

12. ③

해설 「소방공무원 징계령」 제4조 제4항 제2호 다목 및 라목

2.중앙소방학교·중앙119구조본부·국립소방연구원·지방소방학교·서울종합방재센터·소방서·119특수대응단 및 소방체험관에 설치된 징계위원회의 경우에는 다음 각 목에 해당하는 사람 다. 소방공무원으로 20년 이상 근속하고 퇴직한 사람으로서 퇴직일부터 3년이 경과한 사람 라. 민간부문에서 인사·감사 업무를 담당하는 임원급 또는 이에 상응하는 직위에 근무한 경력이 있는 사람

13. ③

해설 「교육훈련규정」 제7조 제3항

③ 교육훈련기관의 장은 제1항에 따른 기본정책 및 기본지침에 따라 다음 연도의 교육훈련계획을 수립하여 매년 12월 31일까지 소방청장에게 제출해야 한다. 이 경우 시·도에 설치된 교육훈련기관의 장은 시·도지사를 거쳐 제출해야 한다.

14. ④

해설 「시행령」 제3조 및 별표1 비고 11호

11."인화성액체"라 함은 액체(제3석유류, 제4석유류 및 동식물유류의 경우 1기압과 섭씨 20도에서 액체인 것만 해당한다)로서 인화의 위험성이 있는 것을 말한다. 다만, 다음 각 목의 어느 하나에 해당하는 것을 법 제20조제1항의 중요기준과 세부기준에 따른 운반용기를 사용하여 운반하거나 저장(진열 및 판매를 포함한다)하는 경우는 제외한다.

가.「화장품법」 제2조제1호에 따른 화장품 중 인화성액체를 포함하고 있는 것
나.「약사법」 제2조제4호에 따른 의약품 중 인화성액체를 포함하고 있는 것
다.「약사법」 제2조제7호에 따른 의약외품(알코올류에 해당하는 것은 제외한다) 중 수용성인 인화성액체를 50부피퍼센트 이하로 포함하고 있는 것
라.「의료기기법」에 따른 체외진단용 의료기기 중 인화성액체를 포함하고 있는 것 마.「생활화학제품 및 살생물제의 안전관리에 관한 법률」 제3조제4호에 따른 안전확인대상생활화학제품(알코올류에 해당하는 것은 제외한다) 중 수용성인 인화성액체를 50부피퍼센트 이하로 포함하고 있는 것

15. ①

해설 「시행령」 제3조 및 별표1 제12호〈개정 2024.4.30.〉

12."특수인화물"이라 함은 이황화탄소, 다이에틸에터 그 밖에 1기압에서 발화점이 섭씨 100도 이하인 것 또는 인화점이 섭씨 영하 20도 이하이고 비점이 섭씨 40도 이하인 것을 말한다.

16. ①

해설 「시행규칙」 제65조(특정·준특정옥외탱크저장소의 정기점검)

②제1항제3호에 따른 특정·준특정옥외저장탱크의 안전조치는 특정·준특정옥외저장탱크의 부식 등에 대한 안전성을 확보하는 데 필요한 다음 각 호의 어느 하나의 조치로 한다.

1. 특정·준특정옥외저장탱크의 부식방지 등을 위한 다음 각 목의 조치
가. 특정·준특정옥외저장탱크의 내부의 부식을 방지하기 위한 코팅[유리입자(글래스플레이크)코팅 또는 유리섬유강화플라스틱 라이닝(lining: 침식 및 부식 방지를 위해 재료의 접촉면에 약품재 등을 대는 일)에 한한다] 또는 이와 동등 이상의 조치 나. 특정·준특정옥외저장탱크의 애뉼러 판(annular plate) 및 밑판 외면의 부식을 방지하는 조치 다. 특정·준특정옥외저장탱크의 애뉼러 판 및 밑판의 두께가 적정하게 유지되도록 하는 조치 라. 특정·준특정옥외저장탱크에 구조상의 영향을 줄 우려가 있는 보수를 하지 아니하거나 변형이 없도록 하는 조치 마. 구조물이 현저히 불균형하게 가라앉는 현상(이하 "부등침하" 라 한다)이 없도록 하는 조치 바. 지반이 충분한 지지력을 확보하는 동시에 침하에 대하여 충분한 안전성을 확보하는 조치 사. 특정·준특정옥외저장탱크의 유지관리체제의 적정 유지

17. ②

해설 「시행규칙」 제65조 제2항 제2호

2. 위험물의 저장관리 등에 관한 다음 각 목의 조치
가. 부식의 발생에 영향을 주는 물 등의 성분의 적절한 관리
나. 특정·준특정옥외저장탱크에 대하여 현저한 부식성이 있는 위험물을 저장하지 아니하도록 하는 조치 다. 부식의 발생에 현저한 영향을 미치는 저장조건의 변경을 하지 아니하도록 하는 조치 라. 특정·준특정옥외저장탱크의 애뉼러 판 및 밑판의 부식율(애뉼러 판 및 밑판이 부식에 의하여 감소한 값을 판의 경과연수로 나누어 얻은 값)이 연간 0.05밀리미터 이하일 것
마. 특정·준특정옥외저장탱크의 애뉼러 판 및 밑판 외면의 부식을 방지하는 조치 바. 특정·준특정옥외저장탱크의 애뉼러 판 및 밑판의 두께가 적정하게 유지되도록 하는 조치 사. 특정·준특정옥외저장탱크에 구조상의 영향을 줄 우려가 있는 보수를 하지 아니하거나 변형이 없도록 하는 조치 아. 현저한 부등침하가 없도록 하는 조치 자. 지반이 충분한 지지력을 확보하는 동시에 침하에 대하여 충분한 안전성을 확보하는 조치
차. 특정·준특정옥외저장탱크의 유지관리체제의 적정 유지

18. ①

해설 「시행규칙」 제30조 및 별표6 II 제3호 및 제4호

3. 제6류 위험물을 저장 또는 취급하는 옥외저장탱크는 원래의 기준에 의한 보유공지의 3분의 1 이상의 너비로 할 수 있으며, 이 경우 보유공지의 너비는 1.5m 이상이 되어야 한다.
4. 제6류 위험물을 저장 또는 취급하는 옥외저장탱크를 동일구내에 2개 이상 인접하여 설치하는 경우 그 인접하는 방향의 보유공지는 앞에서 설명한 기준에 의하여 산출된 너비의 3분의 1 이상의 너비로 할 수 있다. 이 경우 보유공지의 너비는 1.5m 이상이 되어야 한다.

19. ④

해설

「시행규칙」 제30조 및 별표6 Ⅳ 제1호

1. 옥외탱크저장소 중 그 저장 또는 취급하는 액체위험물의 최대수량이 100만ℓ 이상의 것(이하"특정옥외탱크저장소"라 한다)의 옥외저장탱크(이하"특정옥외저장탱크"라 한다)의 기초 및 지반은 당해 기초 및 지반상에 설치하는 특정옥외저장탱크 및 그 부속설비의 자중, 저장하는 위험물의 중량 등의 하중(이하"탱크하중"이라 한다)에 의하여 발생하는 응력에 대하여 안전한 것으로 하여야 한다.

20. ①

해설

「시행규칙」 제37조 및 별표13 Ⅲ 제2호

2. 제1호 가목 내지 라목의 규정에 의한 탱크(다목 및 라목의 규정에 의한 탱크는 용량이 1,000리터를 초과하는 것에 한한다)는 옥외의 지하 또는 캐노피 아래의 지하(캐노피 기둥의 하부를 제외한다)에 매설하여야 한다.

21. ②

해설

「시행규칙」 제37조 및 별표13 Ⅳ 제2호 가목

이동저장탱크에 주입하기 위한 고정급유설비의 펌프기기는 최대배출량이 분당 300리터 이하인 것으로 할 수 있다.

22. ②

해설

「시행규칙」 제40조 및 별표16 Ⅰ 제2호 차목

차. 화학실험을 위하여 위험물을 취급하는 일반취급소로서 지정수량의 30배 미만의 것(위험물을 취급하는 설비를 건축물에 설치하는 것만 해당하며, 이하"화학실험의 일반취급소"라 한다)

23. ④

해설

「시행규칙」 제41조 및 별표17 Ⅰ 제1호 가목의 표

지정수량의 100배 이상인 것(고인화점위험물만을 100℃ 미만의 온도에서 취급하는 것 및 제48조의 위험물을 취급하는 것은 제외)이 제조소 및 일반취급소로서 소화난이도 등급 Ⅰ에 해당한다.

24. ①

해설

「시행규칙」 제49조 및 별표18 Ⅳ 제5호 바목의 1)〈개정 2024.5.20.〉

판매취급소에서는 도료류, 제1류 위험물 중 염소산염류 및 염소산염류만을 함유한 것, 황 또는 인화점이 38℃ 이상인 제4류 위험물을 배합실에서 배합하는 경우 외에는 위험물을 배합하거나 옮겨 담는 작업을 하지 아니하여야 한다.

25. ④

해설

「시행규칙」 제49조 및 별표18 Ⅳ 제5호 아목의 4) 나)

나) 「재난 및 안전관리 기본법」 제3조제1호에 따른 재난이 발생한 장소에서 별표 10 Ⅳ제3호에 따른 주입설비를 부착한 이동탱크저장소로부터 다음의 어느 하나에 해당하는 자동차의 연료탱크에 인화점 40℃ 이상의 위험물을 주입하는 경우. 이 경우 주유장소는 「소방기본법」 제2조제6호에 따른 소방대장(이하"소방대장"이라 한다) 또는 「재난 및 안전관리 기본법」 제3조제8호에 따른 긴급구조지원기관(이하"긴급구조지원기관"이라 한다)의 장이 지정하는 안전한 장소로 해야 하고, 해당 이동탱크저장소는 주유장소에 정차 중인 자동차 1대에 대해서 주유를 완료한 후가 아니면 다른 자동차에 주유하지 않아야 한다.

(1) 「소방장비관리법」 제8조에 따른 소방자동차

(2) 긴급구조지원기관 소속의 자동차

(3) 그 밖에 재난에 긴급히 대응할 필요가 있는 경우로서 소방대장 및 긴급구조지원기관의 장이 지정하는 자동차

제6회 소방전술

01. ②

해설

화재의 진행단계 ; 플래쉬오버는 성장기에서 최성기 사이(과도기적 시기)에 일어난다.

02. ①

해설

화재진행에 영향을 미치는 요인

화재에서 일정 시간 동안 발산되는 열에너지의 양을 열발산율(heat release rate, HRR)이라 한다.

03. ①

해설

인명검색 및 구조 ; 검색조는 다음과 같이 편성한다.

(1) 검색조는 검색원 2명, 로프 확보원 1명을 1개조로 구성하고 지휘자의 지시에 의한다.(3) 엄호주수 대원은 검색원과 떨어지지 않도록 유의한다.

(3) 검색원의 선발은 경험, 체력, 기능 등을 고려하여 선정한다.

04. ①

해설

요구조자 운반법 ; 등에 업고 포복구출법의 절차(순서)는 다음과 같다.

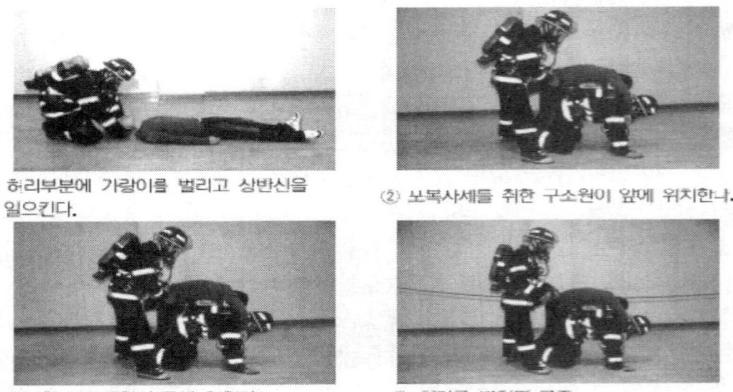

① 허리부분에 가랑이를 벌리고 상반신을 일으킨다.

② 포복자세를 취한 구조원이 앞에 위치한다.

③ 포복한 구조대원의 등에 업힌다.

④ 허리를 받치며 구조

05. ①

해설

유해화학물질 사고 대응

(1) 초기이격거리 : 유출 / 누출이 일어난 지점 사방으로 모든 사람을 격리 시켜야 하는 거리, 반경으로 표시

(2) 초기이격지역 : 사람의 생명을 위협할 정도의 농도에 노출될 수 있는 풍상·풍하 사고주변지역 (3) 방호활동거리 : 유출/누출이 일어난 지점으로부터 보호조치가 수행 되어야 하는 풍하거리 (4) 방호활동지역 : 사람들이 무기력해져서 인체 건강상 회복할 수 없을 정도의 심각한 영향을 줄 수 있는 사고지점으로 부터 풍하방향 지역

06. ②

해설

가스시설 화재진압 : 폭발 위험성의 예지(폭발 위험성 분석)

(1) 정적 위험성의 예지 ; 가연성, 독성, 부식성 등 물성에 기인하는 위험성과 외부의 힘, 열응력, 상변화, 진동, 유동소음, 고온, 저온 등 상태의 위험성이 있다. 이러한 정적 상태에 대한 위험성을 분석 및 예측하여 제거대책을 세운다. (2) 동적 위험성의 예지 ; 화학반응의 진행, 계의 온도, 압력상승에 의한 물질의 위험성 증대와 부하(負荷)의 변화에 의한 위험성증가 등 어떤 조건의 변화에 따라 시간과 함께 변화하는 위험성이다. 이것은 과거의 재해분석과 작동운전경험 등을 근거로 점검표를 작성하여 위험요인을 찾아낸다.

07. ④

해설

플래쉬오버 현상 ; 플래시오버현상이란 대류와 복사 는 이 두 가지의 결합에 의해 충분히 가열된 공간에 있는 가연물이 발화되는 것을 말하며, 이 공간 안에 있는 가연물은 발화점까지 가열되어 있는 상태에 있기 때문에 동시연소의 형태를 가진다. 다시 말하면, 실내 전체가 발화온도까지 미리 충분히 가열된 상태에서 한순간에 화재로 뒤덮이는 상태를 말한다.

08. ②

해설

보호구의 보관방법 ; 보호구가 필요할 때 언제라도 착용할 수 있도록 재료의 부식, 변질 등이 발생하지 않도록 청결하고 성능이 유지된 상태에서 보관되어야 한다.

(1) 직사광선을 피하고 통풍이 잘되는 장소에 보관할 것 / (2) 부식성, 유해성, 인화성, 액체, 기름, 산(酸) 등과 혼합하여 보관하지 말 것 / (3) 발열성 물질을 보관하는 주변에 가까이 두지 말 것
(4) 땀으로 오염된 경우에 세척하고 건조하여 변형되지 않도록 할 것
(5) 먼지 등이 묻은 경우에는 깨끗이 씻고 그늘에서 건조할 것

09. ①

해설

「법」 제17조(감정기관의 지정 · 운영 등) 제3항

③ 소방청장은 감정기관으로 지정받은 자가 다음 각 호의 어느 하나에 해당하는 경우에는 지정을 취소할 수 있다. 다만, 제1호에 해당하는 경우에는 지정을 취소하여야 한다. 1. 거짓이나 그 밖의 부정한 방법으로 지정을 받은 경우
2. 제1항에 따른 지정기준에 적합하지 아니하게 된 경우
3. 고의 또는 중대한 과실로 감정 결과를 사실과 다르게 작성한 경우
4. 그 밖에 대통령령으로 정하는 사항을 위반한 경우

「시행령」 제13조(화재감정기관 지정 절차 및 취소 등) 제3항

③ 법 제17조제3항제4호에서 "대통령령으로 정하는 사항을 위반한 경우" 란 다음 각 호의 어느 하나에 해당하는 경우를 말한다.
1. 의뢰받은 감정을 정당한 사유 없이 거부하거나 1개월 이상 수행하지 않은 경우 2. 거짓이나 그 밖의 부정한 방법으로 감정 비용을 청구한 경우

10. ②

해설

「화재조사 및 보고규정」 제2조(용어의 정의)

"감정"이란 화재와 관계되는 물건의 형상, 구조, 재질, 성분, 성질 등 이와 관련된 모든 현상에 대하여 과학적 방법에 의한 필요한 실험을 행하고 그 결과를 근거로 화재원인을 밝히는 자료를 얻는 것을 말한다.

11. ④

해설

제6류 위험물 : 과산화수소

펄프와 종이 표백에 사용하는 농도는 50wt%이다.

12. ②

해설

위험물사고 대응요령 : 위험물의 누출만 있을 경우(화재 미발생)
지문 ②의 조치는 사람에게 노출되는 것을 방지하기 위해 누출된 유체가 흘러가기 전에 해야 하고, 위험하지 않을 경우에만 해야 한다.

13. ②

해설

소방용수시설의 표지 등(제6조 제1항 및 별표2)

바깥쪽 문자는 "주정차금지" 이고, 안쪽 문자는 "소방용수" 이다.

14. ①

해설

구조활동 : 현장 응급처치 : (1) 쇼크 시 : 쇼크체위, 신체적·심리적 안정유도

15. ①

해설

구급대 요청 기준 인원

(1) 사고개요, 부상자수, 상태 및 정도를 부가하여 필요한 구급차 수를 요청한다. (2) 필요한 구급차의 대수는 구급대 1대당 중증 또는 심각한 경우는 1인, 중증은 2인, 경증은 정원 내를 대략의 기준으로 한다.

16. ④

해설

지지점 만들기 ; 연장된 로프에 카라비너, 도르래 등을 넣어 로프의 연장 방향을 바꾸는 장소를 지점(支點)이라 부르며 지점에서는 카라비너 등의 장비와 로프의 마찰에 의해 저항력이 발생한다.

17. ②

해설

현수로프 설치 원칙 ; 하강 로프의 길이는 현수점에서 하강지점(지표면)까지 로프가 완전히 닿고 1~2m 정도의 여유가 있어야 한다. 로프가 지나치게 길면 하강지점에 도달한 후에 신속히 이탈하기가 곤란하고 로프가 지면에 닿지 않을 정도로 짧으면 로프 끝에서 이탈하여 추락할 위험이 있다.

18. ④

해설

건축구조물의 구성양식에 따른 분류 : 현수구조

(1) 모든 하중을 인장력으로 전달하게 하여 힘과 좌굴로 인한 불안정성과 허용응력을 감소시켜 지붕 및 바닥 등을 인장력을 가한 케이블로 지지하는 구조 (2) 주로 교량에 사용된다.

19. ②

해설

철근콘크리트의 수명을 단축시키는 근본적이고 치명적인 원인

중성화속도의 급격한 상승은 콘크리트가 고온을 받으면 알칼리성을 지배하고 있는 $Ca(OH)_2$ 가 소실되며 이에 따라 철근부동태막(부식을 방지하는 막)이 상실되어 콘크리트가 중성화된다. 콘크리트는 기본적으로 알칼리성을 띠고 있어 내부 철근의 산화속도를 늦춘다. 철근은 알칼리성인 콘크리트 속에서는 거의 부식되지 않는다. 따라서 콘크리트의 중성화(알칼리성의 상실)는 철근콘크리트의 수명을 단축시키는 근본적이고 치명적인 원인이 된다.

20. ④

해설

죽음에 대한 정서반응

(1) 부정 : 죽어가고 있는 환자의 첫 번째 정서 반응으로 의사의 실수라 믿으며 기적이 일어나길 기다린다. (2) 분노 : 초기의 부정반응에 이어지는 것이 분노이다. (3) 협상 : 그래요. 내가, 하지만...' 이란 태도를 나타낸다. 매우 고통스럽고 죽을 수도 있다는 현실은 인정하지만 삶의 연장을 위해 다양한 방법으로 협상하고자 한다. (4) 우울 : 현실에 대한 가장 명백하고 일반적인 반응이다. 환자는 절망감을 느끼고 우울증에 빠지게 된다. (5) 수용 : 환자가 나타내는 가장 마지막 반응이다. 환자는 상황을 현실로 받아들이고 그들이 할 수 있는 최선을 다하려고 노력한다. 이 기간 동안 가족이나 친구의 적극적이고 많은 도움이 필요하다.

21. ①

해설

구조 현장에서 개인의 안전을 확보하기 위한 단계

(1) 상황에 맞는 개인 안전장비를 착용한다. – 가운, 방화복, 헬멧, 보안경, 장갑 등
(2) 상황에 대한 전반적인 평가를 실시한다. – 위험물질, 자원, 추가자원 필요성 등
(3) 구조 계획을 세운다. – 항상 안전을 우선적으로 생각하고 환자와 대원 사이 또는 대원들 간에 서로 소리(말)를 통해 의사소통을 하며 조직적으로 구조해야 한다.
(4) 주위 변화에 주의를 기울인다. – 폭동 현장이나 계곡 등 주위 변화가 일어날 수 있는 구조 현장에서는 변화에 대한 주의를 기울여야 한다. (5) 안전한 구조를 위해 적절한 인원 및 장비를 사용해야 한다.
– 안전한 구조를 위해 추가 인원 및 장비를 요청해야 한다.

22. ①

해설

산소치료 : 쇼크환자의 산소공급 필요성

대기 중에는 약 21%의 산소가 있으며 정상인은 대기 중 산소로 충분히 제 기능을 할 수 있다. 하지만 다음과 같은 상태의 환자는 추가적인 산소 공급이 필요하다.

– 쇼크(저관류성) : 심혈관계가 각 조직에 충분한 혈액을 공급하지 못해 발생하며 산소공급으로 혈액 중 산소포화도를 높이는 효과가 있다.

23. ②

해설

연소(화재)로 인한 호흡기계 손상 3가지 주요한 요소

(1) 연기 흡입 – 들숨 시 낮은 산소 포화도를 야기한다. 호흡기계 자극, 화상 가능성이 있으며 주위 공기와 타는 물질에 따라 일산화탄소 농도가 달라진다. (2) 연소로 인한 독성물질 흡입 – 황화수소 또는 시안화칼륨과 같은 물질이 기도 내 화학화상을 유발하고 혈중 독성 물질을 생산하기도 한다. 증상 및 징후가 몇 시간 후에 나타날 수도 있다.

(3) 화상 – 가열된 공기, 증기 그리고 불꽃이 기도로 들어와 화상을 일으키는 경우로 부종과 기도폐쇄를 유발한다.

24. ②

해설

「시행규칙」 제8조(구급대의 출동구역) 제1항

① 영 제10조제2항에 따른 구급대의 출동구역은 다음 각 호와 같다.

1. 일반구급대 및 소방서에 설치하는 고속국도구급대 : 구급대가 설치되어 있는 지역 관할 시 · 도
2. 소방청 또는 시 · 도 소방본부에 설치하는 고속국도구급대 : 고속국도로 진입하는 도로 및 인근 구급대의 배치 상황 등을 고려하여 소방청장 또는 소방본부장이 관련 시 · 도의 소방본부장 및 한국도로공사와 협의하여 정한 구역

25. ③

해설

「시행령」 제42조의2(재난관리실태 공시방법 및 시기 등) 제2항

② 시장 · 군수 · 구청장은 매년 3월 31일까지 법 제33조의3제1항에 따른 재난관리 실태를 해당 지방자치단체의 인터넷 홈페이지 또는 공보에 공고해야 한다. 〈개정 2021. 6. 10.〉

제7회 행 정 법

01. ③

해설

③은 권력적 행정이다. ③의 경우 「화재의 예방 및 안전관리에 관한 법률」 제7조의 규정에 따라 실시되는 화재안전조사(종전 소방특별조사)는 행정조사의 성격도 있지만 즉시강제의 성격도 있고, 이를 즉시강제로 다루는 경우도 있다. 나머지는 모두 비권력적 행정이다.

02. ②

해설

②가 비권력적행정이다. 권력행정은 질서행정분야, 규제행정분야, 공용부담행정, 재력취득 및 병력취득 작용에서의 행위 등이다. 하천관리는 관리관계로서 비권력적행정에 해당한다.

03. ④

해설

• ④가 옳지 않다. ④의 경우 신뢰보호의 원칙은 「행정기본법」이 제정되기 이전부터 판례 및 현행법을 통해 인정되고 있다. ①판례는 “법령의 개정에 있어서 구 법령의 존속에 대한 당사자의 신뢰가 합리적이고도 정당하며, 법령의 개정으로 야기되는 당사자의 손해가 극심하여 새로운 법령으로 달성하고자 하는 공익적 목적이 그러한 신뢰의 파괴를 정당화할 수 없다면, 입법자는 경과규정을 두는 등 당사자의 신뢰를 보호할 적절한 조치를 하여야 하며, 이와 같은 적절한 조치 없이 새 법령을 그대로 시행하거나 적용하는 것은 허용될 수 없다 할 것인바, 이는 앞서 본 바와 같이 헌법의 기본원리인 법치주의 원리에서 도출되는 신뢰보호의 원칙에 위배되기 때문이다” 고 하였다. ②판례 외에도 「국세기본법」 제18조 제3항, 「행정절차법」 제4조 제2항에서도 명문으로 신뢰보호의 원칙을 천명하고 있다.

04. ④

해설

• ⑤가 옳다. ⑤의 경우 판례는 “한려해상국립공원지구 인근의 자연녹지지역에서의 토석채취허가가 법적으로 가능할 것이라는 행정청의 언동을 신뢰한 개인이 많은 비용과 노력을 투자하였다가 불허가처분으로 상당한 불이익을 입게 된 경우, 위 불허가처분에 의하여 행정청이 달성하려는 주변의 환경 · 풍치 · 미관 등의 공익이 그로 인하여 개인이 입게 되는 불이익을 정당화할 만큼 강하다는 이유로 불허가처분이 재량권의 남용 또는 신뢰보호의 원칙에 반하여 위법하다고 할 수 없다” 고 하였다(대판 1998.11.13. 98두7343).

05. ①

해설

• ①이 공무수탁사인에 해당하지 않는다. 예외적인 경우이긴 하나 사인이 행정권을 수여 받아 행정권을 행사하는 경우도 있다. 그 예로는 ①사선(私船)의 선장 또는 사항공기의 기장이 호적이나 경찰업무를 수행하는 경우 ②사인의 별정우체국장이 체신업무를 행하는 경우 ③사인이 공공사업의 시행자로서 다른 사인의 토지를 수용하는 경우 ④공증인이 공증업무를 수행하는 경우 ⑤사립대학의 장이 학위를 수여하는 경우 ⑥사인이 자동차 검사를 대행하는 경우 등이 그 예이다.

06. ④

해설

• ④의 모든 국민은 소방행정객체가 아니다. • ㉠행정주체에 대하여 그 상대방이 되는 자(대상자)를 행정객체라고 한다. • ㉡일반적으로 행정객체는 사인(즉, 일반국민)이 되는 것이 원칙이나 공공단체도 국가 또는 다른 공공단체에 대한 관계에 있어서는 행정객체가 될 수 있다. • ㉢그러나 소방행정 객체를 따로 구분할 경우는 모든 국민은 포함되지 아니하고 ① 소방대상물 또는 특정소방대상물의 관계인(소유자·관리자·점유자) ②위험물제조소 등의 관계인 ③인·허가 관련 출원인 ④소방시설관리업자

⑤소방시설공사업자 ⑥소방시설의 설계 및 감리업자 등이 되겠고 ⑦ 국가 및 지방자치단체와 한국소방안전원 또는 국가 및 지방자치단체와 한국소방산업기술원과의 관계에서 한국소방안전원 및 한국소방산업기술원은 소방행정 객체가 되는 것이다.

07. ②

해설 • ②가 옳다. 판례는 "따라서 인 · 허가의제 효과를 수반하는 건축신고는 일반적인 건축신고와는 달리, 특별한 사정이 없는 한 행정청이 그 실체적 요건에 관한 심사를 한 후 수리하여야 하는 이른바 '수리를 요하는 신고'로 보는 것이 옳다"고 하였다(대판 2011.1.20. 2010두14954, 전원합의체).

08. ①

해설 • ①이 옳지 않다. ①의 경우 판례는 "소멸시효는 객관적으로 권리가 발생하여 그 권리를 행사할 수 있는 때로부터 진행하고 그 권리를 행사할 수 없는 동안만은 진행하지 아니하는데, 여기서 권리를 행사할 수 없는 경우라 함은 그 권리행사에 법률상의 장애사유가 있는 경우를 말하는데, 변상금 부과처분에 대한 취소소송이 진행중이라도 그 부과권자로서는 위법한 처분을 스스로 취소하고 그 하자를 보완하여 다시 적법한 부과처분을 할 수도 있는 것이어서 그 권리행사에 법률상의 장애사유가 있는 경우에 해당한다고 할 수 없으므로, 그 처분에 대한 취소소송이 진행되는 동안에도 그 부과권의 소멸시효가 진행된다"고 하였다(대판 2006.2.10. 2003두5686).

09. ④

해설 • ④가 옳다. 즉, ㄱ, ㄴ, ㄷ, ㄹ이 모두 옳다. • ㄱ의 경우 판례는 "변상금 부과처분에 대한 취소소송이 진행중이라도 그 부과권자로서는 위법한 처분을 스스로 취소하고 그 하자를 보완하여 다시 적법한 부과처분을 할 수도 있는 것이어서 그 권리행사에 법률상의 장애사유가 있는 경우에 해당한다고 할 수 없으므로, 그 처분에 대한 취소소송이 진행되는 동안에도 그 부과권의 소멸시효가 진행된다"고 하였다(대판 2006.2.10. 2003두5686). • ㄴ의 경우 판례는 "과세예고 통지 후 과세전적부심사 청구나 그에 대한 결정이 있기도 전에 과세처분을 하는 것은 원칙적으로 과세전적부심사 이후에 이루어져야 하는 과세처분을 그보다 앞서 함으로써 과세전적부심사 제도 자체를 형해화시킬 뿐만 아니라 과세전적부심사 결정과 과세처분 사이의 관계 및 그 불복절차를 불분명하게 할 우려가 있으므로, 그와 같은 과세처분은 납세자의 절차적 권리를 침해하는 것으로서 그 절차상 하자가 중대하고도 명백하여 무효이다"고 하였다(대판 2020.4.9. 2018두57490). • ㄷ의 경우 판례는 "권한없는 행정기관이 한 당연무효인 행정처분을 취소할 수 있는 권한은 당해 행정처분을 한 처분청에게 속하고, 당해 행정처분을 할 수 있는 적법한 권한을 가지는 행정청에게 그 취소권이 귀속되는 것이 아니다"고 하였다(대판 1984.10.10. 84누463). • ㄹ의 경우 판례는 "수익적 행정처분의 하자가 당사자의 사실은폐나 기타 사위의 방법에 의한 신청행위에 기인한 것이라면, 당사자는 처분에 의한 이익을 위법하게 취득하였음을 알아 취소가능성도 예상하고 있었을 것이므로, 그 자신이 처분에 관한 신뢰이익을 원용할 수 없음은 물론, 행정청이 이를 고려하지 않았다 하여도 재량권의 남용이 되지 않고, 이 경우 당사자의 사실은폐나 기타 사위의 방법에 의한 신청행위가 제3자를 통하여 소극적으로 이루어졌다고 하여 달리 볼 것이 아니다"고 하였다(대판 2008.11.13. 2008두8628).

10. ④

해설 • ④가 옳지 않다. 판례는 "공익법인의 기본재산의 처분에 관한 공익법인의 설립 · 운영에 관한 법률 제11조 제3항의 규정은 강행규정으로서 이에 위반하여 주무관청의 허가를 받지 않고 기본재산을 처분하는 것은 무효라 할 것인데, 위 처분허가에 부관을 붙인 경우 그 처분허가의 법률적 성질이 형성적 행정행위로서의 인가에 해당한다고 하여 조건으로서의 부관의 부과가 허용되지 아니한다고 볼 수는 없고, 다만 구체적인 경우에 그것이 조건, 기한, 부담, 철회권의 유보 중 어느 종류의 부관에 해당하는지는 당해 부관의 내용, 경위 기타 제반 사정을 종합하여 판단하여야 할 것이다"고 하였다(대판 2005.9.28. 2004다50044).

11. ③

해설 • 허가는 공법적 효과만 발생하지만 인가와 특허는 공·사법적 효과가 발생한다. • ①은 인가 ②와 ④는 특허로서 공·사법적 효과가 발생하나 ③는 허가로서 공법적 효과만 발생한다.

12. ③

해설 • ③이 적절하지 않다. 「행정기본법」 제16조
제16조(결격사유) ① 자격이나 신분 등을 취득 또는 부여할 수 없거나 인가, 허가, 지정, 승인, 영업등록, 신고 수리 등(이하 "인허가"라 한다)을 필요로 하는 사업 등을 할 수 없는 사유(이하 이 조에서 "결격사유"라 한다)는 법률로 정한다. ② 결격사유를 규정할 때에는 다음 각 호의 기준에 따른다.1. 규정의 필요성이 분명할 것 2. 필요한 항목만 최소한으로 규정할 것 3. 대상이 되는 자격, 신분, 영업 또는 사업 등과 실질적인 관련이 있을 것 4. 유사한 다른 제도와 균형을 이룰 것

13. ④

해설 • ④가 옳지 않다. 판례는 "이미 취소소송의 제기기간을 경과하여 확정력이 발생한 행정처분의 경우에는 위헌결정의 소급효가 미치지 않는다고 보아야 할 것이고, 일반적으로 법률이 헌법에 위반된다는 사정이 헌법재판소의 위헌결정이 있기 전에는 객관적으로 명백한 것이라고 할 수는 없으므로 특별한 사정이 없는 한 이러한 하자는 행정처분의 취소사유에 해당할 뿐 당연무효 사유는 아니다. 따라서 설령 이 사건 각 부과처분의 근거법률이 위헌이라고 하더라도 그 위헌성이 명백하다는 등 특별한 사정이 있다고 볼 자료가 없는 한 각 부과처분에는 취소할 수 있는 하자가 있음에 불과하고 각 부과처분에 불가쟁력이 발생하여 더 이상 다툴 수 없는 이상 각 부과처분의 하자가 각 압류처분의 효력에 아무런 영향을 미칠 수 없으므로, 각 부과처분의 근거법률의 위헌 여부에 의하여 당해사건인 압류처분취소의 소의 주문이 달라지거나 재판의 내용과 효력에 관한 법률적 의미가 달라지는 경우로 볼 수 없다"고 하였다(헌재결 2004.1.29. 2002헌바73 전원재판부).

14 ①

해설 • ①이 옳지 않다. 판례는 "담당 소방공무원이 행정처분인 위 명령을 구술로 고지한 것은 행정절차법 제24조를 위반한 것으로 하자가 중대하고 명백하여 당연 무효이고, 무효인 명령에 따른 의무위반이 생기지 아니하는 이상 피고인에게 명령 위반을 이유로 소방시설 설치유지 및 안전관리에 관한 법률 제48조의2 제1호에 따른 행정형벌을 부과할 수 없다"고 하였다(대판 2011.11.10. 2011도11109).

15. ③

해설 • ③이 실효의 사유로 보기 어렵다.• 행정행위는 ㉠그 대상의 소멸로서 실효되는바, 사람의 사망이나 물건의 소멸 등으로 당연히 효력이 소멸되는 것이 그것이다. ㉡또한 해제조건의 성취나 종기의 도래에 의해 소멸되는바, 해제조건이 붙은 행정행위는 그 조건인 사실이 발생함으로써, 종기(終期)가 붙은 행정행위는 종기가 도래함으로써 각각 그 효력이 당연히 소멸된다. ㉢또 헝정행위는 목적달성에 따라 그 목적이 완료됨으로써 효력이 소멸한다.

16. ②

해설 ②가 적절한 설명이다. 행정행위의 실효사유가 발생하면 행정청의 특별한 의사행위를 기다릴 것 없이 그때부터 장래에 향하여 당연히 효력이 소멸된다.

17. ③

해설 • ③이 적절하지 않다. • 행정청은 청문을 실시하고자 하는 경우에 청문이 시작되는 날부터 10일전까지 ㉠처분의 제목 ㉡당사자의 성명 또는 명칭과 주소 ㉢처분하고자 하는 원인이 되는 사실과 처분의 내용 및 법적 근거 ㉣처분에 대하여 의견을 제출할 수 있다는 뜻과 의견을 제출하지 아니하는 경우의 처리방법 ㉤의견제출 기관의 명칭과 주소 ㉥의견제출 기한 등을 당사자 등에게 통지하여야 한다(「행정절차법」 제21조제2항 전단).

18. ③

해설 • ③이 적절하지 않다. 청문은 당사자의 공개신청이 있거나 청문주재자가 필요하다고 인정하는 경우 이를 공개할 수 있다(「행정절차법」 제30조)

19. ①

해설 • ①이 옳지 않다. 판례는 "건축법상의 이행강제금은 시정명령의 불이행이라는 과거의 위반행위에 대한 제재가 아니라, 의무자에게 시정명령을 받은 의무의 이행을 명하고 그 이행기간 안에 의무를 이행하지 않으면 이행강제금이 부과된다는 사실을 고지함으로써 의무자에게 심리적 압박을 주어 의무의 이행을 간접적으로 강제하는 행정상의 간접강제 수단에 해당한다. 이러한 이행강제금의 본질상 시정명령을 받은 의무자가 이행강제금이 부과되기 전에 그 의무를 이행한 경우에는 비록 시정명령에서 정한 기간을 지나서 이행한 경우라도 이행강제금을 부과할 수 없다" 고 하였다(대판 2018.1.25. 2015두35116).

20. ④

해설 • 「행정기본법」 제33조 제3항 ③ 제2항에도 불구하고 집행책임자는 즉시강제를 하려는 재산의 소유자 또는 점유자를 알 수 없거나 현장에서 그 소재를 즉시 확인하기 어려운 경우에는 즉시강제를 실시한 후 집행책임자의 이름 및 그 이유와 내용을 고지할 수 있다. 다만, 다음 각 호에 해당하는 경우에는 게시판이나 인터넷 홈페이지에 게시하는 등 적절한 방법에 의한 공고로써 고지를 갈음할 수 있다. 〈신설 2024.1.16.〉 1. 즉시강제를 실시한 후에도 재산의 소유자 또는 점유자를 알 수 없는 경우 2. 재산의 소유자 또는 점유자가 국외에 거주하거나 행방을 알 수 없는 경우 3. 그 밖에 대통령령으로 정하는 불가피한 사유로 고지할 수 없는 경우

21. ③

해설 • ③이 옳지 않다. 판례는 "명의신탁자에 대하여 과징금을 부과할 것인지 여부는 기속행위에 해당하므로, 명의신탁이 조세를 포탈하거나 법령에 의한 제한을 회피할 목적이 아닌 경우에 한하여 그 과징금을 일정한 범위 내에서 감경할 수 있을 뿐이지 그에 대하여 과징금 부과처분을 하지 않거나 과징금을 전액 감면할 수 있는 것은 아니다" 고 하였다(대판 2007.7.12. 2005두17287).

22. ③

해설 • ③이 옳지 않다. 판례는 "이행강제금 부과처분을 받은 자가 이행강제금을 기한 내에 납부하지 아니한 때에는 그 납부를 독촉할 수 있으며, 납부독촉에도 불구하고 이행강제금을 납부하지 않으면 체납절차에 의하여 이행강제금을 징수할 수 있고, 이때 이행강제금 납부의 최초 독촉은 징수처분으로서 항고소송의 대상이 되는 행정처분이 될 수 있다" 고 하였다(대판 2009.12.24. 2009두14507).

23. ①

해설 • ①이 옳다. ※「행정심판법」 제50조(위원회의 직접 처분)제2항. ② 위원회는 제1항 본문에 따라 직접 처분을 하였을 때에는 그 사실을 해당 행정청에 통보하여야 하며, 그 통보를 받은 행정청은 위원회가 한 처분을 자기가 한 처분으로 보아 관계 법령에 따라 관리 · 감독 등 필요한 조치를 하여야 한다.

24. ③

해설 • ③이 옳지 않다. 판례는 "재결이 확정된 경우에도 처분의 기초가 된 사실관계나 법률적 판단이 확정되고 당사자들이나 법원이 이에 기속되어 모순되는 주장이나 판단을 할 수 없게 되는 것은 아니다" 고 하였다(대판 2015.11.27. 2013다6759).

25. ②

해설 • ②가 옳다. 판례는 "지방의회를 대표하고 의사를 정리하며 회의장 내의 질서를 유지하고 의회의 사무를 감독하며 위원회에 출석하여 발언할 수 있는 등의 직무권한을 가지는 지방의회 의장에 대한 불신임의결은 의장으로서의 권한을 박탈하는 행정처분의 일종으로서 항고소송의 대상이 된다" 고 하였다(대판 1994.10.11. 자 94두23).

제7회 소방법령 Ⅳ

01. ④

해설 「임용령」 제9조(위원장의 직무) 제1항
① 위원장은 인사위원회의 사무를 총괄하며, 인사위원회를 대표한다.

02. ③

해설 「임용령 시행규칙」 제17조(인사기록의 편철 등) 제1항
① 인사기록(표준인사관리시스템으로 작성 · 유지 · 관리되는 인사기록은 제외한다)은 별지 제5호서식의 소방공무원인사기록철에 편철해야 한다. 〈개정 2020.3.13.〉

03. ①

해설 「임용령 시행규칙」 제23조 제8항부터 제10항
⑧소방공무원의 임용을 위한 각종 시험의 경우 학력에 의한 제한을 두지 않는다. 다만, 영 제15조제5항에 따른 경력경쟁채용시험등은 별표 4에 따른 학력을 가진 사람이 아니면 응시할 수 없다. 〈개정 2021. 7. 13.〉
⑨소방청장은 원활한 결원보충과 지역적인 특수성을 고려하여 필요하다고 인정할 경우에는 일정한 지역에서 일정한 기간 동안 거주한 사람으로 응시자격을 제한하여 시험을 실시할 수 있다.
⑩「국가공무원법」 또는 다른 법령에 따라 공무원으로 임용될 수 없는 사람은 소방공무원의 임용을 위한 각종 시험에 응시할 수 없다. 〈개정 2020. 3. 13.〉

04. ②

해설 「임용령 시행규칙」 제23조의2 및 별표7
이 경우는 남 : 52 이상, 여 : 42 이상이다.

05. ③

해설 「임용령 시행규칙」 제28조 제4항
④ 제3항에 따른 서류를 제출받은 경력경쟁채용시험등 실시권자는 필요한 경우에는 행정정보의 공동이용을 통하여 다음 각 호의 행정정보를 확인해야 한다. 다만, 시험응시자가 확인에 동의하지 않거나 행정정보의 공동이용을 통하여 서류를 확인할 수 없는 경우에는 그 서류(국가기술자격증의 경우에는 그 사본을 말한다)를 제출하도록 해야 한다. 〈개정 2023. 5. 9.〉
1. 병적사항이 기재된 주민등록표 초본, 병적증명서 또는 군복무확인서
2. 「국가기술자격법」에 따른 국가기술자격증(소지자에 한한다)
3. 국가보훈부장관이 발급하는 취업지원 대상자 증명서
4. 「의사상자 등 예우 및 지원에 관한 법률」에 따른 의사상자 증명서

06. ②

해설 「임용령」 제30조의3(시간제근무) 제3항〈개정 2020.3.10.〉
③ 임용권자 또는 임용제청권자는 제1항에 따라 시간선택제전환 소방공무원을 지정한 경우에는 그 공무원의 남은 근무시간의 범위에서 「공무원임용령」에 따른 시간선택제임기제공무원을 채용할 수 있다.

07. ①

해설 「승진임용 규정」 제6조 제2항 및 제3항

②제1항에 따라 승진임용 제한기간 중에 있는 사람이 다시 징계처분을 받은 경우의 승진임용 제한기간은 전 처분에 대한 제한기간이 끝난 날부터 계산하고, 징계처분으로 승진임용 제한기간 중에 있는 사람이 휴직하거나 직위해제처분을 받는 경우 징계처분에 따른 남은 승진임용 제한기간은 복직한 날부터 계산한다.

③소방공무원이 징계처분을 받은 후 해당 계급에서 훈장 · 포장 · 모범공무원포상 · 국무총리이상의 표창 또는 제안의 채택 · 시행으로 포상을 받은 경우에는 제1항제2호 및 제3호에 따른 승진임용 제한기간의 2분의1을 단축할 수 있다.

08. ③

해설 「승진임용 규정」 제12조 제1항

① 승진대상자명부의 총평정점이 같은 경우에는 다음 각 호의 순서에 따라 선순위자를 결정한다.1. 근무성적평정점이 높은 사람 2. 해당 계급에서 장기근무한 사람 3. 해당 계급의 바로 하위 계급에서 장기근무한 사람
4. 소방공무원으로 장기근무한 사람

09. ②

해설 「승진임용 규정」 제34조 제5항

⑤ 제4항에 따라 최종합격자를 결정할 때 시험승진임용예정 인원수를 초과하여 동점자가 있는 경우에는 승진대상자명부 순위가 높은 순서에 따라 최종합격자를 결정한다.〈개정 2024.1.2.〉

10. ②

해설 「소방공무원법」 제21조(거짓 보고 등의 금지)

① 소방공무원은 직무에 관한 보고나 통보를 거짓으로 하여서는 아니 된다.
② 소방공무원은 직무를 게을리하거나 유기(遺棄)해서는 아니 된다.
※ 「소방공무원법」 제34조(벌칙)

제34조(벌칙) 다음 각 호의 어느 하나에 해당하는 자는 5년 이하의 징역 또는 금고에 처한다. 1. 화재 진압 업무에 동원된 소방공무원으로서 제21조제1항을 위반하여 거짓 보고나 통보를 하거나 같은 조 제2항을 위반하여 직무를 게을리하거나 유기한 자 2. 화재 진압 업무에 동원된 소방공무원으로서 「국가공무원법」 제57조를 위반하여 상관의 직무상 명령에 불복하거나 같은 법 제58조제1항을 위반하여 직장을 이탈한 자 3. 화재 진압 또는 구조 · 구급 활동을 할 때 소방공무원을 지휘 · 감독하는 자로서 제22조를 위반하여 정당한 이유 없이 그 직무수행을 거부 또는 유기하거나 소방공무원을 지정된 근무지에서 진출 · 후퇴 또는 이탈하게 한 자

11. ②

해설 「소방공무원 징계령」 제8조(회의의 비공개)

징계위원회의 심의 · 의결의 공정성을 보장하기 위하여 다음 각 호의 사항은 공개하지 않는다.

12. ④

해설 「소방공무원 징계령」 제9조 제1항 제1호

①소방공무원의 징계의결 또는 징계부가금 부과 의결(이하 "징계의결등" 이라 한다) 요구권자는 다음 각 호와 같다. 〈개정 2023. 10. 10.〉
1. 소방준감 이상의 소방공무원은 소방청장. 다만, 「소방공무원임용령」 제3조제1항 및 같은 조 제5항제1호에 따라 시 · 도지사가 임용권을 행사하는 소방준감 이상의 소방공무원은 시 · 도지사를 말한다.

13. ①

해설 「교육훈련규정」 제8조(교육훈련기관 간 협업 · 개방) 제1항 본문

① 소방청장은 국가 및 지방자치단체의 재난대응 역량을 제고하고, 교육훈련기관 운영의 효율성을 높이기 위하여 교육훈련기관의 장에게 다음 각 호의 사항에 관하여 협업 · 개방 등을 요청할 수 있다. 이 경우 시 · 도에 설치된 교육훈련기관의 장에게 요청할 때에는 시 · 도지사와 먼저 협의해야 한다.

14. ①

해설 「시행령」 제3조 및 별표1 비고 19호 전단

19."자기반응성물질"이라 함은 고체 또는 액체로서 폭발의 위험성 또는 가열분해의 격렬함을 판단하기 위하여 고시로 정하는 시험에서 고시로 정하는 성질과 상태를 나타내는 것을 말한다.

15. ②

해설 「시행령」 제3조 및 별표1 비고 21호

21."산화성액체"라 함은 액체로서 산화력의 잠재적인 위험성을 판단하기 위하여 고시로 정하는 시험에서 고시로 정하는 성질과 상태를 나타내는 것을 말한다.

16. ③

해설 「시행규칙」 제71조 제4항

④ 기술원은 제72조제4항의 소방청장이 정하여 고시하는 기준에 따라 정기검사를 실시한 결과 다음 각 호의 구분에 따른 사항이 적합하다고 인정되면 검사종료일부터 10일 이내에 별지 제46호서식의 정기검사합격확인증을 관계인에게 발급하고, 그 결과보고서를 작성하여 소방서장에게 제출해야 한다. 〈개정 2021. 7. 13.〉
1. 정밀정기검사 대상인 경우: 특정 · 준특정옥외저장탱크에 대한 다음 각 목의 사항
가. 수직도 · 수평도에 관한 사항(지중탱크에 대한 것은 제외한다)
나. 밑판(지중탱크의 경우에는 누액방지판을 말한다)의 두께에 관한 사항
다. 용접부에 관한 사항
라. 구조 · 설비의 외관에 관한 사항
2. 제70조제1항제2호에 따른 중간정기검사 대상인 경우: 특정 · 준특정옥외저장탱크의 구조 · 설비의 외관에 관한 사항

17. ④

해설 「시행규칙」 제74조(자체소방대 편성의 특례)

영 제18조제3항 단서의 규정에 의하여 2 이상의 사업소가 상호응원에 관한 협정을 체결하고 있는 경우에는 당해 모든 사업소를 하나의 사업소로 보고 제조소 또는 취급소에서 취급하는 제4류 위험물을 합산한 양을 하나의 사업소에서 취급하는 제4류 위험물의 최대수량으로 간주하여 동항 본문의 규정에 의한 화학소방자동차의 대수 및 자체소방대원을 정할 수 있다. 이 경우 상호응원에 관한 협정을 체결하고 있는 각 사업소의 자체소방대에는 영 제18조제3항 본문의 규정에 의한 화학소방차 대수의 2분의 1 이상의 대수와 화학소방자동차마다5인 이상의 자체소방대원을 두어야 한다.

18. ①

해설 「시행규칙」 제30조 및 별표6 Ⅳ 제2호 나목의 2)

2) 소방청장이 정하여 고시하는 범위내에 있는 지반이 다음의 기준에 적합할 것
가) 탱크하중에 대한 지지력 계산에 있어서의 지지력안전율 및 침하량 계산에 있어서의 계산침하량이 소방청장이 정하여 고시하는 값일 것
나) 기초(소방청장이 정하여 고시하는 것에 한한다. 이하 이 호에서 같다)의 표면으로부터 3m 이내의 기초직하의 지반부분이 기초와 동등 이상의 견고성이 있고, 지표면으로부터의 깊이가 15m까지의 지질(기초의 표면으로부터 3m 이내의 기초직하의 지반부분을 제외한다)이 소방청장이 정하여 고시하는 것외의 것일 것
다) 점성토(찰기가 있는 흙) 지반은 압밀도시험에서, 사질토(砂質土) 지반은 표준관입시험에서 각각 압밀하중에 대하여 압밀도가 90%[미소한 침하가 장기간 계속되는 경우에는 10일간(이하 이 호에서"미소침하측정기간"이라 한다) 계속하여 측정한 침하량의 합의 1일당 평균침하량이 침하의 측정을 개시한 날부터 미소침하측정기간의 최종일까지의 총침하량의 0.3% 이하인 때에는 당해 지반에서의 압밀도가 90%인 것으로 본다] 이상 또는 표준관입시험치가 평균 15 이상의 값일 것

19. ②

해설 「시행규칙」 제30조 및 별표6 Ⅵ 제4호
4. 옥외저장탱크는 위험물의 폭발 등에 의하여 탱크내의 압력이 비정상적으로 상승하는 경우에 내부의 가스 또는 증기를 상부로 방출할 수 있는 구조로 하여야 한다.

20. ④

해설 「시행규칙」 제37조 및 별표13 Ⅳ 제2호 나목
나. 이동저장탱크의 상부를 통하여 주입하는 고정급유설비의 주유관에는 당해 탱크의 밑부분에 달하는 주입관을 설치하고, 그 배출량이 분당 80리터를 초과하는 것은 이동저장탱크에 주입하는 용도로만 사용할 것

21. ①

해설 「시행규칙」 제37조 및 별표13 Ⅳ 제4호 가목
가. 고정주유설비의 중심선을 기점으로 하여 도로경계선까지 4m 이상, 부지경계선·담 및 건축물의 벽까지 2m(개구부가 없는 벽까지는 1m) 이상의 거리를 유지하고, 고정급유설비의 중심선을 기점으로 하여 도로경계선까지 4m 이상, 부지경계선 및 담까지 1m 이상, 건축물의 벽까지 2m(개구부가 없는 벽까지는 1m) 이상의 거리를 유지할 것

22. ③

해설 「시행규칙」 제41조 및 별표17 Ⅰ 제1호 가목의 표
옥내저장소로서 지정수량의 150배 이상인 것[고인화점위험물만을 저장하는 것 및 제48조의 위험물(화약류를 말함)을 저장하는 것은 제외]이 소화난이도 등급 Ⅰ에 해당한다.

23. ④

해설 「시행규칙」 제41조 및 별표17 Ⅰ 제1호 가목의 표

옥외탱크저장소	액표면적이 40㎡ 이상인 것(제6류 위험물을 저장하는 것 및 고인화점위험물만을 100℃ 미만의 온도에서 저장하는 것은 제외)
	지반면으로부터 탱크 옆판의 상단까지 높이가 6m 이상인 것(제6류 위험물을 저장하는 것 및 고인화점위험물만을 100℃ 미만의 온도에서 저장하는 것은 제외)
	지중탱크 또는 해상탱크로서 지정수량의 100배 이상인 것(제6류 위험물을 저장하는 것 및 고인화점위험물만을 100℃ 미만의 온도에서 저장하는 것은 제외)
	고체위험물을 저장하는 것으로서 지정수량의 100배 이상인 것

24. ③

해설 「시행규칙」 제49조 및 별표18 Ⅳ 제5호 아목의 8)
8) 이동탱크저장소는 별표 10 Ⅰ의 규정에 의한 상치장소에 주차할 것. 다만, 원거리 운행 등으로 상치장소에 주차할 수 없는 경우에는 다음의 장소에도 주차할 수 있다. 가) 다른 이동탱크저장소의 상치장소 나) 「화물자동차 운수사업법」에 의한 일반화물자동차운송사업을 위한 차고로서 별표 10 Ⅰ의 규정에 적합한 장소 다) 「물류시설의 개발 및 운영에 관한 법률」에 따른 물류터미널의 주차장으로서 별표 10 Ⅰ의 규정에 적합한 장소
라) 「주차장법」에 의한 주차장중 노외의 옥외주차장으로서 별표 10 Ⅰ의 규정에 적합한 장소 마) 제조소등이 설치된 사업장 내의 안전한 장소
바) 도로(갓길 및 노상주차장을 포함한다) 외의 장소로서 화기취급장소 또는 건축물로부터 10m 이상 이격된 장소 사) 벽 · 기둥 · 바닥 · 보 · 서까래 및 지붕이 내화구조로 된 건축물의 1층으로서 개구부가 없는 내화구조의 격벽 등으로 당해 건축물의 다른 용도의 부분과 구획된 장소
아) 소방본부장 또는 소방서장으로부터 승인을 받은 장소

25. ④

해설 「시행규칙」 제49조 및 별표18 Ⅳ 제6호 라목〈개정 2024.5.20.〉
라. 아세트알데하이드등의 이동탱크저장소에 있어서 이동저장탱크로부터 아세트알데하이드등을 꺼낼 때에는 동시에 100㎪ 이하의 압력으로 불활성의 기체를 봉입할 것

제7회 소방전술

01. ④

해설 **화재진행에 영향을 미치는 요인**
복사는 어떤 방에서 화재가 성장기로부터 최성기로 전환되는데 있어서 중요한 역할을 한다. 뜨거운 가스층이 천장부분에서 형성될 때에, 연기 속에 들어 있는 뜨거운 미립자들은 구획실에 있는 다른 가연물들로 에너지를 방사하기 시작한다. 이렇게 발화원에서 떨어져 있는 가연물들은 때때로 '표적 가연물'이라고 불린다. 복사에너지가 증가하게 되면, 표적 가연물은 열분해반응을 시작하고 가연성가스를 발산하기 시작한다. 구획실 내의 온도가 이들 가스의 발화온도에 도달하면, 방 전체는 화재로 휩싸이게(플래시오버) 된다.

02. ④

해설 **화재의 특수현상과 대응** ; 밀폐된 내화구조 건축물 내에서 화재가 진행될 때 연소과정은 산소공급이 부족한 상태에서 서서히 훈소된다. 이때 불완전 연소된 가연성가스와 열이 집적된 상태에서 일시에 다량의 공기(산소)가 공급될 때 순간적으로 폭발적 발화현상이 발생하는데 이를 역류성 폭발 또는 백드래프트 현상이라 한다.

03. ②

해설 **가스시설 화재진압**
가스의 연소가 가스분출 구멍의 가스 유출속도보다 더 클 때, 또는 연소속도는 일정해도 가스의 유출속도가 더 작게 되었을 때 불꽃은 가스분출 구멍에서 버너 내부로 침입하여 관창의 끝에서 연소하여 플래쉬백을 일으킨다.

04. ③

해설 **고층건물 화재진압** : 이는 폭열현상을 설명하고 있다.

05. ③

해설 **고층건물 화재진압**
정면공격은 고층건물 화재에서 가장 흔하고 성공적으로 사용되는 전략이다. 소방대원들은 화점층 진입통로를 따라 호스를 전개하여 직접적으로 진압하는 공격적 전략에 해당한다. 고층화재 사례 중 95% 정도는 이와 같은 정면공격전략에 의해 진압된다.

06. ②.

해설 **지휘관의 안전수칙(5)~(8)**
(5) 대형화재일 경우에는 현장안전점검관(현장안전담당)은 방면안전보조자를 두어 정보를 수집한다.
(6) 현장안전점검관(현장안전담당)은 현장을 순회하면서 안전을 유지하며, 문제의 정보가 수집되면 즉시 대원들에게 전파하여야 한다.
(7) 현장안전점검관(현장안전담당)은 안전장비 착용사항을 점검하고 2인1조로 행동하도록 조치하여야 한다.
(8) 지휘관은 대원들을 화재진압 · 인명구조를 위한 탐색 · 구조에 임할 때는 현장안전점검관(현장안전담당)에게 보고하고 내부진입을 하도록 하여야 한다.

07. ④

해설

화재현장 소방작전 활동 안전관리 : 파괴작업

유리를 파괴할 때에는 방화모의 앞부분으로 가리고 유리측면에 위치토록 하되, 파괴는 관창이나 갈고리·해머(hammer) 등으로 파괴하고 손이나 드라이버(driver)등으로 작업하지 말 것이며 대형유리는 윗부분부터 파괴하고 창살파편은 완전히 제거하라.

08. ②

해설

구조현장 안전관리 : 산악 · 암벽 · 빙벽인명구조 시 유의사항

길을 잃기 쉬우므로 나침반과 지도를 휴대한다.

09. ②

해설

「화재조사 및 보고규정」 제2조(용어의 정의) ; "최종잔가율"이란 피해물의 경제적 내용연수가 다한 경우 잔존하는 가치의 재구입비에 대한 비율을 말한다.

10. ④

해설

「화재조사 및 보고규정」 제14조(부상자 분류)

부상의 정도는 의사의 진단을 기초로 하여 다음 각 호와 같이 분류한다. 1. 중상 : 3주 이상의 입원치료를 필요로 하는 부상을 말한다. 2. 경상 : 중상 이외의 부상(입원치료를 필요로 하지 않는 것도 포함한다)을 말한다. 다만, 병원 치료를 필요로 하지 않고 단순하게 연기를 흡입한 사람은 제외한다.

11. ①

해설

위험물사고 대응요령 : 위험물의 누출 및 화재발생 시 조치

물과 반응하는 물질에는 폼을 사용하는 것이 바람직하지 않다. 반응으로부터 오는 피해는 폼을 사용하는데서 얻는 이익보다 클 수 있기 때문이다.

12. ①

해설

위험물 분류 및 표지에 관한 기준

유해위험성 분류의 항목은 29개이다(세부 내용은 다음 문제 해설 참조).

13. ④

해설

소방용수시설의 표지 등(제6조 제1항 및 별표2)

급수탑 및 지상에 설치하는 소화전·저수조의 경우 소방용수표지는 다음과 같다.

가. 규격

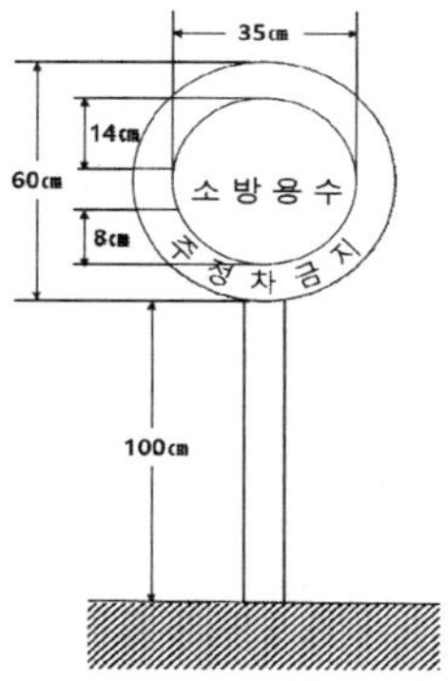

나. 안쪽 문자는 흰색, 바깥쪽 문자는 노란색으로, 안쪽 바탕은 붉은색, 바깥쪽 바탕은 파란색으로 하고, 반사재료를 사용해야 한다.

다. 가목의 규격에 따른 소방용수표지를 세우는 것이 매우 어렵거나 부적당한 경우에는 그 규격 등을 다르게 할 수 있다.

14. ④

해설

구조대상자와의 상호관계 : 특수상황의 배려(청각장애인)

청각장애인 구조는 평소에 관련된 기초수어를 익혀두고 구조대상자가 큰 부상을 입지 않았다면 필기도구를 준비하여 필담을 주고 받을 수 있다. 대화에 앞서 구조대상자를 주목시키기 위해서 그의 앞에 서서 이름을 부르거나 팔, 어깨 등을 가볍게 건드리거나 책상, 벽을 두드리는 방법으로 주목을 끈다. 너무 큰 소리를 낼 필요는 없다. 일부 청각장애인들은 입 모양을 보고도 대화하고자 하는 내용을 알 수 있으므로 입 모양을 크고 정확하게 말한다. 이를 구순독법(Lip reading)이라 하는데, 일부러 너무 크게 입을 벌리는 것도 불쾌하게 느낄 수 있으므로 한 글자 한 글자씩 또박또박 말하듯 하는 것이 좋다. 또한 혼잣말을 하는 경우 공연한 의혹을 살 가능성이 있으므로 주의한다.

15. ①

해설

구조거절 확인서의 작성

구조 요청을 거절한 경우에는 구조를 요청한 사람이나 목격자에게 알리고, '구조거절 확인서' 를 작성하여 소속 소방관서장에게 보고하고 소속 소방관서에 3년간 보관하여야 한다. 이 구조거절 확인서는 소송 등 분쟁발생시 근거자료로 활용될 수 있으므로 현장상황과 조치내용을 자세하게 기록해야 한다.

16. ①

해설

로프 묶기 : 간접 고정하기

(1) 지지물이 크거나 틈새가 좁아 지지물에 직접 로프를 묶기 곤란한 경우 또는 신속히 설치하여야 할 필요가 있는 경우에 사용하는 방법이다. (2) 지지점에 슬링이나 보조로프를 감아 확보지점을 만들고 카라비나를 설치한 다음 8자매듭이나 고정매듭을 하여 카라비나에 로프를 건다.

17. ②

해설

회수로프 설치

회수 매듭(Blocking loop)을 이용하는 방법의 사진이다. 이는 하강지점에서 풀 수 있는 회수 매듭이다. 3번 이상 교차 매듭하고 풀리는 로프를 잘 기억해야 한다. 푸는 로프를 착각하여 잘못 당기거나 하강도중 공포감으로 인하여 매듭을 당기면 추락의 위험성이 있으므로 숙달되지 않은 사람은 사용하지 않도록 한다.

18. ④

해설

항공기 사고 시 : 내부 생존자 구출

이 경우는 먼저 한 사람의 구조대원만이 비행기 안에 진입해야 한다. 다른 대원들은 진입한 선두 대원이 상황을 판단할 때까지 기다려야 한다.

19. ④

해설

헬기활용 인명구조 시 탐색 절차

실종자를 찾을 때 항공기로부터의 탐색은 일반적으로 300ft(90m) 이하, 시속 60마일 이하에서 실시된다. 공중 관찰은 지루하고 피곤한 일이기 때문에 이러한 임무는 의욕이 큰 사람에게 주어져야 한다. 장시간 주의를 집중하는 동안 특히 기류가 불안할 때 멀미를 일으킬 수 있기 때문에 가능하면 경험이 풍부한 대원이 담당하는 것이 좋다.

20. ③

해설

전염 경로

질 병	전염 경로
간염	혈액, 대변, 체액, 오염된 물질

21. ①

해설

후천성면역결핍증(AIDS)의 잠복기

질 병	전염 경로	잠복기
후천성면역결핍증 (AIDS)	HIV에 감염된 혈액, 성교, 수혈, 주사바늘, 모태감염	몇 개월 또는 몇 년
수두	공기, 감염부위의 직접 접촉	11-21일
풍진	공기, 모태감염	10-12일
간염	혈액, 대변, 체액, 오염된 물질	유형별로 몇 주-몇 개월
뇌수막염(세균성)	입과 코의 분비물	2-10일
이하선염	침 또는 침에 오염된 물질	14-24일
폐렴(세균성,바이러스성)	입과 코의 분비물	며칠
포도상구균 피부질환	감염부위와의 직접 접촉 또는 오염된 물질과의 접촉	며칠
결핵	호흡기계 분비(비말 등), 공기	2-6주
백일해	호흡기계 분비물, 공기	6-20일

22. ④

해설

심장마비 : 성인 심장마비환자 생존사슬([병원 밖])

(1) 응급의료반응체계에 신고 (2)신속한 고품질 심폐소생술 실시 - 도착 즉시 30:2 의 비율로 가슴압박과 인공호흡을 실시 (3)신속한 제세동 실시 - 심장마비는 심장의 전기 자극이 매우 빠르거나 조화를 이루지 못할 때 일어난다. 적절한 제세동 실시는 많은 경우 정상으로 회복시킬 수 있다. (4) 전문소생술 (5) 심정지 후 통합 치료 - 최근에 자발 순환이 회복된 환자에서 통합적인 심정지 후 치료가 강조되고 있다. 심정지 후 치료는 일반적인 중환자 치료와 더불어 저체온 치료, 급성심근경색에 대한 관상동맥중재술, 경련발작의 진단 및 치료 등이 포함된 통합적 치료과정이다.
(6) 회복

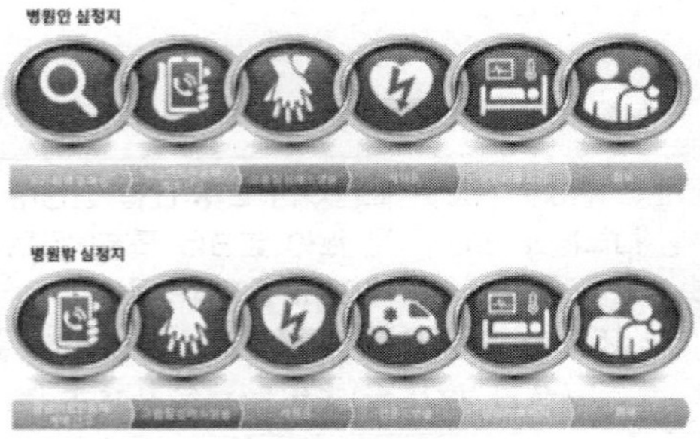

성인 심장마비환자 생존사슬

23. ③

해설

자동심장충격기 사용 순서

반응 여부 확인 ⇒ CPR 실시 ⇒ AED 전원 켜기 ⇒ 패드 부착 및 분석 장애물 제거 ⇒ 분석 버튼 누르기(교재 요약부분에서 출제함)

24. ③

해설

「119법」 제12조의2(119항공운항관제실 설치 · 운영 등) 제1항

① 소방청장은 소방항공기의 안전하고 신속한 출동과 체계적인 현장활동의 관리 · 조정 · 통제를 위하여 소방청에 119항공운항관제실을 설치 · 운영하여야 한다.

25. ③

해설

「법」 제34조의5(재난분야 위기관리 매뉴얼 작성 · 운용)

1. 위기관리 표준매뉴얼 : 국가적 차원에서 관리가 필요한 재난에 대하여 재난관리 체계와 관계 기관의 임무와 역할을 규정한 문서로 위기대응 실무매뉴얼의 작성 기준이 되며, 재난관리주관기관의 장이 작성한다. 다만, 다수의 재난관리주관기관이 관련되는 재난에 대해서는 관계 재난관리주관기관의 장과 협의하여 행정안전부장관이 위기관리 표준매뉴얼을 작성할 수 있다.

제8회 행 정 법

01. ①

해설

• ①이 적절하지 않다. 오늘날의 복리국가에 있어서는 행정활동의 행위형식이 다양화되고 종래의 권력행정으로부터 '주는 행정' 으로 특징되는 비권력적 행정에로 활동영역이 이동되어 감에 따라 사법적 형식의 행정활동을 통한 행정목적의 수행이 점차 확대되어 가고 있다.

02. ③

해설

• ③이 옳지 않다. 미국에서도 과거 사법국가주의를 고수함으로써 행정의 고유한 법으로서 행정법의 발전을 보지 못하였다. 그러나 행정법의 특수성을 인정하면서 20세기에 들어서면서 자본주의의 고도화에 따라 발생하는 여러 가지 사회경제적 문제를 정부가 적극 개입하여 해결하여야 할 필요성이 생김에 따라 이를 뒷받침하기 위한 수많은 제정법과 행정기관이 출현하였다. 특히 행정적 권한뿐 아니라 준입법적 권한과 준사법적 권한까지 갖는 독립규제위원회와 같은 행정위원회가 설치운영 되었다. 따라서 공법과 사법의 구별을 강조하지 않는 영미법계 국가에서도 오늘날 행정법의 특수성은 인정되고 있으며 다만 행정기관의 결정에 대한 재판권은 통상의 사법법원이 행사한다.

03. ②

해설

• ②가 적절하지 않다. 판례는 "일반적으로 행정상의 법률관계에 있어서 행정청의 행위에 대하여 신뢰보호의 원칙이 적용되기 위하여는, 첫째 행정청이 개인에 대하여 신뢰의 대상이 되는 공적인 견해표명을 하여야 하고, 둘째 행정청의 견해표명이 정당하다고 신뢰한 데에 대하여 그 개인에게 귀책사유가 없어야 하며, 셋째 그 개인이 그 견해표명을 신뢰하고 이에 상응하는 어떠한 행위를 하였어야 하고, 넷째 행정청이 그 견해표명에 반하는 처분을 함으로써 그 견해표명을 신뢰한 개인의 이익이 침해되는 결과가 초래되어야 하며, 마지막으로 위 견해표명에 따른 행정처분을 할 경우 이로 인하여 공익 또는 제3자의 정당한 이익을 현저히 해할 우려가 있는 경우가 아니어야 한다" 고 하였다(대판 2005.7.8. 2005두3165).

04. ①

해설

• ①이 바르게 연결된 것이다. • (다)는 옳다. 판례는 "공적 견해표명이 있는지의 여부를 판단함에 있어서는 반드시 행정조직상의 형식적인 권한분장에 구애될 것은 아니고, 담당자의 조직상의 지위와 임무, 당해 언동을 하게 된 구체적인 경위 및 그에 대한 상대방의 신뢰가능성에 비추어 실질에 의하여 판단하여야 한다" 고 하였다(대판 2008.1.17. 2006두10931).• (라)도 옳다. 판례는 "국가배상책임에 있어 공무원의 가해행위는 법령을 위반한 것이어야 하고, 법령을 위반하였다 함은 엄격한 의미의 법령 위반뿐 아니라 인권존중, 권력남용금지, 신의성실과 같이 공무원으로서 마땅히 지켜야 할 준칙이나 규범을 지키지 아니하고 위반한 경우를 포함하여 널리 그 행위가 객관적인 정당성을 결여하고 있음을 뜻하는 것이므로, 경찰관이 범죄수사를 함에 있어 경찰관으로서 의당 지켜야 할 법규상 또는 조리상의 한계를 반하였다면 이는 법령을 위반한 경우에 해당한다" 고 하였다(대판 2008.6.12. 2007다64365).

05. ④

해설

• ④가 적절하다. • 특정소방대상물의 관계인은 그 대상물에 설치되어 있는 소방시설등이 이 법이나 이 법에 따른 명령 등에 적합하게 설치 · 관리되고 있는지에 대하여 다음 각 호의 구분에 따른 기간 내에 스스로 점검하거나 제34조에 따른 점검능력 평가를 받은 관리업자 또는 행정안전부령으로 정하는 기술자격자(이하 "관리업자등" 이라 한다)로 하여금 정기적으로 점검(이하 "자체점검" 이라 한다)하게 하여야 하는바(「소방시설 설치 및 관리에 관한 법률」 제22조제1항), 이 경우 소방시설관리업자는 소방본부장 또는 소방서장의 위탁을 받아 점검을 대신하는 것이 아니라, 특정소방대상물의 관계인과의 사법상 계약에 의해 점검을 위탁받아 실시하는 것으로 사법상의 관계에 불과하다.

06. ④

해설 • ④가 옳지 않다. 판례는 "도시계획구역 내 토지 등을 소유하고 있는 사람과 같이 당해 도시계획시설결정에 이해관계가 있는 주민으로서는 도시시설계획의 입안권자 내지 결정권자에게 도시시설계획의 입안 내지 변경을 요구할 수 있는 법규상 또는 조리상의 신청권이 있고, 이러한 신청에 대한 거부행위는 항고소송의 대상이 되는 행정처분에 해당한다" 고 하였다(대판 2015.3.26. 2014두42742).

07. ②

해설 • 「행정기본법」 제6조 제1항
제6조(행정에 관한 기간의 계산) ① 행정에 관한 기간의 계산에 관하여는 이 법 또는 다른 법령등에 특별한 규정이 있는 경우를 제외하고는 「민법」을 준용한다.

08. ④

해설 • 「행정기본법」 제6조 제2항
② 법령등 또는 처분에서 국민의 권익을 제한하거나 의무를 부과하는 경우 권익이 제한되거나 의무가 지속되는 기간의 계산은 다음 각 호의 기준에 따른다. 다만, 다음 각 호의 기준에 따르는 것이 국민에게 불리한 경우에는 그러하지 아니하다.
1. 기간을 일, 주, 월 또는 연으로 정한 경우에는 기간의 첫날을 산입한다.
2. 기간의 말일이 토요일 또는 공휴일인 경우에도 기간은 그 날로 만료한다.

09. ②

해설 • ②가 옳지 않다. 판례는 "부가가치세법상의 사업자등록은 과세관청으로 하여금 부가가치세의 납세의무자를 파악하고 그 과세자료를 확보케 하려는데 입법취지가 있으므로 이는 단순한 사업사실의 신고로서 사업자가 소관세무서장에게 소정의 사업자등록신청서를 제출함으로써 성립되는 것이고 사업자등록증의 교부는 이와 같은 등록사실을 증명하는 증서의 교부행위에 불과한 것이며, 사업자등록증에 대한 검열 역시 과세관청이 등록된 사업을 계속하고 있는 사업자의 신고사실을 증명하는 사실행위에 지나지 않는다" 고 하였다(대판 1988.3.8. 87누156). • ①, ③, ④는 옳다.

10. ①

해설 • ①이 옳다. ①의 경우 판례는 "국토계획법상 건축물의 건축에 관한 개발행위허가가 의제되는 건축허가신청이 국토계획법령이 정한 개발행위허가기준에 부합하지 아니하면 허가권자로서는 이를 거부할 수 있고, 이는 건축법 제16조제3항에 의하여 개발행위허가의 변경이 의제되는 건축허가사항의 변경허가에서도 마찬가지이다" 고 하였다(대판 2016.8.24. 2016두35762).

11. ①

해설 ①의 확인이란 특정한 사실 또는 법률관계의 존부(存否) 또는 정부(正否)에 관하여 의문이나 다툼이 있는 경우에 행정청이 이를 공권적으로 판단·확정하는 행위(의문이 없도록 확정·선언행위)를 말한다.

12. ③

해설 • ③이 옳지 않다. 판례는 "도시 및 주거환경정비법상 주택재건축정비사업조합이 같은 법 제48조에 따라 수립한 관리처분계획에 대하여 관할 행정청의 인가·고시까지 있게 되면 관리처분계획은 행정처분으로서 효력이 발생하게 되므로, 총회결의의 하자를 이유로 하여 행정처분의 효력을 다투는 항고소송의 방법으로 관리처분계획의 취소 또는 무효확인을 구하여야 하고, 그와 별도로 행정처분에 이르는 절차적 요건 중 하나에 불과한 총회결의 부분만을 따로 떼어내어 효력 유무를 다투는 확인의 소를 제기하는 것은 특별한 사정이 없는 한 허용되지 않는다" 고 하였다(대판 2009.9.17. 2007다2428 전원합의체).

13. ③

해설 • ③이 옳지 않다. 판례는 "소하천정비법 제14조 제5항, 제17조 제5호에 의하여 행정청으로부터 시정명령을 받은 사람이 이를 위반한 경우, 그로 인하여 같은 법 제27조 제4호에 정한 처벌을 하기 위해서는 그 시정명령이 적법해야 한다. 따라서 시정명령이 당연무효가 아니더라도 위법하다고 인정되는 한 같은 법 제27조 제4호의 위반죄가 성립될 수 없고, 시정명령이 절차적 하자로 인하여 위법한 경우에도 마찬가지이다" 고 하였다(대판 2020.5.14. 2020도2564).

14. ②

해설 • ②가 옳지 않다. 판례는 "과세처분이 당연무효라고 볼 수 없는 한 과세처분에 취소할 수 있는 위법사유가 있다 하더라도 그 과세처분은 행정행위의 공정력 또는 집행력에 의하여 그것이 적법하게 취소되기 전까지는 유효하다 할 것이므로, 민사소송절차에서 그 과세처분의 효력을 부인할 수 없다" 고 하였다(대판 1999.8.20. 99다20179).

15. ②

해설 • ②가 적절하지 않다. 확약의 법적 성질에 관하여 ㉠확약을 행정행위의 일종으로 보는 학자가 있는 반면(긍정설) ㉡확약과 본 행정행위를 구분하여 확약을 독자적인 행위형식으로 구분하는 학자도 있으며(부정설) ㉢확약은 행정청 자신만 구속하고 국민은 구속하지 아니하는 점에서 행정행위와 동일할 수는 없고 그와 유사한 성질을 가지는 것으로 볼 수 있다는 견해(행정행위 유사설)로 나누어지고 있다.

16. ④

해설 「행정절차법」 제40조의2(확약)
① 법령등에서 당사자가 신청할 수 있는 처분을 규정하고 있는 경우 행정청은 당사자의 신청에 따라 장래에 어떤 처분을 하거나 하지 아니할 것을 내용으로 하는 의사표시(이하 "확약"이라 한다)를 할 수 있다.
② 확약은 문서로 하여야 한다. ③ 행정청은 다른 행정청과의 협의 등의 절차를 거쳐야 하는 처분에 대하여 확약을 하려는 경우에는 확약을 하기 전에 그 절차를 거쳐야 한다. ④ 행정청은 다음 각 호의 어느 하나에 해당하는 경우에는 확약에 기속되지 아니한다.
1. 확약을 한 후에 확약의 내용을 이행할 수 없을 정도로 법령등이나 사정이 변경된 경우 2. 확약이 위법한 경우
⑤ 행정청은 확약이 제4항 각 호의 어느 하나에 해당하여 확약을 이행할 수 없는 경우에는 지체 없이 당사자에게 그 사실을 통지하여야 한다.[본조신설 2022. 1. 11.]

17. ①

해설 • ①이 적절하다(「행정절차법」 제38조).
※제38조(공청회 개최의 알림) 행정청은 공청회를 개최하려는 경우에는 공청회 개최 14일 전까지 다음 각 호의 사항을 당사자등에게 통지하고 관보, 공보, 인터넷 홈페이지 또는 일간신문 등에 공고하는 등의 방법으로 널리 알려야 한다. 다만, 공청회 개최를 알린 후 예정대로 개최하지 못하여 새로 일시 및 장소 등을 정한 경우에는 공청회 개최 7일 전까지 알려야 한다.〈개정 2019.12.10.〉 1. 제목 2. 일시 및 장소 3. 주요 내용 4. 발표자에 관한 사항 5. 발표신청 방법 및 신청기한 6. 정보통신망을 통한 의견제출 7. 그 밖에 공청회 개최에 필요한 사항

18. ④

해설 • ④가 적절하다.
• 입법예고기간은 예고할 때 정하되, 특별한 사정이 없는 한 40일(자치법규는 20일) 이상으로 한다(「행정절차법」 제43조). 이 경우 자치법규이므로 4월 21일 이후 종료할 수 있다.

19. ①

해설
- ①이 옳지 않다. 위법한 즉시강제로 인해 권리 · 이익을 침해당한 경우에는 행정심판이나 행정소송을 통해 그의 취소 또는 변경을 구할 수 있다. 다만, 즉시강제에 대한 행정쟁송은 실질적으로는 즉시강제의 결과로서의 상태(강제수용, 물건의 영치 등)에 대한 쟁송으로서의 성격을 지닌다.

20. ⑤

해설
- ⑤가 옳지 않다. 판례는 "납세의무자로 하여금 개개의 과태료 처분에 대하여 불복하거나 조사 종료 후의 과세처분에 대하여만 다툴 수 있도록 하는 것보다는 그에 앞서 세무조사결정에 대하여 다툼으로써 분쟁을 조기에 근본적으로 해결할 수 있는 점 등을 종합하면, 세무조사결정은 납세의무자의 권리 · 의무에 직접 영향을 미치는 공권력의 행사에 따른 행정작용으로서 항고소송의 대상이 된다" 고 하였다(대판 2011.3.10. 2009두23617, 23624).

21. ②

해설
- ②가 옳다. 판례는 "헌법재판소 재판관이 청구기간 내에 제기된 헌법소원심판청구 사건에서 청구기간을 오인하여 각하결정을 한 경우, 이에 대한 불복절차 내지 시정절차가 없는 때에는 국가배상책임(위법성)을 인정할 수 있다" 고 하였다(대판 2003.7.11. 99다24218).

22. ③

해설
- ③이 옳지 않다. 판례는 "어떠한 행정처분이 후에 항고소송에서 취소되었다고 할지라도 그 기판력에 의하여 당해 행정처분이 곧바로 공무원의 고의 또는 과실로 인한 것으로서 불법행위를 구성한다고 단정할 수는 없는 것이고, 그 행정처분의 담당공무원이 보통 일반의 공무원을 표준으로 하여 볼 때 객관적 주의의무를 결하여 그 행정처분이 객관적 정당성을 상실하였다고 인정될 정도에 이른 경우에 국가배상법 제2조 소정의 국가배상책임의 요건을 충족하였다고 봄이 상당할 것이다" 고 하였다(대판 2000.5.12. 99다70600).

23. ④

해설
- ④의 경우가 적절하지 않다. 「행정심판법」 제49조 제5항

※ 「행정심판법」 제49조 제5항

⑤ 법령의 규정에 따라 공고하거나 고시한 처분이 재결로써 취소되거나 변경되면 처분을 한 행정청은 지체 없이 그 처분이 취소 또는 변경되었다는 것을 공고하거나 고시하여야 한다.

24. ③

해설
- 「행정심판법」 제5조(행정심판의 종류) 행정심판의 종류는 다음 각 호와 같다.

1. 취소심판 : 행정청의 위법 또는 부당한 처분을 취소하거나 변경하는 행정심판
2. 무효등확인심판 : 행정청의 처분의 효력 유무 또는 존재 여부를 확인하는 행정심판
3. 의무이행심판 : 당사자의 신청에 대한 행정청의 위법 또는 부당한 거부처분이나 부작위에 대하여 일정한 처분을 하도록 하는 행정심판

25. ②

해설
- ②가 옳다. 「행정소송법」 제30조(취소판결등의 기속력) 제2항

제8회 소방법령 Ⅳ

01. ③

해설

「임용령」 제11조(간사)

① 인사위원회에 간사 약간인을 둔다.

② 간사는 인사위원회가 설치된 기관의 장이 소속 공무원 중에서 임명한다.

③ 간사는 위원장의 명을 받아 인사위원회의 사무를 처리한다.

02. ②

해설

「임용령」 제43조 제1항 및 별표2 비고 제1호

소방경, 소방위의 계급으로 사업·운송용조종사 또는 항공·항공공장정비사의 자격을 가지고 경력경쟁채용시험등에 응시할 수 있는 사람의 나이는 23세 이상 45세 이하로 한다.

03. ①

해설

「임용령」 제43조 제1항 및 별표2

소방령 이상의 경우 공개경쟁채용시험은 25세 이상 40세 이하, 경력경쟁채용시험은 20세 이상 45세 이하이다.

04. ④

해설

「임용령」 제44조 및 별표3의 비고 제2호

2. 소방관계법규〈개정 2023.5.9.〉

가. 「소방기본법」 및 그 하위법령

나. 「소방의 화재조사에 관한 법률」, 같은 법 시행령 및 같은 법 시행규칙

다. 「소방시설공사업법」, 같은 법 시행령 및 같은 법 시행규칙

라. 「소방시설 설치 및 관리에 관한 법률」 및 그 하위법령

마. 「화재의 예방 및 안전관리에 관한 법률」 및 그 하위법령

바. 「위험물안전관리법」, 같은 법 시행령 및 같은 법 시행규칙

05. ②

해설

「임용령 시행규칙」 제31조(등록서류의 보존)

채용후보자등록서류는 1통을 임용서류에 첨부하고 1통은 인사기록서류로 보존한다.

06. ①

해설

「임용령」 제19조(신규채용방법) 제1항

① 임용권자는 채용후보자명부의 등재순위에 따라 임용하여야 한다. 다만, 채용후보자가 소방공무원으로 임용되기 전에 임용과 관련하여 소방공무원 교육훈련기관에서 교육훈련을 받은 경우에는 그 교육훈련성적 순위에 따라 임용하여야 한다.〈개정 2015.5.6.〉

07. ②

해설

「승진임용 규정」 제7조 제4항 .〈개정 2024.8.13.〉

④ 근무성적평정의 결과는 공개하지 아니한다. 다만, 「소방공무원 임용령」 제2조제3호에 따른 소방기관의 장은 근무성적평정이 완료되면 평정 대상 소방공무원에게 근무성적평정 결과를 통보할 수 있다

08. ④

해설

「승진임용 규정」 제9조 제4항 제1호 다목
1. 기본경력
가. 소방정 · 소방령 · 소방경 : 평정기준일부터 최근 3년간
나. 소방위 · 소방장 : 평정기준일부터 최근 2년간
다. 소방교 · 소방사 : 평정기준일부터 최근 1년 6개월간

09. ③

해설

「승진임용 규정 시행규칙」 제20조 제2호〈개정 2023. 3. 31.〉
영 제13조에 따른 승진대상자명부의 조정은 승진대상자명부 조정일까지 조정 사유가 확인된 경우 다음 각 호에 따른 방법으로 실시한다.
2. 영 제6조에 따른 승진임용의 제한 사유 또는 영 제23조에 따른 승진심사 대상 제외 사유가 발생하거나 소멸한 사람의 경우
가. 해당 사유가 발생한 경우 : 승진대상자명부에서 삭제하고, 승진제외자명부에 추가하며, 그 사유를 해당 서식의 비고란에 각각 적는다.
나. 해당 사유가 소멸한 경우 : 승진대상자명부에 추가하고, 승진제외자명부에서 삭제하며, 그 사유를 해당 서식의 비고란에 각각 적는다.

10. ③

해설

「법」 제15조 제1항 제1호
① 제14조제2항에도 불구하고 해당 계급에서 다음 각 호의 기간 동안 재직한 사람은 소방교, 소방장, 소방위, 소방경으로 근속승진임용을 할 수 있다. 다만, 인사교류 경력이 있거나 주요 업무의 추진 실적이 우수한 공무원 등 소방행정 발전에 기여한 공이 크다고 인정되는 경우에는 대통령령으로 정하는 바에 따라 그 기간을 단축할 수 있다.〈개정 2020.12.29.〉
1. 소방사를 소방교로 근속승진임용하려는 경우 : 해당 계급에서 4년 이상 근속

11. ③

해설

「법」 제15조 제1항 제2호 및 제3호
3. 소방장을 소방위로 근속승진임용하려는 경우 : 해당 계급에서 6년 6개월 이상 근속자

12. ①

해설

「소방공무원 징계령」 제9조 제2항
② 소방기관의 장은 그 소속 소방공무원에 대한 징계등 사건이 상급기관에 설치된 징계위원회의 관할에 속할 때에는 그 상급기관의 장에게 징계의결등의 요구를 신청해야 한다. 이 경우 신청을 받은 기관의 장은 지체 없이 관할 징계위원회에 징계의결등을 요구해야 한다. 〈개정 2019. 3. 12., 2023. 10. 10.〉

13. ③

해설

「교육훈련규정」 제9조(교육훈련의 성과측정 등)
① 소방청장은 교육훈련기관에서의 교육, 직장훈련 및 위탁교육훈련의 내용 · 방법 및 성과 등을 정기 또는 수시로 확인 · 평가하여 이를 개선 · 발전시켜야 한다.② 제1항에 따른 확인 · 평가 등에 필요한 사항은 소방청장이 정한다.

14. ④

해설

「시행령」 제4조 및 별표2 7호 ; 제6류 위험물은 모두 옥외저장소에 저장할 수 있다.

15. ②

해설

「시행령」 제5조 별표3 제3호 마목
3. 배관 및 이에 부속된 설비에 의하여 위험물을 이송하는 장소. 다만, 다음 각목의 1에 해당하는 경우의 장소를 제외한다.

마. 해상구조물에 설치된 배관(이송되는 위험물이 별표 1의 제4류 위험물중 제1석유류인 경우에는 배관의 안지름이 30센티미터 미만인 것에 한한다)으로서 해당 해상구조물에 설치된 배관이 길이가 30미터 이하인 경우

16. ①

해설

「시행규칙」 제51조(운반용기의 검사) 제1항 및 별표20
경질플라스틱제는 3,000리터와 1,500리터가 있으나 나머지는 3,000리터이다.

17. ③

해설

「시행규칙」 제52조 제2항 및 별표21 제1호
1. 운송책임자의 감독 또는 지원의 방법은 다음 각목의 1과 같다.
가. 운송책임자가 이동탱크저장소에 동승하여 운송 중인 위험물의 안전확보에 관하여 운전자에게 필요한 감독 또는 지원을 하는 방법. 다만, 운전자가 운송책임자의 자격이 있는 경우에는 운송책임자의 자격이 없는 자가 동승할 수 있다.
나. 운송의 감독 또는 지원을 위하여 마련한 별도의 사무실에 운송책임자가 대기하면서 다음의 사항을 이행하는 방법
1) 운송경로를 미리 파악하고 관할소방관서 또는 관련업체(비상대응에 관한 협력을 얻을 수 있는 업체를 말한다)에 대한 연락체계를 갖추는 것
2) 이동탱크저장소의 운전자에 대하여 수시로 안전확보 상황을 확인하는 것
3) 비상시의 응급처치에 관하여 조언을 하는 것
4) 그 밖에 위험물의 운송중 안전확보에 관하여 필요한 정보를 제공하고 감독 또는 지원하는 것

18. ②

해설

「시행규칙」 제30조 및 별표6 Ⅵ 제7호 가목의 3)
3) 인화점이 38℃ 미만인 위험물만을 저장 또는 취급하는 탱크에 설치하는 통기관에는 화염방지장치를 설치하고, 그 외의 탱크에 설치하는 통기관에는 40메쉬(mesh) 이상의 구리망 또는 동등 이상의 성능을 가진 인화방지장치를 설치할 것. 다만, 인화점이 70℃ 이상인 위험물만을 해당 위험물의 인화점 미만의 온도로 저장 또는 취급하는 탱크에 설치하는 통기관에는 인화방지장치를 설치하지 않을 수 있다.

19. ④

해설

「시행규칙」 제30조 및 별표6 Ⅵ 제10호 타목
카. 펌프실외의 장소에 설치하는 펌프설비에는 그 직하의 지반면의 주위에 높이 0.15m 이상의 턱을 만들고 당해 지반면은 콘크리트 등 위험물이 스며들지 아니하는 재료로 적당히 경사지게 하여 그 최저부에는 집유설비를 할 것. 이 경우 제4류 위험물(온도 20℃의 물 100g에 용해되는 양이 1g 미만인 것에 한한다)을 취급하는 펌프설비에 있어서는 당해 위험물이 직접 배수구에 유입하지 아니하도록 집유설비에 유분리장치를 설치하여야 한다.

20. ②

해설

「시행규칙」 제37조 및 별표13 Ⅵ 제1호 가목 및 나목〈개정 2024.5.20.〉
1. 주유취급소에 설치하는 건축물 등은 다음 각목의 규정에 의한 위치 및 구조의 기준에 적합하여야 한다.
가. 건축물, 창 및 출입구의 구조는 다음의 기준에 적합하게 할 것
1) 건축물의 벽 · 기둥 · 바닥 · 보 및 지붕을 내화구조 또는 불연재료로 할 것. 다만, Ⅴ제2호에 따른 면적의 합이 500㎡를 초과하는 경우에는 건축물의 벽을 내화구조로 하여야 한다.
2) 창 및 출입구(Ⅴ제1호 다목 및 라목의 용도에 사용하는 부분에 설치한 자동차 등의 출입구를 제외한다)에는 60분+방화문 · 60분방화문 · 30분방화문 또는 불연재료로 된 문을 설치할 것.

이 경우 Ⅴ제2호에 따른 면적의 합이 500㎡를 초과하는 주유취급소로서 하나의 구획실의 면적이 500㎡를 초과하거나 2층 이상의 층에 설치하는 경우에는 해당 구획실 또는 해당 층의 2면 이상의 벽에 각각 출입구를 설치하여야 한다.
나. Ⅴ제1호 바목의 용도에 사용하는 부분은 개구부가 없는 내화구조의 바닥 또는 벽으로 당해 건축물의 다른 부분과 구획하고 주유를 위한 작업장 등 위험물취급장소에 면한 쪽의 벽에는 출입구를 설치하지 아니할 것

21. ①

해설 **「시행규칙」 제37조 및 별표13 Ⅵ 제1호 라목의 1)**
라. 건축물 중 사무실 그 밖의 화기를 사용하는 곳(Ⅴ제1호 다목 및 라목의 용도에 사용하는 부분을 제외한다)은 누설한 가연성의 증기가 그 내부에 유입되지 아니하도록 다음의 기준에 적합한 구조로 할 것
1) 출입구는 건축물의 안에서 밖으로 수시로 개방할 수 있는 자동폐쇄식의 것으로 할 것

22. ②

해설 **「시행규칙」 제41조 및 별표17 Ⅰ 제1호 가목의 표**
이 경우는 액표면적 40㎡이상의 것이면 소화난이도등급 Ⅰ에 해당한다.

23. ③

해설 **「시행규칙」 제41조 및 별표17 Ⅰ 제1호 나목의 표**
소화난이도등급 Ⅰ에 해당하는 제조소 및 일반취급소에서 설치하여야 할 소화설비의 종류는 옥내소화전설비, 옥외소화전설비, 스프링클러설비 또는 물분무등소화설비(화재발생시 연기가 충만할 우려가 있는 장소에는 스프링클러설비 또는 이동식 외의 물분무등소화설비에 한한다)이다.

24. ①

해설 **「시행규칙」 제50조(위험물의 운반기준) 별표19 Ⅰ 제3호**
나. 기계에 의하여 하역하는 구조로 된 용기
고체의 위험물을 수납하는 것에 있어서는 별표 20 제1호, 액체의 위험물을 수납하는 것에 있어서는 별표 20 제2호에 정하는 기준 및 1) 내지 6)에 정하는 기준에 적합할 것. 다만, 운반의 안전상 이러한 기준에 적합한 운반용기와 동등 이상이라고 인정하여 소방청장이 정하여 고시하는 것과 UN의 위험물 운송에 관한 권고(RTDG, Recommendations on the Transport of Dangerous Goods)에서 정한 기준에 적합한 것으로 인정된 용기에 있어서는 그러하지 아니하다.
1) 운반용기는 부식 등의 열화에 대하여 적절히 보호될 것
2) 운반용기는 수납하는 위험물의 내압 및 취급시와 운반시의 하중에 의하여 당해 용기에 생기는 응력에 대하여 안전할 것
3) 운반용기의 부속설비에는 수납하는 위험물이 당해 부속설비로부터 누설되지 아니하도록 하는 조치가 강구되어 있을 것
4) 용기본체가 틀로 둘러싸인 운반용기는 다음의 요건에 적합할 것

25. ②

해설 **「시행규칙」 제50조 및 별표19 Ⅰ 제6호 가목 전단**
가. 나목의 규정에 의한 용기 외의 용기
소방청장이 정하여 고시하는 낙하시험, 기밀시험, 내압시험 및 겹쳐쌓기시험에서 소방청장이 정하여 고시하는 기준에 적합할 것

제8회 소방전술

01. ②

해설 **화재의 진행단계 : 플래쉬오버** ; 플래쉬오버가 발생할 때, 뜨거운 가스층으로부터 발산하는 복사에너지는 일반적으로 20kW/㎡를 초과한다.

02. ③

해설 **소화이론** ; 비중이 물보다 큰 중유(重油)등의 유류화재 시 물 소화약제를 무상(霧狀, 안개형태)으로 방사하거나, 포소화약제를 방사하는 경우 유류표면에 엷은 층(유화층, 물과 유류의 중간성질)이 형성되어 공기 중 산소공급을 차단시켜 소화하는 방법을 질식소화 중 유화소화라 한다.

03. ①

해설 **배연활동 ; 분무주수를 활용한 배연**
가. 일반적 유의사항 ; 화점실의 연소상황에 따라서 확산주수를 하거나 또는 분무주수로 전환하여 간다. 그런데 통상의 방어활동의 상황을 보면 소화효과의 전제조건을 생각하지 않고 연기가 체류하면 무조건 분무주수에 의해 배연, 배열하고자 하는 경향이 강하다.

04. ③

해설 **소방호스 연장**
한겹말은 소방호스는 소방호스를 일직선으로 편 다음 숫 카프링 쪽에서 암 카프링 쪽을 향하여 굴리면서 감아 가는 것이다. 일반적으로 소방호스 보관대에 보관할 때, 화재현장에서 사용 후 철수하기 위해 적재할 때 등에 사용한다.

05. ②

해설 **소방호스 연장** ; 사진은 혼합형(특수형) 소방호스적재 방법이다.

06. ②

해설 **소방호스 연장** : 옥외계단의 연장방법은 다음과 같다.
(1) 3층 이하의 경우는 손으로 연장하거나 소방호스를 매달아 올려 연장한다. (2) 4층 이상의 경우는 매달아 올려 연장한다. (3) 계단부분의 연장된 소방호스는 소방활동에 지장이 되는 경우도 있으므로 다선 연장은 피하고 소방호스를 매달아 올림으로 연장한다. (4) 송수에 따라 소방호스가 연장되므로 굴곡에 주의한다. (5) 소방호스 매달아 올림 연장 시는 소방호스를 지지·고정한다.

07. ①

해설 **구급현장 안전관리 : 구급환자 이송 전 안전준비**
환자 응급처치 시에는 반드시 1회용 장갑을 착용한다.

08. ④

해설 **소방훈련 기본안전관리** ; 훈련 시 요구조자는 원칙적으로 인형을 활용하라. 단, 그렇지 못할 때에는 충분한 안전조치를 취하도록 하라.

09. ①

해설

「화재조사 및 보고규정」 제15조(건물 동수 산정) 및 별표1 제4호

4. 목조 또는 내화조 건물의 경우 격벽으로 방화구획이 되어 있는 경우도 같은 동으로 한다.

10. ①

해설

작성상의 유의사항

조사를 실시하는 경우에는 공평성 · 중립성을 담보하기 위하여 반드시 입회인을 둔다. 조사현장에는 화재의 결과로 건물자체가 무너졌었거나, 건물 내부 시설 · 가구 · 마감재 기타 수용물 등이 소손되어 원형을 잃고 잔해물만 남았거나 넘어짐 또는 추락되어 있는 경우가 많다. 이 때문에 입회인을 통하여 발화전의 상황을 확인할 필요가 있다.

11. ④

해설

위험물 분류 및 표지에 관한 기준

유해위험성 분류의 29개 항목은 다음과 같다.

(1) 물리적 위험성(17개) : 폭발성 물질 또는 화약류, 인화성가스, 인화성 에어로졸, 산화성 가스, 고압가스, 인화성액체, 인화성 고체, 자기반응성, 자연발화성 액체, 자연발화성고체, 자기발열성, 물반응성, 산화성액체, 산화성고체, 유기과산화물, 금속부식성 물질, 둔감화된 폭발성 물질
(2) 건강 유해성(10개) : 급성독성, 피부 부식성 또는 자극성, 심한 눈 손상 또는 눈 자극성, 호흡기 또는 피부과민성, 생식세포 변이원성, 발암성, 생식독성, 특정 표적장기 독성(1회노출), 특정 표적장기 독성(반복노출), 흡인유해성 물질 (3) 환경 유해성(2개) : 수생환경 유해성 물질, 오존층 유해물질

12. ④

해설

위험물 분류 및 표지에 관한 기준 : 표시방법

폭탄의 폭발과 불꽃의 표시가 함께 있는 경우에 해당하는 것은 자기 반응성 물질 및 혼합물과 유기과산화물이다.

13. ①

해설

상수도소화용수설비(「소방시설법 시행령」 별표4 제4호)

상수도소화용수설비를 설치해야 하는 특정소방대상물의 대지 경계선으로부터 180m 이내에 지름 75㎜ 이상인 상수도용 배수관이 설치되지 않은 지역의 경우에는 화재안전기준에 따른 소화수조 또는 저수조를 설치해야 한다.

14. ③

해설

초기대응 절차(LAST) : 2단계 – 접근(Access)

(1) 구조활동의 실행 단계로 안전하고 신속하게 구조대상자에게 접근하는 단계이다. (2) 사고 장소가 바다나 강이라면 구조대원 자신이 물에 들어가지 않아도 되는 안전한 구조방법을 우선 선택하고 산악사고라면 실족이나 추락, 낙석 등의 위험성이 있는지 주의하며 접근한다.

15. ②

해설

구조활동 상황의 기록의 보관

구조활동에 대한 평가 및 분석을 통해 업무능력을 향상시킬 뿐만 아니라 제도개선의 자료로 활용하고 사후 민원제기, 구조증명서 발급 등에 대비하기 위해 구조활동상황을 작성·관리한다. 따라서 구조대원은 '구조활동일지' 에 구조활동상황을 상세히 기록하고, 소속 소방관서에 3년간 보관하여야 한다.

16. ③

해설

구조장비 보유기준 ; 인명구조 활동에 있어서 다양한 장비를 보유하고 이를 적절히 활용하는 것은 구조활동의 중요한 요인이다.

따라서 119구조 · 구급에 관한 법률 시행규칙 제3조(119구조대에서 갖추어야 할 장비의 기준)에서 119구조대에서 갖추어야 할 장비와 구조대원이 휴대하여야 할 장비기준을 정하고 있다. 그러나 이는 반드시 보유하여야 할 장비의 최소 보유기준으로서 현장에서 이 장비만을 활용하여 작업하라는 것은 물론 아니다.

17. ③

해설

회수로프 설치 ; 회수 설치는 최종 하강자가 로프 설치를 바꾸어 쉽게 회수하도록 하는 방법이다. 안전사고의 우험은 비교적 적으나 별도의 지지물이 필요하다. 확보물이 설치되어 있는 암벽에서 하강할 때 많이 활용한다.

18. ③

해설

헬기유도 수신호 : 전진

전 진
손바닥은 몸 쪽으로, 팔로 끌어당기는 동작을 반복

19. ①

해설

붕괴사고의 발생원인과 굴착 : 토질에 따른 굴착 깊이

토 질	굴착면의 깊이 및 굴착면의 경사
모래가 많은 토질	5m 미단 또는 35°
폭발 등으로 붕괴하기 쉬운 지역	2m 미만 또는 35°

20. ③

해설

비말에 의해 전파되는 질환의 예방법

비말에 의한 전파(droplet transmission)의 감염 예방을 위해서는 환자와 1m 이내에서 접촉할 경우는 마스크를 착용한다.

21. ②

해설

소독과 멸균에 관한 용어 : 소독(Disinfecting)

소독은 생물체가 아닌 환경으로부터 세균의 아포를 제외한 미생물을 제거하는 과정이다. 일반적으로 액체 화학제, 습식 저온 살균제에 의해 이루어진다.

22. ②

해설

복 통 : 내장 통증

내장통증 : 배 안의 장기는 많은 신경섬유를 갖고 있지 않아 종종 둔하고 아픈 듯 또는 간헐적으로 통증이 나타나 정확한 위치를 알아내기 힘들다. 마치 분만통증과 같은 간헐적인 복통은 흔히 배내 속이 빈 장기로 인해 나타난다. 그리고 둔하고 지속적인 통증은 종종실질장기로 인해 나타난다.

※ 지문 ②는 쥐어뜯는 듯한 통증의 유형, ③, ④는 벽쪽 통증의 유형이다.

23. ③

해설

복통 유발 질병 : 배대동맥류

(1) 배를 지나가는 대동맥벽이 약해지거나 풍선처럼 부풀어 올랐을 때 나타난다.
(2) 약하다는 것은 혈관의 안층이 찢어져 외층으로 피가 나와 점점 커지거나 심한 경우 터질 수 있다. 만약 터진다면 사망가능성이 높아진다.
(3) 작은 크기인 경우에는 즉각적인 수술이 필요하지 않다.
(4) 병력을 통해 배대동맥류를 진단 받은 적이 있고 현재 복통을 호소한다면 즉각적인 이송을 실시해야 한다.
(5) 혈액유출이 서서히 진행된다면 환자는 날카롭거나 찢어질 듯한 복통을 호소하고 등쪽으로 방사통도 호소할 수 있다.

24. ②

해설

「119법 시행규칙」 제18조(구급활동상황의 기록유지) 제1항

① 구급대원은 법 제22조에 따라 별지 제5호서식의 구급활동일지(이하 "구급활동일지" 라 한다)에 구급활동상황을 상세히 기록하고, 소속 소방관서에 3년간 보관해야 한다. 〈개정 2020. 8. 5.〉

25. ①

해설

「법」 제37조(응급조치) 제1항 본문

① 제50조제2항에 따른 시 · 도긴급구조통제단 및 시 · 군 · 구긴급구조통제단의 단장(이하"지역통제단장"이라 한다)과 시장 · 군수 · 구청장은 재난이 발생할 우려가 있거나 재난이 발생하였을 때에는 즉시 관계 법령이나 재난대응활동계획 및 위기관리 매뉴얼에서 정하는 바에 따라 수방(水防) · 진화 · 구조 및 구난(救難), 그 밖에 재난 발생을 예방하거나 피해를 줄이기 위하여 필요한 다음 각 호의 응급조치를 하여야 한다. 〈개정 2023. 1. 17.〉

제9회 행 정 법

01. ④

해설

- ④가 적절하지 않다. 행정작용의 발동은 법률의 수권에 의하여 행해져야 한다는 법원칙은 법률유보의 원칙이다.
- ①, ②, ③은 적절한 설명이다.

02. ①

해설

- ①이 적절하지 않다. 행정의 전문성 · 기술성·과학성 증대 등에도 불구하고 행정청의 판단여지 확대는 곤란하다. 이는 결과적으로 사법심사의 배제로 이어지기 때문이다.

03. ④

해설

- ④의 신뢰보호의 원칙을 천명하고 있다.
- 「국세기본법」 제18조제3항은 "세법의 해석 또는 국세행정의 관행이 일반적으로 납세자에게 받아들여진 후에는 그 해석 또는 관행에 의한 행위 또는 계산은 정당한 것으로 보며, 새로운 해석 또는 관행에 의하여 소급하여 과세되지 아니 한다" 고 하고 있다.
- 「행정절차법」 제4조제2항도 "행정청은 법령 등의 해석 또는 행정청의 관행이 일반적으로 국민들에게 받아들여진 때에는 공익 또는 제3자의 정당한 이익을 현저히 해할 우려가 있는 경우를 제외하고는 새로운 해석 또는 관행에 의하여 소급하여 불리하게 처리하여서는 아니 된다" 고 하여 신뢰보호의 원칙을 천명하고 있다.

04. ③

해설

③이 옳다. 헌법재판소는 "행정규칙이 법령의 규정에 의하여 행정관청에 법령의 구체적 내용을 보충할 권한을 부여한 경우, 또는 재량권행사의 준칙인 규칙이 그 정한 바에 따라 되풀이 시행되어 행정관행이 이룩되게 되면, 평등의 원칙이나 신뢰보호의 원칙에 따라 행정기관은 그 상대방에 대한 관계에서 그 규칙에 따라야할 자기구속을 당하게 되고, 그러한 경우에는 대외적인 구속력을 가지게 된다" 고 하였다(헌재결 1990.9.3, 90헌마13).

05. ②

해설

- ②가 반사적 이익이다. 판례는 "면허받은 장의자동차 운송사업구역에 위반하였음을 이유로 한 행정청의 과징금부과처분에 의하여 동종업자의 영업이 보호되는 결과는 사업구역제도의 반사적 이익에 불과하기 때문에 그 과징금부과처분을 취소한 재결에 대하여 처분의 상대방 아닌 제3자는 그 취소를 구할 법률상 이익이 없다" 고 하였다(대판 1992.12.8, 91누13700).

06. ①

해설

- ①이 옳다. • ①과 ②의 경우 판례는 "한의사 면허는 경찰금지를 해제하는 명령적 행위(강학상 허가)에 해당하므로, 한약조제시험을 통하여 약사에게 한약조제권을 인정함으로써 한의사들의 영업상 이익이 감소되었다고 하더라도 이러한 이익은 사실상의 이익에 불과하다" 고 하였다(대판 1998. 3.10, 97누4289).

07. ③

해설

- ③이 옳다. 법령등을 공포한 날부터 일정 기간이 경과한 날부터 시행하는 경우 법령등을 공포한 날을 첫날에 산입하지 아니하기 때문이다(「행정기본법」 제7조제2호). 따라서 2026년 10월 1일 오전 0시가 시행시점이다. 「행정기본법」 제7조의 내용은 다음 문제 해설 참조

08. ④

해설 • 「행정기본법」 제7조
제7조(법령등 시행일의 기간 계산) 법령등(훈령·예규·고시·지침 등을 포함한다. 이하 이 조에서 같다)의 시행일을 정하거나 계산할 때에는 다음 각 호의 기준에 따른다. 1. 법령등을 공포한 날부터 시행하는 경우에는 공포한 날을 시행일로 한다. 2. 법령등을 공포한 날부터 일정 기간이 경과한 날부터 시행하는 경우 법령등을 공포한 날을 첫날에 산입하지 아니한다.
3. 법령등을 공포한 날부터 일정 기간이 경과한 날부터 시행하는 경우 그 기간의 말일이 토요일 또는 공휴일인 때에는 그 말일로 기간이 만료한다.

09. ①

해설 • ①이 옳지 않다. 판례는 "자동차운수사업면허조건 등을 위반한 사업자에 대하여 행정청이 행정제재수단으로 사업 정지를 명할 것인지, 과징금을 부과할 것인지, 과징금을 부과키로 한다면 그 금액은 얼마로 할 것인지에 관하여 재량권이 부여되었다 할 것이므로 과징금부과처분이 법이 정한 한도액을 초과하여 위법할 경우 법원으로서는 그 전부를 취소할 수밖에 없고, 그 한도액을 초과한 부분이나 법원이 적정하다고 인정되는 부분을 초과한 부분만을 취소할 수 없다" 고 하였다(대판 1998.4.10. 98두2270). 즉, 금 1,000,000원을 부과한 당해 처분 중 금 100,000원을 초과하는 부분은 재량권 일탈·남용으로 위법하다며 그 일부분만을 취소한 원심판결을 파기한 것이다.

10. ③

해설 • ㄷ, ㄹ이 옳다. • ㄷ의 경우 판례는 "개인택시운송사업면허는 특정인에게 권리나 이익을 부여하는 행정행위로서 법령에 특별한 규정이 없는 한 재량행위이고, 그 면허에 필요한 기준을 정하는 것 역시 행정청의 재량에 속하는 것이므로 그 기준이 객관적으로 보아 합리적이 아니라든가 타당하지 아니하여 재량권을 남용한 것이라고 인정되지 아니하는 이상 행정청의 의사는 가능한 한 존중되어야 한다" 고 하였다(대판 2005.4.28. 2004두8910).

11. ①

해설 ①이 적절하지 않다. 확인은 일정한 사실이나 법률관계가 존재하거나 정당하다고 판단되는 경우에는 반드시 확인을 해야 하므로 기속행위에 속한다. 따라서 원칙적으로 확인에는 부관을 부가할 수 없다.

12. ①

해설 • ①이 적절하지 않다. 다수설의 설명에 따르면 확인은 특정한 법률사실이나 법률관계에 관한 의문 또는 분쟁이 있음을 전제로 하는 데 대하여, 공증은 의문이나 분쟁이 없는 것을 전제로 하는 점에서 양자가 구별된다고 한다.

13. ②

해설 • ②가 부합하다. 판례는 "「도로교통법 시행규칙」 제53조(현 제91조)제1항 [별표 16](현 별표 28)의 벌점에 관한 규정을 보면, 정지처분 개별기준에서 정하는 각 위반항목 별로 일정한 벌점을 배점하여 이를 누적한 다음 무위반·무사고기간 경과 시에 부여되는 점수 등을 상계치로 뺀 점수를 '누산점수'로서 관리하고 그 누산점수에서 이미 처분이 집행된 벌점을 뺀 점수를 '처분벌점'으로 하여 처분의 기준으로 삼되, 취소처분 또는 정지처분의 개별기준을 적용하는 것이 현저하게 불합리한 경우에는 그 처분기준을 감경할 수 있다는 것이지, 각 위반 항목별로 규정된 점수가 최고한도를 규정한 것이라고 볼 만한 아무런 근거가 없다" 고 하였다(대판 1998.3.27. 97누20236). 즉, [별표 16]의 정지처분 개별기준은 각 항목별로 벌점의 최고한도를 규정하고 있을 뿐이므로 각 벌점을 배점함에 있어서는 그 위반정도를 따져 각 최고한도의 범위 내에서 그에 상응하는 적정한 점수를 배점하여야 한다는 주장을 배척하고 별표상의 벌점은 확정적인 점수라고 본 것이다.

14. ②

해설 • ②가 옳지 않다. ②의 경우 판례는 "위법한 행정대집행이 완료되면 그 처분의 무효확인 또는 취소를 구할 소의 이익은 없다 하더라도, 미리 그 행정처분의 취소판결이 있어야만, 그 행정처분의 위법임을 이유로 한 손해배상 청구를 할 수 있는 것은 아니다" 고 하였다(대판 1972.4.28. 72다337). 즉, 판례는 민사법원이 행정행위의 위법여부를 판단할 수 있다고 본 것이다.

15. ④

해설 • ④가 옳지 않다. 판례는 "도시계획법 제11조 제1항에는, 시장 또는 군수는 그 관할 도시계획구역 안에서 시행할 도시계획을 도시기본계획의 내용에 적합하도록 입안하여야 한다고 규정하고 있으나, 도시기본계획이라는 것은 도시의 장기적 개발방향과 미래상을 제시하는 도시계획 입안의 지침이 되는 장기적·종합적인 개발계획으로서 직접적인 구속력은 없는 것이므로, 도시계획시설결정 대상면적이 도시기본계획에서 예정했던 것보다 증가하였다 하여 그것이 도시기본계획의 범위를 벗어나 위법한 것은 아니다" 고 하였다(대판 1998.11.27. 96누13927).

16. ①

해설 • ①이 옳지 않다. 판례는 "환지계획은 위와 같은 환지예정지 지정이나 환지처분의 근거가 될 뿐 그 자체가 직접 토지소유자 등의 법률상의 지위를 변동시키거나 또는 환지예정지 지정이나 환지처분과는 다른 고유한 법률효과를 수반하는 것이 아니어서 이를 항고소송의 대상이 되는 처분에 해당한다고 할 수가 없다" 고 하였다(대판 1999.8.20. 97누6889).

17. ④

해설 • ④가 적절하다. 「행정절차법」 제46조 제3항. ③ 행정예고기간은 예고 내용의 성격 등을 고려하여 정하되, 20일 이상으로 한다.

18. ③

해설 • ③이 적절하지 않다(「행정절차법」 제46조제1항). ※ 「행정절차법」 제46조제1항 ①행정청은 정책, 제도 및 계획(이하"정책등"이라 한다)을 수립·시행하거나 변경하려는 경우에는 이를 예고하여야 한다. 다만, 다음 각 호의 어느 하나에 해당하는 경우에는 예고를 하지 아니할 수 있다.
1. 신속하게 국민의 권리를 보호하여야 하거나 예측이 어려운 특별한 사정이 발생하는 등 긴급한 사유로 예고가 현저히 곤란한 경우
2. 법령등의 단순한 집행을 위한 경우
3. 정책등의 내용이 국민의 권리·의무 또는 일상생활과 관련이 없는 경우
4. 정책등의 예고가 공공의 안전 또는 복리를 현저히 해칠 우려가 상당한 경우

19. ④

해설 • ④가 옳지 않다. 「행정조사기본법」 제17조 제1항
① 행정조사를 실시하고자 하는 행정기관의 장은 제9조에 따른 출석요구서, 제10조에 따른 보고요구서·자료제출요구서 및 제11조에 따른 현장출입조사서(이하 "출석요구서등"이라 한다)를 조사개시 7일 전까지 조사대상자에게 서면으로 통지하여야 한다. 다만, 다음 각 호의 어느 하나에 해당하는 경우에는 행정조사의 개시와 동시에 출석요구서등을 조사대상자에게 제시하거나 행정조사의 목적 등을 조사대상자에게 구두로 통지할 수 있다.
1. 행정조사를 실시하기 전에 관련 사항을 미리 통지하는 때에는 증거인멸 등으로 행정조사의 목적을 달성할 수 없다고 판단되는 경우
2. 「통계법」 제3조제2호에 따른 지정통계의 작성을 위하여 조사하는 경우
3. 제5조 단서에 따라 조사대상자의 자발적인 협조를 얻어 실시하는 행정조사의 경우

20. ③

해설 • ③이 옳지 않다. 「행정조사기본법」 제15조(중복조사 제한) 제2항은 "② 행정조사를 실시할 행정기관의 장은 행정조사를 실시하기 전에 다른 행정기관에서 동일한 조사대상자에게 동일하거나 유사한 사안에 대하여 행정조사를 실시하였는지 여부를 확인할 수 있다" 고 규정하고 있다.

21. ⑤

해설 • ㄷ, ㄹ, ㅁ이 옳다. • ㄷ의 경우 판례는 "국가 또는 지방자치단체의 산하 공무원이 그 직무를 집행함에 당하여 중대한 과실로 인하여 법령에 위반하여 타인에게 손해를 가함으로써 국가 또는 지방자치단체가 손해배상책임을 부담하고, 그 결과로 손해를 입게된 경우에는 국가 등은 당해 공무원의 직무내용, 당해 불법행위의 상황, 손해발생에 대한 당해 공무원의 기여정도, 당해 공무원의 평소 근무태도, 불법행위의 예방이나 손실분산에 관한 국가 또는 지방자치단체의 배려의 정도 등 제반사정을 참작하여 손해의 공평한 분담이라는 견지에서 신의칙상 상당하다고 인정되는 한도 내에서만 당해 공무원에 대하여 구상권을 행사할 수 있다고 봄이 상당하다" 고 하였다(대판 1991.5.10. 91다6764). • ㄹ의 경우 판례는 "이러한 경우 군수는 그 사무의 귀속 주체인 국가 산하 행정기관의 지위에서 그 사무를 처리하는 것에 불과하므로, 군수 또는 군수를 보조하는 공무원이 위임사무처리에 있어 고의 또는 과실로 타인에게 손해를 가하였다 하더라도 원칙적으로 군에는 국가배상책임이 없고 그 사무의 귀속 주체인 국가가 손해배상책임을 지는 것이며, 다만 국가배상법 제6조에 의하여 군이 비용을 부담한다고 볼 수 있는 경우에 한하여 국가와 함께 손해배상책임을 부담한다" 고 하였다(대판 2000.5.12. 99다70600). • ㅁ은 「국가배상법」 제4조(양도 등 금지)

22. ③

해설 • ③이 옳다. 판례는 "군 복무 중 사망한 망인의 유족이 국가배상을 받은 경우, 국가가 사망보상금에서 정신적 손해배상금 상당액까지 공제할 수 있는지 문제 된 사안에서, 사망보상금에서 소극적 손해배상금 상당액을 공제할 수 있을 뿐 이를 넘어 정신적 손해배상금 상당액까지 공제할 수 없다" 고 하였다(대판 2022.3.31. 2019두36711).

23. ①

해설 ①이 적절하다. 무효등확인심판 청구와 부작위에 대한 의무이행심판청구의 경우 행정심판청구기간은 제한이 없다(「행정심판법」 제27조 제7항).

24. ④

해설 • ④가 적절하다(「행정심판법」 제6조 제2항 제2호)

※ 「행정심판법」 제6조 제2항

② 다음 각 호의 행정청의 처분 또는 부작위에 대한 심판청구에 대하여는 「부패방지 및 국민권익위원회의 설치와 운영에 관한 법률」에 따른 국민권익위원회(이하"국민권익위원회"라 한다)에 두는 중앙행정심판위원회에서 심리 · 재결한다.〈개정 2012.2.17.〉

1. 제1항에 따른 행정청 외의 국가행정기관의 장 또는 그 소속 행정청
2. 특별시장 · 광역시장 · 특별자치시장 · 도지사 · 특별자치도지사(특별시 · 광역시 · 특별자치시 · 도 또는 특별자치도의 교육감을 포함한다. 이하"시 · 도지사"라 한다) 또는 특별시 · 광역시 · 특별자치시 · 도 · 특별자치도(이하"시 · 도"라 한다)의 의회(의장, 위원회의 위원장, 사무처장 등 의회 소속 모든 행정청을 포함한다)
3. 「지방자치법」에 따른 지방자치단체조합 등 관계 법률에 따라 국가 · 지방자치단체 · 공공법인 등이 공동으로 설립한 행정청. 다만, 제3항제3호에 해당하는 행정청은 제외한다.

25. ①

해설 • ①이 옳지 않다. 판례는「항고소송의 대상인 '처분' 이란 "행정청이 행하는 구체적 사실에 관한 법집행으로서의 공권력의 행사 또는 그 거부와 그 밖에 이에 준하는 행정작용" (행정소송법 제2조 제1항 제1호)을 말한다. 행정청의 행위가 항고소송의 대상이 될 수 있는지는 추상적 · 일반적으로 결정할 수 없고, 구체적인 경우에 관련 법령의 내용과 취지, 그 행위의 주체 · 내용 · 형식 · 절차, 그 행위와 상대방 등 이해관계인이 입는 불이익 사이의 실질적 견련성, 법치행정의 원리와 그 행위에 관련된 행정청이나 이해관계인의 태도 등을 고려하여 개별적으로 결정하여야 한다. 또한 어떠한 처분에 법령상 근거가 있는지, 행정절차법에서 정한 처분절차를 준수하였는지는 본안에서 당해 처분이 적법한가를 판단하는 단계에서 고려할 요소이지, 소송요건 심사단계에서 고려할 요소가 아니다」고 하였다(대판 2020.1.16. 2019다264700).

제9회 소방법령 Ⅳ

01. ②

해설 「임용령」 제7조의2 제1항 ; ① 소방청장은 소방공무원의 임용, 인사교류, 교육훈련 등 인사에 관한 중요사항을 시 · 도와 협의하기 위하여 소방공무원 인사협의회를 구성 · 운영할 수 있다.

02. ③

해설 **「임용령」 제44조 및 별표5**

소방공무원 경력경쟁채용시험등의 필기시험과목 중 일반분야로서 소방정, 소방령의 필수과목은 한국사, 영어, 행정법, 소방학개론이다.

03. ②

해설 **「임용령」 제21조(채용후보자의 자격상실) 제5호**

채용후보자로서 품위를 크게 손상하는 행위를 함으로써 소방공무원으로서의 직무를 수행하기 곤란하다고 인정되는 경우는 임용심사위원회의 의결을 거쳐야 한다.

04. ①

해설 **「임용령」 제31조 제4항 〈개정 2025. 1. 31.〉**

④ 다음 각 호의 어느 하나에 해당하는 경우에는 「국가공무원법」 제43조 제2항에 따라 정원이 따로 있는 것으로 보고 결원을 보충할 수 있다.
1. 병가와 연속되는 「국가공무원법」 제71조제1항제1호에 따른 질병휴직을 명하는 경우로서 질병휴직을 명한 이후의 병가기간과 그 질병휴직기간을 합하여 6개월 이상인 경우 2. 출산휴가와 연속되는 육아휴직을 명하는 경우로서 육아휴직을 명한 이후의 출산휴가기간과 육아휴직기간을 합하여 6개월 이상인 경우 3. 육아휴직과 연속되는 출산휴가를 승인하는 경우로서 출산휴가를 승인한 이후의 육아휴직기간(출산휴가를 승인하면서 이와 연속된 육아휴직을 명하는 경우에는 해당 육아휴직기간을 포함한다)과 출산휴가기간을 합하여 6개월 이상인 경우

05. ①

해설 **「법」 제14조(승진) 제1항**

① 소방공무원은 바로 아래 하위계급에 있는 소방공무원 중에서 근무성적, 경력평정, 그 밖의 능력을 실증(實證)하여 승진임용 한다.

06. ①

해설 **「승진임용 규정 시행규칙」 제12조(재평정)**

①경력평정은 별지 제3호서식의 평정표에 의하여 평정하되, 경력평정표는 평정자와 확인자가 서명 날인한다.

07. ④

해설 **「법」 제16조 제1항**

① 제14조제2항에 따른 승진심사를 하기 위하여 소방청에 중앙승진심사위원회를 두고, 소방청 및 대통령령으로 정하는 소속기관에 보통승진심사위원회를 둔다. 다만, 제6조제3항 및 제4항에 따라 시 · 도지사가 임용권을 행사하는 경우에는 시 · 도에 보통승진심사위원회를 둔다.

※ 「승진임용 규정」(보통승진심사위원회의 구성) 제18조제1항
① 법 제16조제1항 본문에서"대통령령으로 정하는 소속기관"이란 중앙소방학교, 중앙119구조본부 및 국립소방연구원을 말한다.

08. ④

해설 「승진임용 규정」 제16조(승진심사)
소방공무원의 승진심사는 연 1회 이상 승진심사위원회가 설치된 기관의 장이 정하는 날에 실시한다. 〈개정 2007. 1. 5., 2021. 8. 31.〉

09. ②

해설 「법」 제15조 제4호 ; 4. 소방위를 소방경으로 근속승진임용하려는 경우 : 해당 계급에서 8년 이상 근속자

10. ②

해설 「승진임용 규정」 제6조의2 제3항
③ 제2항제2호에 따라 근속승진 기간을 단축하는 소방공무원의 인원수는 인사혁신처장이 제한할 수 있다. 〈신설 2021. 8. 31.〉

11. ④

해설 「소방공무원 복제 규칙」 제2조(착용수칙)
① 소방공무원(「소방공무원법」 제7조제1항 단서에 따른 소방간부후보생을 포함한다. 이하 같다)은 다른 법령에 특별한 규정이 있는 경우를 제외하고는 이 규칙에서 정하는 바에 따라 제복을 착용하여야 한다.
② 소방공무원은 복장과 용모를 단정히 하고, 항상 품위를 유지하여야 한다.

12. ④

해설 「소방공무원 징계령」 제10조의2(징계등 절차 진행 여부의 결정)
① 소방기관의 장은 「국가공무원법」 제83조제3항에 따라 수사개시 통보를 받으면 지체 없이 징계의결등의 요구나 그 밖에 징계등 절차의 진행 여부를 결정해야 한다. 이 경우 같은 조 제2항에 따라 그 절차를 진행하지 않기로 결정한 경우에는 이를 징계등 혐의자에게 통보해야 한다. ② 제1항 후단에 따른 통보는 별지 제2호의2서식에 따른다. [본조신설 2023. 10. 10.]
※ 「국가공무원법」 제83조제3항
③ 감사원과 검찰 · 경찰, 그 밖의 수사기관은 조사나 수사를 시작한 때와 이를 마친 때에는 10일 내에 소속 기관의 장에게 그 사실을 통보하여야 한다.

13. ②

해설 「교육훈련규정」 제11조 제2항
② 임용권자(「소방공무원임용령」 제3조제1항부터 제6항까지의 규정에 따라 임용권을 위임받은 자를 포함한다. 이하 같다) 또는 임용제청권자는 6개월 이상의 위탁교육훈련을 받은 소방공무원에 대해서는 특별한 경우를 제외하고 6년의 범위에서 교육훈련기간과 같은 기간(국외 위탁교육훈련의 경우에는 교육훈련기간의 2배에 해당하는 기간으로 한다) 동안 교육훈련 분야와 관련된 직무 분야에서 복무하게 해야 한다.

14. ②

해설 「시행령」 제21조(권한의 위임) 제1항 제1호
① 시 · 도지사는 법 제30조제1항에 따라 다음 각 호의 권한을 소방서장에게 위임한다. 다만, 동일한 시 · 도에 있는 둘 이상의 소방서장의 관할구역에 걸쳐 설치되는 이송취급소에 관련된 권한을 제외한다.
1. 법 제6조제1항의 규정에 의한 제조소등의 설치허가 또는 변경허가

15. ④

해설 「시행규칙」 제6조(제조소등의 설치허가의 신청) 제1호
1. 다음 각목의 사항을 기재한 제조소등의 위치 · 구조 및 설비에 관한 도면
가. 당해 제조소등을 포함하는 사업소 안 및 주위의 주요 건축물과 공작물의 배치
나. 당해 제조소등이 설치된 건축물 안에 제조소등의 용도로 사용되지 아니하는 부분이 있는 경우 그 부분의 배치 및 구조
다. 당해 제조소등을 구성하는 건축물, 공작물 및 기계 · 기구 그 밖의 설비의 배치(제조소 또는 일반취급소의 경우에는 공정의 개요를 포함한다)
라. 당해 제조소등에서 위험물을 저장 또는 취급하는 건축물, 공작물 및 기계 · 기구 그 밖의 설비의 구조(주유취급소의 경우에는 별표 13 V 제1호 각목의 규정에 의한 건축물 및 공작물의 구조를 포함한다)
마. 당해 제조소등에 설치하는 전기설비, 피뢰설비, 소화설비, 경보설비 및 피난설비의 개요
바. 압력안전장치 · 누설점검장치 및 긴급차단밸브 등 긴급대책에 관계된 설비를 설치하는 제조소등의 경우에는 당해 설비의 개요

16. ①

해설 「시행규칙」 제52조 제2항 및 별표21 제2호 나목
위험물운송자는 장거리에 걸치는 운송을 하는 때에는 2명 이상의 운전자로 하여야 하는바, 이에 대한 예외의 사유는 다음과 같다.
1. 제1호가목의 규정에 의하여 운송책임자를 동승시킨 경우
2. 운송하는 위험물이 제2류 위험물·제3류 위험물(칼슘 또는 알루미늄의 탄화물과 이것만을 함유한 것에 한한다) 또는 제4류 위험물(특수인화물을 제외한다)인 경우 3. 운송도중에 2시간 이내마다 20분 이상씩 휴식하는 경우

17. ③

해설 「시행규칙」 제52조 제2항 및 별표21 제2호 마목
마. 위험물(제4류 위험물에 있어서는 특수인화물 및 제1석유류에 한한다)을 운송하게 하는 자는 별지 제48호서식의 위험물안전카드를 위험물운송자로 하여금 휴대하게 할 것

18. ②

해설 「시행규칙」 제30조 및 별표6 Ⅵ 제21호
21. 옥외저장탱크에 부착되는 부속설비[교반기(휘저어 섞는 장치), 밸브, 폼챔버(foam chamber), 화염방지장치, 통기관대기밸브, 비상압력배출장치]는 기술원 또는 소방청장이 정하여 고시하는 국내 · 외 공인시험기관에서 시험 또는 인증 받은 제품을 사용하여야 한다.

19. ②

해설 「시행규칙」 제30조 및 별표6 Ⅸ 제1호 가목
2기 이상인 때에는 그 탱크 중 용량이 최대인 것의 용량의 110% 이상으로 하여야 한다.

20. ③

해설 「시행규칙」 제37조 및 별표13 Ⅵ 제2호 라목
라. 건축물에서 옥내주유취급소의 용도에 사용하는 부분에 상층이 있는 경우에는 상층으로의 연소를 방지하기 위하여 다음의 기준에 적합하게 내화구조로 된 캔틸레버를 설치할 것
1) 옥내주유취급소의 용도에 사용하는 부분(고정주유설비와 접하는 방향 및 나목의 규정에 의하여 벽이 개방된 부분에 한한다)의 바로 위층의 바닥에 이어서 1.5m 이상 내어 붙일 것. 다만, 바로 위층의 바닥으로부터 높이 7m 이내에 있는 위층의 외벽에 개구부가 없는 경우에는 그러하지 아니하다.
2) 캔틸레버 끝부분과 위층의 개구부(열지 못하게 만든 방화문과 연소방지상 필요한 조치를 한 것을 제외한다)까지의 사이에는 7m에서 당해 캔틸레버의 내어 붙인 거리를 뺀 길이 이상의 거리를 보유할 것

21. ②

해설 「시행규칙」 제37조 및 별표13 Ⅶ 제2호 가목
다음 각 호의 기준에 모두 적합한 경우에는 담 또는 벽의 일부분에 방화상 유효한 구조의 유리를 부착할 수 있다.
가. 유리를 부착하는 위치는 주입구, 고정주유설비 및 고정급유설비로부터 4m 이상 거리를 둘 것

22. ②

해설 「시행규칙」 제41조 및 별표17 Ⅰ 제1호 나목의 표〈개정 2024.5.20.〉
이 경우는 고정식 포소화설비, 이동식 이외의 불활성가스소화설비 또는 이동식 이외의 할로젠화합물소화설비를 설치하여야 한다.

23. ②

해설 「시행규칙」 제41조 및 별표17 Ⅰ 제1호 나목의 표
이 경우는 고정식 포소화설비(포소화설비가 적응성이 없는 경우에는 분말소화설비)를 설치하여야 한다.

24. ②

해설 「시행규칙」 제50조 및 별표19 Ⅱ 제1호 바목 3)
바. 제3류 위험물은 다음의 기준에 따라 운반용기에 수납할 것
3) 라목의 규정에 불구하고 자연발화성물질중 알킬알루미늄등은 운반용기의 내용적의 90% 이하의 수납율로 수납하되, 50℃의 온도에서 5% 이상의 공간용적을 유지하도록 할 것

25. ①

해설 「시행규칙」 제50조 및 별표19 Ⅱ 제2호 나목부터 사목
나. 복수의 폐쇄장치가 연속하여 설치되어 있는 운반용기에 위험물을 수납하는 경우에는 용기본체에 가까운 폐쇄장치를 먼저 폐쇄할 것
다. 휘발유, 벤젠 그 밖의 정전기에 의한 재해가 발생할 우려가 있는 액체의 위험물을 운반용기에 수납 또는 배출할 때에는 당해 재해의 발생을 방지하기 위한 조치를 강구할 것
라. 온도변화 등에 의하여 액상이 되는 고체의 위험물은 액상으로 되었을 때 당해 위험물이 새지 아니하는 운반용기에 수납할 것
마. 액체위험물을 수납하는 경우에는 55℃의 온도에서의 증기압이 130㎪ 이하가 되도록 수납할 것
바. 경질플라스틱제의 운반용기 또는 플라스틱내용기 부착의 운반용기에 액체위험물을 수납하는 경우에는 당해 운반용기는 제조된 때로부터 5년 이내의 것으로 할 것
사. 가목 내지 바목에 규정하는 것 외에 운반용기에의 수납에 관하여 필요한 사항은 소방청장이 정하여 고시한다.

제9회 소방전술

01. ②

해설 **화재진압의 개념** ; 화재방어(방화라고도 함)란 공설 소방조직이나 사설 소방조직에 의한 화재의 예방·진압으로 인명과 재산의 손실을 최소화하기 위한 제반 소방활동을 의미하며 협의로는 화재예방 활동을 의미한다.

02. ①

해설 **화재진압의 개념**
화재진압은 화재발생 대상물의 위치, 구조, 용도, 설비, 가연물의 종류와 상태, 기상, 도로, 지형, 소방용수 등에 따라 소방장비 및 기계기구의 활용방법, 소방대의 운영 등이 달라지게 된다.

03. ①

해설 **소방호스 연장** : 인접건물을 통한 연장방법은 다음과 같다.
(1) 건물 간에 인접하고 있는 상호 개구부를 이용한다.
(2) 인접건물 사이가 떨어져 있는 경우는 사다리를 접은 상태로 인접건물에 걸쳐 연장한다.
(3) 인접건물의 연결송수관을 활용하여 소방호스를 연장한다.
(4) 인접건물의 지붕에서 사다리를 걸쳐 소방호스를 연장한다.
(5) 높은 곳에서 인접 건물로 진입할 때는 안전로프로 결착 추락에 주의하며 연장한다.

04. ③

해설 **관창배치** ; 일반목조건물 화재 시 관창배치는 다음과 같다.
(1) 연소위험이 큰 쪽으로부터 순차 배치한다.
(2) 관창은 각 차량에 적재되어 있으므로 분무방수로 전환을 할 수 있는 것을 사용한다. (3) 방수구는 3구를 원칙으로 한다.

05. ②

해설 **전략·전술** ; 한계적 작전은 화재의 진행상황으로 보아 이미 공격적 작전상황의 끝에 가깝고, 방어적 작전상황의 시작에 해당될 때 적용되는 작전형태로, 내부공격이 궁극적으로 효과적이지는 않지만 요구조자의 안전을 위해 내부공격이 이루어지는 경우이거나 내부공격을 중단하고 외부공격을 해야 할 시점, 즉 전략변경이 요구되는 시점에 적용되는 전략형태이다.

06. ③

해설 **전략·전술**
화재진압활동과 관련 작전계획(공격계획)의 절차(기본적 단계)는 다음과 같다.
(1) 상황평가 : 상황분석
(2) 전술적 접근법의 개발 : 기본적인 문제해결 방법 제시
(3) 전술적 필요의 판정 : 구체적 계획
(4) 사용가능한 자원의 판정 : 자원분석
(5) 임무부여

07. ③

해설
소화약제 개요 ; 분말소화약제의 주된 소화효과는 부촉매 및 질식 소화 작용이다.

08. ②

해설
소화약제로서의 물 : 물의 물리적 성질
물은 압력을 받으면 약간은 압축되나 기체에 비하면 무시해도 좋을 정도이므로 비압축성 유체로 간주할 수 있다. 온도에 따라 다르기는 하지만 1㎏/㎠의 압력 증가에 평균 3.0×10-10~5.0×10-10씩 부피가 감소한다.

09. ①

해설
연소의 형태 : 고체와 액체의 연소 ; 연소의 형태에 따라 불꽃연소(화염연소)와 표면연소(작열연소)로 구분할 수 있다.

10. ③

해설
연소불꽃의 색상 : 연소불꽃의 온도가 1,300℃일 경우의 색상은 백적색이다.

11. ③

해설
소방자동차 점검 · 정비 : 장치성능 점검
수구 연결 전 배터리 전압은 24.3V, 수구 연결 후 배터리 전압은 25.87V이다.

12. ③

해설
소방자동차 점검 · 정비 : 주간점검
유압 작동유 적정여부, 유압호스 누유 확인, 유압펌프 작동 및 누유 확인, 유압펌프 작동압력 적정여부, 아우트리거 작동 및 오토레벨링 여부, 잭 실린더 오일 누유 및 찍힘 여부, 아우트리거 안전경고등 점등상태, 턴테이블 메인 조작대 난간(보호대) 점검, 메인조작반(조이스틱 및 모니터) 작동상태, 비상정지 버튼 작동상태, 사다리(굴절탑) 활동부 급유, 사다리(굴절탑) 유압 실린더 점검, 사다리(굴절탑) 회전 작동상태, 와이어의 점검(늘어짐 · 꼬암 터짐 등), 사다리 신장 및 수축용 와이어 및 롤러, 사다리 고정(비출 방지)장치, 사다리차 승강기 작동 확인, 사다리차 승강기 고정장치, 소방 사다리차 승강기 및 안전벨트 확인, 사다리차 승강기 가이드 및 캠 브레이크, 송 · 수신 장치 작동 여부 확인, 굴절차 바스켓 및 안전벨트 점검, 굴절 바스켓 수평조절 작동 확인, 바스켓 수직구조대 장착대 확인, 보조엔진 작동상태 등 25가지의 점검내용이 열거되어 있다.

13. ③

해설
소화수조 및 저수조 설비(「화재안전기술기준」 2.2.1)
소화수조 또는 저수조가 지표면으로부터의 깊이(수조 내부바닥까지의 길이를 말한다)가 4.5미터 이상인 지하에 있는 경우에는 소요수량을 고려하여 가압송수장치를 설치해야 한다.

14. ②

해설
장비조작의 일반원칙
(1) 이동식펌프는 4행정기관이므로 오일의 양이 적거나 변질되지 않은지 수시로 점검한다.

15. ③

해설
장비의 점검과 관리 ; 점검·정비 방법이 명확하지 않거나 중요한 고장발생, 기타 관리 및 조작상의 의문이 있는 경우 제작회사나 납품자에게 문의 또는 수리를 요청하고 무리한 분해, 정비를 삼가하는 것이 올바른 장비관리 방법이다.

16. ④

해설
연장로프 설치 : 차량을 이용한 로프 연장
(1) 연장된 로프의 끝에 두겹8자매듭이나 이중8자매듭을 하고 카라비나를 건다.
(2) 차량용 훅(hook)에 로프를 연결한다. (3) 차량을 후진시켜 로프를 당긴다. 이때 보조요원은 로프에 가해지는 장력을 주의 깊게 살펴 지나치게 당겨지지 않도록 주의한다.
(4) 구조활동에 적합한 정도로 로프가 당겨지면 사이드크레이크를 채우고 바퀴에 고임목을 대어 차량이 전진하지 않도록 조치한다.

17. ②

해설
타인확보 : 장비를 이용한 확보 ; (1) 8자 하강기, 그리그리, 스톱 등 각종의 확보 기구에 로프를 통과시켜 마찰을 일으키도록 하는 방법으로 신체를 이용한 확보에 비해 보다 확실하고 안전한 확보를 할 수 있다. (2) 확보자는 우선 자기확보를 한 후 확보기구에 로프를 통과시켜 풀어주거나 당기면서 확브한다. (3) 당겨진 로프는 엉키지 않도록 잘 사려 놓아야 하며 특히 로프를 풀어주면서 확보하는 경우에는 반드시 로프의 끝 부분을 매듭으로 표시하여 로프길이를 착각하고 모두 풀어주는 사고를 방지한다.

18. ④

해설
연소성에 따른 가스의 분류

분 류	종 류
가연성가스	메탄, 에탄, 프로판, 부탄, 수소 등
불연성가스	질소, 아르곤, 이산화탄소 등 불활성가스
조연성가스	공기, 산소, 염소 등

19. ③

해설
산악의 기상특성 : 표층 눈사태 ; 눈이 내려 쌓이게 되면 눈은 표면의 바람과 햇볕, 기온에 의해 미세하게 다시 어는 현상이 발생한다. 이를 크러스트 (Crust)라 하는데 이 위에 폭설이 내려 쌓이면 크러스트된 이전의 눈과 새로운 눈 사이에 미세한 층이 발생하고 눈의 무게를 이기지 못할 정도가 되면 결국 눈이 흘러내리게 된다. 이런 눈사태를 표층 눈사태라고 한다.

20. ③

해설
인체기본해부학의 기본 용어
안쪽/가쪽(medial/lateral) : 중앙선에 가까이 있는지 멀리 있는지를 나타낸다.

21. ②

해설
인체기본해부학의 기본 용어 : 트렌델렌버그 자세
지문(보기) ②가 트렌델렌버그 자세(Trendelenburg position)를 설명하고 있다.

22. ④

해설
실혈에 따른 각 조직의 반응 및 증상

기관	실혈 반응	증상 및 징후
뇌	심장과 호흡기능 유지를 위한 뇌 부분의 혈류량 감소	의식 변화 – 혼돈, 안절부절, 흥분

23. ④

해설

피부의 기능과 구조 : 피하층

피하층은 진피아래 피하조직으로 불리는 지방층으로 지방과 연결조직은 외부충격을 완화시키는 역할을 한다. 큰 혈관과 신경섬유가 통과하는 곳이다.

24. ②

해설

「119법 시행규칙」 제25조(119항공대 소속 조종사 및 정비사 등에 대한 교육훈련) 제1항 제1호

비행교육훈련은 다음과 같다.

(1) 기종전환교육훈련(신규임용자 포함)

(2) 자격회복훈련

(3) 기술유지비행훈련

25. ②

해설

「119법 시행령」 제27조의2(감염병환자등의 이송범위 및 방법 등)

① 소방청장등은 법 제23조의2제1항에 따라 감염병 확산에 따른 전국적 또는 지역적 재난 상황의 발생이 우려되는 경우로서 다음 각 호의 어느 하나에 해당하는 경우에는 감염병환자등의 이송 등의 업무를 수행할 수 있다.

1. 감염병 확산으로 인하여 「재난 및 안전관리 기본법」 제38조제2항에 따른 주의 이상의 위기경보가 발령된 경우로서 보건복지부장관 또는 질병관리청장이 요청하는 경우
2. 그 밖에 소방청장이 감염병의 대규모 확산 방지 및 대응에 필요하다고 인정하는 경우 [본조신설 2024. 7. 2.]

제10회 행 정 법

01. ③

해설

• ③이 적절하지 않다. 행정법의 성문성의 특색은 곧 불문법의 존재가치를 부인하는 것은 아니다. 행정선례법 등의 불문법도 행정법의 법원이 되기 때문이다.

02. ④

해설

• ④가 적절하지 않다. 행정법의 획일 강행성은 개인뿐 아니라 행정청도 구속된다.

03. ④

해설

• ④가 옳지 않다. 판례는 "㉠행정청이 수익적 행정처분을 하면서 부가한 부담의 위법 여부는 처분 당시 법령을 기준으로 판단하여야 하고, 부담이 처분 당시 법령을 기준으로 적법하다면 처분 후 부담의 전제가 된 주된 행정처분의 근거 법령이 개정됨으로써 행정청이 더 이상 부관을 붙일 수 없게 되었다 하더라도 곧바로 위법하게 되거나 그 효력이 소멸하게 되는 것은 아니다.

㉡따라서 행정처분의 상대방이 수익적 행정처분을 얻기 위하여 행정청과 사이에 행정처분에 부가할 부담에 관한 협약을 체결하고 행정청이 수익적 행정처분을 하면서 협약상의 의무를 부담으로 부가하였는데 부담의 전제가 된 주된 행정처분의 근거 법령이 개정되어 부관을 붙일 수 없게 된 경우라도 곧바로 위 협약의 효력이 소멸하는 것은 아니다" 고 하였다(대판 2009.2.12., 2005다65500).

04. ①

해설

• ①의 경우 판례는 위반되지 않는다고 하였다. 판례는 "갑이 혈중알코올농도 0.140%의 주취상태로 배기량 125cc 이륜자동차를 운전하였다는 이유로 관할 지방경찰청장이 갑의 자동차운전면허[제1종 대형, 제1종 보통, 제1종 특수(대형견인 · 구난), 제2종 소형]를 취소하는 처분을 한 사안에서, 위 처분 중 제1종 대형, 제1종 보통, 제1종 특수 (대형견인 · 구난) 운전면허를 취소한 부분에 재량권을 일탈 · 남용한 위법이 있다고 본 원심판단에 재량권 일탈 · 남용에 관한 법리 등을 오해한 위법이 있다" 고 하여 부당결부금지원칙에 위반되지 않는다고 하였다(대판 2018.2.28. 2017두67476).

05. ③

해설

• ③이 적절하다. 「국세기본법」 제18조제3항에서 행정선례법을 인정하고 있는바, '세법의 해석 또는 국세행정의 관행이 일반적으로 납세자에게 받아들여진 후에는 그 해석 또는 관행에 의한 행위 또는 계산은 정당한 것으로 보며, 새로운 해석 또는 관행에 의하여 소급하여 과세되지 아니 한다' 고 규정하고 있다.

06. ①

해설

• ①이 승계를 인정하지 않았다. 판례는 "주유소 영업의 양도인이 등유가 섞인 유사휘발유를 판매한 바를 모르고 이를 양수한 석유판매영업자에게 전 운영자인 양도인의 위법사유를 들어 사업정지기간 중 최장기인 6월의 사업정지에 처한 영업정지처분이 석유사업법에 의하여 실현시키고자 하는 공익목적의 실현보다는 양수인이 입게 될 손실이 훨씬 커서 재량권을 일탈한 것으로서 위법하다" 고 하였다(대판 1992.2.25. 91누13106).

07. ③

해설 • ③이 옳지 않고(그 날로 만료한다). • 「행정기본법」 제6조 및 제7조 참조 ※ 제6조(행정에 관한 기간의 계산) ① 행정에 관한 기간의 계산에 관하여는 이 법 또는 다른 법령등에 특별한 규정이 있는 경우를 제외하고는 「민법」을 준용한다. ② 법령등 또는 처분에서 국민의 권익을 제한하거나 의무를 부과하는 경우 권익이 제한되거나 의무가 지속되는 기간의 계산은 다음 각 호의 기준에 따른다. 다만, 다음 각 호의 기준에 따르는 것이 국민에게 불리한 경우에는 그러하지 아니하다. 1. 기간을 일, 주, 월 또는 연으로 정한 경우에는 기간의 첫날을 산입한다. 2. 기간의 말일이 토요일 또는 공휴일인 경우에도 기간은 그 날로 만료한다. ※ 제7조(법령등 시행일의 기간 계산) 법령등(훈령 · 예규 · 고시 · 지침 등을 포함한다. 이하 이 조에서 같다)의 시행일을 정하거나 계산할 때에는 다음 각 호의 기준에 따른다. 1. 법령등을 공포한 날부터 시행하는 경우에는 공포한 날을 시행일로 한다. 2. 법령등을 공포한 날부터 일정 기간이 경과한 날부터 시행하는 경우 법령등을 공포한 날을 첫날에 산입하지 아니한다.
3. 법령등을 공포한 날부터 일정 기간이 경과한 날부터 시행하는 경우 그 기간의 말일이 토요일 또는 공휴일인 때에는 그 말일로 기간이 만료한다.

08. ④

해설 • ④가 틀리게 설명되었다. ※ 「민원처리에 관한 법률」 제19조(처리기간의 계산) ① 민원의 처리기간을 5일 이하로 정한 경우에는 민원의 접수시각부터"시간" 단위로 계산하되, 공휴일과 토요일은 산입(算入)하지 아니한다. 이 경우 1일은 8시간의 근무시간을 기준으로 한다.
② 민원의 처리기간을 6일 이상으로 정한 경우에는"일"단위로 계산하고 첫날을 산입하되, 공휴일과 토요일은 산입하지 아니한다.
③ 민원의 처리기간을 주 · 월 · 연으로 정한 경우에는 첫날을 산입하되, 「민법」 제159조부터 제161조까지의 규정을 준용한다.

09. ③

해설 • ③이 적절하다. 공무수탁사인도 행정청에 해당한다.
※ 「행정절차법」 제2조 제1호
제2조(정의) 이 법에서 사용하는 용어의 뜻은 다음과 같다.
1."행정청"이란 다음 각 목의 자를 말한다. 가. 행정에 관한 의사를 결정하여 표시하는 국가 또는 지방자치단체의 기관 나. 그 밖에 법령 또는 자치법규(이하"법령등"이라 한다)에 따라 행정권한을 가지고 있거나 위임 또는 위탁받은 공공단체 또는 그 기관이나 사인(私人)

10. ②

해설 • ②가 옳지 않다. 판례는 "재량행위에 대한 법원의 사법심사는 당해 행위가 사실오인, 비례 · 평등의 원칙 위배, 당해 행위의 목적 위반이나 부정한 동기 등에 근거하여 이루어짐으로써 재량권의 일탈 · 남용이 있는지 여부만을 심사하게 되는 것이나, 법원의 심사결과 행정청의 재량행위가 사실오인 등에 근거한 것이라고 인정되는 경우에는 이는 재량권을 일탈 · 남용한 것으로서 위법하여 그 취소를 면치 못한다 할 것이다" 고 하였다(대판 2001.7.27. 99두8589).

11. ③

해설 • ③이 적절하지 않다. 공증은 준법률행위적 행정행위인 동시에 인식표시행위이다. 또한 공증사항이 존재하면 반드시 공증을 해야 하는 기속행위에 속한다.

12. ④

해설 • ④가 적절하지 않다. 공증의 공통된 효과는 공증된 사항에 대해 공적 증거력을 부여하는데 있다. 그러나 반증이 있게 되면 공증된 사항을 번복할 수 있다는 것이 다수설의 입장이다(공정력의 부인).

13. ①

해설 • ①이 적절하지 않다. 판례는 "위법한 행정대집행이 완료되면 그 처분의 무효확인 또는 취소를 구할 소의 이익은 없다 하더라도, 미리 그 행정처분의 취소판결이 있어야만 그 행정처분의 위법을 이유로 한 손해배상 청구를 할 수 있는 것은 아니다" 고 하였다(대판 1972.4.28. 72다337).

14. ①

해설 • ①이 옳지 않다. 판례는 "하자의 승계란 두 개 이상의 행정행위가 서로 연속하여 행해지는 경우에 선행행위가 불가쟁력이 발생한 후에 후행행정행위의 위법을 주장할 수 있는가의 문제이다. 따라서 선행행위에 불가쟁력이 발생하지 않은 경우라면 선행행위를 다투면 되므로 하자의 승계가 문제되지 않는다" 고 하였다(대판 1961.10.26. 4292행상73).

15. ②

해설 • ②가 옳지 않다. 판례는 "따라서 입주계약 체결에 따라 공장설립 승인을 받은 것으로 의제되는 경우에도 그 공장건물을 건축하려면 건축법상 건축허가와 국토계획법상 개발행위허가를 받아야 한다고 보아야 한다" 고 하였다(대판 2021.6.24. 2021두33883).

16. ①

해설 • ①이 옳지 않다. 헌법재판소는 "비구속적 행정계획안이나 행정지침이라도 국민의 기본권에 직접적으로 영향을 끼치고, 앞으로 법령의 뒷받침에 의하여 그대로 실시될 것이 틀림없을 것으로 예상될 수 있을 때에는, 예외적으로 공권력 행사로서 헌법소원의 더상이 될 수 있다" 고 봤다(헌재결 2000.6.1. 99헌마538).

17. ②

해설 • ②가 옳다. 「행정절차법」 제46조
제46조(행정예고) ① 행정청은 정책, 제도 및 계획(이하 "정책등" 이라 한다)을 수립 · 시행하거나 변경하려는 경우에는 이를 예고하여야 한다. 다만, 다음 각 호의 어느 하나에 해당하는 경우에는 예고를 하지 아니할 수 있다.〈개정 2019.12.10.〉
1. 신속하게 국민의 권리를 보호하여야 하거나 예측이 어려운 특별한 사정이 발생하는 등 긴급한 사유로 예고가 현저히 곤란한 경우
2. 법령등의 단순한 집행을 위한 경우
3. 정책등의 내용이 국민의 권리 · 의무 또는 일상생활과 관련이 없는 경우 4. 정책등의 예고가 공공의 안전 또는 복리를 현저히 해칠 우려가 상당한 경우
② 제1항에도 불구하고 법령등의 입법을 포함하는 행정예고는 입법예고로 갈음할 수 있다.
③ 행정예고기간은 예고 내용의 성격 등을 고려하여 정하되, 20일 이상으로 한다.〈개정 2022.1.11.〉 ④ 제3항에도 불구하고 행정목적을 달성하기 위하여 긴급한 필요가 있는 경우에는 행정예고기간을 단축할 수 있다. 이 경우 단축된 행정예고기간은 10일 이상으로 한다.

18. ①

해설 • ①이 옳다. 판례는 "국민의 알 권리, 특히 국가정보에의 접근의 권리는 우리 헌법상 기본적으로 표현의 자유와 관련하여 인정되는 것으로 그 권리의 내용에는 일반 국민 누구나 국가에 대하여 보유 · 관리하고 있는 정보의 공개를 청구할 수 있는 이른바 일반적인 정보공개청구권이 포함되고, 이 청구권은 공공기관의정보공개에관한법률이 1998.1.1. 시행되기 전에는 구 사무관리규정(1997.10.2. 대통령령 제15498호로 개정되기 전의 것) 제33조 제2항과 행정정보공개운영지침(1994.3.2. 국무총리 훈령 제288호)에서 구체화되어 있었다" 고 하였다(대판 1999.9.21. 97누5114).

19. ③

해설 • ③이 옳지 않다. 이 경우 소유자 또는 점유자의 승낙을 얻었다면 압수수색영장을 발부받을 필요는 없다. 승낙이든 압수수색영장이든을 선택적으로 받으면 된다. 판례는 "세관공무원이 밀수품을 싣고 왔다는 정보에 의하여 정박 중인 선박에 대하여 수색을 하려면 선박의 소유자 또는 점유자의 승낙을 얻거나 법관의 압수 수색영장을 발부 받거나 또는 관세법 212조 1항 후단에 의하여 긴급을 요하는 경우에 한하여 수색압수를 하고 사후에 영장의 교부를 받아야 할터인데" 라고 하여 선택적으로 하면 된다고 하였다(대판 1976.11.9. 76도2703).

20. ③

해설 ③이 포함되지 않는다. 행정조사란 행정기관이 정책을 결정하거나 직무를 수행하는 데 필요한 정보나 자료를 수집하기 위하여 현장조사·문서열람·시료채취 등을 하거나 조사대상자에게 보고요구·자료제출요구 및 출석·진술요구를 행하는 활동을 말한다(「행정조사기본법」 제2조 제1호).

21. ③

해설 • ③이 옳지 않다. 판례는 "어떠한 행정처분이 항고소송에서 취소되었다고 할지라도 그 기판력으로 곧바로 국가배상책임이 인정될 수는 없다"고 하였다(대판 2022.4.28. 2017다233061).

22. ①

해설 • ①이 옳지 않다. 판례는 "을은 대한변호사협회의 장으로서 국가로부터 위탁받은 공행정사무인 '변호사등록에 관한 사무'를 수행하는 범위 내에서 국가배상법 제2조에서 정한 공무원에 해당한다"고 하였다(대판 2021.1.28. 2019다260197).

23. ③

해설 • ③이 적절하다(「행정심판법」 제6조 제3항).
※ 「행정심판법」 제6조 제3항
③ 다음 각 호의 행정청의 처분 또는 부작위에 대한 심판청구에 대하여는 시·도지사 소속으로 두는 행정심판위원회에서 심리·재결한다.
1. 시·도 소속 행정청 2. 시·도의 관할구역에 있는 시·군·자치구의 장, 소속 행정청 또는 시·군·자치구의 의회(의장, 위원회의 위원장, 사무국장, 사무과장 등 의회 소속 모든 행정청을 포함한다) 3. 시·도의 관할구역에 있는 둘 이상의 지방자치단체(시·군·자치구를 말한다)·공공법인 등이 공동으로 설립한 행정청 ※ 소방서는 시·도 소속 행정청이다.

24. ①

해설 • ①이 적절하다(「행정심판법」 제6조 제1항).
※ 「행정심판법」 제6조 제1항
① 다음 각 호의 행정청 또는 그 소속 행정청(행정기관의 계층구조와 관계없이 그 감독을 받거나 위탁을 받은 모든 행정청을 말하되, 위탁을 받은 행정청은 그 위탁받은 사무에 관하여는 위탁한 행정청의 소속 행정청으로 본다. 이하 같다)의 처분 또는 부작위에 대한 행정심판의 청구(이하"심판청구"라 한다)에 대하여는 다음 각 호의 행정청에 두는 행정심판위원회에서 심리·재결한다.〈개정 2016.3.29.〉 1. 감사원, 국가정보원장, 그 밖에 대통령령으로 정하는 대통령 소속기관의 장 2. 국회사무총장·법원행정처장·헌법재판소사무처장 및 중앙선거관리위원회 사무총장 3. 국가인권위원회, 그 밖에 지위·성격의 독립성과 특수성 등이 인정되어 대통령령으로 정하는 행정청

25. ④

해설 • ④가 옳지 않다. 판례는 "총포·도검·화약류 등의 안전관리에 관한 법률 시행령 제78조 제1항 제3호, 제79조 및 총포·화약안전기술협회(이하 '협회'라 한다) 정관의 관련 규정의 내용을 위 법리에 비추어 살펴보면, 공법인인 협회가 자신의 공행정활동에 필요한 재원을 마련하기 위하여 회비납부의무자에 대하여 한 '회비납부통지'는 납부의무자의 구체적인 부담금액을 산정·고지하는 '부담금 부과처분'으로서 항고소송의 대상이 된다고 보아야 한다"고 하였다(대판 2021.12.30. 2018다241458).

제10회 소방법령 Ⅳ

01. ④

해설 「법」 **제6조 제1항** ; ① 소방령 이상의 소방공무원은 소방청장의 제청으로 국무총리를 거쳐 대통령이 임용한다.

02. ①

해설 **「임용령」 제7조(통계보고)**
소방청장은 소방공무원의 인사에 관한 통계 보고의 제도를 정하여 시·도지사, 중앙소방학교장, 중앙119구조본부장 및 국립소방연구원장으로부터 정기 또는 수시로 필요한 보고를 받을 수 있다.

03. ④

해설 **「법」 제7조 제2항**
② 다음 각 호의 어느 하나에 해당하는 경우에는 경력 등 응시요건을 정하여 같은 사유에 해당하는 다수인을 대상으로 경쟁의 방법으로 채용하는 시험(이하"경력경쟁채용시험"이라 한다)으로 소방공무원을 채용할 수 있다. 다만, 다수인을 대상으로 시험을 실시하는 것이 적당하지 아니하여 대통령령으로 정하는 경우에는 다수인을 대상으로 하지 아니한 시험으로 소방공무원을 채용할 수 있다.

04. ②

해설 **「임용령」 제44조 및 별표5** ; 항공분야의 소방경·소방위의 필수과목은 항공법규, 항공영어이다. 소방장·소방교의 경우도 동일하다.

05. ①

해설 **「임용령」 제25조 제3항** ; ③ 상위계급의 직위에 하위계급자를 보직하는 경우는 해당 기관에 상위계급의 결원이 있고, 「소방공무원 승진임용 규정」에 따른 승진임용후보자가 없는 경우로 한정한다.

06. ①

해설 **「법」 제14조 제2항** ; ② 소방준감 이하 계급으로의 승진은 승진심사에 의하여 한다. 다만, 소방령 이하 계급으로의 승진은 대통령령으로 정하는 비율에 따라 승진심사와 승진시험을 병행할 수 있다.

07. ②

해설 **「승진임용 규정」 제8조 제6항**
⑥ 소방공무원이 소방청과 특별시·광역시·특별자치시·도·특별자치도(이하"시·도"라 한다) 간 또는 시·도 상호 간에 인사교류된 경우에는 인사교류 전에 받은 근무성적평정을 해당 소방공무원의 평정으로 한다.

08. ②

해설 **「승진임용 규정 시행규칙」 제13조**
월별 점수에 근무한 기간(월)을 곱하여 소수점 셋째자리에서 반올림한다.

09. ②

해설 **「승진임용 규정」 제17조 제3항 중 일부** ; 위원은 승진심사대상자보다 상위 계급의 소방공무원 또는 외부 전문가가 된다.

10. ③

해설 「승진임용 규정」 제18조(보통승진심사위원회의 구성)제2항
② 법 제16조제1항에 따른 보통승진심사위원회는 위원장을 포함하여 5명 이상 9명 이하의 위원으로 구성한다.〈개정 2020.3.10.〉

11. ②

해설 「승진임용 규정」 제6조의2 제5항
⑤ 임용권자는 소방경으로의 근속승진임용을 위한 심사를 할 때에는 연도별로 합산하여 해당 기관의 근속승진 대상자의 100분의 50에 해당하는 인원수(소수점 이하가 있는 경우에는 1명을 가산한다)를 초과하여 근속승진임용할 수 없다. 〈개정 2024. 6. 27.〉

12. ③

해설 「소방공무원 복제 규칙」 제4조 제3항
③ 제1항 본문 및 제2항에도 불구하고 5월 5일부터 5월 20일까지 및 9월 25일부터 10월 10일까지의 기간에는 하복 또는 동복을 선택하여 착용할 수 있다. 다만, 제10조제2항제1호부터 제4호까지의 규정 중 어느 하나에 해당하는 경우에는 소속 기관의 장이 지정하는 제복으로 통일하여 착용해야 한다.

13. ③

해설 「소방공무원 징계령」 제12조 제7항 및 제8항 〈개정 2023. 10. 10.〉
⑦ 징계등 혐의자가 출석 통지서의 수령을 거부한 경우에는 징계위원회에 출석하여 진술할 권리를 포기한 것으로 본다. 다만, 징계등 혐의자는 출석 통지서를 거부한 경우에도 해당 징계위원회에 출석하여 진술할 수 있다.
⑧ 징계등 혐의자의 소속 기관의 장은 제2항 전단에 따라 출석 통지서를 전달할 때 징계등 혐의자가 출석 통지서의 수령을 거부하면 제2항 후단에 따라 출석 통지서 전달 상황을 통지할 때 수령을 거부한 사실을 증명하는 서류를 첨부하여야 한다.

14. ①

해설 「시행규칙」 제6조 제2호부터 제5호
2. 당해 제조소등에 해당하는 별지 제3호서식 내지 별지 제15호서식에 의한 구조설비명세표 3. 소화설비(소화기구를 제외한다)를 설치하는 제조소등의 경우에는 당해 설비의 설계도서 4. 화재탐지설비를 설치하는 제조소등의 경우에는 당해 설비의 설계도서 5. 50만리터 이상의 옥외탱크저장소의 경우에는 당해 옥외탱크저장소의 탱크(이하 "옥외저장탱크" 라 한다)의 기초 · 지반 및 탱크본체의 설계도서, 공사계획서, 공사공정표, 지질조사자료 등 기초 · 지반에 관하여 필요한 자료와 용접부에 관한 설명서 등 탱크에 관한 자료

15. ④

해설 「시행규칙」 제6조 제8호부터 제10호
8. 옥외저장탱크가 해상탱크[해상의 동일장소에 정치(定置)되어 육상에 설치된 설비와 배관 등에 의하여 접속된 위험물탱크를 말한다. 이하 같다]인 경우에는 당해 해상탱크의 탱크본체 · 정치설비(해상탱크를 동일장소에 정치하기 위한 설비를 말한다. 이하 같다) 그 밖의 설비의 설계도서, 공사계획서 및 공사공정표 9. 이송취급소의 경우에는 공사계획서, 공사공정표 및 별표 1의 규정에 의한 서류
10. 「소방산업의 진흥에 관한 법률」 제14조에 따른 한국소방산업기술원(이하 "기술원" 라 한다)이 발급한 기술검토서(영 제6조제3항의 규정에 의하여 기술원의 기술검토를 미리 받은 경우에 한한다)

16. ③

해설 「법」 제23조(탱크시험자에 대한 명령)부터 제27조(응급조치·통보 및 조치명령)까지 ; 시·도지사, 소방본부장 또는 소방서장의 감독 및 조치명령권은 다음과 같다.
1. 위험물탱크안전성능시험자에 대한 명령(제23조) 2. 무허가 장소의 위험물에 대한 조치명령(제24조) 3. 제조소등에 대한 긴급사용정지명령(제25조)
4. 저장·취급기준의 준수명령(제26조) 5. 응급조치 · 통보 및 조치명령(제27조)

17. ②

해설 「법」 제35조(벌칙) 제9호
9. 제25조의 규정에 따른 제조소등에 더한 긴급 사용정지 · 제한명령을 위반한 자의 처벌은 1년 이하의 징역 또는 1천만원 이하의 벌금에 처하게 된다.

18. ③

해설 「시행규칙」 제30조 및 별표6 Ⅸ 제1호 라목 후단
라. 다만, 인화점이 200℃ 이상인 위험물을 저장 또는 취급하는 옥외저장탱크에 있어서는 그러하지 아니하다.

19. ③

해설 「시행규칙」 제30조 및 별표6 Ⅸ 제1호 타목
타. 용량이 100만ℓ 이상인 위험물을 저장하는 옥외저장탱크에 있어서는 카목의 밸브 등에 그 개폐상황을 쉽게 확인할 수 있는 장치를 설치할 것

20. ②

해설 「시행규칙」 제37조 및 별표13 Ⅶ 제2호 나목의 3)
나. 유리를 부착하는 방법은 다음의 기준에 모두 적합할 것
3) 유리판의 테두리를 금속제의 구조물에 견고하게 고정하고 해당 구조물을 담 또는 벽에 견고하게 부착할 것

21. ④

해설 「시행규칙」 제37조 및 별표13 XⅢ
주유취급소의 관계인이 소유·관리 또는 점유한 자동차 등에 대하여만 주유하기 위하여 설치하는 자가용주유취급소에 대하여는 주유공지 및 급유공지의 규정을 적용하지 아니한다.

22. ③

해설 「시행규칙」 제41조 및 별표17 Ⅰ 제1호 나목의 표
이 경우는 고정식 포소화설비, 이동식 이외의 불활성가스소화설비, 이동식 이외의 할로젠화합물소화설비 또는 이동식 이외의 분말소화설비를 설치하여야 한다.

23. ③

해설 「시행규칙」 제41조 및 별표17 Ⅰ 제2호 가목의 표
연면적 600㎡ 이상이면 소화난이도등급Ⅱ에 해당한다.

24. ②

해설 「시행규칙」 제50조 및 별표19 Ⅲ 제2호
지문 ①은 별표19 Ⅱ 제5호(중요기준)
지문 ③은 별표19 Ⅱ 제3호(중요기준)
지문 ④는 별표19 Ⅱ 제4호(중요기준
지문 ②는 중요기준이 아니다(별표19 Ⅲ 제3호).

25. ②

해설 「시행규칙」 제50조 및 별표19 Ⅱ 제8호 다목의 2)
제2류 위험물 중 철분·금속분·마그네슘 또는 이들 중 어느 하나 이상을 함유한 것에 있어서는 "화기주의" 및 "물기엄금" 의 주의사항을 표시하여야 한다.

제10회 소방전술

01. ③

해설 **소방력의 3요소**
정보처리장비에는 네트워크장비, 전산장비, 주변 입출력장치가 있다.

02. ①

해설 **소방력의 3요소** ; 급수배관의 구경은 100밀리미터 이상으로 하고, 개폐밸브는 지상에서 1.5미터 이상 1.7미터 이하의 위치에 설치하도록 하여야 한다(「소방기본법 시행규칙」 별표3).

03. ④

해설 **관창배치** : 에스컬레이터(Escalator) 경계요령은 다음과 같다.
(1) 에스컬레이터의 방화구획이 열려 있으면 통풍이 되어 연소 확대의 우려가 있으므로, 조기에 확인하여 개방된 경우는 폐쇄한다.
(2) 방화셔터가 폐쇄되어 있더라도 셔터 부근에 가연물이 있는 경우는 셔터의 가열에 의해서 착화 연소할 위험이 있으므로 제거하거나 예비주수를 한다.
(3) 에스컬레이터의 방화구획은 수평구획과 수직구획이 있는데, 수직구획은 상층에 열기가 강해 연소위험이 크므로 경계관창을 우선 배치한다.
(4) 셔터구획의 경우는 셔터 상부의 감아올리는 부분에서 천장 속으로 연소할 위험이 있다.

04. ②

해설 **방수(주수)** : 고압으로 유류화재에 질식효과가 있는 주수방법은 고속분무주수다.

05. ②

해설 **항공기 화재** : 항공기 화재 포 방사활동
항공기 화재의 소방활동과 관련 포 방사 요령은 다음과 같다.
(2) 관창은 진입구 부근에 포방사를 실시하고 스스로 인명구조 외에 다른 구조대원 및 요구조자를 보호한다.
(3) 포소화와 분무주수를 중점으로 하고, 직사주수는 하지 않는다.
(4) 동체하부 및 그 주변 약 5m 이내를 우선적으로 소화한다.
(5) 고발포는 지표 등 평탄한 부분을, 저발포 방사는 기체 등 입체부분을 소화한다.
(6) 포 방사에 있어서 직접 직사주수는 동체보호 등 필요 최소한에 그치고 광범위하게 방사를 한다.
(7) 포의 침투가 어려운 날개 내부 등의 소화는 이산화탄소를 활용한다.

06. ④

해설 **방사능 시설 화재** ; 방사능이란 방사선을 내는 능력 혹은 방사선을 내는 물질로서 우라늄 등의 방사성물질은 이 성질을 가진 물질이다.

07. ②

해설 **물의 주수형태**
적상(滴狀)은 스프링클러 소화설비 헤드의 주수 형태로 살수(撒水)라고도 한다. 저압으로 방출되기 때문에 물방울의 평균 직경은 0.5~6㎜ 정도이다. 일반적으로 실내 고체 가연물의 화재에 사용된다.

08. ④

해설 **물소화약제의 첨가제 : 침투제**
(1) 물은 표면장력이 커서 방수 시 가연물에 침투되기가 어렵기 때문에 표면장력을 작게하여 침투성을 높여주기 위해 첨가하는 계면활성제의 총칭을 침투제(Wetting Agent)라 한다.
(2) 일반적으로 첨가하는 계면 활성제의 양은 1% 이하이다. 침투제가 첨가된 물을 "Wet Water" 라고 부르며, 이것은 가연물 내부로 침투하기 어려운 목재, 고무, 플라스틱, 원면, 짚 등의 화재에 사용되고 있다.

09. ①

해설 **발화점(Ignition Point, 착화점, 발화온도)**
발화점(착화점, 발화온도)은 외부의 직접적인 점화원이 없이 가열된 열의 축적에 의하여 발화가 되고 연소가 되는 최저의 온도, 즉 점화원이 없는 상태에서 가연성 물질을 공기 또는 산소 중에서 가열함으로써 발화되는 최저 온도를 말한다.

10. ③

해설 **연소의 4요소**
가연성 물질이 연소하기 위해서는 산소(공기) 및 점화원이 있어야 하며, 이를 "연소의 3요소" 라 말한다. 한편, 화학반응에서는 한 분자가 반응하여 생성되는 에너지가 다른 분자에 작용함으로서 다음 반응이 계속 일어나는 것을 연쇄반응이라 말하며, 연소라는 화학반응을 계속유지하기 위해서는 이러한 연쇄반응이 필요하며, 이를 포함하여 "연소의 4요소" 라 말한다.

11. ①

해설 **소방자동차 구조 일반 : 기관(엔진)**
(1) 하이브리드 엔진은 가솔린엔진+전기모터 등 둘 이상의 구동장치를 탑재한 차량으로 유해가스 배출과 연비향상이라는 두 가지 난제를 극복한 방식이라 할 수 있다. (2) 현재에는 가솔린엔진+전기모터 방식뿐만 아니라 디젤엔진+전기모터방식이 주를 이루고 있으며, 천연가스+전기모터, 수소연소엔진+연료전지 구동 방식도 점차 주목받고 있다.

12. ④

해설 **소방자동차 구조 일반 : 동력전달장치**
보편적인 자동차 동력전달 과정을 살펴보면 클러치–변속기–추진축–종감속기어–차종기어–액슬축–휠&타이어 순으로 전달된다.

13. ④

해설 **소방자동차 구조 일반 : 기관(엔진) 중 연료장치**
(1) 연료탱크는 연료에 대하여 충분한 내식성이 있는 구조와 재질로 되어 있으며 6시간 방수할 수 있는 양의 연료를 저장할 수 있는 크기다.
(2) 최근 출시되는 디젤 엔진들은 강화되는 배출가스요구 기준에 대응하기 위해 커먼레일 연료 시스템(CRDI) 이나, 전자제어유니트 (EUI) 방식의 연료시스템을 적용하고 배출저감장치(DPF+요소수시스템)를 탑재하고 있다.

14. ②

해설 **로프총의 사용방법** ; 화약식 로프총에 20GA 추진탄을 사용하면 유효사거리는 150m이다.

15. ④

해설 **일반구조용 장비 : 마취총** ; 그림(사진)은 마취총 중 단총이다.

16. ①

해설 **하강기구 이용 하강 : 8자 하강기** ; (1) 가장 기본적인 하강기구인 8자 하강기는 크기가 작아 휴대 및 활용이 용이한 반면 약간의 숙달을 요하고 제동 및 정지가 불편하다. 이런 단점을 보완한 것으로 8자 하강기의 변형인 구조용하강기, 로봇하강기 등도 널리 활용되고 있다. (2) 반면 스톱하강기(stopper)나 랙(rack) 등 제동이 용이한 하강기도 사용이 증가하는 추세이므로 한 가지 장비만을 고집하지 말고 다양한 장비의 활용법을 익혀두어야 한다.

17. ①

해설 **오버행(over-hang) 하강** : 수직으로 하강한다.
오버행 하강에서 제일 중요한 점은 우선 로프가 떨어진 중력방향으로 내려가는 것이다. 만일에 출발지점과 도착지점이 좌우로 멀리 차이가 난다고 해도 우선은 중력방향으로 내려와 도착지점에 가까이 접근한 다음에 옆으로 이동하는 것이 좋다. 그렇지 않고 출발할 때부터 도착지점을 향해서 비스듬히 가게되면 로프가 당기는 힘에 의해서 옆으로 날아갈 수 있기 때문이다.

18. ②

해설 **미국 방화협회(NFPA) 위험물 식별시스템 표시법**
마름모형 도표에서 왼쪽은 청색으로 인체유해성을, 위쪽은 적색으로 화재위험성을, 오른쪽은 황색으로 반응성을 나타낸다. 특히 하단부는 주로 물과의 반응을 표시하기 위해 사용되는데 "₩" 는 물의 사용이 위험하다는 것을 나타내고 산화성 화학물질은 O ×로 표시하기도 한다.

19. ③

해설 **119생활안전대 업무특성 : 활동영역의 다양성**
생활안전대 업무는 문개방, 장신구 제거를 비롯하여 대형고드름 등 낙하우려 위험물제거·안전조치, 벌집제거 등 피해우려 야생동물 포획 및 퇴치와 같은 구조활동 분야와 급·배수지원과 오작동 소방시설 처리와 같은 민생지원 분야 등 활동영역이 다양하고 광범위하다.

20. ①

해설 **인체해부생리학 : 근골계**
머리뼈는 뇌를 보호하기 위해 몇 개의 뼈들로 구성되어 있다. 얼굴을 구성하는 뼈로 눈확(orbit)은 눈을 보호하고 아래턱뼈와 위턱뼈는 치아를 지지해 주며, 코뼈는 코를 지지해 주고, 광대뼈는 얼굴형을 나타내 준다.

21. ③

해설 **호흡평가 내용 : 분당 호흡수** : 영아는 분당 25-50회 호흡한다.

22. ③

해설 **연부조직의 타박상(좌상)에 대한 징후**

징 후	손상 가능성이 있는 장기 및 처치
직접적인 멍	타박상 아래 장기-지라, 간, 콩팥 손상 가능성
부종 또는 변형	골절 가능성
머리 또는 목의 타박상	목뼈 또는 뇌 손상 가능성이 있으므로 입, 코, 귀에서의 혈액 확인이 필요
몸통, 복장뼈, 갈비뼈의 타박상	가슴손상 가능성, 환자가 기침을 할 때 피가 섞인 거품을 보인다면 허파 손상 가능성이 있으므로 호흡곤란이 있는지 확인한다. 또한 청진기를 이용해 양쪽 허파음을 들어 이상한 소리가 있는지 그리고 양쪽이 똑같은지 비교해 본다.
배의 타박상	배내 장기 손상 가능성, 환자가 토하는 경우 특히 배타박상이 있는지 시진하고 구토물에서 커피색 혈액이 나오는지 확인한다. 또한 배 촉진을 실시한다.

23. ③

해설 **성인의 화상중증도 분류**

중등도	(1) 체표면적 2%이상 – 10%미만의 3도 화상인 모든 화상 (2) 체표면적 15%이상, 25%미만의 2도 화상인 10세 이상 50세 이하의 환자 (3) 체표면적 10%이상, 20%미만의 2도 화상인 10세 미만, 50세 이후의 환자

24. ④

해설 **「법률」 제29조(벌칙)**
정당한 사유 없이 제15조제1항에 따른 토지 · 물건 등의 일시사용, 사용의 제한, 처분 또는 토지 · 건물에 출입을 거부 또는 방해한 자는 300만원 이하의 벌금에 처한다.

25. ③

해설 **「법」 제52조(긴급구조 현장지휘) 제4항**
④ 중앙통제단장은 대통령령으로 정하는 대규모 재난이 발생하거나 그 밖에 필요하다고 인정하면 제1항 및 제3항에도 불구하고 직접 현장지휘를 할 수 있다.

제11회 행 정 법

01. ③

해설 ③의 획일성·강행성은 기술성, 집단·평등성과 함께 규정 성질상의 특수성이다. 나머지 지문(보기)은 규정형식상의 특색이다.

02. ②

해설 ②가 최하위의 효력을 가진다. 성문법원의 효력은 헌법→법률(법률적 조약, 대통령 긴급명령, 긴급재정·경제명령)→대통령령→부령→조례→규칙 순이다. 「부산광역시 의용소방대 설치 조례」는 자치법규로서 보기 중에서 가장 하위의 법원이 된다.

03. ④

해설 • ④가 옳다. 즉, ㄱ, ㄴ, ㄷ, ㄹ이 모두 옳다. • ㄱ은 「행정기본법」 제15조(처분의 효력) • ㄴ은 「지방자치법」 제32조(조례와 규칙의 제정 절차 등) 제8항 • ㄷ의 경우 판례는 "행정처분은 근거 법령이 개정된 경우에도 경과규정에서 달리 정함이 없는 한 처분 당시 시행되는 법령과 그에 정한 기준에 의하는 것이 원칙이다. 개정 법령이 기존의 사실 또는 법률관계를 적용대상으로 하면서 국민의 재산권과 관련하여 종전보다 불리한 법률효과를 규정하고 있는 경우에도 그러한 사실 또는 법률관계가 개정 법령이 시행되기 이전에 이미 완성 또는 종결된 것이 아니라면 개정 법령을 적용하는 것이 헌법상 금지되는 소급입법에 의한 재산권 침해라고 할 수는 없다. 다만 개정 전 법령의 존속에 대한 국민의 신뢰가 개정 법령의 적용에 관한 공익상의 요구보다 더 보호가치가 있다고 인정되는 경우에 그러한 국민의 신뢰를 보호하기 위하여 적용이 제한될 수 있는 여지가 있을 따름이다. 법령불소급의 원칙은 법령의 효력발생 전에 완성된 요건 사실에 대하여 당해 법령을 적용할 수 없다는 의미일 뿐, 계속 중인 사실이나 그 이후에 발생한 요건 사실에 대한 법령적용까지를 제한하는 것은 아니다" 고 하였다(대판 2014.4.24. 2013두26552). • ㄹ의 경우 판례는 "어떠한 법률조항에 대하여 헌법재판소가 헌법불합치결정을 하여 입법자에게 그 법률조항을 합헌적으로 개정 또는 폐지하는 임무를 입법자의 형성 재량에 맡긴 이상, 그 개선입법의 소급적용 여부와 소급적용의 범위는 원칙적으로 입법자의 재량에 달린 것이다" 고 하였다(대판 2021.6.10. 2016두54114).

04. ③

해설 • ③이 옳지 않다. 「행정기본법」 제14조 제2항은 "② 당사자의 신청에 따른 처분은 법령등에 특별한 규정이 있거나 처분 당시의 법령등을 적용하기 곤란한 특별한 사정이 있는 경우를 제외하고는 처분 당시의 법령등에 따른다" 고 규정하고 있다.

05. ②

해설 이를 행정의사의 공정력이라고 한다.

06. ①

해설 • ①이 적절하지 않다. ㉠공법이 사법과 다른 특색이 인정되는 것처럼 행정법관계도 사법관계와는 구별되는 일정한 특색을 지니고 있다. ㉡행정법관계의 특질은 행정주체의사의 우월성이 인정되는 권력관계의 특질로서 ①행정의사의 공정력 ②행정의사의 존속력(확정력) ③행정의사의 강제력을 들 수 있고, 권력관계와 관리관계를 통틀어 ④권리의무의 상대성(특수성) ⑤권리구제수단의 특수성 등의 특질이 인정되고 있다. 행정법관계의 특수성으로 법률 적합성을 열거하는 경우와 행정의사의 구성요건적 효력(행정주체의 의사가 유효하게 존재하는 이상 다른 국가적 기관은 그의 존재를 존중하며, 스스로 판단의 기초 내지 구성요건으로 삼아야 하는 구속을 받는 것)을 특질로 추가하는 경우도 있다.

07. ④

해설 • ④가 적절하지 않다. 기간의 말일이 토요일 또는 공휴일에 해당한 때에는 기간은 그 익일로 만료한다(「민법」 제161조).
• 「민법」상 기간에 대한 규정
• 제155조(본장의 적용범위) 기간의 계산은 법령, 재판상의 처분 또는 법률행위에 다른 정한 바가 없으면 본장의 규정에 의한다.
• 제156조(기간의 기산점) 기간을 시, 분, 초로 정한 때에는 즉시로부터 기산한다. • 제157조(기간의 기산점) 기간을 일, 주, 월 또는 연으로 정한 때에는 기간의 초일은 산입하지 아니한다. 그러나 그 기간이 오전 영시로부터 시작하는 때에는 그러하지 아니하다.
• 제158조(연령의 기산점) 연령계산에는 출생일을 산입한다.
• 제159조(기간의 만료점) 기간을 일, 주, 월 또는 연으로 정한 때에는 기간말일의 종료로 기간이 만료한다.
• 제160조(역에 의한 계산) ①기간을 주, 월 또는 연으로 정한 때에는 역에 의하여 계산한다. ②주, 월 또는 연의 처음으로부터 기간을 기산하지 아니하는 때에는 최후의 주, 월 또는 연에서 그 기산일에 해당한 날의 전일로 기간이 만료한다. ③월 또는 연으로 정한 경우에 최종의 월에 해당일이 없는 때에는 그 월의 말일로 기간이 만료한다.
• 제161조(공휴일 등과 기간의 만료점) 기간의 말일이 토요일 또는 공휴일에 해당한 때에는 기간은 그 익일로 만료한다.〈개정 2007.12.21.〉

08. ①

해설 • ①이 옳지 않다. 지문 내용 중 감사원규칙은 감사원법에 근거규정이 있다(「감사원법」 제52조(감사원규칙). 국회규칙은 「헌법」 제64조, 대법원규칙은 「헌법」 제108조, 헌법재판소규칙은 「헌법」 제113조, 중앙선거관리위원회규칙은 「헌법」 제114조에 규정하고 있다.

09. ④

해설 • ④가 옳지 않다. 판례는 "경찰공무원이 담당사건의 고소인으로부터 금품을 수수하고 향응과 양주를 제공받았으며 이를 은폐하기 위하여 고소인을 무고하는 범죄행위를 하였다는 사유로 해임처분을 받은 경우, 위 징계사유 중 금품수수사실이 인정되지 않더라도 나머지 징계사유만으로도 해임처분의 타당성이 인정되어 재량권의 범위를 일탈 · 남용한 것이 아니라고" 하였다(대판 2002.9.24. 2002두6620).

10. ④

해설 ④가 적절하다. 재량행위란 행정법규가 행정청에 법적효과를 스스로 결정할 수 있는 권한을 위임한 경우를 말한다. 즉, 행정청에게 복수 행위 간의 선택의 자유가 인정되는 경우를 말하며, 이는 다시 어떤 행위를 할 수도 안 할 수도 있는 경우(결정재량)와 다수의 행정행위 중 어느 것을 해도 무방한 경우(선택재량)로 나누어진다.

11. ③

해설 • ③이 적절하다.
즉, ㉠㉢㉤이 준법률행위적 행정행위 중 통지행위에 해당한다.
㉠ 특허출원의 공고 : 통지
㉡ 부동산등기부에의 등기 : 공증
㉢ 귀화의 고시 : 통지
㉣ 선거에 있어 당선인 결정 : 확인 ㉤ 대집행의 계고 : 통지

12. ①

해설 • ①이 적절하지 않다.
㉠통지란 특정인 또는 불특정 다수인에 대해 특정한 사항을 알리는 행위를 말하는바, 대집행의 계고, 납세의 독촉 등이 그 예이다.
㉡하지만 소방시설 시정보완명령서의 전달은 이미 성립한 행정행위의 효력발생요건으로서의 송달에 해당되어 그 자체가 독립된 행정행위가 아닌 점에서 통지와 구별된다.

13. ③

해설
• ③이 옳지 않다. 판례는 "가령 행정청이 청문서 도달기간을 다소 어겼다 하더라도 영업자가 이에 대하여 이의하지 아니한 채 스스로 청문일에 출석하여 그 의견을 진술하고 변명하는 등 방어의 기회를 충분히 가졌다면 청문서 도달기간을 준수하지 아니한 하자는 치유되었다고 봄이 상당하다" 고 하였다(대판 1992.10.23. 92누2844).

14. ⑤

해설
• ⑤가 옳지 않다. 판례는 "예비타당성조사를 실시하지 아니한 하자는 원칙적으로 예산 자체의 하자일 뿐, 그로써 곧바로 각 처분의 하자가 된다고 할 수 없어, 예산이 각 처분 등으로써 이루어지는 '4대강 살리기 사업' 중 한 강 부분을 위한 재정 지출을 내용으로 하고 있고 예산의 편성에 절차상 하자가 있다는 사정만으로 각 처분에 취소사유에 이를 정도의 하자가 존재한다고 보기 어렵다" 고 하였다(대판 2015.12.10. 2011두32515).

15. ③

해설
• ③이 옳지 않다. 판례는 "공법상 계약이란 공법적 효과의 발생을 목적으로 하여 대등한 당사자 사이의 의사표시의 합치로 성립하는 공법행위를 말한다. 공법상 계약의 한쪽 당사자가 다른 당사자를 상대로 효력을 다투거나 이행을 청구하는 소송은 공법상의 법률관계에 관한 분쟁이므로 분쟁의 실질이 공법상 권리 · 의무의 존부 · 범위에 관한 다툼이 아니라 손해배상액의 구체적인 산정방법 · 금액에 국한되는 등의 특별한 사정이 없는 한 공법상 당사자소송으로 제기하여야 한다" 고 하였다(대판 2021.2.4. 2019다277133).

16. ③

해설
• ③이 옳지 않다. 판례는 "국가가 사인과 계약을 체결할 때에는 국가계약법령에 따른 계약서를 따로 작성하는 등 요건과 절차를 이행하여야 할 것이고, 설령 국가와 사인 사이에 계약이 체결되었더라도 이러한 법령상 요건과 절차를 거치지 아니한 계약은 효력이 없다" 고 하였다(대판 2015.1.15. 2013다215133).

17. ②

해설
• ②가 옳지 않다. 「공공기관의 정보공개에 관한 법률 시행령」 제3조(외국인의 정보공개 청구) 는 "국내에 일정한 주소를 두고 거주하거나 학술 · 연구를 위하여 일시적으로 체류하는 사람, 국내에 사무소를 두고 있는 법인 또는 단체는 정보공개를 청구할 수 있는 외국인에 해당한다" 고 규정하고 있다.

18. ①

해설
• ①이 옳지 않다. 「공공기관의 정보공개에 관한 법률」 제3조(정보공개의 원칙)는 "공공기관이 보유 · 관리하는 정보는 국민의 알권리 보장 등을 위하여 이 법에서 정하는 바에 따라 적극적으로 공개하여야 한다" 고 규정하고 있다.

19. ①

해설
• ①이 기재사항이 아니다(「행정조사기본법」 제9조 제1항).
※ 「행정조사기본법」 제9조 제1항 ①행정기관의 장이 조사대상자의 출석·진술을 요구하는 때에는 다음 각 호의 사항이 기재된 출석요구서를 발송하여야 한다
1. 일시와 장소
2. 출석요구의 취지
3. 출석하여 진술하여야 하는 내용 4. 제출자료
5. 출석거부에 대한 제재(근거 법령 및 조항 포함)
6. 그 밖에 당해 행정조사와 관련하여 필요한 사항

20. ④

해설
• ④가 적절하지 않다.
※ 문제와 관련 「행정조사기본법」 제11조는 현장조사에 대해 다음과 같이 규정하고 있다.
제11조 (현장조사) ①조사원이 가택·사무실 또는 사업장 등에 출입하여 현장조사를 실시하는 경우에는 행정기관의 장은 다음 각 호의 사항이 기재된 현장출입조사서 또는 법령 등에서 현장조사 시 제시하도록 규정하고 있는 문서를 조사대상자에게 발송하여야 한다.
1. 조사목적
2. 조사기간과 장소
3. 조사원의 성명과 직위
4. 조사범위와 내용 5. 제출자료
6. 조사거부에 대한 제재(근거 법령 및 조항 포함)
7. 그 밖에 당해 행정조사와 관련하여 필요한 사항
②제1항에 따른 현장조사는 해가 뜨기 전이나 해가 진 뒤에는 할 수 없다. 다만, 다음 각 호의 어느 하나에 해당하는 경우에는 그러하지 아니하다.
1. 조사대상자(대리인 및 관리책임이 있는 자를 포함한다)가 동의한 경우
2. 사무실 또는 사업장 등의 업무시간에 행정조사를 실시하는 경우
3. 해가 뜬 후부터 해가 지기 전까지 행정조사를 실시하는 경우에는 조사목적의 달성이 불가능하거나 증거인멸로 인하여 조사대상자의 법령 등의 위반 여부를 확인할 수 없는 경우
③제1항 및 제2항에 따라 현장조사를 하는 조사원은 그 권한을 나타내는 증표를 지니고 이를 조사대상자에게 내보여야 한다.

21. ③

해설
• ③이 옳다. 판례는 "공무원에게 부과된 직무상 의무의 내용이 단순히 공공 일반의 이익을 위한 것이거나 행정기관 내부의 질서를 규율하기 위한 것이 아니고 전적으로 또는 부수적으로 사회구성원 개인의 안전과 이익을 보호하기 위하여 설정된 것이라면, 공무원이 그와 같은 직무상 의무를 위반함으로 인하여 피해자가 입은 손해에 대하여는 상당인과관계가 인정되는 범위 내에서 국가가 배상책임을 지는 것이고, 이때 상당인과관계의 유무를 판단함에 있어서는 일반적인 결과발생의 개연성은 물론 직무상 의무를 부과하는 법령 기타 행동규범의 목적, 그 수행하는 직무의 목적 내지 기능으로부터 예견가능한 행위 후의 사정, 가해행위의 태양 및 피해의 정도 등을 종합적으로 고려하여야 한다" 고 하였다(대판 2003.4.25. 2001다59842).

22. ③

해설
• ③이 옳지 않다. 「국가배상법」 제3조 제4항 및 제5항
※ 제3조(배상기준) 제4항, 제5항
④ 생명 · 신체에 대한 침해와 물건의 멸실 · 훼손으로 인한 손해 외의 손해는 불법행위와 상당한 인과관계가 있는 범위에서 배상한다.
⑤ 사망하거나 신체의 해를 입은 피해자의 직계존속(直系尊屬) · 직계비속(直系卑屬) 및 배우자, 신체의 해나 그 밖의 해를 입은 피해자에게는 대통령령으로 정하는 기준 내에서 피해자의 사회적 지위, 과실(過失)의 정도, 생계 상태, 손해배상액 등을 고려하여 그 정신적 고통에 대한 위자료를 배상하여야 한다.

23. ③

해설
• ③이 옳지 않다.
③의 경우는 청구인의 신청으로 간접강제를 결정할 수 있다(「행정심판법」 제50조의2 제1항).

24. ④

해설
- ④가 적절하지 않다(「행정심판법」 제28조 제2항).
②처분에 대한 심판청구의 경우에는 심판청구서에 다음 각 호의 사항이 포함되어야 한다.
1. 청구인의 이름과 주소 또는 사무소(주소 또는 사무소 외의 장소에서 송달받기를 원하면 송달장소를 추가로 적어야 한다)
2. 피청구인과 위원회
3. 심판청구의 대상이 되는 처분의 내용
4. 처분이 있음을 알게 된 날
5. 심판청구의 취지와 이유
6. 피청구인의 행정심판 고지 유무와 그 내용

25. ②

해설
- ㄴ, ㄷ이 항고소송의 대상이 되는 행정처분이다.
  - ㄴ의 경우 판례는 "병무청장이 병역법 제81조의2 제1항에 따라 병역의무 기피자의 인적사항 등을 인터넷 홈페이지에 게시하는 등의 방법으로 공개한 경우 병무청장의 공개결정을 항고소송의 대상이 되는 행정처분으로 보아야 한다" 고 하였다(대판 2019.6.27. 2018두49130)
  - ㄷ의 경우 판례는 "국가인권위원회의 성희롱결정 및 시정조치권고는 행정소송의 대상이 되는 행정처분에 해당한다고 보지 않을 수 없다" 고 하였다(대판 2005.7.8. 2005두487).
- ㄱ과 ㄹ은 항고소송의 대상이 되는 행정처분이 아니다.
  - ㄱ의 경우 판례는 "운전면허 행정처분처리대장에 기재하는 벌점의 배점은 그 배점 자체만으로는 아직 국민에 대하여 구체적으로 어떤 권리를 제한하거나 의무를 명하는 등 법률적 규제를 하는 효과를 발생하는 요건을 갖춘 것이 아니어서 그 무효 확인 또는 취소를 구하는 소송의 대상이 되는 행정처분이라고 할 수 없다" 고 하였다(대판 1994.8.12., 94누2190).
  - ㄹ의 경우 판례는 "당연퇴직의 인사발령은 법률상 당연히 발생하는 퇴직사유를 공적으로 확인하여 알려주는 이른바 관념의 통지에 불과하고 공무원의 신분을 상실시키는 새로운 형성적 행위가 아니므로 행정소송의 대상이 되는 독립한 행정처분이라고 할 수 없다" 고 하였다(대판 1995.11.14. 95누2036).

제11회 소방법령 Ⅳ

01. ③

해설
「임용령」 제5조(임용시기의 특례) 〈개정 2020.3.10.〉
소방공무원의 임용은 제4조제1항에도 불구하고 다음 각 호의 어느 하나에 해당하는 경우에는 다음 각 호의 구분에 따른 일자에 임용한다.
1. 법 제17조에 따라 순직한 사람을 다음 각 목의 어느 하나에 해당하는 날을 임용일자로 하여 특별승진 임용하는 경우
가. 재직 중 사망한 경우 : 사망일의 전날
나. 퇴직 후 사망한 경우 : 퇴직일의 전날
2. 「국가공무원법」 제70조제1항제4호에 따라 직권으로 면직시키는 경우 : 휴직기간의 만료일 또는 휴직사유의 소멸일
3. 시보임용예정자가 제24조제1항에 따른 소방공무원의 직무수행과 관련한 실무수습 중 사망한 경우 : 사망일의 전날
※ 「국가공무원법」 제70조제1항제4호
4. 휴직 기간이 끝나거나 휴직 사유가 소멸된 후에도 직무에 복귀하지 아니하거나 직무를 감당할 수 없을 때

02. ①

해설
「임용령」 제36조 제3항
③ 제2항에 따른 검정의 방법 · 합격자의 결정등에 관하여 필요한 사항은 소방청장의 승인을 얻어 중앙소방학교의 장이 정한다.〈개정 2020.3.10.〉

03. ②

해설
「임용령 시행규칙」 제23조 및 별표5
고혈압(수축기혈압이 145㎜Hg을 초과하거나 확장기 혈압이 90㎜Hg을 초과하는 것)

04. ②

해설
「임용령」 제45조(출제수준)
소방공무원 채용시험의 출제수준은 소방위 이상 및 소방간부후보생선발시험에 있어서는 소방행정의 기획 및 관리에 필요한 능력 · 지식을 검정할 수 있는 정도로 한다.

05. ④

해설
「임용령」 제26조 제2항
② 신규채용을 통해 소방사로 임용된 사람은 최하급 소방기관에 보직해야 한다. 다만, 행정안전부령으로 정하는 자격증소지자를 해당 자격 관련부서에 보직하는 경우에는 그렇지 않다.〈개정 2020.3.10.〉

06. ①

해설
「승진임용 규정」 제4조 제3항
③ 제2항의 규정에 의한 계급별 승진임용예정인원수를 정함에 있어서 제4항의 규정에 의하여 특별승진임용예정인원수를 따로 책정한 경우에는 당초 승진임용예정인원수에서 특별승진임용예정인원수를 뺀 인원수를 당해 계급의 승진임용예정인원수로 한다.

07. ③

해설
「승진임용 규정 시행규칙」 제4조(근무성적평정등의 시기)
영 제7조 · 제9조 · 제10조에 따른 근무성적, 경력 및 교육훈련성적의 평정은 연 2회 실시하되, 매년 3월 31일과 9월 30일을 기준으로 한다.

08. ①

해설
「승진임용 규정」 제18조 제2항
소방청 및 시 · 도 소방공무원보통승진심사위원회에 외부전문가의 참여가 가능하다.

09. ②

해설
「승진임용 규정」 제19조 제2호 본문
2. 소방청 보통승진심사위원회 : 소방청과 그 소속기관 소방공무원의 소방정 이하 계급으로의 승진심사(위임한 경우는 제외)〈개정 2020.3.10.〉

10. ①

해설
「법」 제17조(특별유공자등의 특별승진)
소방공무원으로서 순직한 사람과 「국가공무원법」 제40조의4제1항제1호부터 제4호까지의 어느 하나에 해당되는 사람에 대해서는 제14조에도 불구하고 대통령령으로 정하는 바에 따라 1계급 특별승진시킬 수 있다. 다만, 소방위 이하의 소방공무원으로서 모든 소방공무원의 귀감이 되는 공을 세우고 순직한 사람에 대해서는 2계급 특별승진 시킬 수 있다.

11. ④

해설
「소방공무원 징계령」 제13조의3(우선심사) 제1항
① 징계의결등 요구권자는 신속한 징계절차 진행이 필요하다고 판단되는 징계등 사건에 대하여 관할 징계위원회에 우선심사(다른 징계등 사건에 우선하여 심사하는 것을 말한다. 이하 같다)를 신청할 수 있다. 〈개정 2023. 10. 10.〉

12. ②

해설
「소방공무원 징계령」 제14조 제2항
②제1항의 의결은 별지 제4호서식의 징계등 의결서(이하 “의결서” 라 한다)로 하며, 의결서의 이유란에는 다음 각 호의 사항을 구체적으로 적어야 한다.〈개정 2022.3.15., 2023.10.10.〉
1. 징계등의 원인이 된 사실
2. 증거의 판단
3. 관계 법령
4. 징계등 면제 사유 해당 여부
5. 징계부가금 조정(감면) 사유

13. ①

해설
「교육훈련규정」 제15조(교육훈련대상자의 선발) 제1항
① 소방기관의 장이나 임용권자 또는 임용제청권자(이하 “소방기관장등” 이라 한다)는 제14조에 따른 교육훈련계획에 따라 채용후보자명부 등재순위, 신규채용일 또는 승진임용일, 계급, 담당업무, 경력 및 건강상태 등을 고려하여 교육훈련과정별 목적에 적합한 사람을 교육훈련대상자로 선발해야 한다.

14. ④

해설
「시행규칙」 제8조 별표 1의2
주입구 · 배출구 또는 펌프설비의 위치를 이전하거나 신설하는 경우 변경허가를 받아야 한다. ※ 세부내용은 「시행규칙」 별표 1의2 참조

15. ③

해설
「시행령」 제6조(제조소등의 설치 및 변경의 허가) 제2항
② 시 · 도지사는 제1항에 따른 제조소등의 설치허가 또는 변경허가 신청 내용이 다음 각 호의 기준에 적합하다고 인정하는 경우에는 허가를 하여야 한다.〈개정 2017.7.26., 2020.7.14.〉
1. 제조소등의 위치 · 구조 및 설비가 법 제5조제4항의 규정에 의한 기술기준에 적합할 것
2. 제조소등에서의 위험물의 저장 또는 취급이 공공의 안전유지 또는 재해의 발생방지에 지장을 줄 우려가 없다고 인정될 것
3. 다음 각 목의 제조소등은 해당 목에서 정한 사항에 대하여 「소방산업의 진흥에 관한 법률」 제14조에 따른 한국소방산업기술원(이하 “기술원” 이라 한다)의 기술검토를 받고 그 결과가 행정안전부령으로 정하는 기준에 적합한 것으로 인정될 것. 다만, 보수 등을 위한 부분적인 변경으로서 소방청장이 정하여 고시하는 사항에 대해서는 기술원의 기술검토를 받지 않을 수 있으나 행정안전부령으로 정하는 기준에는 적합해야 한다.
가. 지정수량의 1천배 이상의 위험물을 취급하는 제조소 또는 일반취급소 : 구조 · 설비에 관한 사항
나. 옥외탱크저장소(저장용량이 50만 리터 이상인 것만 해당한다) 또는 암반탱크저장소 : 위험물탱크의 기초 · 지반, 탱크본체 및 소화설비에 관한 사항

16. ①

해설
「법」 제28조(안전교육) 제2항부터 제4항
② 제조소등의 관계인은 제1항의 규정에 따른 교육대상자에 대하여 필요한 안전교육을 받게 하여야 한다.
③ 제1항의 규정에 따른 교육의 과정 및 기간과 그 밖에 교육의 실시에 관하여 필요한 사항은 행정안전부령으로 정한다.
④ 시 · 도지사, 소방본부장 또는 소방서장은 제1항의 규정에 따른 교육대상자가 교육을 받지 아니한 때에는 그 교육대상자가 교육을 받을 때까지 이 법의 규정에 따라 그 자격으로 행하는 행위를 제한할 수 있다.

17. ④

해설
「시행규칙」 제78조 별표24 제2호 나목
기술원 또는 안전원은 교육신청이 있는 때에는 교육실시 10일 전까지 교육대상자에게 교육장소와 교육일시를 통보하여야 한다.

18. ②

해설
「시행규칙」 제31조 및 별표7 Ⅰ 제1호 라목
옥내저장탱크의 용량(동일한 탱크전용실에 옥내저장탱크를 2 이상 설치하는 경우에는 각 탱크의 용량의 합계를 말한다)은 지정수량의 40배 이하이어야 한다.

19. ②

해설
「시행규칙」 제31조 및 별표7 Ⅰ 제1호 사목 1) 가) 전단
1) 밸브 없는 통기관
가) 통기관의 끝부분은 건축물의 창 · 출입구 등의 가구부로부터 1m 이상 떨어진 옥외의 장소에 지면으로부터 4m 이상의 높이로 설치하되, 인화점이 40℃ 미만인 위험물의 탱크에 설치하는 통기관에 있어서는 부지경계선으로부터 1.5m 이상 이격할 것

20. ④

해설
「시행규칙」 제37조 및 별표13 XV 제3호 다목
4. 셀프용고정주유설비 또는 셀프용고정급유설비의 주위에는 다음 각 목에 의하여 표시를 하여야 한다.

가. 셀프용고정주유설비 또는 셀프용고정급유설비의 주위의 보기 쉬운 곳에 고객이 직접 주유할 수 있다는 의미의 표시를 하고 자동차의 정차위치 또는 용기를 놓는 위치를 표시할 것
나. 주유호스 등의 직근에 호스기기 등의 사용방법 및 위험물의 품목을 표시할 것
다. 셀프용고정주유설비 또는 셀프용고정급유설비와 셀프용이 아닌 고정주유설비 또는 고정급유설비를 함께 설치하는 경우에는 셀프용이 아닌 것의 주위에 고객이 직접 사용할 수 없다는 의미의 표시를 할 것

21. ②

해설 **「시행규칙」 제37조 및 별표13 XVI 제3호 다목**
다. 충전설비는 다음의 기준에 적합하여야 한다.
1) 위치는 주유공지 또는 급유공지 외의 장소로 하되, 주유공지 또는 급유공지에서 압축수소를 충전하는 것이 불가능한 장소로 할 것
2) 충전호스는 자동차등의 가스충전구와 정상적으로 접속하지 않는 경우에는 가스가 공급되지 않는 구조로 하고, 200kg중 이하의 하중에 의하여 깨져 분리되거나 이탈되어야 하며, 깨져 분리되거나 이탈된 부분으로부터 가스 누출을 방지할 수 있는 구조일 것
3) 자동차등의 충돌을 방지하는 조치를 마련할 것
4) 자동차등의 충돌을 감지하여 운전을 자동으로 정지시키는 구조일 것

22. ①

해설 **「시행규칙」 제41조 및 별표17 I 제2호 가목의 표**
옥내주유취급소로서 소화난이도 등급 Ⅰ의 제조소등에 해당하지 아니하는 것이 소화난이도등급 Ⅱ에 해당한다.

23. ③

해설 **「시행규칙」 제41조 및 별표17 I 제3호 가목의 표**
주유취급소 중 옥내주유취급소 외의 것으로서 소화난이도등급Ⅰ의 제조소등에 해당하지 아니하는 것이 소화난이도등급 Ⅲ이다.

24. ④

해설 **「시행규칙」 제50조 및 별표19 Ⅱ 제8호 다목의 3)**
3) 제3류 위험물 중 자연발화성물질에 있어서는"화기엄금"및"공기접촉엄금"이다.

25. ②

해설 **「시행규칙」 제50조 및 별표19 Ⅲ 제2호**
2. 지정수량 이상의 위험물을 차량으로 운반하는 경우에는 해당 차량에 소방청장이 정하여 고시하는 바에 따라 운반하는 위험물의 위험성을 알리는 표지를 설치하여야 한다.

제11회 소방전술

01. ①

해설 **화재진압 활동의 기본**
(1) 화재진압 활동 시에 행동의 중점을 연소방지 활동과 소화활동 중 어디에 두어야 하는가는 화재의 상황, 소방력, 기상 등에 의하여 결정된다.
(2) 화재상황에서 소방력이 화세보다 우세한 경우에는 소방력을 화점으로 집중시키고, 반대로 화세가 최성기 등으로 소방력보다 강한 경우에는 일거에 진압하는 것은 곤란하기 때문에 일반적으로는 우선 연소방지에 주력하여야 한다.

02. ①

해설 **화재대응매뉴얼 : 매뉴얼 포함사항 ;** 건물 규모와 구조 : 화재 발생시 접근 및 진입, 인력과 장비의 배치, 환기, 연소확대 방지를 위한 중요한 정보

03. ④

해설 **방수(주수)**
사다리를 활용한 주수의 경우 어깨에 거는 방법의 경우는 전개형 분무관창의 직사주수로 0.25MPa가 한도이지만 허리에 대는 방법은 관창을 로프로 창틀 또는 사다리선단에 결속하면 0.3~0.4MPa까지도 방수할 수 있다.

04. ②

해설 **방수(주수) ;** 화재 초기로 수용물 또는 벽면, 바닥면 혹은 천장 등이 부분적으로 연소하고 있을 때는 실내로 진입해 직사주수 또는 분무주수에 의해 소화한다.

05. ②

해설 **방사능 시설 화재 ;** 내부피폭은 호흡기, 소화기 및 피부 등을 통해서 인체에 들어온 상태를 말하며 외부피폭 과 달리 α 선이 가장 위험하다.

06. ①

해설 **방사능 시설 화재 : Hot Zone은**
(1) 출입자에 대하여 방사선의 장해를 방지하기 위한 조치가 필요한 구역이다.
(2) 공간 방사선량률 20μ Sv/h이상 지역은 소방활동 구역이며 공간방사선량률100μ Sv/h이상 지역에 대해서는 U-REST(Ubiquitous-Regional Radiation Emergency Supporting Team : 방사선사고지원단) 등 방사선전문가들이 활동하는 구역이다.

07. ①

해설 **고팽창포 ;** 저 팽창포에는 단백포, 불화단백포, 합성계면활성제포, 수성막포, 알콜형포가 있고, 고팽창포에는 합성계면활성제포가 있다.

08. ③

해설

포소화약제의 성질

방출된 포가 파포되지 않기 위해서는 내열성이 강해야 하며 특히 B급 화재에서 포의 내열성능이 매우 중요하다. 포가 소멸되지 않기 위해서는 단백포를 사용하며 금속염을 소량 첨가한 것이며 발포배율과 환원시간이 길어야 한다.

09. ③

해설

연소의 4요소 : 점화원

연소반응이 일어나려면 가연물과 산소공급원이 적절한 조화를 이루어 연소범위를 만들었을 때 외부로부터 활성화 에너지가 필요한데 이를 점화원이라 하며 전기불꽃, 충격 및 마찰, 단열압축, 나화 및 고온표면, 정전기 불꽃, 자연발화 등이 있다.

10. ②

해설

연소의 형태 : : 기체의 연소

예혼합연소는 연소시키기 전에 이미 연소 가능한 혼합가스를 만들어 연소시키는 것으로 혼합기로의 역화를 일으킬 위험성이 크다. 예를 들면 가솔린 엔진의 연소와 같은 경우이다.

11. ③

해설

소방자동차 구조 일반 : 변속기

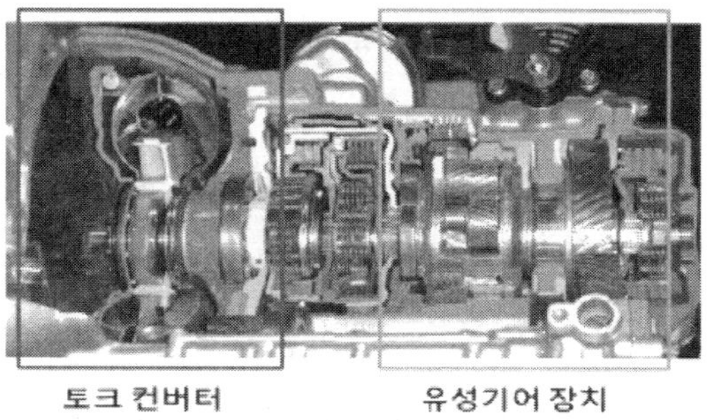

12. ④

해설

자동식 에어컨트롤 장치

솔레노이드 밸브는 전기적인 신호를 받아서 유체 또는 공기의 흐름을 차단 또는 공급하거나 방향을 전환 시켜주는 밸브를 말하며, 전류가 솔레노이드 밸브 코일에 흐르게 되면 전자기의 힘이 발생, 본체내부의 밸브를 개폐하도록 설계되어 있다.

13. ④

해설

소방펌프 : 맥동현상(Surging)

(1) 소방펌프 가동 중에 마치 숨을 쉬는 것과 같은 또는 맥박이 뛰는 것과 같은 현상이 발생할 수 있다. 소방펌프 조작판 연성계와 압력계의 바늘이 흔들리고 동시에 방수량에 변동이 일어나는 현상이 발생한다. 이 현상을 맥동 현상이라 하며 마치 스프링에 충격을 가했을 때 발생하는 진동 즉 서어징(Surging)과 같다하여 붙여진 이름이다.
(2) 맥동 현상은 주로 수원이 부족할 때 발생함으로 흡수하여 방수하거나 중계송수 할 때 연성계의 수치를 확인하여 연성계 수치 이상 압력으로 방수하지 않도록 주의해야 한다.

14. ④

해설

로프 재료에 따른 성능 비교

신장율은 나일론 ⇒ 폴리에스터 ⇒ 폴리에틸렌 ⇒ 면 순이다.

* Scale : Best = 1, Poorest = 8

성능 \ 종류	마닐라삼	면	나일론	폴리에틸렌	폴리에스터
신 장 율	10–15%	5–10%	20–34%	10–15%	15–20%

15. ③

해설

로프의 성능 ; 산악용 11㎜ 로프의 경우 대부분 3,000kg 내외의 인장강도를 가지며 충격력은 80kg에 대하여 700daN~900daN 정도이다.

16. ③

해설

헬리콥터 하강

착지점 약 10m 상공에서 서서히 제동을 걸기 시작 지상 약 3m 위치에서는 반드시 정지할 수 있는 스피드까지 낮추어 지상에 천천히 착지한다. 이때 로프가 접지된 것을 반드시 재확인하여야 한다. 착지 후에는 신속히 현수로프를 제거하고 안전원에게 이탈 완료 신호를 보낸다.

17. ①

해설

쥬마를 이용한 상승 : 쥬마를 이용한 수직상승 방법이다.

18. ④

해설

119생활안전대 : 허위 119신고에 대한 과태료부과의 법적근거

※ 「소방기본법」 제19조(화재 등의 통지) 및 동법 제56조(과태료)
제19조제1항을 위반하여 화재 또는 구조 · 구급이 필요한 상황을 거짓으로 알린 사람은 500만원 이하의 과태료를 부과한다.
※ 중앙소방학교 2025년도 소방전술 교재에는 200만원 이하의 과태료로 설명하고 있음(500만원이하의 과태료로 개정되었음을 참고)

19. ④

해설

119생활안전대 장비 : 소형 생활안전차량(승합밴형)의 승차인원은 5인승 이상이다.

20. ③

해설

소아의 성인과 다른 비정상적인 호흡양상 : 느린맥

느린맥은 허파꽈리에 불충분한 산소가 공급되는 징후로 저산소증을 의미한다.

21. ①

해설

순환계 : 관류 ; 저관류 상태를 쇼크라 하고 기본 증상과 징후는 다음과 같다.

(1) 의식변화 : 불안감과 흥분 (2) 말초혈관 순환장애 : 허약감, 무력감, 차고 끈적거리고 창백한 족, 영·유아에게서의 모세혈관 재충혈 지연
(3) 생체징후 변화 : 빠른맥(초기), 빠른 호흡, 얕고 불규칙하며 힘든 호흡, 저혈압(후기)
(4)기타 : 동공 확대, 심한 갈증, 오심/구토, 저체온, 창백한 피부, 입술이나 안구결막에 청색증

22. ②

해설 **근골격계 손상 처치 : 연성 부목**
가장 많이 사용되는 연성부목은 공기부목과 진공부목이다. 공기부목은 환자에게 편안하며 접촉이 균일하고 외부 출혈이 있는 상처에 압박을 가할 수 있으므로 지혈도 가능하다는 장점이 있으나, 온도 및 공기압력에 의해 변화가 생기는 단점이 있다. 진공부목은 내부를 진공상태로 만들면 특수 소재가 견고하게 변하여 고정되는 부목으로, 심하게 각이 졌거나 구부러진 곳에서 효과적으로 사용된다.

23. ④

해설 **「119법」 제16조(구조된 사람과 물건의 인도 · 인계)**
① 소방청장등은 제13조제1항에 따른 구조활동으로 구조된 사람(이하"구조된 사람"이라 한다) 또는 신원이 확인된 사망자를 그 보호자 또는 유족에게 지체 없이 인도하여야 한다.
② 소방청장등은 제13조제1항에 따른 구조 · 구급활동과 관련하여 회수된 물건(이하"구조된 물건"이라 한다)의 소유자가 있는 경우에는 소유자에게 그 물건을 인계하여야 한다.
③ 소방청장등은 다음 각 호의 어느 하나에 해당하는 때에는 구조된 사람, 사망자 또는 구조된 물건을 특별자치도지사 · 시장 · 군수 · 구청장(「재난 및 안전관리 기본법」 제14조 또는 제16조에 따른 재난안전대책본부가 구성된 경우 해당 재난안전대책본부장을 말한다. 이하 같다)에게 인도하거나 인계하여야 한다.
1. 구조된 사람이나 사망자의 신원이 확인되지 아니한 때
2. 구조된 사람이나 사망자를 인도받을 보호자 또는 유족이 없는 때
3. 구조된 물건의 소유자를 알 수 없는 때

24. ③

해설 **「재난 및 안전관리 기본법」(이하 법이라 함) 제1조(목적)**
이 법은 각종 재난으로부터 국토를 보존하고 국민의 생명 · 신체 및 재산을 보호하기 위하여 국가와 지방자치단체의 재난 및 안전관리체제를 확립하고, 재난의 예방 · 대비 · 대응 · 복구와 안전문화활동, 그 밖에 재난 및 안전관리에 필요한 사항을 규정함을 목적으로 한다.

25. ①

해설 **「법」 제10조(안전정책조정위원회)**
① 중앙위원회에 상정될 안건을 사전에 검토하고 다음 각 호의 사무를 수행하기 위하여 중앙위원회에 안전정책조정위원회(이하 "조정위원회" 라 한다)를 둔다.〈개정 2020.6.9.〉
1. 제9조제1항제3호, 제3호의2, 제6호, 제6호의2 및 제7호의 사항에 대한 사전 조정
2. 제23조에 따른 집행계획의 심의
3. 제26조에 따른 국가핵심기반의 지정에 관한 사항의 심의
4. 제71조의2에 따른 재난 및 안전관리기술 종합계획의 심의
5. 그 밖에 중앙위원회가 위임한 사항
② 조정위원회의 위원장은 행정안전부장관이 되고, 위원은 대통령령으로 정하는 중앙행정기관의 차관 또는 차관급 공무원과 재난 및 안전관리에 관한 지식과 경험이 풍부한 사람 중에서 위원장이 임명하거나 위촉하는 사람이 된다. 〈개정 2017. 7. 26.〉

제12회 행 정 법

01. ②

해설 • ②가 적절하지 않다. 행정권의 우위성은 법률에 근거하고 법률이 인정하는 범위 내에서 행사할 수 있는 것이기 때문에 행정주체의 우월성은 행정권에 고유한 본연의 성질에 속하는 것이 아니다.

02. ②

해설 • ②가 적절하다. 「행정기본법」 제8조
※ 제8조(법치행정의 원칙) 행정작용은 법률에 위반되어서는 아니 되며, 국민의 권리를 제한하거나 의무를 부과하는 경우와 그 밖에 국민생활에 중요한 영향을 미치는 경우에는 법률에 근거하여야 한다.

03. ①

해설 • 「행정기본법」 제6조
※ 제6조(행정에 관한 기간의 계산) ① 행정에 관한 기간의 계산에 관하여는 이 법 또는 다른 법령등에 특별한 규정이 있는 경우를 제외하고는 「민법」을 준용한다. ② 법령등 또는 처분에서 국민의 권익을 제한하거나 의무를 부과하는 경우 권익이 제한되거나 의무가 지속되는 기간의 계산은 다음 각 호의 기준에 따른다. 다만, 다음 각 호의 기준에 따르는 것이 국민에게 불리한 경우에는 그러하지 아니하다.
1. 기간을 일, 주, 월 또는 연으로 정한 경우에는 기간의 첫날을 산입한다. 2. 기간의 말일이 토요일 또는 공휴일인 경우에도 기간은 그 날로 만료한다.

04. ④

해설 「행정기본법」 제7조의2(행정에 관한 나이의 계산 및 표시) 행정에 관한 나이는 다른 법령등에 특별한 규정이 있는 경우를 제외하고는 출생일을 산입하여 만(滿) 나이로 계산하고, 연수(年數)로 표시한다. 다만, 1세에 이르지 아니한 경우에는 월수(月數)로 표시할 수 있다.

05. ①

해설 이를 불가변력이라 하고, 준사법적인 행정의사는 자유로이 취소·변경할 수 없는 효력은 행정의사의 확정력 중 불가변력 때문이다.

06. ④

해설 이를 불가쟁력이라 하고, 행정청 자신도 일정한 경우에는 이미 행한 행정행위의 내용을 자유로이 취소·변경할 수 없도록 하는 것을 불가변력이라 하며, 불가쟁력과 불가변력을 행정의사의 존속력 또는 확정력이라고 한다.

07. ④

해설 • ⑤가 옳지 않고(부령으로→대통령령으로), ①, ② ③, ④는 옳다.
• 「행정기본법」 제38조 참조 ※제38조(행정의 입법활동)
① 국가나 지방자치단체가 법령등을 제정 · 개정 · 폐지하고자 하거나 그와 관련된 활동(법률안의 국회 제출과 조례안의 지방의회 제출을 포함하며, 이하 이 장에서 "행정의 입법활동" 이라 한다)을 할 때에는 헌법과 상위 법령을 위반해서는 아니 되며, 헌법과 법령등에서 정한 절차를 준수하여야 한다.
② 행정의 입법활동은 다음 각 호의 기준에 따라야 한다.
1. 일반 국민 및 이해관계자로부터 의견을 수렴하고 관계 기관과 충분한 협의를 거쳐 책임 있게 추진되어야 한다.

2. 법령등의 내용과 규정은 다른 법령등과 조화를 이루어야 하고, 법령등 상호 간에 중복되거나 상충되지 아니하여야 한다.
3. 법령등은 일반 국민이 그 내용을 쉽고 명확하게 이해할 수 있도록 알기 쉽게 만들어져야 한다.
③ 정부는 매년 해당 연도에 추진할 법령안 입법계획(이하 "정부입법계획"이라 한다)을 수립하여야 한다. ④ 행정의 입법활동의 절차 및 정부입법계획의 수립에 관하여 필요한 사항은 정부의 법제업무에 관한 사항을 규율하는 대통령령으로 정한다.

08. ③

해설 • ③이 옳지 않다. 판례는 "일반적으로 법률의 위임에 의하여 효력을 갖는 법규명령의 경우, 구법에 위임의 근거가 없어 무효였더라도 사후에 법개정으로 위임의 근거가 부여되면 그 때부터는 유효한 법규명령이 되나, 반대로 구법의 위임에 의한 유효한 법규명령이 법개정으로 위임의 근거가 없어지게 되면 그 때부터 무효인 법규명령이 되므로, 어떤 법령의 위임 근거 유무에 따른 유효 여부를 심사하려면 법개정의 전·후에 걸쳐 모두 심사하여야만 그 법규명령의 시기에 따른 유효·무효를 판단할 수 있다" 고 하였다(대판 1995.6.30. 93추83).

09. ②

해설 • ②가 옳지 않다. 판례는 "행정행위를 기속행위와 재량행위로 구분하는 경우 양자에 대한 사법심사는, 전자(=기속행위)의 경우 그 법규에 대한 원칙적인 기속성으로 인하여 법원이 사실인정과 관련 법규의 해석·적용을 통하여 일정한 결론을 도출한 후 그 결론에 비추어 행정청이 한 판단의 적법 여부를 독자의 입장에서 판정하는 방식에 의하게 되나, 후자의 경우 행정청의 재량에 기한 공익판단의 여지를 감안하여 법원은 독자의 결론을 도출함이 없이 당해 행위에 재량권의 일탈·남용이 있는지 여부만을 심사하게 되고, 이러한 재량권의 일탈·남용 여부에 대한 심사는 사실오인, 비례·평등의 원칙 위배 등을 그 판단 대상으로 한다" 고 하였다(대판 2005.7.14. 2004두6181).

10. ①

해설 ①이 적절하다. 재량권의 영(0)으로 수축은 행정청에게 재량권 즉, 결정재량이 인정된 경우에도 구체적인 상황에 따라서는 행정권의 발동만이 유일한 하자 없는 재량권행사가 되는 경우를 말하는바, 결과적으로 결정재량을 부인 받게 되는 것이고 따라서 등록취소나 영업정지를 반드시 해야 된다.

11. ②

해설 • ②가 적절하지 않다. 통지의 효과는 행위자의 의사에 기하는 것이 아니고 법률에 의하여 생긴다.

12. ③

해설 • ③이 적절하지 않다. ㉠수리의 효과는 법령이 정한 바에 따라 다른데, 수리에 의해 사법(私法)상의 효과가 발생하기도 하며(결혼신고의 수리), 결정·재결 등을 행할 행정청의 의무를 발생시키기도 한다(이의신청·행정심판 등의 수리).
㉡수리는 단순한 사실행위인 도달과 구별되며, 수동적인 행정청의 의사행위(인식의 표시행위)이다.

13. ①

해설 • ①이 옳지 않다. 판례는 "예비타당성조사를 하지 않은 절차상 하자가 있다는 이유로 각 처분의 취소를 구한 사안에서, 예산이 각 처분 등으로써 이루어지는 '4대강 살리기 사업' 중 한강 부분을 위한 재정 지출을 내용으로 하고 있고 예산의 편성에 절차상 하자가 있다는 사정만으로 곧바로 각 처분에 취소사유에 이를 정도의 하자가 존재한다고 보기 어렵다" 고 하였다(대판 2015.12.10. 2011두32515).

14. ①

해설 • ①이 옳지 않다. 내용 중 "하자가 중대하거나 또는 명백하여야 하고" 가 아니라 중대한 것으로서 객관적으로 명백해야 한다. "또는" 부분이 잘못된 부분인 것이다. – 판례는 "과세처분이 당연무효라고 하기 위하여는 처분에 위법사유가 있다는 것만으로는 부족하고 하자가 법규의 중요한 부분을 위반한 중대한 것으로서 객관적으로 명백한 것이어야 하며,하자가 중대하고 명백한지를 판별할 때에는 과세처분의 근거가 되는 법규의 목적·의미·기능 등을 목적론적으로 고찰함과 동시에 구체적 사안 자체의 특수성에 관하여도 합리적으로 고찰하여야 한다" 고 하였다(대판 2019.5.16. 2018두34848).

15. ①

해설 • ①이 옳다. 판례는 "지방계약직공무원인 이 사건 옴부즈만 채용행위는 공법상 대등한 당사자 사이의 의사표시의 합치로 성립하는 공법상 계약에 해당한다" 고 하였다(대판 2014.4.24. 2013두6244).

16. ②

해설 • ②가 옳지 않다. 이는 사법상 계약이다. 판례는 "갑 지방자치단체와 근로계약을 체결하고 갑 지방자치단체의 관할구역 내에 있는 각급 학교에서 학교회계직원으로 근무한 을 등이, 2004년도 학교회계예산편성기본지침에서는 지방공무원 보수규정 기능직공무원 10급 1~3호봉을 기준으로 보수를 지급하도록 정하고 있었으나 2005년도 학교회계예산편성기본지침에서는 1~3호봉 제한 규정을 삭제하였으므로 호봉재획정 사유가 발생하였고, 2012년 학교회계예산편성기본지침에서는 학교회계직원들에게 기능직공무원 9급 봉급표를 적용하도록 정하고 있다는 이유로, 갑 지방자치단체를 상대로 채용 시점에 소급하여 기능직공무원 9급 봉급액에 따라 매년 정기승급한 임금과 실제 지급받은 임금의 차액의 지급을 구한 사안에서, 갑 지방자치단체가 을 등의 채용 시점부터 매년 정기승급한 것을 전제로 을 등의 호봉을 다시 산정한 다음 그에 따른 임금 차액을 지급하여야 한다고 볼 수 없다" 고 하였다(대판 2018.5.11. 2015다237748).

17. ③

해설 • ③이 옳다. 판례는 "여기에서 규정하고 있는 '공개될 경우 업무의 공정한 수행에 현저한 지장을 초래한다고 인정할 만한 상당한 이유가 있는 경우' 란 공개될 경우 업무의 공정한 수행이 객관적으로 현저하게 지장을 받을 것이라는 고도의 개연성이 존재하는 경우를 의미한다" 고 하였다(대판 2010.2.25. 2007두9877).

18. ③

해설 • ③이 옳지 않다. 끝부분의 "조례를 정하여야 한다" 가 아니라 " 조례를 정할 수 있다" 이다.
※ 「공공기관의 정보공개에 관한 법률」 제4조(적용 범위) 제2항
② 지방자치단체는 그 소관 사무에 관하여 법령의 범위에서 정보공개에 관한 조례를 정할 수 있다.

19. ①

해설 • ②가 적절하지 않다.
※ 문제와 관련 「행정조사기본법」 제13조는 자료 등의 영치에 대해 다음과 같이 규정하고 있다.
제13조 (자료 등의 영치)
① 조사원이 현장조사 중에 자료·서류·물건 등(이하 이 조에서"자료등"이라 한다)을 영치하는 때에는 조사대상자 또는 그 대리인을 입회시켜야 한다. ② 조사원이 제1항에 따라 자료 등을 영치하는 경우에 조사대상자의 생활이나 영업이 사실상 불가능하게 될 우려가 있는 때에는 조사원은 자료 등을 사진으로 촬영하거나 사본을 작성하는 등의 방법으로 영치에 갈음할 수 있다.

다만, 증거인멸의 우려가 있는 자료 등을 영치하는 경우에는 그러하지 아니하다. ③ 조사원이 영치를 완료한 때에는 영치조서 2부를 작성하여 입회인과 함께 서명날인하고 그중 1부를 입회인에게 교부하여야 한다.
④ 행정기관의 장은 영치한 자료 등이 다음 각 호의 어느 하나에 해당하는 경우에는 이를 즉시 반환하여야 한다. 1. 영치한 자료 등을 검토한 결과 당해 행정조사와 관련이 없다고 인정되는 경우 2. 당해 행정조사의 목적의 달성 등으로 자료 등에 대한 영치의 필요성이 없게 된 경우

20. ①

해설 • ①이 옳지 않다. 판례는 "지방자치단체가 그 고유의 자치사무를 처리하는 경우에는 지방자치단체는 국가기관의 일부가 아니라 국가기관과는 별도의 독립한 공법인이므로, 지방자치단체 소속 공무원이 지방자치단체 고유의 자치사무를 수행하던 중 도로법 제81조 내지 제85조의 규정에 의한 위반행위를 한 경우에는 지방자치단체는 도로법 제86조의 양벌규정에 따라 처벌대상이 되는 법인에 해당한다" 고 하였다(대판 2005.11.10. 2004도2657).

21. ①

해설 • ①이 옳지 않다. 「국가배상법」 제4조(양도 등 금지)는 "생명 · 신체의 침해로 인한 국가배상을 받을 권리는 양도하거나 압류하지 못한다" 고 규정하고 있다.

22. ③

해설 • ③이 옳지 않다. 판례는 "직무집행과 관련하여 공상을 입은 군인 등이 먼저 국가배상법에 따라 손해배상금을 지급 받은 다음 보훈보상대상자 지원에 관한 법률이 정한 보상금 등 보훈급여금의 지급을 청구하는 경우, 국가배상법에 따라 손해배상을 받았다는 이유로 그 지급을 거부할 수 없다" 고 하였다(대판 2017.2.3. 2015두60075).

23. ③

해설 • ③이 적절하지 않다. 행정심판위원회는 청구변경 신청에 대하여 허가할 것인지 여부를 결정하고, 지체 없이 신청인에게는 결정서 정본을, 당사자 및 참가인에게는 결정서 등본을 송달하여야 한다(「행정심판법」 제29조 제6항).

24. ③

해설 • ③이 적절하지 않다. • ①, ②, ③의 경우 행정심판위원회는 처분, 처분의 집행 또는 절차의 속행 때문에 중대한 손해가 생기는 것을 예방할 필요성이 긴급하다고 인정할 때에는 직권으로 또는 당사자의 신청에 의하여 처분의 효력, 처분의 집행 또는 절차의 속행의 전부 또는 일부의 정지를 결정할 수 있다(「행정심판법」 제30조 제2항).

25. ①

해설 • ①이 옳다. 판례는 "병역법상 신체등위판정은 행정처분이 아니지만 지방병무청장의 병역처분은 행정처분이다" 고 하였다(대판 1993.8.27. 93누3356).

제12회 소방법령 Ⅳ

01. ②

해설 **「임용령」 제3조(임용권의 위임) 제1항 전단**
① 대통령은 「소방공무원법」(이하"법"이라 한다) 제6조제3항에 따라 소방청과 그 소속기관의 소방정 및 소방령에 대한 임용권을 소방청장에게 위임한다.

02. ①

해설 **「임용령」 제4조 제3항**
③ 임용일자는 그 임용장 또는 임용통지서가 피임용자에게 송달되는 기간 및 사무인계에 필요한 기간을 참작하여 정하여야 한다.〈개정 2018.5.31.〉

03. ②

해설 **「임용령」 제14조(경력경쟁채용등에서 임용직위 제한) 제1항**
① 법 제7조제2항 각 호 외의 부분 본문 및 단서에 따른 채용시험(이하 "경력경쟁채용시험등" 이라 한다)을 통하여 채용(이하 "경력경쟁채용등" 이라 한다)된 소방공무원을 처음 임용하는 경우에는 그 시험실시 당시의 임용예정 직위 외의 직위에 임용할 수 없다. 〈개정 2020. 3. 10.〉

04. ④

해설 **「임용령」 제15조(경력경쟁채용의 요건 등) 제8항**
⑧ 법 제7조제2항제7호에 따른 경력경쟁채용등은 경위 이하의 경찰공무원으로서 최근 5년 이내에 화재감식 또는 범죄수사업무에 종사한 경력이 2년 이상인 사람이어야 한다.

05. ④

해설 **「임용령 시행규칙」 제23조 및 별표5**
청력은 두 귀의 청력(교정청력을 포함한다)이 각각 적어도 40데시벨(dB) 이하의 소리를 들을 수 있어야 한다.

06. ①

해설 **「임용령」 제27조(위탁교육훈련이수자의 보직)**
법 제20조제3항에 따라 위탁교육훈련을 받은 소방공무원의 최초보직은 소방공무원교육훈련기관의 교수요원으로 하여야 한다. 다만, 교수요원으로 보직할 수 없거나 곤란한 경우에는 그 교육훈련내용과 관련되는 직위에 보직하여야 한다. 〈개정 2023. 3. 28.〉

07. ③

해설 **「승진임용 규정」 제10조 제1항 제3호**
3. 소방장 이하 : 전문교육훈련성적, 직장훈련성적, 체력검정성적 및 행정안전부령으로 정하는 전문능력에 관한 성적(이하 "전문능력성적" 이라 한다)

08. ③

해설 **「승진임용 규정」 제10조 제2항 제2호**
이 경우는 체력검정성적이 가장 높다.

09. ②

해설 「승진임용 규정」 제19조 제5호

5. 국립소방연구원의 보통승진심사위원회 : 소속 소방공무원의 소방령 이하 계급으로의 승진심사(신설 2020.3.10.)

10. ②

해설 「승진임용 규정」 제22조(승진심사대상) 및 별표

승진임용예정인원수	승진심사 대상인 사람의 수
1 ~ 10명	승진임용예정 인원수 1명당 5배수

11. ①

해설 「승진임용 규정」 제41조(최저근무연수의 적용 배제 등) 제1항

① 제38조제1항제5호 또는 같은 조 제2항에 해당하는 소방공무원에 대한 특별승진의 경우에는 제4조부터 제6조까지의 규정을 적용하지 않는다. 〈개정 2021. 8. 31.〉

12. ③

해설 「국가공무원법」 제78조의2(징계부가금) 제1항

① 제78조에 따라 공무원의 징계 의결을 요구하는 경우 그 징계 사유가 다음 각 호의 어느 하나에 해당하는 경우에는 해당 징계 외에 다음 각 호의 행위로 취득하거나 제공한 금전 또는 재산상 이득(금전이 아닌 재산상 이득의 경우에는 금전으로 환산한 금액을 말한다)의 5배 내의 징계부가금 부과 의결을 징계위원회에 요구하여야 한다.〈개정 2015.5.18.〉

13. ③

해설 「소방공무원 징계령」 제15조 제5항 〈개정 2023. 10. 10.〉

⑤ 징계위원회는 제1항, 제3항 또는 제4항에 따른 위원의 제척 · 기피 또는 회피로 인하여 제14조제1항에 따른 심의 · 의결에 출석할 수 있는 위원 수가 과반수(과반수가 3명 미만인 경우에는 3명 이상)에 미달하는 경우에는 위원 과반수(과반수가 3명 미만인 경우에는 3명 이상)를 충족하는 때까지 해당 징계위원회가 설치된 기관의 장에게 해당 혐의자에 관한 안건에 한정하여 심의 · 의결에 참여할 임시위원의 임명 또는 위촉을 요청하여야 한다. 이 경우 해당 기관의 장은 지체 없이 임시위원을 임명 또는 위촉하여야 한다.

14. ①

해설 「시행령」 제8조 제1항 제2호

탱크안전성능검사를 받아야 하는 위험물탱크는 다음과 같다.
2. 충수(充水) · 수압검사 : 액체위험물을 저장 또는 취급하는 탱크. 다만, 다음 각 목의 어느 하나에 해당하는 탱크는 제외한다.
가. 제조소 또는 일반취급소에 설치된 탱크로서 용량이 지정수량 미만인 것
나. 「고압가스 안전관리법」 제17조제1항에 따른 특정설비에 관한 검사에 합격한 탱크 다. 「산업안전보건법」 제84조제1항에 따른 안전인증을 받은 탱크
라. 삭제 〈2006.5.25.〉

15. ③

해설 「법」 제9조(완공검사) 제1항

① 제6조제1항의 규정에 따른 허가를 받은 자가 제조소등의 설치를 마쳤거나 그 위치 · 구조 또는 설비의 변경을 마친 때에는 당해 제조소등마다 시 · 도지사가 행하는 완공검사를 받아 제5조제4항의 규정에 따른 기술기준에 적합하다고 인정받은 후가 아니면 이를 사용하여서는 아니된다. 다만, 제조소등의 위치 · 구조 또는 설비를 변경함에 있어서 제6조제1항 후단의 규정에 따른 변경허가를 신청하는 때에 화재예방에 관한 조치사항을 기재한 서류를 제출하는 경우에는 당해 변경공사와 관계가 없는 부분은 완공검사를 받기 전에 미리 사용할 수 있다.

16. ①

해설 「법」 제30조(권한의 위임 · 위탁) 및 동 시행령 제21조(권한의 위임)

시 · 도지사는 법 제30조제1항에 따라 다음 각 호의 권한을 소방서장에게 위임한다. 다만, 동일한 시 · 도에 있는 둘 이상의 소방서장의 관할구역에 걸쳐 설치되는 이송취급소에 관련된 권한을 제외한다. 〈개정 2024. 7. 23.〉
1. 법 제6조제1항의 규정에 의한 제조소등의 설치허가 또는 변경허가
2. 법 제6조제2항의 규정에 의한 위험물의 품명 · 수량 또는 지정수량의 배수의 변경신고의 수리
3. 법 제7조제1항의 규정에 의하여 군사목적 또는 군부대시설을 위한 제조소등을 설치하거나 그 위치 · 구조 또는 설비의 변경에 관한 군부대의 장과의 협의
4. 법 제8조제1항에 따른 탱크안전성능검사(제22조제2항제1호에 따라 기술원에 위탁하는 것을 제외한다)
5. 법 제9조에 따른 완공검사(제22조제2항제2호에 따라 기술원에 위탁하는 것을 제외한다)
6. 법 제10조제3항의 규정에 의한 제조소등의 설치자의 지위승계신고의 수리 7. 법 제11조의 규정에 의한 제조소등의 용도폐지신고의 수리 7의2. 법 제11조의2제2항에 따른 제조소등의 사용 중지신고 또는 재개신고의 수리 7의3. 법 제11조의2제3항에 따른 안전조치의 이행명령 8. 법 제12조의 규정에 의한 제조소등의 설치허가의 취소와 사용정지 9. 법 제13조의 규정에 의한 과징금처분
10. 법 제17조의 규정에 의한 예방규정의 수리 · 반려 및 변경명령
11. 법 제18조제2항에 따른 정기점검 결과의 수리 12. 법 제19조의2제3항에 따른 시정명령

17. ②

해설 「시행령」 제22조 제3항

③ 소방본부장 또는 소방서장은 법 제30조제2항에 따라 법 제18조제3항에 따른 정기검사를 기술원에 위탁한다.

18. ④

해설 「시행규칙」 제31조 및 별표7 Ⅰ 제2호〈개정 2024.5.20.〉

2. 옥내탱크저장소 중 탱크전용실을 단층건물 외의 건축물에 설치하는 것(제2류 위험물 중 황화인 · 적린 및 덩어리 황, 제3류 위험물 중 황린, 제6류 위험물 중 질산 및 제4류 위험물 중 인화점이 38℃ 이상인 위험물만을 저장 또는 취급하는 것에 한한다)의 위치 · 구조 및 설비의 기술기준은 제1호나목 · 다목 · 마목 · 내지 자목 · 차목(탱크전용실이 있는 건축물 외의 장소에 설치하는 펌프설비에 관한 기준과 관련되는 부분에 한한다) · 카목 내지 하목 · 머목 · 서목 및 어목의 규정을 준용하는 외에 다음 각목의 기준에 의하여야 한다.

19. ①

해설 「시행규칙」 제31조 및 별표7 Ⅰ 제2호 사목〈개정 2024.5.20.〉

사. 탱크전용실의 출입구에는 수시로 열 수 있는 자동폐쇄식의 60분+ 방화문 또는 60분방화문을 설치할 것

20. ②

해설 「시행규칙」 제37조 및 별표13 ⅩⅥ 제3호 마목

압축수소의 수입설비(受入設備)는 다음의 기준에 적합하여야 한다.
1. 위치는 주유공지 또는 급유공지 외의 장소로 하되, 주유공지 또는 급유공지에서 가스를 수입하는 것이 불가능한 장소로 할 것
2. 자동차등의 충돌을 방지하는 조치를 마련할 것

21. ④

해설 「시행규칙」 제38조 및 별표14 Ⅰ 제2호

저장 또는 취급하는 위험물의 수량이 지정수량의 40배 이하인 판매취급소를 제2종판매취급소라 한다.

22. ③

해설

「시행규칙」 제41조 및 별표17 I 제3호 나목의 표

소화분말의 경우는 3.3킬로그램 이상이어야 한다.

23. ③

해설

「시행규칙」 제41조 및 별표17 I 제5호 다목의 3)

제조소등의 옥외에 설치된 공작물은 외벽이 내화구조인 것으로 간주하고 공작물의 최대수평투영면적을 연면적으로 간주하여 소요단위를 산정한다.

24. ①

해설

「시행규칙」 제50조 및 별표19 V 제1호〈개정 2024.5.20.〉

1. 위험등급 I 의 위험물

가. 제1류 위험물 중 아염소산염류, 염소산염류, 과염소산염류, 무기과산화물 그 밖에 지정수량이 50㎏인 위험물

나. 제3류 위험물 중 칼륨, 나트륨, 알킬알루미늄, 알킬리튬, 황린 그 밖에 지정수량이 10㎏ 또는 20㎏인 위험물

다. 제4류 위험물 중 특수인화물

라. 제5류 위험물 중 지정수량이 10㎏인 위험물〈개정 2024.5.20.〉

마. 제6류 위험물

25. ②

해설

「시행규칙」 제50조 및 별표19 V 제2호 나목 〈개정 2024.5.20.〉

2. 위험등급 II 의 위험물

나. 제2류 위험물 중 황화인, 적린, 황 그 밖에 지정수량이 100킬로그램인 위험물

제12회 소방전술

01. ④

해설

「현장대응활동 검토회의 운영규정」 제2조(정의)

이 규정에서 현장대응활동 검토회의란 특별시 · 광역시 · 특별자치시 · 도 · 특별자치도(이하"시 · 도"라 한다) 소방본부장 또는 소방서장(이하"소방기관의 장"이라 한다)이 「소방기본법」 제16조제1항에 따른 소방활동(이하"소방활동"이라 한다)을 종료한 후 해당 소방활동 상황을 분석 검토하여 화재예방 및 대응활동의 자료로 활용하고자 하는 회의를 말한다.

※ 「소방활동 검토회의 운영규정」은 「현장대응활동 검토회의 운영규정」으로 전면 개정되었으나, 2025년도 중앙소방학교 소방전술 교재는 개정 전의 「소방활동 검토회의 운영규정」이 그대로 열거되어 있으니 참고 바람

02. ②

해설

「현장대응활동 검토회의 운영규정」 제5조(검토회의의 구성)

1. 회의 주재는 관할 소방서장이 하되 필요한 경우 소방본부장이 할 수 있다.

03. ①

해설

연소 확대 방지 ; 두 번째는 냉난방 시스템의 흡입관 주위의 천장을 개방해 보고 불꽃이 천장을 통과하여 흡입관 주위에 침투되지 않았는지 확인해야 한다.

04. ④

해설

파괴활동

중량셔터 파괴방법 중 셔터가 가열에 의해 붉게 변화하고 있는 상태의 경우 파괴기구 및 파괴방법은 다음과 같다.

(1) 파괴에 적당한 기구 : 가스절단기, 산소절단기

(2) 파괴방법

(가) 스레트를 잡아 빼기 곤란하므로 아치형으로 절단한다.

(나) 초기에는 관창이 통과 가능한 정도의 구멍을 만들고 내부에 주수하여 화세를 제압한 후 진입구를 크게 한다.

05. ①

해설

방사능 시설 화재 : 오염검사

(1) 오염검사는 원칙적으로 시설 내의 오염검사기를 활용하고 시설관계자에게 실시하게 한다.

(2) 오염은 다량의 물과 비눗물(알카리성보다 산성 쪽이 효과가 있다)에 의한 세척이 효과적이지만 관계시설에 설치해 있는 제염제를 유효하게 활용한다.

(3) 오염된 소방설비는 일정한 장소에 집중 관리해 필요에 따라 감시원을 배치와 동시에 경계로프, 표식을 내걸고 분실 및 이동 등에 의한 2차 오염방지에 노력한다.

(4) 오염물은 시설관계자에 일괄해서 인도하고 처리를 의뢰한다. 소방설비는 원칙적으로 재사용하지 않는다. 다만 오염된 것이 제염의 결과 재사용 할 수 있는 것은 제외한다.

(5) 소방대원은 오염검사가 종료되고 지시가 있을 때까지 절대로 흡연 및 음식물을 섭취하지 않는다.

06. ③

해설

독극물 화재 : 독극물 화재의 소방활동 요령의 일반원칙

소방활동은 독극물 등의 품명, 물성을 특정해서 재해의 실태 및 위험성을 파악해 피해 확대방지, 주민과 대원의 안전확보에 중점을 둔다.

(1) 소방활동 구역의 설정 : 냄새, 자극냄새 혹은 착색가스를 확인한 경우 주위상황 등에 의해 독극물 등 독성가스의 존재가 인정되는 경우는 체류구역, 지형 및 풍향을 고려해서 그 주변에 로프, 표식 등으로 신속하게 소방활동 구역을 설정하고, 대피명령, 구역으로의 출입제한 및 화기 사용제한을 하여 주민 등의 안전을 확보한다.

(2) 독극물 위험구역 및 폭발 위험구역의 설정 : 소방활동 구역 내에서 독성가스 농도가 인체 허용농도를 넘는 구역에 독극물 위험구역을, 독성가스이며 가연성가스여서 인화·폭발의 위험이 있는 경우에는 폭발 위험구역을 설정해 그 구역 내의 소방활동을 철저히 통제한다.

(3) 관계자·자위소방대와의 연대 하에 활동 : 독극물 취급책임자, 종업원 등의 시설관계자를 조기에 확보하고 활동방침 결정에 필요한 정보수집, 응급조치 및 소화활동에 적극적으로 활용한다.

(4) 소방활동 방침은 각급 지휘자를 통해서 전 대원에게 주지시킨다.

07. ①

해설

불화단백포 소화약제

불화단백포 소화약제는 불소계 계면활성제를 첨가함으로써 안정제인 철염의 첨가량을 줄였기 때문에 침전물이 거의 생성되지 않아 장기 보관(8~10년)이 가능하다.

08. ③

해설

포소화약제의 주된 소화 효과

포 소화약제의 주된 소화 효과는 포가 가연물질의 표면을 덮기 때문에 나타나는 질식 효과와 상당량의 수분에 의한 냉각 효과이다. 이것 이외에도 고발포 포의 경우는 포가 차지하는 체적이 매우 크기 때문에 대류와 복사에 의한 열의 이동 차단, 주변 공기의 배출, 가연성 증기의 생성 억제 등의 소화 효과도 기대할 수 있다.

09. ②

해설

이상연소 현상 : 선화

선화(Lifting)는 역화의 반대현상으로 연료가스의 분출속도가 연소속도보다 빠를 때 불꽃이 버너의 노즐에서 떨어져서 연소하는 현상으로 완전한 연소가 이루어지지 않는다.

10. ②

해설

연소생성물의 종류와 유해성 : 연기

연기의 유동 및 확산은 벽 및 천장을 따라 진행하며 일반적으로 수평방향으로는 0.5~1m/sec정도로 인간의 보행속도 1~1.2m/sec보다 늦다. 그러나 계단실 등에서의 수직방향은 화재 초기상태의 연기일지라도 1.5m/sec, 화재성장기에는 3~4m/sec로 인간의 보행속도보다 빨라지며, 굴뚝효과가 발생하는 건물구조에선 5m/sec 이상이 된다.

11. ②

해설

소방펌프 : 수격현상

관내에 물이 가득 차서 흐르는 경우 그 관로 끝에 있는 밸브를 갑자기 폐쇄할 경우 물이 가지는 운동에너지는 압력에너지로 변하고 큰 압력 상승이 일어나서 관을 넓히려 한다. 이 경우 압력상승은 압력파가 되어 관내를 왕복하는데 이런 현상을 수격현상이라고 한다.

12. ②

해설

진공펌프 : 성능 ; 진공펌프의 성능은 30초 이내에 절대진공의 86%인 660mmHg까지 도달하고 진공의 누기는 10초에 10mmHg 이하이어야 한다.

13. ③

해설

소방자동차 구조 일반 : 변속기

섭동기어식(Sliding Gear Type) : 변환 레버에 의해 직접 기어를 움직여 변속하는 것으로 가장 간단한 변속 방식이다. 구조가 간단하고 취급이 용이 하지만 변속 시에 기어 자체가 축 선상을 활동하여 맞물려야 하므로 변속시 주축과 부축의 회전 속도가 달라 기어 물림이 어렵고 기어가 손상되기 쉽다 주로 공작기계용의 변속장치로 많이 이용되고 최근 자동차용으로는 후진 변속시 이형식이 사용된다.

14. ②

해설

로프의 사용 상 주의점

일반적으로 로프를 사용한 후에 사리는(정리하는) 과정에서 로프의 외형을 확인하고, 일일이 손으로 만져보며 응어리, 얼룩, 눌림 등이 있는지 확인하고, 보풀이나 변색, 마모정도 등도 유의해서 점검한다. 조금이라도 손상이 있으면 그 로프는 폐기하여야 한다. 폐기대상인 로프는 인명구조용으로 재사용되지 않도록 한다. (1) 직경 9mm 이하의 로프를 사용할 때에는 반드시 2줄로 설치하여 안전을 확보한다. (2) 로프를 설치하기 전에 세심하게 살펴보고 조금이라도 손상이 있는 부분이 있으면 사용하지 않는다.

15. ①

해설

로프꼬임 방지기(SWIVEL)

로프꼬임 방지기는 로프로 물체를 인양하거나 하강시킬 때 로프가 꼬여 장비나 구조대상자가 회전하는 것을 방지하는 장비이다. 카라비너에 도르래가 걸린 상태에서 360° 회전이 가능하다.

16. ①

해설

풋록 등반 : 두줄 등반법

(1) 양손으로 등반로프를 지지 양발로 바깥 측에서 1회 또는 2회 감는다. (2) 등반원은 보조원의 로프조작 도움을 받아 양손으로 2본의 로프를 함께 잡아 신체를 당겨 올려 발을 교대로 하여 위쪽으로 움직여 등반한다. (3) 당겨 올린 발뒤꿈치에 힘을 가해 발등을 벽면으로 향한다. (4) 보조원은 등반원의 아래쪽에서 양손으로 1본씩 로프를 잡고, 등반원의 구령에 맞춰 이동하는 쪽의 로프를 느슨하게 고정시키는 발의 로프를 당겨서 보조한다.

17. ②

해설

도하기법 : 쥬마를 이용해서 건너기

도르래는 1단 도르래보다는 수평2단 도르래(텐덤)를 사용하는 것이 로프의 꺾임을 완화시킬 수 있어서 이동하기 용이하다.

18. ②

해설

잠금장치의 구조 및 작동원리 : 주 잠금장치용 디지털 도어록

지문(보기) ②가 주 잠금장치용 디지털 도어록의 특징을 설명하고 있다.

19. ④

해설

소방안전관리의 특성 : 안전관리의 계속성·반복성

안전관리에는 끝이 없으므로 반복하여 실행하여야 한다. 소방활동의 안전관리는 출동에서 부터 귀소하기까지 한 순간도 끊임없이 계속된다. 따라서 평소의 교육, 훈련이나 기기 점검 등도 안전관리 상 중요한 요소이다.

20. ③

해설 **기지국의 전파거리** : 소방서 내 상황실에 위치해 있으며 20watts로 20km 거리까지 전파 가능하다.

21. ②

해설 **기록지를 작성해야 하는 이유 : 교육·연구 기능**
교육·연구 기능 : 기록지를 분석해서 환자 처치나 의약품이 어떠한 것이 효과적인지 결정해서 구급활동의 질을 향상시킨다.

22. ②

해설 **의식장애 : 경련**
경련은 머리손상이 일어날 수 있다는 점을 명심하고 꼭 머리손상이 있는지 평가해야 한다. 1차 평가를 실시하고 기도가 개방되었는지 호흡은 적절한지 확인한다. 생체징후를 평가하고 병력 및 신체검진을 실시한다. 환자의 의식이 돌아오면 환자로부터 정보를 수집하고 그렇지 않다면 주위 사람들로부터 SAMPLE력을 수집하고 현재병력을 기록한다.

23. ③

해설 **뇌졸중 환자를 평가하는 방법**
(1) F(face) : 입 꼬리가 올라가도록 웃으면서 따라서 웃도록 시킨다. 치아가 보이지 않거나 양쪽이 비대칭인 경우 비정상
(2) A(arm) : 눈을 감고 양 손을 동시에 앞으로 들어 올려 10초간 멈추도록 한다. 양손의 높이가 다르거나 한 손을 전혀 들어 올리지 못할 경우 비정상
(3) S(speech) : 하나의 문장을 얘기하고 따라하도록 시킨다. 말이 느리거나 못한다면 비정상
(4) T(time) : 시계가 있다면 몇 시인지 물어보고 없다면 낮인지 밤인지 물어본다.

24. ③

해설 **「119법 시행령」** 제11조(구급대원의 자격기준)
구급대원은 소방공무원으로서 다음 각 호의 어느 하나에 해당하는 자격을 갖추어야 한다. 다만, 제4호에 해당하는 구급대원은 구급차 운전과 구급에 관한 보조업무만 할 수 있다.
1. 「의료법」 제2조제1항에 따른 의료인
2. 「응급의료에 관한 법률」 제36조제2항에 따라 1급 응급구조사 자격을 취득한 사람
3. 「응급의료에 관한 법률」 제36조제3항에 따라 2급 응급구조사 자격을 취득한 사람
4. 소방청장이 실시하는 구급업무에 관한 교육을 받은 사람

25. ③

해설 **「법」 제23조(집행계획) 제1항**
① 관계 중앙행정기관의 장은 제22조제4항에 따라 통보받은 국가안전관리기본계획에 따라 매년 그 소관 업무에 관한 집행계획을 작성하여 조정위원회의 심의를 거쳐 국무총리의 승인을 받아 확정한다. 〈개정 2024. 1. 16.〉

제13회 행 정 법

01. ②

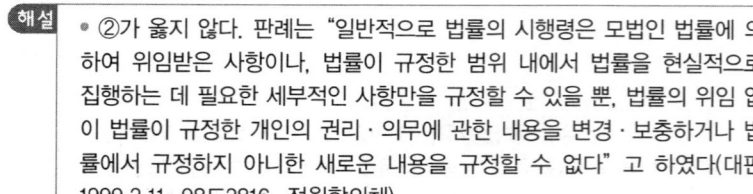

해설 • ②가 옳지 않다. 판례는 "일반적으로 법률의 시행령은 모법인 법률에 의하여 위임받은 사항이나, 법률이 규정한 범위 내에서 법률을 현실적으로 집행하는 데 필요한 세부적인 사항만을 규정할 수 있을 뿐, 법률의 위임 없이 법률이 규정한 개인의 권리·의무에 관한 내용을 변경·보충하거나 법률에서 규정하지 아니한 새로운 내용을 규정할 수 없다" 고 하였다(대판 1999.2.11. 98도2816, 전원합의체).

02. ⑤

해설 • ⑤가 옳지 않다. 판례는 "따라서 시흥소방서의 담당 소방공무원이 피고인에게 행정처분인 위 시정보완명령을 구두로 고지한 것은 행정절차법 제24조에 위반한 것으로 그 하자가 중대하고 명백하여 위 시정보완명령은 당연 무효라고 할 것이고, 무효인 위 시정보완명령에 따른 피고인의 의무위반이 생기지 아니하는 이상 피고인에게 위 시정보완명령에 위반하였음을 이유로 소방시설 설치유치 및 안전관리에 관리에 관한 법률 제48조의2 제1호에 따른 행정형벌을 부과할 수 없다" 고 하였다(대판 2011.11.10. 2011도11109).

03. ④

해설 • 「행정기본법」 제7조
※ 제7조(법령등 시행일의 기간 계산)법령등(훈령·예규·고시·지침 등을 포함한다. 이하 이 조에서 같다)의 시행일을 정하거나 계산할 때에는 다음 각 호의 기준에 따른다.
1. 법령등을 공포한 날부터 시행하는 경우에는 공포한 날을 시행일로 한다.
2. 법령등을 공포한 날부터 일정 기간이 경과한 날부터 시행하는 경우 법령등을 공포한 날을 첫날에 산입하지 아니한다.
3. 법령등을 공포한 날부터 일정 기간이 경과한 날부터 시행하는 경우 그 기간의 말일이 토요일 또는 공휴일인 때에는 그 말일로 기간이 만료한다.

04. ③

해설 • 「행정기본법」 제14조
※ 제14조(법 적용의 기준) ① 새로운 법령등은 법령등에 특별한 규정이 있는 경우를 제외하고는 그 법령등의 효력 발생 전에 완성되거나 종결된 사실관계 또는 법률관계에 대해서는 적용되지 아니한다.
② 당사자의 신청에 따른 처분은 법령등에 특별한 규정이 있거나 처분 당시의 법령등을 적용하기 곤란한 특별한 사정이 있는 경우를 제외하고는 처분 당시의 법령등에 따른다.
③ 법령등을 위반한 행위의 성립과 이에 대한 제재처분은 법령등에 특별한 규정이 있는 경우를 제외하고는 법령등을 위반한 행위 당시의 법령등에 따른다. 다만, 법령등을 위반한 행위 후 법령등의 변경에 의하여 그 행위가 법령등을 위반한 행위에 해당하지 아니하거나 제재처분 기준이 가벼워진 경우로서 해당 법령등에 특별한 규정이 없는 경우에는 변경된 법령등을 적용한다.

05. ①

해설 종교의 자유 등 「헌법」에서 보장하고 있는 절대적인 기본권은 성질상 제한할 수 없다.

06. ③

해설
- ③이 옳지 않다. 서실검열 행위는 행정행위가 아닌 사실행위에 해당한다.
- ①, ②, ④는 적절하다.
- ①의 경우 특별권력관계 내부행위에 대하여 사법심사가 가능하다는 것이 현대적 입장이다.
- ②의 경우 특별권력관계 내부자의 기본권 제한을 하는 경우 법률의 근거가 있어야 하므로 법률의 근거 없이 이루어 졌다면 위법한 행위에 해당한다.
- ④의 경우 취소소송을 제기함이 없이 국가배상을 청구하는 경우 검열행위의 위법성 여부를 판단할 수 있다

07. ①

해설
- ①이 옳지 않다. 판례는 "그러한 사정만으로서 위 지침에 의하여 곧바로 개별적이고 구체적인 권리의 침해를 받은 것으로는 도저히 인정할 수 없으므로, 그것만으로는 현실적으로 특정인의 구체적인 권리의무에 직접적으로 변동을 초래케 하는 것은 아니라 할 것이어서 내신성적 산정지침을 항고소송의 대상이 되는 행정처분으로 볼 수 없다" 고 하였다(대판 1994.9.10. 94두33).

08. ③

해설
- ③이 옳지 않다. 판례는 "상급행정기관이 하급행정기관에 대하여 업무처리 지침이나 법령의 해석적용에 관한 기준을 정하여 발하는 이른바 '행정규칙이나 내부지침' 은 일반적으로 행정조직 내부에서만 효력을 가질 뿐 대외적인 구속력을 갖는 것은 아니므로 행정처분이 그에 위반하였다고 하여 그러한 사정만으로 곧바로 위법하게 되는 것은 아니다" 고 하였다(대판 2009.12.24. 2009두7967).

09. ④

해설
- ④가 옳지 않다. 판례는 "검사의 임용여부는 임용권자의 자유재량에 속하는 사항이나, 임용권자는 임용신청자들에게 전형의 결과인 임용여부의 응답을 해 줄 조리상 의무가 있다" 고 하였다(대판 1991. 2.12. 90누5825).

10. ③

해설
- ③이 적절하지 않다. 판례는 "수입 녹용 중 전지 3대를 절단부위로부터 5cm까지의 부분을 절단하여 측정한 회분함량이 기준치를 0.5% 초과하였다는 이유로 수입 녹용 전부에 대하여 전량 폐기 또는 반송처리를 지시한 처분이 재량권을 일탈 · 남용한 경우에 해당하지 않는다" 고 하였다(대판 2006.4.14. 2004두3854).

11. ①

해설
- ①이 옳지 않다. 판례는 "부담부 행정처분에 있어서 처분의 상대방이 부담(의무)을 이행하지 아니한 경우에 처분행정청으로서는 이를 들어 당해 처분을 취소(철회)할 수 있는 것이다" 고 하였다(대판 1989.10.24. 89누2431).

12. ④

해설
- ④가 적절하지 않다. 「행정기본법」 제17조 제1항부터 제3항
- 제17조(부관)

① 행정청은 처분에 재량이 있는 경우에는 부관(조건, 기한, 부담, 철회권의 유보 등을 말한다. 이하 이 조에서 같다)을 붙일 수 있다.
② 행정청은 처분에 재량이 없는 경우에는 법률에 근거가 있는 경우에 부관을 붙일 수 있다.
③ 행정청은 부관을 붙일 수 있는 처분이 다음 각 호의 어느 하나에 해당하는 경우에는 그 처분을 한 후에도 부관을 새로 붙이거나 종전의 부관을 변경할 수 있다.
1. 법률에 근거가 있는 경우 2. 당사자의 동의가 있는 경우
3. 사정이 변경되어 부관을 새로 붙이거나 종전의 부관을 변경하지 아니하면 해당 처분의 목적을 달성할 수 없다고 인정되는 경우

13. ②

해설
- ②가 부존재에 해당한다. 행정청의 행위가 사실상으로 존재하지 않는 경우 즉, 행정행위라고 볼 수 있는 외형상의 존재 자체가 없는 경우를 행정행위의 부존재라고 한다.
- 일반적으로 ㉠행정청이 아닌 것이 명백한 사인의 행위 ㉡행정권의 발동으로 볼 수 없는 행위 ㉢행정기관 내에서 내부적 의사결정이 있었을 뿐 아직 외부에 표시되지 않은 경우 ㉣취소·철회·실효 등으로 소멸한 경우 등이 그 예가 되겠는바, 행정청의 호의적 알선에 의한 행위는 행정권의 발동으로 볼 수 없어 부존재에 해당한다 하겠다.

14. ④

해설
- ④가 적절하다. 판례는 "행정처분의 당연무효를 선언하는 의미에서 그 취소를 구하는 행정소송을 제기하는 경우에는 전치절차와 그 제소기간의 준수 등 취소소송의 제소요건을 갖추어야 한다" 고 하였다(대판 1987.6.9. 87누219; 대판 1993.3.12. 92누11039).

15. ②

해설
- 「행정기본법」 제27조 • 제27조(공법상 계약의 체결) ① 행정청은 법령등을 위반하지 아니하는 범위에서 행정목적을 달성하기 위하여 필요한 경우에는 공법상 법률관계에 관한 계약(이하 "공법상 계약" 이라 한다)을 체결할 수 있다. 이 경우 계약의 목적 및 내용을 명확하게 적은 계약서를 작성하여야 한다. ② 행정청은 공법상 계약의 상대방을 선정하고 계약 내용을 정할 때 공법상 계약의 공공성과 제3자의 이해관계를 고려하여야 한다.

16. ②

해설
- ②가 행정작용에 해당한다. 자동차 운전자들이 꼬리 물기를 하지 않도록 계도하는 것은 운전자의 협력에 의해 행정목적을 달성하고자 하는 것이므로, 행정지도의 성질을 가진다.

17. ③

해설
- ③이 옳지 않다. 판례는 "정보공개를 청구하는 자가 공공기관에 대해 정보의 사본 또는 출력물의 교부의 방법으로 공개방법을 선택하여 정보공개청구를 한 경우에 공개청구를 받은 공공기관으로서는 같은 법 제8조 제2항에서 규정한 정보의 사본 또는 복제물의 교부를 제한할 수 있는 사유에 해당하지 않는 한 정보공개청구자가 선택한 공개방법에 따라 정보를 공개하여야 하므로 그 공개방법을 선택할 재량권이 없다고 해석함이 상당하다" 고 하였다(대판 2003.12.12. 2003두8050).

18. ①

해설
- ①이 옳지 않다. 판례는 "공공기관의 정보공개에 관한 법률상 공개청구의 대상이 되는 정보란 공공기관이 직무상 작성 또는 취득하여 현재 보유 · 관리하고 있는 문서에 한정되는 것이기는 하나, 그 문서가 반드시 원본일 필요는 없다" 고 하였다(대판 2006.5.25. 2006두3049).

19. ①

해설
- ①이 옳지 않다. 「질서위반행위규제법」 제7조(고의 또는 과실)는 "고의 또는 과실이 없는 질서위반행위는 과태료를 부과하지 아니한다" 고 규정하고 있다.

20. ②

해설
- ②가 문제로 제기되지 않고 있다.
- 형사범과 형사벌에 대한 행정범과 행정형벌의 특수성과 관련하여 ㉠행정범에 대한 형법총칙의 적용문제 ㉡고의의 성립 ㉢과실범의 처벌 ㉣법인의 책임능력 ㉤타인의 비행에 대한 책임 등이 문제된다.

21. ①

해설
• ①이 적절하다. 국가배상에 관하여 「국가배상법」 및 그 특별법에 규정되어 있지 않는 사항에 대하여는 「민법」을 준용하여야 하므로 ㉠특별법 ㉡「국가배상법」 ㉢「민법」의 순으로 적용된다.
※ 「국가배상법」 제8조(다른 법률과의 관계) 국가나 지방자치단체의 손해배상 책임에 관하여는 이 법에 규정된 사항 외에는 「민법」에 따른다. 다만, 「민법」 외의 법률에 다른 규정이 있을 때에는 그 규정에 따른다.

22. ④

해설
국가를 당사자 또는 참가인으로 하는 소송(이하"국가소송"이라 한다)에서는 법무부장관이 국가를 대표한다(「국가를 당사자로 하는 소송에 관한 법률」 제2조).

23. ④

해설
• ④가 적절하지 않다. ④의 경우는 지체없이 보고하여야 한다(「행정심판법」 제30조 제6항).
⑥ 제2항과 제4항에도 불구하고 위원회의 심리·결정을 기다릴 경우 중대한 손해가 생길 우려가 있다고 인정되면 위원장은 직권으로 위원회의 심리·결정을 갈음하는 결정을 할 수 있다. 이 경우 위원장은 지체 없이 위원회에 그 사실을 보고하고 추인(追認)을 받아야 하며, 위원회의 추인을 받지 못하면 위원장은 집행정지 또는 집행정지 취소에 관한 결정을 취소하여야 한다.

24. ③

해설
• ③이 적절하지 않다. 보정이 있는 경우에는 처음부터 적법한 심판청구가 제기된 것으로 보며, 보정기간은 재결기간에 산입하지 아니한다(「행정심판법」 제32조 제4항 및 제5항).

25. ④

해설
• ④가 옳지 않다. 판례는 "주한 미군에 근무하면서 특수업무를 수행하는 한국인 군무원에 대한 주한 미군측의 고용해제 통보 후 국방부장관이 행한 직권면직의 인사발령은 그 문면상의 표현에도 불구하고 법률상 당연히 발생한 퇴직의 사유 및 시기를 공적으로 확인하여 알려주는 이른바 관념의 통지에 불과할 뿐 군무원의 신분을 상실시키는 새로운 형성적 행위가 아니므로 항고소송의 대상이 되는 행정처분이라고 할 수 없다" 고 하였다(대판 1997.11.11. 97누1990).

제13회 소방법령 Ⅳ

01. ④

해설
「임용령」 제3조 제1항
① 대통령은 「소방공무원법」(이하"법"이라 한다) 제6조제3항에 따라 소방청과 그 소속기관의 소방정 및 소방령에 대한 임용권과 소방정인 지방소방학교장에 대한 임용권을 소방청장에게 위임하고, 시·도 소속 소방령 이상의 소방공무원(소방본부장 및 지방소방학교장은 제외한다)에 대한 임용권을 특별시장·광역시장·특별자치시장·도지사·특별자치도지사(이하"시·도지사"라 한다)에게 위임한다.〈개정 2020.3.10.〉

02. ③

해설
※ 「임용령」 제15조 제2항
② 법 제7조제2항제1호에 따른 경력경쟁채용등은 전 재직기관에 전력(前歷)을 조회하여 그 퇴직사유가 확인된 경우로 한정한다.〈개정 2020.3.10.〉
※ 「법」 제7조 제2항 제1호
1. 「국가공무원법」 제70조제1항제3호에 따라 직위가 없어지거나 과원이 되어 퇴직한 소방공무원이나 같은 법 제71조제1항제1호에 따라 신체·정신상의 장애로 장기 요양이 필요하여 휴직하였다가 휴직기간이 만료되어 퇴직한 소방공무원을 퇴직한 날부터 3년(「공무원 재해보상법」에 따른 공무상 부상 또는 질병으로 인한 휴직의 경우에는 5년) 이내에 퇴직 시에 재직하였던 계급 또는 그에 상응하는 계급의 소방공무원으로 재임용하는 경우

03. ④

해설
「법」 제7조(신규채용), 「임용령」 제15조제3항 및 동 시행규칙」 제23조제1항
① 영 제15조제3항에 따라 법 제7조제2항 각 호 외의 부분 본문 및 단서에 따른 채용시험(이하 "경력경쟁채용시험등" 이라 한다)에 응시할 수 있는 사람은 별표 2의 구분에 따른 채용예정 계급에 해당하는 자격증을 소지한 후 해당 분야에서 2년 이상 종사한 경력이 있어야 한다. 다만, 항공 분야 조종사 및 정비사의 경력을 산정할 때에는 해당 자격증을 소지하기 전의 경력을 포함하여 산정한다. 〈개정 2024. 8. 14.〉

04. ④

해설
「임용령」 제46조(시험의 합격결정)제1항 제1호
① 소방공무원의 공개경쟁채용시험 및 소방간부후보생 선발시험의 합격자 결정은 다음 각 호의 방법에 따른다. 〈개정 2022. 4. 5.〉
1. 필기시험 : 각 과목 40퍼센트 이상을 득점하고, 전 과목 총점의 60퍼센트 이상을 득점한 사람 중에서 선발예정인원의 3배수 범위에서 고득점자 순으로 결정

05. ②

해설
「승진임용 규정 시행규칙」 제6조 및 별표1
소방서 소속 소방정의 1차평정자는 소속 시·도 소방본부장이다.

06. ③

해설
「승진임용 규정」 제10조 제2항 제3호
3. 소방장 이하 : 전문교육훈련성적 3점, 직장훈련성적 4점이다.

07. ④

해설 「승진임용 규정」 제10조 제3항
③ 「소방공무원 교육훈련규정」 제17조에 따른 수료요건 또는 졸업요건을 갖추지 못한 사람에 대한 교육훈련성적은 평정하지 않는다.

08. ③

해설 「승진임용 규정」 제24조 제1항 제1호
1. 근무성과 : 현 계급에서의 근무성적평정, 경력평정, 교육훈련성적평정 등

09. ①

해설 「소방공무원법」 제28조(징계위원회) 제1항
① 소방준감 이상의 소방공무원에 대한 징계의결은 「국가공무원법」에 따라 국무총리 소속으로 설치된 징계위원회에서 한다.

10. ②

해설 「소방공무원 징계령」 제2조(징계위원회의 관할) 제1항 제1호
① 소방청에 설치된 소방공무원 징계위원회는 다음 각 호의 징계 또는 「국가공무원법」 제78조의2에 따른 징계부가금(이하 "징계부가금" 이라 한다) 사건을 심의·의결한다.〈개정 2023.10.10.〉
1. 소방청 소속 소방정 이하의 소방공무원에 대한 징계 또는 징계부가금(이하 "징계등" 이라 한다) 사건

11. ③

해설 「소방공무원 징계령」 제16조 제2항
② 징계위원회는 징계등 사건을 의결할 때에는 징계등 혐의자의 혐의 당시 계급, 징계등 요구의 내용, 비위행위가 공직 내외에 미치는 영향, 평소 행실, 공적, 뉘우치는 정도 또는 그 밖의 사정을 고려해야 한다. 〈개정 2023. 10. 10.〉

12. ④

해설 「소방공무원 징계령」 제17조(징계의결등의 통지)
징계위원회는 징계의결등을 했을 때에는 지체 없이 징계의결등을 요구한 자에게 의결서 정본(正本)을 보내어 통지하여야 한다. 〈개정 2023. 10. 10.〉

13. ④

해설 「교육훈련규정」 제19조(수료 또는 졸업요건을 갖추지 못한 사람에 대한 조치)
① 소방기관장등은 제17조에 따른 수료 또는 졸업요건을 갖추지 못한 사람에 대해서는 한 차례에 한정하여 다시 교육훈련을 받게 할 수 있다.
② 소방기관의 장은 제1항에 따라 다시 교육훈련을 받은 사람이 거듭 수료 또는 졸업요건을 갖추지 못한 경우로서 근무성적이 매우 불량하여 「국가공무원법」 제78조제1항 각 호에 따른 징계 사유에 해당된다고 인정할 때에는 관할 징계위원회에 징계의결의 요구 또는 징계의결 요구의 신청 등의 조치를 할 수 있다. ③ 소방기관의 장은 제2항에 따른 조치를 한 경우에는 그 사실을 해당 교육훈련기관의 장에게 통보해야 한다.

14. ③

해설 「시행규칙」 제20조 제4호 및 제5호
제조소등의 완공검사 신청시기는 다음 각호의 구분에 의한다.
4. 전체 공사가 완료된 후에는 완공검사를 실시하기 곤란한 경우 : 다음 각목에서 정하는 시기 가. 위험물설비 또는 배관의 설치가 완료되어 기밀시험 또는 내압시험을 실시하는 시기 나. 배관을 지하에 설치하는 경우에는 시·도지사, 소방서장 또는 기술원이 지정하는 부분을 매몰하기 직전
다. 기술원이 지정하는 부분의 비파괴시험을 실시하는 시기
5. 제1호 내지 제4호에 해당하지 아니하는 제조소등의 경우 : 제조소등의 공사를 완료한 후

15. ④

해설 「시행규칙」 제23조의2(사용 중지신고 또는 재개신고 등)제1항
① 법 제11조의2제1항에서 "위험물의 제거 및 제조소등에의 출입통제 등 행정안전부령으로 정하는 안전조치" 란 다음 각 호의 조치를 말한다.
1. 탱크 · 배관 등 위험물을 저장 또는 취급하는 설비에서 위험물 및 가연성 증기 등의 제거
2. 관계인이 아닌 사람에 대한 해당 제조소등에의 출입금지 조치
3. 해당 제조소등의 사용중지 사실의 게시
4. 그 밖에 위험물의 사고 예방에 필요한 조치

16. ③

해설 「법」 제34조(벌칙)
① 업무상 과실로 제33조제1항의 죄를 범한 자는 7년 이하의 금고 또는 7천만원 이하의 벌금에 처한다. 〈개정 2023. 1. 3.〉
② 제1항의 죄를 범하여 사람을 사상(死傷)에 이르게 한 자는 10년 이하의 징역 또는 금고나 1억원 이하의 벌금에 처한다. 〈개정 2016. 1. 27.〉

17. ③

해설 「법」 제37조(벌칙) 〈개정 2020. 6. 9.〉
다음 각 호의 어느 하나에 해당하는 자는 1천만원 이하의 벌금에 처한다.
1. 제15조제6항을 위반하여 위험물의 취급에 관한 안전관리와 감독을 하지 아니한 자 2. 제15조제7항을 위반하여 안전관리자 또는 그 대리자가 참여하지 아니한 상태에서 위험물을 취급한 자 3. 제17조제1항 후단의 규정을 위반하여 변경한 예방규정을 제출하지 아니한 관계인으로서 제6조제1항의 규정에 따른 허가를 받은 자 4. 제20조제1항제1호의 규정을 위반하여 위험물의 운반에 관한 중요기준에 따르지 아니한 자
4의2. 제20조제2항을 위반하여 요건을 갖추지 아니한 위험물운반자
5. 제21조제1항 또는 제2항의 규정을 위반한 위험물운송자
6. 제22조제4항(제22조의2제2항에서 준용하는 경우를 포함한다)의 규정을 위반하여 관계인의 정당한 업무를 방해하거나 출입 · 검사 등을 수행하면서 알게 된 비밀을 누설한 자

18. ③

해설 「시행규칙」 제31조 및 별표7 I 제2호 차목
2층 이상의 층에 있어서는 지정수량의 10배(제4석유류 및 동식물유류 외의 제4류 위험물에 있어서 당해 수량이 5,000리터를 초과할 때에는 5,000리터) 이하이어야 한다.

19. ③

해설 「시행규칙」 제32조 및 별표8 I 제4호
4. 지하저장탱크를 2 이상 인접해 설치하는 경우에는 그 상호간에 1m(당해 2 이상의 지하저장탱크의 용량의 합계가 지정수량의 100배 이하인 때에는 0.5m) 이상의 간격을 유지하여야 한다. 다만, 그 사이에 탱크전용실의 벽이나 두께 20㎝ 이상의 콘크리트 구조물이 있는 경우에는 그러하지 아니하다.

20. ②

해설 「시행규칙」 제38조 및 별표14 I 제2호 나목
나. 제2종 판매취급소의 용도로 사용하는 부분에 상층이 있는 경우에 있어서는 상층의 바닥을 내화구조로 하는 동시에 상층으로의 연소를 방지하기 위한 조치를 강구하고, 상층이 없는 경우에는 지붕을 내화구조로 할 것

21. ④

해설 「시행규칙」 제39조(이송취급소의 기준) 별표15 I 제2호
2. 제1호의 규정에 불구하고 다음 각목의 1에 해당하는 경우에는 제1호 각목의 장소에 이송취급소를 설치할 수 있다.
가. 지형상황 등 부득이한 사유가 있고 안전에 필요한 조치를 하는 경우
나. 제1호 나목 또는 다목의 장소에 횡단하여 설치하는 경우

22. ③

해설 「시행규칙」 제41조 및 별표17 I 제5호 마목의 1) 전단
옥내소화전은 제조소등의 건축물의 층마다 당해 층의 각 부분에서 하나의 호스접속구까지의 수평거리가 25m 이하가 되도록 설치할 것.

23. ④

해설 「시행규칙」 제41조 및 별표17 I 제5호 마목의 1) 전단
1) 옥내소화전은 제조소등의 건축물의 층마다 당해 층의 각 부분에서 하나의 호스접속구까지의 수평거리가 25m 이하가 되도록 설치할 것. 이 경우 옥내소화전은 각층의 출입구 부근에 1개 이상 설치하여야 한다.

24. ③

해설 「시행규칙」 제50조 및 별표19 부표2
제5류 위험물과 혼재가 가능한 위험물은 제2류, 제4류 위험물이다.

25. ④

해설 「시행규칙」 제50조 및 별표19 V 제2호, 제3호〈개정 2024.5.20.〉
2. 위험등급Ⅱ의 위험물
가. 제1류 위험물 중 브로민산염류, 질산염류, 아이오딘산염류, 그 밖에 지정수량이 300㎏인 위험물
나. 제2류 위험물 중 황화인, 적린, 황, 그 밖에 지정수량이 100㎏인 위험물
다. 제3류 위험물 중 알칼리금속(칼륨 및 나트륨을 제외한다) 및 알칼리토금속, 유기금속화합물(알킬알루미늄 및 알킬리튬을 제외한다) 그 밖에 지정수량이 50㎏인 위험물
라. 제4류 위험물 중 제1석유류 및 알코올류
마. 제5류 위험물 중 제1호 라목에 정하는 위험물 외의 것

제13회 소방전술

01. ②

해설 **생사가 걸린 의사결정 방법**
소방현장에서 가장 흔하게 활용되는 전략개념은 우선순위에 따른 화재진압을 하는 것이다. 이것은 ① 인명구조(Rescue) → ② 외부확대 방지(Exposure) → ③ 내부확대 방지(Confine) → ④ 화점진압(Extinguish) → ⑤ 재발방지를 위한 점검·조사(Overhaul) 등 5가지의 대응목표를 우선순위에 따라 자원을 배치하는 것을 말한다.
요약하면 대부분의 화재진압전략은 화점과 생명의 위치확인 → 통제 → 진압의 순차적 진압활동을 통해 최적의 결과를 기대할 수 있다.

02. ②

해설 **출동준비**
관할 내 소방대상물의 위치·구조·설비현황을 서류, 도면, 영상 등 각종 자료를 활용한 도상훈련을 하여 실제 화재상황 발생 시 대응활동에 차질이 없도록 일상적으로 훈련을 실시한다.

03. ④

해설 **파괴활동 ;** 유리파괴 시 일반적 유의사항은 다음과 같다.
(5) 소방호스나 사다리 옆의 창유리 등을 파괴할 때는 유리파편이 사다리 등에 부딪혀 떨어질 위험이 있다. (6) 창의 파괴에 의해서 백드래프트 또는 플래쉬오버를 일으킬 염려가 있는 경우 몸의 위치를 창의 측면이 되도록 한다. 또한 창의 좌측에 위치하여 잘 쓰는 팔(오른팔)을 사용한다. (7) 판유리의 파괴순서는 유리의 중량을 고려하여 윗부분부터 횡으로 파괴한다. (8) 보호장구를 착용한다.

04. ③

해설 **파괴활동 :** 바닥파괴의 일반적 유의사항은 다음과 같다.
(1) 건축설계도 등의 자료를 수집하고 대들보, 기둥, 배관상황을 추정하여 파괴장소를 선정한다.
(2) 파괴장소 결정 및 시기는 현장지휘자의 지시에 의하여 한다.
(3) 설계도 등을 입수 할 수 없을 때는 기둥위치에서 대들보의 장소를 추정하고 그 부분을 제외한 장소를 해머로 강타하여 그 반동력 또는 충격음으로 파괴할 수 있는가를 판단한다.
(4) 철근 및 배관류는 바닥 중앙보다 약간 떨어진 장소가 가장 적으므로 파괴가 용이하다.
(5) 화점실의 창이 파괴되어 연기가 분출하고 있는 경우는 그 직상층 바닥 슬래브에 구멍을 뚫어도 화염의 분출은 적지 않고 오히려 급기측으로 되는 경우가 많다. 단, 화점실의 창이 없는 경우 또는 창이 파괴되지 않았을 때는 파괴된 개구부로부터 화염이 분출할 우려가 있다. 따라서 경계관창 배치가 필요하다. (6) 고열을 받은 부분은 콘크리트가 부서지기 쉽게 되므로 비교적 파괴가 용이하다.

05. ④

해설 **독극물 화재 : 독극물 화재 시 인명검색·구조 요령(5)~(8)**
(5) 인화 또는 폭발위험이 있는 경우는 엄호주수 하에서 실시한다.
(6) 예측 불가한 사태에 활동할 수 있는 대원의 배치 및 연락할 수 있는 체제를 유지한다. (7) 요구조자의 안전확보상황 등에서 필요에 따라 요구조자에 호흡보호기를 착용시킨다. (8) 오염된 요구조자에 대해 독·극물위험구역 외에서 탈의, 비눗물, 물 등의 제염조치를 실시하고 그 후 구호소 등의 안전한 장소에서 구호조치를 실시한다.

06. ③

해설 **독극물 화재**

독극물 화재 시의 소화활동 요령은 다음과 같다(1)~(6).
(1) 소화활동은 시설관계자 등과 충분한 연대 하에 시설관계자 및 시설의 설비 등을 적극적으로 활용해서 실시한다. (2) 가연성 독성가스로 밸브의 폐쇄 등 누설 · 유출정지의 응급조치에 의해 직접 소화할 수 있는 경우는 응급조치에 의한 방법으로 실시한다. (3) 가연성 독성가스의 소화는 소화 후 밸브의 폐쇄 등에 의한 응급조치에 의해 누설 · 유출방지를 할 수 있는 경우에 실시한다. / (4) 액체 독극물 등의 소화활동에 있어서 밸브의 폐쇄 등 응급조치에 의해 누설 · 유출정지가 가능한 경우는 화재의 확대방지를 위해 소화에 선행 또는 병행해서 누설 · 유출정지의 응급조치를 실시한다. (5) 소화는 독극물 등의 위험성, 저장형태 및 발화장소 등 화재실태에 적합한 소화방법을 선정해서 실시하며, 독극물의 중화, 희석 등의 응급조치를 병행해서 실시한다.
(6) 독극물 등의 누설 · 유출정지가 곤란한 경우는 주변으로의 연소방지를 중점으로 한다.

07. ③

해설 **이산화탄소 소화약제의 일반적 성질**

이산화탄소의 일반적 성질은 다음과 같다.
(1) 무색, 무취이며 전기적으로 비전도성이고 공기보다 1.5배 정도 무거운 기체이다. (2) 공기 중에 약 0.03vol% 존재하며 동·식물의 호흡 및 유기물의 연소에 의해서도 발생되고 천연 가스, 광천수 등에도 함유되어 있다.

08. ②

해설 **이산화탄소 소화약제의 소화농도**

이산화탄소의 최소 설계 농도는 보통 34vol% 이상으로 설계해야 한다.

09. ①

해설 **연기의 이동력과 중성대** : 굴뚝효과는 다음과 같다.

(1) 굴뚝효과(stack effect)는 건물 내부와 외부 공기밀도 차이로 인해 발생한 압력 차이에 의해 발생하며, 겨울철과 같이 건물 내부가 따뜻하고 건물 외부가 찬 경우 기압은 건물내부가 낮아, 지표면상에서 건물로 들어온 공기는 건물 내부의 상부로 이동하게 되고, 이러한 압력 차이에 의해 야기된 공기의 흐름은 굴뚝에서의 연기 흐름과 유사하게 되는데, 이러한 현상을 일반적으로 굴뚝효과 또는 연돌효과라고 정의한다.
(2) 여름철과 같이 외기가 건물 내부보다 따뜻할 경우 하향으로 공기가 이동하게 되는 데 이런 흐름을 역굴뚝효과 라고 한다.

10. ④

해설 **폭발개론 : 폭발반응**

빛, 소리 및 충격 압력을 수반하는 순간적으로 완료되는 화학변화를 폭발반응이라 한다.

11. ④

해설 **압력계 및 연성계** ; (1) 연성계는 소방펌프 흡입부나 흡수배관에서 동관으로 연결하여 펌프실 양측 조작반에 취부 되어 있다. 물을 흡수할 경우 연성계의 바늘은 빨간색(진공측)을 가리키며, 소화전 또는 다른 소방차로부터 중계를 받아 압력이 있는 물을 급수시킬 때 연성계는 흰 지시부분(압력측)을 가리킨다. / (2) 진공도가 급격히 상승하는 것은 스트레이너 등이 오물이나 찌꺼기 등으로 막혀있음을 나타내므로 즉시 확인한다.

12. ②

해설 **펌프 RPM 조절기** : 펌프 RPM 조절방법의 구분은 기계식과 전기식이 있다.

13. ④

해설 **소방자동차 구조 일반 : 클러치 유격상태**

클러치 유격상태(점검)은 클러치 페달을 손으로 눌렀을 때 저항을 느끼는 위치까지의 거리를 유격이라 하며, 통상 12~21㎜이다, 바닥과의 간극은 40㎜ 정도이면 일반적으로 정상이다.

14. ③

해설 **방사성 오염감시기(Radiation Contamination Monitor)**

(1) 방사능 오염이 예상되는 보행자 또는 차량을 탐지하여 피폭여부를 검사하는 장비로서 주로 알파, 베타 방출 핵종의 유출시 사용한다. (2) 일반적으로 선량률 값을 제공하지 않고, 시간당 계수율 정도를 제공한다. 따라서, 측정하고 하는 물체 및 인원에 대한 방사성 오염여부 판단용으로 사용되며, 미치는 영향에 대해서는 추후 정밀검사가 필요하다.

15. ③

해설 **유압절단기(Hydraulic Cutter)**

(1) 유압절단기는 엔진펌프에서 발생시킨 유압을 활용하여 물체를 절단하는 장비이다.
(2) 구조에서 많이 사용하는 중간크기의 모델인 경우 중량은 13kg 전후이고 절단력은 35t 내외이다.
(3) 구조장비 보유기준에서는 절단구조용 장비로 중분류 하였으나 유압엔진 펌프를 활용하는 장비이므로 편의상 이곳에서 설명한다.

16. ③

해설 **들것에 의한 구조대상자 결착 : 수직상태를 유지하는 경우**

두겹 8자매듭 로프는 들것의 상단에만 결착한다.

17. ③

해설 **유도로프**

유도로프는 끌어올려지는 들것이 바위의 돌출부에 걸리거나 흔들림을 방지하기 위하여 위험지역에서 구조대원이 들것의 안정을 위하여 조작하는 로프이다.

18. ④

해설 **안전관리체계 확립**

위험예지훈련을 설명하고 있다.

19. ②

해설 **사고발생의 기본적 모델**

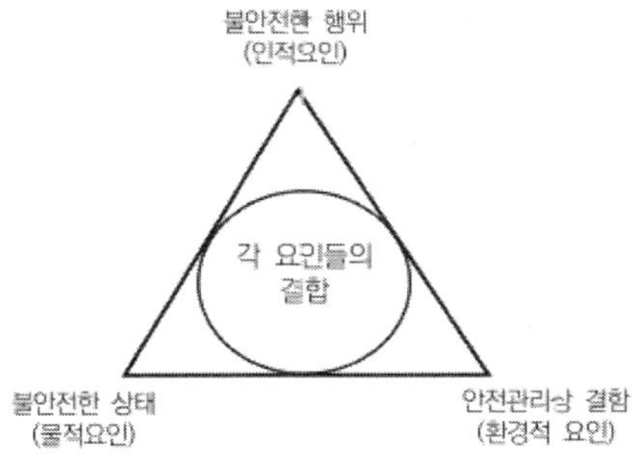

20. ①

해설

대형사고 현장 : 구급 대응
(1) 현장 확인 – 안전거리를 유지하고 현장 안전 확인
(2) 인원/장비 배치 – 환자 수 및 상황에 따른 적절한 인원 및 구급차 배치
(3) 구조대 투입 – 구조대상자 구출을 위한 구조대 투입
(4) 응급의료소(현장 임시의료소 포함)를 설치
(5) 환자 분류 – 즉각적인 이송 및 처치를 위한 환자 분류
(6) 응급 처치 – 환자 상태에 따른 응급 처치 제공
(7) 이송 – 현장 진·출입 통제관의 도움으로 거리, 경로, 우선순위 결정
(8) 회복/대기소 – 구조·구급대원의 휴식, 음식물 제공

21. ①

해설

환자 중증도 분류
(1) 긴급 환자(적색) : 긴급한 상황 : 생명을 위협할만한 쇼크 또는 저산소증이 나타나거나 임박한 경우, 만약 즉각적인 처치를 행할 경우에 환자는 안정화될 가능성과 소생 가능성이 있는 경우 (2) 응급 환자(황색) : 응급 상황 : 손상이 전신적인 증상이나 효과를 유발하지만, 아직까지 쇼크 또는 저산소증 상태가 아닌 경우, 전신적 반응이 발생하더라도 적절한 조치를 행할 경우 즉각적인 위험 없이 45~60분 정도 견딜 수 있는 상태 (3) 비응급 환자(녹색) : 비 응급 상황 : 전신적인 위험 없이 손상이 국한된 경우 ; 최소한의 조치로도 수 시간 이상 아무 문제가 없는 상태 (4) 지연 환자(흑색) : 사망 : 대량 재난시에 임상적 및 생물학적 사망이 명확히 구분되지 않는 상태와, 자발순환이나 호흡이 없는 모든 무반응의 상태를 죽음으로 생각한다. 몇몇 분류에서는 어떤 처치에도 불구하고 생존 가능성이 희박한 경우를 포함

22. ③

해설

중독 환자 평가
중독환자 평가는 우선적으로 현장안전을 확인한 후 기도평가를 첫 번째로 실시해야 한다. 중독환자는 특히 약물로 인한 기도부종 및 분비물이 과다하게 나오므로 기도유지에 문제점이 발생하거나 갑작스러운 의식저하로 혀가 기도를 막는 경우가 발생하기 때문이다.

23. ③

해설

흡수에 의한 중독 환자의 일반적인 증상 및 징후
독성 물질을 흡수한 병력, 환자 피부에 남아 있는 액체나 가루, 과도한 침분비, 과도한 눈물, 설사, 화상, 가려움증, 피부자극, 발적이다.

24. ③

해설

「시행령」 제5조(119구조대의 편성과 운영) 제1항 제1호
이는 일반구조대를 설명하고 있다.

25. ③

해설

「법」 제79조(벌칙) 제2호
다음 각 호의 어느 하나에 해당하는 자는 1년 이하의 징역 또는 1천만원 이하의 벌금에 처한다.
2. 정당한 사유 없이 제30조제1항에 따른 긴급안전점검을 거부 또는 기피하거나 방해한 자

제14회 행 정 법

01. ②

해설

• ②가 옳지 않다. 판례는 "국가계약의 본질적인 내용은 사인 간의 계약과 다를 바가 없어 법령에 특별한 규정이 있는 경우를 제외하고는 사법의 규정 내지 법원리가 그대로 적용된다" 고 하였으나(대판 2016.6.10. 2014다200763, 200770), 「국가를 당사자로 하는 계약에 관한 법률」 등 계약법령에 의한 요건과 절차를 거쳐야 유효하다.

02. ①

해설

• ①이 적절하지 않다. 판례는 "각 국가유공자 단체의 대의원의 선출에 관한 사항은 각 단체의 구성과 운영에 관한 것으로서, 국민의 권리와 의무의 형성에 관한 사항이나 국가의 통치조직과 작용에 관한 기본적이고 본질적인 사항이라고 볼 수 없으므로, 법률유보 내지 의회유보의 원칙이 지켜져야 할 영역이라고 할 수 없다. 따라서 각 단체의 대의원의 정수 및 선임방법 등은 정관으로 정하도록 규정하고 있는 「국가유공자등 단체설립에 관한 법률」 제11조가 법률유보 혹은 의회유보의 원칙에 위배되어 청구인의 기본권을 침해한다고 할 수 없다" 고 하였다(헌재결 2006.3.30. 2005헌바31).

03. ②

해설

• ②가 해당하지 않는다(「법령 등 공포에 관한 법률」 제11조).
※「법령 등 공포에 관한 법률」 제11조(공포 및 공고의 절차) ①헌법개정 · 법률 · 조약 · 대통령령 · 총리령 및 부령의 공포와 헌법개정안 · 예산 및 예산 외 국고부담계약의 공고는 관보(官報)에 게재함으로써 한다. ②「국회법」 제98조제3항 전단에 따라 하는 국회의장의 법률 공포는 서울특별시에서 발행되는 둘 이상의 일간신문에 게재함으로써 한다.

04. ④

해설

• ④가 옳지 않다. 「행정기본법」 제23조(제재처분의 제척기간)제1항은 "① 행정청은 법령등의 위반행위가 종료된 날부터 5년이 지나면 해당 위반행위에 대하여 제재처분(인허가의 정지 · 취소 · 철회, 등록 말소, 영업소 폐쇄와 정지를 갈음하는 과징금 부과를 말한다. 이하 이 조에서 같다)을 할 수 없다" 고 규정하고 있다.

05. ④

해설

• ④가 적절하다. 행정소송에 관하여 이 법에 특별한 규정이 없는 사항에 대하여는 「법원조직법」과 「민사소송법」 및 「민사집행법」의 규정을 준용 한다고 「행정소송법」 제8조제2항에 규정하고 있다.

06. ②

해설

②가 다수설과 판례의 입장이다. 행정법 관계에는 사법규정을 적용할 수 없다는 소극설, 사법규정이 그대로 적용된다고 하는 직접적용설, 사법규정이 유추 적용된다는 유추적용설 등이 있는데 유추적용설이 오늘날의 다수설·판례의 입장이다.

07. ③

해설

• ③이 옳지 않다. 판례는 "법령에서 행정처분의 요건 중 일부 사항을 부령으로 정할 것을 위임한 데 따라 시행규칙 등 부령에서 이를 정한 경우에 그 부령의 규정은 국민에 대해서도 구속력이 있는 법규명령에 해당한다고 할 것이지만,

법령의 위임이 없음에도 법령에 규정된 처분 요건에 해당하는 사항을 부령에서 변경하여 규정한 경우에는 그 부령의 규정은 행정청 내부의 사무처리 기준 등을 정한 것으로서 행정조직 내에서 적용되는 행정명령의 성격을 지닐 뿐 국민에 대한 대외적 구속력은 없다고 보아야 한다" 고 하였다(대판 2013.9.12. 2011두10584).

08. ①

해설

• ①이 옳지 않다. ①의 경우 판례는 "법률 하위의 법규명령은 법률에 의한 위임이 없으면 개인의 권리 · 의무에 관한 내용을 변경 · 보충하거나 법률이 규정하지 아니한 새로운 내용을 정할 수는 없지만, 법률의 시행령이나 시행규칙의 내용이 모법의 입법 취지와 관련 조항 전체를 유기적 · 체계적으로 살펴보아 모법의 해석상 가능한 것을 명시한 것에 지나지 아니하거나 모법 조항의 취지에 근거하여 이를 구체화하기 위한 것인 때에는 모법의 규율 범위를 벗어난 것으로 볼 수 없으므로, 모법에 이에 관하여 직접 위임하는 규정을 두지 아니하였다고 하더라도 이를 무효라고 볼 수는 없다" 고 하였다(대판 2020.4.9. 2015다34444, 대판 2014.8.20. 2012두19526).

09. ③

해설

③이 이에 해당하지 않는다. 수익적 행정행위와 부담적 행정행위의 구별실익은 법률유보, 행정절차, 재량성, 부관, 의무이행 확보수단, 취소·철회의 제한, 행정쟁송, 복효적 행정행위 등에서 많은 차이가 나기 때문이다.

10. ③

해설

③의 명령적 행정행위를 설명하고 있다.

11. ④

해설

• ④가 적절하지 않다. 「행정기본법」 제17조 제4항
④ 부관은 다음 각 호의 요건에 적합하여야 한다.
1. 해당 처분의 목적에 위배되지 아니할 것 2. 해당 처분과 실질적인 관련이 있을 것
3. 해당 처분의 목적을 달성하기 위하여 필요한 최소한의 범위일 것

12. ④

해설

• ④가 옳지 않다. 판례는 "행정처분에 부담인 부관을 붙인 경우 부관의 무효화에 의하여 본체인 행정처분 자체의 효력에도 영향이 있게 될 수는 있지만, 그 처분을 받은 사람이 부담의 이행으로 사법상 매매 등의 법률행위를 한 경우에는 그 부관은 특별한 사정이 없는 한 법률행위를 하게 된 동기 내지 연유로 작용하였을 뿐이므로 이는 법률행위의 취소사유가 될 수 있음은 별론으로 하고 그 법률행위 자체를 당연히 무효화하는 것은 아니다" 고 하였다(대판 2009.6.25. 2006다18174).

13. ①

해설

• ①이 옳다. 먼저 「행정기본법」 제19조(적법한 처분의 철회) 제1항은 "행정청은 적법한 처분이 다음 각 호의 어느 하나에 해당하는 경우에는 그 처분의 전부 또는 일부를 장래를 향하여 철회할 수 있다" 고 하여 소급효를 명시적으로 규정하고 있지 않다. 다만 판례는 "이처럼 행정청이 평가인증이 이루어진 이후에 새로이 발생한 사유를 들어 영유아보육법 제30조 제5항에 따라 평가인증을 철회하는 처분을 하면서도, 평가인증의 효력을 과거로 소급하여 상실시키기 위해서는, 특별한 사정이 없는 한 영유아보육법 제30조 제5항과는 별도의 법적 근거가 필요하다" 고 하여(대판 2018.6.28. 2015두58195). 별도의 법적 근거가 있다면 소급효 또한 인정할 수 있다는 입장이다.

14. ③

해설

• ③이 옳지 않다.
③의 경우는 당사자가 처분의 위법성을 알고 있었거나 중대한 과실로 알지 못한 경우는 공익과 비교·형량하지 않아도 된다(「행정기본법」 제18조 제2항).
※ 「행정기본법」 제18조(위법 또는 부당한 처분의 취소) ① 행정청은 위법 또는 부당한 처분의 전부나 일부를 소급하여 취소할 수 있다. 다만, 당사자의 신뢰를 보호할 가치가 있는 등 정당한 사유가 있는 경우에는 장래를 향하여 취소할 수 있다. ② 행정청은 제1항에 따라 당사자에게 권리나 이익을 부여하는 처분을 취소하려는 경우에는 취소로 인하여 당사자가 입게 될 불이익을 취소로 달성되는 공익과 비교 · 형량(衡量)하여야 한다. 다만, 다음 각 호의 어느 하나에 해당하는 경우에는 그러하지 아니하다.
1. 거짓이나 그 밖의 부정한 방법으로 처분을 받은 경우
2. 당사자가 처분의 위법성을 알고 있었거나 중대한 과실로 알지 못한 경우

15. ①

해설

「행정기본법」 제20조 : 제20조(자동적 처분) 행정청은 법률로 정하는 바에 따라 완전히 자동화된 시스템(인공지능 기술을 적용한 시스템을 포함한다)으로 처분을 할 수 있다. 다만, 처분에 재량이 있는 경우는 그러하지 아니하다.

16. ④

해설

• ④가 옳지 않다. 판례는 "특별한 사정이 없는 한 주거래은행의 정상화 방안을 실현시키기 위하여 정부가 한 지시 등이 권력적 사실행위에 해당한다고 보기는 어렵고, 오히려 정부가 경제정책적 관점에서 국민경제에 미치는 영향이 큰 부실기업의 정리에 관하여 주거래은행의 자율적 판단을 존중하면서 적극적이지만 비권력적으로 지원 · 독려한 사실행위라고 보아야 하고, 이와 같은 비권력적 사실행위는 공권력의 행사에 해당하지 아니하므로 이를 대상으로 한 헌법소원심판청구는 부적법하다" 고 하였다(헌재결 헌재 1994.5.6. 89헌마35).

17. ④

해설

• ④가 옳다. 판례는 "따라서 이미 공개된 개인정보를 정보주체의 동의가 있었다고 객관적으로 인정되는 범위 내에서 수집 · 이용 · 제공 등 처리를 할 때는 정보주체의 별도의 동의는 불필요하다고 보아야 하고, 별도의 동의를 받지 아니하였다고 하여 개인정보 보호법 제15조나 제17조를 위반한 것으로 볼 수 없다" 고 하였다(대판 2016.8.17. 2014다235080).

18. ③

해설

• ③이 옳다(「개인정보보호법」 제35조제2항).

19. ④

해설

• ④가 옳지 않다. 판례는 "경찰서장의 통고처분은 행정소송의 대상이 되는 행정처분이 아니므로 그 처분의 취소를 구하는 소송은 부적법하고, 도로교통법상의 통고처분을 받은 자가 그 처분에 대하여 이의가 있는 경우에는 통고처분에 따른 범칙금의 납부를 이행하지 아니함으로써 경찰서장의 즉결심판청구에 의하여 법원의 심판을 받을 수 있게 될 뿐이다" 고 하였다(대판 1995.6.29. 95누4674).

20. ①

해설

• ①이 옳지 않다. 경찰서장의 통고처분은 행정소송의 대상이 되는 행정처분이 아니다(대판 1995.6.29., 95누4674).

21. ③

해설

③이 적절하다. 도로·하천, 그 밖의 공공의 영조물의 설치나 관리에 하자가 있기 때문에 타인에게 손해를 발생하게 하였을 때에는 국가나 지방자치단체는 그 손해를 배상하여야 한다(「국가배상법」 제5조제1항). 따라서 「소방기본법」 제6조의 규정에 따라 소방업무의 책임이 있는 자치단체에 청구하여야 하므로 강원특별자치도를 피고로 손해배상을 청구하여야 한다.

22. ②

해설

• ㄱ, ㄹ이 옳다. • ㄱ은 「헌법」 제23조 제3항 • ㄹ의 경우 판례는 "수용재결에 불복하여 취소소송을 제기하는 때에는 이의신청을 거친 경우에도 수용재결을 한 중앙토지수용위원회 또는 지방토지수용위원회를 피고로 하여 수용재결의 취소를 구하여야 하고, 다만 이의신청에 대한 재결자체에 고유한 위법이 있음을 이유로 하는 경우에는 그 이의재결을 한 중앙토지수용위원회를 피고로 하여 이의재결의 취소를 구할 수 있다고 보아야 한다" 고 하였다(대판 2010.1.28. 2008두1504).

23. ②

해설

• ②가 적절하지 않다(「행정심판법」 제36조 제1항).

① 행정심판위원회는 사건을 심리하기 위하여 필요하면 직권으로 또는 당사자의 신청에 의하여 다음 각 호의 방법에 따라 증거조사를 할 수 있다.

1. 당사자나 관계인(관계 행정기관 소속 공무원을 포함한다. 이하 같다)을 위원회의 회의에 출석하게 하여 신문(訊問)하는 방법 2. 당사자나 관계인이 가지고 있는 문서·장부·물건 또는 그 밖의 증거자료의 제출을 요구하고 영치(領置)하는 방법
3. 특별한 학식과 경험을 가진 제3자에게 감정을 요구하는 방법
4. 당사자 또는 관계인의 주소·거소·사업장이나 그 밖의 필요한 장소에 출입하여 당사자 또는 관계인에게 질문하거나 서류·물건 등을 조사·검증하는 방법

24. ①

해설

• ①이 적절하다. 청구인은 심판청구에 대하여 행정심판위원회의 의결이 있을 때까지 서면으로 심판청구를 취하할 수 있다. 참가인은 심판청구에 대하여 행정심판위원회의 의결이 있을 때까지 서면으로 참가신청을 취하할 수 있다(「행정심판법」 제42조 제1항 및 제2항).

25. ③

해설

③이 적절하지 않다. 「행정소송법」에 의한 기간의 계산에 있어서 ㉠국외에서의 소송행위 추완에 있어서는 그 기간을 14일에서 30일로 ㉡제3자에 의한 재심청구에 있어서는 그 기간을 30일에서 60일로 ㉢소의 제기에 있어서는 그 기간을 60일에서 90일로 한다(「행정소송법」 제5조).

제14회 소방법령 Ⅳ

01. ③

해설

「임용령」 제3조 제3항

③ 소방청장은 법 제6조제4항에 따라 중앙119구조본부 소속 소방공무원 중 소방령에 대한 전보 · 휴직 · 직위해제 · 정직 및 복직에 관한 권한과 소방경 이하의 소방공무원에 대한 임용권을 중앙119구조본부장에게 위임한다.〈개정 2020.3.10.〉

02. ②

해설

「임용령」 제3조 제6항

⑥시 · 도지사는 법 제6조제5항에 따라 그 관할구역안의 지방소방학교 · 서울종합방재센터 · 소방서 · 119특수대응단 · 소방체험관 소속 소방경 이하(서울소방학교 · 경기소방학교 및 서울종합방재센터의 경우에는 소방령 이하)의 소방공무원에 대한 해당 기관 안에서의 전보권과 소방위 이하의 소방공무원에 대한 휴직 · 직위해제 · 정직 및 복직에 관한 권한을 지방소방학교장 · 서울종합방재센터장 · 소방서장 · 119특수대응단장 또는 소방체험관장에게 위임한다. 〈개정 2021. 10. 14.〉

※ 따라서 휴직 임용권은 논산소방서장이 행사한다.

03. ③

해설

「임용령 시행규칙」 제23조 및 별표2

임용예정 직무에 관련된 자격증 소지자를 경력경쟁채용등 시험에 의하여 임용하는 경우 응시자격 구분의 임용예정분야는 다음과 같다.

1. 소방 분야
2. 구급 분야
3. 화학 분야
4. 기계 분야
5. 건축 분야
6. 전기·전자 분야
7. 정보통신 분야
8. 안전관리 분야
9. 소방정·항공 분야
10. 자동차정비분야
11. 자동차운전분야

04. ④

해설

「임용령」 제22조 제2항

②임용권자 또는 임용제청권자는 시보임용소방공무원이 다음 각 호의 어느 하나에 해당하여 정규소방공무원으로 임용하는 것이 부적당하다고 인정되는 경우에는 제22조의2에 따른 임용심사위원회의 의결을 거쳐 면직시키거나 면직을 제청할 수 있다.〈개정 2015.5.6., 2023.4.7.〉

05. ③

해설

「임용령」 제39조 제1항 제2호

2. 이 경우에는 서류전형 · 체력시험 · 종합적성검사 · 면접시험과 필기시험 또는 실기시험. 다만, 업무의 특수성 등을 고려하여 필요하다고 인정되는 경우에는 필기시험과 실기시험을 모두 병행하여 실시할 수 있다.

06. ④

해설

「임용령」 제46조 제3항

③ 종합적성검사의 결과는 면접시험에 반영한다. 〈신설 2023. 5. 9.〉

07. ④

해설 「임용령」 제28조 제1항 제1호부터 제4호 〈개정 2023.4.7.〉
①소방공무원의 필수보직기간(휴직기간, 직위해제처분기간, 강등 및 정직 처분으로 인하여 직무에 종사하지 않은 기간은 포함하지 않는다. 이하 이 조에서 같다)은 1년으로 한다. 다만, 다음 각 호의 경우에는 그렇지 않다.
1. 직제상의 최저단위 보조기관 내에서의 전보의 경우
2. 기구의 개편, 직제 또는 정원의 변경으로 인한 전보의 경우
3. 임용권자를 달리하는 기관간의 전보의 경우
4. 당해 소방공무원의 승진 또는 강임의 경우

08. ④

해설 「국가공무원법」 제78조의2(징계부가금) 〈개정 2015. 5. 18.〉
① 제78조에 따라 공무원의 징계 의결을 요구하는 경우 그 징계 사유가 다음 각 호의 어느 하나에 해당하는 경우에는 해당 징계 외에 다음 각 호의 행위로 취득하거나 제공한 금전 또는 재산상 이득(금전이 아닌 재산상 이득의 경우에는 금전으로 환산한 금액을 말한다)의 5배 내의 징계부가금 부과 의결을 징계위원회에 요구하여야 한다.
1. 금전, 물품, 부동산, 향응 또는 그 밖에 대통령령으로 정하는 재산상 이익을 취득하거나 제공한 경우 2. 다음 각 목에 해당하는 것을 횡령(橫領), 배임(背任), 절도, 사기 또는 유용(流用)한 경우
가. 「국가재정법」에 따른 예산 및 기금
나. 「지방재정법」에 따른 예산 및 「지방자치단체 기금관리기본법」에 따른 기금
다. 「국고금 관리법」 제2조제1호에 따른 국고금
라. 「보조금 관리에 관한 법률」 제2조제1호에 따른 보조금
마. 「국유재산법」 제2조제1호에 따른 국유재산 및 「물품관리법」 제2조제1항에 따른 물품
바. 「공유재산 및 물품 관리법」 제2조제1호 및 제2호에 따른 공유재산 및 물품
사. 그 밖에 가목부터 바목까지에 준하는 것으로서 대통령령으로 정하는 것

09. ②

해설 「승진임용 규정 시행규칙」 제15조 제2항 제2호
이 경우는 해당 계급에서 1.0점을 초과할 수 없다.

10. ④

해설 「승진임용 규정 시행규칙」 제25조(승진심사의 절차 및 방법) 제2항
② 제1단계 심사는 사전심의 단계로 다음 각 호의 순서에 따라 평가한다.
1. 승진심사대상자에 대하여 별지 제7호서식의 승진심사 사전심의표에 소방청장이 정하는 기준에 따라 점수 평가
2. 제1호에서 평가된 위원들의 점수를 별지 제7호의3서식에 의하여 집계한 후 보정지수를 적용하여 환산점수를 계산(보정지수는 제24조의 객관평가 최고점과 최저점의 편차)

11. ①

해설 「소방공무원 징계령」 제2조 제1항 제2호 가목
이 경우도 소방청에 설치된 소방공무원 징계위원회의 관할이다.

12. ④

해설 「소방공무원 징계령」 제19조(보고 및 통지)
임용권자와 징계처분등 처분권자가 다를 경우 징계처분등 처분권자가 강등, 정직, 감봉 또는 견책의 징계처분등을 했을 때에는 지체 없이 그 결과에 의결서 사본을 첨부하여 임용권자와 그 소방공무원이 소속한 소방기관의 장에게 통지하여야 한다. 〈개정 2023. 10. 10.〉

13. ④

해설 「교육훈련규정」 제22조(교수요원의 자격기준)
교수요원은 다음 각 호의 어느 하나에 해당하는 자격 또는 능력을 갖춘 사람이어야 한다.
1. 담당할 분야와 관련된 실무 · 연구 또는 강의 경력이 3년 이상인 사람
2. 담당할 분야와 관련된 자격증을 소지한 사람
3. 담당할 분야와 관련된 석사 이상의 학위를 소지한 사람
4. 담당할 분야와 관련된 6개월 이상의 교육훈련을 이수한 사람
5. 담당할 분야와 관련하여 「고등교육법」 제16조 및 「대학교원 자격기준 등에 관한 규정」 제2조에 따른 교수 · 부교수 또는 조교수의 자격을 갖춘 사람
6. 그 밖에 담당할 분야와 관련된 학식과 경험이 풍부한 사람으로서 교육훈련기관의 장이 인정하는 사람

14. ①

해설 「시행규칙」 제25조(허가취소 등의 처분기준) 및 별표2 제1호
다. 위반행위의 횟수에 따른 행정처분기준은 최근 2년간 같은 위반행위로 행정처분을 받은 경우에 적용한다. 이 경우 기간의 계산은 위반행위에 대하여 행정처분을 받은 날과 그 처분 후 다시 같은 위반행위를 하여 적발된 날을 기준으로 한다.

15. ③

해설 「법」 제36조(벌칙) 제5호
제조소등의 위치·구조 및 설비가 기술기준에 적합하지 아니하여 그 기술기준에 적합하도록 제조소등의 위치·구조 및 설비의 수리·개조 또는 이전을 명한 때 이에 따르지 아니한 경우 1천500만원 이하의 벌금에 처하도록 되어 있다.

16. ①

해설 「법」 제38조(양벌규정) 제1항
① 법인의 대표자나 법인 또는 개인의 대리인, 사용인, 그 밖의 종업원이 그 법인 또는 개인의 업무에 관하여 제33조제1항의 위반행위를 하면 그 행위자를 벌하는 외에 그 법인 또는 개인을 5천만원 이하의 벌금에 처하고, 같은 조 제2항의 위반행위를 하면 그 행위자를 벌하는 외에 그 법인 또는 개인을 1억원 이하의 벌금에 처한다. 다만, 법인 또는 개인이 그 위반행위를 방지하기 위하여 해당 업무에 관하여 상당한 주의와 감독을 게을리하지 아니한 경우에는 그러하지 아니하다.
※ 제33조(벌칙)
① 제조소등 또는 제6조제1항에 따른 허가를 받지 않고 지정수량 이상의 위험물을 저장 또는 취급하는 장소에서 위험물을 유출 · 방출 또는 확산시켜 사람의 생명 · 신체 또는 재산에 대하여 위험을 발생시킨 자는 1년 이상 10년 이하의 징역에 처한다. 〈개정 2023. 1. 3.〉
② 제1항의 규정에 따른 죄를 범하여 사람을 상해(傷害)에 이르게 한 때에는 무기 또는 3년 이상의 징역에 처하며, 사망에 이르게 한 때에는 무기 또는 5년 이상의 징역에 처한다.

17. ④

해설 「시행령」 제23조(과태료 부과기준) 별표9〈개정 2024.7.23.〉
나. 부과권자는 고의 또는 중과실이 없는 위반행위자가 「소상공인기본법」 제2조에 따른 소상공인에 해당하고, 과태료를 체납하고 있지 않은 경우에는 다음의 사항을 고려하여 제2호의 개별기준에 따른 과태료의 100분의 70 범위에서 그 금액을 줄여 부과할 수 있다.
다만, 가목에 따른 감경과 중복하여 적용하지 않는다.
1) 위반행위자의 현실적인 부담능력
2) 경제위기 등으로 위반행위자가 속한 시장 · 산업 여건이 현저하게 변동되거나 지속적으로 악화된 상태인지 여부

18. ④

해설

「시행규칙」 제32조 및 별표8 I 제16호 나목
16. 탱크전용실은 벽·바닥 및 뚜껑을 다음 각 호에 정한 기준에 적합한 철근콘크리트구조 또는 이와 동등 이상의 강도가 있는 구조로 설치하여야 한다.
나. 벽·바닥 및 뚜껑의 내부에는 지름 9㎜부터 13㎜까지의 철근을 가로 및 세로로 5㎝부터 20㎝까지의 간격으로 배치할 것

19. ①

해설

「시행규칙」 제32조 및 별표8 III
이를 특수누설방지구조의 지하탱크저장소라 한다.

20. ②

해설

「시행규칙」 제39조 및 별표15 II 제1호 다목
다. 밸브 : 주강 플랜지형 밸브(KS B 2361)

21. ②

해설

「시행규칙」 제39조 및 별표15 II 제4호
4. 배관의 두께는 배관의 외경에 따라 다음 표에 정한 것 이상으로 하여야 한다.

배관의 외경(단위 ㎜)	배관의 두께(단위 ㎜)
114.3 이상 139.8 미만	4.9

22. ①

해설

「시행규칙」 제41조 및 별표17 I 제5호 마목의 3)
제조소등에 설치하는 옥내소화전설비는 각층을 기준으로 하여 당해 층의 모든 옥내소화전(설치개수가 5개 이상인 경우는 5개의 옥내소화전)을 동시에 사용할 경우에 각 노즐끝부분의 방수압력이 350kPa 이상이고 방수량이 1분당 260리터 이상의 성능이 되도록 하여야 한다.

23. ③

해설

「시행규칙」 제41조 및 별표17 I 제5호 사목의 4)
4) 스프링클러설비는 3)의 규정에 의한 개수의 스프링클러헤드를 동시에 사용할 경우에 각 끝부분의 방사압력이 100㎪(제4호 비고 제1호의 표에 정한 살수밀도의 기준을 충족하는 경우에는 50㎪) 이상이고, 방수량이 1분당 80ℓ (제4호 비고 제1호의 표에 정한 살수밀도의 기준을 충족하는 경우에는 56ℓ) 이상의 성능이 되도록 할 것

24. ②

해설

「시행규칙」 제50조 및 별표19 II 제5호 나목
제1류 위험물 중 알칼리금속의 과산화물 또는 이를 함유한 것, 제2류 위험물 중 철분·금속분·마그네슘 또는 이들 중 어느 하나 이상을 함유한 것 또는 제3류 위험물 중 금수성물질은 방수성이 있는 피복으로 덮어야 한다.

25. ①

해설

「시행규칙」 제49조 및 별표18 IV 제5호 아목의 4) 가)
「건설기계관리법」 제2조제1항제1호에 따른 건설기계 중 덤프트럭과 콘크리트믹서트럭은 인화점 40℃ 이상의 위험물을 주입 할 수 있다.

제14회 소방전술

01. ③

해설

화재출동 ; 화재출동명령에서 판단해야 할 일반적 사항 중 화재상황과 관련 화재종별을 알고 해야 하는 판단은 화재실태의 추정이다.

02. ①

해설

화재출동

긴급자동차로서의 안전운행도 필수적이다. 소방차는 긴급자동차로서 법령상 많은 특례가 있다. 그러나 법령에서 허용되고 있는 행위라 해도 긴급자동차의 고속주행 등은 매우 위험한 행위이며, 긴급주행은 고도의 주의와 위험회피의 의무를 부담하는 것으로 생각하여야 한다. 따라서 승차대원은 전원이 일체가 되어 안전하고 신속하게 소방차량이 현장에 도착할 수 있도록 노력하여야 한다(도로교통법 제29조, 제30조 참조).

03. ①

해설

파괴활동

에어백이 없는 경우 엘리베이터 문 파괴방법은 다음과 같다.
(1) 문과 문 사이 아랫부분에 도어오프너, 지렛대 등을 집어 넣는다.
(2) 3cm 정도 간격이 되면 유압식구조기구를 넣어 눌러서 넓힌다.
(3) 간격이 있으면 나무를 집어넣어 고정하고 웨지람(쐐기)을 위쪽으로 이동시키면서 나무도 위쪽으로 이동한다.
(4) 문의 1/2 높이에 달한 때 웨지람을 대(능력 1톤 이상)로 교환하여 문에 설치하여 있는 록핀을 절단할 때까지 조작을 계속한다.
(5) 웨지람의 부하가 급히 가볍게 된 때가 록핀이 절단된 때이고 문을 좌우로 강하게 당기면 개방할 수 있다.
(6) 한쪽으로 열리는 문, 아코디언 문도 상기요령으로 파괴할 수 있다.

04. ②

해설

소방시설의 활용(「소방시설법 시행령」 별표 4 제2호 다목 5))
5) 교육연구시설(교육시설 내에 있는 기숙사 및 합숙소를 포함한다), 수련시설(수련시설 내에 있는 기숙사 및 합숙소를 포함하며, 숙박시설이 있는 수련시설은 제외한다),
동물 및 식물 관련 시설(기둥과 지붕만으로 구성되어 외부와 기류가 통하는 장소는 제외한다), 자원순환 관련 시설, 교정 및 군사시설(국방 · 군사시설은 제외한다) 또는 묘지 관련 시설로서 연면적 2천㎡ 이상인 경우에는 모든 층교에 자동화재탐지설비를 설치해야 한다.

05. ④

해설

공동구 화재 : 소방활동 중 검색·구조활동 요령
(1) 인명검색·구조활동은 요구조자 및 장소에 대해서 충분한 정보수집을 실시하고 장시간 사용 가능한 공기호흡기를 착용하고 진입구 및 검색범위를 설정해서 실시한다.
(2) 진입은 급기구 측으로 하고 복수의 검색반에 의해 실시한다.
(3) 검색은 반드시 엄호주수 하에 실시한다.

06. ②

해설
공동구 화재 : 소방활동 중 소화활동 요령
(1) 진입조건이 정리 될 때까지의 사이는 연소저지선이 되는 맨홀, 급·배기구 측에 대구경관창을 배치하고 화세의 억제를 꾀한다.
(2) 진입태세가 준비되면 장시간 사용 가능한 공기호흡기를 착용하고 급기측에서 진입함과 동시에 배기측에 경계관창을 배치한다.
(3) 공동구 내의 소방활동은 복수의 방수형태에 의해 배열·배연을 실시함과 동시에 배기 측에 배기구를 확보해서 앞 (1)과 같은 조치를 실시한다. 또한 급격한 농연의 분출이 있는 경우 또는 화세가 강한 경우에는 2중, 3중의 엄호주수에 의해 안전을 확보한 다음에 실시한다.
(4) 소구획으로 구분되어 있는 경우는 고발포에 의한 소화활동을 실시한다.
(5) 연소방지설비가 설치되어 있는 경우 신속히 활용한다.

07. ④

해설
할론 소화약제의 구조
이산화탄소, 할론 1211이나 할론 2402(할론 1301제외)는 독성 때문에 실내 지하층, 무창층 또는 밀폐된 거실로서 바닥면적이 20㎡미만의 장소에는 사용 할 수 없게끔 화재안전기준에 규정되어 있다.

08. ④

해설
할론 소화약제의 적응 화재
(1) 사용 가능한 소화 대상물 ; (가) 기상, 액상의 인화성 물질 (나) 변압기, oil switch 등과 같은 전기 위험물 (다) 가솔린 또는 다른 인화성 연료를 사용하는 기계 (라) 종이, 목재, 섬유 같은 일반적인 가연물질 (마) 위험성 고체 (바) 컴퓨터실, 통신기기실, control room 등 (사) 도서관, 자료실, 박물관 등
(2) 사용이 제한되는 소화 대상물 ; (가) 셀룰로오스 질산염 등과 같은 자기반응성 물질 또는 이들의 혼합물 (나) Na, K, Mg, Ti(티타늄), Zr(지르코늄), U(우라늄), Pu(플루토늄) 같은 반응성이 큰 금속 (다) 금속의 수소 화합물 (LiH, NaH, CaH_2, $LiAH_4$ 등) (라) 유기과산화물, 하이드라진(N_2H_4)과 같이 스스로 발열 분해하는 화학제품

09. ①

해설
폭발형태 : 촉매폭발
촉매폭발은 촉매에 의해서 폭발하는 것으로 수소(H_2)+산소(O_2), 수소(H_2)+염소(Cl_2)에 빛을 쪼일 때 일어난다.

10. ④

해설
폭발의 영향 : 비산
(1) 비산은 압력의 결과로 나타나는데 압력이 클수록 비산범위도 넓어진다.
(2) 구조물과 용기 등은 부서지거나 쪼개져서 멀리까지 날아가서 또 다른 손상을 일으키거나 그 물체에 의해 사상자가 발생할 수도 있다. (3) 비산은 물체의 재질과 압력에 따라 크거나 작은 입자 등으로 분산되는데 비산물은 전력선이나 주택, 상가 등 다른 외물(外物)에 직접적인 타격을 주어 폭발이 발생한 지점으로부터 범위를 벗어나 또 다른 재해를 발생시키는 것이다.

11. ④

해설
배관 ; 방수총은 수평으로 360° 회전, 상방으로 75°, 하방으로 30° 의 범위로 방수 할 수 있다.

12. ②

해설
그 외 밸브 및 장치 : 배관 신축이음 ; 배관 신축이음은 펌프 동작에 따른 진동으로부터 배관(용접부) 및 연결부의 파손을 막기 위해 설치한다.

13. ①

해설
상수도소화용수설비(「소방시설법 시행령」 별표5 제16호)
(1) 상수도소화용수설비를 설치해야 하는 특정소방대상물의 각 부분으로부터 수평거리 140m 이내에 공공의 소방을 위한 소화전이 화재안전기준에 적합하게 설치되어 있는 경우에는 설치가 면제된다.
(2) 소방본부장 또는 소방서장이 상수도소화용수설비의 설치가 곤란하다고 인정하는 경우로서 화재안전기준에 적합한 소화수조 또는 저수조가 설치되어 있거나 이를 설치하는 경우에는 그 설비의 유효범위에서 설치가 면제된다.

14. ①

해설
에어백의 구조 및 제원 ; 중량물체를 들어 올리고자 할 때 압축공기로 백을 부풀려 중량물을 들어 올리는 장비이다. 보통 3개의 에어백이 1세트로 구성되며 부양능력과 규격은 대체로 다음과 같다.
(1) 소형 : 부양능력 17t 이상 (381㎜×22㎜, 3.6kg), 부양높이 20cm 내외
(2) 중형 : 부양능력 25t 이상 (511㎜×22㎜, 6.5kg), 부양높이 30cm 내외
(3) 대형 : 부양능력 40t 이상 (611㎜×22㎜, 8.5kg), 부양높이 35cm 내외

15. ③

해설
매몰자 영상탐지기 장비 운용 시 주의사항
(1) 관절로 이루어진 접합부분은 손으로 움직이지 말고 가급적 컨트롤 스위치에 의해서만 움직여져야 한다.
(2) 헤드를 움직일 수 없는 위치에 두지 않아야 한다. 의심되는 점이 발견되면 작업을 멈추고 검사하여야 한다. 관절 부분을 한계점까지(오른쪽, 왼쪽)작동하는 것을 피해야 한다.
(3) 신축봉은 완전방수가 된 장비가 아니므로 주의하고, 선이나 연결기를 밟지 않아야 한다.
(4) 선이 꼬이지 않도록 하고 선을 직경 4인치 이하의 고리 안에 두지 말아야 한다. (5) 선을 연결할 때는 연결기 지시 부호를 길렬로 정리할 시간을 가져야 한다. 또한 조정손잡이의 스위치들을 중립지점에 일렬로 놓는 시간을 가져야 한다.(6) 지시 부호들이 일렬로 정렬될 때까지 무리하게 힘으로 연결되지 않도록 한다. 또 연결부위나 주장치 부위에 충격이 가해지지 않도록 한다.

16. ④

해설
매달고 하강하기
(1) 구조대원은 개인로프의 양끝에 두겹8자매듭을 이용하여 고리를 만든다.
(2) 구조대원은 카라비나를 이용하여 안전벨트에 개인로프를 결착하고 구조대상자가 있는 직상층까지 하강하여 정지한 다음 두 겹 8자매듭이 되어 있는 고리를 구조대상자에게 내려준다.
(3) 구조대상자에게 안전벨트를 착용시키고 구조대원과 연결된 개인로프의 끝에 카라비나를 넣어 결착한다.
(4) 구조대원이 구조대상자의 몸을 매달고 조심스럽게 하강한다. 하강 중에는 구조대상자의 몸이 건물 벽면을 향하도록 하여 신체가 부딪히지 않도록 하며 구조대상자의 유동에 주의한다.

17. ③

해설
수평이동구조 ; 수평이동은 계곡이나 하천 등 정상적인 방법으로 진입하여 구조대상자를 구출할 수 없는 지역에 로프를 설치하고 위험지역 상공을 가로질러 구출하는 기술이다.

18. ③

해설
인적위험요인 분석

구 분	위 험 요 인
모 른 다	– 안전행위에 대한 지식부족 : 교육 불충분, 이해 및 기억 불충분, 망각

19. ②

해설 **물적위험요인 분석**

구 분	위험요인
하지 않는다	– 안전행위에 대하여 지식은 있지만 실행하지 않는다. • 상황파악의 오류, 무의식, 고의 – 규율준수에 잘못이 있다. • 무의식(의식저하), 고의, 수줍음.

20. ②

해설 **환자 들어올리기와 이동 : 계단에서의 운반 ;** (1) 들것보다는 의자형(계단용) 들것을 이용해야 하며 이동전에 계단에 장애물이 있다면 제거한 후에 이동해야 한다. (2) 만약, 3인 이상의 대원이 있다면 이동하는 대원 2명 외에 나머지 대원은 뒷걸음으로 계단을 내려가는 대원의 뒤에서 등을 받치고 계단의 시작과 끝을 알려주는 역할을 실시해 주어야 한다.

21. ④

해설 **환자안전 : 긴급이동**
긴급이동 방법 중 경사끌기의 그림(사진)이다.

22. ④

해설 **열 손실 기전에 대한 원리 : 복사**
복사는 인체로부터 파장과 복사선 형태로 에너지를 방사하는 것이다. 이는 옷을 입지 않거나 단열되지 않은 신체부분이 추운 환경에 노출되었을 때 일어난다. 주로 아무것도 걸치지 않은 머리에서 많이 일어난다.

23. ③

해설 **일반적인 저체온증의 중심체온에 따른 증상 및 징후**

중 심 체 온	증 상 및 징 후
27.0℃–30.0℃	이성을 잃고 환경에 대한 반응 상실(바보 같은 모습), 근육 경직, 맥박과 호흡이 느려짐, 심부정맥

24. ④

해설 **「119법」 제4조(국민의 권리와 의무) 제1항**
① 누구든지 위급상황에 처한 경우에는 국가와 지방자치단체로부터 신속한 구조와 구급을 통하여 생활의 안전을 영위할 권리를 가진다.

25. ④

해설 **「법」 제49조(중앙긴급구조통제단) 제2항**
② 중앙통제단의 단장은 소방청장이 된다. 〈개정 2017.7.26.〉

제15회 행 정 법

01. ④

해설 • ④가 옳다. 판례는 "그런데 텔레비전방송수신료는 대다수 국민의 재산권 보장의 측면이나 한국방송공사에게 보장된 방송자유의 측면에서 국민의 기본권실현에 관련된 영역에 속하고, 수신료금액의 결정은 납부의무자의 범위 등과 함께 수신료에 관한 본질적인 중요한 사항이므로 국회가 스스로 행하여야 하는 사항에 속하는 것임에도 불구하고 한국방송공사법 제36조 제1항에서 국회의 결정이나 관여를 배제한 채 한국방송공사로 하여금 수신료금액을 결정해서 문화관광부장관의 승인을 얻도록 한 것은 법률유보원칙에 위반된다" 고 하였다(헌재결 1999.5.27. 98헌바70).

02. ③

해설 • ③이 옳지 않다. 판례는 "토지등소유자가 도시환경정비사업을 시행하는 경우 사업시행인가 신청시 필요한 토지등소유자의 동의는 개발사업의 주체 및 정비구역 내 토지등소유자를 상대로 수용권을 행사하고 각종 행정처분을 발할 수 있는 행정주체로서의 지위를 가지는 사업시행자를 지정하는 문제로서 그 동의요건을 정하는 것은 국민의 권리와 의무의 형성에 관한 기본적이고 본질적인 사항이므로 국회가 스스로 행하여야 하는 사항에 속하는 것임에도 불구하고 사업시행인가 신청에 필요한 동의정족수를 토지등소유자가 자치적으로 정하여 운영하는 규약에 정하도록 한 것은 법률유보원칙에 위반된다" 고 하였다(헌재결 2011.8.30. 2009헌바128).

03. ③

해설 • ③이 옳지 않다. 이의신청을 한 경우에도 그 이의신청과 관계없이 「행정심판법」에 따른 행정심판 또는 「행정소송법」에 따른 행정소송을 제기할 수 있다(「행정기본법」 제36조(처분에 대한 이의신청)

04. ③

해설 • ③이 옳지 않다. 즉, 법령등을 공포한 날부터 일정 기간이 경과한 날부터 시행하는 경우 법령등을 공포한 날을 첫날에 산입하지 아니한다「행정기본법 제7조 제2호).

05. ②

해설 • ②가 옳지 않다. 판례는 "식품위생법과 건축법은 그 입법 목적, 규정사항, 적용범위 등을 서로 달리하고 있어 식품접객업에 관하여 식품위생법이 건축법에 우선하여 배타적으로 적용되는 관계에 있다고는 해석되지 않는다. 그러므로 식품위생법에 따른 식품접객업(일반음식점영업)의 영업신고의 요건을 갖춘 자라고 하더라도, 그 영업신고를 한 당해 건축물이 건축법 소정의 허가를 받지 아니한 무허가 건물이라면 적법한 신고를 할 수 없다" 고 하였다(대판 2009.4.23. 2008도6829).

06. ②

해설 • ②가 옳다. 판례는 "전입신고를 받은 시장·군수 또는 구청장의 심사 대상은 전입신고자가 30일 이상 생활의 근거로 거주할 목적으로 거주지를 옮기는지 여부만으로 제한된다고 보아야 한다. 따라서 전입신고자가 거주의 목적 이외에 다른 이해관계에 관한 의도를 가지고 있는지 여부, 무허가 건축물의 관리, 전입신고를 수리함으로써 당해 지방자치단체에 미치는 영향 등과 같은 사유는 주민등록법이 아닌 다른 법률에 의하여 규율되어야 하고, 주민등록전입신고의 수리 여부를 심사하는 단계에서는 고려 대상이 될 수 없다" 고 하였다(대판 2009.6.18. 2008두10997, 전원합의체).

07. ①

해설 • ①이 옳지 않다. 판례는 "법률이 공법적 단체 등의 정관에 자치법적 사항을 위임한 경우에는 헌법 제75조가 정하는 포괄적인 위임입법의 금지는 원칙적으로 적용되지 않는다고 봄이 상당하고, 그렇다 하더라도 그 사항이 국민의 권리 · 의무에 관련되는 것일 경우에는 적어도 국민의 권리 · 의무에 관한 기본적이고 본질적인 사항은 국회가 정하여야 한다" 고 하였다(대판 2007.10.12. 2006두14476).

08. ④

해설 • ④가 적절하지 않다. 정부는 매년 해당 연도에 추진할 법령안 입법계획(이하 "정부입법계획" 이라 한다)을 수립하여야 한다(「행정기본법」 제38조 제3항). • 제38조(행정의 입법활동) ① 국가나 지방자치단체가 법령등을 제정 · 개정 · 폐지하고자 하거나 그와 관련된 활동(법률안의 국회 제출과 조례안의 지방의회 제출을 포함하며, 이하 이 장에서 "행정의 입법활동" 이라 한다)을 할 때에는 헌법과 상위 법령을 위반해서는 아니 되며, 헌법과 법령등에서 정한 절차를 준수하여야 한다. ② 행정의 입법활동은 다음 각 호의 기준에 따라야 한다. 1. 일반 국민 및 이해관계자로부터 의견을 수렴하고 관계 기관과 충분한 협의를 거쳐 책임 있게 추진되어야 한다. 2. 법령등의 내용과 규정은 다른 법령등과 조화를 이루어야 하고, 법령등 상호 간에 중복되거나 상충되지 아니하여야 한다. 3. 법령등은 일반 국민이 그 내용을 쉽고 명확하게 이해할 수 있도록 알기 쉽게 만들어져야 한다. ③ 정부는 매년 해당 연도에 추진할 법령안 입법계획(이하 "정부입법계획" 이라 한다)을 수립하여야 한다. ④ 행정의 입법활동의 절차 및 정부입법계획의 수립에 관하여 필요한 사항은 정부의 법제업무에 관한 사항을 규율하는 대통령령으로 정한다.

09. ③

해설 • ③이 적절하지 않다. 하명은 부담적(침익적) 행정행위이기 때문에 특별한 규정이 없는 한 기속행위의 성질을 가짐이 보통이다.

10. ②

해설 ②가 적절하지 않다. 부작위(금지)하명은 특정인에 대해서 뿐만 아니라, 불특정 다수인에 대해 행해지는 경우(통행금지·민방위경보·화재위험경보 등)가 있는데 불특정 다수인에게 행해지는 경우를 보통 일반처분이라고 한다.

11. ②

해설 • ②가 옳지 않다. 판례는 "부담부 행정처분에 있어서 처분의 상대방이 부담(의무)을 이행하지 아니한 경우에 처분행정청으로서는 이를 들어 당해 처분을 취소(철회)할 수 있는 것이다" 고 하였다(대판 1989.10.24. 89누2431).

12. ④

해설 • ④가 옳지 않다. 판례는 "행정청이 수익적 행정처분을 하면서 부가한 부담의 위법 여부는 처분 당시 법령을 기준으로 판단하여야 하고, 부담이 처분 당시 법령을 기준으로 적법하다면 처분 후 부담의 전제가 된 주된 행정처분의 근거 법령이 개정됨으로써 행정청이 더 이상 부관을 붙일 수 없게 되었다 하더라도 곧바로 위법하게 되거나 그 효력이 소멸하게 되는 것은 아니다" 고 하였다(대판 2009.2.12. 2005다65500).

13. ②

해설 • ②가 옳지 않다. 판례는 "국세기본법 제26조 제1호는 부과의 취소를 국세납부의무 소멸사유의 하나로 들고 있으나, 그 부과의 취소에 하자가 있는 경우의 부과의 취소의 취소에 대하여는 법률이 명문으로 그 취소요건이나 그에 대한 불복절차에 대하여 따로 규정을 둔 바도 없으므로, 설사 부과의 취소에 위법사유가 있다고 하더라도 당연무효가 아닌 한 일단 유효하게 성립하여 부과처분을 확정적으로 상실시키는 것이므로, 과세관청은 부과의 취소를 다시 취소함으로써 원부과처분을 소생시킬 수는 없고 납세의무자에게 종전의 과세대상에 대한 납부의무를 지우려면 다시 법률에서 정한 부과절차에 좇아 동일한 내용의 새로운 처분을 하는 수밖에 없다" 고 하였다(대판 1995.3.10. 선고 94누7027).

14. ④

해설 • ④가 옳지 않다. 판례는 "수도과태료의 부과처분에 대한 납입고지서에 송달상대방이나 송달장소, 송달방법 등에 관하여는 서울특별시급수조례 제37조에 따라 지방세법의 규정에 의하여야 할 것이므로, 납세고지서의 송달이 부적법하면 그 부과처분은 효력이 발생할 수 없고, 또한 송달이 부적법하여 송달의 효력이 발생하지 아니하는 이상 상대방이 객관적으로 위 부과처분의 존재를 인식할 수 있었다 하더라도 그와 같은 사실로써 송달의 하자가 치유된다고 볼 수 없다" 고 하였다(대판 1988.3.22. 87누986).

15. ②

해설 • ②가 적절하지 않다. 비공식 행정작용의 단점과 위험성으로는 ㉠법치행정의 후퇴 ㉡제3자의 위험부담 ㉢효과적 권리보호의 어려움, 활성적 행정에의 장애 등을 들 수 있다. • 지문은 제3자의 위험부담에 관한 것으로 비공식 행정작용은 그의 전모가 외부에 노출되지 않으므로 이것이 이해관계 있는 제3자에게 불리하게 작용될 가능성이 충분히 있다.

16. ④

해설 • ④가 적절하지 않다. 비공식행정작용은 ㉠사전절차로서 행정주체와 상대방간의 의사소통을 통한 협상을 통해 향후 법의 해석과 적용에서 발생될 수 있는 법적 불확실성을 제거할 수 있고 ㉡공식적 행정작용에 따르는 노력·비용 등을 절감시켜 행정의 효율성과 실용성을 도모하며 ㉢행정작용의 탄력성을 확보하는데 유용하고 ㉣법적분쟁의 회피 내지 조기해결을 도모할 수 있다는 점에 그 유용성이 있다 하겠다.

17. ③

해설 • ③이 옳지 않다. 판례는 "재소자가 교도관의 가혹행위를 이유로 형사고소 및 민사소송을 제기하면서 그 증명자료 확보를 위해 '근무보고서'와 '징벌위원회 회의록' 등의 정보공개를 요청하였으나 교도소장이 이를 거부한 사안에서, 근무보고서는 비공개대상정보에 해당한다고 볼 수 없다" 고 하였다(대관 2009.12.10. 2009두12785).

18. ②

해설 • ②가 옳지 않다. 이행강제금의 부과는 강제집행의 수단이 아니다. 판례는 "이행강제금은 행정법상의 부작위의무 또는 비대체적 작위의무를 이행하지 않은 경우에 '일정한 기한까지 의무를 이행하지 않을 때에는 일정한 금전적 부담을 과할 뜻'을 미리 '계고' 함으로써 의무자에게 심리적 압박을 주어 장래를 향하여 의무의 이행을 확보하려는 간접적인 행정상 강제집행 수단이다" 고 하였다(대판 2015.6.24. 2011두2170).

19. ①

해설 • ①이 옳은 설명이다. 통고처분에 따른 금전을 납부한 경우에는 처벌을 받은 것이므로 일사부재리의 원칙이 발생하므로 이에 대하여는 다시 소추할 수 없다.

20. ②

해설 • ②가 옳다. 「질서위반행위규제법」 제8조(위법성의 착오)는 "자신의 행위가 위법하지 아니한 것으로 오인하고 행한 질서위반행위는 그 오인에 정당한 이유가 있는 때에 한하여 과태료를 부과하지 아니한다" 고 규정하고 있다.

21. ②

해설 • ②가 옳다. 「공익사업을 위한 토지 등의 취득 및 보상에 관한 법률」 제61조(사업시행자 보상), 제62조(사전보상), 제63조(현금보상 등) 참조

22. ⑤

해설
• ⑤가 옳지 않다. 판례는 "일반 공중의 이용에 제공되는 공공용물에 대하여 특허 또는 허가를 받지 않고 하는 일반사용은 다른 개인의 자유이용과 국가 또는 지방자치단체 등의 공공목적을 위한 개발 또는 관리 · 보존행위를 방해하지 않는 범위 내에서만 허용된다 할 것이므로, 공공용물에 관하여 적법한 개발행위 등이 이루어짐으로 말미암아 이에 대한 일정범위의 사람들의 일반사용이 종전에 비하여 제한받게 되었다 하더라도 특별한 사정이 없는 한 그로 인한 불이익은 손실보상의 대상이 되는 특별한 손실에 해당한다고 할 수 없다" 고 하였다(대판 2002.2.26. 99다35300).

23. ②

해설
• ②가 적절하지 않다. 위원회는 취소심판의 청구가 이유가 있다고 인정하면 처분을 취소 또는 다른 처분으로 변경하거나 처분을 다른 처분으로 변경할 것을 피청구인에게 명한다(「행정심판법」 제43조 제3항).

24. ②

해설
• ②가 옳지 않다. 판례는 "보조참가를 할 수 있는 제3자는 민사소송법상의 당사자능력 및 소송능력을 갖춘 자이어야 하므로 그러한 당사자능력 및 소송능력이 없는 행정청으로서는 민사소송법상의 보조참가를 할 수는 없고 다만 행정소송법 제17조 제1항에 의한 소송참가를 할 수 있을 뿐이다" 고 하였다(대판 2002.9.24. 99두1519). 즉, 행정청에 불과한 서울특별시장의 보조참가신청을 부적법하다고 한 사례이다.

25. ③

해설
• ③이 옳지 않다. 판례는 "행정청이 공무원에 대하여 새로운 직위해제사유에 기한 직위해제처분을 한 경우 그 이전에 한 직위해제처분은 이를 묵시적으로 철회하였다고 봄이 상당하고, 그렇다면 직위해제처분무효확인및정직처분취소소송 중 이미 철회되어 그 효력이 상실된 직위해제처분의 취소를 구하는 부분은 존재하지 않는 행정처분을 대상으로 한 것으로서, 그 소의 이익이 없다" 고 하였다(대판 1996.10.15. 95누8119).

제15회 소방법령 Ⅳ

01. ④

해설
「임용령」 제3조 제5항 제3호
⑤ 소방청장은 법 제6조제4항에 따라 다음 각 호의 권한을 시 · 도지사에게 위임한다.
3. 시 · 도 소속 소방경 이하의 소방공무원에 대한 임용권

02. ①

해설
「임용령 시행규칙」 제23조 및 별표2 ; 자동차운전분야는 기능사 자격이 없다.

03. ①

해설
「임용령」 제39조 제1항 제2호
2. 이 경우도 서류전형 · 체력시험 · 종합적성검사 · 면접시험과 필기시험 또는 실기시험. 다만, 업무의 특수성 등을 고려하여 필요하다고 인정되는 경우에는 필기시험과 실기시험을 모두 병행하여 실시할 수 있다.

04. ③

해설
「임용령」 제46조 제4항 제2호 가목
가. 면접시험만을 실시하는 경우 : 면접시험 성적 100퍼센트

05. ②

해설
「임용령」 제28조 제3항 제1호 : 이 경우도 2년이다.
1. 「국가공무원법」 제70조제1항제3호에 따라 직위가 없어지거나 과원이 되어 퇴직한 소방공무원이나 같은 법 제71조제1항제1호에 따라 신체 · 정신상의 장애로 장기 요양이 필요하여 휴직하였다가 휴직기간이 만료되어 퇴직한 소방공무원을 퇴직한 날부터 3년(「공무원 재해보상법」에 따른 공무상 부상 또는 질병으로 인한 휴직의 경우에는 5년) 이내에 퇴직 시에 재직하였던 계급 또는 그에 상응하는 계급의 소방공무원으로 재임용하는 경우는
2. 최초로 그 직위에 임용된 날부터 2년의 필수보직기간이 지나야 다른 직위 또는 임용권자를 달리하는 기관에 전보될 수 있다.

06. ②

해설
「승진임용 규정 시행규칙」 제6조 및 별표1
소방서 소속 소방령의 경우 1차평정자는 소속 소방서장이고, 2차평정자는 소속 시·도 소방본부장이다.

07. ④

해설
「시행규칙」 제16조 2항, 3항
② 피평정자는 제1항의 교육훈련성적평정 결과에 이의가 있는 경우에는 소방기관의 장에게 이의를 신청할 수 있다.
③ 제2항에 따라 이의신청을 받은 소방기관의 장은 이의신청의 내용이 타당하다고 판단하는 경우에는 해당 소방공무원에 대한 교육훈련성적평정 결과를 조정할 수 있으며, 이의신청을 받아들이지 않는 경우에는 그 사유를 해당 소방공무원에게 설명해야 한다.[본조신설 2020. 1. 3.]

08. ③

해설 「승진임용 규정 시행규칙」 제25조 제4항

④ 제1항부터 제3항까지의 규정에도 불구하고 소방준감으로의 승진심사 또는 예정인원수가 2명 이내인 승진심사의 경우 제1단계 사전심의를 생략하고 제2단계 본심사만으로 승진임용예정자를 선발할 수 있다.〈개정 2020.3.13.〉

09. ①

해설 「승진임용 규정 시행규칙」 제37조(대우공무원의 선발 절차 및 시기)

① 임용권자 또는 임용제청권자는 매월 말 5일 전까지 대우공무원 발령일을 기준으로 하여 대우공무원 선발요건에 적합한 대상자를 결정하여야 하고, 그 다음 월 1일에 일괄하여 대우공무원으로 발령하여야 한다.〈개정 2018.12.24.〉 ② 제1항에 따른 대우공무원의 발령사항은 인사기록카드에 기록하여야 한다.

10. ④

해설 「소방공무원 징계령」 제2조 제2항 제1호〈개정 2023.10.10.〉

② 「소방공무원법」 제28조제2항에서 "대통령령으로 정하는 소방기관" 이란 중앙소방학교, 중앙119구조본부 및 국립소방연구원을 말하며, 각 소방기관별 징계위원회는 다음 각 호의 구분에 따른 징계등 사건을 심의·의결한다. 다만, 제1항제2호가목2) 및 같은 호 나목2)에 따라 소방청에 설치된 소방공무원 징계위원회의 관할로 된 경우에는 그렇지 않다.
1. 중앙소방학교 및 중앙119구조본부에 설치된 징계위원회 : 소속 소방경 이하의 소방공무원에 대한 징계등 사건

11. ③

해설 「교육훈련규정」 제3조(소방교육훈련정책위원회) 제1항 일부

소방청장은 소방교육훈련정책위원회를 설치·운영 할 수 있다.

12. ④

해설 「교육훈련규정」 제3조 제3항

③ 위원회의 위원장은 소방청 차장이 되고, 위원은 다음 각 호의 사람이 된다.
1. 소방청 기획조정관
2. 소방청 소방공무원 교육훈련 담당 과장급 공무원
3. 중앙소방학교의 장
4. 특별시·광역시·특별자치시·도·특별자치도(이하 "시·도" 라 한다) 소방본부의 소방공무원 교육훈련 담당 과장급 공무원
5. 각 지방소방학교의 장 6. 소방청 소속 과장급 직위의 공무원 중 소방청장이 지명하는 사람

13. ④

해설 「교육훈련규정」 제24조(교수요원 역량강화 및 평가)

① 교육훈련기관의 장은 교수요원으로 임용될 사람 또는 임용된 사람에게 강의, 훈련, 교육운영 등에 관한 전문성과 역량을 강화할 수 있도록 관련 교육훈련과정을 주기적으로 이수하게 해야 한다.
② 교육훈련기관의 장은 교수요원의 전문역량을 강화하고 강의 품질을 향상시키기 위해 교수요원의 체계적 관리·육성 방안을 마련해야 한다.
③ 교육훈련기관의 장은 교수요원의 교수역량을 평가하여 근무성적 평정, 교육훈련 선발, 연구비 지원 등에 반영할 수 있다.
※ 제25조(교수요원의 전보) 「소방공무원임용령」 제28조제2항에 따른 필수보직기간이 끝난 교수요원을 전보할 때에는 본인의 희망을 고려해야 한다.

14. ④

해설 「법」 제15조 제4항

④ 제조소등의 관계인이 안전관리자를 해임하거나 안전관리자가 퇴직한 경우 그 관계인 또는 안전관리자는 소방본부장이나 소방서장에게 그 사실을 알려 해임되거나 퇴직한 사실을 확인받을 수 있다.

15. ②

해설 「시행규칙」 제54조(안전관리자의 대리자)

법 제15조제5항 전단에서"행정안전부령이 정하는 자"란 다음 각 호의 어느 하나에 해당하는 사람을 말한다.
1. 법 제28조제1항에 따른 안전교육을 받은 자 / 2. 삭제 〈2016.8.2.〉
3. 제조소등의 위험물 안전관리업무에 있어서 안전관리자를 지휘·감독하는 직위에 있는 자

16. ④

해설 「시행규칙」 제28조 및 별표4의 I 제1호 나목의 4)

4) 「아동복지법」 제3조제10호에 따른 아동복지시설, 「노인복지법」 제31조 제1호부터 제3호까지에 해당하는 노인복지시설, 「장애인복지법」 제58조 제1항에 따른 장애인복지시설, 「한부모가족지원법」 제19조제1항에 따른 한부모가족복지시설, 「영유아보육법」 제2조제3호에 따른 어린이집, 「성매매방지 및 피해자보호 등에 관한 법률」 제9조제1항에 따른 성매매피해자등을 위한 지원시설, 「정신보건법」 제3조제2호에 따른 정신보건시설, 「가정폭력방지 및 피해자보호 등에 관한 법률」 제7조의2제1항에 따른 보호시설 및 그 밖에 이와 유사한 시설로서 20명 이상의 인원을 수용할 수 있는 것

17. ③

해설 「시행규칙」 제28조 및 별표4의의 I 제1호 라목

라. 고압가스, 액화석유가스 또는 도시가스를 저장 또는 취급하는 시설로서 다음의 1에 해당하는 것에 있어서는 20m 이상. 다만, 당해 시설의 배관 중 제조소가 설치된 부지 내에 있는 것은 제외한다.
1) 「고압가스법」의 규정에 의하여 허가를 받거나 신고를 하여야 하는 고압가스제조시설(용기에 충전하는 것을 포함한다) 또는 고압가스 사용시설로서 1일 30㎥ 이상의 용적을 취급하는 시설이 있는 것
2) 「고압가스법」의 규정에 의하여 허가를 받거나 신고를 하여야 하는 고압가스저장시설 3) 「고압가스법」의 규정에 의하여 허가를 받거나 신고를 하여야 하는 액화산소를 소비하는 시설 4) 「액화석유가스법」의 규정에 의하여 허가를 받아야 하는 액화석유가스제조시설 및 액화석유가스저장시설
5) 「도시가스사업법」 제2조제5호의 규정에 의한 가스공급시설

18. ④

해설 「시행규칙」 제33조 및 별표9 제4호

간이저장탱크는 움직이거나 넘어지지 아니하도록 지면 또는 가설대에 고정시키되, 옥외에 설치하는 경우에는 그 탱크의 주위에 너비 1m 이상의 공지를 두고, 전용실 안에 설치하는 경우에는 탱크와 전용실의 벽과의 사이에 0.5m 이상의 간격을 유지하여야 한다.

19. ③

해설 「시행규칙」 제33조 및 별표9 제8호

간이저장탱크에는 다음 각 목의 구분에 따른 기준에 적합한 밸브 없는 통기관 또는 대기밸브부착 통기관을 설치하여야 한다.
1. 밸브 없는 통기관
가. 통기관의 지름은 25㎜ 이상으로 할 것
나. 통기관은 옥외에 설치하되, 그 끝부분의 높이는 지상 1.5m 이상으로 할 것
다. 통기관의 끝부분은 수평면에 대하여 아래로 45° 이상 구부려 빗물 등이 침투하지 아니하도록 할 것
라. 가는 눈의 구리망 등으로 인화방지장치를 할 것 다만, 인화점 70℃ 이상의 위험물만을 해당 위험물의 인화점 미만의 온도로 저장 또는 취급하는 탱크에 설치하는 통기관에 있어서는 그러하지 아니하다.
2. 대기밸브부착 통기관 기준 : 생략

20. ①

해설

「시행규칙」 제39조 및 별표15 II 제7호

7. 배관등의 이음은 아크용접(방전 시 발생하는 불꽃을 이용한 용접) 또는 이와 동등 이상의 효과를 갖는 용접방법에 의하여야 한다. 다만, 용접에 의하는 것이 적당하지 아니한 경우는 안전상 필요한 강도가 있는 플랜지이음으로 할 수 있다.

21. ④

해설

「시행규칙」 제39조 및 별표15 III 제2호 마목 후단

마. 보호판 또는 방호구조물의 외면과 노면과의 거리는 1.2m 이상으로 하여야 한다.

22. ②

해설

「시행규칙」 제41조 및 별표17 I 제5호 아목의 3)

3) 수원의 수량은 분무헤드가 가장 많이 설치된 방사구역의 모든 분무헤드를 동시에 사용할 경우에 당해 방사구역의 표면적 1㎡당 1분당 20ℓ 의 비율로 계산한 양으로 30분간 방사할 수 있는 양 이상이 되도록 설치할 것

23. ④

해설

「시행규칙」 제42조 및 별표17 II 제1호의 표

저장창고의 연면적이 150제곱미터를 초과하는 것[연면적 150제곱미터 이내마다 불연재료의 격벽으로 개구부 없이 완전히 구획된 저장창고와 제2류 위험물(인화성고체는 제외한다) 또는 제4류 위험물(인화점이 70℃ 미만인 것은 제외한다)만을 저장 또는 취급하는 저장창고는 그 연면적이 500제곱미터 이상인 것을 말한다]이 자동화재탐지설비 설치대상이다.

24. ③

해설

「시행규칙」 제49조 및 별표18 III 제14호

14. 컨테이너식 이동탱크저장소외의 이동탱크저장소에 있어서는 위험물을 저장한 상태로 이동저장탱크를 옮겨 싣지 아니하여야 한다(중요기준).

25. ③

해설

「시행규칙」 제42조 및 별표17 II 제2호 바목 및 제3호

바. 옥외탱크저장소가 다음의 어느 하나에 해당하는 경우에는 자동화재탐지설비를 설치하지 않을 수 있다.

1) 옥외탱크저장소의 방유제(防油堤)와 옥외저장탱크 사이의 지표면을 불연성 및 불침윤성(수분에 젖지 않는 성질)이 있는 철근콘크리트 구조 등으로 한 경우

2) 「화학물질관리법 시행규칙」 별표 5 제6호의 화학물질안전원장이 정하는 고시에 따라 가스감지기를 설치한 경우

3. 옥외탱크저장소가 다음 각 목의 어느 하나에 해당하는 경우에는 자동화재속보설비를 설치하지 않을 수 있다.

가. 제2호바목1) 또는 2)에 해당하는 경우

나. 법 제19조에 따른 자체소방대를 설치한 경우

다. 안전관리자가 해당 사업소에 24시간 상주하는 경우

※ 지문 ④의 경우는 자동화재속보설비를 설치하지 않을 수 있다.

제15회 소방전술

01. ①

해설

화재원인(발화원인)에 따른 분류(공통교재)

구 분	내 용
실 화	취급부주의나 사용 · 보관 등의 잘못으로 발생한 과실적(過失的) 화재를 말하며 중과실과 단순 실화인 경과실이 있다.
방 화	적극적이고 고의적인 생각과 행위로서 일부러 불을 질러 발생시킨 화재를 말한다.
자 연 발 화	산화, 약품혼합, 마찰 등에 의해서 발화한 것과 스파크 또는 화염이 없는 상태에서 열기에 의해 발화된 연소를 말한다.
천 재 발 화	지진, 낙뢰, 분화 등에 의해서 발화한 것을 말한다.
원 인 불 명	위의 각 호 이외의 원인으로서 발화한 것을 말한다.

02. ④

해설

화재의 진행단계 / 플래쉬오버

최고조에 오른 실내의 플래쉬오버 상태에서 발산되는 열 발산율은 10,000 KW 또는 그 이상이 될 수 있다.

03. ④

해설

화재상황평가 ; 건축물 화재 진압시스템의 분석 틀의 요소 중 "크기, 위치"는 화재, 건물구조, 위험노출, 자원, 조건 중에서 화재에 해당한다.

04. ②

해설

화점확인 ; 알람 밸브가 작동될 때 그 원인을 찾는 일은 다음과 같이 5단계 활동을 통해 이행될 수 있다.

(1) 1단계 : 수신기 상에 표시된 층을 확인하고 이 구역을 검색하되, 수신기 상에 정확한 위치와 층이 확인되지 않을 수도 있다. (2) 2단계 : 스프링클러 시스템을 리세팅(resetting) 한 후 경보가 다시 발생하는지 확인한다. 경보가 다시 울리면, 화재이거나 파이프 누수일 가능성이 크다.

(3) 3단계 : 건물 위층부터 검색을 시작한다. 검색분대는 꼭대기 층에서부터 계단을 내려오면서 각 층 입구에서 물소리나 연기 냄새가 나는지 확인해야 한다. 강추위가 계속되는 날씨 인 경우에는 난방이 안 되는 층과 복도에 설치된 스프링클러 파이프가 동파되었거나 새고 있는지 확인한다.

(4) 4단계 : 가압송수장치의 펌프를 확인한다. 만약 펌프방식(지하수조)의 가압송수장치이면 지하실에 설치된 펌프를, 고가수조방식이면 옥상층에 설치된 압력수조의 각종 계기판을 확인하고, 파이프에 귀를 대고 물이 흐르는 소리가 나면 스프링클러 시스템에 물이 공급되고 있다는 것을 나타낸다. 만약 물이 누수되거나 물소리가 나지 않는다면, 낮은 층에서 발생하는 연기가 없는지 건물 옆면을 관찰한다. 이 단계의 활동은 3단계와 동시에 시작 할 수 있다.

(5) 5단계 : 소방시설관리업체로 하여금 소방시설에 대한 전반적인 점검과 보수를 하도록 조치한다.

05. ①

해설

소방호스 연장 ; 사진은 아코디언형 적재 방법이다.

06. ③

해설

소방시설의 활용(「소방시설법 시행령」 별표 4 제1호

4) 판매시설, 운수시설 및 창고시설(물류터미널로 한정한다)로서 바닥면적의 합계가 5천㎡ 이상이거나 수용인원이 500명 이상인 경우에는 모든 층

07. ③

해설

위험물(유류) 화재진압 ; 제3류 위험물 중 다음 것의 소화수단(제독제)은 다음과 같다.

제3류	금속칼륨	POTASSIUM	건조사
	금속나트륨	SODIUM	건조사
	황린	YELLOW PHOSPHRUS	활성탄, 지오라이트, 활석분
	알킬알루미늄	ALKYL ALUMINNUM	규조토, 활성탄, 활석분

08. ①

해설

방사능 시설 화재 : 이는 일반인관리구역을 설명하고 있다.

09. ③

해설

플래쉬오버의 징후 시 조치

플래시오버 징후가 관찰되었을 때 지휘자는 특별한 조치를 취해야 한다. 다시 말하면 공간을 냉각시키기 위한 방수작업과 배연작업을 실시하여야 한다는 것이다. 만약 열의 축적이 계속 진행되는 상황에서 무리하게 진화작업(鎭火作業)을 계속하는 경우 플래시오버 현상으로 인해 부상을 당할 수 있는 가능성이 매우 높기 때문에 즉시 대피시키도록 한다.

10. ①

해설

소화약제 개요

D급 화재의 가연물의 종류는 가연성 금속과 가연성 금속의 합금이다.

화재의 종류	가연물의 종류	적응 소화약제	개략적인 소화 효과
D급 화재	가연성 금속과 가연성 금속의 합금	금속화재용 분말	질식(공기 차단), 냉각

11. ④

해설

포소화약제의 적응화재

유류화재시 저발포 포의 사용 구분은 다음과 같다.

(1) 저장탱크 화재 : 단백포, 불화단백포

(2) 표면하 포주입방식 저장탱크 화재 : 불화단백포, 수성막포

(3) 유출화재 시 : 단백포, 불화단백포, 계면활성제포, 수성막포

12. ②

해설

「화재조사 및 보고규정」 제20조(화재합동조사단 운영 및 종료)

③ 소방관서장은 영 제7조제2항과 영 제7조제4항에 해당하는 자 중에서 단장 1명과 단원 4명 이상을 화재합동조사단원으로 임명하거나 위촉할 수 있다.

13. ②

해설

소방펌프 ; 소방용도로 사용되는 펌프는 많은 물을 먼 곳까지 방사 할 수 있는 성능이 있어야 한다. 그래서 대부분 이를 충족할 수 있는 원심(Centrifugal)펌프를 사용하고 있다.

14. ③

해설

수색구조(Search and Rescue)

(1) 조난자를 구조할 때 적용하는 수색구조(Search and Rescue)에 있어서 구조활동은 위험평가, 수색, 구조, 응급의료의 순서로 진행된다.

(2) 위험평가는 구조활동이 진행되는 재난현장을 정찰한 다음 수집된 정보를 바탕으로 상황판단을 하여 재난현장과 구조활동의 안정성을 평가하는 것이다. 이렇게 위험평가를 하고 위험요소를 제거하여 안전을 확보하고 본격적으로 수색과 구조를 실시하는 것이다.

15. ③

해설

구조활동 상황의 기록의 보고

구조대원은 근무중에 위험물·유독물 및 방사성물질에 노출되거나 감염성 질병에 걸린 구조대상자와 접촉한 경우에는 그 사실을 안 때부터 48시간 이내에 소방청장등에게 보고하여야 한다. 즉 소방청장, 소방본부장 또는 소방서장에게 보고하여야 한다.

16. ①

해설

헬기의 미부회전익 회전속도

헬기의 미부회전익(Tail rotor)은 1,500~1,800/rpm의 고속으로 회전하여 회전여부가 육안으로 관찰되지 않는 경우가 있다.

17. ①

해설

인체기본해부학의 기본 용어 : 트렌델렌버그 자세

사진은 트렌델렌버그 자세(Trendelenburg position)이다.

18. ②

해설

순환계 : 신경계

신경계는 자발적·비자발적 모든 행동을 조절하는 기능과 환경이나 감각에 반응하는 역할을 하고 있다. 신경계는 크게 중추신경계와 말초신경계로 나눌 수 있다.

19. ②

해설

환자 분류 : 응급처치 및 이송

대량환자 발생 시 응급처치 및 이송의 우선순위는 긴급환자-응급환자-비응급환자-지연환자의 순이다.

20. ①

해설

환자 이동 장비 : 가변형 들것

가변형 들것은 좁은 곳을 통과할 때 유용하며 천이나 유연물질로 만들어져 있다. 손잡이는 세 군데 혹은 네 군데에 있으며 보관할 때 쉽게 접히거나 말린다. 척추손상 의심 환자를 1인이 운반할 때에는 적절하지 않다.

21. ④

해설 **호흡유지 장비 : 충전식 흡인기의 사용법**

(1) 기계 전원을 켠다. (2) 흡인튜브를 흡인관에 끼운다. (3) 환자의 입가장자리에서 귓불까지의 길이를 측정하여 흡인튜브의 적절한 깊이를 결정한다.
(4) 흡인 전에 환자에게 산소를 공급한다.
(5) 수지교차법으로 입을 벌린 후 흡인튜브를 넣는다.
(6) 흡인관을 꺾어서 막고 흡인기를 측정한 깊이까지 입안으로 넣는다.
(7) 흡인관을 펴서 흡인한다(단, 흡인시간은 15초를 초과하지 않는다).
(8) 흡인 후에는 흡인튜브에 물을 통과시켜 세척하고 산소를 공급한다.

22. ①

해설 **환자평가 : 1차 평가(의식 평가)**

의식수준은 다음과 같은 4단계로 나눌 수 있다.
(1) A (Alert 명료) : 질문에 적절한 반응이나 대답을 할 수 있는 상태
(2) V (Verbal Stimuli 언어지시에 반응) : 질문에 적절한 반응이나 대답은 할 수 없으나 소리나 고함에 소리로 반응하는 상태(신음소리도 가능)
(3) P (Pain Stimuli 자극에 반응) : 언어지시에는 반응하지 않고 자극에는 반응하는 상태
(4) U (Unresponse 무반응) : 어떠한 자극에도 반응하지 않는 상태

23. ①

해설 **복 통 ; 연관 통증**

(1) 통증 유발부위가 아닌 다른 부위에서 느끼는 통증으로 예를 들어 방광에 문제가 있을 때 오른 어깨뼈에 통증이 나타나는 것을 말한다.
(2) 방광으로부터 나온 신경이 어깨부위 통증을 감지하는 신경과 같이 경로를 나눠 쓰는 척수로 돌아오기 때문이다.

24. ③

해설 **「119법 시행령」 제7조(국제구조대 · 국제구급대의 편성 및 운영)**

③ 국제구조대 · 국제구급대의 파견 규모 및 기간은 재난유형과 파견지역의 피해 등을 종합적으로 고려하여 외교부장관과 협의하여 소방청장이 정한다. 〈개정 2024. 4. 23.〉

25. ②

해설 **「법」 제82조(과태료) 제1항 〈개정 2014. 12. 30.〉**

① 다음 각 호의 어느 하나에 해당하는 사람에게는 200만원 이하의 과태료를 부과한다.
1. 제34조의6제1항 본문에 따른 위기상황 매뉴얼을 작성 · 관리하지 아니한 소유자 · 관리자 또는 점유자
1의2. 제34조의6제2항 본문에 따른 훈련을 실시하지 아니한 소유자 · 관리자 또는 점유자
1의3. 제34조의6제3항에 따른 개선명령을 이행하지 아니한 소유자 · 관리자 또는 점유자
2. 제40조제1항(제46조제1항에 따른 경우를 포함한다)에 따른 대피명령을 위반한 사람
3. 제41조제1항제2호(제46조제1항에 따른 경우를 포함한다)에 따른 위험구역에서의 퇴거명령 또는 대피명령을 위반한 사람

실 전 모 의 고 사

소방승진시험대비

2022년 기출문제

2022 행 정 법

1. 신뢰보호의 원칙에 관한 설명으로 옳지 않은 것은?(다툼이 있으면 판례에 따름)
   ① 행정청은 공익 또는 제3자의 이익을 현저히 해칠 우려가 있는 경우를 제외하고는 행정에 대한 국민의 정당하고 합리적인 신뢰를 보호하여야 한다.
   ② 행정청은 권한 행사의 기회가 있음에도 불구하고 장기간 권한을 행사하지 아니하여 국민이 그 권한이 행사되지 아니할 것으로 믿을 만한 정당한 사유가 있는 경우에는 공익 또는 제3자의 이익을 현저히 해칠 우려가 있는 경우를 예외로 하고 그 권한을 행사해서는 아니 된다.
   ③ 동일한 사유에 관하여 보다 무거운 면허취소처분을 하기 위하여 이미 행하여진 가벼운 면허정지처분을 취소하는 것은 신뢰보호 원칙에 반한다.
   ④ 신뢰보호의 원칙은 「행정기본법」이 제정되어 시행됨에 따라 비로소 인정된 것으로 볼 수 있다.

02. 행정규칙에 관한 설명으로 옳지 않은 것은?(다툼이 있으면 판례에 따름)
   ① 고시가 일반적·추상적 성질을 가질 때에는 법규명령에 해당하지만, 고시가 구체적인 규율의 성격을 가진다면 행정규칙에 해당한다.
   ② 고시 또는 공고의 법적 성질은 일률적으로 판단될 것이 아니라 고시에 담겨 있는 내용에 따라 구체적인 경우 마다 달리 결정되는 것이다.
   ③ 행정기관 내부의 업무처리지침이나 법령의 해석·적용 기준을 정한 행정규칙은 특별한 사정이 없는 한 대외적으로 국민이나 법원을 구속하는 효력이 없다.
   ④ 행정청이 면허발급 여부를 심사함에 있어서 이미 설정된 면허기준의 해석상 당해 신청이 면허발급의 우선순위에 해당함이 명백함에도 이를 제외시켜 면허거부처분을 하였다면 특별한 사정이 없는 한 그 거부처분은 재량권을 남용한 위법한 처분이 된다.

03. 행정행위의 부관에 관한 설명으로 옳지 않은 것은?(다툼이 있으면 판례에 따름)
   ① 임시이사를 선임하면서 그 임기를 '후임 정식이사가 선임될 때까지'로 기재한 것은 근거 법률의 해석상 당연히 도출되는 사항을 주의적·확인적으로 기재한 이른바 '법정부관'일 뿐, 행정청의 의사에 따라 붙이는 본래 의미의 행정처분 부관이라고 볼 수 없다.
   ② 행정행위의 효력 발생 또는 소멸을 장래의 불확실한 사실에 의존시키는 부관을 조건이라고 한다.
   ③ 행정행위의 효력 발생 또는 소멸을 장래의 확실한 사실에 의존시키는 부관을 기한이라고 한다.
   ④ 행정청이 종교단체에 대하여 기본재산전환인가를 함에 있어 인가조건을 부가하고 그 불이행 시 인가를 취소할 수 있도록 한 경우, 인가조건의 의미는 조건으로 볼 수 있다.

4. 행정행위의 하자에 관한 판례의 태도로 옳지 않은 것은?
   ① 예비타당성조사를 실시하지 아니한 하자는 그로써 곧바로 당해 처분인 하천공사시행계획의 하자가 인정 된다고 할 것이다.
   ② 과징금을 부과함에 있어 여러 개의 처분사유에 기하여 하나의 과징금 부과처분을 하였으나 그 처분사유들 중 일부에 위법이 있다고 하더라도 위법한 부분이 그 과징금 부과처분에 영향을 미치지 아니하였다면 그 부과처분을 위법하다고 볼 것은 아니다.
   ③ 양도인이 최초 영업허가를 받을 당시에 '영업장 면적'이 허가(신고) 대상이 아니었더라도 영업자 지위승계신고 수리 시점을 기준으로 당시의 식품위생법령에 따른 인적·물적 요건을 갖추어야 하므로 양수인에게 '영업장 면적' 변경신고의무가 있다.
   ④ 운전면허에 대한 정지처분 권한은 경찰청장으로부터 경찰서장에게 권한위임된 것이므로 단속 경찰관이 자신의 명의로 운전면허행정처분통지서를 작성·교부 하여 행한 운전면허정지처분은 권한 없는 자에 의하여 행하여진 점에서 무효의 처분에 해당한다.

05. 공법상 계약에 관한 설명으로 옳지 않은 것은?(다툼이 있으면 판례에 따름)
   ① 국가를 당사자로 하는 계약이나 「공공기관의 운영에 관한 법률」의 적용 대상인 공기업이 일방 당사자가 되는 계약은 사법상 계약으로서, 사적자치와 계약자유의 원칙을 비롯한 사법의 원리가 원칙적으로 적용된다.
   ② 지방자치단체의 관할구역 내에 있는 각급 학교에서 학교회계직원으로 근무하는 것을 내용으로 하는 근로계약은 공법상 계약이다.
   ③ 음식물류 폐기물의 수집·운반, 가로 청소, 재활용품의 수집·운반 업무를 대행할 것을 위탁하고 그에 대한 대행료를 지급하는 것을 내용으로 하는 용역도급계약은 사법상 계약이다.
   ④ 법률우위의 원칙은 공법상 계약에도 적용되므로 공법상계약의 내용은 법률에 위반하지 않아야 한다.

06. 행정상 손해배상에 관한 설명으로 옳지 않은 것은?(다툼이 있으면 판례에 따름)
   ① 대한변호사협회장은 '변호사등록에 관한 사무'를 수행하는 경우라고 할지라도 「국가배상법」 제2조에서 정한 공무원에 해당하지 않는다.
   ② 「국가배상법」 제2조가 적용되는 직무행위에는 권력작용과 비권력적 공행정작용을 포함하는 모든 공행정 작용 및 입법작용과 사법작용을 포함한다.
   ③ 인사업무담당 공무원이 다른 공무원의 공무원증을 위조한 행위는 외관상으로 「국가배상법」 제2조 제1항의 직무집행과 관련이 있다.
   ④ 행정청이 그 권한을 행사하지 아니한 것이 현저하게 합리성을 잃어 사회적 타당성이 없는 경우에는 직무상 의무를 위반한 것이 되어 위법하다.

07. 「행정심판법」의 규정에 관한 내용으로 옳지 않은 것은?
   ① 행정심판이 청구된 후에 피청구인이 새로운 처분을 하거나 심판청구의 대상인 처분을 변경한 경우에는 청구인은 새로운 처분이나 변경된 처분에 맞추어 청구의취지나 이유를 변경할 수 있다.

② 행정심판위원회는 처분, 처분의 집행 또는 절차의 속행 때문에 중대한 손해가 생기는 것을 예방할 필요성이 긴급하다고 인정할 때에는 직권으로 또는 당사자의 신청에 의하여 처분의 효력, 처분의 집행 또는 절차의 속행의 전부 또는 일부의 정지를 결정할 수 있다.
③ 행정심판위원회는 처분 또는 부작위가 위법·부당하다고 상당히 의심되는 경우로서 처분 또는 부작위 때문에 당사자가 받을 우려가 있는 중대한 불이익이나 당사자 에게 생길 급박한 위험을 막기 위하여 임시지위를 정하여야 할 필요가 있는 경우에는 당사자의 신청이 있는 경우에 한하여 임시처분을 결정할 수 있다.
④ 청구인이 경제적 능력으로 인해 대리인을 선임할 수 없는 경우에는 행정심판위원회에 국선대리인을 선임하여 줄 것을 신청할 수 있다.

08. 취소소송의 원고적격 및 협의의 소의 이익에 관한 설명으로 옳지 않은 것은?(다툼이 있으면 판례에 따름)
① 甲이 현역병 입영대상으로 병역처분을 받고 그 취소소송 중 모병에 응하여 현역병으로 자진입대한 경우, 甲은 현역병 입영처분의 취소를 구할 소의 이익은 없다.
② 운전기사 乙의 합승행위를 이유로 乙이 소속된 운수회사에 대하여 과징금부과처분이 있은 경우, 乙은 그 과징금부과처분의 취소를 구할 이익이 없다.
③ 행정청이 공무원 丙에 대하여 새로운 직위해제사유에 기한 직위해제처분을 한 경우에도 그 이전 직위해제 처분은 여전히 존재하므로 丙은 이전 직위해제처분의 취소를 구할 소의 이익이 있다.
④ 丁은 고등학교에서 퇴학처분을 당한 후 고등학교졸업 학력검정고시에 합격한 경우, 丁은 퇴학처분의 취소를 구할 소의 이익이 있다.

09. 「행정기본법」의 내용과 다른 것은?
① 법령등을 공포한 날부터 일정 기간이 경과한 날부터 시행하는 경우 법령등을 공포한 날을 첫날에 산입하지 아니한다.
② 행정청은 재량행위라 하더라도 법률로 정하는 바에 따라 완전히 자동화된 시스템으로 처분을 할 수 있다.
③ 제재처분의 근거가 되는 법률에는 제재처분의 주체, 사유, 유형 및 상한을 명확하게 규정하여야 한다.
④ 행정청은 처분에 재량이 없는 경우 법률에 근거가 있으면 부관을 붙일 수 있다.

10. 행정대집행에 관한 설명으로 옳지 않은 것은?(다툼이 있으면 판례에 따름)
① 대집행계고처분 취소소송의 변론종결 전에 대집행영장에 의한 통지절차를 거쳐 사실행위로서 대집행의 실행이 완료된 경우에는 행위가 위법한 것이라는 이유로 손해배상이나 원상회복 등을 청구하는 것은 별론으로 하고 처분의 취소를 구할 법률상 이익은 없다.
② 한국토지주택공사가 법령에 의하여 대집행권한을 위탁 받아 공무인 대집행을 실시하기 위하여 지출한 비용은 「행정대집행법」 절차에 따라 「국세징수법」의 예에 의하여 징수할 수 있다.
③ 현행 「건축법」상 위법건축물에 대한 이행강제수단으로 대집행과 이행강제금이 인정되고 있는데, 행정청은 개별 사건에 있어서 위반 내용, 위반자의 시정의지 등을 감안하여 대집행과 이행강제금을 선택적으로 활용할 수 있다.
④ 하천유수인용 허가신청이 불허되었음을 이유로 하천 유수인용행위를 중단할 것과 이를 불이행할 경우 「행정 대집행법」에 의하여 대집행하겠다는 내용의 계고처분은 적법하다.

11. 「공공기관의 정보공개에 관한 법률」에 관한 설명으로 옳지 않은 것은?(다툼이 있으면 판례에 따름)
① 형사재판확정기록에 관해서는 「형사소송법」 제59조의 2에 따른 열람·등사 신청이 허용되고 그 거부나 제한 등에 대한 불복은 준항고에 의하며, 형사재판확정기록이 아닌 불기소처분으로 종결된 기록에 관해서는 정보 공개법에 따른 정보공개청구가 허용되고 그 거부나 제한 등에 대한 불복은 항고소송절차에 의한다.
② 국민의 정보공개청구권은 법률상 보호되는 구체적인 권리이므로, 공공기관에 대하여 정보의 공개를 청구하였다가 공개거부처분을 받은 청구인은 행정소송을 통하여 그 공개거부처분의 취소를 구할 법률상의 이익이 있다.
③ 정보공개를 청구하는 자가 공공기관에 대해 정보의 사본 또는 출력물 교부의 방법으로 공개방법을 선택하여 정보공개청구를 한 경우, 공개청구를 받은 공공기관은 그 공개 방법을 선택할 재량권이 존재한다고 해석함이 상당하다.
④ 청구인은 법원행정처장의 정보비공개결정에 대하여 행정법원에 소를 제기하지 않고 바로 헌법소원심판을 청구하였으므로, 법원행정처장의 정보비공개결정에 대한 헌법소원 심판청구는 보충성원칙을 흠결하여 부적법하다.

12. 다음 설명 중 옳지 않은 것은?(다툼이 있으면 판례에 따름)
① 「감염병의 예방 및 관리에 관한 법률」 제71조에 의한 예방접종 피해에 대한 국가의 보상책임은 무과실책임 이지만 질병, 장애 또는 사망이 예방접종으로 발생 하였다는 점이 인정되어야 한다.
② 예방접종과 장애 등 사이의 인과관계는 반드시 의학적·자연과학적으로 명백히 증명되어야 하는 것은 아니고, 간접적 사실관계 등 제반 사정을 고려할 때 인과관계가 있다고 추단되는 경우에는 증명이 있다고 보아야 한다.
③ 수익적 행정행위 신청에 대한 거부처분은 당사자의 신청에 대하여 관할 행정청이 거절하는 의사를 대외적으로 명백히 표시함으로써 성립되고, 거부처분이 있은 후 당사자가 다시 신청을 한 경우에는 신청의 제목 여하에 불구하고 그 내용이 새로운 신청을 하는 취지라면 관할 행정청이 이를 다시 거절하는 것은 새로운 거부처분으로 봄이 원칙이다.
④ 주한 미군에 근무하면서 특수업무를 수행하는 한국인 군무원에 대한 주한 미군 측의 고용해제 통보 후 국방부 장관이 행한 직권면직의 인사 발령은 항고소송의 대상이 되는 행정처분이다.

13. 「행정소송법」 제12조의 '법률상 이익'에 관한 설명으로 옳지 않은 것은?(다툼이 있으면 판례에 따름)
① 아파트관리사무소 소장으로 근무하면서 관리사무소를 위하여 종합소득세의 신고、납부, 경정청구 등의 업무를 처리하였다는 사실만으로도, 위 소장에게 경정청구를 거부한 과세관청의 처분에 대해 취소를 구할 법률상의 이익이 있다고 보아야 한다.
② 지방법무사회의 사무원 채용승인 거부처분 또는 채용승인 취소처분에 대해서는 처분 상대방인 법무사뿐만 아니라 그 때문에 사무원이 될 수 없게 된 사람도 이를 다툴 원고적격이 인정되어야 한다.
③ 「신문 등의 진흥에 관한 법률」상 신문의 등록은 단순히 명칭 등을 공적 장부에 등재하여 일반에 공시(公示)하는 것에 그치는 것이 아니라 신문사업자에게 등록한 특정 명칭으로 신문을 발행할 수 있도록 하는 것이고, 이처럼 신문법상 등록에 따라 인정되는 신문사업자의 지위는 사법상 권리인 '특정 명칭의 사용권' 자체와는 구별된다.
④ 경업자에 대한 행정처분이 경업자에게 불리한 내용이라면 그와 경쟁관계에 있는 기존의 업자에게는 특별한 사정이 없는 한 유리할 것이므로 기존의 업자가 그 행정처분의 무효확인 또는 취소를 구할 이익은 없다고 보아야 한다.

14. 법규명령에 관한 판례의 입장과 다른 것은?

① 법률 시행령의 내용이 모법의 입법 취지와 관련 조항 전체를 유기적·체계적으로 살펴보아 모법의 해석상 가능한 것을 명시한 것에 지나지 아니하거나 모법 조항의 취지에 근거하여 이를 구체화하기 위한 것인 때에는 모법의 규율 범위를 벗어난 것으로 볼 수 없으므로, 모법에 이에 관하여 직접 위임하는 규정을 두지 않았다고 하더라도 이를 무효라고 볼 수 없다.

② 법률의 위임에 의하여 효력을 갖는 법규명령의 경우, 구법에 위임의 근거가 없어 무효였더라도 사후에 법 개정으로 위임의 근거가 부여되면 그때부터는 유효한 법규명령이 된다.

③ 헌법 제75조에서 말하는 위임의 구체성·명확성의 요구 정도는 각종 법률이 규제하고자 하는 대상의 종류와 성질에 따라 달라지는데, 특히 규율대상이 지극히 다양하거나 수시로 변화하는 성질의 것일 때에는 위임의 구체성·명확성의 요건이 완화된다.

④ 법률이 공법적 단체 등의 정관에 자치법적 사항을 위임한 경우에도 헌법 제75조가 정하는 포괄적인 위임 입법의 금지는 원칙적으로 적용된다고 보아야 한다.

15. 행정계획에 관한 설명으로 옳지 않은 것은?(다툼이 있으면 판례에 따름)

① 행정계획은 특정한 행정목표를 달성하기 위하여 행정에 관한 전문적ㆍ기술적 판단을 기초로 관련되는 행정수단을 종합ㆍ조정함으로써 장래의 일정한 시점에 일정한 질서를 실현하기 위하여 설정한 활동기준이나 그 설정 행위를 말한다.

② 산업단지에서 제조업을 하려는 자가 입주계약 체결에 따라 공장설립 승인을 받은 것으로 의제되는 경우에는 공장건물을 건축하려면 「건축법」상 건축허가와 「국토의 계획 및 이용에 관한 법률」상 개발행위허가를 받은 것으로 본다.

③ '환경오염 발생 우려' 와 같이 장래에 발생할 불확실한 상황과 파급효과에 대한 예측이 필요한 요건에 관한 행정청의 재량적 판단은 그 내용이 현저히 합리성을 결여하였다거나 상반되는 이익이나 가치를 대비해 볼 때 형평이나 비례의 원칙에 뚜렷하게 배치되는 등의 사정이 없는 한 폭넓게 존중하여야 한다.

④ 「국토의 계획 및 이용에 관한 법률」상 개발행위허가는 허가기준 및 금지요건이 불확정 개념으로 규정된 부분이 많아 그 요건에 해당하는지 여부는 행정청의 재량판단의 영역에 속한다.

16. 행정행위의 효력에 관한 설명으로 옳지 않은 것은?(다툼이 있으면 판례에 따름)

① 소방공무원이 소방시설 등의 설치 또는 유지·관리에 대한 명령을 구술로 고지하여 「행정절차법」을 위반한 경우 위 명령을 위반한 자에게 명령 위반을 이유로 행정형벌을 부과할 수 있다.

② 민사소송에 있어서 어느 행정처분의 당연무효 여부가 선결문제로 되는 때에는 이를 판단하여 당연무효임을 전제로 판결할 수 있고 반드시 행정소송 등의 절차에 의하여 그 취소나 무효확인을 받아야 하는 것은 아니다.

③ 행정처분이 아무리 위법하다고 하여도 그 하자가 중대하고 명백하여 당연무효라고 보아야 할 사유가 있는 경우를 제외하고는 아무도 그 하자를 이유로 무단히 그 효과를 부정하지 못한다.

④ 조세의 과오납이 부당이득이 되기 위하여는 납세 또는 조세의 징수가 실체법적으로나 절차법적으로 전혀 법률상의 근거가 없거나 과세처분의 하자가 중대하고 명백하여 당연무효이어야 하고, 과세처분의 하자가 단지 취소할 수 있는 정도에 불과할 때에는 과세관청이 이를 스스로 취소하거나 항고소송절차에 의하여 취소되지 않는 한 그로 인한 조세의 납부가 부당이득이 된다고 할 수 없다.

17. 이행강제금과 과징금에 관한 설명으로 옳지 않은 것은?(다툼이 있으면 판례에 따름)

① 「건축법」상 이행강제금은 시정명령의 불이행이라는 과거의 위반행위에 대한 제재가 아니라, 시정명령을 이행하지 않고 있는 건축주 등에 대하여 다시 상당한 이행기한을 부여하고 기한 안에 시정명령을 이행하지 않으면 이행강제금이 부과된다는 사실을 고지함으로써 의무자에게 심리적 압박을 주어 시정명령에 따른 의무의 이행을 간접적으로 강제하는 행정상의 간접강제 수단에 해당한다.

② 이행강제금의 본질상 시정명령을 받은 의무자가 이행강제금이 부과되기 전에 그 의무를 이행한 경우에는 비록 시정명령에서 정한 기간을 지나서 이행한 경우라도 이행강제금을 부과할 수 없다.

③ 「국세징수법」 제23조의 각 규정에 의하면, 이행강제금 부과처분을 받은 자가 이행강제금을 기한 내에 납부하지 아니한 때에는 그 납부를 독촉할 수 있으며, 납부 독촉에도 불구하고 이행강제금을 납부하지 않으면 체납절차에 따라 이행강제금을 징수할 수 있고, 이때 이행강제금 납부의 최초 독촉은 항고소송의 대상이 되는 행정처분이라 할 수 없다.

④ 과징금부과처분은 행정법규 위반이라는 객관적 사실에 착안하여 가하는 제재이므로 반드시 현실적인 행위자가 아니라도 법령상 책임자로 규정된 자에게 부과되고 원칙적으로 위반자의 고의·과실을 요하지 아니하나, 위반자의 의무 해태를 탓할 수 없는 정당한 사유가 있는 등의 특별한 사정이 있는 경우에는 이를 부과할 수 없다.

18. 사인의 공법행위로서의 신고에 관한 설명으로 옳지 않은 것은?(다툼이 있으면 판례에 따름)

① 인·허가의제 효과를 수반하는 건축신고는 특별한 사정이 없는 한 수리를 요하지 않는 신고이다.

② 현행법상 수리를 요하는 신고는 「행정기본법」에, 수리를 요하지 않는 신고는 「행정절차법」에 이원화되어 규정되어 있다.

③ 수리를 요하지 않는 신고는 적법한 신고가 접수기관에 도달한 때에 신고의 법적 효과가 발생한다.

④ 노동조합의 설립신고가 행정관청에 의하여 형식상 수리 되었더라도 법에서 정한 실질적 요건을 갖추지 못한 경우 그 설립은 무효이다.

19. 행정법관계에 관한 설명으로 옳은 것만을 있는 대로 고른 것은?(다툼이 있으면 판례에 따름)

ㄱ. 군인연금법령상 급여를 받으려고 하는 사람이 국방부장관 등에게 급여지급을 청구하였으나 이를 거부한 경우, 곧바로 국가를 상대로한 당사자 소송으로 급여의 지급을 청구할 수 있다.
ㄴ. 「공익사업을 위한 토지 등의 취득 및 보상에 관한 법률」상 환매권의 존부에 관한 확인을 구하는 소송 및 환매금액의 증감을 구하는 소송은 민사소송이다.
ㄷ. 「도시 및 주거환경정비법」상 주택재건축정비사업 조합을 상대로 관리처분계획안에 대한 조합 총회 결의의 효력에 대하여는 민사소송으로 다투어야 한다.
ㄹ. 지방소방공무원이 소속 지방자치단체를 상대로 초과 근무수당의 지급을 구하는 소송을 제기하는 경우 당사자소송의 절차에 따라야 한다.

① ㄱ, ㄴ
② ㄴ, ㄹ
③ ㄷ, ㄹ
④ ㄱ, ㄷ, ㄹ

20. 강학상 인가의 성질을 지닌 것만을 있는 대로 고른 것은?(다툼이 있으면 판례에 따름)

ㄱ.「도시 및 주거환경정비법」상 재건축조합설립인가 ㄴ.「민법」상 재단법인의 정관변경허가 ㄷ.「여객자동차 운수사업법」상 개인택시운송사업면허 ㄹ.「국토의 계획 및 이용에 관한 법률」상 토지거래허가 구역 내의 토지거래허가

① ㄱ ② ㄴ, ㄹ
③ ㄷ, ㄹ ④ ㄱ, ㄴ, ㄹ

21.「행정절차법」에 관한 설명으로 옳은 것은?(다툼이 있으면 판례에 따름)

① 「행정절차법」은 행정예고와 공법상 계약에 관한 규정을 두고 있다.
② 확약은 구두가 아닌 문서로 이루어져야 한다.
③ 행정청에 처분을 신청할 때 전자문서로 하는 경우에는 당사자의 컴퓨터에서 신청서를 발송한 때 신청한 것으로 본다.
④ 행정청이 자격의 박탈을 내용으로 하는 처분을 하는 경우에도, 다른 법령 등에서 청문을 하도록 규정하고 있지 않다면 청문을 위해서는 당사자 등이 청문신청을 하여야 한다.

22.「개인정보 보호법」에 관한 설명으로 옳지 않은 것은?(다툼이 있으면 판례에 따름)

① 「개인정보 보호법」에는 집단분쟁조정제도에 대한 규정을 두고 있다.
② 정보주체는 개인정보처리자가 「개인정보 보호법」을 위반한 행위로 손해를 입으면 개인정보처리자에게 손해배상을 청구할 수 있으며, 이 경우 그 개인정보처리자는 고의 또는 과실이 없음을 입증할 책임을 부담한다.
③ 교도소에 수용 중이던 재소자가 담당 교도관들을 상대로 가혹행위를 이유로 형사고소 및 민사소송을 제기하면서 그 증명자료 확보를 위해 정보공개를 요청한 '근무 보고서'는 비공개대상정보에 해당한다.
④ 영상정보처리기기운영자는 영상정보처리기기의 설치 목적과 다른 목적으로 영상정보처리기기를 임의로 조작 하거나 다른 곳을 비춰서는 아니 되며, 녹음기능은 사용할 수 없다.

23. 통고처분에 관한 설명으로 옳지 않은 것은?(다툼이 있으면 판례에 따름)

① 조세범, 출입국사범, 교통사범 등의 경우에 인정된다.
② 통고처분을 받은 자가 통고처분의 내용을 이행하지 않으면 권한 행정청은 일정기간 내에 고발할 수 있고, 그에 따라 형사소송절차로 이행되게 된다.
③ 통고처분을 받은 자가 금액을 법정기간 내에 납부하면 과벌절차가 종료되고, 일사부재리의 원칙에 따라 형사소추를 할 수 없다.
④ 통고처분은 「행정소송법」상 처분에 해당하며, 항고소송의 대상이 된다.

24. 국가배상에 관한 설명으로 옳지 않은 것은?(다툼이 있으면 판례에 따름)

① 「국가배상법」 제2조의 공무원의 직무행위는 객관적으로 직무행위로서의 외형을 갖추고 있으면 되고 주관적으로 공무집행의 의사는 없어도 된다.
② 공무원이 고의 또는 중과실로 불법행위를 하여 손해를 입힌 경우 피해자는 공무원 개인에 대해 손해배상을 청구할 수 있다.
③ 어떠한 행정처분이 항고소송에서 취소되었다면 그 기판력으로 인해 곧바로 국가배상책임이 인정될 수 있다.
④ 국가나 지방자치단체가 공익사업을 시행하는 과정에서 주민들이 일시적으로 행정절차에 참여할 권리를 침해 받았다는 사정만으로 곧바로 국가나 지방자치단체가 주민들에게 정신적 손해에 대한 배상의무를 부담한다고 단정할 수 없다.

25. 판례에서 항고소송의 대상으로 인정된 것만을 있는 대로 고른 것은?

ㄱ.운전면허 행정처분처리대장상의 벌점의 배점 ㄴ.병역기피자의 인적 사항 등의 공개 결정 ㄷ.국가인권위원회의 성희롱결정 및 시정조치권고 ㄹ.「국가공무원법」상 결격사유에 근거한 당연퇴직의 인사발령통보

① ㄱ ② ㄴ, ㄷ
③ ㄷ, ㄹ ④ ㄱ, ㄴ, ㄷ, ㄹ

정 답

번호	01	02	03	04	05
정답	④	①	④	①	②
번호	06	07	08	09	10
정답	①	③	③	②	④
번호	11	12	13	14	15
정답	③	④	①	④	②
번호	16	17	18	19	20
정답	①	③	①	②	②
번호	21	22	23	24	25
정답	②	③	④	③	②

2022 소방법령 Ⅵ

01. 「소방공무원 승진임용 규정」 및 같은 법 시행규칙상 소방공무원의 승진임용에 관한 내용으로 옳지 않은 것은?
① 소방경으로 승진하기 위해서는 원칙적으로 소방위에서 1년 이상 재직하여야 한다.
② 시험승진 승진소요최저근무연수의 계산 기준일은 제1차 시험일의 전일이다.
③ 심사승진 승진소요최저근무연수의 계산 기준일은 승진심사 실시일의 전일이다.
④ 강등되거나 강임되었던 사람이 원(原) 계급으로 승진된 경우에는 강등되거나 강임되기 전의 계급에서 재직한기간은 원 계급에서 재직한 연수에 포함하지 아니한다.

02. 「소방공무원 복무규정」상 소방공무원의 복무규정에 관한 내용으로 옳지 않은 것은?
① 소방기관의 장은 소방공무원이 승진시험에 응시할 때에 직접 필요한 기간을 공가로 승인하여야 한다.
② 소방공무원의 복무에 관하여 「소방공무원 복무규정」에서 규정한 사항 외에는 「국가공무원 복무규정」을 준용한다.
③ 소방기관의 장은 다른 소방공무원의 모범이 될 공적이 있는 소방공무원에게 15일 이내의 포상휴가를 1회 줄 수 있다.
④ 소방공무원은 휴무일이나 근무시간 외에 공무가 아닌 사유로 3시간 이내에 직무에 복귀하기 어려운 지역으로 여행하려는 경우 원칙적으로 소속 소방기관의 장에게 신고하여야 한다.

03. 「소방공무원기장령」상 소방공무원 기장에 관한 내용으로 옳지 않은 것은?
① 소방지휘관장, 소방근속기장은 특별한 사정이 없는 한 매년 11월 1일에 수여한다.
② 소방기장의 수여대상자가 사망한 경우에는 그 유족 또는 대리인이 본인을 위하여 이를 받을 수 있다.
③ 소방기장은 이를 받은 자가 소방공무원으로 재직 중에 한하여 패용할 수 있으며, 퇴직한 경우에는 이를 반환하여야 한다.
④ 소방청장이 소방기장의 수여대상자를 선정할 때에는 소방청 소속기관의 장, 특별시장·광역시장·도지사 및 시장·군수·구청장으로부터 추천을 받을 수 있다

04. 「소방공무원 승진임용 규정」 및 같은 법 시행규칙상 승진대상자명부 작성에 관한 내용으로 옳지 않은 것은?
① 승진대상자명부는 「소방공무원 승진임용 규정」에 의한 작성기준일부터 30일 이내에 작성하여야 한다.
② 소방경인 소방공무원의 근무성적평정점은 명부작성기준일부터 최근 2년 이내에 해당 계급에서 4회 평정한 평정점의 평균으로 산정한다.
③ 승진대상자명부에 등재된 자가 승진후보자로 확정된 경우에는 그 사유가 발생한 날에 승진대상자명부에서 삭제한다.
④ 소방위인 소방공무원의 교육훈련성적평정점 중 직장훈련성적은 명부작성 기준일부터

05. 대우공무원에 대한 설명으로 옳지 않은 것은?
① 대우공무원이 징계를 받거나 휴직하더라도 「공무원수당 등에 관한 규정」에서 정하는 바에 따라 감액하여 대우공무원수당을 계속 지급한다.
② 대우공무원이 강임되는 경우 강임되는 일자에 상위계급의 대우자격이 상실되므로 강임일자에 강임된 계급의 바로 상위계급의 대우공무원으로 선발되지는 못한다.
③ 소방위인 소방공무원으로서 대우공무원으로 선발되기 위해서는 「소방공무원 승진임용 규정」 제5조제1항에 따른 승진소요최저근무연수를 경과해야 하며, 소방위계급으로 5년 이상 근무해야 한다.
④ 임용권자나 임용제청권자는 매월 말 5일 전까지 대우공무원 발령일을 기준으로 하여 대우공무원 선발요건에 적합한 대상자를 결정하여야 하고, 그 다음 월 1일에 일괄하여 대우공무원에 발령하여야 한다.

06. 「소방공무원임용령」 상 소방청장이 「소방공무원법」 제6조제4항에 따라 시 · 도지사에게 위임하는 권한이 아닌 것은?
① 소방정인 지방소방학교장에 대한 휴직에 관한 권한
② 소방정인 지방소방학교장에 대한 직위해제에 관한 권한
③ 시·도 소속 소방경 이하의 소방공무원에 대한 임용권
④ 시·도 소속 소방준감인 소방본부장에 대한 전보에 관한 권한

07. 「소방공무원임용령」상 소방공무원의 임용시기에 관한 내용으로 옳지 않은 것은?
① 사망으로 인한 면직은 사망한 날에 면직된 것으로 본다.
② 소방공무원으로서 순직한 사람을 특별승진임용하는 경우 그 사람이 퇴직 후 사망하였다면 퇴직일의 전날을 임용일자로 한다.
③ 소방공무원으로서 순직한 사람을 특별승진임용하는 경우그 사람이 재직 중 사망하였다면 사망일의 전날을 임용일자로 한다.
④ 시보임용예정자가 「소방공무원임용령」에 따른 소방공무원의 직무수행과 관련한 실무수습 중 사망한 경우에는 사망일의 전날을 임용일자로 한다.

08. 「소방공무원법」 및 「소방공무원 징계령」상 소방공무원의 징계에 관한 내용으로 옳은 것은?
① 징계처분에 대한 행정소송의 피고는 원칙적으로 소방청장이다.
② 소방공무원에 대한 징계의 정도에 관한 기준은 대통령령으로 정한다.
③ 징계 의결 요구를 받은 징계위원회는 그 요구서를 받은 날부터 20일 이내에 징계 의결을 해야 한다.
④ 징계사유가 「양성평등기본법」에 따른 성희롱에 해당하는 징계사건이 속한 징계위원회의 회의를 구성하는 경우에는 피해자와 같은 성별의 위원이 위원장을 제외한 위원 수의 2분의 1 이상 포함되어야 한다.

09. 「소방공무원임용령」상 필수보직기간 및 전보의 제한에 관한 내용으로 옳지 않은 것은?
① 소방공무원의 필수보직기간은 원칙적으로 1년으로 한다.
② 중앙소방학교 및 지방소방학교 교수요원의 필수보직기간은 원칙적으로 2년으로 한다.
③ 임용권자는 승진시험 요구중에 있는 소속 소방공무원을 승진 대상자명부작성단위를 달리하는 기관에 전보할 수 있다.
④ 임용예정직위에 관련된 2월 이상의 특수훈련경력이 있는 자는 1년 이내에 당해 직위에 보직할 수 있다.

10. 「소방공무원 승진임용 규정」상 소방공무원 승진심사위원회의 관할에 관한 내용으로 옳지 않은 것은?

① 중앙소방학교 보통승진심사위원회에서는 소속 소방공무원의 소방경 이하 계급으로의 승진심사를 실시한다.
② 시·도지사가 임용권을 행사하는 시·도 소속 소방경 이하 소방공무원의 승진심사는 시·도의 보통승진심사위원회의 관할이다.
③ 국립소방연구원, 중앙119구조본부의 보통승진심사위원회에서는 소속 소방공무원의 소방령 이하 계급으로의 승진심사를 실시한다.
④ 소방청에 설치된 중앙승진심사위원회에서는 소방청과 그 소속기관 소방공무원 및 소방정인 지방소방학교장의 소방준감으로의 승진심사를 실시한다.

11. 「위험물안전관리법」이 정하는 사항에 관한 내용으로 옳지 않은 것은?
① 항공기로 위험물을 운반하는 경우에는 위험물안전관리법이 적용되지 않는다.
② 지정수량이란 제조소등의 설치허가 등에서 최저기준이 되는 수량을 말한다.
③ 「위험물안전관리법」에는 위험물의 저장ㆍ취급 및 운반과 이에 따른 안전관리에 관한 사항을 규정함으로써 위험물로 인한 위해를 방지하여 공공의 안전을 확보함을 목적으로 한다고 명시되어 있다.
④ 옥내저장소의 위치ㆍ구조 또는 설비의 변경 없이 해당 옥내저장소에 저장하는 위험물의 수량을 변경하고자 하는 날의 1일 전까지 소방서장에게 신고하여야 한다.

12. 「위험물안전관리법령」상 지정수량에 관한 설명으로 옳지 않은 것은?
① 대통령령으로 정하는 수량이다.
② 위험물의 품명별로 위험성을 고려하여 정하고 있다.
③ 제조소등의 설치허가 등에 있어서 최저의 기준이 되는 수량이다.
④ 지정수량의 단위는 액체는 리터(ℓ), 고체는 킬로그램(kg)이다.

13. 위험물안전관리법령상 제조소 등의 변경허가를 받아야 하는 경우로 옳은 것은?
① 간이탱크저장소 건축물의 벽ㆍ기둥ㆍ바닥ㆍ보 또는 지붕을 증설하는 경우
② 옥외저장소의 위치를 이전하는 경우
③ 옥외탱크저장소 방유제의 높이, 방유제 내의 면적, 방유제의 매설 깊이 등을 변경하는 경우
④ 암반탱크저장소의 내용적을 변경하고 외벽을 정비하는 경우

14. 「위험물안전관리법령」상 제조소등의 완공검사 신청 등에 관한 내용으로 옳지 않은 것은?
① 제조소등에 대한 완공검사를 받고자 하는 자는 시ㆍ도지사에게 신청하여야 한다.
② 지정수량의 2천배 이상의 위험물을 취급하는 제조소등의 설치에 따른 완공검사는 한국소방산업기술원에 위탁한다.
③ 저장용량이 50만 리터 이상인 옥외탱크저장소의 설치 또는 변경에 따른 완공검사는 한국소방산업기술원에 위탁한다.
④ 한국소방산업기술원은 완공검사를 실시한 경우에는 완공검사결과서를 소방서장에게 송부하고, 완공검사업무대장을 작성하여 10년간 보관하여야 한다.

15. 위험물안전관리법령상 제조소등의 화재예방과 화재 등 재해발생 시의 비상조치를 위하여 이송취급소의 관계인이 정하는 예방규정에 관한 내용으로 옳지 않은 것은?
① 「산업안전보건법」 제25조에 따른 안전관리보건규정과 통합하여 예방규정을 작성할 수 있다.
② 이송취급소의 관계인과 종업원은 예방규정을 충분히 잘 익히고 준수하여야 한다.
③ 이송취급소의 관계인은 예방규정을 제정하거나 변경한 경우에는 제정 또는 변경한 예방규정 1부를 예방규정 제출서에 첨부하여 소방본부장 또는 소방서장에게 제출하여야 한다.
④ 이송취급소의 예방규정에는 배관공사 현장책임자의 조건 등 배관공사 현장책임자의 감독체계에 관한 사항과 배관 주위에 있는 이송취급소 시설 외의 공사를 하는 경우 배관의 안전확보에 관한 사항이 포함되어야 한다.

16. 「위험물안전관리법령」상 제조소등의 예방규정에 관한 내용으로 옳은 것은?(22위)
① 제조소등의 관계인 또는 그 종업원이 예방규정을 준수하지 않았을 때에는 과태료가 부과된다.
② 암반탱저장소는 그 저장량이 지정수량의 200배 이상인 경우에 한해 예방규정을 제출해야 하는 대상에 해당된다.
③ 「위험물안전관리법」은 소방청장이 제조소등의 관계인의 예방규정 이행실태를 정기적으로 평가할 수 있음을 명시하고 있다.
④ 제4류 위험물(특수인화물을 제외한다)만을 지정수량의 50배 이하로 취급하는 일반취급소(제1석유류ㆍ알코올류의 취급량이 지정수량의 10배 이하인 경우에 한한다)로서 위험물을 용기에 옮겨 담거나 차량에 고정된 탱크에 주입하는 일반취급소는 예방규정의 작성 및 제출대상에 해당하지 않는다.

17. 다음은 「위험물안전관리법 시행규칙」상 특정ㆍ준특정 옥외탱크저장소의 관계인이 소방본부장 또는 소방서장으로부터 받아야 하는 정밀정기검사 및 중간정기검사 시기이다. ( ) 안에 들어갈 수치로 옳은 것은?

> 1. 정밀정기검사 : 다음 각 목의 어느 하나에 해당하는 기간 내에 1회
> 가. 특정ㆍ준특정옥외탱크저장소의 설치허가에 따른 완공검사합격확인증을 발급받은 날부터 (㉠)년
> 나. 최근의 정밀정기검사를 받은 날부터 (㉡)년
> 2. 중간정기검사:다음 각 목의 어느 하나에 해당하는 기간내에 1회
> 가. 특정ㆍ준특정옥외탱크저장소의 설치허가에 따른 완공검사합격확인증을 발급받은 날부터 (㉢)년
> 나. 최근의 정밀정기검사 또는 중간정기검사를 받은 날부터 (㉣)년

	㉠	㉡	㉢	㉣
①	13	11	6	4
②	13	10	5	5
③	12	10	6	5
④	12	11	4	4

18. 「위험물안전관리법령」상 자체소방대에 관한 내용으로 옳은 것은?
① 보일러로 제4류 위험물을 소비하는 일반취급소가 있는 사업소의 관계인은 해당사업소의 관계인은 해당 사업소에 자체소방대를 설치해야 한다.
② 제4류 위험물의 최대수량이 지정수량의 50만배 이상인 옥외탱크저장소가 설치된 동일한 사업소의 관계인은 자체소방대를 설치해야 하고, 해당 자체소방대에는 화학소방차 2대, 자체소방대원 10인을 두어야 한다.

③ 제조소에서 취급하는 제4류 위험물의 최대수량의 합이 지정수량의 30만배인 경우 해당 사업소의 관계인은 자체소방대에 화학소방자동차 4대, 자체소방대원 20인을 두어야 한다.
④ 화학소방자동차 중 포수용액 방사차에는 100만 리터 이상의 포수용액을 방사할 수 있는 양의 소화약제를 비치해야 한다.

19. 「위험물안전관리법령」 상 감독 및 조치명령에 관한 내용으로 옳지 않은 것은?
① 시ㆍ도지사, 소방본부장 또는 소방서장은 제조소등의 관계인이 당해 제조소등에서 위험물의 유출 그 밖의 사고가 발생한 때에는 즉시 그리고 지속적으로 위험물의 유출 및 확산의 방지, 유출된 위험물의 제거 그 밖에 재해의 발생방지를 위한 응급조치를 강구하지 아니하였다고 인정하는 때에는 응급조치를 강구하도록 명할 수 있다.
② 시ㆍ도지사, 소방본부장 또는 소방서장은 탱크시험자에 대하여 당해 업무를 적정하게 실시하게 하기 위하여 필요하다고 인정하는 때에는 감독상 필요한 명령을 할 수 있다.
③ 시ㆍ도지사, 소방본부장 또는 소방서장은 위험물에 의한 재해를 방지하기 위하여 제6조제1항의 규정에 따른 허가를 받지 아니하고 지정수량 이상의 위험물을 저장 또는 취급하는 자에 대하여 그 위험물 및 시설의 제거 등 필요한 조치를 명할 수 있다.
④ 시ㆍ도지사, 소방본부장 또는 소방서장은 공공의 안전을 유지하거나 재해의 발생을 방지하기 위하여 긴급한 필요가 있다고 인정하는 때에는 제조소등의 관계인에 대하여 당해 제조소등의 사용을 일시정지하거나 그 사용을 제한할 것을 명할 수 있다.

20. 「위험물안전관리법 시행령」 상 한국소방산업기술원에 위탁할 수 있는 시ㆍ도지사의 업무로 옳지 않은 것은?
① 용량이 100만리터 이상인 액체위험물을 저장하는 탱크안전성능검사
② 운반용기를 제작하거나 수입한 자 등의 신청에 따른 운반용기 검사
③ 탱크시험자의 기술인력으로 종사하는 자에 대한 안전교육
④ 저장용량이 50만 리터 이상인 옥외탱크저장소의 설치 또는 변경에 따른 완공검사

21. 「위험물안전관리법령」 상 제조소등 설치허가의 취소와 사용정지 등에 관한 내용으로 옳은 것은?
① 「위험물안전관리법」 제18조제1항에 따른 정기점검을 하지 아니한 때에는 경고처분을 할 수 있다.
② 「위험물안전관리법」 제6조제1항 후단에 따른 변경허가를 받지 아니하고 제조소등의 위치ㆍ구조 및 설비를 변경하여 형사처벌을 받거나 그 절차가 진행 중인 경우에는 사용정지를 명할 수 없다
③ 「위험물안전관리법」 상 사용을 중지하려는 제조소등의 관계인이 실시한 안전조치에 대해 관계공무원이 확인하고 위해 방지를 위하여 필요한 안전조치를 명했으나, 이에 따르지 아니한 경우에는 경고처분을 할 수 있다.
④ 다수의 제조소등을 동일인이 설치하여 1인의 안전관리자를 중복하여 선임하는 경우에는 제조소등마다 해당 위험물안전관리자를 보조하는 자를 지정해야 하는데, 이를 지정하지 않은 경우에는 사용정지를 명할 수 있다.

22. 「위험물안전관리법령」 상 위험물을 취급하는데 필요한 채광ㆍ조명 및 환기설비에 관한 내용으로 옳지 않은 것은?
① 가연성가스 등이 체류할 우려가 있는 장소의 조명등은 방폭등으로 하여야 한다.
② 채광설비는 불연재료로 하고, 연소의 우려가 없는 장소에 설치하되 채광면적을 최대로 하여야 한다.
③ 환기설비의 급기구는 낮은 곳에 설치하고 가는 눈의 구리망 등으로 인화방지망을 설치하여야 한다.
④ 환기는 자연배기방식으로 하고 급기구는 1개 이상으로 하되, 바닥면적이 60㎡ 미만일 경우 급기의 크기는 150㎠ 이상으로 하여야 한다.

23. 「위험물안전관리법령」 상 소화설비 중 옥외소화전설비에 관한 내용으로 옳은 것은?
① 옥외소화전설비에는 비상전원을 설치하여야 한다.
② 수원의 수량은 옥외소화전인 4개 설치된 경우 13.5㎥이상이 되도록 하여야 한다.
③ 옥외소화전의 방수압력은 350㎪ 이상이고, 방수량은 1분당 350ℓ 이상으로 한다.
④ 옥외소화전은 방호대상물의 각 부분에서 하나의 호스접속구까지의 수평거리가 75m 이하가 되도록 설치하여야 한다.

24. 「위험물안전관리법령」 상 소화설비의 능력단위로 옳은 것은?

	소화설비	용량	능력단위
①	소화전용 물통	8ℓ	0.5
②	수조(소화전용물통 3개 포함)	80ℓ	1.5
③	수조(소화전용물통 6개 포함)	190ℓ	2.0
④	마른 모래(삽 1개 포함)	50ℓ	1.0

※ 소방공무원 교육훈련규정 전면개정으로 1문제 삭제

정 답

번호	01	02	03	04	05
정답	④	③	②	①	②
번호	06	07	08	09	10
정답	④	①	①	③	③
번호	11	12	13	14	15
정답	④	④	①	②	③
번호	16	17	18	19	20
정답	④	④	②	①	③
번호	21	22	23	24	25
정답	③	④	①	②	

2022 소 방 전 술

01. 가스의 불완전 연소현상에 관한 설명으로 옳은 것은?

① 버너에서 황적색염이 나오는 것은 공기량이 부족해서이지만, 황염(노란색 불꽃)이 길어져 저온의 피열체에 접촉되면 불완전연소를 촉진시켜 이산화탄소를 발생시키므로 주의한다.

② 리프팅(Lifting : 선화)은 버너의 가스분출 구멍에 먼지 등이 끼어 가스분출 구멍이 작게 된 경우 혼합가스의 유출 속도가 낮아져 나타나는 현상이다.

③ 플래시백(Flash back : 역화)은 가스의 연소가 가스분출구멍의 가스 유출 속도보다 더 클 때 또는 연소 속도는 일정해도 가스의 유출 속도가 더 작게 되었을 때, 가스분출 구멍에서 버너 내부로 불꽃이 침입하여 노즐의 끝에서 연소하면서 나타나는 현상이다.

④ 블로우 오프(Blow off)는 역화상태에서 가스분출이 심하여 불꽃이 노즐에서 떨어져 꺼져버리는 현상이다.

02. 화재의 특수현상에 관한 설명으로 옳지 않은 것은?

① 플래임오버(Flameover)는 복도와 같은 통로공간에서 벽, 바닥 표면의 가연물에 화염이 급속하게 확산하는 현상이다.

② 롤오버(Rollover)는 연소과정에서 발생된 가연성 가스가 공기 중 산소와 혼합되어 천장부분에 집적된 상태에서 발화온도에 도달하여 발화함으로써 화염의 끝부분이 매우 빠르게 확대되어 가는 현상이다.

③ 플래시오버(Flashover)의 대표적인 전조현상으로 고온의 연기 발생과 롤오버(Rollover) 현상이 관찰된다는 점에 유의해야 한다.

④ 백드래프트(Backdraft)는 물리적 폭발로, 가연물, 산소(산화제), 열(점화원)이 기본적으로 필요하다.

03. 위험물화재의 특수현상과 대처법에 대한 설명으로 옳지 않은 것은?

① 보일오버(Boilover)는 석유류가 혼합된 원유를 저장하는탱크 내부에 물이 외부 또는 자체적으로 발생한 상태에서 탱크 표면에 화재가 발생하여 원유와 물이 함께 저장탱크 밖으로 흘러넘치는 현상이다.

② 위험물 저장탱크에 화재가 발생하여 오일오버(Oilover)의 위험이 있는 경우 냉각소화를 원칙으로 한다.

③ 후로스오버(Frothover)는 점성을 가진 뜨거운 유류 표면 아래 부분에서 물이 비등할 경우 비등하는 물에 의해 탱크 내 유류가 넘치는 현상이다.

④ 슬롭오버(Slopover) 현상의 위험성은 직접적 화재발생요인이 아니다.

04. 주수 요령 및 특성에 대한 설명으로 옳지 않은 것은?

① 중속분무주수는 관창압력 0.6 MPa 이상, 관창 전개각도 30° 이상으로 한다.

② 저속분무주수는 간접공격법에 가장 적합한 주수방법으로, 수손피해가 적고 소화시간이 짧다.

③ 고속분무주수는 직사주수보다 사정거리가 짧고 파괴력이약하다.

④ 대원에 대한 엄호주수 요령으로, 강렬한 복사열로부터 대원을 방호할 때는 열원과 대원 사이에 분무주수를 행한다.

05. 위험물 유별 화재진압 방법으로 옳지 않은 것은?

① 알칼리금속의 과산화물 및 이를 함유한 것에는 물을 사용해서는 안 된다.

② 철분, 금속분, 마그네슘은 마른 모래, 건조분말, 금속화재용 분말 소화약제를 사용하여 질식소화한다.

③ 수용성 석유류 화재의 경우 알콜형포, 다량의 물로 희석소화한다.

④ 황, 황화린, 인화성고체는 물을 이용한 냉각소화가 적당하다.

06. 소화약제의 사용이 제한되는 소화대상물로 옳지 않은 것은?

① 포 소화약제 – 전기화재, 통신 기기실, 컴퓨터실

② 이산화탄소 소화약제 – 제5류 위험물

③ 할론 소화약제 – 기상, 액상의 인화성 물질

④ 분말 소화약제 – 가연성 금속(Na, K, Mg, Ti, Zr 등)

07. 발화점, 인화점, 연소점에 대한 설명으로 옳지 않은 것은?

① 일반적으로 발화점은 발열량이 낮을수록, 산소와 친화력이 클수록 낮아진다.

② 인화점은 가연성 액체 또는 고체로부터 발생한 인화성증기의 농도가 점화원에 의해 착화될 수 있는 최저온도를 말한다.

③ 연소점은 연소반응이 계속될 수 있는 온도를 말한다.

④ 가연성 가스와 공기의 조성비에 따라 발화점이 달라진다.

08. 하인리히(Heinrich)와 버드(Bird)의 재해발생 이론 및 재해의 기본원인에 대한 설명으로 옳지 않은 것은?

① 하인리히 이론에서 상해는 항상 사고에 의해 일어나고 사고는 항상 순차적으로 앞서는 요인의 결과로 일어난다.

② 하인리히 이론에서 안전관리활동으로 제거할 수 있는 것은 개인적 결함이다.

③ 버드 이론의 5단계는 제어의 부족·관리(1단계) → 기본원인·기원(2단계) → 직접원인·징후(3단계) → 사고·접촉(4단계) → 상해·손실(5단계)이다.

④ 재해의 기본원인인 4개의 M은 인간(Man), 기계(Machine), 매체(Media), 관리(Management)이다.

09. 화재현장에서 발생하는 유해 생성물질에 관한 설명으로 옳지 않은 것은?

① 시안화수소(HCN)는 PVC와 같이 염소가 함유된 수지류가탈 때 주로 생성되는데 독성 허용농도는 5 ppm(mg/m³)이며 향료, 의약, 농약 등의 제조에 이용되고 자극성이 아주 강해 눈과 호흡기에 영향을 준다.

② 암모니아(NH_3)는 질소 함유물이 연소할 때 발생하는 연소생성물로서 유독성이 있고 강한 자극성을 가진 무색의 기체로 흡입 시 점액질과 기도조직에 심한 손상을초래하며, 냉동시설의 냉매로 많이 쓰인다.

③ 이산화황(SO_2)은 황이 함유된 물질인 동물의 털, 고무와 일부 목재류 등이 연소하는 과정에서 발생하는 것으로 무색의 자극성 냄새를 가진 유독성 기체로 눈 및 호흡기 등에 점막을 상하게 하고 질식사할 우려가 있다.

④ 불화수소(HF)는 합성수지인 불소수지가 연소할 때 발생되는 연소생성물로서 무색의 자극성 기체이며 유독성이 강하고, 허용농도는 3 ppm(mg/m³)이다.

10. 「화재조사 및 보고규정」 상 용어의 정의에 대한 설명으로 옳지 않은 것은?

① "감식"이란 화재원인의 판정을 위하여 전문적인 지식, 기술 및 경험을 활용하여 주로 시각에 의한 종합적인 판단으로 구체적인 사실관계를 명확하게 규명하는 것을 말한다.

② "잔불정리"란 화재 초진 후 잔불을 점검하고 처리하는 것을 말한다. 이 단계에서는 열에 의한 수증기나 화염 없이 연기만 발생하는 연소현상이 포함될 수 있다.
③ "재발화감시"란 화재를 진화한 후 화재가 재발되지 않도록 감시조를 편성하여 일정 시간 동안 감시하는 것을 말한다.
④ "최초착화물"이란 연소가 확대되는데 있어 결정적 영향을 미친 가연물을 말한다.

11. 재난관리주관기관이란 재난이나 그 밖의 각종 사고에 대하여 그 유형별로 예방·대비·대응 및 복구 등의 업무를 주관하여 수행하도록 대통령령으로 정하는 관계중앙행정기관을 말한다. 사업장에서 발생한 대규모 인적 사고에 대한 재난관리주관기관은?

① 산업통상자원부 ② 소방청
③ 국토교통부 ④ 고용노동부

12. 잠수장비의 구성 또는 관리에 대한 설명으로 옳지 않은 것은?

① 잠수복은 보편적으로 수온이 24 ℃ 이하에서는 발포 고무로 만든 습식 잠수복을 착용하고 수온이 13 ℃ 이하로 낮아지면 건식 잠수복을 착용하도록 권장한다.
② 부력조절기는 수면에서 휴식을 위한 양성부력을 제공해주며 비상시에는 구조장비 역할까지 담당할 수 있다.
③ 압력계는 공기통에 남은 공기의 압력을 측정한다고 하여 잔압계라고도 하며, 이것은 자동차의 연료계기와 마찬가지로 공기통에 공기가 얼마나 있는가를 나타내주는 호흡기 1단계와 저압 호스로 연결하여 사용한다.
④ 호흡기는 2단계에 걸쳐 압력을 감소시키며, 처음 단계에서는 탱크의 압력을 9~11 bar(125~150 psi)까지 감소시키고, 이 중간 압력은 두 번째 단계를 거쳐 주위의 압력과 같아지게 된다.

13. 119구조대의 편성과 운영에 관한 설명으로 옳은 것은?

① 구조대의 종류, 구조대원의 자격기준, 그 밖에 필요한 사항은 행정안전부령으로 정한다.
② 소방대상물, 지역 특성, 재난 발생 유형 및 빈도 등을 고려하여 시·도의 조례로 정한다.
③ 소방청장·소방본부장 또는 소방서장은 여름철 물놀이 장소에서의 안전을 확보하기 위하여 필요한 경우 민간 자원봉사자로 구성된 구조대를 지원할 수 있다.
④ 소방청장·소방본부장 또는 소방서장은 위급상황에서 요구조자의 생명 등을 신속하고 안전하게 구조하는 업무를 수행하기 위하여 행정안전부령으로 정하는 바에 따라 119구조대를 편성하여 운영하여야 한다.

14. 마디짓기(결절)매듭법에 대한 설명으로 옳지 않은 것은?

① 이중 8자 매듭 : 로프 끝에 두 개의 고리를 만들 수 있어 두 개의 확보물에 로프를 고정하는 경우에 매우 유용하다.
② 두 겹 8자 매듭 : 많은 힘을 받을 수 있고 힘이 가해진 경우에도 풀기가 쉬우므로 로프를 연결하거나, 안전을 확보하기 위한 매듭으로 자주 사용된다.
③ 고정매듭 : 로프의 굵기에 관계없이 묶고 풀기가 쉬우며 조여지지 않으므로 로프를 물체에 묶어 지지점을 만들거나 유도 로프를 결착하는 경우 등에 활용한다.
④ 나비매듭 : 나비매듭은 로프 중간에 고리를 만들 필요가 있을 경우에 사용하며 다른 매듭에 비하여 충격을 받은 경우에도 풀기가 쉬운 것이 장점이다.

15. 헬리콥터 탑승 및 하강 시 주의사항에 대한 설명으로 옳은 것은?

① 헬리콥터에 탑승할 때에 기체의 전면은 주 회전날개로 위험하므로 꼬리날개가 있는 기체의 뒤쪽에서 접근하며, 기장 또는 기내 안전원의 신호에 따라 탑승한다.
② 하강위치에 접근하면 기내 안전요원이 기체에 설치된 현수로프에 카라비너를 건다.
③ 하강 시 착지점 약 2 m 상공에서 서서히 제동을 걸기 시작하여 반드시 정지할 수 있는 스피드까지 낮추어 지상에 천천히 착지한다.
④ 발을 헬기에 붙인 채 최대한 몸을 뒤로 기울여 하늘을 쳐다보는 자세를 취한 다음 안전원의 하강개시 신호에 따라 발바닥으로 헬기를 살짝 밀며 제동을 풀고 한 번에 하강한다.

16. 다음에서 설명하는 가스는?

가스의 독특한 특성 때문에 용매를 다공 물질에 용해시켜 사용되는 가스로 압축하거나 액화시키면 분해 폭발을 일으키므로 용기에 다공성 물질을 넣고 가스를 잘 녹이는 용제(아세톤, 디메틸포름아미드 등)를 넣어 충전한다.

① 아세틸렌 ② 산화에틸렌
③ 액화암모니아 ④ 수소

17. 건물 붕괴유형의 개념 또는 특징으로 옳은 것은?

① 건물이 붕괴될 가능성이나 징후가 관찰되면 즉시 안전조치를 취해야 하며, 우선 건물 안에서 작업하고 있는 모든 대원들을 즉시 건물 밖으로 철수시키고 건물의 둘레에 붕괴 안전지역을 설정하며, 일반적으로 붕괴 안전지역은 건물 둘레의 1.5배 이상으로 한다.
② 경사형 붕괴는 마주 보는 두 외벽에 모두 결함이 발생하여 바닥이나 지붕이 아래로 무너져 내리는 경우에 발생한다.
③ V자형 붕괴는 마주 보는 두 외벽 중 하나에 결함이 있을 때 발생한다.
④ 캔틸레버형 붕괴는 가장 안전하지 못하고, 2차 붕괴에 가장 취약한 유형이며, 건물에 가해지는 충격에 의하여 한쪽 벽판이나 지붕 조립부분이 무너져 내리고 다른 한쪽은 원형을 그대로 유지하고 있는 형태의 붕괴를 말한다.

18. 「재난 및 안전관리기본법」상 긴급구조 현장지휘에 관한 내용으로 옳지 않은 것은?

① 재난현장에서 긴급구조활동을 하는 긴급구조지원기관의인력·장비·물자에 대한 운용은 현장지휘를 하는 긴급구조통제단장(각급 통제단장)의 지휘·통제에 따라야 한다.
② 재난현장의 구조활동 등 초동 조치상황에 대한 언론발표 등은 연락공보담당이 지명하는 자가 한다.
③ 시·군·구 긴급구조통제단장은 통합지원본부의 장에게 긴급구조에 필요한 인력이나 물자 등의 지원을 요청할 수 있다.
④ 각급 통제단장은 긴급구조 활동을 종료하려는 때에는 재난현장에 참여한 지역사고수습본부장, 통합지원본부의장 등과 협의를 거쳐 결정하여야 한다.

19. 화학물질이나 물리적 위험물질 등 위험물 누출사고 현장에서의 구급활동 내용으로 옳은 것은?

① 오염구역(hot zone)에서 오염물질에 노출된 의복은 환자에게 그대로 입혀 둔 채 환자를 이불 등으로 감싸서 오염통제구역(warm zone)으로 이송한다.

② 제독장치는 오염구역에 설치하여 오염을 제거한 후, 환자를 오염통제구역으로 이동하게 한다.
③ 오염통제구역에서 사용한 구급장비는 안전구역(cold zone)에서 사용해서는 안 된다.
④ 현장지휘소 및 인력과 자원대기소는 오염통제구역에 설치한다.

20. 연부조직손상에 관한 응급처치로 옳은 것은?

① 개방성 가슴 손상－폐쇄드레싱을 적용하고 환자 이송 중 쇼크 등의 증상이 발생하면, 증상 완화를 위해 폐쇄드레싱을 보강해준다.
② 개방성 배 손상 － 나온 장기는 오염되지 않도록 다시 배 속으로 집어넣고 고농도의 산소를 공급하면서 신속하게 이송한다.
③ 절단 － 완전절단된 절단부위는 생리식염수를 적신 멸균거즈로 감싼 후 얼음에 직접 닿도록 하여 차갑게 유지한다.
④ 관통상 － 단순하게 뺨을 관통한 상태에서는 기도유지를 위해서나 추가적인 입안 손상을 막기 위해 관통한 물체를 제거한다.

21. 기도의 확보를 방해하는 입안의 구토물이나 체액 등을 흡인하기 위해 사용하는 흡인기의 사용방법에 관한 설명으로 옳지 않은 것은?

① 경성 흡인팁은 상기도 흡인에만 사용한다.
② 환자에게 적용하기 전 흡인관을 막고 충분히 압력이 올라가는지를 확인한다.
③ 성인의 경우 한번 흡인할 때 20초간 실시하고, 흡인하기 전·후에 충분히 산소를 공급한다.
④ 의식이 없는 환자의 경우 흡인하는 구급대원과 마주보는 측위를 취해 분비물의 배액을 촉진한다.

22. 고층빌딩 공사현장의 지반 약화로 인근 노후 건물이 붕괴되어 부상자가 여러 명 발생하였다. START 분류법을 기준으로 임시응급의료소로 운반된 다음의 환자 중 가장 먼저 처치나 병원이송이 필요한 경우는?

	주증상	의식 수준	기도 유지	호흡	순환	보행 가능
①	두통	명료	유지	1~2초당 1회	정상	불가
②	위팔 열상	명료	유지	4초당 1회	정상	불가
③	넙다리 골절	명료	유지	5초당 1회	정상	블가
④	복부 관통상	혼수	불가	무호흡	서맥	불가

23. 호흡유지 장비에 관한 설명으로 옳지 않은 것은?

① 코 삽입관(nasal cannula)은 산소유량을 분당 6~10 ℓ 로 조절하여 사용한다.
② 벤추리 마스크(venturi mask)는 만성폐쇄성폐질환(COPD) 환자에게 유용하다.
③ 비재호흡마스크(non-rebreather mask)는 100 %에 가까운 산소를 제공할 수 있다.
④ 단순 얼굴 마스크(oxygen mask)는 흡입산소농도를 35~60 %까지 증가시킬 수 있다.

24. 환자평가는 단계적으로 적절하게 진행되어야 한다. 다음 중 1차 평가의 단계를 옳게 나열한 것은?

① 첫인상 － 순환 － 기도 － 호흡 － 의식수준 － 위급 정도 판단
② 첫인상 － 의식수준 － 기도 － 호흡 － 순환 － 위급 정도 판단
③ 첫인상 － 기도 － 호흡 － 순환 － 의식수준 － 위급 정도 판단
④ 첫인상 － 의식수준 － 순환 － 기도 － 호흡 － 위급 정도 판단

25. 산모 이송 중 구급차에서 산모가 아기를 출산하였다. 신생아의 몸은 분홍색이나 손과 팔다리는 청색증을 보이며 제한된 움직임이 있고, 심장 박동수는 분당 95회, 자극 시 얼굴을 찡그리고, 호흡은 약하고 불규칙한 양상을 보였다. 이 신생아의 아프가 점수는?

① 4점 ② 5점
③ 6점 ④ 7점

정 답

번호	01	02	03	04	05
정답	③	④	②	①	④
번호	06	07	08	09	10
정답	③	①	②	①	④
번호	11	12	13	14	15
정답	④	③	③	②	④
번호	16	17	18	19	20
정답	①	④	②	③	④
번호	21	22	23	24	25
정답	③	①	①	②	②

2023년 기출문제

2023 행 정 법

01. 신뢰보호의 원칙에 관한 설명으로 옳지 않은 것은?(다툼이 있는 경우 판례에 의함)

① 행정청이 공적인 견해에 반하는 행정처분을 함으로써 달성하려는 공익이 행정청의 공적 견해표명을 신뢰한 개인이 그 행정처분으로 인하여 입게 되는 이익의 침해를 정당화할 수 있을 정도로 강한 경우에는 그 행정처분은 위법하지 않다.

② 과세관청이 질의회신 등을 통하여 어떤 견해를 대외적으로 표명하였더라도 그것이 중요한 사실관계와 법적인 쟁점을 제대로 드러내지 아니한 채 추상적으로 질의한데 따른 것이라면, 공적인 견해표명에 의하여 정당한 기대를 가지게 할 만한 신뢰가 부여된 경우로 볼 수 없다.

③ 행정청의 공적 견해표명은 보호가치 있는 신뢰의 대상이어야 하므로, 묵시적인 표시만으로는 성립할 수 없고 명시적인 표시가 있었을 것을 요한다.

④ 폐기물처리업에 대하여 관할 관청의 사전 적정통보를 받고 막대한 비용을 들여 요건을 갖춘 다음 허가신청을 한 경우, 행정청이 청소업자의 난립으로 효율적인 청소업무의 수행에 지장이 있다는 이유로 불허가처분을 하였다면 신뢰보호의 원칙에 반하여 위법하다.

02. 부당결부금지의 원칙에 관한 설명으로 옳지 않은 것은?(다툼이 있는 경우 판례에 의함)

① 「행정기본법」은 부당결부금지의 원칙을 명문으로 규정 하고 있다.

② 이륜자동차를 음주운전한 사유만 가지고서는 제1종 대형면허나 보통면허의 취소나 정지를 할 수 없다.

③ 제1종 대형면허로 운전할 수 있는 차량을 운전면허 정지기간 중에 운전한 경우에는 이와 관련된 제1종 보통면허까지 취소할 수 있다.

④ 행정청이 수익적 행정처분을 하면서 사전에 상대방과 체결한 협약상의 의무를 부담으로 부가하였는데 부담의 전제가 된 주된 행정처분의 근거 법령이 개정되어 부관을 붙일 수 없게 된 경우, 곧바로 위 협약의 효력이 소멸한다.

03. 행정상 사실행위에 관한 설명으로 옳지 않은 것은?(다툼이 있는 경우 판례에 의함)

① 훈장 수여 등 서훈수여 처분의 경우, 유족 등 제3자는 처분의 상대방이 될 수 없고, 망인을 대신하여 단지 사실행위로서 훈장 등을 교부받거나 보관할 수 있는 지위에 있을 뿐이다.

② 교도소장의 미결수용자 이송처분은 권력적 사실행위로서 「행정심판법」과 「 행정소송법」이 규정하는 처분개념인 '공권력행사' 로서 처분성이 인정된다.

③ 교도소장이 수형자를 '접견내용 녹음·녹화 및 접견 시 교도관 참여대상자' 로 지정한 사안에서, 이와 같은 지정행위는 행정청의 공법상 행위로서 항고소송의 대상이 되는 '처분' 에 해당한다.

④ 부실기업의 정리와 관련하여 주거래은행의 의사를 지원·독려하는 정부의 행위는 「행정심판법」과 「행정소송법」이 규정하고 있는 처분개념인 '공권력행사' 에 해당된다.

04. 사인의 공법행위로서의 신고에 관한 설명으로 옳지 않은 것은?(다툼이 있는 경우 판례에 의함)

① 「행정절차법」은 의무적 신고를 규정하고, 행정청의 수리를 요하는 신고는 규정하고 있지 않다.

② 개발행위허가가 의제 되는 건축신고는 수리를 요하는 신고이다.

③ 「행정기본법」에는 법률에 신고의 수리가 필요하다고 명시되어 있는 경우, 행정청이 수리하여야 효력이 발생한다는 규정이 있다.

④ 인·허가적 성격 또는 등록적 성격의 신고는 수리를 요하는 신고이나, 영업양도에 따른 지위승계 신고는 수리를 요하지 아니한다.

05. 법규명령에 관한 설명으로 옳지 않은 것은?(다툼이 있는 경우 판례에 의함)

① 법령의 위임이 없음에도 법령에 규정된 처분 요건에 해당하는 사항을 부령에서 변경하여 규정한 경우, 그 부령은 행정조직 내부에서 적용되는 행정명령의 성격을 지닐 뿐이다.

② 집행명령은 근거법령인 상위법령이 폐지 또는 개정될 경우, 특별한 규정이 없는 이상 실효된다.

③ 상위법령에서 세부사항 등을 시행규칙으로 정하도록 위임하였음에도 이를 고시 등 행정규칙으로 정하였다면, 그 역시 대외적 구속력을 가지는 법규명령으로서 효력이 인정될 수 없다.

④ 다른 집행행위의 매개 없이 그 자체로서 직접 국민의 구체적인 권리·의무나 법률관계를 규율하는 성격을 가질 때에는 행정처분에 해당한다.

06. 「행정기본법」의 규정 내용으로 옳지 않은 것은?

① 행정청은 행정작용을 할 때 상대방에게 해당 행정작용과 실질적인 관련이 없는 의무를 부과하여서는 아니 된다.

② 행정에 관한 다른 법률을 제정하거나 개정하는 경우에는 「행정기본법」의 목적과 원칙, 기준 및 취지에 부합되어야 한다.

③ 국가와 지방자치단체는 소속 공무원이 공공의 이익을 위하여 적극적으로 직무를 수행할 수 있도록 제반 여건을 조성하고, 이와 관련된 시책 및 조치를 추진하여야 한다.

④ 국가와 지방자치단체는 국민의 삶의 질을 향상시키기 위하여 적법절차에 따라 공정하고 합리적인 행정을 수행할 책무를 진다.

07. 행정청의 재량에 관한 설명으로 옳지 않은 것은?(다툼이 있는 경우 판례에 의함)

① 행정청이 제재처분 양정을 하면서 공익과 사익의 형량을 전혀 하지 않았거나 이익형량의 고려대상에 마땅히 포함하여야 할 사항을 누락한 경우 또는 이익형량을 하였으나 정당성·객관성이 결여된 경우, 제재처분은 재량권을 일탈·남용한 것이라고 보아야 한다.

② 행정청이 감경사유를 전혀 고려하지 않았거나 감경사유에 해당하지 않는다고 오인하여 개별처분기준에서 정한 상한으로 처분을 한 경우, 마땅히 고려대상에 포함하여야 할 사항을 누락하였거나 고려대상에 관한 사실을 오인한 경우에 해당하여 재량권을 일탈·남용한 것이라고 보아야 한다.

③ 행정청의 전문적인 정성적 평가 결과는 그 판단의 기초가 된 사실인정에 중대한 오류가 있거나 그 판단이 사회 통념상 현저하게 타당성을 잃어 객관적으로 불합리 하다는 등의 특별한 사정이 없는 한 법원이 그 당부를 심사하기에는 적절하지 않으므로 가급적 존중되어야 한다.

④ 경찰공무원이 담당사건의 고소인으로부터 금품을 수수하고 향응과 양주를 제공 받았으며 이를 은폐하기 위하여 고소인을 무고하는 범죄행위를 하였다는 사유로 해임처분을 받았으나 위 징계사유 중 금품수수 사실이 인정되지 않는 경우, 나머지 징계사유만으로 당초의 해임처분을 유지할 수는 없다.

08. 행정행위의 효력에 관한 설명으로 옳지 않은 것은?(다툼이 있는 경우 판례에 의함.)

① 행정처분의 당연무효 여부가 민사소송에서 선결문제가 되는 경우 수소법원은 처분이 당연무효임을 전제로 판결할 수 있고 반드시 항고소송에 의하여 그 취소나 무효확인을 받아야 하는 것은 아니다.

② 관할 소방서장으로부터 소방시설 불량사항에 관한 시정보완명령을 받고도 따르지 아니하였다는 내용으로 기소된 사안에서, 담당 소방공무원이 시정보완명령을 구술로 고지하였다면, 이러한 행정처분은 당연무효이고 행정형벌을 부과할 수 없다.

③ 행정청으로부터 시정명령을 받은 사람이 이를 위반한 경우, 그로 인하여 같은 법에서 정한 처벌을 하기 위해서는 그 시정명령이 적법해야 하는 것이 원칙이나, 시정명령의 하자가 당연무효가 아닌 취소사유에 불과하다면 시정명령 위반죄가 성립될 수 있다.

④ 어떠한 행정처분이 항고소송에서 위법한 것으로 확인되었다 할지라도 그 자체만으로 곧바로 그 행정처분이 공무원의 고의 또는 과실로 인한 불법행위를 구성한다고 단정할 수는 없다.

09. 부관에 관한 설명으로 옳지 않은 것은?(다툼이 있는 경우 판례에 의함)

① 「행정기본법」에 따르면, 행정청은 처분에 재량이 있거나 또는 처분에 재량이 없는 경우에는 법률에 근거가 있는 경우에 부관을 붙일 수 있다.

② 건축허가를 하면서 일정 토지를 기부채납하도록 하는 내용의 허가조건은 부관을 붙일 수 없는 기속행위 내지 기속적 재량행위인 건축허가에 붙인 부담이거나 또는 법령상 아무런 근거가 없는 부관이어서 무효이다.

③ 일반적으로 보조금 교부결정에 관해서는 행정청에 광범위한 재량이 부여되어 있고, 행정청은 보조금 교부 결정을 할 때 법령과 예산에서 정하는 보조금의 교부 목적을 달성하는 데에 필요한 조건을 붙일 수 있다.

④ 수익적 행정처분에 있어서는 법령에 특별한 근거규정이 없다고 하더라도 그 부관으로서 부담을 붙일 수 있으나, 그와 같은 부담을 부가하기 이전에 상대방과 협의하여 부담의 내용을 협약의 형식으로 미리 정한 다음 행정처분을 하면서 이를 부가할 수는 없다.

10. 행정행위의 하자에 관한 설명으로 옳지 않은 것은?(다툼이 있는 경우 판례에 의함)

① 하자 있는 행정처분이 당연무효가 되기 위해서는 그 하자가 중대하거나 또는 명백하여야 하고, 이를 판별함에 있어서는 법규의 목적·의미 등을 목적론적으로 고찰함과 동시에 구체적인 사안 자체의 특수성에 관하여도 합리적으로 고찰하여야 한다.

② 하자의 치유는 늦어도 처분에 대한 불복 여부의 결정 및 불복신청에 편의를 줄 수 있는 상당한 기간 내에 하여야 한다.

③ 당연무효인 처분은 불가쟁력이 발생할 여지가 없다.

④ 선행처분과 후행처분이 서로 독립하여 별개의 법률효과를 목적으로 하는 때에도 선행처분이 당연무효이면 선행처분의 하자를 이유로 후행처분의 효력을 다툴 수 있다.

11. 취소소송과 무효등확인소송에 관한 설명으로 옳지 않은 것은?(다툼이 있는 경우 판례에 의함)

① 취소소송과 무효등확인소송은 서로 양립할 수 없으므로 단순 병합이나 선택적 병합은 불가능하고, 주위적, 예비적 병합만 가능하다.

② 취소소송에 대한 기각판결이 내려진 경우, 후소인 무효등확인소송에도 영향을 미친다.

③ 일반적으로 행정처분의 무효확인을 구하는 소에는 취소를 구하는 취지도 포함된다고 보아야 한다.

④ 과세처분 이후 처분의 근거 규정에 대하여 위헌 결정이 내려지고 난 뒤, 조세채권의 집행을 위한 체납처분의 근거 규정에 대하여는 따로 위헌결정이 내려진 바 없다면 제소기간 내에 취소소송으로 다투어야 한다.

12. 「행정기본법」상 철회에 관한 규정의 내용으로 옳지 않은 것은?

① 행정청은 처분을 철회하려는 경우에는 철회로 인하여 당사자가 입게 될 불이익을 철회로 달성되는 공익과 비교·형량할 수 있다.

② 행정청은 적법한 처분이 법령등의 변경이나 사정변경으로 처분을 더 이상 존속시킬 필요가 없게 된 경우에는 그 처분의 전부 또는 일부를 장래를 향하여 철회할 수 있다.

③ 행정청은 적법한 처분이 중대한 공익을 위하여 필요한 경우에는 그 처분의 전부 또는 일부를 장래를 향하여 철회할 수 있다.

④ 행정청은 적법한 처분이 법률에서 정한 철회 사유에 해당하게 된 경우에는 그 처분의 전부 또는 일부를 장래를 향하여 철회할 수 있다.

13. 행정처분의 변경에 관한 설명으로 옳지 않은 것은?(다툼이 있는 경우 판례에 의함)

① 변경사유가 기본적 사실관계와 동일성이 없는 경우에도 가능하다.

② 법령에 명시적 규정이 없는 경우, 행정처분의 변경은 간소한 절차를 따른다.

③ 종전 처분을 변경하는 것이므로 장래효만을 가진다.

④ 일부만을 변경하는 경우, 변경된 부분과 나머지 부분이 불가분적인 것이 아닌 때에는 종전처분이 항고소송의 대상이 된다.

14. 「공공기관의 정보공개에 관한 법률」의 규정 내용으로 옳지 않은 것은?

① 국가안전보장·국방·통일·외교관계 등에 관한 사항으로서 공개될 경우 국가의 중대한 이익을 현저히 해칠 우려가 있다고 인정되는 정보는 공개하지 아니할 수 있다.

② 공공기관의 정보공개 담당자는 정보공개 업무를 성실하게 수행하여야 하며, 공개 여부의 자의적인 결정, 고의적인 처리 지연 또는 위법한 공개 거부 및 회피 등 부당한 행위를 하여서는 아니 된다.

③ 지방자치단체는 그 소관 사무에 관하여 법령의 범위에서 정보공개에 관한 조례를 정하여야 한다.

④ 공공기관은 청구인이 사본 또는 복제물의 교부를 원하는 경우에는 이를 교부하여야 한다.

15. 「행정규제기본법」상 정의 규정 내용으로 옳지 않은 것은?

① "행정규제"란 국가나 지방자치단체가 특정한 행정 목적을 실현하기 위하여 국민(국내법을 적용받는 외국인을 포함한다)의 권리를 제한하거나 의무를 부과하는 것으로서 법령등이나 조례·규칙에 규정되는 사항을 말한다.

② "법령등"이란 법률·대통령령·총리령·부령에 한하고 그 위임을 받는 고시(告示)는 제외된다.

③ "행정기관"이란 법령등 또는 조례·규칙에 따라 행정권한을 가지는 기관과 그 권한을 위임받거나 위탁받은 법인·단체 또는 그 기관이나 개인을 말한다.

④ "규제영향분석"이란 규제로 인하여 국민의 일상생활과 사회·경제·행정 등에 미치는 여러 가지 영향을 객관적이고 과학적인 방법을 사용하여 미리 예측·분석함으로써 규제의 타당성을 판단하는 기준을 제시하는 것을 말한다.

16. 행정대집행에 관한 설명으로 옳지 않은 것은?(다툼이 있는 경우 판례에 의함)

① 관계 법령을 위반하여 장례식장 영업을 하고 있는 자의 장례식장 사용 중지 의무는 대집행의 대상이 아니다.
② 토지나 건물의 인도 의무는 사람이 그 신체로 토지나 건물을 점유하여 인도를 거부하는 때에는 신체에 대한 직접강제를 필요로 하고, 대집행에는 포함되지 않는다.
③ 대집행 계고처분을 함에 있어 대집행할 행위의 내용 및 범위가 대집행계고서에 의해서만 특정되어야 한다.
④ 대집행절차를 이루는 계고·대집행영장에 의한 통지·실행·비용납부 명령은 상호 결합하여 대집행이라는 효과를 완성시키기 때문에 선행행위의 하자는 후행행위에 승계 된다.

17. 행정상 즉시강제에 관한 설명으로 옳지 않은 것은?(다툼이 있는 경우 판례에 의함)
① 행정상 즉시강제는 처분성이 인정되지 않으므로 직접 항고소송을 제기할 수는 없고 국가배상청구만 가능 하다.
② 「식품위생법」상 영업소 폐쇄명령을 받은 자가 영업을 계속할 경우 강제폐쇄하는 조치는 행정상 즉시강제에 해당하지 않는다.
③ 행정강제는 행정상 강제집행을 원칙으로 하고, 즉시 강제는 예외적으로 인정되는 강제수단이다.
④ 행정상 즉시강제는 엄격한 실정법상의 근거를 필요로 한다.

18. 행정조사에 관한 설명으로 옳지 않은 것은?(다툼이 있는 경우 판례에 의함)
① 세무조사결정은 납세의무자의 권리·의무에 직접 영향을 미치는 공권력의 행사에 따른 행정작용으로서 항고소송의 대상이 된다.
② 국제우편물 통관검사 절차에서 이루어지는 우편물의 개봉, 시료채취, 성분분석 등의 검사는 압수·수색영장 없이도 가능한 행정조사의 성격을 갖고 있다.
③ 세관공무원이 밀수품을 싣고 왔다는 정보에 의하여 정박 중인 선박에 대하여 수색을 하려면 비록 소유자 또는 점유자의 승낙을 얻었을지라도 이와 별개로 법관의 압수수색영장을 발부받아야 한다.
④ 부가가치세액 재경정처분은 이미 피고가 행한 세무조사와 같은 세목, 같은 과세기간에 대하여 실시한 중복세무조사에 기초하여 이루어진 것이므로 위법하다.

19. 과태료에 관한 설명으로 옳지 않은 것은?(다툼이 있는 경우 판례에 의함)
① 과태료의 부과에도 법률의 근거가 있어야 한다.
② 과태료의 부과 여부 및 그 당부는 최종적으로 「질서위반행위규제법」의 절차에 의하여 판단되어야 한다고 할 것이므로, 그 과태료 부과처분은 행정청을 피고로 하는 항고소송의 대상이 되는 처분이라고 볼 수 없다.
③ 과태료 재판은 이유를 붙인 결정으로써 한다.
④「질서위반행위규제법」상 질서위반행위에 대한 과태료는 객관적 법 위반사실에 착안하여 부과되는 것이므로 행위자의 고의 또는 과실이 없다 하더라도 부과할 수 있다.

20.「국가배상법」의 규정 내용으로 옳지 않은 것은?
① 「국가배상법」에 따라 배상금을 지급받으려는 자는 그 주소지·소재지 또는 배상원인 발생지를 관할하는 지구심의회에 배상신청을 하여야 한다.
② 배상결정을 받은 신청인은 지체 없이 그 결정에 대한 동의서를 첨부하여 국가나 지방자치단체에 배상금 지급을 청구하여야 한다.
③ 생명·신체에 대한 침해와 물건의 멸실·훼손으로 인한 손해 외의 손해는 대통령령으로 정하는 기준 내에서 피해자의 사회적 지위, 과실의 정도, 생계 상태, 손해 배상액 등을 고려하여 배상하여야 한다.
④ 국가나 지방자치단체가 손해를 배상할 책임이 있는 경우에 공무원의 선임·감독 또는 영조물의 설치·관리를 맡은 자와 공무원의 봉급·급여, 그 밖의 비용 또는 영조물의 설치·관리 비용을 부담하는 자가 동일하지 아니하면 그 비용을 부담하는 자도 손해를 배상하여야 한다.

21. 행정상 손실보상에 관한 설명으로 옳지 않은 것은?(다툼이 있는 경우 판례에 의함)
① 어떤 법률이 재산권 침해를 규정하면서 보상에 관하여서는 명문의 규정을 두지 아니한 경우, 유사한 재산권 침해를 규정하면서 보상에 관하여 규정한 관련 규정을 유추적용 할 수 있다.
② 손실보상을 하여야 한다는 규정이 없다 할지라도 법리상 그 손실을 보상하여야 할 것이다.
③ 「헌법」 제23조 제3항에 따른 정당한 보상이란 원칙적으로 피수용 재산의 객관적인 재산가치를 완전하게 보상하여야 한다는 완전보상을 뜻하는 것이다.
④ 대법원은 손실보상청구권을 사권(私權)으로 보고, 그에 관한 소송도 민사소송에 의한다고 하였다.

22.「행정심판법」의 규정 내용으로 옳지 않은 것은?
① 의무이행심판은 처분을 신청한 자로서 행정청의 거부처분 또는 부작위에 대하여 일정한 처분을 구할 법률상이익이 있는 자가 청구할 수 있다.
② 위원회는 필요하다고 인정하면 그 행정심판 결과에 이해관계가 있는 제3자나 행정청에 그 사건 심판에 참가할 것을 요구할 수 있다.
③ 위원회는 필요하다고 인정할 때에는 직권으로 증거조사를 할 수 있고, 당사자가 주장하지 아니한 사실에 대하여도 판단할 수 있다.
④ 청구인이 천재지변, 전쟁, 사변(事變), 그 밖의 불가항력 으로 인하여 처분이 있음을 알게 된 날부터 90일 이내에 심판청구를 할 수 없었을 때에는 그 사유가 소멸한 날부터 14일 이내에 행정심판을 청구할 수 있다.

23. 「행정소송법」의 규정 내용으로 옳지 않은 것은?
① 법원은 당사자의 신청이 있는 때에는 결정으로써 재결을 행한 행정청에 대하여 행정심판에 관한 기록의 제출을 명하여야 한다.
② 원고는 피고인 행정청이 속하는 국가 또는 공공단체를 상대로 손해배상, 제해시설의 설치 그 밖에 적당한 구제방법의 청구를 당해 취소소송등이 계속된 법원에 병합하여 제기할 수 있다.
③ 민중소송 또는 기관소송으로서 처분등의 효력 유무 또는 존재 여부나 부작위의 위법의 확인을 구하는 소송에는 그 성질에 반하지 아니하는 한 각각 무효등확인소송 또는 부작위위법 확인소송에 관한 규정을 준용한다.
④ 처분등을 취소하는 판결에 의하여 권리 또는 이익의 침해를 받은 제3자는 자기에게 책임없는 사유로 소송에 참가하지 못함으로써 판결의 결과에 영향을 미칠 공격 또는 방어방법을 제출하지 못한 때에는 이를 이유로 확정된 종국판결에 대하여 재심의 청구를 할 수 있다.

24. 행정청의 권한에 관한 설명으로 옳지 않은 것은?(다툼이 있는 경우 판례에 의함)
① 대리기관이 대리관계를 표시하고 피대리 행정청을 대리하여 행정처분을 한 경우, 행정처분에 대한 항고소송의 피고적격은 피대리 행정청에 있다.
② 행정권한의 위임은 행정관청이 법률에 따라 특정한 권한을 다른

행정관청에 이전하여 수임관청의 권한으로 행사하도록 하는 것이어서 권한의 법적인 귀속을 변경하는 것이므로 법률이 허용하고 있는 경우에 한하여 인정된다.

③ 도지사 등은 「정부조직법」과 「행정권한의 위임 및 위탁에 관한 규정」에 정한 바에 의하여 위임기관의 장의 승인이 있으면 그 규칙이 정하는 바에 의하여 그 수임된 권한을 시장, 군수 등 소속 기관의 장에게 다시 위임할 수 있다.

④ 행정청의 권한의 위임이 있는 경우 위임청은 그 사무를 처리할 권한을 상실하고 그 사항은 수임청의 권한으로 되므로 처분을 위임청의 명의로 하였더라도 항고소송의 피고적격은 수임청에게 있다.

25. 「국가공무원법」의 규정 내용으로 옳지 않은 것은?

① 누구든지 위법 또는 부당한 인사행정 운영이 발생하였거나 발생할 우려가 있다고 인정되는 경우에는 중앙인사관장기관의 장에게 신고하여야 한다.

② 누구든지 위법·부당한 인사행정 신고를 하지 못하도록 방해하거나 신고를 취하하도록 강요해서는 아니 되며, 신고자에게 신고를 이유로 불이익조치를 해서는 아니된다.

③ 인사혁신처장은 공직후보자등에 관한 정보를 수집·관리 하는 경우 미리 서면이나 전자 매체로 본인의 동의를 받아야 하며, 본인이 요구하면 관리하는 정보를 폐기하여야 한다.

④ 국회사무총장, 법원행정처장, 헌법재판소사무처장, 중앙선거관리위원회 사무총장 또는 인사혁신처장은 국회, 법원, 헌법재판소, 선거관리위원회 또는 행정 각 기관의 인사에 관한 통계보고 제도를 정하여 실시하고 정기 또는 수시로 필요한 보고를 받을 수 있다.

정 답

번호	01	02	03	04	05
정답	③	④	④	④	②
번호	06	07	08	09	10
정답	③	④	③	④	①
번호	11	12	13	14	15
정답	④	①	②	③	②
번호	16	17	18	19	20
정답	③	①	③	④	③
번호	21	22	23	24	25
정답	④	③	①	④	①

2023 소방법령 Ⅵ

01. 「소방공무원법」 제6조 (임용권자) 및 「소방공무원임용령」 제3조 (임용권의 위임) 규정에 따른 소방공무원의 전보에 관한 내용으로 옳지 않은 것은?

① 시·도 소속 소방감인 소방본부장의 전보는 대통령이 실시한다.

② 시·도 소속 소방준감인 소방공무원 (소방본부장과 지방 학교장은 제외한다) 의 전보는 대통령의 위임을 받아 시·도지 사가 실시 한다.

③ 시·도 소속 소방령 인 소방공무원의 전보는 소방청장의 위 임을 받아 시· 도지사가 실 시 한다.

④ 시·도 소방서 소속 소방경 이하 소방공무원의 소방서내에서의 전보는 시·도지사의 위임을 받아 소방서장이 실시 한다.

02. 「소방공무원 승진임용 규정」 상 승진심사에 관한 내용으로 옳은 것은?

① 소방공무원의 승진심사는 연 2회 이상 승진심사위원회가 설치된 기관의 장이 정하는 날에 실시한다.

② 음주운전으로 정직 3개월 처분을 받은 소방공무원은 그 징계처분의 집행이 끝난 날부터 24개월이 지나지 않은 경우 승진임용을 할 수 없다.

③ 소방청과 그 소속기관 소방공무원 및 소방정인 지방소방학교장의 소방준감으로의 승진심사는 소방청 보통승진심 사위 원회 에서 실시 한다.

④ 승진심사위원회의 회의는 재적위원 과반수 이상의 출석과 출석위원 과반수의 찬성으로 의결한다.

03. 「소방공무원 승진임용 규정」 및 「소방공무원 승진임용규정 시행규칙」 상 근무성적평정에 관한 내용으로 옳지 않은 것은?

① 근무성적평정은 당해 소방공무원의 근무성적·직무수행능력·직무수행태도 및 발전성 등을 평가하여야 한다.

② 근무성적평정의 결과는 공개하지 아니하되, 소방기관의 장은 근무성적평정이 완료되면 평정 대상 소방공무원에게 근무성적 평정 결과를 통보할 수 있다.

③ 근무성적을 '가' 평정을 할 경우에는 평정표에 그 사유를 명확하게 기록해야 한다.

④ 소방공무원이 휴직, 직위해제나 그 밖의 사유로 근무성적평정 대상기간 중 실제 근무기간이 2개월 미만인 경우에는 근무성적 평정을 하지 아니한다.

04. 「소방공무원법」 및 「소방공무원 승진임용 규정」 상 특별승진에 관한 내용으로 옳은 것은?

① 소방정감인 소방공무원이 「국가공무원법」 제74조의2에 따라 명예퇴직 하는 경우, 해당 소방공무원을 소방총감으로 특별승진을 할 수 있다.

② 직무수행능력이 탁월하여 소방행정발전에 지대한 공헌실적이 있다고 인정하는 소방공무원의 경우, 근무기간이 승진소요최저 근무연수의 3분의 1 이상이 되어야 특별승진을 할 수 있다.

③ 특별승진 임용할 때에는 해당 소방공무원이 재직기간 중 중징계 처분 또는 「성폭력범죄의 처벌 등에 관한 특례법」 제2조에 따른 성폭력범죄 사유로 경징계 처분을 받은 사실이 없어야 한다.

④ 천재·지변·화재 또는 그 밖에 이에 준하는 재난에 있어서 위험을 무릅쓰고 헌신 분투하여 현저한 공을 세우고 사망하였거나 부상을 입어 사망한 소방공무원을 1계급 특별승진하는 경우에는 특별승진심사를 생략할 수 있다.

05. 「소방공무원 징계령」 상 징계위원회 구성에 관한 내용으로 옳은 것은?

① 징계위원회는 공무원위원과 민간위원으로 구성하며, 민간위원의 수는 위원장을 포함한 위원 수의 2분의 1이상이어야 한다.
② 징계위원회에 위촉되는 민간위원의 임기는 3년으로 하며, 한 차례만 연임할 수 있다.
③ 징계위원회의 회의는 위원장과 위원장이 회의마다 지정하는 4명 이상 6명 이하의 위원으로 구성하며, 이 경우 민간위원은 위원장을 제외한 위원 수의 2분의 1 이상 포함되어야 한다.
④ 시·도에 설치된 징계위원회의 위원장은 소방령 이상의 소방공무원 중에서 임명할 수 있다.

06. 「소방공무원 승진임용 규정 시행규칙」 상 근무성적평정의 조정에 관한 내용으로 옳지 않은 것은?

① 근무성적평정점의 분포비율 조정결과, 조정 전의 평정등급에서 아래등급으로 조정된 자의 조정점은 그 조정된 아래등급의 평균점으로 한다.
② 근무성적평정점을 조정하기 위하여 승진대상자명부 작성단위 기관별로 근무성적평정조정위원회를 둘 수 있다.
③ 근무성적평정조정위원회는 피 평정자의 상위직급 공무원 중에서 조정위원회가 설치된 기관의 장이 지정하는 3인 이상 5인 이하의 위원으로 구성한다.
④ 조정위원회가 설치된 기관의 장은 근무성적평정의 조정결과가 심히 부당하다고 인정되는 경우에는 당해 조정위원회의 위원장에게 이의 재조정을 요구할 수 있다.

07. 「소방공무원 승진임용 규정」 상 승진임용의 제한에 관한 내용이다. ( ) 안에 들어갈 내용으로 옳은 것은?

> 징계에 관하여 소방공무원과 다른 법령의 적용을 받는 공무원이 소방공무원으로 임용된 경우, 종전의 신분에서 (ㄱ)의 징계처분을 받고 그 처분 종료일부터 (ㄴ)이 지나지 않은 사람과 근신·군기교육이나 그 밖에 이와 유사한 징계처분을 받고 그 처분 종료일 부터 (ㄷ)이 지나지 않은 사람은 승진임용을 할 수 없다.

	ㄱ	ㄴ	ㄷ
①	정직	18개월	6개월
②	강등	18개월	12개월
③	강등	18개월	6개월
④	감봉	12개월	6개월

08. 「공무원고충처 리 규정」 상 소방공무원고충심 사위 원회에 위촉할 수 있는 민간위원으로 옳은 것은?

① 소방공무원으로 15년 근무하고 퇴직한 사람
② 대학에서 정신건강의학을 담당했던 사람으로서, 교수로 퇴직한 사람
③ 공인노무사로 3년 근무한 사람
④ 「의료법」 에 따른 의료인

09. 「소방공무원 교육훈련규정」 상 국내에서 위탁교육을 받은 경우 의무복무에 관한 내용이다. ( ) 안에 들어갈 내용으로 옳은 것은?

> 임용제청권자는 (ㄱ)의 국내 위탁교육훈련을 받은 소방공무원에 대해서는 특별한 경우를 제외하고 (ㄴ)의 범위에서 교육훈련기간과 같은 기간동안 교육훈련 분야와 관련된 직무 분야에서 복무하게 해야 한다.

	ㄱ	ㄴ
①	3개월	3 년
②	3개월	6 년
③	6개월	3 년
④	6개월	6 년

10. 「소방공무원 승진임용규정 시행규칙」 상 가점평정하는 경우 최대 초과할 수 없는 가점에 관한 내용으로 옳은 것은?

① 소방공무원이 해당 계급에서 학사·석사 또는 박사학위를 취득하거나 언어 능력이 우수하다고 인정되는 경우: 0.5점
② 소방공무원이 소방업무와 관련한 전국 및 특별시, 광역시·특별자치시·도·특별자치도 단위 대회 또는 평가결과 우수한 성적을 얻은 경우 : 3.0점
③ 소방행정의 균형발전을 위하여 소방청장이 실시하는 인사교류의 대상이 된 소방공무원의 경우 : 2.0점
④ 소방공무원이 해당 계급에서 격무·기피부서에 근무한 경우: 0.5점

11. 「공무원보수규정」 상 승급의 제한에 해당 되지 않는 소방공무원은? (단, 징계처분의 집행이 끝난 날을 기준으로 하고, 별도의 징계사유로 인한 가산기간은 산입하지 않는다)

① 강등의 징계처분 집행이 끝난 날을 기준으로 24개월이 되는 소방공무원
② 정직의 징계처분 집행이 끝난 날을 기준으로 12개월이 되는 소방공무원
③ 감봉의 징계처분 집행이 끝난 날을 기준으로 6개월이 되는 소방공무원
④ 견책의 징계처분 집행이 끝난 날을 기준으로 3개월이 되는 소방공무원

12. 「소방공무원 징계령」 상 징계를 심의·의결하는 징계위원회 관할에 관한 내용으로 옳은 것만을 모두 고른 것은?

> 가. 중앙소방학교 소속 소방경 이하의 소방공무원에 대한 징계 : 중앙소방학교에 설치된 징계위원회
> 나. 서울종합방재센터 소속 소방위 이하의 소방공무원에 대한 징계 : 서울종합방재센터에 설치된 징계위원회
> 다. 소방체험관 소속 소방위 이하의 소방공무원에 대한 징계 : 소방체험관에 설치된 징계위원회
> 라. 중앙119구조본부 소속 소방경 이하의 소방공무원에 대한 징계 : 중앙119구조본부에 설치된 징계위원회

① 가, 나, 다, 라　　② 가, 나
③ 다　　④라

13. 「소방공무원 승진임용 규정」 상 승진임용 구분별 비율과 승진임용예정 인원수의 책정에 관한 내용으로 옳지 않은 것은?

① 심사승진임용과 시험승진임용을 병행하는 경우에 그 승진임용방법별 임용비율은 계급별로 승진임용예정 인원수의 각 50퍼센트로 한다.
② 계급별 승진임용예정인원수를 정함에 있어서 특별승진임용예정인원수를 따로 책정한 경우에는 당초 승진임용예정인원수에서 특별승진임용예정인원수를 뺀 인원수를 당해 계급의 승진임용예정인원수로 한다.

③ 소방위로의 특별승진임용예정 인원수는 소방위로의 승진임용예정인원수의 15퍼센트 이내로 한다.
④ 소방장 이하 계급으로의 특별승진임용예정인원수는 해당계급으로의 승진임 용예정인원수의 25퍼센트 이내로 한다.

14. 「위험물안전관리법 시행규칙」 상 제조소 또는 일반취급소의 위치 · 구조 또는 설비의 변경허가를 받아야 하는 경우로 옳지 않은 것은?
① 위험물취급탱크의 노즐 또는 맨홀을 신설하는 경우(노즐 또는 맨홀의 지름이 200mm를 초과하는 경우에 한한다)
② 불활성기체의 봉입장치를 신설하는 경우
③ 위험물 취급탱크의 방유제 높이를 변경하는 경우
④ 300m를 초과하는 위험물 배관을 신설 · 교체 · 철거 또는 보수 배관을 절개하는 경우에 한한다) 하는 경우

15. 「위험물안전관리법 시행규칙」 상 제조소등의 설치허가를 받고자 하는 자가 특별시장,광역시장 또는 도지사나 소방서장에게 제출하는 설치허가 신청서의 첨부서류로 옳지 않은 것은?
① 50만리터 이상의 옥내탱크저장소: 기초 · 지반 및 탱크 본체의 설계도서
② 암반탱크저장소: 탱크본체 · 갱도 및 배관 그 밖의 설비의 설계도서
③ 지중탱크인 옥외탱크저장소: 지중탱크의 지반 및 탱크 본체의 설계도서
④ 해상탱크인 옥외탱크저장소: 공사계획서 및 공사공정표

16. 위험물안전관리법령상 군용 위험물시설의 설치 및 변경에 관한 내용으로 옳지 않은 것은?
① 군사목적을 위한 제조소등을 설치하고자 하는 군부대의 장은 당해 제조소등의 설치공사를 착수한 후 그 공사의 설계도서 등 관계서류를 시 · 도지사에게 제출해야 한다.
② 국가안보상 국가기밀에 속하는 제조소등을 설치하는 경우에는 당해 공사의 설계도서의 제출을 생략할 수 있다.
③ 군부대의 장이 설치하려는 제조소등의 소재지를 관할하는 시 · 도지사와 협의한 경우에는 제조소등에 대한 설치허가를 받은 것으로 본다.
④ 군부대의 장은 시 · 도지사와 협의한 제조소등에 대하여 탱크안전성능검사와 완공검사를 자체적으로 실시할 수 있다.

17. 「위험물안전관리법 시행규칙」 상 특정 · 준특정옥외탱크 저장소의 정기검사 시기로 옳지 않은 것은?
① 완공검사합격확인증을 발급받은 날부터 12년 이내에 1회 정밀정기검사를 받아야 한다.
② 최근의 정밀정기검사를 받은 날부터 11년 이내에 1회 정밀정기검사를 받아야 한다.
③ 완공검사합격확인증을 발급받은 날부터 10년 이내에 1회 중간정기검사를 받아야 한다.
④ 최근의 정밀정기검사를 받은 날부터 4년 이내에 1회 중간정기검사를 받아야 한다.

18. 「위험물안전관리법 시행규칙」 상 자체소방대에 두는 화학소방자동차에 갖추어야 하는 소화능력 및 설비의 기준으로 옳지 않은 것은?
① 포수용액 방사차 : 포수용액의 방사능력이 매분 2,000ℓ 이상일 것
② 포수용액 방사차 : 10만 ℓ 이상의 포수용액을 방사할 수 있는 양의 소화약제를 비치할 것
③ 분말방사차 : 분말의 방사능력이 매초 35kg 이상일 것
④ 분말방사차 : 1,200kg 이상의 분말을 비치할 것

19. 위험물안전관리법령상 위험물안전관리자(이하 "안전관리자"라 한다)에 관한 내용으로 옳지 않은 것은?
① 「위험물안전관리법」 에는 다른 법률에 의하여 안전관리업무를 하는 자로 선임된 자 가운데 대통령령이 정하는 자를 안전관리자로 선임할 수 있음이 명시되어 있다.
② 제조소등의 관계인이 안전관리자를 선임 또는 해임하거나 안전관리자가 퇴직한 때에는 해당 사유가 발생한 날부터 14일 이내에 행정안전부령으로 정하는 바에따라 소방본부장 또는 소방서장에게 신고해야 한다.
③ 안전관리자를 선임한 제조소등의 관계인은 안전관리자가 퇴직한 때에는 퇴직한 날부터 30일 이내에 다시 안전관리자를 선임해야 하고, 안전관리자의 퇴직과 동시에 다른 안전관리자를 선임하지 못하는 경우에는 행정안전부령이 정하는 자를 대리자로 지정하여 그 직무를 대행하게 하여야 한다. 이 경우 대리자가 안전관리자의 직무를 대행하는 기간은 30일을 초과할 수 없다.
④ 제조소등에 있어서 위험물취급자격자가 아닌 자는 안전관리자 또는 그 대리자가 참여한 상태에서 위험물을 취급하여야 한다.

20. 위험물안전관리 법령상 사고조사위원회의 위원으로 임명 또는 위촉할 수 있는 대상자로 옳지 않은 것은?(23위)
① 소속 소방공무원
② 「소방기본법」 제40조에 따른 한국소방안전원의 임직원 중 위험물 안전관리 관련 업무에 5년 이상 종사한 사람
③ 기술원의 임직원 중 위험물 안전관리 관련 업무에 2년 이상 종사한 사람
④ 위험물로 인한 사고의 원인 · 피해 조사 및 위험물 안전관리 관련 업무 등에 관한 학식과 경험이 풍부한 사람

21. 위험물안전관리법령상 완공검사를 받지 않고 제조소등을 사용한 경우 행정처분 기준으로 옳은 것은?

	1 차	2 차	3 차
①	사용정지 10일	사용정지 30일	허가취소
②	사용정지 10일	사용정지 60일	허가취소
③	사용정지 15일	사용정지 30일	허가취소
④	사용정지 15일	사용정지 60일	허가취소

22. 「위험물안전관리법」 상 벌칙규정으로 옳지 않은 것은?
① 제조소등에서 위험물을 유출 · 방출 또는 확산시켜 사람의 생명, 신체 또는 재산에 대하여 위험을 발생시킨 자는 1년 이상 10년 이하의 징역에 처한다.
② 제조소등에서 위험물을 유출 · 방출 또는 확산시켜 사람을 상해에 이르게 한 때에는 무기 또는 3년 이상의 징역에 처한다.
③ 저장소 또는 제조소등이 아닌 장소에서 지정수량 이상의 위험물을 저장 또는 취급한 자는 3년 이하의 징역 또는 5천만원 이하의 벌금에 처한다.
④ 탱크시험자로 등록하지 아니하고 탱크시험자의 업무를 한 자는 1년 이하의 징역 또는 1천만원 이하의 벌금에 처한다.

23. 「위험물안전관리법 시행령」 상 제조소등 설치자의 지위 승계신고를 기간 이내에 하지 않거나 허위로 한 경우 과태료 부과 기준으로 옳지 않은 것은?

① 신고기한의 다음날을 기산일로 하여 30일 이내에 신고한 경우: 250만원
② 신고기한의 다음날을 기산일로 하여 31일 이후에 신고한 경우: 300만원
③ 신고를 하지 않은 경우 : 400만원
④ 허위로 신고한 경우 : 500만원

24. 「위험물안전관리 시행규칙」 상 제조소등 의 위치·구조 및 설비기준에 관한 내용으로 옳은 것은?(23위)

① 위험물을 취급하는 건축물의 창에 유리를 이용하는 경우에는 망입유리 또는 방화유리로 하여야 한다.
② 배출설비의 급기구는 낮은 곳에 설치하고, 가는 눈의 구리망 등으로 인화방지망을 설치해야 한다.
③ 제조소의 위험물 취급탱크는 지하에 설치할 수 없다.
④ 복합용도 건축물의 옥내저장소는 벽、기둥、바닥 및 보가 내화구조인 건축물의 1층 또는 2층의 어느 하나의 층에 설치해야 한다.

25. 「위험물안전관리법 시행규칙」 상 제조소 등의 안전거리 또는 보유공지에 관한 내용으로 옳지 않은 것은?(23위)

① 제조소는 안전거리를 두어야 하나, 제6류 위험물을 취급하는 경우에는 안전거리를 두지 않을 수 있다.
② 취급하는 위험물의 최대수량이 지정수량의 10배인 제조소가 보유해야 하는 공지의 너비는 5미터 이상이다.
③ 주유취급소 및 판매취급소에는 안전거리를 두지 않을 수 있다.
④ 옥외탱크저장소의 보유공지는 옥외저장탱크의 측면으로부터 보유공지의 너비를 기산한다.

정 답

번호	01	02	03	04	05
정답	②	②	④	③	②
번호	06	07	08	09	10
정답	①	③	④	④	①
번호	11	12	13	14	15
정답	①	①	④	①	①
번호	16	17	18	19	20
정답	①	③	④	②	③
번호	21	22	23	24	25
정답	④	③	③	④	②

2023 소 방 전 술

01. 소방활동 검토회의에 관한 설명으로 옳지 않은 것은?

① 119안전센터에서는 본부 및 소방서 검토회의 대상을 제외하고 즉소화재를 포함하여 매 건마다 실시한다.
② 중요화재, 특수화재의 경우 통제관은 관할 소방서장으로 하되 필요한 경우 소방본부장이 할 수 있다.
③ 건물의 구조별 도시방법은 목조는 녹색, 방화조는 황색, 내화조는 적색으로 표시한다.
④ 소방활동도에는 부근의 도로, 소방용수, 펌프부서 및 수관 연장 방향 등을 기입한다.

02. 화재현장 지휘·통제에 관한 내용으로 옳지 않은 것은?
☞2024년 개정 삭제

① 전진지휘는 배연, 검색구조, 내부 소방호스 관리 등과 같은 실제 임무를 이행하는 단위지휘관이 사용가능한 형태이다.
② 전략수준은 전술수준에서 결정된 각 목표(문제)를 해결하기 위한 수준이다.
③ 분대편성 시 임무별 명명법에는 지붕소대, 진압소대, 배연소대, 구조소대, 대피소대 등이 있다.
④ 분대편성의 이점으로 현장지휘관의 통솔범위를 확대할 수 있다.

03. 파괴활동에 관한 내용으로 옳은 것은?

① 가스절단기 사용 시 절단물의 측면에서 화구가 절단부를 향해 가열한다.
② 철근콘크리트조 바닥의 파괴 목적이 주수를 위한 개구부일 경우 바닥의 철근이 노출되면 와이어커터 또는 가스절단기로 반드시 절단한다.
③ 판유리의 파괴순서는 유리의 중량을 고려하여 윗부분부터 종방향으로 파괴한다.
④ 파이프셔터의 파괴 시 동력절단기에 의한 절단은 가이드레일에 가까운 곳을 선정한다.

04. 재난현장 표준작전절차 중 초고층건물 화재 현장대응절차를 서술한 것으로 옳은 것은?

① 화점층이 고층인 경우 소방대는 비상용승강기를 화재층을 기점으로 3층 이하까지 이용, 화점층 진입은 옥너 또는 특별피난계단을 활용한다.
② 거주자 피난유도 시 15층마다 설치된 피난 및 안전구역으로 대피 유도한다.
③ 발화층이 2층 이상인 경우 연결송수관 활용, 내부 수관 연장은 소방대 전용방수구에서 연장한다.
④ 화점의 직상층 계단 또는 직상층에 경계팀 배치, 진입팀의 활동거점은 화점층의 특별피난계단 부속실에 확보한다.

05. 재해(사고)발생이론 중 하인리히(H.W.Heinrich)이론과 형태이다.버드 (Frank Bird)이론을 설명한 것으로 옳지 않은 것은?

① 제어의 부족 →기본원인→직접원인→사고→재해 손실 5단계로 설명한 것은 버드의 재해연쇄이론이다.
② 버드 이론 중 기계설비의 결함, 작업체제 등은 기본원인에 해당한다.
③ '1:29: 300의 법칙' 으로 재해구성비율을 설명한 이론은 하인리히 이론이다.

④ 하인리히 이론에서는 기본원인만 제거하면 재해는 일어나지 않는다고 하였다.

06. 안전교육의 방법 중 사례연구법의 장점으로 옳지 않은 것은?

① 이해도 측정이 용이하다.
② 흥미와 학습 동기를 유발할 수 있다.
③ 생각하는 학습 교류가 가능하다.
④ 현실적인 문제의 학습이 가능하다.

07. 분진폭발에 관한 설명으로 옳지 않은 것은?

① 연소속도나 폭발압력은 가스폭발에 비교하여 작으나 연소시간이 길고, 에너지가 크기 때문에 파괴력과 타는 정도가 크다. 즉, 발생하는 총에너지는 가스폭발의 수백 배이고 온도는 2,000~3,000℃까지 올라간다.
② 최대 폭발압력 상승 속도는 입자의 크기가 작을수록 증가하는데 이는 입자의 크기가 작을수록 확산과 발화가 쉽기 때문이다.
③ 폭발성 분진의 종류 중 금속류에는 Al, Mg, Zn, Fe, Ni, Si 등이 있고, 목질류에는 목분, 콜크분, 리그닌분, 종이가루 등이 있다.
④ 입자표면이 공기(산소)에 대하여 활성이 있는 경우 폭로 시간이 짧아질수록 폭발성이 낮아진다.

08. 위험물의 연소 특성에 관한 설명으로 옳은 것만을 모두 고른 것은? ①,②,③(복수정답처리)

> 가. 적린은 연소 시 오산화인의 흰 연기가 발생한다.
> 나. 황은 연소 시 푸른 불꽃을 내며 이산화황을 발생한다.
> 다. 인화아연은 연소 시 가연성·맹독성의 포스핀가스를 발생한다.
> 라. 디에틸알루미늄클로라이드는 연소 시 이산화질소를 발생한다.

① 가, 나　　② 나, 다
③ 가, 나, 다　　④ 가, 다, 라

09. 건물 붕괴 위험성 평가의 3가지 요소인 벽, 골조(기둥과 대들보), 바닥층 중 가장 위험한 붕괴 요인이 벽인 건물구조로 짝지어진 것은?

① 경량 목구조, 조적조
② 중량 목구조, 경량 목구조
③ 내화구조, 준 내화구조
④ 준 내화구조, 중량 목구조

10. 다음에서 설명하는 잠수병으로 옳은 것은?

> 압력이 높은 해저에서 압력이 낮은 수면으로 상승할 때 호흡을 멈추고 있으면 폐 속의 공기는 팽창하고 결국에는 폐포를 손상시키며, 공기가 폐에서 혈관계에 들어가 혈관의 흐름을 막음으로써, 장기에 기능부전을 일으켜 발생하는 질환

① 산소중독　　② 공기색전증
③ 감압병　　④ 탄산가스 중독

11. 소방대원이 화재현장 검색 및 구조활동 시 예상치 못한 상황으로 화재건물 속에 갇히거나 길을 잃었을 경우 취하여야 할 행동으로 옳지 않은 것은?

① 방향을 잃은 대원은 침착함을 유지하여 흥분과 공포감으로 인한 공기소모를 방지해야 한다.
② 창문이 있다면 창턱에 걸터앉아서 인명구조경보기를 틀거나 손전등 또는 팔을 흔들어 지원요청 신호를 보낼 수 있다.
③ 이동할 수 없을 만큼의 부상을 입었다면 생명에 지장이 없는 장비들을 포기하여야 한다.
④ 다른 대원의 도움을 받지 못하고 혼자서 탈출할 경우 수관 커플링의 결합부위를 찾아서 암커플링이 향하는 방향으로 기어서 탈출한다.

12. 다음에서 설명하는 장비로 옳은 것은?

> 지진과 건물붕괴 등 인명피해가 큰 재난 상황에서 구조자가 생존자를 찾을 수 있도록 돕는 장비로 일명 써치탭(Search TAP)이라고 한다.

① 고성능 영상탐지기　　② 매몰자 전파탐지기
③ 매몰자 음향탐지기　　④ 매몰자 영상탐지기

13. 수중구조 시 잠수에 사용하는 용어로 옳지 않은 것은?

① 수면에서 하강하여 최대수심에서 활동하다가 상승을 시작할 때까지의 시간을 '실제 잠수시간' 이라 한다.
② 체내의 잔류 질소량을 잠수하고자 하는 수심에 따라 결정되는 시간으로 바꾸어 표현한 것을 '잔류 질소시간' 이라 한다.
③ 스쿠버 잠수 후 10분 이후에서부터 15시간 내에 실행되는 스쿠버 잠수를 '재 잠수' 라 한다.
④ 이전 잠수로 인해 줄어든 시간 (잔류 질소시간) 과 실제 재잠수 시간을 합하여 나타낸 것을 '총 잠수시간' 이라 한다.

14. 위험요인의 회피 능력배양 방법으로 옳지 않은 것은?

① 내적 위험요인 통제능력
② 외적 위험요인 예지능력
③ 배우고 익히는 숙지능력
④ 행동으로 실행하는 능력

15. 구조활동의 원칙에서 명령통일에 관한 설명으로 옳지 않은 것은?

① 한 대원은 오직 한 사람의 지휘관에게만 보고하고 한 사람의 지휘만을 받는다는 것이다.
② 현장을 장악한 현장지휘관의 판단하에 엄정한 규율을 바탕으로 조직적인 부대활동을 기본원칙으로 하며 자의적인 단독행동은 절대로 해서는 안된다.
③ 현장에서 긴급히 대원을 철수하는 등 급박한 경우라도 반드시 명령통일의 원칙을 준수하여야 한다.
④ 명령계통에 있지 않은 대원에게 지시·명령을 내리는 것은 현장의 혼란을 가중한다.

16. 화학물질 분류 및 표지에 관한 세계조화 시스템(GHS) 위험성 표시 방법으로 옳은 것은?

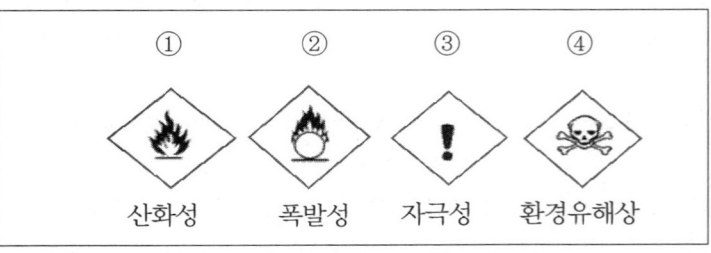

① ② ③ ④

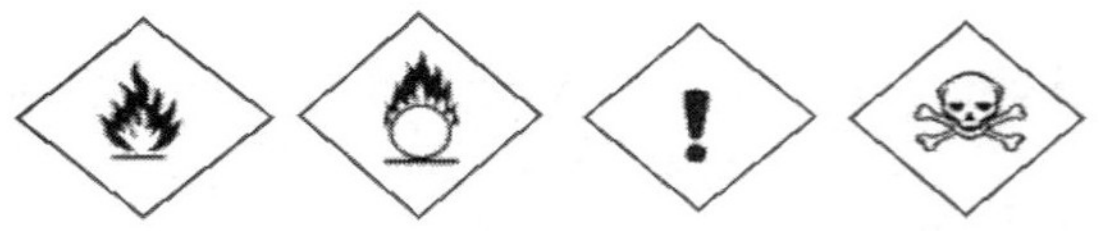

산화성　폭발성　자극성　환경유해상

17. 소방청장은 국외에서 대형재난 등이 발생한 경우 재외 국민의 보호 또는 재난 발생국의 국민에 대한 인도주의적 구조활동을 위하여 국제구조대를 편성하여 운영할 수 있다. 이와 관련하여 국제구조대의 편성과 운영에 관한 내용으로 옳지 않은 것은?

① 소방청장은 외교부장관과 협의를 거쳐 국제구조대를 재난발생국에 파견할 수 있다.
② 중앙소방학교장은 국제구조대를 국외에 파견할 것에 대비하여 구조대원에 대한 교육훈련 등을 실시할 수 있다.
③ 국제구조대의 편성, 파견, 교육 훈련 및 국제구조대원의 귀국 후 건강관리와 그 밖에 필요한 사항은 대통령령으로 정한다.
④ 국제구조대는 행정안전부령으로 정하는 장비를 구비하여야 한다.

18. 다수사상자 발생현장에서 호흡이 없는 30대 남성의 기도를 다시 개방했더니 숨을 쉬기 시작했다. 이 환자의 STRAT 분류법으로 옳은 것은?
① 긴급 ② 응급
③ 비응급 ④ 지연

19. 허벅지에 깊은 열상이 발생하여 직접 압박에도 지혈이 되지 않아 지혈대를 사용하고자 한다. 지혈대 사용에 관한 설명으로 옳은 것은?
① 철사나 밧줄을 사용한다.
② 말초부위 순환이 되도록 간헐적으로 풀어준다.
③ 관절 위에 적용한다.
④ 출혈이 멈추면 막대가 풀려 느슨해지지 않도록 주의한다.

20. 출혈로 인해 혈액량이 감소될 경우 인체의 초기 보상작용으로 나타나는 순환계의 반응으로 옳은 것은?
① 혈관이 수축하고, 맥박이 빨라진다.
② 혈관이 이완하고, 맥박이 빨라진다.
③ 혈관이 수축하고, 맥박이 느려진다.
④ 혈관이 이완하고, 맥박이 느려진다.

21. 부목고정의 기본원칙으로 옳은 것은?
① 뼈가 손상 부위 밖으로 나와 있으면 원래 위치로 넣는다.
② 관절 부위 손상은 위-아래 뼈를 고정해야 한다.
③ 쇼크의 징후가 보여도 먼저 완벽하게 부목으로 고정한 후 이송한다.
④ 손끝 및 발끝은 노출이 되지 않게 부목을 적용한다.

22. 자전거를 타다가 넘어지면서 머리와 얼굴부위에 심한 충격으로 척추손상이 의심되고, 이마에 결출상과 코에 출혈이 있는 환자의 응급처치로 옳지 않은 것은?
① 척추고정에 방해가 되어 헬멧을 제거하였다.
② 목뼈 손상이 의심되어 턱 밀어올리기 방법으로 기도를 개방하였다.
③ 의식장애 환자는 경추를 고정하고 편안하게 회복자세를 취해주었다.
④ 결손된 피부가 발견되어 접합수술을 위해 병원으로 함께 이송하였다.

23. 고혈당 환자에 관한 설명으로 옳지 않은 것은?
① 피부는 따뜻하고 건조하다.
② 호흡에서 아세톤 냄새가 나기도 한다.
③ 보통은 저혈당 환자에 비해 증상의 시작이 서서히 진행된다.
④ 인슐린 복용 후 식사를 하지 않는 경우에 주로 발생한다.

24. 무더운 여름 날 야외에서 장시간 작업을 하던 50대 여성의 의식이 혼미하며 피부가 뜨겁고 건조한 모습을 보이고 있다. 환자의 처치로 옳은 것은?
① 이온 음료를 마시게 한다.
② 저체온이 발생하지 않게 구급차를 따뜻하게 해 준다.
③ 환자의 몸을 축축하게 해 주고 부채질을 해 준다.
④ 가온된 산소를 공급한다.

25. 분만 후 신생아의 처치로 옳은 것은?정답 없음(이의제기 수용)
① 탯줄은 축축한 멸균거즈로 감싸서 건조되는 것을 방지한다.
② 신생아 소생술 시 가슴압박과 인공호흡의 비율은 15 : 2로 한다.
③ 구형 흡인기를 신생아의 입에 넣고 누른 다음 흡인을 2~3회 반복한다.
④ 첫 번째 탯줄결찰(제대결찰)은 신생아로부터 약 5cm 정도 떨어져 결찰한다.

정 답

번호	01	02	03	04	05
정답	①	②	④	④	④
번호	06	07	08	09	10
정답	①	④	①, ②, ③ (복수정답 처리)	①	②
번호	11	12	13	14	15
정답	④	④	③	③	③
번호	16	17	18	19	20
정답	③	②	①	④	①
번호	21	22	23	24	25
정답	②	③	④	③	정답없음 (이의제기 수용)

2024년 기출문제

2024 행 정 법

01. 행정법의 일반원칙에 관한 설명으로 옳지 않은 것은?

① 행정의 자기구속의 원칙은 재량준칙이 공표된 것만으로는 적용될 수 없다.

② 신뢰보호의 원칙에서 귀책사유의 유무는 상대방과 그로부터 신청행위를 위임받은 수임인 등 관계자 모두를 기준으로 판단하여야 한다.

③ 「행정기본법」상 권한남용금지의 원칙이란 행정주체가 행정작용을 함에 있어서 상대방에게 이와 실질적인 관련이 없는 의무를 부과하거나 그 이행을 강제하여서는 아니된다는 원칙을 말한다.

④ 신뢰보호의 원칙은 행정청이 공적인 견해를 표명할 당시의 사정이 그대로 유지됨을 전제로 적용되는 것이 원칙이므로, 사후에 그와 같은 사정이 변경된 경우에는 그 공적 견해가 더 이상 개인에게 신뢰의 대상이 된다고 보기 어려운 만큼, 특별한 사정이 없는 한 행정청이 그 견해표명에 반하는 처분을 하더라도 신뢰보호의 원칙에 위반된다고 할 수 없다.

02. 재량권의 한계에 관한 설명으로 옳지 않은 것은?

① 재량권 불행사 및 해태는 그 자체로서 재량권의 일탈· 남용에 해당한다.

② 사실의 존부에 대한 판단에는 재량권이 인정될 수 있으므로 사실을 오인하여 재량권을 행사한 경우에는 그 처분이 위법하다고 할 수 없다.

③ 재량행위에 대한 사법심사는 행정청의 재량에 기초한 공익 판단의 여지를 감안하여 법원이 독자적인 결론을 내리지 않고 해당 처분에 재량권 일탈·남용이 있는지 여부만을 심사한다.

④ 수개의 징계사유 중 일부가 인정되지 않더라도 인정되는 다른 일부 징계사유만으로도 당해 징계처분의 타당성을 인정하기에 충분한 경우에는 그 징계처분은 위법하지 않다.

03. 행정행위의 부관에 관한 설명으로 옳지 않은 것은?

① 부담에 의해 부과된 의무를 불이행한 경우 부담부 행정행위는 당연히 효력을 상실한다.

② 「행정기본법」상 행정청은 부관을 붙일 수 있는 처분을당사자가 동의한 경우에는 그 처분을 한 후에도 부관을 새로 붙이거나 종전의 부관을 변경할 수 있다.

③ 갱신신청 없이 유효기간이 지나면 주된 행정행위는 효력이 상실되므로 갱신기간이 지나 신청한 경우에는 기간연장신청이 아니라 새로운 허가신청으로 보아야 한다.

④ 행정행위가 그 내용상 장기간에 걸쳐 계속될 것이 예상되는데 유효기간이 허가 또는 특허된 사업의 성질상 부당하게 단기로 정해진 경우에는 그 유효기간을 '허가 또는 특허의 조건의 존속기간' 으로 보아야 한다.

04. 행정행위의 효력발생요건에 관한 설명으로 옳지 않은 것은?

① 상대방이 존재하지 않는 행정행위에 있어서는 처분권자의 의사에 따라 상당한 방법으로 대외적으로 표시됨으로써 행정행위로서 성립하여 효력이 발생한다.

② 등기우편과는 달리, 보통우편의 방법으로 발송되었다는 사실만으로는 그 우편물이 상당한 기간 내에 도달하였다고 추정할 수 없고, 송달의 효력을 주장하는 측에서 증거에 의하여 이를 입증하여야 한다.

③ 상대방이 부당하게 등기취급 우편물의 수취를 거부함으로써 그 우편물의 내용을 알 수 있는 객관적 상태의 형성을 방해한 경우, 그러한 상태가 형성되지 아니하였다는 사정만으로 발송인의 의사표시의 효력을 부정하는 것은 신의성실의 원칙에 반하므로 허용되지 않는다.

④ 상대방이 있는 행정처분은 상대방에게 통지 또는 도달되어야 효력이 발생하므로 인터넷 홈페이지에 장해등급 결정 내용을 게시하고 상대방이 그 홈페이지에 접속하여 결정 내용을 알게 되었다면 송달이 이루어졌다고 볼 수 있다.

05. 행정행위의 하자의 승계에 관한 설명으로 옳지 않은 것은?

① 선행 행정행위에 불가쟁력이 발생하지 않은 경우에도 하자의 승계가 인정된다.

② 선행 행정행위가 무효인 경우에는 후행 행정행위도 당연히 무효이므로 하자의 승계문제가 제기되지 않는다.

③ 선행 행정행위와 후행 행정행위가 서로 합하여 1개의 법률효과를 완성하는 때에는 선행 행정행위에 하자가 있으면 그 하자는 후행 행정행위에 승계된다.

④ 선행 행정행위와 후행 행정행위가 서로 독립하여 별개의 법률효과를 목적으로 하는 경우에도 선행 행정행위의 불가쟁력이나 구속력이 그로 인하여 불이익을 입게 되는 자에게 수인한도를 넘는 가혹함을 가져오며, 그 결과가 당사자에게 예측가능한 것이 아닌 경우에는 선행행위의 위법을 후행행위의 위법사유로 주장할 수 있다.

06. 하자 있는 행정행위의 치유에 관한 설명으로 옳지 않은 것은?

① 무효인 행정행위의 치유는 인정될 수 없다.

② 하자 있는 행정행위의 치유는 행정행위의 성질이나 법치주의의 관점에서 볼 때 원칙적으로 허용될 수 없는것이나 예외적으로 행정행위의 무용한 반복을 피하고 당사자의 법적 안정성을 위해 이를 허용할 수 있다.

③ 노선여객자동차운송사업의 사업계획변경인가처분에 관한 하자가 행정처분의 내용에 관한 것이고 새로운 노선면허가 소 제기 이후에 이루어진 사정 등에 비추어 하자의 치유를 인정하여야 한다.

④ 행정청이 처분절차에서 관계 법령의 절차 규정을 위반하여 절차적 정당성이 상실된 경우에는 해당 처분은 위법하고 원칙적으로 취소하여야 한다. 다만 처분상대방이나 관계인의 의견진술권이나 방어권 행사에 실질적으로 지장이 초래되었다고 볼 수 없는 특별한 사정이 있는 경우에는 절차 규정 위반으로 인하여 처분절차의 절차적 정당성이 상실되었다고 볼 수 없으므로 해당 처분을 취소할 것은 아니다.

07. 행정행위의 직권취소에 관한 설명으로 옳지 않은 것은?

① 판례는 원칙적으로 침익적 행정행위와 수익적 행정행위 모두 취소의 취소를 인정하고 있다.

② 수익적 행정행위의 하자나 취소해야 할 필요성에 관한 증명책임은 기존 이익과 권리를 침해하는 처분을 한 행정청에 있다.

③ 수익적 행정행위의 취소 제한에 관한 법리는 처분청이 수익적 행정행위를 직권으로 취소하는 경우에 적용되는 법리일 뿐 쟁송취소의 경우에는 원칙상 적용되지 않는다.

④ 수익적 행정행위를 취소할 때에는 이를 취소하여야 할 중대한 공익상 필요와 취소로 인하여 처분 상대방이 입게 될 기득권과 법적 안정성에 대한 침해 정도 등 불이익을 비교·교량한 후 공익상 필요가 강한 경우에 한하여 취소할 수 있다.

08. 「행정기본법」상 처분에 관한 규정 내용으로 옳지 않은 것은?

① 처분은 권한이 있는 기관이 취소 또는 철회하거나 기간의 경과 등으로 소멸되기 전까지는 유효한 것으로 통용된다. 다만, 무효인 처분은 처음부터 그 효력이 발생하지 아니한다.

② 당사자의 신청에 따른 처분은 법령등에 특별한 규정이 있거나 처분 당시의 법령등을 적용하기 곤란한 특별한 사정이 있는 경우를 제외하고는 처분 당시의 법령등에 따른다.
③ 행정청은 위법 또는 부당한 처분의 전부나 일부를 소급하여 취소할 수 있다. 다만, 당사자의 신뢰를 보호할 가치가 있는 등 정당한 사유가 있는 경우에는 장래를 향하여 취소할 수 있다.
④ 행정청은 법령등의 위반행위가 종료된 날부터 3년이 지나면 해당 위반행위에 대하여 제재처분(인허가의 정지·취소·철회, 등록 말소, 영업소 폐쇄와 정지를 갈음하는 과징금 부과를 말한다)을 할 수 없다.

09. 「행정조사기본법」의 규정 내용으로 옳지 않은 것은?
① 행정기관의 장은 인터넷 등 정보통신망을 통하여 조사대상자로 하여금 자료의 제출 등을 하게 할 수 있다.
② 행정기관의 장은 법령등에서 규정하고 있는 조사사항을 조사대상자로 하여금 스스로 신고하도록 하는 제도를 운영할 수 있다.
③ 행정조사를 실시할 행정기관의 장은 행정조사를 실시한 후에 다른 행정기관에서 동일한 조사대상자에게 동일하거나 유사한 사안에 대하여 행정조사를 실시하였는지 여부를 확인하여야 한다.
④ 행정조사는 법령등 또는 행정조사운영계획으로 정하는 바에 따라 정기적으로 실시함을 원칙으로 하지만, 법령등의 위반에 대한 신고를 받거나 민원이 접수된 경우에는 수시조사를 할 수 있다.

10. 행정상 강제집행에 관한 설명으로 옳지 않은 것은?
① 행정법상의 의무 이행이 있는 경우에 행정청이 의무자의 신체 또는 재산에 실력을 가하여 의무를 이행시키거나 이행한 것과 동일한 상태를 실현하는 작용을 행정상 강제집행이라고 한다.
② 행정상 강제집행에는 장래에 향하여 의무 이행을 강제하는 것을 직접적인 목적으로 하며 이에는 행정대집행, 이행강제금의 부과, 직접강제, 강제징수, 즉시강제, 보안처분 등이 있다.
③ 대집행의 근거법으로는 대집행에 관한 일반법인 「행정대집행법」과 대집행에 관한 개별법 규정이 있고 행정상 강제징수에 대한 근거법으로 「국세징수법」과 「국세징수법」을 준용하는 여러 개별법 규정이 있다.
④ 행정청이 행정대집행의 방법으로 건물의 철거 등 대체적 작위의무의 이행을 실현할 수 있는 경우에는 따로 민사소송의 방법으로 그 의무의 이행을 구할 수 없다.

11. 행정대집행에 관한 설명으로 옳지 않은 것은?
① 대집행은 계고, 대집행 영장에 의한 통지, 대집행의 실행, 대집행 비용의 징수를 거쳐 행한다.
② 비상시 또는 위험이 절박한 경우에 있어서 당해 행위의 급속한 실시를 요하여 계고를 취할 여유가 없을 때에는 계고를 거치지 아니하고 대집행을 할 수 있다.
③ 대집행 비용의 징수에 있어서는 행정청은 그 금액과 그 납기일을 정하여 의무자에게 구두로써 납부를 명하여야 한다. 비용납부명령은 비용 납부의무를 발생시키는 행정행위이다.
④ 계고처분은 상당한 이행기간을 정하여야 하는데 상당한 이행기간이라 함은 사회통념상 의무자가 스스로 의무를 이행하는데 필요한 기간을 말한다.

12. 행정질서벌(과태료)에 관한 설명으로 옳은 것은?
① 행정질서벌인 과태료는 형법총칙이 적용된다.
② 「질서위반행위규제법」에 의하면, 자신의 행위가 위법하지 아니한 것으로 오인하고 행한 질서위반행위는 그 오인에 정당한 이유가 있는 때에 한하여 과태료를 부과하지 아니한다.
③ 과태료 부과권자는 개별 법률에서 정함이 없이 법원이 「형법」에 따라 정하며 개별 법률에서 행정청이 부과하도록 한 경우에도 행정청의 과태료 부과에 불복하는 경우 법원이 「형사소송법」 절차에 따라 부과한다.
④ 행정청에 의해 부과되는 경우에 과태료 부과행위는 행정행위인데 「질서위반행위규제법」은 과태료 부과에 이의가 제기된 경우에 행정청의 과태료 부과처분은 그 효력이 상실되고 이의 제기를 받은 부과행정청은 관할 검찰에 통보하여 검사가 과태료를 결정한다.

13. 이행강제금에 관한 설명으로 옳지 않은 것은?
① 「농지법」상 이행강제금 부과처분은 항고소송의 대상이 되는 처분이 아니다.
② 이행강제금 납부의무는 상속인 기타의 사람에게 승계할 수 있는 성질의 것으로 사망한 사람에게 이행강제금을 부과하는 처분이나 결정도 가능하다.
③ 「행정기본법」상 이행강제금의 부과란 의무자가 행정상의무를 이행하지 아니하는 경우 행정청이 적절한 이행기간을 부여하고, 그 기한까지 행정상 의무를 이행하지 아니하면 금전급부의무를 부과하는 것을 말한다.
④ 「행정기본법」상 행정청은 의무자가 계고에서 정한 기한까지 행정상 의무를 이행하지 아니한 경우 이행강제금의 부과 금액, 사유, 시기를 문서로 명확하게 적어 의무자에게 통지하여야 하고 행정상 의무를 이행할 때까지 이행강제금을 반복하여 부과할 수 있다.

14. 행정상 즉시강제에 관한 설명으로 옳지 않은 것은?
① 즉시강제는 급박한 행정상의 장애를 제거할 필요시 그 의무를 명할 시간적 여유가 없을 때 즉시 국민의 신체 또는 재산에 실력을 가하여 행정상의 필요한 상태를 실현하는 행정작용을 말한다.
② 즉시강제는 법치국가의 요청인 예측가능성과 법적 안정성에 반하고 기본권 침해의 소지가 큰 권력작용이므로 행정강제는 행정상 강제집행을 원칙으로 하고 행정상 즉시강제는 예외적으로 인정되어야 한다.
③ 즉시강제는 행정 목적을 달성하기 위하여 필요한 경우에 한하여 행해져야 하고 긴급한 필요가 있더라도 영장주의가 반드시 적용되어야 한다는 것이 판례의 입장이다.
④ 즉시강제를 실시하기 위하여 현장에 파견되는 집행책임자는 그가 집행책임자임을 표시하는 증표를 보여 주어야 하며, 즉시강제의 이유와 내용을 고지하여야 하며, 즉시강제를 하려는 재산의 소유자 또는 점유자를 알 수 없거나 현장에서 그 소재를 즉시 확인하기 어려운 경우에는 즉시강제를 실시한 후 집행책임자의 이름 및 그 이유와 내용을 고지할 수 있다.

15. 「행정절차법」에 관한 설명으로 옳지 않은 것은?
① 적법절차원칙은 형사절차상의 영역에 한정되지 않고 입법, 행정 등 국가의 모든 공권력의 작용에 적용되는데 이것은 국가권력이 개인의 권익을 제한하는 경우에 개인의 권익을 보호하기 위한 적정한 절차를 거쳐야 한다는 것을 의미한다.
② 적법절차는 헌법적 효력을 가지며 행정절차에도 적용되므로 적법한 행정절차규정이 없는 경우 적법절차원칙이 직접 적용되어 적법절차에 따르지 않는 행정처분은 위법하다.
③ 행정처분을 함에 있어서 이해관계인에게 의견 진술의 기회를 주는 것은 행정절차의 요소인데 「행정절차법」상 의견청취에는 의견제출, 청문, 공청회가 있다.
④ 행정청은 당사자등이 제출한 의견을 반영하지 아니하고 처분을 한 경우 당사자등이 처분이 있음을 안 날로부터 180일 이내에 그 이유의 설명을 요청하면 서면으로 그 이유를 알려야 한다.

16. 「공공기관의 정보공개에 관한 법률」상 정보공개제도에 관한 설명으로 옳지 않은 것은?
① 정보공개는 비공개를 원칙으로 하고 공개는 예외에 해당하므로 비공개 대상정보는 제한적으로 해석하여야 한다.
② 정보공개청구권자가 공공기관에 대해 정보의 사본 또는 출력물의 교부의 방법으로 공개방법을 선택하여 정보공개청구를 하는 경우에 「공공기관의 정보공개에 관한 법률」에서 규정한 정보의 사본 또는 복제물의 교부를 제한할 수 있는 사유에 해당하지 않는 한 정보공개청구권자가 선택한 공개방법에 따라 정보를 공개하여야 하므로 그 공개방법을 선택할 재량권이 없다고 해석함이 상당하다.
③ 공개청구의 대상이 되는 정보란 공공기관이 직무상 작성 또는 취득하여 현재 보유·관리하고 있는 문서· 도면·사진·필름·테이프·슬라이드 및 이에 준하는 매체 등에 기록된 사항을 말하고 반드시 그 문서가 원본일 필요는 없다.
④ 공개청구의 대상이 되는 정보가 이미 다른 사람에게 공개되어 널리 알려져 있다거나 인터넷 등을 통하여 공개되어 인터넷 검색 등을 통하여 쉽게 알 수 있다는 사정만으로는 소의 이익이 없다거나 비공개결정이 정당화될 수 없다.

17. 「행정절차법」상 위반사실등의 공표에 관한 규정 내용으로 옳지 않은 것은?
① 위반사실등의 공표는 관보, 공보 또는 인터넷 홈페이지 등을 통하여 한다.
② 행정청은 법령에 따른 의무를 위반한 자의 성명·법인명, 위반사실, 의무 위반을 이유로 한 처분사실 등을 법률로 정하는 바에 따라 일반에게 공표할 수 있다.
③ 행정청은 위반사실등의 공표를 하기 전에 당사자가 공표와 관련된 의무의 이행, 원상회복, 손해배상 등의 조치를 마친 경우에도 위반사실등의 공표를 하여야 한다.
④ 행정청은 위반사실등의 공표를 하기 전에 사실과 다른 공표로 인하여 당사자의 명예·신용 등이 훼손되지 아니하도록 객관적이고 타당한 증거와 근거가 있는지를 확인하여야 한다.

18. 「국가배상법」에 관한 설명으로 옳지 않은 것은?
① 「국가배상법」상 생명·신체의 침해로 인한 국가배상을 받을 권리는 양도할 수 있으나 압류하지 못한다.
② 「국가배상법」은 외국인이 피해자인 경우에는 해당 국가와 상호 보증이 있을 때에만 적용한다.
③ 「국가배상법」에 따른 손해배상의 소송은 배상심의회에 배상신청을 하지 아니하고도 제기할 수 있다.
④ 「국가배상법」 제2조가 적용되는 '공무원의 직무' 에는 권력적 작용만이 아니라 비권력적 작용도 포함되며 단지 행정주체가 사경제주체로서 하는 활동만 제외된다.

19. 「공익사업을 위한 토지 등의 취득 및 보상에 관한 법률」의 규정 내용으로 옳지 않은 것은?
① 토지수용위원회의 재결은 서면으로 한다.
② 보상금증감청구소송인 경우 그 소송을 제기하는 자가 토지소유자 또는 관계인일 때에는 관할 토지수용위원회를 피고로 한다.
③ 사업인정고시가 된 후 협의가 성립되지 아니하였을 때에는 토지소유자와 관계인은 대통령령으로 정하는 바에 따라 서면으로 사업시행자에게 재결을 신청할 것을 청구할 수 있다.
④ 사업시행자는 동일한 사업지역에 보상시기를 달리하는 동일인 소유의 토지등이 여러 개 있는 경우 토지소유자나 관계인이 요구할 때에는 한꺼번에 보상금을 지급하도록 하여야 한다.

20. 행정심판에 관한 설명으로 옳지 않은 것은?
① 「행정심판법」상 사정재결은 무효등확인심판에는 적용하지 아니한다.
② 「행정심판법」상 법인이 아닌 사단 또는 재단으로서 대표자나 관리인이 정하여져 있는 경우에도 그 사단이나 재단의 이름으로 심판청구를 할 수 없다.
③ 「행정심판법」상 행정심판위원회는 심판청구가 이유가 있다고 인정하는 경우에도 이를 인용(認容)하는 것이 공공복리에 크게 위배된다고 인정하면 그 심판청구를 기각하는 재결을 할 수 있다.
④ 행정심판에 있어서 행정심판위원회의 재결 내용이 처분청의 처분을 스스로 취소하는 것일 때에는 그 재결의 형성력이 발생하여 당해 행정처분은 별도의 행정처분을 기다릴 것 없이 당연히 취소되어 소멸되는 것이다.

21. 「행정심판법」의 규정 내용으로 옳지 않은 것은?
① 행정심판위원회는 필요하면 당사자가 주장하지 아니한 사실에 대하여도 심리할 수 있다.
② 행정심판위원회는 심판청구의 대상이 되는 처분보다 청구인에게 불리한 재결을 하지 못한다.
③ 행정심판위원회는 심판청구의 대상이 되는 처분 또는 부작위 외의 사항에 대하여도 재결할 수 있다.
④ 심리기일은 행정심판위원회가 직권으로 지정하며, 심리기일의 변경은 직권으로 또는 당사자의 신청에 의하여 한다.

22. 행정소송의 피고에 관한 설명으로 옳은 것은?
① 저작권심의조정위원회 위원장은 저작권 등록업무의 처분청으로서 그 등록처분에 대한 무효확인소송에서 피고적격을 가진다.
② 중앙노동위원회의 처분에 대한 소송은 중앙노동위원회를 피고로 한다.
③ 행정처분을 행할 적법한 권한 있는 상급행정청으로부터 내부위임을 받은 데 불과한 하급행정청이 권한 없이 행정처분을 한 경우에도 그 상급행정청을 그 처분에 대한 행정소송의 피고로 한다.
④ 에스에이치공사가 택지개발사업 시행자인 서울특별시장으로부터 이주대책 수립권한을 포함한 택지개발사업에 따른 권한을 위임 또는 위탁받은 경우, 이주대책 대상자들이 에스에이치공사 명의로 이루어진 이주대책에 관한 처분에 대한 취소소송을 제기함에 있어 정당한 피고는 에스에이치공사가 된다.

23. 항고소송의 대상에 관한 설명으로 옳은 것은?
① 「병역법」상 군의관이 하는 징병검사시의 신체등위판정은 항고소송의 대상이 되는 행정처분이다.
② 지방의회 의장에 대한 불신임의결은 의장으로서의 권한을 박탈하는 행정처분의 일종으로서 항고소송의 대상이 된다.
③ 세무조사결정은 항고소송의 대상이 되는 행정처분에 해당하지 않는다.
④ 구 「남녀차별금지 및 구제에 관한 법률」상 국가인권위원회의 성희롱 결정 및 시정조치권고는 행정소송의 대상이 되는 행정처분에 해당하지 않는다.

24. 「행정소송법」의 규정 내용으로 옳지 않은 것은?
① 원고가 피고를 잘못 지정한 때에는 법원은 원고의 신청에 의하여 결정으로써 피고의 경정을 허가할 수 있다.
② 사정판결의 경우 법원은 그 판결의 주문에서 그 처분등이 위법함을 명시할 필요는 없다.
③ 법원은 필요하다고 인정할 때에는 직권으로 증거조사를 할 수 있고, 당사자가 주장하지 아니한 사실에 대하여도 판단할 수 있다.

④ 법원은 취소소송을 당해 처분등에 관계되는 사무가 귀속하는 국가 또는 공공단체에 대한 당사자소송 또는 취소소송외의 항고소송으로 변경하는 것이 상당하다고 인정할 때에는 청구의 기초에 변경이 없는 한 사실심의 변론종결시까지 원고의 신청에 의하여 결정으로써 소의 변경을 허가할 수 있다.

25. 행정소송에 관한 설명으로 옳은 것은?
① 광주광역시문화예술회관장의 시립합창단원에 대한 재위촉 거부는 공법상 당사자소송의 대상이 아니다.
② 「행정소송법」상 판결에 의하여 취소되는 처분이 당사자의 신청을 거부하는 것을 내용으로 하는 경우에는 그 처분을 행한 행정청은 판결의 취지에 따라 다시 이전의 신청에 대한 처분을 하여야 한다.
③ 납세의무부존재확인의 소는 공법상의 법률관계 그 자체를 다투는 소송으로서의 공법상 당사자소송에 해당하지 않는다.
④ 「행정소송법」상 기관소송은 국가 또는 공공단체의 기관이 법률에 위반되는 행위를 한 때에 직접 자기의 법률상 이익과 관계없이 그 시정을 구하기 위하여 제기하는 소송이다.

정 답

번호	01	02	03	04	05
정답	③	②	①	④	①
번호	06	07	08	09	10
정답	③	①	④	③	②
번호	11	12	13	14	15
정답	③	②	②	③	④
번호	16	17	18	19	20
정답	①	③	①	②	②
번호	21	22	23	24	25
정답	③	④	②	②	②

2024 소방법령 Ⅵ

01. 「소방공무원 임용령」상 임용권의 위임에 관한 내용으로 옳지 않은 것은?
① 소방청장은 시·도 소속 소방령 이상 소방감 이하의 소방공무원에 대한 전보, 휴직, 직위해제, 강등, 면직, 정직 및 복직에 관한 권한을 시·도지사에게 위임한다.
② 중앙119구조본부장은 119특수구조대 소속 소방경 이하의 소방공무원에 대한 해당 119특수구조대 안에서의 전보권을 해당 119특수구조대장에게 다시 위임한다.
③ 시·도지사는 관할구역 안의 119특수대응단 소속 소방경 이하의 소방공무원에 대한 해당기관 안에서의 전보권을 119특수대응단장에게 위임한다.
④ 소방청장은 중앙소방학교 소속 소방공무원 중 소방경 이하의 소방공무원에 대한 임용권을 중앙소방학교장에게 위임한다.

02. 「소방공무원 승진임용 규정 시행규칙」상 교육훈련성적 평정의 기준에 관한 내용으로 옳지 않은 것은?
① 행정안전부령으로 정하는 교육훈련성적에서 공무원교육훈련기관의 직무 관련 교육과정 및 임용권자가 인정하는 외부 교육기관의 직무 관련 교육과정은 해당 계급에서 1.0점을 초과할 수 없다.
② 행정안전부령으로 정하는 교육훈련성적에서 교육훈련기관 및 공무원교육훈련기관에서 실시하는 사이버교육 과정은 해당 계급에서 1.0점을 초과할 수 없다.
③ "행정안전부령으로 정하는 전문능력에 관한 성적" 이란 소방공무원의 업무 수행에 필요한 전문 자격 취득·보유에 대한 평정점을 말한다.
④ 직장훈련성적은 「소방공무원 교육훈련규정」에 따른 직장훈련의 성적 중 평정 기준일 이전 12개월간의 평정점을 말한다.

03. 「소방공무원 승진임용 규정 시행규칙」상 근무성적등 평정에 관한 내용으로 옳지 않은 것은?
① 근무성적평정은 수, 우, 양, 가로 구분한다.
② 근무성적의 총평정점은 100점을 만점으로 하되, 제1차평정자와 제2차평정자는 각각 50점을 최고점으로 하여 평정한다.
③ 조정위원회가 설치된 기관의 장은 근무성적평정의 조정결과가 심히 부당하다고 인정되는 경우에는 당해 조정위원회의 위원장에게 이의 재조정을 요구할 수 있다.
④ 근무성적평정 조정위원회는 피평정자의 상위직급공무원 중에서 조정위원회가 설치된 기관의 장이 지정하는 3인 이상 5인 이하의 위원으로 구성한다.

04. 「소방공무원 임용령」상 소방공무원인사위원회 구성 인원에 관한 내용으로 옳은 것은?
① 위원장을 포함한 5명 이상 7명 이하의 위원으로 구성한다.
② 위원장을 제외한 5명 이상 7명 이하의 위원으로 구성한다.
③ 위원장을 포함한 3명 이상 5명 이하의 위원으로 구성한다.
④ 위원장을 제외한 3명 이상 5명 이하의 위원으로 구성한다.

05. 「소방공무원 승진임용 규정」상 승진대상자명부의 작성에 관한 내용으로 옳은 것은?

① 승진에 필요한 요건을 갖춘 소방정에 대해서는 근무성적평정점 70퍼센트, 경력평정점 15퍼센트, 교육훈련성적평정점 15퍼센트의 비율에 따라 승진대상자명부를 작성해야 한다.
② 승진에 필요한 요건을 갖춘 소방령에 대해서는 근무성적평정점 70퍼센트, 경력평정점 20퍼센트, 교육훈련성적평정점 10퍼센트의 비율에 따라 승진대상자명부를 작성해야 한다.
③ 행정안전부령으로 정하는 바에 따라 학사·석사·박사학위를 취득하거나 언어능력이 우수한 경우 가점해야 한다.
④ 승진대상자명부 및 승진대상자통합명부는 매년 3월 1일과 9월 1일을 기준으로 하여 작성한다.

06.「소방공무원 교육훈련 규정」상 교육훈련기관에서의 교육에서 교육훈련대상자의 선발과 교육훈련성적의 평가에 관한 내용으로 옳지 않은_것은?
① 소방기관의 장이나 임용권자 또는 임용제청권자는 규정에 따른 교육훈련계획에 따라 채용후보자명부 등재순위, 신규채용일 또는 승진임용일, 계급, 담당업무,경력 및 건강상태 등을 고려하여 교육훈련과정별 목적에 적합한 사람을 교육훈련대상자로 선발해야 한다.
② 교육훈련기관의 장은 통보받은 교육훈련대상자가 교육훈련과정별 목적에 적합하지 않다고 인정되는 경우에는 해당 소방기관장등에게 교육훈련대상자를 교체 하여 줄 것을 요청할 수 있다.
③ 교육훈련기관의 장은 교육훈련이 시작되기 전에 교육훈련대상자에게 과제를 부여하고 그 결과를 교육훈련성적에 반영하여서는 아니 된다.
④ 교육훈련기관의 장은 교육훈련을 받은 사람의 교육훈련성적을 교육훈련 수료 또는 졸업 후 10일 이내에 그 소속 소방기관장등에게 통보해야 한다.

07. 「소방공무원 승진임용 규정」상 보통승진심사위원회의 구성에 관한 내용으로 옳지 않은 것은?
① 중앙소방학교, 중앙119구조본부 및 국립소방연구원의 보통승진심사위원회는 위원장을 포함하여 5명 이상 9명 이하의 위원으로 구성한다.
② 시·도의 보통승진심사위원회는 승진심사대상자보다 상위 계급의 소방공무원 또는 외부 전문가 중에서 임명하거나 위촉한다.
③ 중앙소방학교, 중앙119구조본부 및 국립소방연구원의 보통승진심사위원회는 승진심사대상자보다 상위계급의 소방공무원 중에서 임명하거나 위촉한다.
④ 보통승진심사위원회의 위원은 해당 승진심사기간 중에는 둘 이상의 계급에 대한 승진심사위원을 겸할 수 있다. 다만, 특별승진심사나 근속승진심사를 하는 경우에는 그러하지 아니하다.

08.「소방공무원법」 및 「소방공무원 승진임용 규정」상 근속승진에 관한 내용으로 옳은 것은?
① 「공무원임용령」에 따른 인사교류 기간 중에 있는 소방공무원의 근속승진 기간을단축하는 소방공무원의 인원수는 인사혁신처장이 제한할 수 있다.
② 「공무원임용령」에 따른 인사교류 경력이 있는 소방공무원을 근속승진임용하는 경우에는 근속승진기간에서 인사교류 기간의 2분의 1에 해당하는 기간을 단축할 수 있다.
③ 소방위는 해당 계급에서 근속승진기간으로 규정된 6년 6개월 근속한 경우, 소방경으로 근속승진임용된다.
④ 적극행정 수행 태도가 돋보인 소방공무원을 근속승진 임용하는 경우에는 근속승진기간에서 2년을 단축할 수 있다.

09.「소방공무원법」 및 「소방공무원 징계령」상 소방공무원 징계절차에 관한 내용으로 옳지 않은 것은?
① 「소방공무원 징계령」에 의하면 소방기관의 장은 「국가공무원법」에 따라 수사개시 통보를 받으면 지체 없이 징계의결등의 요구나 그 밖에 징계등 절차의 진행 여부를 결정해야 한다.
② 「소방공무원 징계령」에 의하면 징계의결등 요구를 받은 징계위원회는 그 요구서를 받은 날부터 30일 이내에 징계의결등을 해야 한다. 다만, 부득이한 사유가 있을 때에는 해당 징계위원회의 의결로 30일의 범위에서 그 기한을 연기할 수 있다.
③ 「소방공무원법」에 의하면 시·도지사가 임용권을 행사하는 소방공무원의 징계는 관할 징계위원회의 의결을 거쳐 임용권자가 한다. 다만, 시·도 소속 소방기관에설치된 소방공무원 징계위원회에서 의결한 정직·감봉 및 견책은 그 징계위원회가 설치된 기관의 장이 한다.
④ 「소방공무원법」에 의하면 소방공무원의 징계의결을 요구한 기관의 장은 관할 시·도에 설치된 소방공무원 징계위원회의 의결이 경(輕)하다고 인정할 때에는 그 처분을 하기 전에 국무총리 소속으로 설치된 징계위원회에 심사 또는 재심사를 청구할 수 있다.

10. 「소방공무원 징계령」상 소방공무원에 대한 징계위원회에서 징계위원의 제척·기피 및 회피에 관한 내용으로 (가)~(라)에서 옳은 것만을 있는 대로 모두 고른 것은?

(가) 징계위원회의 위원이 징계등 혐의자와 친족 관계에 있는 경우 뿐만 아니라 친족관계에 있었던 경우에도 해당 징계등 사건의 심의·의결에서 제척된다.
(나) 징계위원회의 위원이 징계등 혐의자의 직근 상급자이거나 해당 징계등 사건의 사유와 관계가 있는 경우에도 해당 징계등 사건의 심의·의결에서 제척된다.
(다) 징계위원회의 위원이 해당 징계등 사건이 제척사유에 해당하면 스스로 해당 징계등 사건의 심의·의결을 회피하여야 한다.
(라) 징계등 혐의자는 위원 중에서 불공정한 의결을 할 우려가 있다고 의심할 만한 타당한 이유가 있을 때에는 그 사실을 서면으로 소명하고 해당 위원의 기피를 신청할 수 있다.

① (가), (나), (다), (라)
② (나), (다), (라)
③ (다), (라)
④ (가), (나)

11.「소방공무원법」상 소방공무원의 정년에 관한 내용으로 옳은 것은?
① 소방준감의 계급정년은 4년이다.
② 계급정년을 산정할 때에는 근속여부와 관계없이 소방공무원 또는 경찰공무원으로서 그 계급에 상응하는 계급으로 근무한 연수(年數)를 포함한다.
③ 징계로 인하여 소방경으로 강등된 소방공무원의 계급정년은 강등되기 전 계급 중 가장 높은 계급의 계급정년으로 하며, 그 기간의 산정은 강등되기 전 계급의근무연수를 기준으로 계산한다.
④ 소방청장은 전시, 사변, 그 밖에 이에 준하는 비상사태에서 소방공무원의 계급정년을 2년의 범위에서 연장할 수 있되, 소방경 이상의 소방공무원에 대하여는 행정안전부장관의 제청으로 국무총리를 거쳐 대통령의 승인을 받아야 한다.

12.「소방공무원법」 및 「공무원고충처리규정」상 고충심사위원회의 결정에 관한 내용으로 (가)~(라)에서 옳은 것만을 있는 대로 모두 고른 것은?

(가) 고충심사청구가 이유 없다고 인정되는 경우에는 청구를 각하하는 결정을 한다. (나) 고충심사청구가 상당한 이유가 있다고 인정되는 경우에는 처분청이나 관계 기관의 장에게 시정을 요청하는 결정을 한다. (다) 고충심사청구가 같은 사안에 관하여 이미 소청 또는 고충심사 결정이 이루어진 경우 등 명백히 고충심사의 실익이 없는 경우에는 청구를 기각 하는 결정을 한다. (라) 시정을 요청할 정도에 이르지 아니하나, 제도나 정책 등의 개선이 필요하다고 인정되는 경우에는 처분청이나 관계 기관의 장에게 이에 대한 합리적인 개선을 권고하거나 의견을 표명하는 결정을 한다.

① (가), (다), (라)
② (가), (나)
③ (나), (라)
④ (나), (다), (라)

13. 「위험물안전관리법 시행령」상 위험물 및 지정수량 기준에 관한 내용으로 옳지 않은 것은?

① 제1류 위험물인 "산화성고체" 라 함은 고체[액체(1기압 및 섭씨 20도에서 액상인 것 또는 섭씨 20도 초과 섭씨 40도 이하에서 액상인 것)또는 기체(1기압 및 섭씨 20도에서 기상인 것)외의 것을 말한다]로서 산화력의 잠재적인 위험성 또는 충격에 대한 민감성을 판단하기 위하여 소방청장이 정하여 고시하는 시험에서 고시로 정하는 성질과 상태를 나타내는 것이다.
② 제3류 위험물인 "자연발화성 및 금수성물질" 이라 함은 고체 또는 액체로서 공기 중에서 발화의 위험이 있거나 물과 접촉하여 발화하거나 가연성가스를 발생하는 위험성이 있는 것을 말한다.
③ 제4류 위험물인 "인화성액체" 라 함은 액체(제4석유류 및 동식물유류의 경우 1기압과 섭씨 25도에서 액체인 것만 해당한다)로서 인화의 위험성이 있는 것을 말한다.
④ 제5류 위험물인 "자기반응성물질" 이란 고체 또는 액체로서 폭발의 위험성 또는 가열분해의 격렬함을 판단하기 위하여 고시로 정하는 시험에서 고시로 정하는성질과 상태를 나타내는 것을 말하며, 위험성 유무와 등급에 따라 제1종 또는 제2종으로 분류한다.

14. 「위험물안전관리법 시행령」상 제5류 위험물 중 유기과산화물을 함유하는 것 중에서 불활성고체를 함유하는 것으로 위험물에서 제외되는 기준에 대한 내용으로 옳지 않은 것은?

① 과산화벤조일의 함유량이 35.5중량퍼센트 미만인 것으로서 전분가루, 황산칼슘2수화물 또는 인산수소칼슘2수화물과의 혼합물
② 비스(4-클로로벤조일)퍼옥사이드의 함유량이 30중량퍼센트 미만인 것으로서 불활성고체와의 혼합물
③ 과산화다이쿠밀의 함유량이 40중량퍼센트 미만인 것으로서 불활성고체와의 혼합물
④ 사이클로헥산온퍼옥사이드의 함유량이 40중량퍼센트 미만인 것으로서 불활성고체와의 혼합물

15. 「위험물안전관리법 시행규칙」상 제조소등의 변경허가를 받아야 하는 경우로 옳지 않은 것은?

① 제조소 또는 일반취급소, 옥내저장소에 배출설비를 신설하는 경우
② 옥내탱크저장소의 옥내저장탱크(탱크본체를 절개하는 경우 제외)를 보수하는 경우
③ 옥외탱크저장소에 불활성기체의 봉입장치를 신설하는 경우
④ 주유취급소의 경우 300m(지상에 설치하지 않는 배관의 경우에는 30m)를 초과하는 위험물의 배관을 신설하는 경우

16. 「위험물안전관리법 시행규칙」상 행정처분기준에 대한 내용으로 옳은 것은?

① 일반기준으로 제조소등에 대한 사용정지의 처분기간이 완료될 때까지 위반행위가 계속되는 경우에는 1차 행정처분으로 허가취소한다.
② 개별기준으로 완공검사를 받지 않고 제조소등을 사용하는 경우 1차 행정처분으로 허가취소한다.
③ 개별기준으로 안전관리대행기관의 지정기준에 미달되는 때 1차 행정처분으로 지정취소한다.
④ 개별기준으로 탱크시험자가 다른 자에게 등록증을 빌려준 경우 1차 행정처분으로 등록취소한다.

17. 「위험물안전관리법 시행규칙」상 제조소의 위치·구조 및 설비의 기준에 대한 내용으로 옳지 않은 것은?

① 옥외에 있는 위험물취급탱크(용량이 지정수량의 5분의 1 미만인 것 제외)로서 액체위험물(이황화탄소 제외)을 취급하는 것 주위에는 방유제를 설치해야 하며, 하나의 취급탱크주의에 설치하는 방유제의 용량은 당해 탱크용량의 50%이상으로 한다.
② 연소의 우려가 있는 외벽에 설치하는 출입구에는 수시로 열 수 있는 자동폐쇄식의 60분+ 방화문 또는 60분방화문을 설치하여야 한다.
③ 제1류 위험물(알칼리금속의 과산화물 제외)은 "화기· 충격주의", "가연물접촉주의" 의 주의사항을 표시한 게시판을 설치해야 한다.
④ 배출설비는 국소방식으로 하여야 한다. 다만, 위험물취급설비가 배관이음 등으로만 된 경우 전역방식으로 할 수 있다.

18. 「위험물안전관리법 시행규칙」상 옥내저장소의 위치· 구조 및 설비의 기준에 대한 내용으로 옳은 것은?

① 저장창고는 지면에서 처마까지의 높이가 6m 미만인 단층건물로 하고 그 바닥을 지반면보다 높게 하여야 한다. 다만, 제2류 또는 제4류 위험물만을 저장하는 창고로서 일정기준에 적합한 경우 지면에서 처마까지의 높이를 20m 이하로 할 수 있다.
② 제3석유류, 제4석유류 또는 동식물유류의 위험물을 저장 또는 취급하는 옥내저장소로서 그 최대수량이 지정수량의 20배 미만인 경우 안전거리를 두지 아니할 수 있다.
③ 저장창고의 벽·기둥·바닥·보·서까래 및 계단을 불연재료로 하고, 연소(延燒)의 우려가 있는 외벽(소방청장이 정하여 고시하는 것에 한한다.)은 출입구 외의 개구부가 없는 내화구조의 벽으로 하여야 한다.
④ 적린을 저장하는 다층건물 옥내저장소의 하나의 저장창고의 바닥면적 합계는 2,000m² 이하로 해야 한다.

19. 「위험물안전관리법」 및 같은 법 시행령과 시행규칙상 위험물시설의 설치 및 변경에 관한 사항으로 옳은 것은?

① 지정수량의 100배 이상의 위험물을 취급하는 제조소의 구조·설비에 관한 사항은 한국소방산업기술원의 기술검토를 받고 그 결과가 행정안전부령으로 정하는 기준에 적합한 것으로 인정되어야 한다.
② 제조소등의 관계인은 제조소등의 사용을 중지(경영상 형편, 대규모 공사 등의 사유로 2개월 이상 위험물을 저장하지 아니하거나 취급하지 아니하는 것을 말한다.)하려는 경우에는 위험물의 제거 및 제조소등에의 출입통제 등 행정안전부령으로 정하는 안전조치를 하여야 한다.
③ 제조소등의 설치자의 지위승계를 신고하려는 자는 신고서에 제조소등의 완공검사합격확인증과 지위승계를 증명하는 서류를 첨부하여 시·도지사 또는 소방서장에게 제출해야 한다.
④ 제조소등에 대한 완공검사합격확인증을 훼손 또는 파손하여 재신청을 하는 경우에는 신청서에 해당 완공검사합격확인증을 첨부하지 않아도 된다.

20. 「위험물안전관리법 시행규칙」상 제조소등의 소화난이도등급에 관한 내용 중 옳은 것은?(단, 제시한 조건 외의 것은 고려하지 않는다)

① 옥외탱크저장소 중 소화난이도등급Ⅱ에 해당하는 경우에는 소형수동식소화기 2개 이상을 설치해야 한다.
② 연면적 150㎡를 초과하는 옥내저장소로서 150㎡ 이내마다 불연재료 또는 준불연재료로 개구부 없이 구획된 것은 소화난이도등급 Ⅰ에서 제외한다.
③ 지정수량의 100배 이상의 위험물을 취급하는 제조소로서 고인화점위험물만을 100℃ 미만의 온도에서 취급하는 것은 소화난이도등급Ⅰ에 포함된다.
④ 옥내탱크저장소 중 탱크전용실이 단층건물 외의 건축물에 있는 것으로서 인화점 38℃ 이상 70℃ 미만의 위험물을 지정수량의 5배 이상 저장하는 것(내화구조로 개구부없이 구획된 것은 제외한다)은 소화난이도등급Ⅰ에 포함된다.

21. 「위험물안전관리법 시행령」상 위험물의 지정수량과 같은 법 시행규칙상 위험물 운반에 관한 기준에서 정하는 위험등급에 관하여 ㉠~㉢에 들어갈 내용으로 옳은 것은?

품 명	지정수량(kg)	위험등급
황린	20	(㉠)
황화인	(㉡)	Ⅱ
알킬리튬	10	(㉢)

① ㉠ : Ⅰ ㉡ : 20 ㉢ : Ⅱ
② ㉠ : Ⅱ ㉡ : 20 ㉢ : Ⅱ
③ ㉠ : Ⅰ ㉡ : 100 ㉢ : Ⅰ
④ ㉠ : Ⅱ ㉡ : 100 ㉢ : Ⅰ

22. 「위험물안전관리법 시행규칙」상 위험물 운송책임자의 감독 또는 지원의 방법과 위험물의 운송시에 준수하여야 하는 사항에 대한 내용으로 옳지 않은 것은?

① 제3류 위험물 중 알루미늄의 탄화물을 장거리 운반하는 경우 2명 이상의 운전자로 하여야 한다.
② 위험물 운송 시 장거리란 고속국도에 있어서는 340km 이상, 그 밖의 도로에 있어서는 200km 이상을 한다.
③ 특수인화물 및 제1석유류를 운송하게 하는 자는 위험물안전카드를 위험물운송자로 하여금 휴대하게 하여야 한다.
④ 위험물운송자는 운송의 개시 전에 이동저장탱크의 배출밸브 등의 밸브와 폐쇄장치, 맨홀 및 주입구의 뚜껑, 소화기 등의 점검을 충분히 실시하여야 한다.

23. 「위험물안전관리법 시행령」상 탱크시험자의 기술능력 중 필요한 경우에 두는 인력으로 옳지 않은 것은?

① 충·수압시험, 진공시험, 기밀시험 또는 내압시험의 경우 : 누설비파괴검사 기사, 산업기사 또는 기능사
② 수직·수평도시험의 경우 : 측량 및 지형공간정보 기술사, 기사, 산업기사 또는 측량기능사
③ 방사선투과시험의 경우 : 방사선비파괴검사·초음파비파괴검사 기사 또는 산업기사
④ 필수 인력의 보조 : 방사선비파괴검사·초음파비파괴검사·자기비파괴검사 또는 침투비파괴검사 기능사

24. 「위험물안전관리법 시행규칙」상 옥외탱크저장소의 위치·구조 및 설비의 기준에 관한 내용이다. 액체위험물의 옥외저장탱크 중 인화점이 21℃ 미만인 위험물의 옥외저장탱크의 주입구에 설치하는 게시판에 관한 내용으로 옳은 것은?

① 게시판은 한 변의 길이가 0.6m 이상인 정사각형으로 하여야 한다.
② 게시판에는 "옥외저장탱크 주입구" 라고 표시하는 것 외에 취급하는 위험물의 유별, 품명을 표시할 필요는 없다.
③ 시·도지사가 화재예방상 당해 게시판을 설치할 필요 없다고 인정하는 경우에는 게시판을 설치하지 아니할 수 있다.
④ 게시판은 백색바탕에 흑색문자(주의사항은 적색문자)로 하여야 한다.

25. 「위험물안전관리법」상 벌칙규정의 법정형이 같은 것만을 (가)~(라)에서 있는 대로 모두 고른 것은?

> (가) 규정에 따른 제조소등의 사용정지명령을 위반한 자
> (나) 규정에 따른 무허가장소의 위험물에 대한 조치명령에 따르지 아니한 자
> (다) 규정에 따른 위험물의 저장 또는 취급에 관한 중요기준에 따르지 아니한 자
> (라) 규정에 따른 제조소등에 대한 긴급 사용정지·제한명령을 위반한 자

① (가), (나), (다), (라)
② (가), (나), (다)
③ (가), (나)
④ (다), (라)

정 답

번호	01	02	03	04	05
정답	①	④	②	①	③
번호	06	07	08	09	10
정답	③	④	②	④	①
번호	11	12	13	14	15
정답	②	③	③	④	②
번호	16	17	18	19	20
정답	④	③	①	③	④
번호	21	22	23	24	25
정답	③	①	③	④	②

2024 소 방 전 술

01. 고속도로 사고현장에서의 차량 주차 방법으로 옳지 않은 것은?

① 주차된 소방차량 앞바퀴는 사고현장과 일직선 방향으로 둔다.
② 주 교통 흐름을 어느 정도 차단할 수 있는 위치에 주차한다.
③ 주차각도는 차선의 방향으로부터 비스듬한 각도로 주차하여 진행하는 차량으로부터 대원의 안전을 확보하도록 한다.
④ 사고현장의 완벽한 안전확보를 위하여 사고현장(작업공간 15m 정도 포함)으로부터 제한속도에 비례하여(예 : 제한속도 100 km/h의 도로인 경우 100m 가량)떨어진 위치에 추가의 차량(경찰차 등)을 배치시켜 일반 운전자들이 서행하거나 우회할 수 있도록 조치하여야 한다.

02. 구획실 화재에서 나타나는 (가) 현상에 대한 설명으로 옳은 것은?

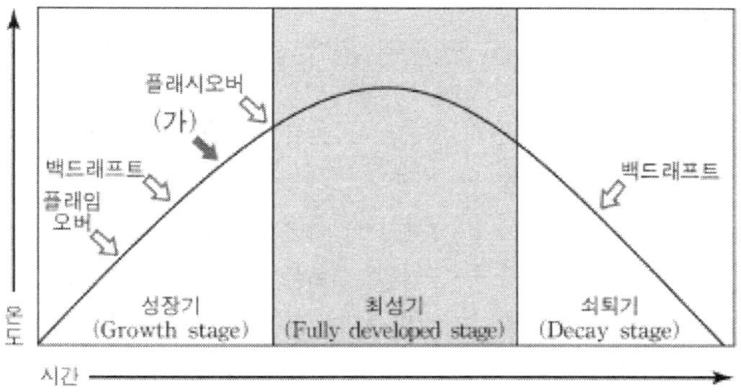

① 복도와 같은 통로 공간에서 벽, 바닥 표면의 가연물에 화염이 급속하게 확산하는 현상이다.
② 연소과정에서 발생된 가연성가스가 공기 중 산소와 혼합되어 천장 부분에 집적된 상태에서 발화온도에 도달하여 발화함으로써 화염의 끝부분이 빠르게 확대 되어 가는 현상이다.
③ 밀폐된 건축물 내에서 화재가 진행될 때 불완전 연소된 가연성가스와 열이 집적된 상태에서 어떤 원인으로 신선한 공기(산소)가 공급될 때 순간적으로 폭발·발화하는 현상이다.
④ 화점 주위에서 화재가 서서히 진행하다가 어느 정도 시간이 경과함에 따라 대류와 복사 현상에 의해 일정공간 안에 있는 가연물이 발화점까지 가열되어 일순간에 걸쳐 동시 발화되는 현상이다.

03. 화재 진압 활동 중 배연에 관한 설명으로 옳지 않은 것?

① 보통의 배연 작업은 소방호스라인이 내부에 진입과 동시에 이루어지는 것이 적절하다.
② 화재 건물의 특징이나 개구부, 풍향, 화점의 위치, 화재 범위를 판단하여 개방 및 폐쇄해야 할 개구부를 결정해야 한다.
③ 지휘자는 배연 명령을 내리기 전에 건물 및 화재 상황을 종합적으로 판단하여 그 판단에 근거한 배연 작업의 결정을 해야 한다.
④ 건물에 설비된 제연설비 및 공기조화설비는 소방대의 장비와 인력이 필요하지 않은 장점이 있으므로 최대한 활용할 수 있는 방안을 마련해야 한다.

04. 관창 배치에 관한 설명으로 옳은 것은?

① 대규모 건물에서 관창 배치 우선순위는 해당 건물 또는 연소위험이 작은 곳으로 한다.
② 일반 목조건물 화재에서 관창 배치는 연소위험이 작은 쪽으로부터 순차적으로 배치한다.
③ 풍속이 3 m/sec를 초과하면 풍하측의 연소 위험이 크므로 풍하측을 중점으로 관창을 배치한다.
④ 도로에 면하는 화재는 도로에 접하는 쪽을 우선하여 배치하고 풍횡측, 풍하측의 순으로 포위한다.

05. 지하실 화재진압에 관한 설명으로 옳지 않은 것은?

① 농연, 열기에 의한 내부 상황의 파악이 어렵고 활동장애 요소가 많다.
② 출입구가 1개소인 경우에는 진입이 곤란하고 급기구, 배기구의 구별이 어렵다.
③ 고발포를 방사하는 경우에는 화세를 확대시키는 경우도 있기 때문에 상층에 경계관창의 배치를 소홀히 해서는 안 된다.
④ 진입개소가 2개소인 경우에는 급기, 배기 방향을 결정한 후 배기측에서 분무방수 또는 배연기기 등을 이용하여 진입구를 설정한다.

06. 고층건물 화재의 전술 환경으로 옳은 것만을 있는 대로 모두 고른 것은?

(가) 소방전술적 관점에서 고층건물은 창문이 없는 건물로 간주되어야 한다. 건물의 문은 닫혀있고, 문을 열기 위해서는 열쇠가 필요하며, 유리가 매우 크고 두꺼워 파괴가 어렵고, 고층으로 인한 압력차 때문에 유리를 파괴할 경우 강한 바람의 유입으로 위험한 경우가 많기 때문이다.
(나) 고층건물 화재 진압 활동에서 가장 중요한 성공요인은 소방시설을 포함한 건물 설비 시스템이다. 비상용 엘리베이터는 소방대원과 장비를 나를 수 있도록 작동되고, 소방용수(수도) 시스템도 고층까지 충분한 압력과 양으로 제공한다.
(다) 화재현장에서의 통신(의사소통)은 필수적이다. 화재진압대원들은 인명검색과 구조활동 임무를 맡은 대원들과 통신해야 하고 건물 내에 진입한 팀은 현장지휘소와 통신해야 하지만, 강철구조로 된 고층건물은 무선통신이 어려운 것이 일반적이다.
(라) 대부분의 고층건물은 건축법상 내화구조의 건축물로 분류되지만, 소방전술적 관점에서는 더 이상 내화구조의 건축물로 보기 어렵다. 내화구조는 법이론 관점에서 폭발이나 붕괴 등의 원인이 없을 경우 화재를 한 개 층으로 제한할 수 있도록 벽, 바닥, 천장은 내화성을 가지고 있어야 한다는 가정에서 출발한다.

① (가), (나) ② (가), (나), (다)
③ (나), (다), (라) ④ (가), (나), (다), (라)

07. 사고 예방대책의 기본원리 5단계 중 제3단계(분석평가)에 관한 설명으로 옳은 것은?

① 각종 사고 및 활동 기록의 검토, 작업 분석
② 기술적 개선, 규정 및 수칙 등 제도의 개선
③ 안전관리자 선임, 안전 활동 방침 및 계획 수립
④ 사고 원인 및 경향성 분석, 교육 훈련 및 직장 배치 분석

08. 다음에서 설명하는 금속화재용 분말 소화약제로 옳은 것은?

○ Mg, Na, K, Na-K 합금의 화재에 효과적이다.
○ 고온의 수직 표면에 오랫동안 붙어 있을 수 있기 때문에 고체 금속 조각의 화재에 특히 유효하다.
○ 염화나트륨(NaCl)을 주성분으로 하며, 분말의 유동성을 높이기 위한 제3인산칼슘$Ca_3(PO_4)_2$과 가열되었을 때 염화나트륨 입자들을 결합하기 위하여 열가소성 고분자 물질을 첨가한 약제이다.

① G-1 ② Na-X
③ Lith-X ④ Met-L-X

09. 「화재조사 및 보고규정」상 화재건수, 소실정도 및 소실면적 산정에 대한 설명으로 옳지 않은 것은?
① 건물의 소실면적 산정은 소실 바닥면적으로 산정한다.
② 동일범이 아닌 각기 다른 사람에 의한 방화, 불장난은 동일 대상물에서 발화했더라도 각각 별건의 화재로 한다.
③ 전소는 건물의 70% 이상(바닥면적에 대한 비율을 말한다)이 소실되었거나 또는 그 미만이라도 잔존 부분을 보수하여도 재사용이 불가능한 것으로 한다.
④ 발화 지점이 한 곳인 화재 현장이 둘 이상의 관할구역에 걸친 화재는 발화 지점이 속한 소방서에서 1건의 화재로 산정한다. 다만, 발화 지점 확인이 어려운 경우에는 화재 피해 금액이 큰 관할구역 소방서의 화재건수로 산정한다.

10. 다음에서 설명하는 특성에 해당하는 주수 방법으로 옳은 것은?

> ○ 수손 피해가 적고, 소화 시간이 짧다.
> ○ 입자가 적어서 기류의 영향을 받기 쉬우며 증발이 활발하다.
> ○ 벽, 바닥 등의 일부를 파괴하여 소화하는 경우에 유효하다.

① 반사주수
② 고속분무주수
③ 저속분무주수
④ 중속분무주수

11. '재난현장 표준작전절차' SOP308 친환경 차량 사고대응 절차에서 전기(동력)자동차 사고 대응 절차의 순서로 옳은 것은?
① 사고인지 → 고정 → 식별 → 불능 → 구조
② 사고인지 → 구조 → 불능 → 식별 → 고정
③ 사고인지 → 식별 → 불능 → 고정 → 구조
④ 사고인지 → 식별 → 고정 → 불능 → 구조

12. 「재난 및 안전관리 기본법」상 용어에 대한 설명으로 옳지 않은 것은?
① '재난관리' 란 재난의 예방·대비·대응 및 복구를 위하여 하는 모든 활동을 말한다.
② '긴급구조기관' 이란 긴급구조에 필요한 인력·시설 및 장비, 운영체계 등 긴급구조능력을 보유한 기관이나 단체로서 대통령령으로 정하는 기관과 단체를 말한다.
③ '재난관리주관기관' 이란 재난이나 그 밖의 각종 사고에 대하여 그 유형별로 예방·대비·대응 및 복구 등의 업무를 주관하여 수행하도록 대통령령으로 정하는 관계 중앙행정기관을 말한다.
④ '사회재난' 이란 화재·붕괴·폭발·교통사고(항공사고 및 해상사고를 포함한다)·화생방사고·환경오염사고·다중운집인파사고 등으로 인하여 발생하는 대통령령으로 정하는 규모 이상의 피해와 국가핵심기반의 마비, 「감염병의 예방 및 관리에 관한 법률」에 따른 감염병 또는 「가축전염병예방법」에 따른 가축전염병의 확산, 「미세먼지 저감 및 관리에 관한 특별법」에 따른 미세먼지, 「우주개발 진흥법」에 따른 인공우주물체의 추락·충돌 등으로 인한 피해를 말한다.

13. 일반적인 로프의 수명에 관한 설명으로 옳은 것만을 있는 대로 모두 고른 것은?

> (가) 스포츠 클라이밍 로프 : 6개월
> (나) 매일 사용하는 로프 : 1년
> (다) 매주 사용하는 로프 : 3년
> (라) 가끔 사용하는 로프 : 4년

① (가) ② (가), (나)
③ (나), (다), (다) ④ (가), (나), (라)

14. 소방 현장에서 용도에 따라 로프 매듭(knot)을 분류한 것으로 옳은 것은?

	마디짓기(결절)	이어매기(연결)	움켜매기(결착)
①	나비매듭	줄사다리 매듭	감아매기
②	고정 매듭	바른 매듭	잡아매기
③	한겹 매듭	피셔맨 매듭	절반 매듭
④	8자 매듭	8자 연결 매듭	이중 8자 매듭

15. 위험물질의 표지와 식별 방법에 대한 설명으로 옳지 않은 것은?
① 미국방화협회(NFPA) 704 표시법에 따라 마름모형 도표에서 왼쪽은 청색으로 인체 유해성을, 위쪽은 적색으로 화재 위험성을, 오른쪽은 백색으로 반응성을 나타낸다.
② 미국 교통국(DOT) 수송표지는 위험 물질을 운송할 때 부착하도록 하는 표지(Placard)이다. 도로, 철도, 해운, 항공 등 수송수단을 막론하고 위험 물질에 이 표지를 붙이도록 하고 있다.
③ 화학물질 세계조화시스템(GHS)의 국내 도입에 따라 유해성 표지 방법을 우리나라는 7개의 그림을 사용해 왔으나 GHS 하에서는 9개 그림으로 분류 표시한다.
④ 미국방화협회(NFPA) 표시법은 화학약품의 유해성을 확인하고자 하는 목적이 아니라 소방대의 비상작업에 필요한 전술상의 안전조치 수립에 필요한 지침의 역할과 함께 이 물질에 노출된 사람의 생명보호를 위한 즉각적인 정보를 현장에서 제공해 준다.

16. 줄을 이용한 수중 탐색의 설명으로 옳은 것은?
① U자 탐색은 탐색 구역을 "ㄹ" 자 형태를 탐색하는 방법으로 장애물이 없는 평평한 지형에서 비교적 작은 물체를 탐색하는 데 적합하다.
② 등고선 탐색은 해안선이나 일정 간격을 두고 평행선을 따라 이동하며 물체를 찾는 방법으로 물체가 있는 수심과 위치를 비교적 정확하게 알고 있는 경우에 유용하다.
③ 반원 탐색은 비교적 큰 물체를 탐색하는 데 적합한 방법으로 탐색구역의 중앙에서 출발하여 이동거리를 조금씩 증가시키면서 매번 한 쪽 방향으로 90° 씩 회전하며 탐색한다.
④ 시야가 좋지 않고 탐색면적이 넓은 지역에 사용하며, 탐색하는 구조대원의 인원수에 따라 광범위하게 탐색할 수 있고 폭넓게 탐색할 수 있으나 대원 상호간에 팀워크가 중요하다.

17. 콘크리트의 화재 성상의 설명으로 옳지 않은 것은?
① 화재에 따른 콘크리트의 온도가 500 ℃를 넘으면 냉각 후에도 잔류신장을 나타낸다.
② 콘크리트는 약 300 ℃에서 강도가 저하되기 시작하는데 힘을 받고 있지 않는 경우에는 강도 저하가 더 심하게 일어나며 응력이 미리 가해진 상태에서는 온도의 영향을 늦게 받는다.

③ 열팽창에 의한 압축 응력이 콘크리트의 압축 강도를 초과할 경우 박리가 일어나며, 박리 속도는 온도 상승 속도와 비례하며 콘크리트 중의 수분 함량이 많을수록 박리 발생이 용이하다.
④ 콘크리트가 고온을 받으면 수산화칼슘(Ca(OH)2)이 소실되어 이에 따라 철근부동태막(부식을 방지하는 막)이 상실되어 콘크리트가 알칼리화된다.

18. 「119구조·구급에 관한 법률」 및 같은 법 시행령상 감염방지대책의 내용으로 옳지 않은 것은?

① 119감염관리실의 규격·성능 및 119감염관리실에 설치 하여야 하는 장비 등 세부 기준은 시·도지사가 정한다.
② 소방청장등은 구조·구급대원의 감염 방지를 위하여 구조·구급대원이 소독할 수 있도록 소방서별로 119감염관리실을 1개소 이상 설치하여야 한다.
③ 구조·구급대원은 근무 중 위험물·유독물 및 방사성물질에 노출되거나 감염성 질병에 걸린 요구조자 또는 응급환자와 접촉한 경우에는 그 사실을 안 때부터 48시간 이내에 소방청장등에게 보고하여야 한다.
④ 소방청장등은 유해물질등에 노출되거나 감염성 질병에 걸린 요구조자 또는 응급환자와 접촉한 구조·구급대원이 적절한 진료를 받을 수 있도록 조치하고, 접촉일부터 15일 동안 구조·구급대원의 감염성 질병 발병 여부를 추적·관리하여야 한다. 이 경우 잠복 잠복기가 긴질환에 대해서는 잠복기를 고려하여 추적·관리 기간을 연장할 수 있다.

19. 다음 제시된 환자 평가 도구 및 환자 상태를 보고 (가)~(아)에서 산정한 평가 점수를 모두 합산한 것으로 옳은 것은?

환자 평가 도구	환자 상태
의식수준 평가 (GCS)	(가) 눈뜨기 : 통증 자극에 눈뜸 (나) 운동 반응 : 통증 자극에 뿌리치는 행동 (다) 언어 반응 : 언어 지시에 이해할 수 없는 웅얼거림
아프가 점수 (APGAR score)	(라) 피부색(일반적 외형) : 몸 전체(손과 발 포함) 핑크색 (마) 심장 박동 수 : 99회/분 (바) 반사흥분도(찡그림) : 자극시 최소의 반응(얼굴을 찡그림) (사) 근육의 강도(움직임) : 흐늘거림/부진함(근육의 긴장력 없음) (아) 호흡(숨 쉬는 노력) : 우렁참(울음)

① 12　② 13
③ 14　④ 15

20. 다음의 환자 상태를 참고하여 응급 환자 분류표(중증도 분류표)에서의 분류 기준에 해당하는 색으로 옳은 것은? ☞ 25년 공통교재 개정으로 문제 수정

◦손상이 전신적인 증상이나 효과를 유발하지만, 아직까지 쇼크 또는 저산소증 상태 아닌 경우 ◦ 전신적 반응 발생하더라도 적절한 조치 행할 경우 즉각적 위험 없이 45 ~ 60분 정도 견딜 수 있는 상태

① 흑색　② 적색
③ 황색　④ 녹색

21. 구급 일지 내 시간을 기록한 내용을 통해 소요된 구급반응시간(Response Time)으로 옳은 것은?

신고 일시 : 2024. 10. 25. 15:55 출동 시각 : 2024. 10. 25. 15:56 현장 도착 : 2024. 10. 25. 16:12 환자 접촉 : 2024. 10. 25. 16:12 현장 출발 : 2024. 10. 25. 16:20 병원 도착 : 2024. 10. 25. 16:50 귀소 시각 : 2024. 10. 25. 17:22

① 1분　② 16분
③ 17분　④ 25분

22. 영아(Infant)가 뜨거운 물에 다음과 같은 화상을 입었다는 신고가 접수되어 구급대가 출동하였다. 9의 법칙과 손바닥 방법을 활용하여 산정한 화상 범위의 총합으로 옳은 것은?

◦ 얼굴(머리 포함) 전체 2도 화상 ◦ 우측 팔 전체 3도 화상 ◦ 우측 다리 전체 3도 화상 ◦ 가슴에 환자 손바닥 크기의 2도 화상

① 40.5%　② 41.5%
③ 45.5%　④ 46.0%

23. 인체의 조직 별 주요 기능에 관한 설명으로 옳지 않은 것은?

① 심장의 우심방은 허파로부터 그 혈액을 받아들이고 우심실은 고압으로 동맥을 통해 피를 뿜어 낸다.
② 근골격의 3가지 주요 기능으로는 인체 외형을 형성하고, 내부 장기를 보호하며, 인체 움직임을 제공한다.
③ 배내 기관이 소화작용만 하는 것으로 알고 있지만 혈당을 조절하기 위한 인슐린 분비, 혈액 여과작용, 면역 반응 보조 역할(간), 독소제거(지라) 등 보다 더 많은 역할을 하고 있다.
④ 피부는 인체를 둘러싼 커다란 조직으로 인체를 보호 하고 감염을 방지하는 보호벽 기능, 인체 내부 수분과 기타 체액을 유지하는 기능, 체온 조절 기능, 외부 충격으로부터 내부 장기를 보호하는 기능을 갖고 있다.

24. 다음 중증외상환자 응급처치 세부상황도상의 외상환자 중증도 평가기준의 일부 내용 중 ㉠~㉤에 들어갈 숫자의 총합으로 옳은 것은?

중증외상환자 응급처치 세부상황표

3단계. 손상기전
[ ] 추락 (성인 (㉠)m 이상 / 소아 (㉡)m 이상) [ ] 고위험 교통사고 ■ 차량전복 / 차체 내부 (㉢)cm 이상 안으로 밀림 / (㉣)cm 이상 차체 찌그러짐
[ ] 그 외 구급대원 판단
[ ] 다음에 해당 임신 (㉤)주 이상

① 102　② 104
③ 106 .　④ 108

25. 다음 (가)와 (나)에서 헬멧을 제거하지 말아야 하는 경우와 제거해야 하는 경우 중 옳은 것만을 있는 대로 모두 고른 것은?

(가) 헬멧을 제거하지 말아야 하는 경우
㉠ 헬멧이 기도와 호흡을 평가하고 관찰하는데 방해가 될 때
㉡ 헬멧이 환자의 기도를 유지하고 인공호흡을 방해할 때
㉢ 헬멧 제거가 환자에게 더한 위험을 초래할 때
㉣ 헬멧을 착용한 상태가 오히려 적절하게 고정 되어질 수 있을 때
(나) 헬멧을 제거해야 하는 경우
㉤ 헬멧을 쓴 상태가 긴척추고정판에 환자를 고정시켰을 때 머리의 움직임이 없을 때
㉥ 헬멧 형태가 척추고정을 방해할 때
㉦ 고정시키기에는 헬멧 안에서의 공간이 넓어 머리가 움직일 때
㉧ 환자가 호흡정지나 심장마비가 있을 때

① ㉠, ㉢, ㉣, ㉧
② ㉢, ㉤, ㉥, ㉦
③ ㉠, ㉡, ㉣, ㉥, ㉦
④ ㉢, ㉣, ㉥, ㉦, ㉧

정 답

번호	01	02	03	04	05
정답	①	②	①	③	④
번호	06	07	08	09	10
정답	④	④	④	③	③
번호	11	12	13	14	15
정답	④	②	④	②	①
번호	16	17	18	19	20
정답	④	④	①	③	③
번호	21	22	23	24	25
정답	②	②	③	②	④

2025년 11월 시행 소방공무원 승진임용 필기시험답안지

※ 란은 감독관 표시란임.

응시계급		
성명	한글	
	한자	

문제책형	A	○
	B	○

응시과목표시란	행정법	소방법령Ⅳ	소방전술	※ 결시자	※감독관확인란
	①	②	③	( )	(인)

응시번호							
	(1)						
	(2)	⓪	⓪	⓪	⓪	⓪	⓪
		①	①	①	①	①	①
		②	②	②	②	②	②
		③	③	③	③	③	③
		④	④	④	④	④	④
		⑤	⑤	⑤	⑤	⑤	⑤
		⑥	⑥	⑥	⑥	⑥	⑥
		⑦	⑦	⑦	⑦	⑦	⑦
		⑧	⑧	⑧	⑧	⑧	⑧
		⑨	⑨	⑨	⑨	⑨	⑨

기관구분			
	(1)		
	(2)	⓪	⓪
		①	①
		②	②
		③	③
		④	④
		⑤	⑤
		⑥	⑥
		⑦	⑦
		⑧	⑧
		⑨	⑨

행정법					소방법령Ⅳ					소방전술				
1	①	②	③	④	1	①	②	③	④	1	①	②	③	④
2	①	②	③	④	2	①	②	③	④	2	①	②	③	④
3	①	②	③	④	3	①	②	③	④	3	①	②	③	④
4	①	②	③	④	4	①	②	③	④	4	①	②	③	④
5	①	②	③	④	5	①	②	③	④	5	①	②	③	④
6	①	②	③	④	6	①	②	③	④	6	①	②	③	④
7	①	②	③	④	7	①	②	③	④	7	①	②	③	④
8	①	②	③	④	8	①	②	③	④	8	①	②	③	④
9	①	②	③	④	9	①	②	③	④	9	①	②	③	④
10	①	②	③	④	10	①	②	③	④	10	①	②	③	④
11	①	②	③	④	11	①	②	③	④	11	①	②	③	④
12	①	②	③	④	12	①	②	③	④	12	①	②	③	④
13	①	②	③	④	13	①	②	③	④	13	①	②	③	④
14	①	②	③	④	14	①	②	③	④	14	①	②	③	④
15	①	②	③	④	15	①	②	③	④	15	①	②	③	④
16	①	②	③	④	16	①	②	③	④	16	①	②	③	④
17	①	②	③	④	17	①	②	③	④	17	①	②	③	④
18	①	②	③	④	18	①	②	③	④	18	①	②	③	④
19	①	②	③	④	19	①	②	③	④	19	①	②	③	④
20	①	②	③	④	20	①	②	③	④	20	①	②	③	④
21	①	②	③	④	21	①	②	③	④	21	①	②	③	④
22	①	②	③	④	22	①	②	③	④	22	①	②	③	④
23	①	②	③	④	23	①	②	③	④	23	①	②	③	④
24	①	②	③	④	24	①	②	③	④	24	①	②	③	④
25	①	②	③	④	25	①	②	③	④	25	①	②	③	④

※ **본인필적확인 및 표기시 유의사항**

◎ 아래의 예시와 같이 작성하세요.

〈예시〉 본인은 위 응시자와 동일인임을 확임함

◎ 컴퓨터용 흑색싸인펜으로만 기재 및 표기할 것

〈보기〉

※ 바른표기 ● ② ③ ④

※ 틀린표기 ① ② ③ ④

2025년 11월 시행 소방공무원 승진임용 필기시험답안지

※ 란은 감독관 표시란임.

응시계급		
성명	한글	
	한자	

문제책형	A	○
	B	○

응시과목표시란	행정법	소방법령Ⅳ	소방전술	※ 결시자	※감독관확인란
	①	②	③	( )	(인)

응시번호							
	(1)						
	(2)	⓪	⓪	⓪	⓪	⓪	⓪
		①	①	①	①	①	①
		②	②	②	②	②	②
		③	③	③	③	③	③
		④	④	④	④	④	④
		⑤	⑤	⑤	⑤	⑤	⑤
		⑥	⑥	⑥	⑥	⑥	⑥
		⑦	⑦	⑦	⑦	⑦	⑦
		⑧	⑧	⑧	⑧	⑧	⑧
		⑨	⑨	⑨	⑨	⑨	⑨

기관구분			
	(1)		
	(2)	⓪	⓪
		①	①
		②	②
		③	③
		④	④
		⑤	⑤
		⑥	⑥
		⑦	⑦
		⑧	⑧
		⑨	⑨

행정법					소방법령Ⅳ					소방전술				
1	①	②	③	④	1	①	②	③	④	1	①	②	③	④
2	①	②	③	④	2	①	②	③	④	2	①	②	③	④
3	①	②	③	④	3	①	②	③	④	3	①	②	③	④
4	①	②	③	④	4	①	②	③	④	4	①	②	③	④
5	①	②	③	④	5	①	②	③	④	5	①	②	③	④
6	①	②	③	④	6	①	②	③	④	6	①	②	③	④
7	①	②	③	④	7	①	②	③	④	7	①	②	③	④
8	①	②	③	④	8	①	②	③	④	8	①	②	③	④
9	①	②	③	④	9	①	②	③	④	9	①	②	③	④
10	①	②	③	④	10	①	②	③	④	10	①	②	③	④
11	①	②	③	④	11	①	②	③	④	11	①	②	③	④
12	①	②	③	④	12	①	②	③	④	12	①	②	③	④
13	①	②	③	④	13	①	②	③	④	13	①	②	③	④
14	①	②	③	④	14	①	②	③	④	14	①	②	③	④
15	①	②	③	④	15	①	②	③	④	15	①	②	③	④
16	①	②	③	④	16	①	②	③	④	16	①	②	③	④
17	①	②	③	④	17	①	②	③	④	17	①	②	③	④
18	①	②	③	④	18	①	②	③	④	18	①	②	③	④
19	①	②	③	④	19	①	②	③	④	19	①	②	③	④
20	①	②	③	④	20	①	②	③	④	20	①	②	③	④
21	①	②	③	④	21	①	②	③	④	21	①	②	③	④
22	①	②	③	④	22	①	②	③	④	22	①	②	③	④
23	①	②	③	④	23	①	②	③	④	23	①	②	③	④
24	①	②	③	④	24	①	②	③	④	24	①	②	③	④
25	①	②	③	④	25	①	②	③	④	25	①	②	③	④

※ **본인필적확인 및 표기시 유의사항**

◎ 아래의 예시와 같이 작성하세요.

〈예시〉 본인은 위 응시자와 동일인임을 확임함

◎ 컴퓨터용 흑색싸인펜으로만 기재 및 표기할 것

〈보기〉

※ 바른표기 ● ② ③ ④

※ 틀린표기 ① ② ③ ④

2025년 11월 시행 소방공무원 승진임용 필기시험답안지

※ 란은 감독관 표시란임.

응시계급		
성명	한글	
	한자	

문제책형	A	○
	B	○

응시 과목 표시란	행 정 법	소방법령Ⅳ	소방전술
	①	②	③

※ 결시자	※감독관확인란
( )	(인)

응시번호	(1)					
(2)	⓪	⓪	⓪	⓪	⓪	⓪
	①	①	①	①	①	①
	②	②	②	②	②	②
	③	③	③	③	③	③
	④	④	④	④	④	④
	⑤	⑤	⑤	⑤	⑤	⑤
	⑥	⑥	⑥	⑥	⑥	⑥
	⑦	⑦	⑦	⑦	⑦	⑦
	⑧	⑧	⑧	⑧	⑧	⑧
	⑨	⑨	⑨	⑨	⑨	⑨

기관구분	(1)	
(2)	⓪	⓪
	①	①
	②	②
	③	③
	④	④
	⑤	⑤
	⑥	⑥
	⑦	⑦
	⑧	⑧
	⑨	⑨

※ **본인필적확인 및 표기시 유의사항**

◎ 아래의 예시와 같이 작성하세요.

〈예시〉 본인은 위 응시자와 동일인임을 확임함

◎ 컴퓨터용 흑색싸인펜으로만 기재 및 표기할 것

〈보기〉

※ 바른표기 ● ② ③ ④

※ 틀린표기 ① ② ③ ④

행 정 법					소방법령Ⅳ					소방전술				
1	①	②	③	④	1	①	②	③	④	1	①	②	③	④
2	①	②	③	④	2	①	②	③	④	2	①	②	③	④
3	①	②	③	④	3	①	②	③	④	3	①	②	③	④
4	①	②	③	④	4	①	②	③	④	4	①	②	③	④
5	①	②	③	④	5	①	②	③	④	5	①	②	③	④
6	①	②	③	④	6	①	②	③	④	6	①	②	③	④
7	①	②	③	④	7	①	②	③	④	7	①	②	③	④
8	①	②	③	④	8	①	②	③	④	8	①	②	③	④
9	①	②	③	④	9	①	②	③	④	9	①	②	③	④
10	①	②	③	④	10	①	②	③	④	10	①	②	③	④
11	①	②	③	④	11	①	②	③	④	11	①	②	③	④
12	①	②	③	④	12	①	②	③	④	12	①	②	③	④
13	①	②	③	④	13	①	②	③	④	13	①	②	③	④
14	①	②	③	④	14	①	②	③	④	14	①	②	③	④
15	①	②	③	④	15	①	②	③	④	15	①	②	③	④
16	①	②	③	④	16	①	②	③	④	16	①	②	③	④
17	①	②	③	④	17	①	②	③	④	17	①	②	③	④
18	①	②	③	④	18	①	②	③	④	18	①	②	③	④
19	①	②	③	④	19	①	②	③	④	19	①	②	③	④
20	①	②	③	④	20	①	②	③	④	20	①	②	③	④
21	①	②	③	④	21	①	②	③	④	21	①	②	③	④
22	①	②	③	④	22	①	②	③	④	22	①	②	③	④
23	①	②	③	④	23	①	②	③	④	23	①	②	③	④
24	①	②	③	④	24	①	②	③	④	24	①	②	③	④
25	①	②	③	④	25	①	②	③	④	25	①	②	③	④

2025년 11월 시행 소방공무원 승진임용 필기시험답안지

※ 란은 감독관 표시란임.

응시계급		
성명	한글	
	한자	

문제책형	A	○
	B	○

응시 과목 표시란	행 정 법	소방법령Ⅳ	소방전술
	①	②	③

※ 결시자	※감독관확인란
( )	(인)

응시번호	(1)					
(2)	⓪	⓪	⓪	⓪	⓪	⓪
	①	①	①	①	①	①
	②	②	②	②	②	②
	③	③	③	③	③	③
	④	④	④	④	④	④
	⑤	⑤	⑤	⑤	⑤	⑤
	⑥	⑥	⑥	⑥	⑥	⑥
	⑦	⑦	⑦	⑦	⑦	⑦
	⑧	⑧	⑧	⑧	⑧	⑧
	⑨	⑨	⑨	⑨	⑨	⑨

기관구분	(1)	
(2)	⓪	⓪
	①	①
	②	②
	③	③
	④	④
	⑤	⑤
	⑥	⑥
	⑦	⑦
	⑧	⑧
	⑨	⑨

※ **본인필적확인 및 표기시 유의사항**

◎ 아래의 예시와 같이 작성하세요.

〈예시〉 본인은 위 응시자와 동일인임을 확임함

◎ 컴퓨터용 흑색싸인펜으로만 기재 및 표기할 것

〈보기〉

※ 바른표기 ● ② ③ ④

※ 틀린표기 ① ② ③ ④

행 정 법					소방법령Ⅳ					소방전술				
1	①	②	③	④	1	①	②	③	④	1	①	②	③	④
2	①	②	③	④	2	①	②	③	④	2	①	②	③	④
3	①	②	③	④	3	①	②	③	④	3	①	②	③	④
4	①	②	③	④	4	①	②	③	④	4	①	②	③	④
5	①	②	③	④	5	①	②	③	④	5	①	②	③	④
6	①	②	③	④	6	①	②	③	④	6	①	②	③	④
7	①	②	③	④	7	①	②	③	④	7	①	②	③	④
8	①	②	③	④	8	①	②	③	④	8	①	②	③	④
9	①	②	③	④	9	①	②	③	④	9	①	②	③	④
10	①	②	③	④	10	①	②	③	④	10	①	②	③	④
11	①	②	③	④	11	①	②	③	④	11	①	②	③	④
12	①	②	③	④	12	①	②	③	④	12	①	②	③	④
13	①	②	③	④	13	①	②	③	④	13	①	②	③	④
14	①	②	③	④	14	①	②	③	④	14	①	②	③	④
15	①	②	③	④	15	①	②	③	④	15	①	②	③	④
16	①	②	③	④	16	①	②	③	④	16	①	②	③	④
17	①	②	③	④	17	①	②	③	④	17	①	②	③	④
18	①	②	③	④	18	①	②	③	④	18	①	②	③	④
19	①	②	③	④	19	①	②	③	④	19	①	②	③	④
20	①	②	③	④	20	①	②	③	④	20	①	②	③	④
21	①	②	③	④	21	①	②	③	④	21	①	②	③	④
22	①	②	③	④	22	①	②	③	④	22	①	②	③	④
23	①	②	③	④	23	①	②	③	④	23	①	②	③	④
24	①	②	③	④	24	①	②	③	④	24	①	②	③	④
25	①	②	③	④	25	①	②	③	④	25	①	②	③	④

2025년 11월 시행 소방공무원 승진임용 필기시험답안지

※ 란은 감독관 표시란임.

응시계급		
성명	한글	
	한자	

문제책형		
	A	○
	B	○

응시 과목 표시란	행 정 법	소방법령Ⅳ	소방전술
	①	②	③

※ 결시자	※감독관확인란
( )	(인)

응시번호						
(1)						
(2)	⓪	⓪	⓪	⓪	⓪	⓪
	①	①	①	①	①	①
	②	②	②	②	②	②
	③	③	③	③	③	③
	④	④	④	④	④	④
	⑤	⑤	⑤	⑤	⑤	⑤
	⑥	⑥	⑥	⑥	⑥	⑥
	⑦	⑦	⑦	⑦	⑦	⑦
	⑧	⑧	⑧	⑧	⑧	⑧
	⑨	⑨	⑨	⑨	⑨	⑨

기관구분		
(1)		
(2)	⓪	⓪
	①	①
	②	②
	③	③
	④	④
	⑤	⑤
	⑥	⑥
	⑦	⑦
	⑧	⑧
	⑨	⑨

행 정 법					소방법령Ⅳ					소방전술				
1	①	②	③	④	1	①	②	③	④	1	①	②	③	④
2	①	②	③	④	2	①	②	③	④	2	①	②	③	④
3	①	②	③	④	3	①	②	③	④	3	①	②	③	④
4	①	②	③	④	4	①	②	③	④	4	①	②	③	④
5	①	②	③	④	5	①	②	③	④	5	①	②	③	④
6	①	②	③	④	6	①	②	③	④	6	①	②	③	④
7	①	②	③	④	7	①	②	③	④	7	①	②	③	④
8	①	②	③	④	8	①	②	③	④	8	①	②	③	④
9	①	②	③	④	9	①	②	③	④	9	①	②	③	④
10	①	②	③	④	10	①	②	③	④	10	①	②	③	④
11	①	②	③	④	11	①	②	③	④	11	①	②	③	④
12	①	②	③	④	12	①	②	③	④	12	①	②	③	④
13	①	②	③	④	13	①	②	③	④	13	①	②	③	④
14	①	②	③	④	14	①	②	③	④	14	①	②	③	④
15	①	②	③	④	15	①	②	③	④	15	①	②	③	④
16	①	②	③	④	16	①	②	③	④	16	①	②	③	④
17	①	②	③	④	17	①	②	③	④	17	①	②	③	④
18	①	②	③	④	18	①	②	③	④	18	①	②	③	④
19	①	②	③	④	19	①	②	③	④	19	①	②	③	④
20	①	②	③	④	20	①	②	③	④	20	①	②	③	④
21	①	②	③	④	21	①	②	③	④	21	①	②	③	④
22	①	②	③	④	22	①	②	③	④	22	①	②	③	④
23	①	②	③	④	23	①	②	③	④	23	①	②	③	④
24	①	②	③	④	24	①	②	③	④	24	①	②	③	④
25	①	②	③	④	25	①	②	③	④	25	①	②	③	④

※ **본인필적확인 및 표기시 유의사항**

◎ 아래의 예시와 같이 작성하세요.

〈예시〉 본인은 위 응시자와 동일인임을 확인함

◎ 컴퓨터용 흑색싸인펜으로만 기재 및 표기할 것

〈보기〉

※ 바른표기 ● ② ③ ④

※ 틀린표기 ① ② ③ ④

2025년 11월 시행 소방공무원 승진임용 필기시험답안지

※ 란은 감독관 표시란임.

응시계급		
성명	한글	
	한자	

문제책형		
	A	○
	B	○

응시 과목 표시란	행 정 법	소방법령Ⅳ	소방전술
	①	②	③

※ 결시자	※감독관확인란
( )	(인)

응시번호						
(1)						
(2)	⓪	⓪	⓪	⓪	⓪	⓪
	①	①	①	①	①	①
	②	②	②	②	②	②
	③	③	③	③	③	③
	④	④	④	④	④	④
	⑤	⑤	⑤	⑤	⑤	⑤
	⑥	⑥	⑥	⑥	⑥	⑥
	⑦	⑦	⑦	⑦	⑦	⑦
	⑧	⑧	⑧	⑧	⑧	⑧
	⑨	⑨	⑨	⑨	⑨	⑨

기관구분		
(1)		
(2)	⓪	⓪
	①	①
	②	②
	③	③
	④	④
	⑤	⑤
	⑥	⑥
	⑦	⑦
	⑧	⑧
	⑨	⑨

행 정 법					소방법령Ⅳ					소방전술				
1	①	②	③	④	1	①	②	③	④	1	①	②	③	④
2	①	②	③	④	2	①	②	③	④	2	①	②	③	④
3	①	②	③	④	3	①	②	③	④	3	①	②	③	④
4	①	②	③	④	4	①	②	③	④	4	①	②	③	④
5	①	②	③	④	5	①	②	③	④	5	①	②	③	④
6	①	②	③	④	6	①	②	③	④	6	①	②	③	④
7	①	②	③	④	7	①	②	③	④	7	①	②	③	④
8	①	②	③	④	8	①	②	③	④	8	①	②	③	④
9	①	②	③	④	9	①	②	③	④	9	①	②	③	④
10	①	②	③	④	10	①	②	③	④	10	①	②	③	④
11	①	②	③	④	11	①	②	③	④	11	①	②	③	④
12	①	②	③	④	12	①	②	③	④	12	①	②	③	④
13	①	②	③	④	13	①	②	③	④	13	①	②	③	④
14	①	②	③	④	14	①	②	③	④	14	①	②	③	④
15	①	②	③	④	15	①	②	③	④	15	①	②	③	④
16	①	②	③	④	16	①	②	③	④	16	①	②	③	④
17	①	②	③	④	17	①	②	③	④	17	①	②	③	④
18	①	②	③	④	18	①	②	③	④	18	①	②	③	④
19	①	②	③	④	19	①	②	③	④	19	①	②	③	④
20	①	②	③	④	20	①	②	③	④	20	①	②	③	④
21	①	②	③	④	21	①	②	③	④	21	①	②	③	④
22	①	②	③	④	22	①	②	③	④	22	①	②	③	④
23	①	②	③	④	23	①	②	③	④	23	①	②	③	④
24	①	②	③	④	24	①	②	③	④	24	①	②	③	④
25	①	②	③	④	25	①	②	③	④	25	①	②	③	④

※ **본인필적확인 및 표기시 유의사항**

◎ 아래의 예시와 같이 작성하세요.

〈예시〉 본인은 위 응시자와 동일인임을 확인함

◎ 컴퓨터용 흑색싸인펜으로만 기재 및 표기할 것

〈보기〉

※ 바른표기 ● ② ③ ④

※ 틀린표기 ① ② ③ ④

2025년 11월 시행 소방공무원 승진임용 필기시험답안지

※ 란은 감독관 표시란임.

응시계급		
성명	한글	
	한자	

문제책형		
	A	○
	B	○

응시 과목 표시란	행 정 법	소방법령Ⅳ	소방전술	※ 결시자	※감독관확인란
	①	②	③	( )	(인)

응시번호						
(1)						
(2)	⓪①②③④⑤⑥⑦⑧⑨	⓪①②③④⑤⑥⑦⑧⑨	⓪①②③④⑤⑥⑦⑧⑨	⓪①②③④⑤⑥⑦⑧⑨	⓪①②③④⑤⑥⑦⑧⑨	⓪①②③④⑤⑥⑦⑧⑨

기관구분		
(1)		
(2)	⓪①②③④⑤⑥⑦⑧⑨	⓪①②③④⑤⑥⑦⑧⑨

행 정 법					소방법령Ⅳ					소방전술				
1	①	②	③	④	1	①	②	③	④	1	①	②	③	④
2	①	②	③	④	2	①	②	③	④	2	①	②	③	④
3	①	②	③	④	3	①	②	③	④	3	①	②	③	④
4	①	②	③	④	4	①	②	③	④	4	①	②	③	④
5	①	②	③	④	5	①	②	③	④	5	①	②	③	④
6	①	②	③	④	6	①	②	③	④	6	①	②	③	④
7	①	②	③	④	7	①	②	③	④	7	①	②	③	④
8	①	②	③	④	8	①	②	③	④	8	①	②	③	④
9	①	②	③	④	9	①	②	③	④	9	①	②	③	④
10	①	②	③	④	10	①	②	③	④	10	①	②	③	④
11	①	②	③	④	11	①	②	③	④	11	①	②	③	④
12	①	②	③	④	12	①	②	③	④	12	①	②	③	④
13	①	②	③	④	13	①	②	③	④	13	①	②	③	④
14	①	②	③	④	14	①	②	③	④	14	①	②	③	④
15	①	②	③	④	15	①	②	③	④	15	①	②	③	④
16	①	②	③	④	16	①	②	③	④	16	①	②	③	④
17	①	②	③	④	17	①	②	③	④	17	①	②	③	④
18	①	②	③	④	18	①	②	③	④	18	①	②	③	④
19	①	②	③	④	19	①	②	③	④	19	①	②	③	④
20	①	②	③	④	20	①	②	③	④	20	①	②	③	④
21	①	②	③	④	21	①	②	③	④	21	①	②	③	④
22	①	②	③	④	22	①	②	③	④	22	①	②	③	④
23	①	②	③	④	23	①	②	③	④	23	①	②	③	④
24	①	②	③	④	24	①	②	③	④	24	①	②	③	④
25	①	②	③	④	25	①	②	③	④	25	①	②	③	④

※ **본인필적확인 및 표기시 유의사항**

◎ 아래의 예시와 같이 작성하세요.

〈예시〉 본인은 위 응시자와 동일인임을 확인함

◎ 컴퓨터용 흑색싸인펜으로만 기재 및 표기할 것

〈보기〉

※ 바른표기 ● ② ③ ④

※ 틀린표기 ① ② ③ ④

2025년 11월 시행 소방공무원 승진임용 필기시험답안지

※ 란은 감독관 표시란임.

응시계급		
성명	한글	
	한자	

문제책형		
	A	○
	B	○

응시 과목 표시란	행 정 법	소방법령Ⅳ	소방전술	※ 결시자	※감독관확인란
	①	②	③	( )	(인)

응시번호						
(1)						
(2)	⓪①②③④⑤⑥⑦⑧⑨	⓪①②③④⑤⑥⑦⑧⑨	⓪①②③④⑤⑥⑦⑧⑨	⓪①②③④⑤⑥⑦⑧⑨	⓪①②③④⑤⑥⑦⑧⑨	⓪①②③④⑤⑥⑦⑧⑨

기관구분		
(1)		
(2)	⓪①②③④⑤⑥⑦⑧⑨	⓪①②③④⑤⑥⑦⑧⑨

행 정 법					소방법령Ⅳ					소방전술				
1	①	②	③	④	1	①	②	③	④	1	①	②	③	④
2	①	②	③	④	2	①	②	③	④	2	①	②	③	④
3	①	②	③	④	3	①	②	③	④	3	①	②	③	④
4	①	②	③	④	4	①	②	③	④	4	①	②	③	④
5	①	②	③	④	5	①	②	③	④	5	①	②	③	④
6	①	②	③	④	6	①	②	③	④	6	①	②	③	④
7	①	②	③	④	7	①	②	③	④	7	①	②	③	④
8	①	②	③	④	8	①	②	③	④	8	①	②	③	④
9	①	②	③	④	9	①	②	③	④	9	①	②	③	④
10	①	②	③	④	10	①	②	③	④	10	①	②	③	④
11	①	②	③	④	11	①	②	③	④	11	①	②	③	④
12	①	②	③	④	12	①	②	③	④	12	①	②	③	④
13	①	②	③	④	13	①	②	③	④	13	①	②	③	④
14	①	②	③	④	14	①	②	③	④	14	①	②	③	④
15	①	②	③	④	15	①	②	③	④	15	①	②	③	④
16	①	②	③	④	16	①	②	③	④	16	①	②	③	④
17	①	②	③	④	17	①	②	③	④	17	①	②	③	④
18	①	②	③	④	18	①	②	③	④	18	①	②	③	④
19	①	②	③	④	19	①	②	③	④	19	①	②	③	④
20	①	②	③	④	20	①	②	③	④	20	①	②	③	④
21	①	②	③	④	21	①	②	③	④	21	①	②	③	④
22	①	②	③	④	22	①	②	③	④	22	①	②	③	④
23	①	②	③	④	23	①	②	③	④	23	①	②	③	④
24	①	②	③	④	24	①	②	③	④	24	①	②	③	④
25	①	②	③	④	25	①	②	③	④	25	①	②	③	④

※ **본인필적확인 및 표기시 유의사항**

◎ 아래의 예시와 같이 작성하세요.

〈예시〉 본인은 위 응시자와 동일인임을 확인함

◎ 컴퓨터용 흑색싸인펜으로만 기재 및 표기할 것

〈보기〉

※ 바른표기 ● ② ③ ④

※ 틀린표기 ① ② ③ ④

2025년 11월 시행 소방공무원 승진임용 필기시험답안지

※ 란은 감독관 표시란임.

응시계급		
성명	한글	
	한자	

문제책형		
	A	○
	B	○

응시 과목 표시란	행 정 법	소방법령Ⅳ	소방전술
	①	②	③

※ 결시자	※감독관확인란
( )	(인)

응시번호						
(1)						
(2)	⓪	⓪	⓪	⓪	⓪	⓪
	①	①	①	①	①	①
	②	②	②	②	②	②
	③	③	③	③	③	③
	④	④	④	④	④	④
	⑤	⑤	⑤	⑤	⑤	⑤
	⑥	⑥	⑥	⑥	⑥	⑥
	⑦	⑦	⑦	⑦	⑦	⑦
	⑧	⑧	⑧	⑧	⑧	⑧
	⑨	⑨	⑨	⑨	⑨	⑨

기관구분		
(1)		
(2)	⓪	⓪
	①	①
	②	②
	③	③
	④	④
	⑤	⑤
	⑥	⑥
	⑦	⑦
	⑧	⑧
	⑨	⑨

※ **본인필적확인 및 표기시 유의사항**

◎ 아래의 예시와 같이 작성하세요.

〈예시〉 본인은 위 응시자와 동일인임을 확인함

◎ 컴퓨터용 흑색싸인펜으로만 기재 및 표기할 것

〈보기〉

※ 바른표기 ● ② ③ ④

※ 틀린표기 ① ② ③ ④

행 정 법					소방법령Ⅳ					소방전술				
1	①	②	③	④	1	①	②	③	④	1	①	②	③	④
2	①	②	③	④	2	①	②	③	④	2	①	②	③	④
3	①	②	③	④	3	①	②	③	④	3	①	②	③	④
4	①	②	③	④	4	①	②	③	④	4	①	②	③	④
5	①	②	③	④	5	①	②	③	④	5	①	②	③	④
6	①	②	③	④	6	①	②	③	④	6	①	②	③	④
7	①	②	③	④	7	①	②	③	④	7	①	②	③	④
8	①	②	③	④	8	①	②	③	④	8	①	②	③	④
9	①	②	③	④	9	①	②	③	④	9	①	②	③	④
10	①	②	③	④	10	①	②	③	④	10	①	②	③	④
11	①	②	③	④	11	①	②	③	④	11	①	②	③	④
12	①	②	③	④	12	①	②	③	④	12	①	②	③	④
13	①	②	③	④	13	①	②	③	④	13	①	②	③	④
14	①	②	③	④	14	①	②	③	④	14	①	②	③	④
15	①	②	③	④	15	①	②	③	④	15	①	②	③	④
16	①	②	③	④	16	①	②	③	④	16	①	②	③	④
17	①	②	③	④	17	①	②	③	④	17	①	②	③	④
18	①	②	③	④	18	①	②	③	④	18	①	②	③	④
19	①	②	③	④	19	①	②	③	④	19	①	②	③	④
20	①	②	③	④	20	①	②	③	④	20	①	②	③	④
21	①	②	③	④	21	①	②	③	④	21	①	②	③	④
22	①	②	③	④	22	①	②	③	④	22	①	②	③	④
23	①	②	③	④	23	①	②	③	④	23	①	②	③	④
24	①	②	③	④	24	①	②	③	④	24	①	②	③	④
25	①	②	③	④	25	①	②	③	④	25	①	②	③	④

2025년 11월 시행 소방공무원 승진임용 필기시험답안지

※ 란은 감독관 표시란임.

응시계급		
성명	한글	
	한자	

문제책형		
	A	○
	B	○

응시 과목 표시란	행 정 법	소방법령Ⅳ	소방전술
	①	②	③

※ 결시자	※감독관확인란
( )	(인)

응시번호						
(1)						
(2)	⓪	⓪	⓪	⓪	⓪	⓪
	①	①	①	①	①	①
	②	②	②	②	②	②
	③	③	③	③	③	③
	④	④	④	④	④	④
	⑤	⑤	⑤	⑤	⑤	⑤
	⑥	⑥	⑥	⑥	⑥	⑥
	⑦	⑦	⑦	⑦	⑦	⑦
	⑧	⑧	⑧	⑧	⑧	⑧
	⑨	⑨	⑨	⑨	⑨	⑨

기관구분		
(1)		
(2)	⓪	⓪
	①	①
	②	②
	③	③
	④	④
	⑤	⑤
	⑥	⑥
	⑦	⑦
	⑧	⑧
	⑨	⑨

※ **본인필적확인 및 표기시 유의사항**

◎ 아래의 예시와 같이 작성하세요.

〈예시〉 본인은 위 응시자와 동일인임을 확인함

◎ 컴퓨터용 흑색싸인펜으로만 기재 및 표기할 것

〈보기〉

※ 바른표기 ● ② ③ ④

※ 틀린표기 ① ② ③ ④

행 정 법					소방법령Ⅳ					소방전술				
1	①	②	③	④	1	①	②	③	④	1	①	②	③	④
2	①	②	③	④	2	①	②	③	④	2	①	②	③	④
3	①	②	③	④	3	①	②	③	④	3	①	②	③	④
4	①	②	③	④	4	①	②	③	④	4	①	②	③	④
5	①	②	③	④	5	①	②	③	④	5	①	②	③	④
6	①	②	③	④	6	①	②	③	④	6	①	②	③	④
7	①	②	③	④	7	①	②	③	④	7	①	②	③	④
8	①	②	③	④	8	①	②	③	④	8	①	②	③	④
9	①	②	③	④	9	①	②	③	④	9	①	②	③	④
10	①	②	③	④	10	①	②	③	④	10	①	②	③	④
11	①	②	③	④	11	①	②	③	④	11	①	②	③	④
12	①	②	③	④	12	①	②	③	④	12	①	②	③	④
13	①	②	③	④	13	①	②	③	④	13	①	②	③	④
14	①	②	③	④	14	①	②	③	④	14	①	②	③	④
15	①	②	③	④	15	①	②	③	④	15	①	②	③	④
16	①	②	③	④	16	①	②	③	④	16	①	②	③	④
17	①	②	③	④	17	①	②	③	④	17	①	②	③	④
18	①	②	③	④	18	①	②	③	④	18	①	②	③	④
19	①	②	③	④	19	①	②	③	④	19	①	②	③	④
20	①	②	③	④	20	①	②	③	④	20	①	②	③	④
21	①	②	③	④	21	①	②	③	④	21	①	②	③	④
22	①	②	③	④	22	①	②	③	④	22	①	②	③	④
23	①	②	③	④	23	①	②	③	④	23	①	②	③	④
24	①	②	③	④	24	①	②	③	④	24	①	②	③	④
25	①	②	③	④	25	①	②	③	④	25	①	②	③	④

2025년 11월 시행 소방공무원 승진임용 필기시험답안지

※ 란은 감독관 표시란임.

응시계급		
성명	한글	
	한자	

문제책형		
	A	○
	B	○

응시 과목 표시란	행 정 법	소방법령Ⅳ	소방전술
	①	②	③

※ 결시자	※감독관확인란
( )	(인)

응시번호							
	(1)						
	(2)	⓪	⓪	⓪	⓪	⓪	⓪
		①	①	①	①	①	①
		②	②	②	②	②	②
		③	③	③	③	③	③
		④	④	④	④	④	④
		⑤	⑤	⑤	⑤	⑤	⑤
		⑥	⑥	⑥	⑥	⑥	⑥
		⑦	⑦	⑦	⑦	⑦	⑦
		⑧	⑧	⑧	⑧	⑧	⑧
		⑨	⑨	⑨	⑨	⑨	⑨

기관구분			
	(1)		
	(2)	⓪	⓪
		①	①
		②	②
		③	③
		④	④
		⑤	⑤
		⑥	⑥
		⑦	⑦
		⑧	⑧
		⑨	⑨

행 정 법					소방법령Ⅳ					소방전술				
1	①	②	③	④	1	①	②	③	④	1	①	②	③	④
2	①	②	③	④	2	①	②	③	④	2	①	②	③	④
3	①	②	③	④	3	①	②	③	④	3	①	②	③	④
4	①	②	③	④	4	①	②	③	④	4	①	②	③	④
5	①	②	③	④	5	①	②	③	④	5	①	②	③	④
6	①	②	③	④	6	①	②	③	④	6	①	②	③	④
7	①	②	③	④	7	①	②	③	④	7	①	②	③	④
8	①	②	③	④	8	①	②	③	④	8	①	②	③	④
9	①	②	③	④	9	①	②	③	④	9	①	②	③	④
10	①	②	③	④	10	①	②	③	④	10	①	②	③	④
11	①	②	③	④	11	①	②	③	④	11	①	②	③	④
12	①	②	③	④	12	①	②	③	④	12	①	②	③	④
13	①	②	③	④	13	①	②	③	④	13	①	②	③	④
14	①	②	③	④	14	①	②	③	④	14	①	②	③	④
15	①	②	③	④	15	①	②	③	④	15	①	②	③	④
16	①	②	③	④	16	①	②	③	④	16	①	②	③	④
17	①	②	③	④	17	①	②	③	④	17	①	②	③	④
18	①	②	③	④	18	①	②	③	④	18	①	②	③	④
19	①	②	③	④	19	①	②	③	④	19	①	②	③	④
20	①	②	③	④	20	①	②	③	④	20	①	②	③	④
21	①	②	③	④	21	①	②	③	④	21	①	②	③	④
22	①	②	③	④	22	①	②	③	④	22	①	②	③	④
23	①	②	③	④	23	①	②	③	④	23	①	②	③	④
24	①	②	③	④	24	①	②	③	④	24	①	②	③	④
25	①	②	③	④	25	①	②	③	④	25	①	②	③	④

※ **본인필적확인 및 표기시 유의사항**

◎ 아래의 예시와 같이 작성하세요.

〈예시〉 본인은 위 응시자와 동일인임을 확임함

◎ 컴퓨터용 흑색싸인펜으로만 기재 및 표기할 것

〈보기〉

※ 바른표기 ● ② ③ ④

※ 틀린표기 ① ② ③ ④

2025년 11월 시행 소방공무원 승진임용 필기시험답안지

※ 란은 감독관 표시란임.

응시계급		
성명	한글	
	한자	

문제책형		
	A	○
	B	○

응시 과목 표시란	행 정 법	소방법령Ⅳ	소방전술
	①	②	③

※ 결시자	※감독관확인란
( )	(인)

응시번호							
	(1)						
	(2)	⓪	⓪	⓪	⓪	⓪	⓪
		①	①	①	①	①	①
		②	②	②	②	②	②
		③	③	③	③	③	③
		④	④	④	④	④	④
		⑤	⑤	⑤	⑤	⑤	⑤
		⑥	⑥	⑥	⑥	⑥	⑥
		⑦	⑦	⑦	⑦	⑦	⑦
		⑧	⑧	⑧	⑧	⑧	⑧
		⑨	⑨	⑨	⑨	⑨	⑨

기관구분			
	(1)		
	(2)	⓪	⓪
		①	①
		②	②
		③	③
		④	④
		⑤	⑤
		⑥	⑥
		⑦	⑦
		⑧	⑧
		⑨	⑨

행 정 법					소방법령Ⅳ					소방전술				
1	①	②	③	④	1	①	②	③	④	1	①	②	③	④
2	①	②	③	④	2	①	②	③	④	2	①	②	③	④
3	①	②	③	④	3	①	②	③	④	3	①	②	③	④
4	①	②	③	④	4	①	②	③	④	4	①	②	③	④
5	①	②	③	④	5	①	②	③	④	5	①	②	③	④
6	①	②	③	④	6	①	②	③	④	6	①	②	③	④
7	①	②	③	④	7	①	②	③	④	7	①	②	③	④
8	①	②	③	④	8	①	②	③	④	8	①	②	③	④
9	①	②	③	④	9	①	②	③	④	9	①	②	③	④
10	①	②	③	④	10	①	②	③	④	10	①	②	③	④
11	①	②	③	④	11	①	②	③	④	11	①	②	③	④
12	①	②	③	④	12	①	②	③	④	12	①	②	③	④
13	①	②	③	④	13	①	②	③	④	13	①	②	③	④
14	①	②	③	④	14	①	②	③	④	14	①	②	③	④
15	①	②	③	④	15	①	②	③	④	15	①	②	③	④
16	①	②	③	④	16	①	②	③	④	16	①	②	③	④
17	①	②	③	④	17	①	②	③	④	17	①	②	③	④
18	①	②	③	④	18	①	②	③	④	18	①	②	③	④
19	①	②	③	④	19	①	②	③	④	19	①	②	③	④
20	①	②	③	④	20	①	②	③	④	20	①	②	③	④
21	①	②	③	④	21	①	②	③	④	21	①	②	③	④
22	①	②	③	④	22	①	②	③	④	22	①	②	③	④
23	①	②	③	④	23	①	②	③	④	23	①	②	③	④
24	①	②	③	④	24	①	②	③	④	24	①	②	③	④
25	①	②	③	④	25	①	②	③	④	25	①	②	③	④

※ **본인필적확인 및 표기시 유의사항**

◎ 아래의 예시와 같이 작성하세요.

〈예시〉 본인은 위 응시자와 동일인임을 확임함

◎ 컴퓨터용 흑색싸인펜으로만 기재 및 표기할 것

〈보기〉

※ 바른표기 ● ② ③ ④

※ 틀린표기 ① ② ③ ④

2025년 11월 시행 소방공무원 승진임용 필기시험답안지

※ 란은 감독관 표시란임.

응시계급		
성명	한글	
	한자	

문제책형	A	○
	B	○

응시 과목 표시란	행 정 법	소방법령Ⅳ	소방전술
	①	②	③

※ 결시자	※감독관확인란
( )	(인)

응시번호						
(1)						
(2)	⓪	⓪	⓪	⓪	⓪	⓪
	①	①	①	①	①	①
	②	②	②	②	②	②
	③	③	③	③	③	③
	④	④	④	④	④	④
	⑤	⑤	⑤	⑤	⑤	⑤
	⑥	⑥	⑥	⑥	⑥	⑥
	⑦	⑦	⑦	⑦	⑦	⑦
	⑧	⑧	⑧	⑧	⑧	⑧
	⑨	⑨	⑨	⑨	⑨	⑨

기관구분		
(1)		
(2)	⓪	⓪
	①	①
	②	②
	③	③
	④	④
	⑤	⑤
	⑥	⑥
	⑦	⑦
	⑧	⑧
	⑨	⑨

행 정 법		소방법령Ⅳ		소방전술	
1	① ② ③ ④	1	① ② ③ ④	1	① ② ③ ④
2	① ② ③ ④	2	① ② ③ ④	2	① ② ③ ④
3	① ② ③ ④	3	① ② ③ ④	3	① ② ③ ④
4	① ② ③ ④	4	① ② ③ ④	4	① ② ③ ④
5	① ② ③ ④	5	① ② ③ ④	5	① ② ③ ④
6	① ② ③ ④	6	① ② ③ ④	6	① ② ③ ④
7	① ② ③ ④	7	① ② ③ ④	7	① ② ③ ④
8	① ② ③ ④	8	① ② ③ ④	8	① ② ③ ④
9	① ② ③ ④	9	① ② ③ ④	9	① ② ③ ④
10	① ② ③ ④	10	① ② ③ ④	10	① ② ③ ④
11	① ② ③ ④	11	① ② ③ ④	11	① ② ③ ④
12	① ② ③ ④	12	① ② ③ ④	12	① ② ③ ④
13	① ② ③ ④	13	① ② ③ ④	13	① ② ③ ④
14	① ② ③ ④	14	① ② ③ ④	14	① ② ③ ④
15	① ② ③ ④	15	① ② ③ ④	15	① ② ③ ④
16	① ② ③ ④	16	① ② ③ ④	16	① ② ③ ④
17	① ② ③ ④	17	① ② ③ ④	17	① ② ③ ④
18	① ② ③ ④	18	① ② ③ ④	18	① ② ③ ④
19	① ② ③ ④	19	① ② ③ ④	19	① ② ③ ④
20	① ② ③ ④	20	① ② ③ ④	20	① ② ③ ④
21	① ② ③ ④	21	① ② ③ ④	21	① ② ③ ④
22	① ② ③ ④	22	① ② ③ ④	22	① ② ③ ④
23	① ② ③ ④	23	① ② ③ ④	23	① ② ③ ④
24	① ② ③ ④	24	① ② ③ ④	24	① ② ③ ④
25	① ② ③ ④	25	① ② ③ ④	25	① ② ③ ④

※ **본인필적확인 및 표기시 유의사항**

◎ 아래의 예시와 같이 작성하세요.

〈예시〉 본인은 위 응시자와 동일인임을 확인함

◎ 컴퓨터용 흑색싸인펜으로만 기재 및 표기할 것

〈보기〉

※ 바른표기 ● ② ③ ④

※ 틀린표기 ① ② ③ ④

2025년 11월 시행 소방공무원 승진임용 필기시험답안지

※ 란은 감독관 표시란임.

응시계급		
성명	한글	
	한자	

문제책형	A	○
	B	○

응시 과목 표시란	행 정 법	소방법령Ⅳ	소방전술
	①	②	③

※ 결시자	※감독관확인란
( )	(인)

응시번호						
(1)						
(2)	⓪	⓪	⓪	⓪	⓪	⓪
	①	①	①	①	①	①
	②	②	②	②	②	②
	③	③	③	③	③	③
	④	④	④	④	④	④
	⑤	⑤	⑤	⑤	⑤	⑤
	⑥	⑥	⑥	⑥	⑥	⑥
	⑦	⑦	⑦	⑦	⑦	⑦
	⑧	⑧	⑧	⑧	⑧	⑧
	⑨	⑨	⑨	⑨	⑨	⑨

기관구분		
(1)		
(2)	⓪	⓪
	①	①
	②	②
	③	③
	④	④
	⑤	⑤
	⑥	⑥
	⑦	⑦
	⑧	⑧
	⑨	⑨

행 정 법		소방법령Ⅳ		소방전술	
1	① ② ③ ④	1	① ② ③ ④	1	① ② ③ ④
2	① ② ③ ④	2	① ② ③ ④	2	① ② ③ ④
3	① ② ③ ④	3	① ② ③ ④	3	① ② ③ ④
4	① ② ③ ④	4	① ② ③ ④	4	① ② ③ ④
5	① ② ③ ④	5	① ② ③ ④	5	① ② ③ ④
6	① ② ③ ④	6	① ② ③ ④	6	① ② ③ ④
7	① ② ③ ④	7	① ② ③ ④	7	① ② ③ ④
8	① ② ③ ④	8	① ② ③ ④	8	① ② ③ ④
9	① ② ③ ④	9	① ② ③ ④	9	① ② ③ ④
10	① ② ③ ④	10	① ② ③ ④	10	① ② ③ ④
11	① ② ③ ④	11	① ② ③ ④	11	① ② ③ ④
12	① ② ③ ④	12	① ② ③ ④	12	① ② ③ ④
13	① ② ③ ④	13	① ② ③ ④	13	① ② ③ ④
14	① ② ③ ④	14	① ② ③ ④	14	① ② ③ ④
15	① ② ③ ④	15	① ② ③ ④	15	① ② ③ ④
16	① ② ③ ④	16	① ② ③ ④	16	① ② ③ ④
17	① ② ③ ④	17	① ② ③ ④	17	① ② ③ ④
18	① ② ③ ④	18	① ② ③ ④	18	① ② ③ ④
19	① ② ③ ④	19	① ② ③ ④	19	① ② ③ ④
20	① ② ③ ④	20	① ② ③ ④	20	① ② ③ ④
21	① ② ③ ④	21	① ② ③ ④	21	① ② ③ ④
22	① ② ③ ④	22	① ② ③ ④	22	① ② ③ ④
23	① ② ③ ④	23	① ② ③ ④	23	① ② ③ ④
24	① ② ③ ④	24	① ② ③ ④	24	① ② ③ ④
25	① ② ③ ④	25	① ② ③ ④	25	① ② ③ ④

※ **본인필적확인 및 표기시 유의사항**

◎ 아래의 예시와 같이 작성하세요.

〈예시〉 본인은 위 응시자와 동일인임을 확인함

◎ 컴퓨터용 흑색싸인펜으로만 기재 및 표기할 것

〈보기〉

※ 바른표기 ● ② ③ ④

※ 틀린표기 ① ② ③ ④

2025년 11월 시행 소방공무원 승진임용 필기시험답안지

※ 란은 감독관 표시란임.

응시계급		
성명	한글	
	한자	

문제책형	A	○
	B	○

응시 과목 표시란	행 정 법	소방법령Ⅳ	소방전술
	①	②	③

※ 결시자
( )

※감독관확인란
(인)

응시번호							
	(1)						
	(2)	⓪	⓪	⓪	⓪	⓪	⓪
		①	①	①	①	①	①
		②	②	②	②	②	②
		③	③	③	③	③	③
		④	④	④	④	④	④
		⑤	⑤	⑤	⑤	⑤	⑤
		⑥	⑥	⑥	⑥	⑥	⑥
		⑦	⑦	⑦	⑦	⑦	⑦
		⑧	⑧	⑧	⑧	⑧	⑧
		⑨	⑨	⑨	⑨	⑨	⑨

기관구분			
	(1)		
	(2)	⓪	⓪
		①	①
		②	②
		③	③
		④	④
		⑤	⑤
		⑥	⑥
		⑦	⑦
		⑧	⑧
		⑨	⑨

행 정 법		소방법령Ⅳ		소방전술	
1	① ② ③ ④	1	① ② ③ ④	1	① ② ③ ④
2	① ② ③ ④	2	① ② ③ ④	2	① ② ③ ④
3	① ② ③ ④	3	① ② ③ ④	3	① ② ③ ④
4	① ② ③ ④	4	① ② ③ ④	4	① ② ③ ④
5	① ② ③ ④	5	① ② ③ ④	5	① ② ③ ④
6	① ② ③ ④	6	① ② ③ ④	6	① ② ③ ④
7	① ② ③ ④	7	① ② ③ ④	7	① ② ③ ④
8	① ② ③ ④	8	① ② ③ ④	8	① ② ③ ④
9	① ② ③ ④	9	① ② ③ ④	9	① ② ③ ④
10	① ② ③ ④	10	① ② ③ ④	10	① ② ③ ④
11	① ② ③ ④	11	① ② ③ ④	11	① ② ③ ④
12	① ② ③ ④	12	① ② ③ ④	12	① ② ③ ④
13	① ② ③ ④	13	① ② ③ ④	13	① ② ③ ④
14	① ② ③ ④	14	① ② ③ ④	14	① ② ③ ④
15	① ② ③ ④	15	① ② ③ ④	15	① ② ③ ④
16	① ② ③ ④	16	① ② ③ ④	16	① ② ③ ④
17	① ② ③ ④	17	① ② ③ ④	17	① ② ③ ④
18	① ② ③ ④	18	① ② ③ ④	18	① ② ③ ④
19	① ② ③ ④	19	① ② ③ ④	19	① ② ③ ④
20	① ② ③ ④	20	① ② ③ ④	20	① ② ③ ④
21	① ② ③ ④	21	① ② ③ ④	21	① ② ③ ④
22	① ② ③ ④	22	① ② ③ ④	22	① ② ③ ④
23	① ② ③ ④	23	① ② ③ ④	23	① ② ③ ④
24	① ② ③ ④	24	① ② ③ ④	24	① ② ③ ④
25	① ② ③ ④	25	① ② ③ ④	25	① ② ③ ④

※ **본인필적확인 및 표기시 유의사항**

◎ 아래의 예시와 같이 작성하세요.

〈예시〉 본인은 위 응시자와 동일인임을 확인함

◎ 컴퓨터용 흑색싸인펜으로만 기재 및 표기할 것

〈보기〉

※ 바른표기 ● ② ③ ④

※ 틀린표기 ① ② ③ ④

2025년 11월 시행 소방공무원 승진임용 필기시험답안지

※ 란은 감독관 표시란임.

응시계급		
성명	한글	
	한자	

문제책형	A	○
	B	○

응시 과목 표시란	행 정 법	소방법령Ⅳ	소방전술
	①	②	③

※ 결시자
( )

※감독관확인란
(인)

응시번호							
	(1)						
	(2)	⓪	⓪	⓪	⓪	⓪	⓪
		①	①	①	①	①	①
		②	②	②	②	②	②
		③	③	③	③	③	③
		④	④	④	④	④	④
		⑤	⑤	⑤	⑤	⑤	⑤
		⑥	⑥	⑥	⑥	⑥	⑥
		⑦	⑦	⑦	⑦	⑦	⑦
		⑧	⑧	⑧	⑧	⑧	⑧
		⑨	⑨	⑨	⑨	⑨	⑨

기관구분			
	(1)		
	(2)	⓪	⓪
		①	①
		②	②
		③	③
		④	④
		⑤	⑤
		⑥	⑥
		⑦	⑦
		⑧	⑧
		⑨	⑨

행 정 법		소방법령Ⅳ		소방전술	
1	① ② ③ ④	1	① ② ③ ④	1	① ② ③ ④
2	① ② ③ ④	2	① ② ③ ④	2	① ② ③ ④
3	① ② ③ ④	3	① ② ③ ④	3	① ② ③ ④
4	① ② ③ ④	4	① ② ③ ④	4	① ② ③ ④
5	① ② ③ ④	5	① ② ③ ④	5	① ② ③ ④
6	① ② ③ ④	6	① ② ③ ④	6	① ② ③ ④
7	① ② ③ ④	7	① ② ③ ④	7	① ② ③ ④
8	① ② ③ ④	8	① ② ③ ④	8	① ② ③ ④
9	① ② ③ ④	9	① ② ③ ④	9	① ② ③ ④
10	① ② ③ ④	10	① ② ③ ④	10	① ② ③ ④
11	① ② ③ ④	11	① ② ③ ④	11	① ② ③ ④
12	① ② ③ ④	12	① ② ③ ④	12	① ② ③ ④
13	① ② ③ ④	13	① ② ③ ④	13	① ② ③ ④
14	① ② ③ ④	14	① ② ③ ④	14	① ② ③ ④
15	① ② ③ ④	15	① ② ③ ④	15	① ② ③ ④
16	① ② ③ ④	16	① ② ③ ④	16	① ② ③ ④
17	① ② ③ ④	17	① ② ③ ④	17	① ② ③ ④
18	① ② ③ ④	18	① ② ③ ④	18	① ② ③ ④
19	① ② ③ ④	19	① ② ③ ④	19	① ② ③ ④
20	① ② ③ ④	20	① ② ③ ④	20	① ② ③ ④
21	① ② ③ ④	21	① ② ③ ④	21	① ② ③ ④
22	① ② ③ ④	22	① ② ③ ④	22	① ② ③ ④
23	① ② ③ ④	23	① ② ③ ④	23	① ② ③ ④
24	① ② ③ ④	24	① ② ③ ④	24	① ② ③ ④
25	① ② ③ ④	25	① ② ③ ④	25	① ② ③ ④

※ **본인필적확인 및 표기시 유의사항**

◎ 아래의 예시와 같이 작성하세요.

〈예시〉 본인은 위 응시자와 동일인임을 확인함

◎ 컴퓨터용 흑색싸인펜으로만 기재 및 표기할 것

〈보기〉

※ 바른표기 ● ② ③ ④

※ 틀린표기 ① ② ③ ④

2025년 11월 시행 소방공무원 승진임용 필기시험답안지

※ 란은 감독관 표시란임.

응시계급		
성명	한글	
	한자	

문제책형		
	A	○
	B	○

응시 과목 표시란	행 정 법	소방법령Ⅳ	소방전술
	①	②	③

※ 결시자	※감독관확인란
( )	(인)

응시번호						
(1)						
(2)	⓪ ① ② ③ ④ ⑤ ⑥ ⑦ ⑧ ⑨	⓪ ① ② ③ ④ ⑤ ⑥ ⑦ ⑧ ⑨	⓪ ① ② ③ ④ ⑤ ⑥ ⑦ ⑧ ⑨	⓪ ① ② ③ ④ ⑤ ⑥ ⑦ ⑧ ⑨	⓪ ① ② ③ ④ ⑤ ⑥ ⑦ ⑧ ⑨	⓪ ① ② ③ ④ ⑤ ⑥ ⑦ ⑧ ⑨

기관구분		
(1)		
(2)	⓪ ① ② ③ ④ ⑤ ⑥ ⑦ ⑧ ⑨	⓪ ① ② ③ ④ ⑤ ⑥ ⑦ ⑧ ⑨

행 정 법		소방법령Ⅳ		소방전술	
1	① ② ③ ④	1	① ② ③ ④	1	① ② ③ ④
2	① ② ③ ④	2	① ② ③ ④	2	① ② ③ ④
3	① ② ③ ④	3	① ② ③ ④	3	① ② ③ ④
4	① ② ③ ④	4	① ② ③ ④	4	① ② ③ ④
5	① ② ③ ④	5	① ② ③ ④	5	① ② ③ ④
6	① ② ③ ④	6	① ② ③ ④	6	① ② ③ ④
7	① ② ③ ④	7	① ② ③ ④	7	① ② ③ ④
8	① ② ③ ④	8	① ② ③ ④	8	① ② ③ ④
9	① ② ③ ④	9	① ② ③ ④	9	① ② ③ ④
10	① ② ③ ④	10	① ② ③ ④	10	① ② ③ ④
11	① ② ③ ④	11	① ② ③ ④	11	① ② ③ ④
12	① ② ③ ④	12	① ② ③ ④	12	① ② ③ ④
13	① ② ③ ④	13	① ② ③ ④	13	① ② ③ ④
14	① ② ③ ④	14	① ② ③ ④	14	① ② ③ ④
15	① ② ③ ④	15	① ② ③ ④	15	① ② ③ ④
16	① ② ③ ④	16	① ② ③ ④	16	① ② ③ ④
17	① ② ③ ④	17	① ② ③ ④	17	① ② ③ ④
18	① ② ③ ④	18	① ② ③ ④	18	① ② ③ ④
19	① ② ③ ④	19	① ② ③ ④	19	① ② ③ ④
20	① ② ③ ④	20	① ② ③ ④	20	① ② ③ ④
21	① ② ③ ④	21	① ② ③ ④	21	① ② ③ ④
22	① ② ③ ④	22	① ② ③ ④	22	① ② ③ ④
23	① ② ③ ④	23	① ② ③ ④	23	① ② ③ ④
24	① ② ③ ④	24	① ② ③ ④	24	① ② ③ ④
25	① ② ③ ④	25	① ② ③ ④	25	① ② ③ ④

※ **본인필적확인 및 표기시 유의사항**

◎ 아래의 예시와 같이 작성하세요.

〈예시〉 본인은 위 응시자와 동일인임을 확임함

◎ 컴퓨터용 흑색싸인펜으로만 기재 및 표기할 것

〈보기〉

※ 바른표기 ● ② ③ ④

※ 틀린표기 ① ② ③ ④

2025년 11월 시행 소방공무원 승진임용 필기시험답안지

※ 란은 감독관 표시란임.

응시계급		
성명	한글	
	한자	

문제책형		
	A	○
	B	○

응시 과목 표시란	행 정 법	소방법령Ⅳ	소방전술
	①	②	③

※ 결시자	※감독관확인란
( )	(인)

응시번호						
(1)						
(2)	⓪ ① ② ③ ④ ⑤ ⑥ ⑦ ⑧ ⑨	⓪ ① ② ③ ④ ⑤ ⑥ ⑦ ⑧ ⑨	⓪ ① ② ③ ④ ⑤ ⑥ ⑦ ⑧ ⑨	⓪ ① ② ③ ④ ⑤ ⑥ ⑦ ⑧ ⑨	⓪ ① ② ③ ④ ⑤ ⑥ ⑦ ⑧ ⑨	⓪ ① ② ③ ④ ⑤ ⑥ ⑦ ⑧ ⑨

기관구분		
(1)		
(2)	⓪ ① ② ③ ④ ⑤ ⑥ ⑦ ⑧ ⑨	⓪ ① ② ③ ④ ⑤ ⑥ ⑦ ⑧ ⑨

행 정 법		소방법령Ⅳ		소방전술	
1	① ② ③ ④	1	① ② ③ ④	1	① ② ③ ④
2	① ② ③ ④	2	① ② ③ ④	2	① ② ③ ④
3	① ② ③ ④	3	① ② ③ ④	3	① ② ③ ④
4	① ② ③ ④	4	① ② ③ ④	4	① ② ③ ④
5	① ② ③ ④	5	① ② ③ ④	5	① ② ③ ④
6	① ② ③ ④	6	① ② ③ ④	6	① ② ③ ④
7	① ② ③ ④	7	① ② ③ ④	7	① ② ③ ④
8	① ② ③ ④	8	① ② ③ ④	8	① ② ③ ④
9	① ② ③ ④	9	① ② ③ ④	9	① ② ③ ④
10	① ② ③ ④	10	① ② ③ ④	10	① ② ③ ④
11	① ② ③ ④	11	① ② ③ ④	11	① ② ③ ④
12	① ② ③ ④	12	① ② ③ ④	12	① ② ③ ④
13	① ② ③ ④	13	① ② ③ ④	13	① ② ③ ④
14	① ② ③ ④	14	① ② ③ ④	14	① ② ③ ④
15	① ② ③ ④	15	① ② ③ ④	15	① ② ③ ④
16	① ② ③ ④	16	① ② ③ ④	16	① ② ③ ④
17	① ② ③ ④	17	① ② ③ ④	17	① ② ③ ④
18	① ② ③ ④	18	① ② ③ ④	18	① ② ③ ④
19	① ② ③ ④	19	① ② ③ ④	19	① ② ③ ④
20	① ② ③ ④	20	① ② ③ ④	20	① ② ③ ④
21	① ② ③ ④	21	① ② ③ ④	21	① ② ③ ④
22	① ② ③ ④	22	① ② ③ ④	22	① ② ③ ④
23	① ② ③ ④	23	① ② ③ ④	23	① ② ③ ④
24	① ② ③ ④	24	① ② ③ ④	24	① ② ③ ④
25	① ② ③ ④	25	① ② ③ ④	25	① ② ③ ④

※ **본인필적확인 및 표기시 유의사항**

◎ 아래의 예시와 같이 작성하세요.

〈예시〉 본인은 위 응시자와 동일인임을 확임함

◎ 컴퓨터용 흑색싸인펜으로만 기재 및 표기할 것

〈보기〉

※ 바른표기 ● ② ③ ④

※ 틀린표기 ① ② ③ ④

COPYRIGHT

저자 약력

- 조선대학교 법정대학 법학과 졸업
- 조선대학교 정책대학원 법무정책학과 졸업(법학석사)
- 조선대학교 대학원 법학과 졸업(법학박사)
- 광주광역시 광산소방서 소방, 방호, 구조·구급계장
- 광주광역시 소방학교 교수(서무·교무·교수계장)
- 광주광역시 소방안전본부 대응기획·예방홍보·구조구급·정보통신팀장
- 광주광역시 동부소방서 방호구조과장, 현장대응과장
- 광주광역시 소방학교 교수부장
- 광주광역시 소방안전본부 방호예방과장
- 광주광역시 광산소방서장
- 제6회 전국소방학교 교관연찬대회 강의분야 최우수, 행정자치부장관상 수상
- 제19회 전국공무원교육훈련 발전연구대회 강의분야 우수, 국무총리상 수상
- 2017년 녹조근정훈장 포상
- 광주대학교 외래교수(행정법 총론 강의)
- 광주 서영대학교 소방행정과 겸임교수(1997~2023)
- 한국산업인력공단 소방시설관리사 시험위원(3회)
- 한국농수산식품유통공사 안전경영위원회 위원

현 재

- 소방시설관리사
- 광주소방학교 외래강사
- 한국소방안전원 광주전남지부 외래강사

저 서

- 소방법령 Ⅰ·Ⅱ·Ⅲ 실전 예상 문제집(2025년 9차 개정판)
- 소방전술 Ⅰ, Ⅱ·Ⅲ 실전 예상 문제집(2025년 12차 개정판)
- 행정법총론 문제집(2025년 5차 개정판)
- 소방관계법령집
  (소방 주요 10개 법령 및 국가화재안전기준 등, 2023년 6차 개정판)
- 소방현장관계법령집(2023년 초판)
- 소방행정법(10차 개정판)
- 행정법총론(2021년 초판)
- 소방법령 Ⅰ·Ⅱ·Ⅲ 및 소방전술 교재
- 소방관계법규(2021년 개정판) 외 다수

COPYRIGHT

소방공무원승진 · 소방위

실 전 모 의 고 사

초판발행 2015년 8월 7일
11차개정판 2025년 7월 25일

저 자 양 중 근

발행인 반 연 순
발행처 도서출판 다 인
http://www.dainbook.co.kr
출판등록 1992년 7월 22일 No.2-1406

주 소 서울시 마포구 만리재로 12길 35, 201호
전 화 02) 706-8072
FAX 02) 706-8043

홈페이지 http://www.dainbook.co.kr
ISBN 978-89-6304-396-8